Wall
Planungs- und Kontrollsysteme

Friederike Wall

Planungs- und Kontrollsysteme

Informationstechnische Perspektiven für das Controlling

Grundlagen – Instrumente – Konzepte

GABLER

Prof. Dr. Friederike Wall ist Inhaberin des Lehrstuhls für Controlling und Informationsmanagement der Fakultät für Wirtschaftswissenschaft der Universität Witten/ Herdecke.

Die Deutsche Bibliothek - CIP-Einheitsaufnahme

Wall, Friederike:
Planungs- und Kontrollsysteme : informationstechnische Perspektiven
für das Controlling ; Grundlagen – Instrumente – Konzepte
/ Friederike Wall.
    ISBN 978-3-409-13032-5   ISBN 978-3-663-08090-9 (eBook)
    DOI 10.1007/978-3-663-08090-9

© Springer Fachmedien Wiesbaden 1999
Ursprünglich erschienen bei Betriebswirtschaftlicher Verlag Dr. Th. Gabler GmbH, Wiesbaden, 1999

Lektorat: Ulrike Lörcher / Annegret Heckmann

http://www.gabler-online.de

Höchste inhaltliche und technische Qualität unserer Produkte ist unser Ziel. Bei der Produktion und Verbreitung unserer Bücher wollen wir die Umwelt schonen: Dieses Buch ist deshalb auf säurefreiem und chlorfrei gebleichtem Papier gedruckt. Die Einschweißfolie besteht aus Polyäthylen und damit aus organischen Grundstoffen, die weder bei der Herstellung noch bei der Verbrennung Schadstoffe freisetzen.

Die Wiedergabe von Gebrauchsnamen, Handelsnamen, Warenbezeichnungen usw. in diesem Werk berechtigt auch ohne besondere Kennzeichnung nicht zu der Annahme, daß solche Namen im Sinne der Warenzeichen- und Markenschutz-Gesetzgebung als frei zu betrachten wären und daher von jedermann benutzt werden dürften.

ISBN 978-3-409-13032-5

Vorwort

Planung und Kontrolle gehören zu den „Klassikern" der betriebswirtschaftlichen Lehre und Forschung. Angesichts der langen Tradition betriebswirtschaftlicher Auseinandersetzung mit diesem Gebiet muß sich ein neues Lehrbuch mit dem Haupttitel „Planungs- und Kontrollsysteme" der Frage stellen, welche neuen Inhalte, welche neue Herangehensweise oder welche andersartige Perspektive es enthält. Als Ökonom fragt man nach dem zusätzlichen Nutzen dieses neu erstellten „Produktes". Zur Beantwortung dieser Frage erscheinen mir vor allem zwei aktuelle Anlässe wesentlich:

Den ersten Beweggrund liefert die – nach wie vor kontrovers geführte – Diskussion um die Aufgaben des Controlling. Trotz unterschiedlicher Auffassungen wird die Gestaltung von Planungs- und Kontrollsystemen in der Regel als ein wesentliches Aufgabengebiet des Controlling angesehen. In jüngerer Zeit wird – gerade auf der Basis besonders umfassender Controllingkonzeptionen – die Forderung erhoben, das Planungs- und Kontrollsystem mit anderen führungsrelevanten Teilbereichen der Unternehmung – wie der Organisation – zu koordinieren. Ob diese Frage noch dem Problembereich des Controlling im Sinne einer eigenständigen Teildisziplin innerhalb der Betriebswirtschaftslehre zugeordnet wird, sei dahingestellt. Wesentlich für die Konzeption dieses Lehrbuchs ist vielmehr, daß eine Koordinationsproblematik mit erheblicher Bedeutung für wirkungsvolle Planungs- und Kontrollsysteme benannt wird. Zwar thematisiert die neuere Controlling-Literatur diesen Koordinationsbedarf zwischen Planungs- und Kontrollsystem einerseits und Organisation auf der anderen Seite, eine nähere Konkretisierung erfährt diese Problematik jedoch kaum. In diesem Buch wird deswegen der Versuch unternommen, den Koordinationsbedarf zwischen Planungs- und Kontrollsystem und Organisation zu präzisieren und insbesondere auch auf wesentliche Gestaltungsparameter von Planungs- und Kontrollsystemen zu beziehen.

Den zweiten Anlaß für dieses Buch liefert die moderne Informationstechnik, die – und diese Aussage ist mittlerweile fast eine Selbstverständlichkeit – immer größere Bedeutung in und für Unternehmen erlangt. Dabei wandelt sich die Funktion Informationstechnik-gestützter Systeme zunehmend von „Daten-verarbeitenden Rechen- und Speichermaschinen" zu eigenständigen Organisationselementen, die die Aufbau- und Prozeßstrukturen eines Unternehmens nicht nur beeinflussen, sondern neu- oder andersartige organisatorische Lösungen (wie z.B. Netzwerkstrukturen) ermöglichen. Diese können mitunter gerade auch deshalb realisiert werden, weil nun bestimmte Planungs- und Kontrollprobleme besser oder überhaupt gelöst werden können: Moderne Decision Support Systeme mit integrierten Methoden- und Modellbanken bieten Planungsträgern individuelle Unterstützung; Groupware-Systeme ermöglichen – geographisch und zeitlich – verteilt ablaufende koordinierte Gruppenentscheidungsprozesse. Diese Entwicklungen versucht das vorliegende Lehrbuch dahingehend aufzunehmen, daß es einen Schwerpunkt auf die Beschreibung der erweiterten Gestaltungsmöglichkeiten von Planungs- und Kontrollsystemen im organisatorischen Kontext legt, die durch eine Integration der Potentiale moderner Informationstechnologien heute realisiert werden können. Das Schwergewicht der Darstellung wird dabei auf eine übergreifende Sicht auf Planungs- und Kontrollsysteme gelegt, die neben „klassischen" Controllingfragen auch organisatorische und informationstechnische Aspekte einbezieht. An manchen Stellen, z.B. bei der Beschreibung von Planungs- und Kontrollinstrumenten oder der informationstechnischen Infrastrukturen, mußte daher auf detailliertere Darstellungen zugunsten einer breiter angelegten Konzeption verzichtet werden. Der interessierte Leser wird für entsprechende detailliertere Darstellungen auf die einschlägige Literatur der Planungstheorie, des Operations Research sowie der Organisationstheorie oder der Wirtschaftsinformatik verwiesen.

Dieses Lehrbuch wendet sich an Studierende höherer Semester, die sich für die Gestaltung Informationstechnik-gestützter Planungs- und Kontrollsysteme interessieren. Es bietet gleichermaßen auch Praktikern, insbesondere Controllern, die das Planungs- und Kontrollsystem ihres Unternehmens konzipieren, an sich ändernde Rahmenbedingungen anpassen und im laufenden Betrieb steuern, Anregungen.

Ein solches Buch ist kaum ohne Unterstützung zu schreiben. Dieses Buch verdankt viele kritische Anregungen und wertvolle Mithilfe meinen Mitarbeitern Herrn Dipl.-Kfm. Frank Bergsdorf und Herrn Dipl.-Kfm. Bernhard Hirsch. Ihnen möchte ich an dieser Stelle für die hervorragende Zusammenarbeit danken. Dank gebührt auch Frau Gabriela Koerber, die zahlreiche Textabschnitte erfaßt und – mit sehr viel Nachsicht und Geduld – die ständigen Textänderungen in das Manuskript eingearbeitet hat. Bedanken möchte ich mich ferner bei zwei studentischen Mitwirkenden: Herr cand. rer. oec. Thorsten Kertzel hat die zahlreichen Abbildungen mit großer Sorgfalt erstellt. Herr cand. rer. oec Peter Voss hat das Buch auf aus studentischer Sicht Unverständliches gelesen und an den Korrekturarbeiten mitgewirkt.

Friederike Wall

Inhaltsverzeichnis

Abbildungsverzeichnis

Tabellenverzeichnis

Abkürzungsverzeichnis

Abb.	Abbildung
Anm.	Anmerkung
AOS	Accounting, Organizations and Society
ASQ	Administrative Science Quarterly
Aufl.	Auflage
Bd.	Band
BDE	Betriebsdatenerfassung
BFuP	Betriebswirtschaftliche Forschung und Praxis
bzw.	beziehungsweise
CACM	Communications of the Association for Computing Machinery
CAQ	Computer Aided Quality Assurance
CSCW	Computer Supported Cooperative Work
d.h.	das heißt
DB	Deckungsbeitrag
DBMS	Data Base Management System
DBW	Die Betriebswirtschaft
DDL	Data Description Language
Diss.	Dissertation
DML	Data Manipulation Language
DNC	Digital Numerical Control
DSDL	Data Storage Description Language
DSS	Decision Support System
DV	Datenverarbeitung
DW	Data Warehouse
ebd.	ebenda
EDI	Electronic Data Interchange
EDV	Elektronische Datenverarbeitung
EIS	Executive Information System
E-mail	electronic mail
etc.	et cetera
EUS	Entscheidungsunterstützungssystem
FIS	Führungsinformationssystem
FuE	Forschung und Entwicklung
f.	folgende
ff.	fortfolgende
GDSS	Group Decision Support System

GE	Geldeinheiten
ggf.	gegebenenfalls
HBR	Harvard Business Review
HMD	Handbuch der modernen Datenverarbeitung
Hrsg.	Herausgeber
i.d.R.	in der Regel
i.e.S.	im engeren/eigentlichen Sinne
i.S.v.	im Sinne von
i.w.S.	im weiteren Sinne
insbes.	insbesondere
IT	Informationstechnologie
IV	Informationsverarbeitung
JCL	Job Control Language
Jg.	Jahrgang
krp	Kostenrechnungspraxis
LE	Leistungseinheiten
log.	logarithmisch
Mbit	Megabit
Mbyte	Megabyte
MIPS	Millonen Instruktionen pro Sekunde
MIS	Management Information System
MP	Maßnahmenplanung
MSS	Management Support System
o.V.	ohne Verfasser
OLAP	On-Line Analytical Processing
OR	Operations Research
OS	Organisationsstruktur
p.a.	per annum
PC	Personal Computer
PCL	Process Control Language
PIMS	Profit Impact of Market Strategies
PPS	Produktionsprogrammplanung und -steuerung
PS	Planungssystem
PuK	Planung(s-) und Kontroll(e)
QL	Query Language
ROLAP	Relational On-Line Analytical Processing
S.	Seite
s.	siehe
SOFT	Strenghts, Opportunities, Failures and Threats

sog.	sogenannte(r)
SzU	Schriften zur Unternehmensführung
Tab.	Tabelle
TCP/IP	Transmission Control Protocol/ Internet Protocol
u.a.	und andere
u.E.	unseres Erachtens
US	United States
v.a.	vor allem
VDI	Verein Deutscher Ingeneure
Verf.	Verfasser(s)
Vol.	Volume
VP	Verrechnungspreis
WBS	Wissensbasierte Systeme
WI	Wirtschaftsinformatik
WiSt	Wirtschaftswissenschaftliches Studium
WISU	Das Wirtschaftsstudium
XPS	Expertensystem
z.B.	zum Beispiel
ZBB	Zero Base Budgeting
ZDE	Zeitdatenerfassung
ZfB	Zeitschrift für Betriebswirtschaft
ZfbF	Zeitschrift für betriebswirtschaftliche Forschung
ZFO	Zeitschrift Führung und Organisation
ZfO	Zeitschrift für Organisation
ZP	Zeitschrift für Planung

Teil A:

Grundlagen

1 Zur Konzeption des Buches

1.1 Interdisziplinarität von Planung und Kontrolle

Planung und Kontrolle bilden Lehr- und Forschungsgegenstände mehrerer betriebswirtschaftlicher (Teil-) Disziplinen. Eine wesentliche Rolle spielen Planung und Kontrolle beispielsweise in den folgenden Bereichen der Betriebswirtschaftslehre:

Als wesentliche Aufgabenfelder des *Controlling* gelten – ungeachtet der verschiedenen Schwerpunkte der aktuell diskutierten Controllingkonzeptionen – die Gestaltung und der laufende Betrieb von Planungs- und Kontrollsystemen. Im Rahmen von *Organisationstheorien und -ansätzen* stellen die Differenzierung (Aufgabenteilung) der Unternehmensaufgaben und die damit einhergehende Zerlegung von Entscheidungs- und Planungsaufgaben wesentliche Untersuchungsgegenstände dar; zudem ist die Planung ein grundlegendes Instrument der Koordination arbeitsteilig ausgeführter Aufgaben. Auch die *Planungstheorie* beschäftigt sich u. a. mit der Frage, wie umfassende Planungsprobleme so zerlegt werden können (Dekomposition), daß die zwischen den Teilplanungsproblemen vielfach entstehenden Interdependenzen möglichst gut beherrschbar sind. Ein Hauptinteresse des *Operations Research* gilt der Entwicklung und Erprobung wirkungsvoller Planungsverfahren. Die Fragen, wie diese Planungsverfahren in computergestützten Systemen umgesetzt und die Versorgung von Planungsträgern mit planungsrelevanten Informationen durch entsprechende Informationssysteme sichergestellt werden kann, bilden wesentliche Untersuchungsbereiche der *Wirtschaftsinformatik*.

Trotz der vielfältigen Perspektiven, aus denen heraus Planung und Kontrolle behandelt werden, finden sich vergleichsweise wenige Ansätze, die sich um eine Integration der unterschiedlichen Sichtweisen bemühen. Versteht man es als eine wesentliche Aufgabe des Controlling, das Planungs- und Kontrollsystem der Unternehmung maßgeblich mit zu entwerfen, so liegt es gerade im Interesse des Controlling, hierbei verschiedene Perspektiven aufgaben- und situationsspezifisch zu berücksichtigen und für eine möglichst gute Systemgestaltung nutzbar zu machen.

In diesem Buch soll eine integrierende Sicht auf Planungs- und Kontrollsysteme entwickelt werden, die wesentliche Aspekte vor allem des Controlling, von Organisationsansätzen und der Wirtschaftsinformatik zusammenführt: Planungs- und Kontrollsysteme werden in einem oder für einen bestimmten organisatorischen Kontext gestaltet; die für Planung und Kontrolle erforderlichen Informationen werden mit Hilfe moderner Informationstechniken und Informationssystemen gewonnen bzw. bereitgestellt. Zugleich bestehen zwischen dem organisatorischen Kontext und dem Einsatz der Informationstechnik Wechselwirkungen. Beispielsweise ermöglicht die stark steigende Leistungsfähigkeit von Computern, Planungsprobleme rechnerisch zu bewältigen, die bis vor kurzem noch als nicht lösbar gelten konnten; ferner gestattet die Informationstechnologie andersartige Organisationsformen – auch für die Erfüllung von Planungs- und Kontrollaufgaben – zu wählen, was wiederum Rückwirkungen auf die Gestaltung des Planungs- und Kontrollsystems mit sich bringt.

Durch diese integrierende Sicht auf bzw. Anforderungen an Planungs- und Kontrollsysteme sollen sich Handlungsempfehlungen ableiten lassen, die die Komplexität und Funktionalität realer betrieblicher Planungs- und Kontrollprobleme beherrschbar machen.

1.2 Informationsorientierung als integrierende Perspektive

Für das Vorhaben, auch Erkenntnisse aus dem Organisationsbereich und der Wirtschaftsinformatik in das Controlling zu integrieren und damit bei der Gestaltung von Planungs- und Kontrollsystemen zu berücksichtigen, ist es zweckmäßig, diese drei Bereiche unter Betonung einer Art *gemeinsamer Perspektive* zu betrachten. Aus dieser Sichtweise heraus müssen zum einen wesentliche Problemstellungen und Erkenntnisse der jeweiligen Disziplinen beschreib- und erklärbar sein; zum anderen muß sie auch für die Gestaltung von Planungs- und Kontrollsystemen eine geeignete Basis liefern.

Als ein solches „Vehikel" soll eine informationsorientierte Perspektive gewählt werden. Informationen – verstanden als zweckorientiertes Wissen[1] – gelten allgemein als eine wesentliche Voraussetzung für erfolgreiches unternehmerisches Handeln[2]. Aus einer informationsorientierten Perspektive kann die Organisationsproblematik (Aufgabenteilung und Koordination) ebenso beschrieben werden[3] wie selbstverständlich auch der Untersuchungsbereich der Wirtschaftsinformatik. Mit der Informationsorientierung wird zudem der Charakter von

* Planung und Kontrolle als informationsverarbeitende Prozesse bzw.
* Planungs- und Kontrollsystemen als informationsverarbeitende Systeme

betont.

Die *disziplinenübergreifende* betriebswirtschaftliche Bedeutung von Informationen kommt zunächst sehr allgemein in der Auffassung von Informationen als *Produktionsfaktor* zum Ausdruck. Auch wenn kaum zu bestreiten ist, daß Informationen ein Einsatzgut für die Herstellung und die marktliche Verwertung von Produkten und Dienstleistungen darstellen[4], erweist sich die genauere und eindeutige Einordnung von Informationen in die Systematik der Produktionsfaktoren aus der Produktionstheorie als nicht unproblematisch.[5]

---

[1]   Vgl. Wittmann, W. (Information 1959), S. 14.
[2]   Vgl. Gutenberg, E. (Unternehmensführung 1962), S. 77.
[3]   Vgl. z.B. Frese, E. (Organisation 1998).
[4]   Vgl. Schweitzer, M.; Küpper, H.-U. (Produktions- und Kostentheorie 1997), S. 33.
[5]   Vgl. dazu ausführlich Bode, J. (Information 1993), S. 74 ff.

Ungeachtet der Frage, wie eine solche Einordnung von Informationen in eine Systematik der Produktionsfaktoren im einzelnen vorzunehmen ist, wäre aus diesem Verständnis von Informationen heraus konsequenterweise auch der Faktoreinsatz, d.h. der Informationseinsatz, mengenmäßig zu erfassen und kostenmäßig zu bewerten und im Hinblick auf seine Leistungsbeiträge zum Beispiel bei der Erfüllung von Planungs- und Kontrollaufgaben hin zu untersuchen.[6] Ein solches Vorhaben stößt allerdings bislang auf ungelöste Meß- und Bewertungsprobleme.[7]

Die Auffassung von Informationen als Produktionsfaktor erhält *im Entscheidungskontext* eine nähere Spezifizierung auf Planungs- und Kontrollprobleme. Unter einer Entscheidung kann man allgemein die zielgerichtete Auswahl einer Handlungsalternative aus mehreren möglichen Alternativen verstehen. Die *zielgerichtete* Auswahl einer Handlungsalternative setzt die Existenz eines Zieles voraus, wobei in der Regel allerdings mehrere Ziele verfolgt werden, die ein Zielsystem bilden.[8] Die Qualität einer Entscheidung ist im Hinblick auf die zugrunde gelegten Ziele zu beurteilen; maßgeblichen Einfluß auf die Entscheidungsqualität haben die Informationen, die dem Entscheidungsträger zur Verfügung stehen.[9]

Orientiert man sich an der Struktur eines Entscheidungsproblems, die dem Grundmodell der Entscheidungstheorie[10] zugrunde liegt, so sind insbesondere Informationen zum *Entscheidungsfeld* und zum *Entscheidungsziel* zu gewinnen und zu verarbeiten. Für das Entscheidungsfeld sind insbesondere Informationen über die zur Verfügung stehenden Handlungsalternativen, die Umweltzustände und die Konsequenzen der Handlungsalternativen bei Eintreten verschiedener Umweltzustände zu gewinnen. Das Entscheidungsziel ist durch die vom Entscheidungsträger verfolgten Ziele und durch eine Reihe von Präferenzrelationen gekennzeichnet, die angeben, wie der Entscheidungsträger die Zielerreichungsgrade der verschiedenen Zielgrößen bewertet.

Wenngleich die Qualität von Entscheidungen maßgeblich von der Qualität der zur Verfügung stehenden Informationen beeinflußt wird, darf daraus nicht allgemein der Schluß gezogen

---

6   Vgl. Levitan, K. B. (Information 1982), S. 50 ff.; West, L. A.; Courtney, J. F. (Information Problems 1993), S. 230; Picot, A.; Franck, E. (Informationsmanagement 1992), Sp. 889 f.; Schweitzer, M.; Küpper, H.-U. (Produktions- und Kostentheorie 1997), S. 37, 219.

7   Vgl. Schweitzer, M.; Küpper, H.-U. (Produktions- und Kostentheorie 1997), S. 37, 219.

8   Vgl. Heinen, E. (Zielsystem 1976), S. 94 ff.

9   Vgl. z.B. Mag, W. (Entscheidung 1977), S. 1, 127 ff.; Picot, A.; Franck, E. (Informationsmanagement 1992), Sp. 890.

10 Vgl. hierzu ausführlich z.B. Bamberg, G.; Coenenberg, A. G. (Entscheidungslehre 1996); Laux, H. (Entscheidungstheorie 1991).

werden, daß beispielsweise möglichst detaillierte Informationen zu beschaffen sind. Wesentlich ist vielmehr eine „problemgerechte Informationsstruktur"[11].

Mit dieser entscheidungstheoretischen Sicht wird vornehmlich die Bedeutung von Informationen für die Erfüllung isolierter Entscheidungsaufgaben deutlich. Informationen spielen jedoch auch gerade für die *Koordination arbeitsteiliger Aufgabenerfüllung* eine wesentliche Rolle, zum Beispiel für die *Koordination arbeitsteiliger Planungs- und Kontrollaufgaben*, womit ein wesentlicher Problembereich des Controlling angesprochen ist.

Um dies zu veranschaulichen, kann man allgemein auf eine Betrachtung der Leistungsflüsse, d.h. der Güter- und Geldströme zwischen der Unternehmung und seiner Umwelt sowie innerhalb einer Unternehmung abstellen. Die Leistungsflüsse werden initialisiert, gelenkt und beendet durch Lenkungsflüsse, die aus Informationsströmen bestehen.[12] Neben den Lenkungsflüssen, die direkt einem Leistungsfluß zuzuordnen sind, „dienen weitere Lenkungsflüsse indirekt der Steuerung von Leistungsflüssen, indem sie z.B. ihre Vor- und Nachbereitung durchführen".[13] Diese generelle Betrachtung eignet sich besonders als Grundlage zur Modellierung von Informationssystemen im Rahmen der Wirtschaftsinformatik.[14]

Die Bedeutung von Informationen für die Koordination wird auch im organisatorischen Kontext deutlich, in dem die Ausrichtung der arbeitsteiligen Handlungen von Organisationsmitgliedern auf die Unternehmensziele im Vordergrund steht. „Zunächst einmal müssen die Akteure überhaupt die Information darüber haben, welche Rolle ihnen in einer überlegenen Struktur des Wirtschaftens eigentlich zukommt. Wählt man ein Unternehmen als Bezugspunkt, dann setzt dessen effizientes Funktionieren auf jeden Fall voraus, daß die Mitarbeiter wissen, was sie tun müßten, um zur Erreichung der Unternehmensziele beizutragen ..."[15].

Kieser/Kubicek schlagen eine Klassifikation der *organisatorischen*[16] Koordinationsinstrumente danach vor, mit Hilfe welcher Medien der erforderliche Informationsaustausch, d.h. in welcher Form die Kommunikation erfolgt.[17] Beispielsweise vollzieht sich die Koordination

---

11   Frese, E. (Organisation 1998), S. 43; Marschak, J. (Descriptions 1961), S. 719.

12   Vgl. z.B. Kosiol, E. (Unternehmung 1972), S. 180 f.; Preßmar, D. B. (Unternehmensplanung 1980), S. 10.

13   Ferstl, O.; Sinz, E. (Wirtschaftsinformatik 1998), S. 41.

14   Vgl. z.B. Ferstl, O.; Sinz, E. (Wirtschaftsinformatik 1998), S. 28 ff., 41 ff.; vgl. auch die weitergehende Differenzierung von Informationsflüssen im Rahmen der „Architektur integrierter Informationssysteme" (ARIS) bei Scheer, A.-W. (Geschäftsprozeß 1998), S. 10 ff.

15   Picot, A.; Dietl, H.; Franck, E. (Organisation 1997), S. 7; explizit als Definition von Koordination als „Versorgung der Akteure mit entsprechenden Informationen zu ihrer Rolle", ebd., S. 9.

16   Von den Koordinationsinstrumenten, die auf organisatorischen Regelungen beruhen, grenzen *Kieser/Kubicek* die nicht-strukturellen Instrumente ab. Hierzu zählt die Koordination durch organisationsinterne Märkte, Unternehmenskultur und Rollenstandardisierung; vgl. Kieser, A.; Kubicek, H. (Organisation 1992), S. 117 ff.

17   Vgl. Kieser, A.; Kubicek, H. (Organisation 1992), S. 103 ff.

durch persönliche Weisungen im Wege eines *persönlichen vertikalen Kommunikationsflusses* zwischen einer – mit Entscheidungs- und Weisungsbefugnissen ausgestatteten – Instanz und den jeweiligen untergeordneten Stelleninhabern.

Der Umstand, daß sich Organisationsmitglieder angesichts individueller Ziele, die von den Unternehmenszielen abweichen können, möglicherweise anders verhalten, als es den an sie gestellten Erwartungen entspricht, wird durch unterschiedliche Informationsstände der Beteiligten, sog. *Informationsasymmetrien*, begünstigt.[18]

1.3 Zum Aufbau des Buches

Um der zuvor beschriebenen Ausrichtung des Buches gerecht zu werden, liegt den weiteren Ausführungen folgendes Vorgehen zugrunde:

- Zunächst werden die konzeptionellen Grundlagen des Aufbaus von Planungs- und Kontrollsystemen beschrieben, wobei ein Schwerpunkt auf den Prozessen der Informationsverarbeitung im Rahmen von Planung und Kontrolle liegt.

- Da Art und Umfang der Informationen, die bei der Erfüllung von Planungs- und Kontrollaufgaben zu erzeugen und zu verarbeiten sind, und damit auch die informationstechnische Infrastruktur in erheblichem Maße von den angewendeten Planungs- und Kontrollverfahren abhängen, sind diese Verfahren gesondert zu behandeln.

- Mit der Zuwendung auf die Planungs- und Kontrollträger sowie die informationstechnische Infrastruktur eines Planungs- und Kontrollsystems wird der Untersuchungsbereich der Wirtschaftsinformatik und der organisatorische Kontext in die Betrachtung integriert.

Entsprechend dieser Überlegungen besteht das Buch aus folgenden Teilen:

- Teil A: Grundlagen
- Teil B: Instrumente für Planung und Kontrolle
- Teil C: IT-gestützte Planungs- und Kontrollsysteme

Teil A behandelt im nachfolgenden zweiten Kapitel die für dieses Buch grundlegenden Begriffe – beispielsweise „Planung" und „Kontrolle" oder „Planungs- und Kontrollsystem" – und versucht einen Überblick darüber zu geben, welche Rolle Planung und Kontrolle im Rahmen verschiedener betriebswirtschaftlicher Konzeptionen spielen (Abschnitt 3). Hierbei werden wir uns schwerpunktmäßig auf allgemeine betriebswirtschaftliche Theorieansätze sowie auf Controllingkonzeptionen konzentrieren. Der Aufbau eines Planungs- und Kontrollsystems stellt ein vielschichtiges Gestaltungsproblem dar, das zahlreiche Gestaltungsziele zu berück-

---

[18] Vgl. z.B. Picot, A.; Dietl, H.; Franck, E. (Organisation 1997), S. 9.

sichtigen hat. Dieses Gestaltungsproblem zu charakterisieren, bildet den Gegenstand von Kapitel 4 im Teil A.

Mit der Anwendung von Planungs- und Kontrollverfahren werden die Planungs- und Kontrollaktivitäten gesteuert. So wird beispielsweise festgelegt, welche „Arbeitsschritte" durchzuführen sind und welche Informationen hierbei zu gewinnen und zu verarbeiten sind sowie welche Informationen aus den jeweiligen Teilaktivitäten der Planung und Kontrolle hervorgehen. In Teil B werden ausgewählte Instrumente für die Durchführung von Planungen und Kontrollen (Abschnitte 5 und 6) sowie für die Koordination von Planungs- und Kontrollaktivitäten (Kapitel 7) beschrieben.

In Teil C steht die institutionale Dimension von Planung und Kontrolle im Vordergrund. So wird in Kapitel 8 behandelt, welche informationstechnischen Infrastrukturen sich für Planungs- und Kontrollsysteme bieten. Kapitel 9 versucht, die Gestaltung von Planungs- und Kontrollsystemen in den Kontext der Gestaltung der Organisationsstruktur und der informationstechnologischen Infrastruktur zu stellen. In Kapitel 10 werden schließlich Grundstrukturen IT-gestützter Planungs- und Kontrollsysteme für verschiedene Organisationstypen dargestellt.

Zu Beginn eines jeden Kapitels werden fortan die „Leitfragen" formuliert, die einem Kapitel zugrunde liegen und sich sozusagen als „roter Faden" durchziehen. Am Ende jedes Kapitels folgt eine Reihe von Fragen, zu deren Beantwortung zum einen der vorangegangene Text unmittelbar herangezogen werden kann („Wiederholungsfragen"). Zum anderen handelt es sich um Fragen, die eher umfassenden Zusammenhängen gelten und zu einer eingehenderen Auseinandersetzung mit den dargestellten Inhalten anregen sollen („Vertiefungsfragen").

1.4 Wiederholungs- und Vertiefungsfragen

1. Ist es möglich, Planung und Kontrolle in eine funktional gegliederte Betriebswirtschaftslehre einzuordnen und wie könnte dies ggf. geschehen?

2. Worin bestehen die unterschiedlichen Schwerpunktsetzungen, wenn man die Bedeutung von Informationen als Produktionsfaktor, für Entscheidungen und für die Koordination betont? Wo liegen Gemeinsamkeiten dieser Sichtweisen?

2 Grundlegende Begriffe

In diesem Kapitel sollen die grundlegenden Begriffe dieses Buches geklärt werden. Zunächst ist es erforderlich, für Planung und Kontrolle sowie Planungs- und Kontrollsysteme ein genaueres Verständnis zu entwickeln.

Die wesentlichen Merkmale von Planung und Kontrolle sollen vorerst unabhängig voneinander behandelt werden, indem wir zunächst auf Planung, Pläne, Plansystem und Planungssystem (Abschnitt 2.1) eingehen, bevor die entsprechenden kontrollbezogenen Begriffe betrachtet werden (Kapitel 2.2). Die grundlegenden Beziehungen zwischen Planung und Kontrolle bilden anschließend den Gegenstand von Punkt 2.3. Die informationsorientierte Perspektive erfordert es zudem, auch Informationen, informationsverarbeitende Prozesse und Informationssysteme näher zu charakterisieren (Abschnitt 2.4).

Diesem Kapitel liegen damit die folgenden Leitfragen zugrunde:

Leitfragen von Kapitel 2:
⇒ Was ist unter Planung, was unter Kontrolle zu verstehen?
⇒ In welchem Zusammenhang stehen hierzu verwandte Begriffe wie Plan, Plansystem und Planungssystem bzw. Bericht, Berichtssystem und Kontrollsystem?
⇒ Was sind Informationen und wie kann man ein Informationssystem abgrenzen?

2.1 Planung, Planungssystem und Plansystem

Die betriebswirtschaftliche Literatur liefert eine Vielzahl von Planungsdefinitionen und Abgrenzungen von Planungssystemen. Übersichten zu Planungsbegriffen finden sich beispielsweise bei *Mag*[19] oder *Szyperski/Winand*[20]. Im Rahmen der weiteren Darstellungen, die Planung und Kontrolle auch aus verschiedenen theoretischen und konzeptionellen Perspektiven beleuchten, wird das weite Spektrum von Planungsbegriffen noch mehrfach aufscheinen. An dieser Stelle sei deshalb darauf verzichtet, die verschiedenen Begriffsinhalte im einzelnen darzustellen. Wir wollen uns vielmehr auf die grundlegenden – wenngleich in den verschiedenen betriebswirtschaftlichen Theorien und Teildisziplinen nicht immer einheitlich verstandenen – Merkmale konzentrieren.

---

[19] Vgl. Mag, W. (Planung 1993), S. 4.
[20] Vgl. Szyperski, N.; Winand, U. (Grundbegriffe 1980), S. 32.

2.1.1 Begriffe

Den Auffassungen zum *Planungs*begriff wohnt ein gemeinsamer Kern inne, der im Verständnis von Planung als einem *systematischen Durchdenken künftiger Entscheidungen*[21] prägnant zum Ausdruck kommt. Wenngleich über die Aspekte

- gedanklicher Charakter,
- Zukunftsbezug und
- enger Entscheidungsbezug

der Planung weitgehend Einigkeit herrscht, bestehen insbesondere hinsichtlich des Zusammenhangs zwischen Planung und Entscheidung unterschiedliche Auffassungen. Nach der Stärke des Zusammenhangs kann man folgendes Meinungsspektrum konstatieren[22]:

- Planung ist beschränkt auf die Entscheidungsvorbereitung, ist dieser also vorgelagert.
- Planung bringt stets Vorentscheidungen mit sich, da im Rahmen des Planungsprozesses bereits Entscheidungen über Ziele sowie den Raum der behandelten Handlungsalternativen getroffen werden, die die Entscheidungssituation vorstrukturieren.
- Planung umfaßt die *antizipative* Entscheidung. Eine antizipative Entscheidung ist dadurch gekennzeichnet, daß man durch die Wahl geeigneter Handlungsalternativen mögliche künftige Störgrößen kompensiert, bevor sie tatsächlich aufgetreten sind. Demgegenüber stehen die *reaktiven* Entscheidungen, bei denen es eine bereits eingetretene Störung zu kompensieren gilt.

Zweifellos ist die letztgenannte Abgrenzung diejenige, die Planung am umfassendsten versteht. Stellvertretend für ein weites Planungsverständnis sei die Definition von *Küpper* wiedergegeben: „Über die gedankliche Vorwegnahme, das Durchdenken künftiger Handlungsmöglichkeiten, der sie begrenzenden Rahmenbedingungen, ihrer Wirkungen auf die eigenen Ziele und andere Größen will man Handlungsalternativen finden, analysieren und eine zielentsprechende auswählen.... Nach dem hier zugrunde gelegten Verständnis umfaßt Planung die Entscheidungsvorbereitung und den Entscheidungsakt, der sich in den Plänen niederschlägt."[23]

Wie viele andere Begriffe der Betriebswirtschaftslehre (z.B. Führung, Organisation) weist auch der Planungsbegriff verschiedene *Dimensionen* auf:

---

[21]   Vgl. z.B. Albach, H. (Unternehmensplanung 1969), S. 61; Wild, J. (Unternehmungsplanung 1944), S. 13; Pfohl, H.-C. (Planung 1981), S. 16.

[22]   Vgl. Pfohl, H.-C. (Planung 1981) S. 28 ff.

[23]   Küpper, H. U. (Controlling 1997), S. 59.

- Mit den bisherigen Ausführungen dieses Abschnitts wurde implizit die funktionale Dimension betont, indem Planung als Handlung oder als Prozeß darstellt wurde. Der sog. *funktionale Planungsbegriff* betont eben diesen prozessualen Charakter.

- Eng mit der funktionalen Sicht ist die *instrumentale Dimension* verbunden. Um eine Planung durchführen zu können, bedient man sich regelmäßig bestimmter Instrumente, sogenannter Planungsinstrumente. Hierzu gehören in erster Linie alle Verfahren, die *speziell* der Planung dienen. In einem umfassenderen Verständnis können aber auch übergreifende Techniken hierzu gezählt werden, die für Planungs- aber auch für andere Zwecke eingesetzt werden, wie z.B. Interviewtechniken oder Befragungsmethoden. Teil B dieses Buches bezieht sich auf die instrumentale Dimension und behandelt Instrumente, die vornehmlich der Planung und Kontrolle dienen.

- Demgegenüber rückt im Rahmen des *institutionalen Planungsbegriffs* die *Institution* oder das System in den Vordergrund der Betrachtung, welche bzw. welches die – funktionale – Planung trägt.

Vereinfacht gesprochen, beschreibt der funktionale Begriff das „Was", d.h. die Planungsfunktion. Die instrumentale Dimension richtet sich vornehmlich auf das „Wie" der Planung, während mit der institutionalen Sicht der oder die Planungsträger, also „wer" die Planungen durchführt, bezeichnet.

In den weiteren Ausführungen soll – soweit nichts anderes vermerkt ist – folgende Begriffsvereinbarung gelten:

Wenn im weiteren von *Planung* gesprochen wird, meint dies den funktionalen Planungsbegriff, also den gedanklichen Prozeß. Mit dem *Planungssystem* wird das System bezeichnet, welches die Planung im funktionalen Sinn trägt, es wird also auf die institutionale Sicht von Planung Bezug genommen.

Bekanntlich besteht ein System aus Elementen und Beziehungen zwischen diesen Elementen. Welche Elemente wir betrachten, soll ausschlaggebend dafür sein, ob wir von einem Planungs- oder einem Plansystem sprechen:

- In einer weiten Systemabgrenzung bilden die Planungssubjekte, Planungsgegenstände und -informationen sowie Planungshandlungen und -instrumente die Systemelemente, die in zweckdienlicher Weise zueinander in Beziehung gesetzt sind. Dies wird exemplarisch in der Definition eines Planungssystems von *Wild* deutlich: „Ein PS [Planungssystem, Anm. d. Verf.] wird definiert als eine geordnete und integrierte Gesamtheit verschiedener Teilplanungen, Planungsträger, Prozesse und anderer Elemente sowie ihrer Beziehungen, die nach einheitlichen Prinzipien aufgebaut und zwecks Erfüllung bestimmter Funktionen miteinander verknüpft sind."[24]

• In einer engeren Systemabgrenzung kann man nur die Pläne als Systemelemente verstehen. Die verschiedenen Pläne einer Unternehmung bilden – oder sollten es zumindest – eine strukturierte Gesamtheit mit definierten Beziehungen zwischen den Plänen. Für die Abgrenzung einer zielgerichteten Gesamtheit von Plänen wird der Begriff des *Plansystems* verwendet[25].

Abb. A-1 stellt die verschiedenen Dimensionen und Abgrenzungen im Zusammenhang mit betriebswirtschaftlicher Planung noch einmal im Überblick dar. Wir haben hierbei das Plansystem der funktionalen Begriffsdimension zugeordnet, weil – wie an späterer Stelle noch ausführlicher dargelegt wird[26] – ein Plan als (informatorisches) Ergebnis eines Planungsprozesses (funktionale Dimension) verstanden wird.

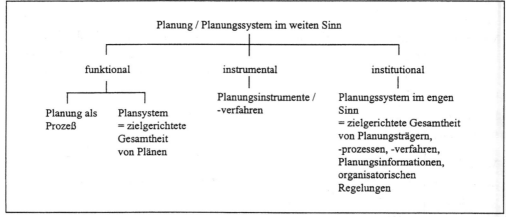

Abb. A-1: Begriffe in Zusammenhang mit betriebswirtschaftlicher Planung

2.1.2 Charakteristische Merkmale

Über die *grundlegenden* Merkmale der Planung besteht im wissenschaftlichen Schrifttum weitgehende Einigkeit; unterschiedliche Auffassungen bestehen jedoch zu detaillierteren Aspekten dieser Merkmale und beruhen vielfach auf Unterschieden im Begriffsverständnis von Planung.

---

[24]   Wild, J. (Bestandteile 1973), S. 217; ähnlich Wild, J. (Unternehmensplanung 1984), S. 153 ff.; Mag, W. (Planung 1993), S. 34 ff.; Küpper, H.-U. (Controlling 1997), S. 61 f.

[25]   Vgl. Hahn, D. (PuK 1996), S. 78.

[26]   Vgl. Abschnitt 4.1.1.

So können die Merkmale

- Informationscharakter
- Zukunftsbezogenheit
- Rationalität
- Gestaltungscharakter
- Prozeßcharakter

im Grundsatz als weitestgehend unstrittig angesehen werden[27]. Diese Merkmale seien nachfolgend etwas eingehender dargestellt:

zum Informationscharakter:

Planung ist ein gedanklicher Vorgang, d.h. eine Tätigkeit, die primär nicht mit materiellen, sondern mit immateriellen Gütern wie Wissen, Informationen und/oder Daten vollzogen wird. Abgrenzungen dieser Begriffe werden an späterer Stelle vertieft behandelt.[28] In den Planungsprozeß gehen Informationen ein, die mit geeigneten Planungsverfahren weiterverarbeitet werden. Ergebnis der Planung sind ebenfalls Informationen, die Pläne. Wenngleich neben den Planungsträgern auch die Objekte der Planung (z.B. die zu fertigende Produktionsmenge) und Hilfsmittel der Planung (z.B. Computer) materieller Natur sind oder sein können, besteht der Kern der Planung in vielschichtigen Prozessen der Informationsverarbeitung, die an später Stelle noch eingehender charakterisiert werden[29].

zur Zukunftsbezogenheit:

Planungen beziehen sich auf die mehr oder weniger entfernte Zukunft. Zur Entwicklung von Plänen werden Informationen über künftig mögliche Handlungen, Umweltzustände usw. benötigt. Informationen dieser Art basieren auf Erwartungen und Prognosen, die in aller Regel mit Ungewißheit behaftet sind.

zur Rationalität:

Planung ist stets rational in dem Sinn, daß sie zielgerichtet, d.h. im Hinblick auf eine oder mehrere Zielsetzungen erfolgt. In engem Zusammenhang damit steht die Vorgehensweise von Planung: Vorrangig handelt es sich um ein methodisch-systematisches Vorgehen, während „Intuition, Improvisation, Durchwursteln und Fingerspitzengefühl nicht zum Wesen der Planung gehören"[30]. Damit ist freilich nicht gemeint, daß Planung nicht auch in erheblichem

---

[27] Vgl. z.B. Küpper, H.-U. (Controlling 1997), S. 59 ff.; Weber, J. (Controlling 1998), S. 37 f.; Mag, W. (Planung 1993), S. 5; Hahn, D. (PuK 1996), S. 45.
[28] Vgl. Abschnitt 2.4.1.
[29] Vgl. Abschnitt 2.4.2.2.
[30] Mag, W. (Planung 1993), S. 5.

Maße auf Kreativität angewiesen ist. Den Grenzen menschlicher Rationalität, die in jüngerer
Zeit vermehrt Berücksichtigung in betriebswirtschaftlichen Ansätzen finden, ist jedoch jede
Planung ausgesetzt.[31]

zum Gestaltungscharakter:

Planung umfaßt nicht allein das Feststellen und Analysieren künftiger Probleme oder Umweltbedingungen. Vielmehr gehört es zum Wesen der Planung, Handlungsempfehlungen zur
Lösung dieser Probleme zu geben. Derartige Vorschläge zur Gestaltung künftigen Geschehens
schließen auch Empfehlungen über Mittel und Wege der Umsetzung von Handlungsempfehlungen ein. Die Gestaltungsaufgabe der Planung kann in Anlehnung an *Mag* in vier Funktionen konkretisiert werden[32]:

*   Strukturierungsfunktion: Ziele, Mittel und Maßnahmen zur Lösung eines Problems werden
    ermittelt und miteinander koordiniert.
*   Optimierungsfunktion: Soweit möglich soll die optimale Handlungsalternative gefunden
    werden.
*   Kreativitätsfunktion: Auch neuartige Ziele, Mittel und Wege sollen gesucht werden.
*   Sicherungsfunktion: Mögliche Risiken sollen erkannt und nach Möglichkeit durch Vor-
    schläge zu geeigneten Anpassungsmaßnahmen eingegrenzt werden.

zum Prozeßcharakter:

Ein Prozeß wird gemeinhin als Folge von Aktivitäten verstanden, die zum Erreichen eines
bestimmten, abgrenzbaren Ergebnisses erforderlich sind. Zur Erstellung eines Plans ist eine
Reihe von Aktivitäten durchzuführen. Wenngleich hierüber weitgehende Einigkeit besteht,
hängen die Aktivitäten, die einem Planungsprozeß zugeordnet werden, vom zugrunde gelegten Begriffsverständnis ab, insbesondere davon, wie die Entscheidung i.e.S., d.h. der
Wahlakt, behandelt wird.[33] Wird die Entscheidungsfindung als Bestandteil der Planung angesehen, ist das Ergebnis des Planungsprozesses die getroffene Entscheidung; im anderen Fall
besteht das Prozeßergebnis in einer Reihe von Handlungsalternativen, die hinsichtlich der
Zielsetzungen bewertet sind. Teilweise wird der Planungsprozeß auch erweitert um die
Durchsetzungsaktivitäten sowie die Kontrollaktivitäten dargestellt, womit die engen Zusam-

---

[31]   Vgl. hierzu insbesondere die Abschnitte 3.1.2 und 3.1.4.
[32]   Vgl. Mag, W. (Planung 1993), S. 6, ähnlich Küpper, H.-U. (Controlling 1997), S. 59 f.; Hahn, D. (PuK
       1996), S. 45 ff.
[33]   Vgl. dazu Abschnitt 2.1.

menhänge zwischen Planung, Realisation und Kontrolle betont werden, jedoch von üblichen begrifflichen Abgrenzungen abgewichen wird.[34]

Als Teilaktivitäten der Planung werden im folgenden die Zielbildung, die Problemfeststellung und -analyse, die Alternativensuche sowie die Prognose, Alternativenbewertung und der Entscheidungsakt angesehen. (Diese Abgrenzung erfolgt, da die Realisation nach hier vertretener Auffassung z.B. aufgrund des fehlenden gedanklichen Charakters nicht der Planung zugerechnet werden kann; auf die Kontrollaktivitäten wird später gesondert eingegangen.) Tab. A-1 führt die wesentlichen Teilschritte der einzelnen Aktivitäten im Planungsprozeß detaillierter auf. Umfassendere Darstellungen finden sich z.B. bei Wild[35].

An Phasenschemata zum Planungsprozeß wie dem hier skizzierten ist vielfach Kritik geübt worden. Zwar konnte in empirischen Untersuchungen nachgewiesen werden, daß die einzelnen Aktivitäten durchlaufen werden; allerdings entspricht die Aktivitätenfolge nicht immer einer bestimmten Reihenfolge. „Vielmehr sind alle Tätigkeiten, auch die Entschlußtätigkeiten, gleichmäßig über die Zeitdauer des Gesamtprozesses verteilt... Offensichtlich ist es nicht möglich, Informationen zu suchen, ohne gleichzeitig auf Entscheidungsalternativen zu stoßen und diese wiederum hinsichtlich ihrer Eignung als Problemlösung zu bewerten. Mit der Bewertung ist unmittelbar eine Teilentscheidung getroffen.“[36] Phasenschemata zum Planungsprozeß stellen damit in erster Linie eine *gedankliche Strukturierung* der sachlich zu erfüllenden Teilaufgaben dar.

---

[34] Vgl. so z.B. Horváth, P. (Controlling 1996), S. 163 ff. und 199 ff.; Wild, J. (Unternehmensplanung 1984), S. 32 ff.

[35] Vgl. Wild, J. (Unternehmensplanung, 1984), S. 32 ff.

[36] Witte, E. (Entscheidungsprozesse 1993), Sp. 915; vgl. ausführlich Witte, E. (Phasentheorem 1968), S. 625 ff.

Tab. A-1:   *Teilaktivitäten der Planung*

Teilaktivität	Teilschritte
Zielbildung	• Suche nach Zielen • Analyse von Zielbeziehungen (Zielkonkurrenz, -komplementarität, -indifferenz) • Ermittlung der Zielgewichtung und -prioritäten • Festlegung von Nebenbedingungen • Operationalisierung der Ziele
Problemfeststellung und -analyse	• Feststellung insb. durch Vergleich eines gegebenen/zukünftigen Zustands mit Zielen • Problemanalyse und -beschreibung nach Ursache, Ausmaß, Struktur • Zerlegung des Problems in Teilprobleme • Detailanalyse von Ursachen und Aufzeigen von Lösungsansätzen
Alternativensuche	• Entwicklung und Sammlung von Handlungsmöglichkeiten • Gliederung von Einzelvorschlägen • Konkretisierung und Strukturierung der Alternativen • Prüfung der Alternativen hinsichtlich Zulässigkeit, Realisierbarkeit
Prognosephase	• Feststellung des Prognosebedarfs/-problems/-umfangs • Analyse der Wirkungszusammenhänge zwischen zu prognostizierenden Größen und Bestimmungsursachen • Aufstellung und Berechnung des Prognosemodells • Abschätzung der Prognosesicherheit und Konsistenzprüfung
Alternativenbewertung	• Zuordnung von Wertgrößen zu Handlungsalternativen hinsichtlich der Zielsetzung(en) • Herstellen einer Rangordnung; bei mehrfachen Zielsetzungen ggf. unter Abbildung eines Nutzenkalküls • Prüfung der Konsistenz der Werturteile
Entscheidungsfindung	• Vergleich der bewerteten Handlungsalternativen • Auswahl der zu realisierenden Alternative

2.2 Kontrolle, Kontrollsystem und Berichtssystem

Eine Abgrenzung für den Begriff *Kontrolle* vorzunehmen, wirft eine Reihe von Schwierigkeiten auf, die sich ihrer Natur nach von denen einer Begriffsbestimmung für Planung unterscheiden:

• Während Planung nach verbreiteter Meinung einen eigenständigen betriebswirtschaftlichen Prozeß darstellt, wird Kontrolle vielfach nur in Zusammenhang mit anderen Funktionen, wie etwa der Planung, behandelt und nicht originär oder eigenständig definiert.[37]

---

[37]   Vgl. Horváth, P. (Controlling 1996), S. 163.

- Die Abgrenzung zu anderen Funktionen, wie beispielsweise Überwachung, Prüfung oder Revision ist nicht geklärt. Während beispielsweise *Freiling* die Kontrolle als spezielle Ausprägung von Überwachung ansieht, die fester Bestandteil der entsprechenden Arbeitsprozesse sei[38], wird sie mit einer sehr ähnlichen Abgrenzung von *Leffson* unter den Revisionsbegriff[39] gefaßt.

Im weiteren grenzen wir den Begriff der Kontrolle insbesondere im Hinblick auf den engen Zusammenhang zur Planungsfunktion ab.

2.2.1 Begriffe

Einheitlich wird der *Vergleich* als ein wesensbestimmendes Merkmal von Kontrollen angesehen.[40] Dies kommt beispielsweise in der Definition von *Weber* zum Ausdruck, der unter Kontrolle den „Vergleich eines eingetretenen Ist mit einem vorgegebenen Soll"[41] versteht.

Unterschiedliche Auffassungen herrschen dagegen hinsichtlich der zum Vergleich herangezogenen Größen. So wendet sich *Küpper* gegen die Aussage, Kontrollen liege stets ein Vergleich zwischen einem Soll und einem Ist zugrunde: „Diese Definition ist zu eng, da Kontrollen nicht in allen Fällen eine Planung (und einen daraus abgeleiteten Soll-Wert) voraussetzen und man auch andere als Ist-Werte prüfen kann"[42]. Auf die Frage nach den in den Vergleich einzubeziehenden Größen werden wir noch zurückkommen.[43]

Unterschiedliche Auffassungen finden sich vor allem über die Funktionen, die unter dem Begriff der Kontrolle zu subsumieren sind. Nach *Weber* können vier mögliche funktionale Konzeptionen der Kontrolle unterschieden werden[44]:

1. Kontrollierende Tätigkeiten bestehen in erster Linie im Vergleichen und Feststellen von Abweichungen.

2. Zusätzlich zu dem unter Punkt 1 gefaßten bloßen Vergleich werden bei Kontrollen auch die Gründe aufgetretener Abweichungen analysiert.

3. Neben Vergleich und Analyse von Abweichungen (Punkte 1 und 2) werden im Rahmen der Kontrolle auch Vorschläge für Korrekturmaßnahmen innerhalb eines *gegebenen* Ziel-, Regelungs- und Handlungsrahmens entwickelt.

---

[38] Vgl. Freiling, C. (Überwachung 1978), S. 297.
[39] Vgl. Leffson, U. (Revision 1983), Sp. 1289.
[40] Vgl. z.B. Küpper, H.-U. (Controlling 1997), S. 165.
[41] Weber, J. (Controlling 1998), S. 140.
[42] Küpper, H.-U. (Controlling 1997), S. 165.
[43] Vgl. S. 20.
[44] Vgl. Weber, J. (Controlling 1998), S. 140 f.

4. Über die in Punkt 3 gefaßten Funktionen hinaus werden auch Vorschläge für *Änderungen* des Ziel-, Regelungs- und Handlungsrahmens erarbeitet.

In den bisherigen Ausführungen zur Kontrolle wurde zunächst implizit ein *funktionaler Kontrollbegriff* zugrundegelegt, d.h., es wurde vornehmlich auf die Kontrollhandlungen abgestellt.

Wie auch bei der Planung kann darüber hinaus eine *instrumentale* Begriffsdimension unterschieden werden. Hiermit sind die Instrumente angesprochen, die speziell für Kontrollaufgaben verwendet werden. Dazu zählen beispielsweise die Methoden der alternativen oder kumulativen Abweichungsanalyse im Rahmen der Kostenkontrolle. Darüber hinaus könnte man ferner übergreifende Instrumente nennen, die *auch*, wenngleich nicht ausschließlich, im Rahmen von Kontrollen eingesetzt werden (z.B. Interviews, Beobachtungen).

Legt man hingegen ein *institutionales* Begriffsverständnis zugrunde, rückt das System als Träger der Kontrollhandlungen in den Vordergrund des Interesses. Analog zum Planungssystem wollen wir für die institutionelle Dimension der Kontrolle vom *Kontrollsystem* sprechen. „Zur Durchführung von Kontrollen werden Kontrollsysteme eingerichtet. Sie bestehen aus der geordneten Gesamtheit an Elementen, die an Kontrollprozessen mitwirken. Hierzu gehören ... die Kontrollzwecke, -objekte und -träger sowie die in Kontrollprozessen durchgeführten Handlungen und bearbeiteten Informationen."[45]

Im Rahmen einer engeren Systemabgrenzung konzentriert man sich auf die Informationen, die das Ergebnis der Kontrolle (Output) bilden. Die erzeugten Informationen finden ihren Niederschlag in *Berichten*. Eine Gesamtheit von Berichten, zwischen denen spezifische Beziehungen bestehen, stellt dann ein *Berichtssystem* dar.[46] Das Berichtssystem ordnen wir – analog dem Plansystem – eher der funktionalen Dimension von Kontrollen zu, da die Berichte das Ergebnis von Kontrollhandlungen (funktionaler Aspekt) sind.

Abb. A-2 stellt die verschiedenen Dimensionen und Abgrenzungen im Zusammenhang mit betriebswirtschaftlicher Kontrolle noch einmal im Überblick dar.

---

[45] Vgl. Küpper, H.-U. (Controlling 1997), S. 172.
[46] Vgl. Hahn, D. (PuK 1996), S. 77 f.

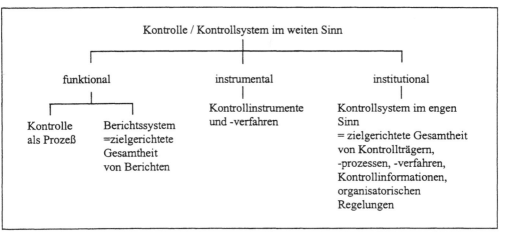

Abb. A-2: Begriffe in Zusammenhang mit betriebswirtschaftlicher Kontrolle

2.2.2 Charakteristische Merkmale

Einige der wesensbestimmenden Merkmale der Planung bilden in übertragenem Sinn auch charakteristische Eigenschaften der Kontrolle. Dies sind zweifellos die folgenden:

- *Informationscharakter*:
  Jede Kontrolle basiert auf Informationen über den zu beurteilenden Sachverhalt einerseits und den Vergleichsmaßstab in Form einer Maßstabs- oder Normgröße auf der anderen Seite.

- *Rationalität*:
  Auch Kontrollen sind insofern rational, als sie auf Kontrollziele ausgerichtet sind, welche sich ihrerseits in den Maßstabs- oder Normgrößen manifestieren. Zudem werden sie systematisch durchgeführt.[47]

- *Prozeßcharakter*:
  Kontrollen werden – zumindest gedanklich – in verschiedene Teilaktivitäten gegliedert, die in Tab. A-2 eingehender dargestellt sind.

Unterschiede in den charakteristischen Merkmalen zwischen Planung und Kontrolle bestehen hinsichtlich des *Gestaltungscharakters* und der *Zukunftsbezogenheit*:

Wie bereits erwähnt, wohnen auch der planenden Tätigkeit ausgeprägt analytische und erklärende Aspekte inne. Allerdings liegt deren Hauptzweck in der Gestaltung des Unternehmensgeschehens. Das Schwergewicht kontrollierender Tätigkeit liegt hingegen im Bereich der

---

[47] Vgl. Küpper, H.-U. (Controlling 1997), S. 165.

Analyse. Einen *unmittelbar* gestaltenden Aspekt besitzt Kontrolle nur dann, wenn dieser Begriff im Sinne der Abgrenzungen 3 oder 4 verstanden wird, die im vorangegangenen Abschnitt dargestellt wurden. Dann nämlich zählt beispielsweise auch die Entwicklung von Korrekturmaßnahmen zur Kontrolle.

Tab. A-2: Teilaktivitäten der Kontrolle

Quelle: nach Küpper, H.-U. (Controlling 1997), S. 173 ff.

Teilaktivität	Teilschritte
Aufdeckung eines Kontrollproblems	• Erkennen des Kontrollproblems auf der Basis einer Erwartung, daß relevante Abweichungen vorliegen können • Auswahl zu kontrollierender Sachverhalte unter Berücksichtigung der Kosten und möglicher negativer sozialer Effekte der Kontrolle
Festlegung des Vergleichs	• Festlegen der Kompetenzen für den Vergleich • Festlegen der Form des Vergleichs, insbesondere der Arten der heranzuziehenden Größen (Wahl der Normgrößen)
Durchführung des Vergleichs	• Ermittlung der Normgröße • Ermittlung der zu beurteilenden Größe • Berechnung der Abweichung
Beurteilung der Abweichungen	• Bewertung der Abweichungen für die Unternehmensziele • Auswahl der genauer zu analysierenden Abweichungen unter Berücksichtigung der Kosten für eine Ursachenanalyse • Feststellen der Ursachen für die Abweichungen • Ermittlung der für die Abweichung Verantwortlichen
Entwicklung von Anpassungsmaßnahmen	Es handelt sich um einen neuen Planungsprozeß, der in die in Tab. A-1 aufgeführten Teilaktivitäten gegliedert werden kann.

Während Planung stets zukunftsbezogen erfolgt, hängt die Art des Zeitbezugs der Kontrolle von den in den Vergleich einbezogenen Größen ab. Es wurde schon erwähnt, daß darüber im Schrifttum keine Einigkeit herrscht. Während z.B. *Weber* Kontrolle offensichtlich stets als Gegenüberstellung von Soll- und Ist-Größen versteht, ziehen etwa *Küpper, Hahn* und *Pfohl* auch andere Informationsarten zum Vergleich heran.[48]

ex-post-Kontrollen werden durchgeführt bei einem

• *Ist-Ist-Vergleich*: Vergleich zweier realisierter Größen, z.B. der Entwicklung des Unternehmensergebnisses der letzten Jahre oder der realisierten Ergebnisse zweier Unternehmen.[49]

---

[48] Vgl. Küpper, H.-U. (Controlling 1997), S. 170 f.; Hahn, D. (PuK 1996), S. 47 f.; Pfohl, H.-C. (Planung 1981), S. 59 ff. und S. 17 in diesem Buch.

[49] Wie *Pfohl* feststellt, entsteht jedoch dann indirekt auch auf der Basis von Ist-Werten ein Soll-Ist-Vergleich, wenn eine Ist-Größe als Soll-Größe gesetzt wird; vgl. Pfohl, H.-C. (Planung 1981), S. 59 ff.

- *Soll-Ist-Vergleich*: Gegenüberstellung von gewünschter und realisierter Größe, um festzustellen, ob das angestrebte Ziel erreicht wurde.

- *Wird-Ist-Vergleich*: Gegenüberstellung von prognostizierter und realisierter Größe, um festzustellen, ob die Ausgangsannahmen, die einer Entscheidung zugrundelagen, zutreffend waren (Prämissenkontrolle).

Dagegen führen die folgenden Vergleiche zu *ex-ante-Kontrollen*:

- *Soll-Soll-Vergleich*: Gegenüberstellung zweier Zielgrößen z.B. mit dem Zweck, die Konsistenz von Zielvorgaben in Plänen zu überprüfen .

- *Soll-Wird-Vergleich*: Gegenüberstellung des gewünschten Wertes einer Zielgröße mit der für sie prognostizierten Ausprägung, um festzustellen, wie wahrscheinlich es ist, daß der angestrebte Wert erreicht wird. Ein typisches Einsatzfeld dieses Vergleichs ist die Planfortschrittskontrolle.

- *Wird-Wird-Vergleich*: Gegenüberstellung zweier prognostizierter Werte, die etwa mit Hilfe unterschiedlicher Prognoseverfahren gewonnen wurden, um den Einfluß der Verfahren auf die Planungsergebnisse abschätzen zu können. Weiterhin kann z.B. die Konsistenz verschiedener Prämissen mit Hilfe von Wird-Wird-Vergleichen überprüft werden.

Auf welche Größen sich der Vergleich bezieht, der kontrollierendem Handeln unablösbar innewohnt, sagt letztlich auch etwas darüber aus, wie die Frage beantwortet wird, ob Kontrolle ohne Planung überhaupt möglich ist. Hierauf werden wir im nachfolgenden Teilkapitel noch genauer eingehen.

Den weiteren Darstellungen wird eine weite Auffassung des Kontrollbegriffs in dem Sinne zugrunde gelegt, daß Kontrolle nicht auf Soll-Ist-Vergleiche beschränkt ist; vielmehr wird Kontrolle als systematischer informationsverarbeitender Prozeß verstanden, in dem zwei Größen, die entweder realisierte, angestrebte oder prognostizierte Sachverhalte darstellen, beurteilend miteinander verglichen werden.

2.3 Planungs- und Kontrollsystem als Gesamtheit

Eine vielfach diskutierte Fragestellung richtet sich auf die generelle Beziehung zwischen Planung und Kontrolle. In Frage steht insbesondere, ob es sich um zwei unabhängige oder eigenständige Problembereiche handelt oder ob die Beziehungen so eng sind, daß sie gleichsam *einen* Problemkomplex darstellen.

Letztere Auffassung wird beispielsweise in der Auffassung von *Wild* offensichtlich, der hervorhebt, Planung sei ohne Kontrolle sinnlos und Kontrolle ohne Planung unmöglich.[50] Diese

---

[50]   Vgl. Wild, J. (Unternehmensplanung 1984), S. 44; so auch Pfohl, H.-J. (Planung 1981), S. 17.

Ansicht vertreten offensichtlich auch *Steinmann/Schreyögg*: „Nachdem Kontrolle ohne Planung nicht möglich ist, weil sie sonst keine (planmäßigen) Sollvorgaben hätte, und andererseits jeder neue Planungszyklus nicht ohne Kontrollinformationen über die Zielerreichung beginnen kann, bezeichnet man Planung und Kontrolle auch als Zwillingsfunktionen."[51]

Diese Sichtweise ist nach *Küpper* zu eng. So träten zwar die engen Beziehungen zwischen Planung und Kontrolle besonders deutlich zu Tage, wenn eine Kontrolle als Vergleich von Soll- und Ist-Werten durchgeführt werde. Allerdings sei eine Kontrolle auch ohne Planung möglich, wenn nämlich beispielsweise ein Zeit- oder zwischenbetrieblicher Vergleich durchgeführt werde. Demnach seien Kontrollen ohne vorherige Planung möglich.[52]

Daß Kontrolle ohne Planung möglich ist, wird auch deutlich, wenn man sich die sog. Verhaltenskontrollen vor Augen führt. Diese dienen dazu, die Verhaltensweise von Organisationsmitgliedern zu registrieren (z.B. Verhalten im Rahmen von Teamarbeit); eine Planung – im oben abgegrenzten Sinn – geht Verhaltenskontrollen jedoch nicht voraus.

Hingegen korrespondieren insbesondere Ergebnis- aber auch Verfahrenskontrollen mit entsprechenden Planungen:

- *Ergebniskontrollen*: Mit Ergebniskontrollen wird das Ergebnis betrieblicher Handlungen überprüft. Da Ergebniskontrollen erst nach Abschluß der jeweiligen Handlung durchgeführt werden können, erlauben sie bei festgestellten Abweichungen keine Anpassung während der Handlung. Nur bei kurzen Realisationszeiten kann man sich deshalb auf Kontrollen der Endergebnisse beschränken. Bei längeren Realisationszeiten sind hingegen Teilergebniskontrollen durchzuführen, die auch als *Planfortschrittskontrollen* bezeichnet werden.

- *Verfahrenskontrollen*: Gegenstand von Verfahrenskontrollen ist der *Prozeß* betrieblicher Handlungen. Es soll festgestellt werden, ob die organisatorischen Regelungen, die für einen Prozeß vorgegeben wurden, eingehalten sind. So soll der Prozeß der *Realisation* einer Planung, d.h. die Art und Weise der Planumsetzung, kontrolliert werden. Der Planungsprozeß kann auch seinerseits einer Verfahrenskontrolle unterzogen werden, indem überprüft wird, ob die Planung den Regelungen entsprechend – wie sie beispielsweise in einem Planungshandbuch festgelegt sind – durchgeführt wurde.

Im Rahmen dieses Buches wird der Ansicht gefolgt, daß es sich bei Planung und Kontrolle um zwei eigenständige Problembereiche handelt, die allerdings in äußerst engen Beziehungen zueinander stehen.

---

[51]   Vgl. Steinmann, H.; Schreyögg, G. (Management 1997), S. 10.
[52]   Vgl. Küpper, H.-U. (Controlling 1997), S. 177, 180 f.

Eine Möglichkeit, die Beziehungen zwischen Planung und Kontrolle detaillierter darzustellen, bildet das kybernetische Regelkreismodell, wie es Abb. A-3 zeigt. Nachfolgend soll diese Abbildung erläutert werden, wobei zur Illustration das Beispiel der Produktionsprogrammplanung dienen soll. (Die Angaben zum Beispiel finden sich stets in Klammern):

Den Ausgangspunkt bilden idealtypisch die obersten Ziel- und Wertvorstellungen des Unternehmens (z.B. Gewinnmaximierung); sie werden im Rahmen des Planungsprozesses konkretisiert und in möglichst operationale Zielsetzungen überführt (z.B. die Maximierung des Deckungsbeitrags bei gegebenen Produktionskapazitäten). Zudem werden die zur Erreichung dieser Zielsetzungen geeigneten Maßnahmen und erforderlichen Ressourcen festgelegt (z.B. zu fertigendes Produktionsprogramm nach Menge und Zeiten, erforderlicher Material- und Personaleinsatz). Die Zielgrößen stellen die Sollgrößen in einem Regelkreis dar, in dem Entscheidungen über (Reaktions-) Maßnahmen in Form einer Anweisung an die realisierenden Einheiten gegeben werden. Die Zielgrößen, aber auch die erwarteten Größen über den zu regelnden Tatbestand werden zudem an die Kontrollfunktion weitergeleitet.

Der zu realisierende Gegenstand und damit der Gegenstand der Regelung (z.B. der Produktionsprozeß) wird als Regelstrecke bezeichnet. Auf die Regelstrecke wirken Störgrößen aus der Unternehmensumwelt, aber auch unternehmensinterne Störgrößen ein (z.B. das Ausmaß unerwarteter Maschinenausfälle). Störungen können Soll-Ist-Abweichungen verursachen. An der Regelstrecke werden möglichst gute Indikatoren dafür erfaßt, inwieweit die Ziele erreicht, die beschlossenen Maßnahmen umgesetzt werden und die dabei eingesetzten Ressourcen den Vorgaben entsprechen.

Die erreichten Istausprägungen (z.B. erstellte Produktmengen) werden im Rahmen der Kontrolle beurteilt („Rückkopplung" oder „feed back"). Sind die festgestellten Abweichungen innerhalb des Bereichs, in dem noch Kompensationsmaßnahmen durchgeführt werden können, so bleiben insbesondere die Zielvorgaben unverändert und der Regelkreis wird erneut durchlaufen, wobei nun die Kompensationsentscheidungen umzusetzen sind (z.B. eine Sonderschicht, um den Maschinenausfall zu kompensieren). Überschreiten die festgestellten Abweichungen den Toleranzbereich (z.B. weil die Reparatur der Maschine eine längere Zeit in Anspruch nimmt und spätere Sonderschichten nicht im erforderlichen Umfang durchgeführt werden können), so muß eine erneute Planung durchgeführt werden. Im Rahmen dieser neuen Planungsrunde sind gegebenenfalls die Prämissen anzupassen und die Zielvorgaben zu überarbeiten (z.B. geringere Produktionsmenge).

Idealtypisch nimmt die Kontrolle auch möglichst frühzeitig Informationen im Sinne von Frühwarnindikatoren über Störgrößen auf (Störgrößenmessung), um schon erforderliche Kompensationsmaßnahmen initiieren zu können, bevor die Störungen sich auf die Regelstrecke auswirken („Vorkopplung" oder „feed forward"). Damit ist die Kontrolle nicht nur vergangenheits-, sondern auch zukunftsorientiert.

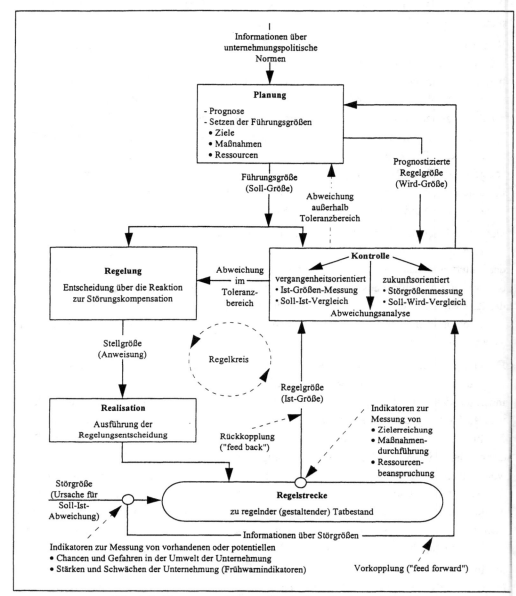

Abb. A-3: Planung und Kontrolle als Regelkreis nach Pfohl

Quelle: Pfohl, H.-C. (Planung 1981), S. 21

Aus diesem modellhaften Regelkreis läßt sich ersehen, welche engen inhaltlichen und auch prozessualen Verzahnungen zwischen Planung und Kontrolle bestehen. Dies deutet darauf hin, daß – auch in institutionaler Sicht – zwischen dem Planungssystem und dem Kontrollsystem entsprechend enge Verflechtungen bestehen. Auch wenn Planung und Kontrolle jeweils als eigenständige betriebswirtschaftliche Problembereiche angesehen werden[53], rechtfertigen es u. E. die engen Beziehungen zwischen diesen Bereichen, diese im weiteren gemeinsam zu betrachten und insbesondere vom *Planungs- und Kontrollsystem eines Unternehmens* zu sprechen.

2.4 Informationen, Informationsbedarf und -bereitstellung, Informationssystem

Planung und Kontrolle wurden in den vorangegangenen Abschnitten als *informationsverarbeitende* Prozesse charakterisiert. In den weiteren Ausführungen sollen die wesentlichen Merkmale und Eigenschaften von Informationen eingehender deshalb behandelt werden.

Zu diesem Zweck werden zunächst Informationen begrifflich näher präzisiert (Abschnitt 2.4.1). Welche Informationen für die Erfüllung einer Aufgabe, z.B. einer Planungs- oder Kontrollaufgabe, erforderlich sind, wird mit dem Informationsbedarf beschrieben. Dieser wird gedeckt durch Prozesse der Informationsbereitstellung. Sowohl Eigenschaften des Informationsbedarfs wie auch der idealtypische Prozeß der Informationsbereitstellung werden in Abschnitt 2.4.2 beschrieben. Mögliche Systemabgrenzungen für Informationssysteme bilden den Gegenstand von Abschnitt 2.4.3.

2.4.1 Informationen

2.4.1.1 Begriff

In der Betriebswirtschaftslehre hat sich die Definition von Information nach *Wittmann* – wenngleich nicht ohne Kritik[54] – weitgehend durchgesetzt: „Information ist zweckorientiertes Wissen, also solches Wissen, das zur Erreichung eines Zweckes, nämlich einer möglichst vollkommenen Disposition eingesetzt wird"[55]. Wissen ist nicht in jedem Fall auf einen bestimmten Zweck ausgerichtet, d.h., nicht alles Wissen ist Information. Vielmehr entstehen Informationen in der Unternehmung erst durch den Zweck von Wissen, es zur sachgerechten Aufgabenerfüllung und zur Erreichung der Unternehmensziele einzusetzen.[56]

---

[53] Vgl. so Weber, J. (Controlling 1998), S. 140 f.

[54] Vgl. z.B. Bode, J. (Informationsbegriff 1997), S. 454 ff.

[55] Wittmann, W. (Information 1959), S. 14.

[56] Vgl. Picot, A.; Reichwald, R. (Informationswirtschaft 1991), S. 245 f.

Die Zweckbezogenheit oder pragmatische Ausrichtung als Wesensmerkmal von Information wird ebenfalls deutlich, wenn man die drei[57] möglichen Betrachtungsebenen der Sprachtheorie (Semiotik) heranzieht[58]:

1. *Syntax*: Der syntaktischen Ebene sind Zeichen (Signale) sowie die Regeln zugeordnet, nach denen Zeichen zu Zeichen- bzw. Signalfolgen kombiniert werden. Die Tatbestände (Objekte), die mit Hilfe der Zeichen beschrieben werden, und die Personen (Subjekte), die sich der Zeichen bedienen, sind auf der syntaktischen Betrachtungsebene nicht von Interesse.

2. *Semantik*: Die Semantik geht über die Ebene der Syntax hinaus, indem sie auch die Tatbestände, die mit Zeichen beschrieben werden, einbezieht. Damit gewinnt die *Bedeutung* von Zeichen an Beachtung, und man verwendet gemeinhin den Begriff der Nachricht. Nachrichten sind mit einer bestimmten Bedeutung versehene Zeichen.

3. *Pragmatik*: Auf der pragmatischen Ebene wird das Augenmerk auf die Frage gelenkt, ob eine Nachricht einen Einfluß auf die Handlungen des Empfängers ausübt. Auf dieser Ebene erlangt also der Zweck, zu dem eine Nachricht von ihrem Empfänger verwendet wird, Berücksichtigung. Damit wird eine Nachricht zur Information.

Wenngleich mit der Zweckbezogenheit, insbesondere zur Entscheidungsvorbereitung, d.h. zur Planung, ein wesentliches Merkmal von Informationen weitgehend anerkannt ist, besteht Uneinigkeit über eine Reihe weiterer Aspekte des Informationsbegriffs:[59]

- *Träger*: In Frage steht, ob Informationen begriffsbestimmend an ein bestimmtes Trägermedium, nämlich den Menschen, gebunden sind oder ob auch von Informationen gesprochen werden kann, wenn sie beispielsweise auf elektronischen Speichermedien gehalten werden.[60]

- *Zeitbezogenheit*: Umstritten ist, ob Information einen Prozeß im Sinne des Sich-Informierens oder einen Zustand im Sinne eines Informiertseins darstellt.

- *Neuigkeitsgrad*: In Zweifel steht, ob Informationen für den Empfänger neues Wissen darstellen müssen oder unabhängig vom Wissensstand des Einzelnen bestehen.

---

[57] Gelegentlich wird eine weitere Ebene, diejenige der Sigmatik, eingeführt. Auf dieser Ebene wird die Beziehung zwischen dem betrachteten Gegenstand und den diesen benennenden Zeichen berücksichtigt. Vgl so Berthel, J. (Information 1984), Sp. 1868 ff.

[58] Vgl. z.B. Kramer, R. (Bedeutung 1962), S. 19 ff.

[59] Vgl. dazu mit weiteren Verweisen und einer ausführlichen Auseinandersetzung Bode, J. (Informationsbegriff 1997), S. 452 ff.

[60] Vgl. Coenenberg, A. (Kommunikation 1966), S. 20 f.; Wacker, W. H. (Informationstheorie 1971), S. 42; Berthel, J. (Information 1984), Sp. 1866; im folgenden zitiert als: Information.

- *Wahrheitsgehalt*: Uneinheitlich wird auch die Frage beurteilt, inwieweit Informationen objektiv wahr sein müssen oder doch wenigstens der Überzeugung des Informationssenders nach wahr sein müssen.

Die Typologie der verschiedenen in der Literatur vorzufindenden Informationsbegriffe stellt die Abb. A-4 dar. Um so näher ein Begriffsmerkmal am „Ursprung" der Achsen liegt, um so enger ist danach auch der zugrunde gelegte Informationsbegriff.

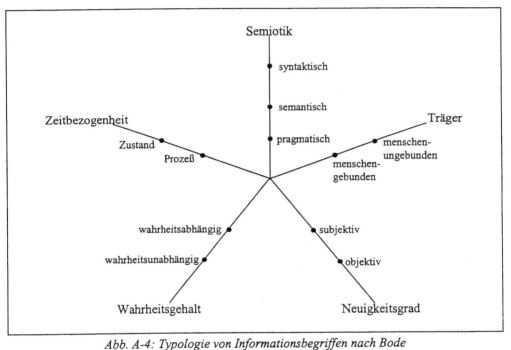

Abb. A-4: Typologie von Informationsbegriffen nach Bode

Quelle: geringfügig modifiziert nach Bode, J. (Informationsbegriff 1997), S. 452

Für die weiteren Ausführungen zu Planungs- und Kontrollsystemen wird die pragmatische Ebene der Semiotik zugrunde gelegt. Hinsichtlich der anderen vier umstrittenen Dimensionen sollen folgende Abgrenzungen gelten:

- Ein Schwerpunkt der weiteren Darstellungen liegt auf der Unterstützung und Abbildung von Planungs- und Kontrollprozessen durch informationstechnologische Einrichtungen. Demnach wäre eine Abgrenzung, die allein bei an Menschen gebundenem zweckorientierten Wissen von Information spricht, zu eng. Zudem wären dann zahlreiche Begriffe der

Wirtschaftsinformatik[61], wie Management-Informationssysteme, Informationsmanagement, Informationstechnik usw., nicht verwendbar.

- Hinsichtlich der Zeitbezogenheit wird die Auffassung vertreten, daß der Informationsbegriff ebenso wie beispielsweise der Organisationsbegriff sowohl einen Prozeß als auch das Ergebnis dieses Prozesses bezeichnet. Damit können grundsätzlich beide Interpretationen zugrunde gelegt werden. Sofern nichts anderes vermerkt ist, wird das Prozeßergebnis, d. h. der Zustand des Informiertseins über einen bestimmten Sachverhalt, als Information bezeichnet.

- Eine Begriffsabgrenzung, die an die Neuigkeit von Information für den Empfänger abstellt, müßte stets den individuellen Kenntnisstand berücksichtigen. Dies setzt voraus, die individuellen Umstände des Informationsempfängers im Einzelfall der Entscheidungssituation zu berücksichtigen. Eine solche Abgrenzung erscheint für die Ausrichtung dieses Buches unzweckmäßig.

- Der – vermeintliche – Wahrheitsgehalt als konstituierendes Merkmal von Informationen ist umstritten. So weist *Bode* darauf hin, daß es für Unternehmen in der Regel unvorteilhaft sei, dauerhaft falsche Aussagen zu treffen; allerdings ließe sich auch beobachten, daß oftmals bewußt falsche Informationen verbreitet würden, um bestimmte Entscheidungen bei anderen Wirtschaftssubjekten hervorzurufen oder zu vermeiden (z.B. in Form einer Dementierung der bevorstehenden Übernahme einer börsennotierten Unternehmung.). Für Planung und Kontrolle ist der Wahrheitsgehalt zweifellos eine wichtige Qualitätseigenschaft von Informationen; allerdings kann der Wahrheitsgehalt als ein *konstituierendes Merkmal* insbesondere in Anbetracht der mit Planung stets verbundenen Unsicherheit für die weiteren Ausführungen kaum zweckmäßig sein.

In der von *Bode* vorgeschlagenen Typologie besitzt der damit im weiteren verwendete Informationsbegriff die in Abb. A-5 mit Linien angedeuteten Ausprägungen.

Die Abgrenzung von Informationen und *Daten* wird – wenn überhaupt[62] – keineswegs einheitlich vorgenommen. Eine oftmals geäußerte Position besagt, daß Informationen der pragmatischen, Daten hingegen der semantischen Ebene der Sprachtheorie zuzuordnen sind. Daten entsprechen damit den Nachrichten oder unterscheiden sich von diesen allenfalls nur dadurch, daß der Übertragungsaspekt nicht im Vordergrund der Betrachtung steht; insbesondere wird hervorgehoben, daß Daten einer maschinellen Verarbeitung durch computergestützte Techni-

---

[61]   Eine Gegenüberstellung der Begriffsauffassungen speziell aus dem Bereich der Wirtschaftsinformatik findet sich in Lehner, F.; Maier, R. (Information 1994), S. 76 ff.

[62]   Auf eine explizite Abgrenzung wird in weiten Teilen der vornehmlich betriebswirtschaftlichen Literatur, aber auch in der Informatik verzichtet; vgl. dazu Lehner, F.; Maier, R. (Information 1994), S. 28, 42 f.

ken zugänglich seien.[63] Dem widerspricht auch keineswegs die Ansicht, Informationen er-
gäben sich erst aus der zweckorientierten Interpretation von Daten.[64] Im weiteren werden Daten – beide Ansichten zusammenfassend – als der semantischen Ebene zugehörig und einer
maschinellen Verarbeitung zugänglich angesehen.

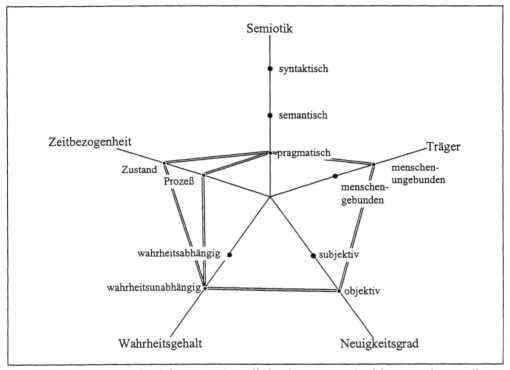

*Abb. A-5: Abgrenzung des Informationsbegriffs für die weiteren Ausführungen dargestellt in
der Typologie von Bode*

Vor dem Hintergrund dieser Abgrenzungen kann nun auch die eingangs[65] gestellte Frage, inwieweit Informationen einen Produktionsfaktor darstellen, eingehender diskutiert werden:

In Anlehnung an *Preßmar*[66] kann man zwischen Verbrauchsfaktoren und Nutzungsfaktoren
danach unterscheiden, ob die Teilnahme am Kombinationsprozeß zu einem *Faktorverzehr*
führt oder nicht. Abhängig davon, ob Verbrauchsfaktoren „in derselben Elementarzeit, in der

---

63   Vgl. Heinrich, L. J. (Wirtschaftsinformatik 1993), S. 104.
64   Vgl. Ferstl, O. K.; Sinz, E. J. (Wirtschaftsinformatik 1993), S. 89 f.
65   Vgl. Abschnitt 1.2.
66   Vgl. Preßmar, D. B. (Leistungsanalyse 1971), S. 55 ff.

sie eingesetzt werden, völlig verzehrt"[67] werden oder nicht, ist weiter zwischen Repetier- und Potentialfaktoren zu differenzieren. Die Auffassung von Informationen als *Verbrauchsfaktoren* ist insofern problematisch, als Informationen, z.B. aufgrund ihres immateriellen Charakters, durch ihre Verwendung im betrieblichen Kombinationsprozeß nicht im eigentlichen Sinne verbraucht werden. Andererseits wäre zu argumentieren, daß Informationen ihre existentielle Bedeutung durch den Zweck der Vorbereitung von Handlungen erhalten; sobald eine Handlung – z.B. ein Produktionsvorgang – abgeschlossen ist, hat die Information ihren Zweck erfüllt und könnte insofern als „verbraucht" angesehen werden. Für die Betrachtung von Informationen als *Nutzungsfaktoren* kommen damit nur solche Informationen in Betracht, die einem stets vorhandenen Zweck dienen; allerdings werden Informationen dieser Art oftmals schwer von allgemeinem Wissen zu unterscheiden und kaum einer bestimmten Entscheidung zuzuordnen sein. So lassen sich Informationen nur in Ausnahmefällen eindeutig einer Klasse von Produktionsfaktoren zuordnen.[68]

2.4.1.2 Arten und Qualitätseigenschaften

Um die Qualität von Informationen beurteilen zu können, ist zuvor eine Differenzierung von verschiedenen Informations*arten*[69] vorzunehmen. Im Kontext der Unternehmensplanung ist insbesondere die Klassifikation nach *Wild* zu erwähnen:[70]

- *Faktische Informationen:* Faktische Informationen besagen im Rahmen einer *Ist*-Aussage etwas über die Wirklichkeit, was eine vergangenheits- oder auch gegenwartsbezogene Betrachtung impliziert. Kontrollen im Sinne von Soll-Ist-Vergleichen beziehen sich auf faktische Informationen, die Istgrößen, denen Vergleichsgrößen gegenüberzustellen sind.

- *Prognostische Informationen:* Dagegen sind prognostische Informationen zukunftsgerichtet und treffen somit eine Aussage über etwas, das sein *wird*. Prognostische Informationen sind im Rahmen der Planung insbesondere für die Vorhersage von Umweltzuständen oder der Ergebnisse von Handlungsalternativen von Bedeutung.

- *Explanatorische Informationen:* Im Unterschied zu den obigen Informationsarten spielt bei den explanatorischen Informationen die zeitliche Dimension keine Rolle. Es wird eine Beschreibung der Ursachen von Sachverhalten vorgenommen, bei der die Fragestellung nach dem *warum* im Vordergrund steht.

- *Konjunktive Informationen:* Um auszusagen, was eventuell sein *kann*, werden konjunktive Informationen über diese Möglichkeit gegeben.

---

[67] Preßmar, D. B.(Leistungsanalyse 1971), S. 57.
[68] Vgl. Bode, J. (Information 1993), S. 95 f.
[69] *Wild* spricht synonym von Informations*modalitäten*, vgl. Wild, J. (Nutzenbewertung 1971), S. 327.
[70] Vgl. Wild, J. (Nutzenbewertung 1971), S. 328.

- *Normative Informationen:* Ziele und Werturteile werden durch normative Informationen ausgedrückt. Es wird also gesagt, was aus der Sicht des Informationsgebers sein *soll*. Wird beispielsweise eine Handlungsalternative ausgewählt, können deren Ergebnisse den Charakter von Soll- oder Planvorgaben erhalten, die mit der Realisierung der Handlungsalternative zu erreichen sind.

- *Logische Informationen:* Logische Informationen stellen die Beziehungen zwischen Sachverhalten als Notwendigkeit dar.

- *Explikative Informationen:* Anders als die bisher beschriebenen Informationsarten machen explikative Informationen keine Aussage über irgendetwas, sondern beschreiben lediglich (Sprach-) Regelungen oder enthalten Definitionen. Beispielsweise kann die Definition der Kennzahl „Eigenkapitalrentabilität" als explikative Information verstanden werden.

- *Instrumentale Informationen:* Ebenso wie explikative Informationen machen instrumentale Informationen keine inhaltlichen Aussagen zum Planungsproblem, sondern besagen etwas über methodische Aspekte, z.B. über die zur Anwendung kommenden Planungsverfahren.

Auch wenn mit dieser Aufzählung keine vollständige und durchgehend konsistente Differenzierung der Informationsarten vorliegt, fällt es auf dieser Basis leichter, Qualitätseigenschaften von Informationen zu erfassen. „Informationseigenschaften sind Qualitätskategorien, gleichbedeutend mit Anforderungen, in denen ein Informationsbedarf zu präzisieren ist"[71]. Solche Eigenschaften sollen nachfolgend eingehender betrachtet werden.

Das wissenschaftliche Schrifttum weist eine Vielzahl von Katalogen für Informationseigenschaften auf, die inhaltlich uneinheitlich und zum Teil mit unterschiedlichen Zielsetzungen entwickelt wurden.[72] Eine systematische Analyse der Informationseigenschaften nimmt *Keller*[73] vor, indem er Merkmalskataloge aus der einschlägigen Literatur heranzieht und die einzelnen Merkmale daraufhin überprüft, ob sie redundant sind und ob sie in einem komplementären oder konkurrierenden Verhältnis zueinander stehen. Daraus ergibt sich der folgende Katalog mit dreizehn Informationseigenschaften, von denen jedoch nicht jede gleichermaßen für alle Informationsarten in Betracht kommt:[74]

---

[71] Berthel, J. (Informationsbedarf 1992), Sp. 873 f.

[72] Das Ziel, eine Bewertung des Nutzens von Informationen durchzuführen, kommt zum Ausdruck z.B. bei Pfestorf, J. (Kriterien 1974), S. 80 ff.; Wild, J. (Nutzenbewertung 1971), S. 326 ff.
Eine eher allgemeingültige Aufstellung von Informationseigenschaften ist offensichtlich das Anliegen bei Abel, B. (Informationsverhalten 1977), S. 173; Szyperski, N. (Informationsbedarf 1980), Sp. 904 f.; Haselbauer, H. (Informationssystem 1986), S. 131 ff.; Berthel, J. (Informationsbedarf 1992), Sp. 874.

[73] Vgl. Keller, T. (Anreizsystem 1994), S. 130 ff.

[74] *Keller* legt die Differenzierung der Informationsarten von *Wild* zugrunde; vgl. Keller, T. (Anreizsystem 1994), S. 131 ff.,149 f.; vgl. Wild, J. (Nutzenbewertung 1971), S. 328.

- *Wahrscheinlichkeit*: Die Wahrscheinlichkeit einer Information gibt deren „Grad der Sicherheit, wahr zu sein"[75], an. Naturgemäß ist die Angabe einer Wahrscheinlichkeit nur für Informationen, die sich auf zukünftige Tatbestände beziehen, also für prognostische Informationen, sinnvoll[76].

- *Prüfbarkeit*: Eine Information ist prüfbar, wenn ihr sachlich-inhaltlicher Gehalt nachträglich verifiziert werden kann.

- *Genauigkeit*: Die Genauigkeit einer Information beschreibt die Detailliertheit oder Präzision, mit der das Informationsobjekt abgebildet ist.[77]

- *Vollständigkeit*: Eine Information gilt dann als vollständig, wenn sie alle Aspekte enthält, die der Entscheidungsträger im Zusammenhang mit dieser Information erwartet.

- *Relative Bedeutung*: Die relative Bedeutung einer Information für eine Entscheidung hängt im einzelnen von ihrer zeitlichen und ihrer sachlichen Tragweite ab.

- *Anpassung an das Subjekt*: Dieses Merkmal beschreibt, inwieweit eine Information auf den Empfänger zugeschnitten ist. Ausschlaggebend hierfür ist z.B. die „Sprache", in der eine Information übermittelt wird.

- *Objektivität im Sinne von Unpersönlichkeit*: Je weniger eine Information von persönlichen Vorstellungen des Informationssenders geprägt ist, desto objektiver ist sie.

- *Aktualität*: Mit der Aktualität einer Information wird die Zeitspanne erfaßt, die zwischen dem Auftreten des Sachverhalts, den die Information beschreibt, und der Aufnahme bei dem Empfänger liegt.

- *Wahrheitsgehalt*: Das Merkmal des Wahrheitsgehalts charakterisiert die sachliche Richtigkeit und die Zuverlässigkeit einer Information. Der Wahrheitsgehalt kann damit offensichtlich nicht für prognostische Informationen festgestellt werden.

- *Formatierung*: Die Formatierung einer Information beschreibt, inwieweit ihre Darstellungsweise durch Regelungen festgelegt ist; mit Formularen oder Standardvordrucken erhöht man in diesem Sinne den Formatierungsgrad von Informationen.

- *Objektivität im Sinne von Nachvollziehbarkeit*: Eine Information gilt dann als objektiv, wenn die Art und Weise, wie sie generiert wurde, nachvollzogen werden kann.

- *Allgemeinverständlichkeit*: Die Allgemeinverständlichkeit einer Information hängt davon ab, inwieweit die Terminologie auf Fachbegriffe verzichtet.

---

[75]   Berthel, J. (Informationsbedarf 1992), Sp. 874.

[76]   Vgl. Keller, T. (Anreizsystem 1994) S. 149 f.

[77]   Vgl. Berthel, J., (Informationsbedarf 1992), Sp. 874; Szyperski, N. (Informationsbedarf 1980), Sp. 904; Pfestorf, J. (Kriterien 1974), S. 95.

- *Dokumentation*: Eine dokumentierte Information wird nach bestimmten Kriterien gespeichert. Wesentlich ist damit die Art des Informationsträgers.

Zwischen diesen Qualitätseigenschaften bestehen teilweise konfliktäre Beziehungen: Eine Qualitätssteigerung in einer Dimension ist dann mit einer verschlechterten Qualität hinsichtlich eines anderen Merkmals verbunden. Beispielsweise wird eine allgemeinverständliche Information tendenziell nur in geringem Maße an die spezifischen Bedürfnisse eines Informationssubjekts angepaßt sein.[78]

2.4.2 Informationsbedarf und Informationsbereitstellung

2.4.2.1 Begriffe

Sowohl die Planung als auch die Kontrolle stellen informationsverarbeitende Prozesse dar. Um die Menge der Informationen, die zur Lösung eines bestimmten Planungs- oder Kontrollproblems erforderlich sind, näher umreißen zu können, dienen verschiedene Abgrenzungen des Informationsbedarfs. „Der Informationsbedarf wird definiert als die Summe derjenigen Informationen, die zur Erfüllung eines informationellen Interesses (z.B. aus betrieblicher Sicht zur Bewältigung einer bestimmten Aufgabe) erforderlich sind".[79]

Gemeinhin wird zwischen dem *objektiven Informationsbedarf* und dem *subjektiven Informationsbedarf* unterschieden. Der objektive Informationsbedarf ergibt sich ausschließlich aus der Aufgabenstellung und besteht unabhängig von der Person des Aufgabenträgers. Hingegen ist der subjektive Informationsbedarf durch die Person des Aufgabenträgers, d.h. dessen individuelle Bedürfnisse bestimmt.[80] So wird eine risikoscheue und vorsichtige Person für eine Entscheidung tendenziell mehr und detailliertere Informationen benötigen als ein sehr risiko- oder „experimentierfreudiger" Entscheidungsträger. Für den subjektiven Informationsbedarf werden auch die Begriffe „Informationsnachfrage" und „Informationsbedürfnis" verwendet. Der objektive und der subjektive Informationsbedarf stimmen im Idealfall überein, weichen in realen Entscheidungssituationen jedoch oftmals voneinander ab.[81]

Die Gesamtheit der Informationen, die zu einem bestimmten Zeitpunkt verfügbar sind, wird als *Informationsangebot* bezeichnet. Das Informationsangebot wird nur insoweit wirksam, als es auf eine Informationsnachfrage stößt.[82] Es deckt sich im Idealfall mit dem objektiven und

---

[78] Vgl. Keller, T. (Anreizsystem 1994), S. 151.
[79] Berthel, J. (Informationsbedarf 1992), Sp. 873.
[80] Vgl. Szyperski, N. (Informationsbedarf 1980), Sp. 905; Bahlmann, A. R. (Informationsbedarfsanalyse 1982), S. 40 f.
[81] Vgl. die empirischen Untersuchungen von Witte, E. (Informationsverhalten 1972), S. 61 ff.
[82] Vgl. Szyperski, N. (Informationsbedarf 1980), Sp. 905.

dem subjektiven Informationsbedarf. Aus verschiedenartigen Gründen, wie z.B. zu langen Beschaffungszeiten, ist dieser Idealzustand oftmals nicht zu erreichen.[83] Die Abb. A-6 stellt den Zusammenhang zwischen Informationsbedarf, Informationsnachfrage und -angebot dar. Hierbei bedienen wir uns der Mengenschreibweise, um die verschiedenen (Teil- und Schnitt-) Mengen präzise bezeichnen zu können, die entstehen, wenn die objektiv benötigte Informationsmenge IB^O nicht mit der subjektiv erwünschten Informationsmenge IB^S und der Menge IA der angebotenen Informationen übereinstimmt.[84]

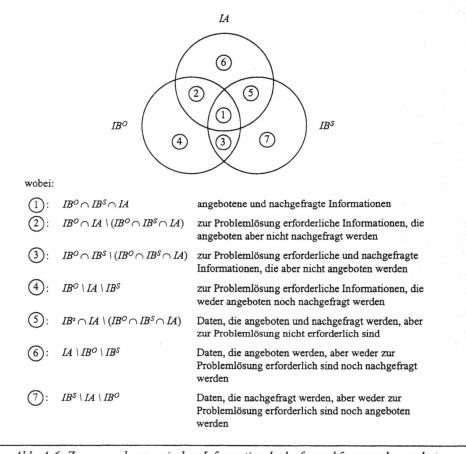

wobei:

   ①: $IB^O \cap IB^S \cap IA$ angebotene und nachgefragte Informationen

   ②: $IB^O \cap IA \setminus (IB^O \cap IB^S \cap IA)$ zur Problemlösung erforderliche Informationen, die angeboten aber nicht nachgefragt werden

   ③: $IB^O \cap IB^S \setminus (IB^O \cap IB^S \cap IA)$ zur Problemlösung erforderliche und nachgefragte Informationen, die aber nicht angeboten werden

   ④: $IB^O \setminus IA \setminus IB^S$ zur Problemlösung erforderliche Informationen, die weder angeboten noch nachgefragt werden

   ⑤: $IB^s \cap IA \setminus (IB^O \cap IB^S \cap IA)$ Daten, die angeboten und nachgefragt werden, aber zur Problemlösung nicht erforderlich sind

   ⑥: $IA \setminus IB^O \setminus IB^S$ Daten, die angeboten werden, aber weder zur Problemlösung erforderlich sind noch nachgefragt werden

   ⑦: $IB^S \setminus IA \setminus IB^O$ Daten, die nachgefragt werden, aber weder zur Problemlösung erforderlich sind noch angeboten werden

Abb. A-6: Zusammenhang zwischen Informationsbedarf, -nachfrage und -angebot

---

[83]   Vgl. Bahlmann, A. R. (Informationsbedarfsanalyse 1982), S 42 f.
[84]   Eine etwas andere grafische Darstellung findet sich bei Berthel, J. (Informationsbedarf 1992), Sp. 875.

Das Informationsangebot wird von *Koreimann* als die Summe der zu einem bestimmten Zeitpunkt verfügbaren Informationen bezeichnet.[85] Diese Formulierung – wie auch andere[86] –
hebt auf die *Verfügbarkeit* von Informationen bzw. auf die *Möglichkeit* des zur Verfügungstel-
lens ab.[87] Wir wollen daher im weiteren auch vom *potentiellen* Informationsangebot sprechen.

In einer genaueren Differenzierung kann man von den potentiell verfügbaren Informationen
die Menge derjenigen Informationen unterscheiden, die ein Organisationsmitglied aufgrund
seiner Aufgabendefinition anderen Aufgabenträgern bereitstellen *soll* und die wir als objektives Informationsangebot bezeichnen wollen.

Potentielles und objektives Informationsangebot stimmen oftmals insbesondere deshalb nicht
überein, weil die Bereitstellung aller potentiell verfügbaren Informationen durch einen Aufgabenträger Kosten verursacht und/oder diese für den Empfänger nicht von Bedeutung sind
– und damit für ihn streng genommen keine Informationen, sondern Nachrichten bzw. Daten
darstellen. In Abb. A-7 ist daher die Menge der potentiellen Informationen IA^P größer als das
objektive Informationsangebot (IA^O).

Wenngleich Organisationsmitglieder aufgrund ihrer organisatorischen Einbindung das objektive Informationsangebot IA^O bereitzustellen haben, weicht die Menge der *tatsächlich* angebotenen Informationen IA^S hiervon vielfach ab (Abb. A-7). Zu verweisen ist in diesem Zusammenhang auf das beabsichtigte Zurückhalten und Verfälschen von Informationen, z.B. aufgrund macht- oder interessenbedingter Motive von Organisationsmitgliedern. Organisationsmitglieder können bestehende Informationsasymmetrien, d.h. die einseitige Informationsverteilung, ausnutzen, um ihre individuellen Interessen zu verfolgen. (Wir werden auf diesen
Aspekt im Zusammenhang mit institutionenökonomischen Ansätzen noch näher zu sprechen
kommen[88]).

Die tatsächlich angebotenen Informationen sind von den Personen der Aufgabenträger geprägt
und wären insofern als *subjektives Informationsangebot* zu bezeichnen, um analog zur begrifflichen Abgrenzung des objektiven und subjektiven Informationsbedarfs zu verfahren.

---

[85] Vgl. Koreimann, D. S. (Informationsbedarfsanalyse 1976), S. 67.
[86] Vgl. Bahlmann, A. R. (Informationsbedarfsanalyse 1982), S. 42 f.
[87] Demgegenüber bezieht sich Berthel offensichtlich auf das tatsächliche Informationsangebot; vgl. Berthel, J.
      (Informationsbedarf 1992), Sp. 875.
[88] Vgl. Abschnitt 3.1.4.

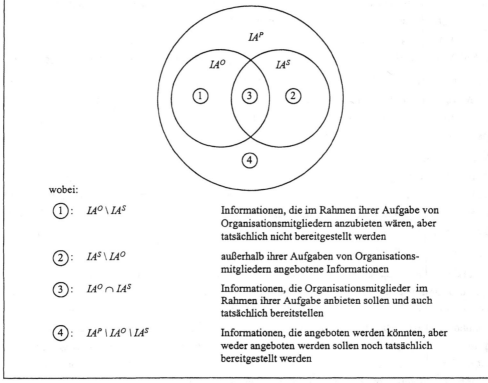

wobei:

①: $IA^O \setminus IA^S$ Informationen, die im Rahmen ihrer Aufgabe von
                  Organisationsmitgliedern anzubieten wären, aber
                  tatsächlich nicht bereitgestellt werden

②: $IA^S \setminus IA^O$ außerhalb ihrer Aufgaben von Organisations-
                  mitgliedern angebotene Informationen

③: $IA^O \cap IA^S$ Informationen, die Organisationsmitglieder im
                  Rahmen ihrer Aufgabe anbieten sollen und auch
                  tatsächlich bereitstellen

④: $IA^P \setminus IA^O \setminus IA^S$ Informationen, die angeboten werden könnten, aber
                  weder angeboten werden sollen noch tatsächlich
                  bereitgestellt werden

Abb. A-7: Zusammenhänge zwischen dem potentiellen, objektiven und subjektiven
Informationsangebot

2.4.2.2 Prozeß der Informationsbereitstellung

Um den Bedarf an Informationen für eine bestimmte Planungs- oder Kontrollaufgabe zu dek-
ken, müssen zahlreiche Aktivitäten zur Bereitstellung der benötigten Informationen ausgeführt werden. Die Informationsbereitstellung kann als Prozeß aufgefaßt werden, der sich in
verschiedene Teilprozesse gliedert. In der einschlägigen Literatur wird die Gliederung zwar
unterschiedlich weit verfeinert; Unterschiede, die für die weiteren Ausführungen relevant
wären, bestehen jedoch nicht.[89] Es sollen die folgenden Teilprozesse der Informationsbereitstellung unterschieden werden:

---

[89] Vgl. z.B. Kramer, R. (Bedeutung 1962), S. 93 ff.; Coenenberg, A. (Kommunikation 1966), S. 45 ff.;
      Berthel, J. (Informationssysteme 1975), S. 58; Brönimann, C. (Kommunikationssystem 1970), S. 62 ff.

Informationsgewinnung

Die Informationsgewinnung dient der Erzeugung von Informationen für einen Aufgabenträger. Nach dem Entstehungsort wird in unternehmensexterne und -interne Informationsquellen sowie nach der „Ursprünglichkeit" in originäre und derivative Informationen differenziert.[90] Die Unterscheidung zwischen originären und derivativen Informationen, insbesondere aus unternehmensinternen Quellen, ist für computergestützte Informationssysteme von besonderer Bedeutung. Originäre Informationen werden unternehmensintern z.b. im Wege von Messungen und Uraufschreibungen gewonnen. Derivative Informationen sind solche, die aus anderen Informationen durch einen Vorgang einer *Transformation* oder *Verarbeitung* erzeugt werden. Die Informationen, die in diesen Transformationsprozeß eingehen, können ihrerseits aus einer vorgelagerten inhaltlichen Umformung hervorgegangen sein oder originäre Informationen darstellen.

Entscheidend für eine Transformation ist, daß qualitativ *neuartige*, z.B. verdichtete oder spezialisierte Informationen entstehen, die nicht direkt mit den Informationen in Verbindung gebracht werden können, aus denen sie erzeugt werden. Ein elementares Beispiel hierfür liefert die Verdichtung der originären Verkaufszahlen einer Abrechnungsperiode zur Umsatzsumme nach Verkaufsgebieten oder Verkäufern, kundengruppen- oder produktspezifischen Gesichtspunkten.

Informationsaufnahme

Die Informationsaufnahme besteht genau genommen aus zwei Teilvorgängen: Zunächst müssen die (gewonnenen oder übertragenen) Nachrichten (Daten) empfangen werden. Dies ist eine Art „technischer" Vorgang, in dem die Signale oder Zeichen entgegengenommen werden. Daran anschließend müssen die empfangenen Signale inhaltlich erfaßt („perception"), d.h. in Denkinhalte umgesetzt werden.[91] Die aufzunehmenden Nachrichten können aus internen oder externen Quellen sowie aus einem Übertragungs- oder einem Speicherungsprozeß hervorgehen.

Informationsübertragung

Die Informationsübertragung stellt den Vorgang der *räumlichen* Weitergabe von Informationen dar. Es bedarf hierzu eines Übertragungskanals. Als Medien der Übertragung kommen auch computergestützte Kommunikationstechniken in Betracht.

---

[90]   Vgl. Kramer, R. (Bedeutung 1962), S. 76 f.; davon abweichend Brönimann, C. (Kommunikationssystem 1970), S. 65, der es bei externen Informationen für unerheblich hält, ob es sich um originäre oder derivative Informationen handelt.

[91]   Vgl. Coenenberg, A. (Kommunikation 1966), S. 54.

Informationsspeicherung

Die Speicherung von Informationen kann als *zeitliche* Übertragung von Informationen verstanden werden mit dem Zweck, die gespeicherten Informationen zu einem späteren Zeitpunkt für andere Teilprozesse der Informationsbereitstellung zu nutzen. Insbesondere werden nur solche Prozesse als Informationsspeicherung aufgefaßt, bei denen Informationen losgelöst von einem menschlichen Entscheidungs- oder Handlungsträger gespeichert werden, was stets einen materiellen Informationsträger (z.B. Papier oder elektronische Speicher) voraussetzt. Möglicherweise ist zu dem Zeitpunkt, zu dem über eine Speicherung entschieden wird, noch gar nicht abzusehen, daß das Gespeicherte später für bestimmte Entscheidungen verwendet wird. Gespeichert werden dann genau genommen nur Daten (Nachrichten) im Sinne potentieller Informationen.

Informationsabgabe

Analog zum Teilprozeß der Informationsaufnahme ist die Informationsabgabe in zwei Teilaktivitäten gegliedert.

Dient nämlich die Informationsabgabe dazu, einem (anderen) Entscheidungsträger Informationen zur Verfügung zu stellen, so müssen zunächst subjektive Denkinhalte des Informationssenders in eine bestimmte Darstellungsform, d.h. eine Signalfolge, umgesetzt werden.[92] Erst daran anschließend erfolgt das Senden der Information. Die Signalfolge muß für den Empfänger verständlich sein. Da nur die Einschätzung des Empfängers ausschlaggebend dafür ist, ob die versendete und dann empfangene Nachricht einem bestimmten Zweck dient, werden genau genommen nur potentielle Informationen abgegeben. Die Informationsabgabe selbst stellt für den Abgebenden ein Entscheidungsproblem dar, im Rahmen dessen er z.B. über Inhalt, Form und Zeitpunkte der Informationsabgabe zu entscheiden hat.[93] Hierbei spielen auch seine persönlichen Interessen und Ziele eine Rolle, die beispielsweise dazu führen können, daß er eine asymmetrische Informationsverteilung aufrecht erhalten will.[94]

Informationsverwendung

Mit der Informationsverwendung werden Informationen dem für sie wesensbestimmenden Zweck zugeführt.

In dem dargestellten begrifflichen Gerüst kann von *Kommunikation* dann gesprochen werden, wenn eine Information von einem Sender versendet (zweite Phase der Informationsabgabe), mit Hilfe des Übertragungskanals zum Empfänger weitergeleitet (Informationsübermittlung)

---

[92]   Vgl. Coenenberg, A. (Kommunikation 1966), S. 55.

[93]   Vgl. Keller, T. (Anreizsystem 1994), S. 73 ff.; Bartram, P. (Kommunikation 1969), S. 49 f.

[94]   Auf diesen Aspekt werden wir in Abschnitt 3.1.4 noch eingehen.

und dort empfangen wird (erster Teil der Informationsaufnahme)[95]. Das Senden und/oder Empfangen von Informationen kann durch maschinelle Unterstützung erfolgen. Kommunikation wird mit dieser Abgrenzung als ein vornehmlich „technischer" Vorgang angesehen.[96] Vielfach wird auch der Begriff der *Informationsverarbeitung* verwendet. Die damit verbundenen Begriffsinhalte sind jedoch außerordentlich divergent. So werden mit „Informationsverarbeitung" teils sämtliche in Zusammenhang mit Informationen auszuführenden, möglicherweise computergestützten Aktivitäten bezeichnet. Dieses Verständnis ist insbesondere in der Wirtschaftsinformatik verbreitet. Vielfach wird auch die Umformung (Transformation) vorhandener in qualitativ neuartige Informationen als Informationsverarbeitung bezeichnet. Das wohl engste Verständnis begrenzt den Begriff allein auf die gedankliche Aufnahme und Verwendung von Informationen durch den Menschen.

2.4.2.3 Eigenschaften des Informationsbedarfs

Nachfolgend werden Eigenschaften beschrieben, mit denen der Informationsbedarf eines Planungs- oder Kontrollträgers charakterisiert werden kann. Um seinen Informationsbedarf zu decken, stehen diesem grundsätzlich drei Wege offen: Er kann

- Informationen von anderen Organisationsmitgliedern beziehen im Rahmen persönlicher Kommunikation (Gespräche, Befragungen usw.) oder durch unpersönliche Kommunikation, etwa durch eine Recherche in Unternehmensdatenbanken oder Dokumentenstudium,

- unternehmensexterne Informationsquellen in Anspruch nehmen (z.B. Marktforschungsinstitute) oder

- Messungen, Beobachtungen, Uraufschreibungen durchführen.

Im erstgenannten Fall kommt es zu einer Informationsübertragung zwischen Organisationsmitgliedern. Dabei kann zwischen der „Abgabe" und dem „Empfang" eine beträchtliche Zeit liegen, wenn nämlich beispielsweise Informationen über den Umsatz eines bestimmten Produktes und Absatzgebiets aus einer Datenbank abgefragt und verdichtet werden, die die elementaren Kundenaufträge enthält. In diesem Fall ist dem Sachbearbeiter, der die Kundenaufträge zur Kundenauftragsabwicklung erfaßt, möglicherweise gar nicht bewußt, daß er zugleich Informationen für Planungs- oder Kontrollträger bereitstellt.

---

[95] Zum Begriff der Kommunikation vgl. Kramer, R. (Bedeutung 1962), S. 24 ff.; Coenenberg, A. (Kommunikation 1966), S. 34 ff.; Gebert, D. (Kommunikation 1992), Sp. 1110 ff.

[96] Vertreter z.B. einer psychologisch oder soziologisch orientierten Forschungsrichtung werden dieser Begriffsabgrenzung entgegnen, wesentliche Aspekte des Problems „Kommunikation" zu vernachlässigen. Vgl. hierzu den Überblick über die verschiedenen Untersuchungsperspektiven organisatorischer Kommunikation bei Krone, K. J.; Jablin, F. M.; Putnam, L. L. (Communication Theory 1987), S. 22 ff.

Idealtypisch kann man davon ausgehen, daß das objektive Informationsangebot einer Organisationseinheit/eines Organisationsmitglieds (d.h. die Menge an Informationen, die aufgrund einer Aufgabendefinition bereitzustellen sind) als *Folge* eines festgestellten Informationsbedarfs einer anderen Organisationseinheit festgelegt wird. Die Eigenschaften des gewünschten, d.h. hier *objektiven* Informationsangebots ergeben sich dann grundsätzlich aus denen des Informationsbedarfs. (Daß vom objektiven das tatsächliche, also *subjektive* Informationsangebot aufgrund individueller Interessen der bereitstellenden Organisationseinheiten/-mitglieder abweichen kann, bleibt davon unberührt.)

Mit dieser Vorstellung ist implizit die Annahme verbunden, eine intersubjektiv nachprüfbare Feststellung des Informationsbedarfs für eine Planungs- und Kontrollaufgabe sei im Grundsatz möglich.[97] Daran ist jedoch noch keine Aussage über den *Zeitpunkt der Erkennbarkeit* eines Informationsbedarfs geknüpft:

In Frage steht, ob der Informationsbedarf bereits *vor* dem Beginn der Aufgabenerfüllung, d.h. „eindeutig und unabhängig von weiteren Erfahrungen"[98] festgestellt werden kann: Ist dies der Fall, wird von einer *a-priori-Erkennbarbeit* des Informationsbedarfs gesprochen. Denkbar ist ferner, daß der Informationsbedarf sich erst während der Erfüllung einer Aufgabe, z.B. einer Planungsaufgabe, schrittweise konkretisiert, und so Bedarfsfeststellung und Lösung des Planungsproblems zusammenfallen. Dann handelt es sich um eine *prozessuale Erkennbarkeit* des Informationsbedarfs. Schlechtestenfalls ist der Informationsbedarf nur a posteriori zu erkennen, wenn erst nach der Erfüllung einer Aufgabe beurteilt werden kann, welche Informationen erforderlich gewesen wären. Dies ist immerhin dann bedeutsam, wenn die Aufgabenstellung noch einmal in ähnlicher Form auftritt.[99]

Die zeitliche Erkennbarkeit des Informationsbedarfs steht in einem engen Zusammenhang zur Strukturiertheit der Aufgabe: Der Informationsbedarf für wiederkehrende und gut strukturierbare Aufgaben ist vor der Aufgabenerfüllung bestimmbar. Einzelprobleme, die nicht vorhersehbar und in der Regel schlecht strukturiert sind, können auch im Hinblick auf den Informationsbedarf bestenfalls während der Problemlösung beurteilt werden.[100]

Nach *Szyperski* ist der Informationsbedarf inhaltlich charakterisiert durch die „Art, Menge und Qualität der Informationsgüter, die ein Informationssubjekt im gegebenen Informationskon-

---

[97] Vgl. aber Picot, A.; Reichwald, R. (Informationswirtschaft 1991), S. 278.
[98] Szyperski, N. (Informationsbedarf 1980), Sp. 908.
[99] Vgl. Bahlmann, A. R. (Informationsbedarfsanalyse 1982), S. 78 f.; Szyperski, N. (Informationsbedarf 1980), Sp. 908.
[100] Vgl. Berthel, J. (Informationsbedarf 1992), Sp. 878 f.

text zur Erfüllung einer Aufgabe in einer bestimmten Zeit und innerhalb eines bestimmten Raumgebiets benötigt"[101]:

- *Aufgabe*: Die (Planungs- und Kontroll-) *Aufgabe* ist derjenige Bestimmungsfaktor des Informationsbedarfs, der die – begriffsnotwendige – Zweckorientierung der Informationen vorgibt.

- *Informationssubjekt*: Als Informationssubjekt kommen „normierte" Aufgabenträger oder individuelle Subjekte, d.h. die Personen der Aufgabenträger in Betracht. Soweit die Informationsbedürfnisse individueller Subjekte betrachtet werden, wird deren *subjektiver* Informationsbedarf bestimmt.

- *Informationskontext*: Der Informationskontext ist in seinen Auswirkungen auf den Informationsbedarf und damit im Rahmen einer Informationsbedarfsanalyse nur mit Schwierigkeiten operationalisierbar, denn er umfaßt Einflußgrößen der „politischen, sozialen, technologischen und ökonomischen Umwelt"[102].

- *Zeit und Raum*: Die zeitliche Ausprägung des Informationsbedarfs beschreibt, wann und insbesondere wie häufig ein bestimmter Informationsbedarf auftritt (*Häufigkeit*). Von Interesse ist in diesem Zusammenhang ebenfalls, wie schnell der Informationsbedarf zu decken ist, um die Aufgabenerfüllung zu gewährleisten (*Dringlichkeit*).[103] Das Merkmal „Raum" bezeichnet z.B. die Entstehungsorte des Informationsbedarfs und den Ort der Aufgabenerfüllung.[104]

- *Informationseigenschaften*: Den Informationsbedarf eines Aufgabenträgers festzulegen, setzt voraus, die benötigten Informationen inhaltlich und im Hinblick auf ihre Qualitätseigenschaften zu spezifizieren. „Ein Informationsbedarf ist erst dann hinreichend beschrieben, wenn er alle erforderlichen Informationen enthält und diese zudem in Bezug auf diejenigen Eigenschaften gekennzeichnet sind, die für den jeweiligen Bedarfsfall zu fordern sind".[105] Qualitätseigenschaften von Informationen wurden bereits in Abschnitt 2.4.1.2 behandelt.

---

101 Szyperski, N. (Informationsbedarf 1980), Sp. 904.

102 Bahlmann, A. R. (Informationsbedarfsanalyse 1982), S. 68 und mit einer ausführlicheren Analyse des Informationskontextes und einer beispielhaften Erläuterung für das Beschaffungsmanagement, ebd. S. 57 ff., 62, 68 ff.

103 Vgl. Abel, B. (Informationsverhalten 1977), S. 173; Szyperski, N. (Informationsbedarf 1980), Sp. 905.

104 Vgl. Bahlmann, A. R. (Informationsbedarfsanalyse 1982), S. 57 ff.

105 Berthel, J. (Informationsbedarf 1992), Sp. 873.

2.4.3 Informationssystem

Während an der großen Bedeutung des Informationssystems für die Funktionsfähigkeit der Unternehmung und insbesondere für Planung und Kontrolle kaum Zweifel bestehen, ist hinsichtlich der *Begriffsauffassung* in der Literatur keine Übereinstimmung festzustellen. Die Auffassungen unterscheiden sich im Hinblick auf die Elemente des Informationssystems und – in engem Zusammenhang damit – hinsichtlich dessen Einordnung in das Gesamtsystem der Unternehmung. Es können folgende Abgrenzungen für Informationssysteme unterschieden werden:[106]

- *Informationssystem I*:
  Ein Informationssystem ist ein rein technisches System. Nur die technischen Einrichtungen wie beispielsweise Hardwareeinrichtungen (z.B. Rechner, Übertragungsleitungen, Drucker), Software (Programme) sowie Daten- bzw. Informationsträger, vor allem in maschinell verwertbarer Form, bilden die Systemelemente.

- *Informationssystem II*:
  Zusätzlich zu den Systemelementen des Informationssystems I werden diejenigen menschlichen Aufgabenträger als Systemelemente angesehen, die für dessen Betrieb und Entwicklung zuständig sind. Zu dem System zählen ferner auch alle Verfahren, die der Erzeugung von Informationen dienen. Hiermit ist beispielsweise auch das interne Rechnungswesen, insbesondere die Kostenrechnung, angesprochen. Damit besitzt das Informationssystem den Charakter eines Versorgungssystems mit dem Ziel, die Aufgabenträger, die das System für ihre Entscheidungen „nutzen" – und nicht zu diesem zählen –, mit Informationen zu versorgen.[107]

- *Informationssystem III*:
  Über die Elemente des Informationssystems II im Sinne eines Versorgungssystems hinaus werden auch solche Aufgabenträger als Systemelemente angesehen, die das Versorgungssystem z.B. für Planungs- und Kontrollzwecke nutzen. Damit wären die Planungs- und Kontrollträger ebenfalls Elemente des Informationssystems.

---

[106] Vgl. Kirsch, W.; Klein, H. K. (Management-Informationssysteme 1977), S. 151 ff.; Sinz, E. (Konstruktion 1983), S. 33 f.; Wall, F. (Organisation 1996), S. 24 ff.

[107] Beispielhaft für diese Abgrenzung sei die folgende Definition angeführt: „Ein Informationssystem läßt sich als ein aufeinander abgestimmtes Arrangement von personellen, organisatorischen und technischen Elementen verstehen, das dazu dient, Handlungsträger mit zweckorientiertem Wissen für die Aufgabenerfüllung zu versorgen. Bei computergestützten Informationssystemen werden Teilaktivitäten eines Informationssystems in Form eines Mensch-Maschine-Systems realisiert", Picot, A.; Maier, M. (Informationssysteme 1992), Sp. 923. Vgl. bereits Grochla, E. (Unternehmungsorganisation 1972), S. 105; Szyperski, N. (Informationssysteme 1980), Sp. 921.

In Abb. A-8 sind die verschiedenen Abgrenzungen noch einmal im Zusammenhang zueinander dargestellt.

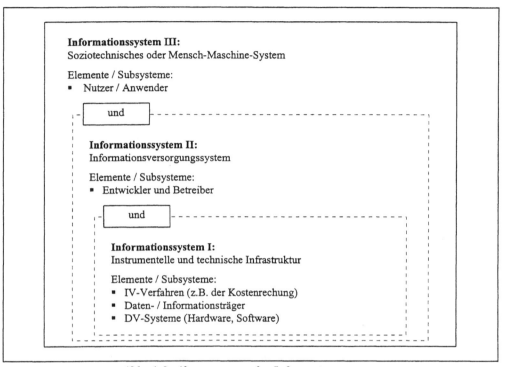

Abb. A-8: Abgrenzungen des Informationssystems

Insbesondere die weite Systemabgrenzung liegt den Definitionen des Begriffs „Informationssystem" als sozio-technisches[108] oder Mensch-Maschine-System zugrunde. Es wird damit zudem ersichtlich, daß ein Informationssystem auch dann existieren kann, wenn auf jede Unterstützung durch moderne Informationstechniken verzichtet wird.[109]

Das Versorgungssystem (Informationssystem II) wird erst aufgrund der Aufgaben der nutzen-
den Aufgabenträger überhaupt erforderlich. Das Ziel dieses Systems besteht darin, die nutzen-
den Aufgabenträger mit Informationen zu versorgen.

Jeder Aufgabenträger benötigt für die Erfüllung seiner Aufgaben Informationen.[110] Damit
stellt jeder Aufgabenträger auch ein Element des Informationssystems in der dritten, der wei-

---

108 Vgl. König, W. (Profil 1994), S. 80.
109 Vgl. Sinz, E. (Konstruktion 1983), S. 34.
110 Vgl. Picot, A.; Reichwald, R. (Informationswirtschaft 1991), S. 245.

ten Systemabgrenzung dar. Will man ein Informationssystem in der dritten, der weiten Abgrenzung konstruieren, so umfaßt dies gleichzeitig wesentliche Teile der *Organisationsgestaltung*; denn mit der Konstruktion müßte konsequenterweise auch festgelegt werden, welche Informationen welcher Aufgabenträger – als Element des Informationssystems – benötigt und bereitzustellen hat. Hiermit wäre letztlich auch zu bestimmen, welche Aufgaben er zu erfüllen hat bzw. erfüllen kann.

Damit sind einige Aspekte der verschiedenen Systemabgrenzungen erwähnt. Allerdings scheint eine endgültige Abgrenzung, die für unsere Zwecke und Perspektive geeignet ist, erst sinnvoll, wenn wir uns im Kapitel 4 näher mit den Zusammenhängen zwischen Planung und Kontrolle, Planungs- und Kontrollsystem, Controlling und Informationssystem befassen.

2.5 Wiederholungs- und Vertiefungsfragen

1. Welche Merkmale können als charakteristisch für die Planung angesehen werden?

2. Was ist der Unterschied/Zusammenhang zwischen einem Plansystem und einem Planungssystem?

3. Welche Aktivitäten können zum Planungsprozeß gezählt werden? Spezifizieren Sie diese Teilaktivitäten exemplarisch für das Planungsproblem „Ablauf des Studiums der Betriebswirtschaftslehre".

4. Welche Beziehung besteht zwischen Planung und Entscheidung? Geht jeder Entscheidung ein Planungsprozeß voraus?

5. Grenzen Sie die Begriffe Berichtssystem und Kontrollsystem voneinander ab!

6. Finden Sie Beispiele für einen Ist-Ist-, einen Soll-Ist- und einen Wird-Ist-Vergleich! Wann sind ex-ante Kontrollen erforderlich?

7. In welchem Zusammenhang stehen Planung und Kontrolle? Welche Beziehung besteht zwischen Planungs- und Kontrollsystemen?

8. Welche Arten und Eigenschaften von Informationen kennen Sie?

9. In welche Teilaktivitäten gliedert sich die Informationsbereitstellung? Werden die Teilaktivitäten stets in der gleichen Reihenfolge durchlaufen?

10. Was versteht man unter „Informationsbedarf", was unter „Informationsangebot"?

11. Finden Sie ein Beispiel aus dem Alltag, das die Unterschiede zwischen objektivem und subjektivem Informationsbedarf sowie objektivem und subjektivem Informationsangebot verdeutlicht!

3 Ausgewählte betriebswirtschaftliche Ansatzpunkte für Planungs- und Kontrollsysteme

Für Planung und Kontrolle haben wir im vorangegangenen Abschnitt eine Reihe von grundlegenden Begriffsmerkmalen eingehender beschrieben. So zählen zu den Merkmalen der Planung der Gestaltungs- und Prozeßcharakter sowie Rationalität, Zukunftsbezug und der informationelle Aspekt. Diese Merkmale werden im Schrifttum jedoch – wie schon angedeutet wurde – keineswegs einheitlich beurteilt oder betont. Hier sei beispielhaft auf die Beziehung zwischen Planung und Kontrolle verwiesen; die beiden Funktionen gelten einigen Autoren als nicht trennbare Einheit, andere halten sie für jeweils eigenständige Bereiche mit spezifischen Problemstellungen.

Bei näherer Betrachtung zeigt sich, daß auch die Begriffsmerkmale, die wir als weitgehend unstrittig vorgestellt haben, aus verschiedenen betriebswirtschaftlichen Theorierichtungen und Disziplinen hervorgegangen sind oder in einigen zumindest stärker betont oder anders interpretiert werden als in anderen.

Das Ziel dieses Kapitels besteht darin, eine Orientierung darüber zu geben, welches Planungs- und Kontrollverständnis in verschiedenen betriebswirtschaftlichen Konzeptionen vorherrscht. Hierzu gehen wir zunächst auf die Sicht von Planung und Kontrolle im Rahmen verschiedener betriebswirtschaftlicher Theoriekonzeptionen ein (Abschnitt 3.1). Eine Konkretisierung erfahren Planung und Kontrolle in der Managementlehre, die in Abschnitt 3.2 kurz umrissen werden soll, bevor mit Punkt 3.3 der Schwerpunkt des Interesses auf das Controlling gerichtet wird. Den weiteren Ausführungen sollen dabei insbesondere die folgenden Leitfragen zugrunde gelegt werden:

Leitfragen von Kapitel 3:

⇒ Welche Bedeutung besitzen Planung und Kontrolle im Rahmen verschiedener Konzeptionen der Betriebswirtschaftslehre?

⇒ Welche Begriffsmerkmale von Planung und Kontrolle können auf welche Theoriekonzeption zurückgeführt werden?

⇒ Welche Stellung nehmen Planung und Kontrolle im Rahmen verschiedener Controllingkonzeptionen ein?

3.1 Planung und Kontrolle in ausgewählten Theorieansätzen

In der Betriebswirtschaftslehre findet sich eine Vielzahl von Wissenschaftsprogrammen und Ansätzen zur theoretischen Fundierung betriebswirtschaftlicher Sachverhalte.[111] Eine grobe Klassifikation dieser Ansätze nimmt *Meffert* vor, indem er zwischen

- der neoklassischen Unternehmenstheorie
- der umfassenden Gruppe von Management- und Führungslehren sowie
- den Theorieansätzen der Neuen Institutionenökonomie

differenziert.[112] Die neoklassische Unternehmenstheorie ist maßgeblich von *Gutenbergs* stark auf den Produktionsprozeß gerichteten faktortheoretischen Ansatz geprägt, den wir in Abschnitt 3.1.1 im Hinblick auf Planung und Kontrolle umreißen wollen.

Zu den management- und führungsorientierten Ansätzen zählen nach *Meffert* auch die Grundströmungen der entscheidungsorientierten und der systemorientierten Betriebswirtschaftslehre (Abschnitte 3.1.2 und 3.1.3). Im Vergleich zur faktortheoretischen Sicht weisen diese Ansätze zwar eine geringere theoretische Geschlossenheit auf, bieten aber ein höheres Maß an Realitäts- und Anwendungsnähe.[113]

Von der in jüngerer Zeit in der Betriebswirtschaftslehre diskutierten Neuen Institutionenökonomie wollen wir in Abschnitt 3.1.4 insbesondere Ansatzpunkte aus dem Zweig der Principal-Agent Theorie eingehender im Hinblick auf Planung und Kontrolle betrachten.

3.1.1 Faktortheoretische Ansatzpunkte

Die Begründung der faktortheoretisch orientierten Betriebswirtschaftslehre ist maßgeblich von *Erich Gutenberg* beeinflußt. Aus diesem Grund sollen die faktortheoretischen Bezugspunkte von Planung und Kontrolle nachfolgend im Hinblick auf *Gutenbergs* Arbeiten skizziert werden. In seinem, nach dem zweiten Weltkrieg entwickelten faktortheoretischen Ansatz stellt *Gutenberg* den betrieblichen Produktionsprozeß in den Mittelpunkt seiner Arbeiten,[114] die jedoch ebenfalls die Absatzwirtschaft und die Finanzierung als zusätzliche Sphären der Unternehmung umfassen.[115]

---

[111] Vgl. die Überblicksdarstellungen bei Schanz, G. (Wissenschaftsprogramme 1997), S. 99 ff.; Meffert, H. (Betriebswirtschaftslehre 1998), S. 709 ff.; Stein, J. H. v. (Betriebswirtschaftslehre 1993), Sp. 470 ff.; Raffée, H. (Grundprobleme 1974).

[112] Vgl. Meffert, H. (Betriebswirtschaftslehre 1998), S. 711 ff., insb. S. 712.

[113] Vgl. Meffert, H. (Betriebswirtschaftslehre 1998), S. 711 f.

[114] Vgl. Gutenberg, E. (Produktion 1983).

[115] Vgl. Gutenberg, E. (Absatz 1976) und Gutenberg, E. (Finanzen 1980); ein Überblick über die betrieblichen Teilbereiche im Kombinationsprozeß in *Gutenbergs* Theorie der Unternehmung findet sich bei Albach, H. (Gutenberg 1997), S. 1261 f.

Für *Gutenberg* stellt der Betrieb ein arbeitsteiliges System produktiver Faktoren dar: „Der Sinn aller betrieblichen Betätigung besteht darin, Güter materieller Art zu produzieren oder Güter immaterieller Art bereitzustellen."[116] Die betriebliche Leistung von Fertigungsbetrieben erfolgt durch die (zielgerichtete) Kombination sog. Elementarfaktoren, die *Gutenberg* von dispositiven Faktoren abgrenzt. Werkstoffe, Arbeits- und Betriebsmittel sowie Arbeitsleistungen stellen die Elementarfaktoren dar.[117]

Die Elementarfaktoren können nicht *beliebig* zu einer produktiven Einheit verbunden werden, der Geschäfts- und Betriebsleitung obliegt es sicherzustellen, daß dies in sinnvoller Weise – „durch bewußtes Handeln nach Prinzipien"[118] – geschieht. Die Geschäfts- und Betriebsleitung wird wegen ihres besonderen Beitrags zur Faktorkombination vom Elementarfaktor Arbeitsleistung abgegrenzt und als vierter Faktor des Produktionsprozesses,[119] genauer gesagt als *originär derivativer* Faktor, definiert: „Mit diesem Faktor wird versucht, jenes Zentrum betrieblicher Aktivitäten zu treffen, das planend und gestaltend das gesamtbetriebliche Geschehen steuert."[120] Unterstützt wird die Geschäfts- und Betriebsleitung, die aus einem besonderen unternehmerischen Antrieb heraus agiert, durch die beiden *derivativen dispositiven* Faktoren Planung und Organisation. Diese beiden Faktoren können aus der Funktion der Geschäfts- und Betriebsleitung abgeleitet werden:

Zwar nimmt natürlicherweise die Geschäfts- und Betriebsleitung die Aufgaben der Planung wahr; in größeren Unternehmen können die Planungsaufgaben jedoch eigenen Abteilungen übertragen werden. Findet Planung in organisatorisch selbständigen Planungsabteilungen statt, dann läßt sich deren planerische Tätigkeit als ein aus der Geschäfts- und Betriebsleitung abgeleiteter dispositiver Faktor charakterisieren.

Die Geschäfts- und Betriebsleitung kann auch festlegen, daß für die Umsetzung der Planung die Betriebsorganisation verantwortlich ist, also Personen, „denen die Aufgabe obliegt, das betriebliche Geschehen zu steuern und zu lenken"[121]. Weil die Steuerungsaufgabe der Organisation aus dem Weisungsrecht der Geschäfts- und Betriebsleitung abgeleitet ist, handelt es sich ebenfalls um einen derivativen dispositiven Faktor.

Wenngleich unternehmerischen Entscheidungen ein der Rationalität entzogenes „Geheimnis individueller Art zu denken und zu handeln"[122] innewohnt, können sie trotzdem auf plane-

---

[116] Gutenberg, E. (Produktion 1983), S. 1. Vgl. auch Stein, J. H. v. (Betriebswirtschaftslehre 1993), Sp. 475.
[117] Vgl. Albach, H. (Gutenberg 1997), S 1260 f.
[118] Gutenberg, E. (Produktion 1983), S. 5.
[119] Vgl. kritisch zur Systematik des vierten Produktionsfaktors Dietz, A. (Reflexionen 1997), S. 1068 ff.
[120] Gutenberg, E. (Produktion 1983), S. 6.
[121] Gutenberg, E. (Produktion 1983), S. 7.
[122] Gutenberg, E. (Produktion 1983), S.147, zu den Voraussetzungen vgl. ebd. S. 149 f.

rische und organisatorische Verfahren nicht verzichten. So gehört zum „Wesen dieses Faktors
... auch ein Merkmal ausgesprochen rationaler Art. Ohne planendes Vorbedenken bleiben alle
noch so starken persönlichen Antriebe und alle noch so großen betriebspolitischen Zielsetzungen ohne Wirkung. `Planung´ im weiteren Sinne bedeutet, den Betriebs- und Vertriebsprozeß,
auch den finanziellen Bereich von den Zufälligkeiten frei zu machen, denen die Entwicklung
der wirtschaftlichen und technischen Daten in den innerbetrieblichen und außerbetrieblichen
Bereichen ausgesetzt ist."[123]

Um Unberechenbares besser abschätzbar zu machen und die Unübersichtlichkeit des technischen und betriebswirtschaftlichen Geschehens zu reduzieren, habe, so *Gutenberg*, die Betriebswirtschaftslehre geeignete Methoden entwickelt, die sich für die Planung in allen Unternehmensbereichen eignen. Als Voraussetzung für erfolgreiches methodisches Planen nennt er
eine exakte und möglichst *vollständige Analyse* von betrieblichen Tatbeständen und Interdependenzen. Durch die Funktionserfüllung der Planung könnten die Betriebsprozesse reibungs-
loser ablaufen und somit stelle die Planung eine „Bedingung optimaler Ergiebigkeit des Produktionsprozesses"[124] dar. Nach *Dietz* hat *Gutenberg* ein auf „synoptische Planungsratio-
nalität" ausgerichtetes Planungsverständnis, besteht doch das Ziel in „einer nach Ergebnis-
optimalität ausgerichteten, simultanen Planung. In jedem Fall wird auch für die Möglichkeit,
daß sich die Dinge anders entwickeln als erwartet, das damit verbundene Risiko durch planerische, finanzielle und handlungsaktive Vorsorge aufgefangen"[125].

Zwischen Planung und Organisation bestehen nach *Gutenberg* enge Beziehungen. Die Planung bildet die Voraussetzung für organisatorische Gestaltung. Denn durch sie wird „das von
der Geschäfts- und Betriebsleitung Gewollte in die rationalen Formen betrieblichen Vollzuges
um[gegossen]"[126]. Organisation stellt damit den Vollzug der Planung dar.[127] Somit endet die
Planung bei *Gutenberg* nicht mit der Bewertung von Handlungsalternativen, sondern sie umfaßt auch die Entscheidung.

Gutenberg grenzt die Kontrolle eindeutig von der Planung ab. Während letztere aufgrund der
ihr zugewiesenen Ordnungsfunktion festzulegen habe, wie der Betriebsprozeß abzulaufen hat,
bestehe die Kontrollfunktion darin, „sich zu vergewissern, ob das Geplante nach dem Plan
vollzogen wurde und ob es sich als durchführbar erwies".[128]

---

[123] Gutenberg, E. (Produktion 1983), S. 7.
[124] Gutenberg, E. (Produktion 1983), S. 147.
[125] Dietz, A. (Reflexionen 1997), S. 1077.
[126] Gutenberg, E. (Produktion 1983), S. 148.
[127] Vgl. Gutenberg, E. (Produktion 1983), S. 148.
[128] Gutenberg, E. (Produktion 1983), S.148.

Die relativ knappen Anknüpfungspunkte zur Kontrolle bei *Gutenberg* liefert vor allem die Vergabe von Anordnungs- und Weisungsrechten, die er als eine Voraussetzung für produktive Verknüpfungen von unternehmerischen Tätigkeiten nennt. Der Kontrollaspekt wird mit der organisatorischen Frage nach der „Kontrollspanne", also der Anzahl von Aufgabenträgern, die einem Abteilungsleiter unterstellt sind, diskutiert[129]: Kontrolle im Sinne von Überwachung steht nach *Gutenberg* damit in einem engen Zusammenhang zur Delegation von Aufgaben und Koordination der Aufgabenerfüllung. Dabei verweist er auf die organisatorischen Risiken, die aus der Aufgabenteilung und Delegation von Entscheidungskompetenzen resultieren: So bestehe entweder die Gefahr, daß Aufgaben nicht sachgerecht erledigt oder „gemessen an den Intentionen der delegierenden Stelle Fehlentscheidungen getroffen"[130] werden.

In diesem Zusammenhang weist *Gutenberg* darauf hin, daß Entscheidungen an die Grenzen rationalen Verhaltens stoßen, wenn „persönliche Präferenzen und andere, die Zusammenarbeit gefährdende persönliche Umstände in den Entscheidungsprozeß hineinspielen"[131] und dann „keine identische Präferenzfunktion für die am Entscheidungsprozeß beteiligte Gruppe"[132] mehr vorliegt. Allerdings erfolgt keine systematische Betrachtung von Abweichungen zwischen Unternehmenszielen und Zielen der zur Ausführung beauftragten Individuen.[133] So finden sich auch keine konkreteren Handlungsempfehlungen, wie eine entsprechende Kontrolle im Unternehmen verbessert werden könnte, es bleibt vielmehr bei der Feststellung, daß jede organisatorische Lösung „von der Unstabilität des Systems betrieblicher Präferenzen und von im Kommunikationssystem auftretenden Mängeln bedroht"[134] sei. Nach *Albach* hat *Gutenberg* vielmehr bewußt – und aufgrund eigener Erfahrungen – das *Solidaritätsaxiom* als eine „theoretische Setzung" unterstellt, wonach „[j]eder Mitarbeiter im Betrieb ... solidarisch dasselbe Ziel [verfolgt], nämlich das Unternehmensinteresse zu maximieren"[135].

3.1.2 Entscheidungstheoretische Ansatzpunkte

Entscheidungen stellen ein generelles Alltagsphänomen menschlichen Handelns und ein Grundproblem in Unternehmen dar. So formuliert *Heinen* in einem programmatischen Aufsatz folgendes: „Wenn Wirtschaften Wählen heißt, und Wählen in enger Beziehung zu Ent-

---

129 Vgl. Gutenberg, E. (Produktion 1983), S. 255.
130 Gutenberg, E. (Produktion 1983), S. 257.
131 Gutenberg, E. (Produktion 1983), S. 258.
132 Gutenberg, E. (Produktion 1983), S. 258.
133 Vgl. Albach, H. (Gutenberg 1997), S. 1263.
134 Gutenberg, E. (Produktion 1983), S. 258.
135 Albach, H. (Gutenberg 1997), S. 1263.

scheiden gesehen werden kann, dann hat sich die Betriebswirtschaftslehre schon immer mit Entscheidungen von Menschen in Unternehmungen befaßt"[136].

Unter dem Begriff der entscheidungsorientierten Betriebswirtschaftslehre wird heute zumeist der maßgeblich von *Heinen* geprägte Ansatz in der Betriebswirtschaftslehre verstanden. Bevor dieser skizziert wird, sei zuvor kurz auf die sogenannte *entscheidungslogische* Sicht eingegangen, die noch stärker an dem faktortheoretischen Ansatz orientiert ist als die sozialwissenschaftlich geöffnete entscheidungsorientierte Perspektive von *Heinen*:

Die *entscheidungslogische* Sicht ist am Grundmodell der Entscheidungstheorie[137] orientiert, das auf zwei grundlegenden Komponenten aufbaut:

- *Entscheidungsfeld*: Damit überhaupt von einem Entscheidungsproblem gesprochen werden kann, muß ein *Aktionsraum* mit zumindest zwei *Handlungsalternativen* zur Verfügung stehen und dem Entscheidungsträger bekannt sein. Die Konsequenzen der Handlungsalternativen werden davon beeinflußt, welche *Umweltzustände* zum Handlungszeitpunkt eintreten. Daher benötigt der Entscheidungsträger auch Informationen über künftige Umweltzustände. Er benötigt ferner Informationen über die Konsequenzen, d.h. die *Ergebnisse* einer Aktion bei Eintreten eines bestimmten Umweltzustandes. Das Entscheidungsfeld läßt sich damit als eine *Ergebnismatrix* abbilden, in der jeder Aktion für jeden betrachteten Umweltzustand das Ergebnis zugeordnet sind. Für einen Entscheidungsträger können prinzipiell mehrere Ergebnisarten relevant sein (z.B. Gewinn, Marktanteil, Macht), die sich noch dazu möglicherweise auf unterschiedliche Zeitpunkte erstrecken. Jede Aktion ist damit für einen bestimmten Umweltzustand auf mehrere Ergebnisarten hin zu untersuchen. Zudem sind die verschiedenen Realisationszeitpunkte der Ergebnisse zu berücksichtigen (z.B. eine Investition mit hohen Rückflüssen in späten Phasen gegenüber einer Investition mit geringeren Rückflüssen, die allerdings zu früheren Zeitpunkten anfallen). Daher enthält die Ergebnismatrix vielfach nicht einwertige Matrixelemente; jedes Matrixelement stellt dann vielmehr selbst einen Ergebnisvektor oder eine Matrix dar.

- *Entscheidungsziel*: Das Entscheidungsziel ist zum einen gekennzeichnet durch die vom Entscheidungsträger verfolgten Ziele und dem angestrebten Ausmaß der Zielerreichung. Die verfolgten Ziele spiegeln sich bereits in der Ergebnismatrix wider, denn der Entscheidungsträger wird keine Informationen über Ergebnisse der verfügbaren Handlungsalternativen sammeln, die für ihn der Sache nach irrelevant sind. Zum anderen wird das Entscheidungsziel durch eine Reihe von Präferenzrelationen gekennzeichnet, die angeben, wie der Entscheidungsträger die Zielerreichungsgrade der verschiedenen Zielgrößen bewertet. Zu

---

[136] Heinen, E. (Ansatz 1971), S. 21.
[137] Vgl. hierzu ausführlich z.B. Bamberg, G.; Coenenberg, A. G. (Entscheidungslehre 1996); Laux, H. (Entscheidungstheorie 1991).

unterscheiden sind *Artenpräferenzen* (Abwägung zwischen verschiedenartigen Zielen), *Höhenpräferenzen* (Bewertung verschiedener Ergebnishöhen) sowie *Zeitpräferenzen* (Beurteilung des unterschiedlichen zeitlichen Anfalls von Ergebnissen) und *Sicherheitspräferenzen* (Einstellung gegenüber der Ungewißheit der Handlungsergebnisse).

Das Hauptanliegen im Rahmen einer entscheidungslogischen Sicht ist es, optimale Verhaltensregeln für die Entscheidungsträger zu entwickeln. Diesen wird rationales Entscheidungsverhalten unterstellt, wobei zumeist von Entscheidungen unter Risiko ausgegangen wird, also solchen Entscheidungssituationen, die sich durch Kenntnis einer Wahrscheinlichkeitsverteilung der Auswirkungen einer Handlungsalternative auszeichnen[138]. Zur Lösung solchermaßen konzeptualisierter Entscheidungsprobleme bieten insbesondere mathematisch-statistische Methoden (z.B. lineare Programmierung) wirkungsvolle Unterstützung.

Die entscheidungslogische Perspektive der Betriebswirtschaftslehre kann als Weiterentwicklung der Überlegungen *Gutenbergs* interpretiert werden. Zwar hebt dieser hervor, daß unternehmerisches Handeln immer eine „intensive Größe, die sich in kein rationales Schema einfangen läßt"[139], enthält. Er stellt dieser dispositiven unternehmerischen Freiheit – wie in Abschnitt 3.1.1 skizziert – jedoch ein Rationalitätsprinzip entgegen. Gerade deswegen wird *Gutenberg* häufig als Wegbereiter einer entscheidungslogischen Sicht gesehen: Letztere „verdankt ihre Herkunft ... der dem Rationalprinzip verpflichteten, sachgüterproduktionsorientierten Betriebswirtschaftslehre Erich Gutenbergs, die sich im Grunde als ein Spezialfall einer `entscheidungsorientierten´ Betriebswirtschaftslehre verstehen kann. Die Integration mathematisch-statistischer Methoden und Modelle in die Produktions- und Kostentheorie festigt diese Einschätzung"[140].

Die für viele Entscheidungssituationen wenig realistischen Annahmen der entscheidungslogischen Sicht werden im Ansatz der entscheidungsorientierten Betriebswirtschaftslehre von *Heinen* vor allem durch eine Öffnung zu den Sozialwissenschaften überwunden. „Die entscheidungsorientierte Betriebswirtschaftslehre entläßt ... den `homo oeconomicus´ der klassischen Mikroökonomie in das Reich der Fabel. Ihre Analyse des Entscheidungsverhaltens basiert auf Grundmodellen des Menschen, der Organisation und der Gesellschaft. Supradisziplinäre Konzepte (zum Beispiel Entscheidungs- und Systemtheorie) und betriebswirtschaftlich relevante Erkenntnisse vor allem der sozialwissenschaftlichen Nachbardisziplinen ... sowie der Mathematik bilden das wissenschaftliche Fundament dieser Grundmodelle"[141].

---

[138] Vgl. Laux, H. (Organisationstheorie 1992), Sp. 1733.
[139] Gutenberg, E. (Produktion 1983), S. 6.
[140] Hammann, P. (Bedeutung 1994), S. 7.
[141] Heinen, E. (Grundfragen 1976), S. 395 f.

So wird in Anlehnung an verhaltenswissenschaftliche Arbeiten (u. a. *Herbert A. Simon*) zwischen Individual- und Organisationsziele unterschieden:

Zum einen trifft jedes Organisationsmitglied Entscheidungen darüber, inwieweit es bereit ist, Beiträge zu den Zielen der Organisation – im institutionalen Sinn – zu leisten, wobei die individuelle Bereitschaft, sich zu engagieren, als beschränkt angesehen wird. Das organisatorische Problem hinsichtlich dieser sogenannten Teilnahmeentscheidungen besteht darin, den Teilnahmebedarf einerseits und die individuelle Teilnahmebereitschaft der Organisationsmitglieder andererseits in Einklang zu bringen. Ein Instrumentarium hierfür liefern materielle und nicht-materielle Anreizsysteme.[142]

Zum anderen sind Entscheidungen zu treffen, die ein Erreichen der Ziele und das Überleben der Organisation (im institutionalen Sinn) sicherstellen sollen. Im Zentrum der Untersuchung dieser Entscheidungen steht das Konzept der *begrenzten Rationalität*: Zwar wird den Organisationsmitgliedern ein Streben nach rationalem Entscheidungsverhalten unterstellt, jedoch müssen sie dem Problem der Unvollkommenheit der Information in einer dynamischen Umwelt und dem Problem ihrer begrenzten Kapazität zur Verarbeitung von Informationen begegnen.[143]

Darüber hinaus trägt *Heinen* der Tatsache, daß ein Großteil der betrieblichen Entscheidungen nicht von einem einzelnen Entscheidungsträger, sondern von Personenmehrheiten getroffen werden, durch die explizite Berücksichtigung mehrpersonaler Entscheidungsprozesse Rechnung.

Heinen faßt eine Entscheidung als *Prozeß* auf (Abb. A-9), der idealtypisch die Willensbildung mit den Phasen der Anregung, Suche und Auswahl und die sich daran anschließende Willensdurchsetzung umfaßt, welche ihrerseits aus den Phasen des Vollzugs und der Kontrolle der Ergebnisse einer ausgewählten Handlungsalternative besteht.[144] Wie auch aus dem Bild hervorgeht, gliedert sich Planung in die Anregungs-, Such- und die Auswahlphase.

---

[142] Vgl. March, J. G.; Simon, H. A. (Organizations 1958), S. 83 ff.

[143] Dieses Konzept der begrenzten Rationalität beruht z.B. auf folgenden Aspekten (vgl. March, J. G.; Simon, H. A. (Organizations 1958), S. 137 ff.):
- In der Regel können nicht alle Entscheidungsalternativen berücksichtigt werden.
- Das Wissen über die Auswirkungen von Entscheidungsalternativen ist unvollständig.
- Zum Entscheidungszeitpunkt muß die Bewertung der Auswirkungen einer Alternative nicht ihrer Bewertung zum Eintrittszeitpunkt entsprechen.
Der Entscheidungsträger wählt die Alternative, die gemäß seiner Nutzenfunktion die präferierten Auswirkungen mit sich bringt. Dies führt im Fall der sicheren Entscheidungssituation zu einer eindeutigen Auswahl, bei Risikosituationen zur Auswahl der Alternative mit dem größten erwarteten Nutzen. Probleme im Verständnis des Rationalitätsbegriffes ergeben sich im Fall unsicherer Erwartungen. So bemerken *March* und *Simon*: „In the case of uncertainty, the definition of rationality becomes problematic", March, J. G.; Simon, H. A. (Organizations 1958), S. 138.

[144] Vgl. Heinen, E. (Industriebetriebslehre 1991), S. 36.

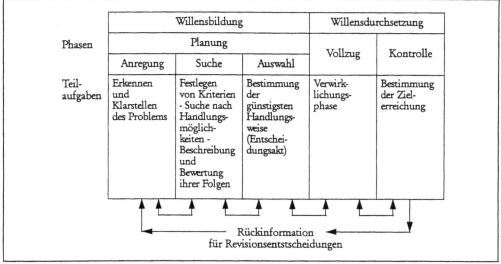

Abb. A-9: Phasenschema des Entscheidungsprozesses nach Heinen

Quelle: Heinen, E. (Industriebetriebslehre 1991), S. 36

Heinen vertritt „einen weitgefaßten Entscheidungsbegriff, der bewußte und rationale Entscheidungen ebenso einschließt wie Gewohnheits- oder Zufallsentscheidungen. Es ist demnach keine Tätigkeit denkbar, die nicht vorab Gegenstand einer (bewußten oder unbewußten)
Entscheidung war."[145] Die Planung stellt dabei offensichtlich einen speziellen Entscheidungsprozeß dar: „Planung ist also eine spezifische Form der Entscheidungsfindung. Von anderen
Entscheidungsprozessen unterscheidet sich die Planung durch ihren antizipativen Charakter
und die ihr zugrundeliegende abstrahierende Problemdefinition."[146] Aus dieser Abgrenzung
wird auch die *Zukunftsbezogenheit* als ein wesentliches Merkmal von Planung deutlich.

Auf *Heinen* geht die Unterscheidung zwischen *Ziel- und Mittelentscheidungen* zurück. Mit
Zielentscheidungen wird festgelegt, „welche Ziele durch die betriebswirtschaftliche Betätigung zu erreichen sind"[147]. Hingegen bildet die Festlegung der Maßnahmen, mit denen diese
Ziele erreicht werden sollen, den Problembereich der Mittelentscheidungen. Damit führt die
entscheidungsorientierte Sicht eine systematische Differenzierung zwischen *Ziel- und Mittel-
planung* in die Betriebswirtschaftslehre ein.

Heinen sieht den Entscheidungsprozeß – und damit die Planung – als Informationsverarbeitungsprozeß an (Abb. A-9): Die *Anregung*, überhaupt ein nicht gelöstes Entscheidungspro-

---

145 Heinen, E. (Industriebetriebslehre 1991), S. 12.
146 Heinen, E. (Industriebetriebslehre 1991), S. 64.
147 Heinen, E. (Einführung 1977), S. 19.

blem festzustellen, erfolgt durch Anregungsinformationen, die besagen, daß „die Wirklichkeit nicht dem gewünschten Sollzustand entspricht"[148]. In der *Suchphase* werden Informationen über Handlungsalternativen und deren Ergebnisse sowie über Restriktionen inner- und außerbetrieblicher Art beschafft, die der Entscheidungsträger nicht beeinflussen kann. Die *Auswahl* der zu realisierenden Handlungsalternative erfordert vor allem Informationen über die Zielsetzungen und mögliche Umweltzustände mit ihren Eintrittswahrscheinlichkeiten. Die *Realisation* der Entscheidung in der *Vollzugsphase* verlangt bei personaler Trennung von entscheidenden und ausführenden Aufgabenträgern, daß an letztere Informationen anweisender oder unterrichtender Art übermittelt werden. Die *Kontrolle*, ob das erzielte Ergebnis dem angestrebten Ergebnis entspricht, erfolgt über Kontrollinformationen, die für den Entscheidungsträger bestimmt sind. Kontrollinformationen stellen zumindest dann auch Anregungsinformationen dar, wenn sie neue Entscheidungen für Anpassungsmaßnahmen auslösen.[149]

Im Hinblick auf die Verbindung zwischen Planung und Kontrolle folgt *Heinen* der – bereits früher wiedergegebenen – Auffassung von *Wild*: „Planung und Kontrolle sind eng miteinander verknüpft. Planung ohne Kontrolle ist sinnlos, Kontrolle ohne Planung unmöglich"[150].

3.1.3 Systemtheoretische Ansatzpunkte

Will man systemtheoretische Bezüge zu Planung und Kontrolle herstellen, ergibt sich zunächst die Schwierigkeit, daß sich eine beachtliche Vielfalt systemorientierter Konzepte findet.[151] Dementsprechend sind auch die möglichen systemorientierten Anknüpfungspunkte an Planung und Kontrolle außerordentlich vielgestaltig. In einem gesonderten Abschnitt[152] gehen wir zudem näher auf die *Managementlehre* ein, die ihrerseits als systemtheoretisch geprägt gelten kann. In den folgenden Ausführungen wollen wir uns daher zunächst auf die Systemorientierung als eine allgemeine Betrachtungsweise für (komplexe) Zusammenhänge beschränken. Anschließend sollen einige Bemerkungen zu Planungs- und Kontrollsystemen aus einer stärker soziologisch geprägten Perspektive angefügt werden.

Zunächst kann die Systemorientierung als eine *allgemeine* Betrachtungsweise für Sachverhalte aufgefaßt werden. Diese Betrachtungsweise zeichnet sich dadurch aus, daß der Betrachtungsgegenstand als ein System aufgefaßt wird, das aus Elementen/Subsystemen und Beziehungen zwischen diesen besteht. Das System ist gegenüber seiner Umgebung, dem Um-

---

[148] Heinen, E. (Industriebetriebslehre 1991), S. 35.
[149] Vgl. Heinen, E. (Industriebetriebslehre 1991), S. 35 ff.
[150] Heinen, E. (Industriebetriebslehre 1991), S. 66.
[151] Vgl. die Überblicksdarstellungen bei Wilke, H. (Systemtheorie 1982), S. 3 ff.; Lehmann, H. (Organisationstheorie 1992), Sp. 1838 ff.
[152] Vgl. Abschnitt 3.2 in diesem Buch.

system, abgegrenzt. Ein Element ist die kleinste Einheit einer Gesamtheit, die nicht weiter zerlegbar ist oder die jedenfalls für einen bestimmten Betrachtungszweck nicht weiter zerlegt werden soll. In dieser allgemeinen Beschreibung gehen systemorientierte Perspektiven auf *Bertalanffy* zurück, der die „Allgemeine Systemtheorie" insbesondere auch mit dem Ziel einer Integration verschiedener wissenschaftlicher Disziplinen begründet hat.[153]

Ungeachtet weiterer Konkretisierungen für das System „Unternehmung" zeigt sich, daß die Systemorientierung eine geeignete Sichtweise ist, um komplexe Zusammenhänge und Strukturen zu beschreiben, zu analysieren und zu modellieren. So verwundert es nicht, daß der Systembegriff auch in primär technischen Zusammenhängen (z.B. beim Design von Computern und Computerprogrammen) verwendet wird und sich dort die systemorientierte Betrachtungsweise als zweckmäßig erwiesen hat.[154] Wie bereits angedeutet, läßt sich auch die Unternehmung als System auffassen, das aus Elementen bzw. Subsystemen besteht, die in mannigfaltigen Beziehungen zueinander stehen. Die Beziehungen der Unternehmung zu ihrem Umsystem (z.B. Faktormärkte, Absatzmärkte, Kapitalmarkt) sind materieller oder informationeller Art.

Die Anwendung der systemorientierten Betrachtung auf Unternehmen geht maßgeblich auf *Ulrich* zurück, der Unternehmen nicht nur als produktives (v.a. technisches) System sondern auch als soziales System versteht.[155] Verglichen mit der faktortheoretischen Sicht wird somit eine umfassendere Perspektive eingenommen. Auch im Vergleich zu den entscheidungsorientierten Ansätzen wird eine andere Gewichtung vorgenommen, denn dort steht in erster Linie die Analyse oder Bewältigung singulärer Entscheidungssituationen bzw. -probleme im Vordergrund.

Hingegen liegt das Schwergewicht einer systemorientierten Position in „der integrierenden Betrachtung der Verknüpfungen in einem umfassend konzipierten Planungssystem. Ihre Bemühungen können interpretiert werden als Versuch, dynamische Gestaltungs-Modelle für integrierte Planungssysteme zu entwickeln; es geht also eigentlich um die Planung der Planung oder die sog. Metaplanung"[156]. Dabei handele es nicht um eine statische Betrachtung von Teilplänen, die miteinander verknüpft sind, sondern um „die Erfassung des Planungsprozesses mit Hilfe der Systemmethodik, wobei die Idee lernender, d.h. sich selbst entwickelnder Planungssysteme im Vordergrund steht"[157].

---

[153] Vgl. Bertalanffy, L. v. (Theory 1968), insb. S. 38.

[154] Vgl. hierzu auch Lehmann, H. (Organisationstheorie 1992), Sp. 1839 ff.

[155] Vgl. Ulrich, H. (Unternehmung 1970), S. 66 ff.

[156] Ulrich, H. (Unternehmensplanung 1975), S. 22.

[157] Ulrich, H. (Unternehmensplanung 1975), S. 22.

Ein wichtige Grundlage für die Nutzbarmachung der Allgemeinen Systemtheorie für die Betriebswirtschaftslehre und insbesondere für die Unternehmenssteuerung und -kontrolle bilden dabei die Begriffe der Steuerung und Regelung, die zentrale Elemente der Kybernetik sind. Die Kybernetik beschäftigt sich mit kybernetischen Systemen, d.h. mit der speziellen Art dynamischer Systeme, die mit Hilfe von *Rückkopplungen* einem Gleichgewichtszustand zustreben. Eine Rückkopplung, das feed back, ist letztlich die Rückmeldung einer Ergebnisgröße (Output) an die Eingabegröße (Input) und möglicherweise deren Beeinflussung, was sich mittelbar wiederum auf den Output auswirkt. Die Rückkopplung vollzieht sich auf der Basis von sog. Regelkreisen. (In Abschnitt 2.3 wurde bereits der Zusammenhang zwischen Planung und Kontrolle anhand des kybernetischen Regelkreismodells beschrieben.) „Kontrolle" im Sinne eines Vergleichs von angestrebten und erreichten Größen, d.h. als Soll-Ist-Vergleich aber auch als Vergleich zwischen prognostizierten und tatsächlich eingetretenen Umweltgrößen (feed forward), stellt damit einen wesentlichen Aspekt einer systemorientierten Betrachtungsweise dar.

Die Steuerung kann danach als eine spezielle Form der Regelung angesehen werden, die sich dadurch auszeichnet, daß keine Rückkopplung stattfindet. Störungen lösen hier *keinen* Korrekturprozeß aus.[158]

Wir können also festhalten, daß die systemorientierte Betrachtungsweise eine Grundlage liefert, um komplexe Strukturen zu analysieren und zu gestalten. Sie eignet sich, um die komplexen Zusammenhänge zwischen Planungsprozessen, Plänen sowie Kontrollprozessen und Berichten zu beschreiben und zu gestalten. Dementsprechend basiert eine Reihe von Ansätzen zur Gestaltung von Planungs- und Kontrollsystemen auf einer systemorientierten Perspektive.[159] In dieser Weise liefert die systemorientierte Betrachtung eine geeignete Grundlage für die „Planung der Planung", die sogenannte Metaplanung.

Auch die stärker soziologisch geprägten Arbeiten zur Systemtheorie liefern für Planung und Planungssysteme eine Reihe von Anknüpfungspunkten, wie etwa eine – neuartige – Aufarbeitung von mit Planung verbundenen Schwierigkeiten. Einige Punkte dieser Sichtweise seien nachfolgend kurz skizziert:[160]

- Ein Planungssystem entspricht in dieser Sichtweise „keinem, auf einen optimalen Zustand fixierten, quasi maschinellen Verfahren ..., das nur von Zeit zu Zeit durch neue Teile, die seine Ergiebigkeit erhöhen, ergänzt wird, sondern es handelt sich mehr um ein autopoieti-

---

[158] Vgl. Raffée, H. (Grundprobleme 1974), S. 85.

[159] Vgl. beispielsweise Hahn, D. (PuK 1996), S. 50 ff., Horváth, P. (Controlling 1996), S. 101 ff., 106 ff.

[160] Vgl. Dietz, A. (Reflexionen 1997), S. 1078 ff., einen ausführlicheren Überblick geben Szyperski, N.; Mußhoff, H. J. (Planung 1989), Sp. 1428 ff.; Kasper, H.; Mayrhofer, W.; Meyer, M. (Managerhandeln 1998), S. 613 ff.

sches und doch nach allen Seiten hin kontingent vernetztes System, in dem das Wissen vorherrscht, daß sich nicht alle Teile gleichzeitig auf einen optimalen Gesamtzustand ausrichten lassen"[161]. In der systemtheoretischen Perspektive steht damit nicht die „klassische Frage nach der zielorientierten Beeinflußbarkeit"[162] des Systems Unternehmung im Vordergrund; vielmehr besteht das (Gestaltungs-) Problem darin, „Bedingungen für die Möglichkeit [zu] schaffen, daß sich das System mittels Selbststeuerung (wie sonst?) in die 'richtige' Richtung bewegt"[163].

- Einen wichtigen Ansatzpunkt für dieses Planungsverständnis bilden die Umsystem- und die Systemkomplexität. Es wird davon ausgegangen, daß die Aktionen innerhalb des Systems Unternehmung intensiver sind, als die Transaktionen zwischen Unternehmung und Umsystem. Zugleich ist das Umsystem der Unternehmung wesentlich komplexer als das System Unternehmung selbst. Aus diesem „Komplexitätsgefälle" ergibt sich das – prinzipielle – Problem, daß nicht alle möglichen Umweltstörungen vom Unternehmen wahrgenommen und planerisch aufgefangen werden können.

- Ein weiteres Erschwernis erfährt die Planung dadurch, daß Personen oder Personenmehrheiten, die zumindest indirekt „Gegenstand" der Planung sind, sich anders verhalten können als erwartet und zwar gerade auch deshalb, weil sie wissen, welches Verhalten von ihnen erwartet wird.

- Die Unternehmungsplanung hat den Zweck, die künftigen Eigenschaften des Systems Unternehmung zu bestimmen und im vorhinein die Möglichkeiten der Realisierung dieser Eigenschaften festzulegen. Es handelt sich dabei um sog. „Selbstbeschreibungen", d.h. Modelle der Unternehmung selbst. Über die bekannten Planungsprobleme – wie z.B. Prognoseschwierigkeiten – hinaus besteht dabei das Problem, daß diese Modelle zwangsläufig weniger komplex sind als die reale Unternehmung bzw. die Realisierung der Planung selbst. Eine Folge hiervon kann sein, daß Wünsche und Ziele von Menschen, auf die sich die Planung bezieht, unberücksichtigt bleiben, was wiederum zu Widerständen gegen die Pläne führt. Bei der Planung sind daher die Reaktionen und Effekte, die die Planung selbst hervorruft, zu antizipieren.

- In vielen Fällen sind diejenigen Personen, die einen Plan ausführen, d.h. realisieren sollen, nicht an der Planung selbst beteiligt. Planung stellt einen komplexen informations- bzw. wissensverarbeitenden Vorgang dar, den die Planungsträger den Planausführenden nicht vollständig vermitteln können. Unterschiede zwischen der Konzipierung eines Planes

---

[161] Dietz, A. (Reflexionen 1997), S. 1079.

[162] Kasper, H.; Mayrhofer, W.; Meyer, M. (Managerhandeln 1998), S. 615.

[163] Kasper, H.; Mayrhofer, W.; Meyer, M. (Managerhandeln 1998), S. 615.

durch die Planungsträger und dessen Verständnis und Interpretation durch die Ausführenden sind damit kaum zu vermeiden.

3.1.4 Institutionenökonomische Ansatzpunkte

Die institutionenökonomische Perspektive liefert Erklärungs-, aber auch Gestaltungsansätze
für Phänomene, die von den bisher dargestellten Theorien weniger beachtet wurden, aber
auch für Planung und Kontrolle von Bedeutung sind.

Als Institutionen werden „sozial sanktionierbare Erwartungen, die sich auf die Handlungs-
und Verhaltensweisen eines oder mehrerer Individuen beziehen"[164], verstanden. Institutionen
können durch förmliche Akte geschaffen werden (wie Gesetze, vertragliche Vereinbarungen,
Weisungen im Unternehmen), sie können aber auch informeller oder impliziter Natur sein
(wie Kultur, Reputation etc.). Institutionen kanalisieren einerseits menschliches Verhalten,
indem sie von den betroffenen Individuen als Restriktionen wahrgenommen werden, die ihre
Handlungen und Ziele beschränken. Andererseits stabilisieren sie dadurch auch Erwartungen, vor allem die anderer.

Die Neue Institutionenökonomik ist kein einheitliches, in sich geschlossenes theoretisches
Konzept; sie gliedert sich vielmehr in eine Reihe von „Zweigen" wie die *Property-Rights-
Theorie*, die *Transaktionskostentheorie* sowie die *Principal-Agent Theorie*. Diesen Ansätzen
sind einige Grundannahmen gemein:

1. Der methodologische Individualismus, d.h. das Verhalten und vor allem Verhaltensände-
   rungen von Gruppen werden auf die Entscheidungssituation eines einzelnen Individuums
   zurückgeführt und aus dessen Perspektive analysiert.
2. Ökonomische Rationalität: Als Analyseinstrumentarium wird das Konstrukt des homo
   oeconomicus verwendet, im Sinne eines sich rational verhaltenden, auf Anreize (re-) agie-
   renden Individuums, das stetig „opportunistisch"[165] nach den *eigenen, individuellen Vorteilen* strebt.[166]
3. Informationsasymmetrien: Es wird davon ausgegangen, daß Individuen nur eine begrenzte
   Informationsbeschaffungs- und -verarbeitungskapazität haben. Deswegen haben verschiedene Individuen unterschiedliche Imformationsstände. Sie wissen dies und stellen sich
   rational darauf ein.

---

[164] Dietl, H. (Institutionen 1991), S. 37.

[165] Der Begriff des Opportunismus wurde vor allem durch *Williamson* geprägt. Vgl. dazu Williamson, O. E.
       (Institutionen 1990).

[166] Vgl. sehr kritisch zu wissenschaftsprogrammatischen Konsequenzen dieses Verständnisses des Rationali-
       tätsprinzips für die Betriebswirtschaftslehre, Witte, E. (Entwicklungslinien 1998), S. 739.

Gerade die in Punkt 2 betonte Möglichkeit des opportunistischen Verhaltens von Individuen und die damit verbundene eingeschränkte Bereitschaft, vorhandene Informationen z.B. innerhalb einer Organisation weiterzugeben, ist eine Problematik, die sich in allen Teilströmungen der Institutionenökonomik widerspiegelt. Diese Problemstellung wurde schon in Abschnitt 2.4.2.1 des Buches angesprochen, indem dort Abweichungen zwischen objektivem und subjektivem Informationsangebot thematisiert wurden.

Auf die Opportunismus-Problematik weist vor allem die Principal-Agent Theorie hin. Sie konstruiert Auftraggeber(Prinzipal)-Auftragnehmer(Agenten)-Beziehungen, die sowohl ungleiche Interessen (Ziele) als auch ungleich verteilte Informationsstände berücksichtigen, die die Interessendivergenzen verschärfen. Die ungleichen Interessen werden verdeckt verfolgt (*hidden intentions*).

So kann es beispielsweise für einen Bereichsleiter, der über seinen unmittelbaren Geschäftsbereich sehr gut informiert ist, von Vorteil sein, nicht die tatsächlichen Gewinne seines Bereichs, sondern reduzierte Zahlen an die Zentrale zu melden. Dadurch könnte er den Abfluß finanzieller Mittel an die Zentrale reduzieren und hätte für die nächste Periode größere eigene finanzielle Handlungsspielräume.[167] Die Zentrale dagegen muß geringere Gewinnerwartungen in ihre Gesamtrechnung einplanen.

Probleme dieser Art werden unter dem Begriff *hidden information* zusammengefaßt und ergeben sich im Kern daraus, daß der Agent einen Informationsvorsprung vor dem Prinzipal besitzt, den er nicht preisgibt, sondern vielmehr für seine individuelle Nutzenmaximierung ausnutzt.

Unter dem Begriff der *hidden action* wird das Problem zusammengefaßt, daß der Prinzipal die Handlungen des Agenten nicht – oder jedenfalls nicht kostenlos – beobachten kann. So wird ein Arbeitnehmer seinem Vorgesetzten nicht freiwillig die eigens geschaffenen Pausen für Zeitungslektüre oder Privattelefonate mitteilen, wenn er nicht muß. Auf der Basis dieser Informationen jedoch könnte der Vorgesetzte beispielsweise eine höhere Arbeitsproduktivität des Mitarbeiters einfordern und einplanen.

Die explizite Berücksichtigung solcher Phänomene des Opportunismus ist ein Beitrag der Institutionenökonomik, der dazu führt, daß die *Realitätsnähe* von Planungen verbessert werden kann. Hierfür schlägt die *Principal-Agent Theorie* eine Reihe von Maßnahmen vor:[168]

Vor Abschluß von Kooperationsvereinbarungen möchte sich der Agent durch *Signalling*, das Aussenden glaubwürdiger Signale im Vergleich zu anderen Agenten, positiv abheben. Berufs- oder Universitätsabschlüsse, Arbeitszeugnisse und Gutachten können die Verläßlichkeit eines

---

[167] Vgl. dazu Ewert, R. (Controlling 1992), S. 281.
[168] Vgl. Picot, A.; Dietl, H.; Franck, E. (Organisation 1997), S. 82 ff.

Arbeitnehmers glaubwürdiger gestalten; Zertifizierungen oder unabhängig durchgeführte Warentests könnten die Qualität von Produkten von Lieferanten bestätigen. Beim *Screening* versucht der Prinzipal selbst, Informationen über den Agenten zu erhalten. So kann ein Personalmanager in Einstellungstests die Qualität und Leistungsbereitschaft eines Bewerbers „kontrollieren". Unternehmen haben die Möglichkeit, von ihren Lieferanten Prototypen anfertigen zu lassen.

Ausgehend von der Annahme ungleichverteilter Informationen thematisiert und entwickelt vor allem die Principal-Agent Theorie Vorschläge, wie Interaktionsbeziehungen zwischen Wirtschaftssubjekten, die über ungleiches Wissen verfügen, *kontrolliert* werden können. Kontrolle wird in der Institutionenökonomik vor allem als *Verhaltenskontrolle* von Personen verstanden. So fordert die Institutionenökonomik, daß ein wirksamer Kontrollmechanismus immer auf die *Anreize* der betroffenen Individuen abgestellt sein sollte. Denn genau nach diesen werden Individuen ihr Verhalten ausrichten. Ist davon auszugehen, daß die jeweiligen Präferenzen der Individuen mit den Zielen der Unternehmung übereinstimmen, so erscheinen zusätzliche institutionelle Kontrollmechanismen nicht notwendig. Ist dies nicht der Fall, können wirksame Kontrollen und die damit verbundene Inaussichtstellung von Strafen die Anreizstrukturen, z.B. von Mitarbeitern, so verändern, daß diese sich im Sinne des Unternehmens verhalten.

3.2 Planung und Kontrolle in der Managementlehre

Die moderne Managementlehre wurde maßgeblich von *Hans Ulrich* entwickelt, der die Betriebswirtschaftslehre aus einer rein ökonomischen Betrachtung herausführt und als „mehrdimensionale, a-disziplinäre Orientierung des Faches"[169] ausbaut. Dabei bedient sich *Ulrich*, der mit seinen Arbeiten die Grundlagen für das *St. Galler Managementmodell* legt, systemtheoretischer und kybernetischer Instrumente.

Ulrich hat seine systemorientierte Managementlehre in den 70er Jahren vorgestellt, sie jedoch kontinuierlich weiterentwickelt. Deswegen soll die Frage der Bedeutung von Planung und Kontrolle anhand des 1990 erschienenen Werkes „Anleitung zum ganzheitlichen Denken und Handeln"[170], das er gemeinsam mit *Gilbert Probst* verfaßt hat, analysiert werden.

Ulrich und seine Schüler interpretieren Unternehmensführung als „System von Problemlösungsprozessen".[171] Sie gehen davon aus, daß die heutige Zeit und die darin vorzufindenden

---

[169] Bleicher, K. (Konzept 1992), S. 11.
[170] Vgl. Ulrich, H.; Probst, G. J. B. (Anleitung 1990).
[171] Ulrich, H.; Probst, G. J. B. (Anleitung 1990), S. 278.

Probleme von neuer Dimension und Qualität sind. Für sie lassen sich die aktuellen Problem-situationen besonders gut durch Begriffe der Systemtheorie wie Vernetztheit, Komplexität, Rückkopplung usw. darstellen.[172] Ein ganzheitliches Denken als Vorstufe für ganzheitliches Handeln sei die Voraussetzung, um die notwendig gewordenen ganzheitlichen Lösungen für die komplexen Probleme der heutigen Zeit finden zu können.[173] *Ulrich* und *Probst* schlagen sechs Schritte innerhalb eines Problemlösungsprozesses vor, den sie als iterativen Prozeß verstehen. Diese Schritte, dargestellt in Abb. A-10, sollen keine exakte Entscheidungs-methode, sondern vielmehr einen Suchprozeß im Sinne einer Heuristik darstellen, der es er-möglicht, komplexe Problemstrukturen zu beherrschen.

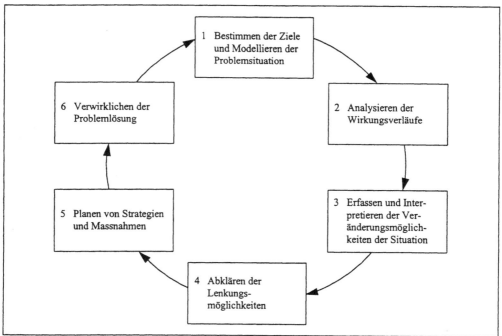

Abb. A-10: Die sechs Schritte des ganzheitlichen Problemlösungsansatzes
Quelle: Ulrich H.; Probst, G. J. B. (Anleitung 1990), S. 114

Planungsaspekte spielen vor allem im fünften Schritt dieses Prozeßvorschlags eine entschei-dende Rolle. Wenngleich die Bestimmung von Zielen in Schritt 1 ebenfalls als Planung im Sinne einer generellen Zielplanung verstanden werden kann, stellen die ersten vier Schritte vor allem eine sorgfältige Istanalyse der Problemsituation dar. Die dort erworbenen Informa-

---

[172] Vgl. Ulrich, H.; Probst, G. J. B. (Anleitung 1990), S. 12.
[173] Vgl. Ulrich, H.; Probst, G. J. B. (Anleitung 1990), S. 22.

tionen im Rahmen von Schritt Fünf „Planen von Strategien und Massnahmen" sollen zu konkreteren Entscheidungsvorschlägen weiterentwickelt werden. Im Vordergrund steht dabei, „Schlüsse in bezug auf unser eigenes Handeln zu ziehen, alternative Handlungsmöglichkeiten zu durchdenken und bestimmte Handlungen auszuwählen."[174] Diese Vorbereitung und Festlegung des Handelns mit der Absicht, ein Problem zu lösen, bezeichnen *Ulrich/Probst* als Planen.

Obwohl das Schwergewicht einer systemorientierten Position in der „integrierenden Betrachtung der Verknüpfungen in einem umfassend konzipierten Planungssystem"[175] liegt, soll der Planungsprozeß bei *Ulrich/Probst* auch konkrete Handlungen zur Folge haben, die die reale Situation in eine gewünschte Richtung verändern. Wegen der Komplexität der (Umwelt-) Situation sei es jedoch nicht (immer) möglich, konkrete Maßnahmen zu planen. Deswegen müsse sich die Unternehmensführung auf die Planung grundsätzlicher Handlungsoptionen oder Strategien beschränken.[176]

*Kontroll*prozesse werden aus der Rationalität von Regelkreisen heraus interpretiert.[177] Diese unterscheidet die Steuerung und die Regelung als die beiden Arten der Lenkung. Während die Steuerung auf der Grundlage definierter Ziele informationelle Anweisungen an ein System gibt, wird die Regelung verstanden als „eine informationelle Rückkoppelung einer Abweichung von einem gewünschten Verhalten oder Ziel. Sie umfasst:

a) die Feststellung, ob die Steueranweisungen zur entsprechenden Veränderung geführt haben und/oder Abweichungen festgestellt wurden.

b) die Rückmeldung des festgestellten Ergebnisses an eine Steuerungsstelle.

c) die Anweisung an die Steuerungsstelle für weitere Steuerungsmassnahmen."[178]

Diese Regelkreise, selbst Systembestandteil, steuern also Systeme. Kontrolle wird in der systemtheoretisch orientierten Managementlehre deswegen überwiegend als Selbstkontrolle interpretiert. Soziale Systeme setzen sich nicht nur selbst Ziele, sondern verhalten sich auch danach.[179] Weil in dieser Forschungsrichtung nicht das einzelne Individuum, sondern die „Ganzheit" eines Systems im Vordergrund steht, hat sich dieses System auch „selbst unter Kontrolle zu halten".[180] Es wird deswegen angestrebt, aus einer Abweichungsanalyse verbes-

---

[174] Ulrich, H.; Probst, G. J. B. (Anleitung 1990), S. 189.

[175] Ulrich, H. (Unternehmensplanung 1975), S. 22.

[176] Vgl. Ulrich, H.; Probst, G. J. B. (Anleitung 1990), S. 190.

[177] Vgl. Abschnitt 3.1.3.

[178] Ulrich, H.; Probst, G. J. B. (Anleitung 1990), S. 79 f.

[179] Vgl. Ulrich, H.; Probst, G. J. B. (Anleitung 1990), S. 78.

[180] Ulrich, H.; Probst, G. J. B. (Anleitung 1990), S. 78, ebd.: „Die Fähigkeit, sich selbst unter Kontrolle zu halten, bezeichnen wir als Lenkung."

serte Steuerungsimpulse zu senden, also zumindest dahingehend gestaltend zu wirken, daß „Selbstregelung in das System ein[gebaut] wird"[181].

Die Regelung hat die Aufgabe, aufgrund von – oft aus der Umwelt oder durch die Veränderung eigener Wertvorstellungen – erhaltenen Informationen Störungen zu kompensieren, indem sie deren Wirkungen minimiert.[182] Regelung soll somit „das System unter Kontrolle (...) halten".[183]

3.3 Planung und Kontrolle im Controlling

Planung und Kontrolle und die Bereitstellung von Informationen für Entscheidungen nehmen breiten Raum im Bereich des Controlling ein. Allerdings wird die Diskussion darüber, was unter „Controlling" genauer zu verstehen ist und welche wissenschaftsprogrammatischen Folgen damit verbunden sind, teilweise außerordentlich kontrovers geführt. Sie hat bislang noch nicht zu einer einheitlichen Definition geführt. Auch in „historischer" Sicht zeigt sich, daß das Controllingverständnis im Zeitablauf erheblichen Wandlungen unterlegen ist.[184] Jüngstes Beispiel für die „dynamische Entwicklung" wissenschaftlicher Controllingauffassungen ist das integrierende Verständnis des Controlling als Rationalitätssicherung von *Weber*[185], mit der er die bis dahin – auch von ihm selbst[186] – vertretene führungssystemorientierte Controllingauffassung kontextabhängig auf bestimmte Anwendungsbereiche einschränkt.

Nachfolgend soll zunächst ein Überblick über die Variationsbreite von Controllingbegriffen gegeben werden (Abschnitt 3.3.1). Anschließend werden drei Controllingkonzeptionen eingehender dargestellt, nämlich

- die informationsorientierte Controllingkonzeption (Punkt 3.3.2),

- die planungs- und kontrollorientierte Controllingkonzeption (Teil 3.3.3) und

- die führungssystemorientierte Controllingkonzeption (Abschnitt 3.3.4)

Die wesentlichen Merkmale dieser Einzelansätze faßt Teil 3.3.5 zusammen. Dort wird auch der bereits erwähnte Integrationsansatz von Controlling als Rationalitätssicherungsfunktion skizziert.

---

[181] Ulrich, H.; Probst, G. J. B. (Anleitung 1990), S. 80.

[182] Vgl. Ulrich, H.; Probst, G. J. B. (Anleitung 1990), S. 81 f.

[183] Ulrich, H.; Probst, G. J. B. (Anleitung 1990), S. 82.

[184] Vgl. den ausführlichen Überblick über die historische Entwicklung des Controlling bei Horváth, P. (Controlling 1996), S. 27 ff.

[185] Vgl. Weber, J. (Controlling 1998), S. 29 ff.; Weber, J.; Schäffer, U. (Rationalität 1998).

[186] Vgl. Weber, J. (Controlling 1995), S. 31 ff.; Weber, J. (Koordinationssicht 1992), S. 169 ff.

3.3.1 Überblick

Eine Ursache für die vielfach sehr kontroversen Diskussionen über Controlling ist wohl darin zu sehen, daß der Begriff – wie auch Planung und Kontrolle[187] – eine funktionale, eine instrumentale und eine institutionale Dimension aufweist. In funktionaler Hinsicht bezeichnet Controlling bestimmte Aufgaben oder Tätigkeiten; die instrumentale Komponente des Controlling umfaßt Methoden und Modelle, die der Erfüllung der Controllingaufgaben dienen. Die institutionale Dimension beschreibt die organisatorische Struktur und Gestaltung, in der die Controllingaufgaben erfüllt werden.[188]

Einen wesentlichen Beweggrund in der wissenschaftlichen Auseinandersetzung stellt die Frage dar, welche Stellung dem Controlling innerhalb der Betriebswirtschaftslehre zukommt. Diese Frage wird von *Küpper* explizit angesprochen. Nach *Küpper* sind grundsätzlich drei Möglichkeiten denkbar, wie Controlling im Rahmen der Betriebswirtschaftslehre gesehen werden kann:

1. Möglich wäre zunächst, daß „Controlling als eine *moderne Bezeichnung* für bekannte Aufgabenbereiche verwendet wird"[189], indem es beispielsweise an die Stelle der Termini „Internes Rechnungswesen" oder „Unternehmensrechnung" tritt. Wenngleich aus einem solchen Bezeichnungswechsel für die Praxis durchaus neue Impulse erwachsen könnten, seien daraus keine neuen wissenschaftlichen Fragestellungen zu erwarten.

2. Auch aus der zweiten denkbaren Verwendungsweise des Controlling, „als *Oberbegriff* für mehrere Gebiete"[190] der Betriebswirtschaftslehre geht keine neuartige wissenschaftliche Fragestellung hervor. Bestenfalls erlangten die Beziehungen zwischen den zusammengefaßten Bereichen größere Beachtung.

3. Möglich sei ferner, daß „mit dem Controlling ein relativ *neuer Problembereich*"[191] erkennbar wird, der also Fragestellungen aufnimmt, die bislang in der Betriebswirtschaftslehre keine große Bedeutung besaßen. Würden die eigenständigen Problemstellungen und die dafür entwickelten Lösungsansätze theoretisch fundiert und in der Praxis erhärtet, könne mit Controlling eine eigenständige betriebswirtschaftliche Teildisziplin erwachsen.

---

[187] Vgl. die Abschnitte 2.1.1 und 2.2.1.
[188] Vgl. Schweitzer, M.; Friedl, B. (Controlling-Konzeption 1992), S. 142 ff.
[189] Küpper, H.-U. (Controlling 1997), S. 3.
[190] Küpper, H.-U. (Controlling 1997), S. 4.
[191] Küpper, H.-U. (Controlling 1997), S. 4.

Zur Zeit kann (noch) nicht gesagt werden, welche Verwendungsweise für den Controlling-begriff sich in Theorie und Praxis durchsetzt; Bestätigungen finden sich für jede der Auffassungen.[192]

In der deutschsprachigen Controlling-Literatur können auf der Basis der Klassifizierung von *Schweitzer/Friedl* heute vor allem drei Grundkonzeptionen des Controlling unterschieden werden, nämlich die informationsorientierte, die planungs- und kontrollorientierte sowie die führungssystembezogene Controllingkonzeption.

Es handelt sich hierbei um Grundausrichtungen des Controllingverständnisses, die in erster Linie danach gebildet sind, welchem Sachziel Controlling dient. So stellen *Schweitzer/Friedl* fest, daß allen Konzeptionen das Ziel zugrunde liegt, die Unternehmungsführung mit entscheidungsrelevanten Informationen zu versorgen.[193] In einer Reihe von Controllingansätzen wird darüber hinaus noch ein Koordinationsziel postuliert. Dabei geht es jedoch nicht um die Koordination der Realisationshandlungen. Dies ist die Führungsaufgabe. Controlling soll vielmehr der Abstimmung der Führungshandlungen aufeinander dienen, d. h. eine Metakoordination herbeiführen. Einige Controllingkonzeptionen betrachten nur die Abstimmung zwischen planungs-, kontroll- und informationsorientierten Führungshandlungen. Darüber hinausgehende Ansätze beziehen das Koordinationsziel des Controlling auf alle Führungshandlungen. Abb. A-11 stellt diese Klassifikation noch einmal im Überblick dar.

---

192   Vgl. Küpper, H.-U. (Controlling 1997), S. 4; explizit bei Weber, J. (Controlling 1998), S. 32 ff.
193   Vgl. Schweitzer, M.; Friedl, B. (Controlling-Konzeption 1992), S. 144. Darunter fassen *Schweitzer/Friedl* auch Ziele wie Sicherung der Adaptions-, Anpassungs- oder Reaktionsfähigkeit, denn auch zur Erfüllung dieser Ziele habe das Controlling „Informationen über erwartete beziehungsweise bereits eingetretene Umweltveränderungen und ihre Wirkungen auf die Zielerreichung sowie Kontrollinformationen bereitzustellen", ebd., S. 144 f..

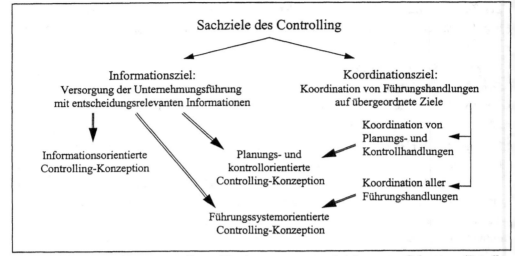

Abb. A-11: Klassifikation von Controllingkonzeptionen in Anlehnung an Schweitzer/Friedl

Nachfolgend werden diese Konzeptionen eingehender dargestellt, wobei insbesondere auf die Bedeutung und Stellung von Planung, Kontrolle und Informationen eingegangen wird.

3.3.2 Informationsorientierte Controllingkonzeption

Ein wesentliches Merkmal informationsorientierter Controllingansätze bildet in funktionaler Hinsicht die Koordination von Informationserzeugung und -bereitstellung mit dem Informationsbedarf[194], so daß die Unternehmungsführung möglichst gut mit den für sie entscheidungsrelevanten Informationen versorgt wird.

Eine primär informationsorientierte Controllingperspektive nehmen v. a. *Müller*[195] und *Reichmann*[196] ein. Wegen der ausdrücklichen Betonung auch informationstechnik-gestützter Ansätze soll die Controllingkonzeption von *Reichmann* eingehender behandelt werden:

Nach *Reichmann* zählen zu den vornehmlichen Aufgaben des Controllers die „Informationsbeschaffung, Informationsaufbereitung von Informationen, Datenanalyse, Beurteilung und Kontrolle"[197]. Entscheidend ist hierbei, daß die Controllingaufgaben aus den unternehmerischen Oberzielen abgeleitet werden. Damit hängen die Aufgaben zwar grundsätzlich von den jeweiligen Unternehmenszielen ab, im weiteren beschränkt *Reichmann* sich aber auf das Erfolgsziel mit der Liquidität als wichtigster Nebenbedingung.

---

[194] Vgl. Müller, W. (Koordination 1974), S. 683 f., 686 ff.
[195] Vgl. Müller, W. (Koordination 1974).
[196] Vgl. Reichmann, T. (Controlling 1997); Reichmann, T. (Kennzahlen 1985).
[197] Reichmann, T. (Controlling 1997), S. 4.

Eine Controllingkonzeption hat nach *Reichmann* den Zweck, die Aufgabenbereiche des Controlling abzugrenzen und zu präzisieren: „Aktivitäten wie Informationsbeschaffung, Informationsaufbereitung, Datenanalyse, Beurteilung und Kontrolle zählen mithin zu den wesentlichen Aktivitäten des Controllers."[198] Die Informationsprozesse werden in drei verschiedenen Dimensionen gegliedert, und zwar nach

- der Funktionsgliederung in die üblichen Funktionalbereiche (z.B. Beschaffung, Produktion) und den Bereich der Führung

- der Informationskategorie in Einnahmen-/Ausgabengrößen, Kosten-/Leistungsgrößen, Erträge/Aufwendungen und Vermögen/Kapital und weiteren Kategorien

- dem zeitlichen Bezug in operativ und strategisch relevante Informationsprozesse.

Beispielsweise ergibt sich der „Würfel" zu Abrechnungssystemen in Abb. A-12 aus den drei Dimensionen für Informationsprozesse (Funktionsbereich, Informationskategorie, Zeitbezug). „In Abhängigkeit davon, ob man die Zeitdimension, die Funktionsorientierung oder die Informationskategorie als Anknüpfungspunkt wählt, kann man beispielsweise ein operatives Controlling, ein Logistik-Controlling oder ein Kosten- und Erfolgs-Controlling unterscheiden."[199]

Genau genommen wird – auch in der Darstellung A-12 – noch eine weitere Dimension verwendet, die als Verdichtungs- bzw. Detaillierungsgrad bezeichnet werden könnte: Auf der untersten Ebene sind technikorientierte Systeme, wie z.B. die Betriebsdatenerfassung (BDE) oder die Systeme der digitalen Maschinensteuerung (DNC) angesiedelt. Diese Systeme verarbeiten grundsätzlich mengenmäßige und zeitliche Informationskategorien, aber keine Wertgrößen. Darüber sind die auch mit Wertgrößen operierenden kaufmännischen Administrations- und Dispositionssysteme angeordnet. Ihre Daten werden durch geeignete Systeme zu Management-Berichten für höhere Führungsebenen zusammengeführt. Die oberste Führungsebene verwendet Informationen auf der höchsten Verdichtungsstufe in Form von Kennzahlen. Eine wesentliche Funktion des Controlling besteht darin, Informationen auf jeweils der Verdichtungsstufe bereitzustellen, die von den Entscheidungsträgern der verschiedenen Führungsebenen gewünscht wird.

---

[198] Reichmann, T. (Controlling 1997), S. 3 f.
[199] Reichmann, T. (Controlling 1997), S. 7.

Führungs-
informations-
systeme
(Controlling)

Analyse- und
Berichtssysteme
(Controlling)

Abrechnungs-
systeme

Administrations-
und Dispositions-
systeme

Technische
Erfassungs- und
Steuerungs-
systeme

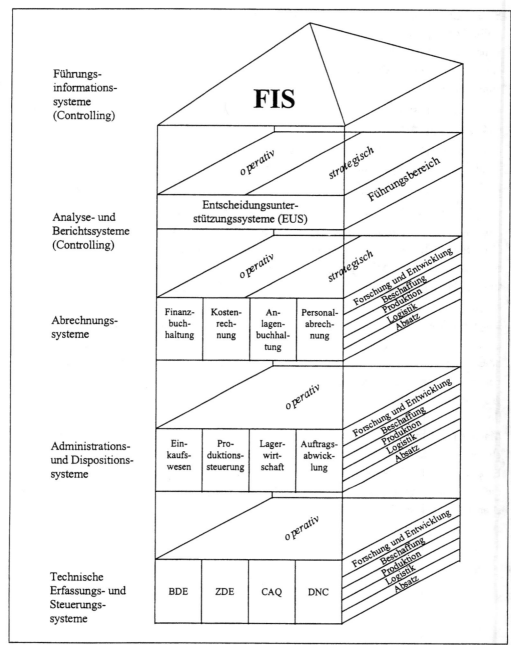

Abb. A-12: Informationsorientierte Controllingkonzeption nach Reichmann

Quelle: Reichmann, T. (Management 1996), S. 563

In der Controllingkonzeption von *Reichmann* spielen Planung und Kontrolle eine wesentliche Rolle: Die Informationen, deren Bereitstellung Aufgabe des Controlling ist, sind entscheidungsbezogen, d.h., sie gehen in Entscheidungsprozesse ein: „Wenn man die Controllingaufgaben im Hinblick auf die Phasen des Entscheidungsprozesses aufteilt, wird die Controllingkonzeption auf Planungs- und Kontrollprozesse ausgerichtet. Damit werden die Voraussetzungen dafür geschaffen, verschiedene Entscheidungs- und Unternehmensbereiche zu koordinieren."[200]

Im Hinblick auf die Informationsversorgung der Entscheidungsträger durch das Controlling präzisiert *Reichmann* das Effektivitäts- und das Effizienzziel. Die Informationsversorgung ist effektiv, wenn dem Entscheidungsträger diejenigen Informationen zur Verfügung gestellt werden, die er für die jeweilige Entscheidung nach eigener, d.h. subjektiver Einschätzung benötigt[201]. Die effiziente Informationsversorgung knüpft an „die Bereitstellung adäquater Informationsbasen und deren wirtschaftliche Ausschöpfung"[202] an. *Reichmann* führt seine mehrstufige und mehrdimensionale Controllingkonzeption (Abb. A-12) mit einer mehrstufigen Konzeption DV-gestützter Informationssysteme zusammen, wie sie auch im Bereich der Wirtschaftsinformatik[203] üblich ist. Damit wird der enge Zusammenhang des Controlling zur computergestützten Informationsverarbeitung angesprochen, auf den wir noch vielfach zurückkommen werden.

Die wichtigsten Merkmale und Abgrenzungen der informationsorientierten Controllingkonzeption nach *Reichmann* sind in Tab. A-3 (S. 78 f.) noch einmal zusammengetragen.

3.3.3 Planungs- und kontrollorientierte Controllingkonzeption

Eine planungs- und kontrollorientierte Controllingkonzeption wird in der deutschsprachigen Literatur vornehmlich von *Horváth*[204], *Hahn*[205], *Dellmann*[206] und *Baumgartner*[207] vertreten. Als Begründer dieser Controllingausprägung gilt im allgemeinen *Horváth*, der maßgeblich die Koordination als wesentliche Funktion des Controlling herausgearbeitet hat. Aus diesem Grund soll dieser Ansatz im folgenden exemplarisch eingehender dargestellt werden.

---

[200] Reichmann, T. (Controlling 1997), S. 8.

[201] Insbesondere der Bezug zur Aufgabe bzw. Entscheidung wird nach herkömmlicher Definition als Wesensmerkmal von Informationen verstanden. Vgl. dazu Abschnitt 2.4.1.

[202] Reichmann, T. (Controlling 1997), S. 10.

[203] Vgl. z.B. Mertens, P.; Griese, J. (Planungssysteme 1993), S. 2.; Ferstl, O.; Sinz, E. (Wirtschaftsinformatik 1998), S. 32 ff.

[204] Vgl. Horváth, P. (Controlling 1996).

[205] Vgl. Hahn, D. (PuK 1996).

[206] Vgl. Dellmann, K. (Systematisierung 1992), S. 134 ff.

[207] Vgl. Baumgartner, B. (Controller-Konzeption 1980).

Wesentliche Begründungen für seine Konzeption bezieht *Horváth* aus den Controllingfunktionen, wie sie in der Praxis beschrieben werden[208]: Insbesondere seien Planung und Kontrolle
zentrale Führungsaufgaben, die wegen ihrer Komplexität ebenso besonderer Unterstützung
bedürften wie die Informationsversorgung der Führung. Planung und Kontrolle sowie Informationsversorgung seien ergebnisorientiert aufeinander abzustimmen.

Horváth gibt folgende Definition: „Controlling ist – funktional gesehen – dasjenige Subsystem der Führung, das Planung und Kontrolle sowie Informationsversorgung systembildend
und systemkoppelnd ergebniszielorientiert koordiniert und so die Adaption und Koordination
des Gesamtsystems unterstützt."[209]

Horváths Controllingkonzeption umfaßt damit ein auf Informationen basierendes Controllingverständnis, wie es von *Müller* und *Reichmann* formuliert wurde.[210] Hierfür spricht die Aussage, Koordination bedeute „im Grunde... die Diskrepanz zwischen Informationsbedarf und
vorhandenen Informationen (Informationsdefizit) zu verkleinern. Das Informationsdefizit der
an Planung und Kontrolle Beteiligten birgt Risiko, d.h. Verlustgefahr, in sich. Man kann also
sagen, daß Koordination risikovermindernd wirkt, indem sie das Informationsdefizit min-
dert"[211]. Dabei entspricht der Informationsbegriff *Horváths* dem in der Betriebswirtschaftslehre gebräuchlichen als zweckorientiertes Wissen in Anlehnung an *Wittmann*.[212]

Als über die informationsorientierte Controllingkonzeption hinausgehend sind vor allem zwei
Aspekte zu nennen:

Zum einen werden Planung und Kontrolle nicht nur als Phasen im Entscheidungsprozeß gesehen, für die Informationen bereitzustellen sind, sondern als eigenständige Problembereiche
die einer Gestaltung in funktionaler, instrumentaler und institutionaler Sicht bedürfen. So bildet das Planungs- und Kontrollsystem – neben dem Informationsversorgungssystem – das
Objekt, auf das sich das Controlling bezieht.[213] *Horváths* Planungsbegriff fügt sich in das
betriebswirtschaftliche Begriffsverständnis ein, wonach es sich um „prospektives Denkhan-
deln" handelt. *Horváth* sieht Planung zudem als eine wichtige Koordinationsform an: Es handele sich um einen Prozeß von Entscheidungen über Entscheidungen. Kontrolle wird explizit
auf Planung bezogen, d.h. Planung und Kontrolle werden als Einheit angesehen.[214] Eine

---

[208] Vgl. Horváth, P. (Controlling 1996), S. 106.

[209] Horváth, P. (Controlling 1996), S. 141.

[210] Vgl. Abschnitt 3.3.2.

[211] Horváth, P. (Controlling 1996), S. 120 f.

[212] Vgl. Horváth, P. (Controlling 1996), S. 330 sowie Abschnitt 2.4.1.1.

[213] Horváth, P. (Controlling 1996), S. 121.

[214] Vgl. Horváth, P. (Controlling 1996), S. 163 ff.

Trennung beider Funktionen sei zwar formal möglich, aber mit Blick auf die Praxis nicht zweckmäßig.

Zum anderen rückt *Horváth* die Koordination gegenüber der Informationsbereitstellung stark in den Vordergrund der Konzeption. Die *Funktion* des Controlling besteht danach in der Koordination.[215] Bei der Präzisierung des Koordinationsbegriffs gibt er zunächst eine allgemeine Definition („Wir wollen zusammenfassend Koordination als das Abstimmen einzelner Entscheidungen auf ein gemeinsames Ziel hin verstehen"[216]), die weiter hinsichtlich der Koordinationsformen präzisiert wird. Hierbei stützt er sich auf die Koordinationsformen, die im Rahmen der situativen Organisationsforschung von *Kieser* und *Kubicek*[217] unterschieden werden:

- Koordination durch Selbstabstimmung
- Koordination durch hierarchische Einzelfallentscheidungen
- Koordination durch Planung
- Koordination durch Programmierung.[218]

Planung bildet dabei eine Koordinationsform. Im Rahmen derjenigen Controlling-Auffassungen, die die Koordination als wesentliche Funktion herausstellen, wird die *Planung als Koordinationsform* auf die zu koordinierenden Objekte, also *das Planungssystem selbst,* angewendet. Zu unterscheiden sind damit zwei Ebenen der Koordination:

- der Koordination des Ausführungssystems durch das Planungssystem, also z.B. mit Hilfe von Produktions- und Absatzplänen. Diese Koordinationsebene wird auch als *Primärkoordination* bezeichnet.
- die Koordination des Planungs-, Kontroll- und Informationsversorgungssystems als wesentliche Funktion des Controlling *mit Hilfe von Planungen.* Danach wäre es eine Controllingaufgabe, mit Hilfe von Plänen dafür zu sorgen, daß Absatz- und Produktionsplan (primäre Koordination) rechtzeitig erstellt und aufeinander abgestimmt werden. Diese Koordination innerhalb des Führungssystems wird auch als *Sekundärkoordination* bezeichnet. Sie kann mit Hilfe von Plänen, aber auch durch Verhaltensprogramme oder andere Koordinationsformen erfolgen.

Controlling – verstanden als Koordination – bezieht sich damit nicht auf die Koordination des Ausführungssystems, die also den Leistungsvollzug oder die Leistungsverwertung sichern soll (Primärkoordination). Vielmehr bedeutet Controlling Sekundärkoordination, also die Koordi-

---

[215] Vgl. Horváth, P. (Controlling 1996), S. 121.

[216] Horváth, P. (Controlling 1996), S. 111.

[217] Vgl. Kieser, A.; Kubicek, H. (Organisation 1992), S. 104 ff.

[218] Auf diese Koordinationsformen gehen wir in Punkt 4.2.3.1 sowie in den Abschnitten 9.1.2 und 9.2.5 von Teil C dieses Buches näher ein.

nation innerhalb des Führungssystems zwischen dem Planungs- und Kontrollsystem und dem Informationsversorgungssystem (Abb. A-13).

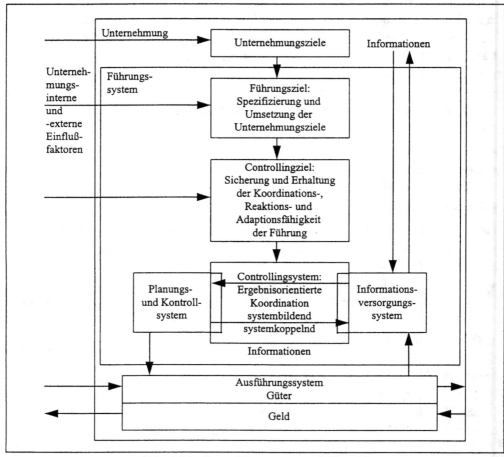

Abb. A-13: Controllingsystem nach Horváth

Quelle: leicht verändert nach Horváth, P. (Controlling 1996), S. 139

Die Ungewißheit, der die Unternehmung ausgesetzt ist, nimmt *Horváth* zum Ausgangspunkt, um zwischen zwei grundlegenden Arten der Koordination zu unterscheiden, der *systembilden-den* und der *systemkoppelnden Koordination*. Mit Blick auf das Substitutionsgesetz von *Gutenberg*[219] weist er darauf hin, daß es sich hierbei letztlich um die Unterscheidung zwischen genereller und einzelfallspezifischer Regelung handelt.

---

[219] Vgl. Gutenberg, E. (Unternehmensführung 1962), S. 147.

Ziel der systembildenden Koordination ist es, eine Gebilde- und Prozeßstruktur zu schaffen, die zur Abstimmung von Aufgaben beiträgt. Das Planungs- und Kontrollsystem geht aus der systembildenden Koordination hervor, ist deren Ergebnis[220]. Die systemkoppelnde Koordination umfaßt „... alle Koordinationsaktivitäten .., die im Rahmen der gegebenen System-struktur zur Problemlösung sowie als Reaktion auf `Störungen´ stattfinden und in einer Auf-rechterhaltung sowie Anpassung der Informationsverbindungen zwischen Teilsystemen be-stehen"[221]. Mit der systemkoppelnden Koordination operiert man also innerhalb des Rahmens, der durch die systembildende Koordination festgelegt ist. Die systemkoppelnde Koordination soll insbesondere den Störungen begegnen, die im Wege der Systembildung nicht „einge-plant" werden konnten, weil sie nicht absehbar waren.

Auf der Grundlage dieser Überlegungen gelangt *Horváth* zur Unterscheidung der folgenden Systemzusammenhänge (s. auch Abb. A-13):

- Dem System der Unternehmungsführung obliegt letztlich die Gestaltung des Controlling-systems.
- Das Controllingsystem gestaltet und „betreibt" das Planungs- und Kontrollsystem sowie das Informationssystem.
- Das Planungs- und Kontrollsystem gestaltet und hält das Ausführungssystem in Gang.

Die systembildenden und -koppelnden Koordinationsaktivitäten im Rahmen des Controlling sind nach *Horváth* in der Regel auf das Ergebnisziel der Unternehmung ausgerichtet. Diese Auffassung begründet er mit empirischen Untersuchungen zum Zielsystem von Unternehmen. Dabei legt er „als Prämisse die Gültigkeit des Wirtschaftlichkeitsprinzips in allen Formen von zielgerichteten Sozialsystemen zugrunde"[222]. In welchen Größen sich das Ergebnisziel aber manifestiere, könne – z.B. abhängig von der Unternehmungskategorie – unterschiedlich sein. *Hahn*, der ebenfalls als Vertreter einer planungs- und kontrollorientierter Controllingkonzep-tion gelten kann, legt hingegen das Gewinnstreben unter der Nebenbedingung der Liquiditäts-sicherung als zielbezogene Grundlage für seine Controllingkonzeption fest.[223]

3.3.4 Führungssystemorientierte Controllingkonzeption

Eine Besonderheit des Controllingansatzes von *Horváth* wird darin gesehen, daß mit diesem – erstmalig – die Koordination als Kernfunktion des Controlling grundlegend herausgearbeitet ist. Dieser Einschätzung der Koordination folgen eine Reihe von Autoren, fassen aber gegen-über der planungs- und kontrollorientierten Controllingkonzeption *Horváths* den durch Con-

---

220   Vgl. Horváth, P. (Controlling 1996), S. 117.
221   Horváth, P. (Controlling 1996), S. 118.
222   Horváth, P. (Controlling 1996), S. 135..
223   Vgl. Hahn, D. (PuK 1996), S. 129 ff., 143 ff., 154.

trolling zu koordinierenden Bereich wesentlich weiter, indem weitere *Führungsteilsysteme* einbezogen werden. Als Vertreter dieser führungssystemorientierten Controllingkonzeption sind vornehmlich *Schmidt*[224], *Küpper*[225], *Zünd*[226] und – für primär plankoordinierte Unternehmen unter hohem Veränderungsdruck – *Weber*[227] zu nennen.

Während sich Controlling im Ansatz von *Horváth* also auf die Koordination des Planungs- und Kontrollsystems sowie des Informationssystems bezieht, erfolgt bei den oben genannten Autoren eine Ausweitung des Controlling auf alle Teilsysteme des Führungssystems. So bemerkt *Schmidt*, Controlling bezwecke „primär die gesamtunternehmensbezogene interne Abstimmung und integrierende Verknüpfung des Informations-, Ziel-, Planungs- und Kontroll- und Organisationssystems"[228]. In die gleiche Richtung weisen die Ausführungen *Küppers*, der „Koordinationsprobleme ... zwischen allen Teilen des Führungssystems"[229] ausmacht und einer Controllingfunktion die „Koordination des Führungsgesamtsystems zur Sicherstellung einer zielgerichteten Lenkung"[230] zuweist.

Aufgrund der hohen Bedeutung des Planungssystems erfolgt die Koordination der anderen Führungsteilsysteme auf dieses hin, d.h., dem Planungssystem kommt hiernach eine vorrangige Bedeutung zu. Gegenstand des Controlling ist dabei im Grundsatz sowohl die Koordination innerhalb der Teilsysteme als auch die Abstimmung zwischen den Teilsystemen. Neben dem Planungs-, Kontroll- und Informationssystem – deren Abgrenzung weitgehend den hier in Abschnitt 2 vorgenommenen Definitionen entspricht – unterscheidet *Küpper* das Organisations- und das Personalführungssystem.[231]

Das Personalführungssystem ist dabei „jenes Teilsystem der Führung, das unmittelbar auf die *Mitarbeitersteuerung* gerichtet ist. Es umfaßt als Elemente neben den beeinflußten Mitarbeitern die sie steuernden Führungskräfte sowie die Instrumente und Prozesse, mit denen die Verhaltensbeeinflussung erreicht wird bzw. erreicht werden soll".[232] Eine wichtige Aufgabe, die dem Controlling in diesem Zusammenhang obliegt, ist die Mitwirkung bei der Gestaltung

---

[224] Vgl. Schmidt, A. (Controlling 1986).
[225] Vgl. Küpper, H.-U. (Controlling 1997).
[226] Küpper, H.-U.; Weber, J.; Zünd, A. (Controlling 1990), S. 281 ff.
[227] Vgl. Weber, J. (Controlling 1998), S. 34; Weber, J. (Koordinationssicht 1992), S. 169 ff.
[228] Schmidt, A. (Controlling 1986), S. 56 f.
[229] Küpper, H.-U. (Controlling 1997), S. 12.
[230] Küpper, H.-U. (Controlling 1997), S. 12, dort zitiert schon nach Küpper, H.-U.; Weber, J.; Zünd, A. (Controlling 1990), S. 282.
[231] Vgl. Küpper, H.-U. (Controlling 1997), S. 13 ff.
[232] Küpper, H.-U. (Controlling 1997), S. 190.

adäquater Anreizsysteme.[233] Hiermit gelangen insbesondere auch institutionenökonomische Ansatzpunkte ins Blickfeld des Controlling.

Die Abgrenzung zwischen Controlling und Organisation thematisiert *Küpper* ausführlich. Den Anlaß liefert dabei die Feststellung, daß sowohl die Organisation als auch das Controlling – in diesem Verständnis – koordinierende Funktionen zu erfüllen haben. *Küpper* kommt zu dem Ergebnis, daß Überschneidungen zwischen Organisation und Controlling nicht zu vermeiden sind. Während dem Controlling allerdings vornehmlich die Koordination des Führungssystems obliegt, seien „Fragen der Verteilung von Aufgaben, Weisungs- und Entscheidungsrechten sowie der räumlichen und zeitlichen Anordnung *typische Organisationsaufgaben*"[234].

Abb. A-14 stellt die Führungsteilsysteme noch einmal im Gesamtzusammenhang der Controllingkonzeption von *Küpper* dar.

Küpper geht nicht von einer bestimmten übergeordneten Zielsetzung aus, denen die Koordinationsaktivitäten des Controlling gelten. In Unternehmen spielten typischerweise Erfolgsziele sowie Bestandssicherungsziele eine maßgebliche Rolle, allerdings seien auch andere (zusätzliche) Ziele denkbar. In öffentlichen Unternehmen sei die Koordinationsleistung des Controlling hingegen auf die dort vorherrschenden Bedarfsdeckungsziele auszurichten.[235]

Hinsichtlich der Instrumente, die für die Koordination im Rahmen des Controlling zur Verfügung stehen, stellt *Küpper* fest, daß alle Führungsteilsysteme ihrerseits „auch Koordinationsinstrumente bereitstellen. Diese dienen nicht nur zur Koordination innerhalb des jeweiligen Teilsystems. So können z.B. organisatorische Regeln auf die Koordination der Planung angewandt werden."[236] Vor diesem Hintergrund unterscheidet er zum einen isolierte Koordinationsinstrumente, die aus einem Führungsteilsystem stammen (z.B. Einsetzung von Koordinationsorganen als organisatorische Koordinationsmaßnahme), aber für alle Führungsteilsysteme angewendet werden können (z.B. Einsetzung von funktionsübergreifenden Planungsausschüssen). Zum anderen nennt *Küpper* die übergreifenden Koordinationsinstrumente, die ihrer Art nach nicht einem Führungsteilsystem zuzuordnen sind und eine umfassende Steuerung der Unternehmung herbeiführen sollen. Als solche werden z.B. Verrechnungspreis- und Budgetierungssysteme genannt.[237]

---

[233] Vgl. auch Ewert, R. (Controlling 1992).

[234] Küpper, H.-U. (Controlling 1997), S. 242. Wir werden auf diese Abgrenzung in Abschnitt 9.4.2 noch zurückkommen.

[235] Vgl. Küpper, H.-U. (Controlling 1997), S. 18.

[236] Küpper, H.-U. (Controlling 1997), S. 24.

[237] Vgl. Küpper, H.-U. (Controlling 1997), S. 24 ff. *Weber* schlägt vor, auch für die führungssystemorientierte Controllingkonzeption zwischen systembildender und systemkoppelnder Koordination – mit den entsprechenden Instrumenten – zu unterscheiden, also den Koordinationsformen, die *Horváth* (vgl. dazu Abschnitt 3.3.3) vorgeschlagen hat. *Weber* grenzt die Koordinationsformen gegeneinander jedoch etwas anders ab, in-

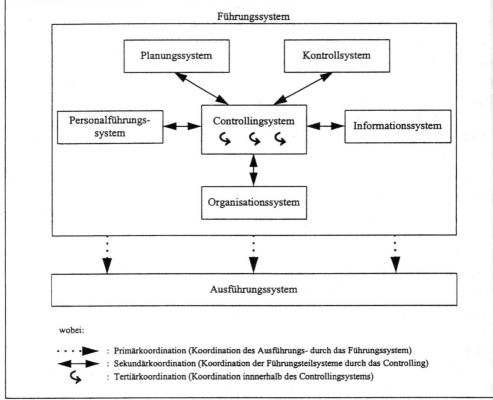

Führungssystem

Planungssystem

Kontrollsystem

Personalführungs-system

Controllingsystem

Informationssystem

Organisationssystem

Ausführungssystem

wobei:

- - - ▶ : Primärkoordination (Koordination des Ausführungs- durch das Führungssystem)
◀━━▶ : Sekundärkoordination (Koordination der Führungsteilsysteme durch das Controlling)
↳ : Tertiärkoordination (Koordination innnerhalb des Controllingsystems)

Abb. A-14: Controlling im Führungssystem der Unternehmung nach Küpper

Quelle: modifiziert nach Küpper, H.-U. (Controlling 1997), S. 15

Der führungssystemorientierte Controllingansatz ist erheblicher Kritik ausgesetzt. Die Ursache ist wohl darin zu sehen, daß dem Controlling hier die Funktion einer Art „Führung der Führung" zukommt. Besonders plastisch kommt diese Kritik in der folgenden Aussage von *Schneider* zum Ausdruck: „Es ist hohe Zeit, daß Controller in der Praxis und Controlling-lehrer an Hochschulen durch neuüberdachte Sicht ihre Anschauungsweise, ihre Zwecke, ihre Tendenzen offen darlegen und dem Märchen vom Gespenst des Controlling als einer Selbst-beweihräucherung zum Supermann ein Manifest entgegenstellen, daß sich auf eigene For-

dem er die Einrichtung fester Koordinationsstrukturen mit Hilfe technokratischer Koordinationsinstrumente (Planung, Programme) nicht der systembildenden, sondern der systemkoppelnden Koordination zurechnet. Vgl. dazu Weber, J. (Koordinationssicht 1992), S. 177 f.

schungsleistung zu Informationshilfen für die von ihnen beanspruchte Koordination von Führungsaufgaben in Unternehmungen beschränkt."[238]

Dieser Kritik wird als ein wesentliches Argument entgegengestellt, mit der Koordination zwischen den Führungsteilsystemen sei allein die *funktionale* Seite des Controlling bezeichnet, von der die *institutionale* zu trennen sei. So bedinge die funktionale Abgrenzung keineswegs, daß die umfassenden Koordinationsfunktionen sämtlich vom Controller wahrgenommen werden. Vielmehr sei davon auszugehen, daß die Unternehmensführung die Koordination der Führungsteilsysteme zu einem großen Teil selbst vornehme, d.h. selbst Controllingfunktionen erfülle.[239]

3.3.5 Integrationsansatz für Controllingkonzeptionen

In den vorangegangenen Abschnitten wurden drei grundlegende Controllingkonzeptionen vorgestellt. Die wichtigsten Merkmale dieser Ansätze sind in der Tab. A-3 im Überblick zusammengefaßt. Zudem führt die Tab. A-3 einige Aspekte auf, die sich jeweils auf das Verständnis von Planung und Kontrolle beziehen.

---

[238] Schneider, D. (Versagen 1991), S. 765; vgl. ähnlich Kieser, A.; Hegele, C. (Veränderung 1998), S. 12 f.
[239] Vgl. Küpper, H.-U. (Controlling 1997), S. 441.

Tab. A-3:   *Überblick über ausgewählte Controllingkonzeptionen*

	Informationsorientierte Controllingkonzeption	Planungs- und kontrollorientierte Controllingkonzeption	Führungssystemorientierte Controllingkonzeption
Vertreter	*Reichmann, Müller*	*Horváth, Hahn, Baumgartner*	*Küpper, Schmidt, Zünd* (und kontextabhängig *Weber*)
nachfolgend skizzierter Ansatz	*Reichmann*	*Horváth*	*Küpper*
Explizite Controlling-definition	„Controlling ist die zielbezogene Unterstützung von Führungsaufgaben, die der systemgestützten Informationsbeschaffung und Informationsverarbeitung zur Planerstellung, Koordination und Kontrolle dient; es ist eine rechnungswesen- und vorsystemgestützte Systematik zur Verbesserung der Entscheidungsqualität auf allen Führungsstufen der Unternehmung." (Reichmann, T. (Controlling 1997), S. 12)	„Controlling ist - funktional gesehen - dasjenige Subsystem der Führung, das Planung und Kontrolle sowie Informationsversorgung systembildend und systemkoppelnd ergebniszielorientiert koordiniert und so die Adaption und Koordination des Gesamtsystems unterstützt." (Horváth, P. (Controlling 1996), S. 141)	Die Controlling-Funktion besteht „im Kern in der Koordination des Führungsgesamtsystems zur Sicherstellung einer zielgerichteten Lenkung". (Küpper, H.-U.; Weber, J.; Zünd, A. (Verständnis 1990), S. 283)
Objekt des Controlling	Informationsbereitstellung und Informationssystem	Planungs-, Kontroll- und Informationsversorgungssystem	alle Führungsteilsysteme bei *Küpper* sind dies: Planungssystem, Kontrollsystem, Informationssystem, Personalführungssystem und Organisation
Art der Verrichtung des Controlling	Beschaffung und Aufbereitung von betriebswirtschaftlichen Informationen und damit Koordination als Abstimmung zwischen Informationsbedarf und -versorgung von Entscheidungsträgern	Koordination: systembildend und systemkoppelnd, wobei die Koordination jeweils innerhalb des Planungs-/Kontroll-/Informationssystems sowie zwischen diesen Systemen erfolgt	Koordination: dabei umfaßt Controlling im Grundsatz sowohl die Koordination innerhalb der Führungsteilsysteme als auch zwischen diesen
Theoretischer Ansatz	keine explizite Angabe; mit Blick auf die Informationsprozesse im Entscheidungsprozeß entscheidungsorientierte Komponenten	Systemorientierter Ansatz zur Ableitung der Controllingkonzeption; entscheidungsorientierte Komponenten zur Charakterisierung von Controlling-Bereichen und -Instrumenten	Systemorientierter Ansatz zur Ableitung der Controllingkonzeption; entscheidungsorientierte und institutionenökonomische Komponenten zur Charakterisierung von Controllingbereichen und -instrumenten

Zielrichtung des Controlling	keine grundsätzliche inhaltliche Eingrenzung, Ziele werden aus den Unternehmenszielen abgeleitet; ein Schwerpunkt liegt auf Erfolgszielen	keine grundsätzliche inhaltliche Eingrenzung, Ziele werden aus den Unternehmenszielen abgeleitet; ein Schwerpunkt liegt auf Erfolgszielen	keine grundsätzliche inhaltliche Eingrenzung; das Zielsystem ist Bestandteil des Planungssystems; ein Schwerpunkt liegt auf Erfolgszielen
„Menschenbild"	keine explizite Angabe	der sich mit beschränkter Rationalität planvoll bemühende Mensch der Realität	keine explizite durchgängige Festlegung; bei Integration agencytheoretischer Ansätze: rationale und auf individuelle Ziele ausgerichtete Personen; Ergänzung um verhaltenswissenschaftliche Sicht. (so offensichtlich in Küpper, H.-U. (Controlling 1997), S. 44 ff, 55 ff.)
Planungsverständnis	• Planung i.e.S. bedeutet Planaufstellung • Planung i.w.S. umfaßt Planaufstellung und Planverabschiedung, d.h. auch den Wahlakt	• prospektives Denkhandeln, das zukünftiges Tathandeln vorwegnimmt • umfaßt auch den Wahlakt	• Planung umfaßt auch den Wahlakt • Planung umfaßt die Zielbildung (Sach- und Formalzielplanung)
Kontrollverständnis	Vergleich von Durchführungs- und Entscheidungsresultaten im Sinne eines Soll-Ist-Vergleiches	zwingende Ergänzung der Planung; nicht nur Soll-Ist-Vergleich	Kontrolle als eigenständige Problemstellung, die losgelöst von der Planung besteht; nicht nur Soll-Ist-Vergleich
Informationsverständnis	Informationen gehen aus einem zweifachen Selektionsprozeß hervor, indem sie 1. auf eine bestimmte Aufgabe/Entscheidung und 2. auf ein bestimmtes Entscheidungssubjekt bezogen sind	zweckorientiertes Wissen im Sinne *Wittmanns*	zweckorientiertes Wissen im Sinne *Wittmanns*; die Zweckorientierung von Wissen ist zeit- und personenabhängig, d.h. abhängig davon, welche Person zu welchem Zeitpunkt welche Aufgabe zu lösen hat
Beziehung zwischen Planung und Kontrolle	- keine explizite Angabe -	Planung und Kontrolle stellen eine Einheit dar	Planung und Kontrolle werden als losgelöste Problembereiche gesehen. Dennoch besteht ein enger Zusammenhang, der dazu führt, daß das Planungs- und das Kontrollsystem ähnlich gestaltet werden sollten

Weber[240] vertritt in jüngster Zeit die Auffassung, Controlling sei als Rationalitätssicherung der Führung zu verstehen, und *abhängig vom Kontext* diene jeder der – auch hier skizzierten – Controllingbegriffe dieser Funktion: „Grund für die Vielgestaltigkeit der Begriffsauffassungen ist die Kontextabhängigkeit der Sicherstellungsfunktion. Ihre Wahrnehmung führt bei unterschiedlichen Ausgangssituationen und Rationalitätsengpässen zu ganz unterschiedlichen Ausprägungen des Controlling."[241]

Grundlage für dieses Ergebnis ist eine bestimmte „Modellvorstellung" der bewußten Willensbildung im Rahmen des Führungsprozesses (s. Abb. A-15): [242]

Steht dem Entscheidungsträger eine Informationsbasis mit explizitem Wissen zur Verfügung, erfolgt die Willensbildung als *Reflexion*. In diesem Fall verfügt der Entscheidungsträger gleichsam über ein explizit formulierbares Modell der Ziel-Mittel-Zusammenhänge, das eine Entscheidungsgrundlage liefert. Ist die Informationsbasis schlechter in dem Sinne, daß in einer Entscheidungssituation nur begrenztes oder nicht explizit formulierbares Wissen zur Verfügung steht, vollzieht sich die Willensbildung im Wege der *Intuition*.

Um die getroffene Entscheidung umzusetzen, wird sie in Form von Anordnungen an die Organisationsmitglieder übermittelt, die für die Ausführung verantwortlich sind. Abhängig vom Wissen über die Art und Weise, wie die getroffene Entscheidung in die Tat umzusetzen ist, werden sich diese Anordnungen nur auf das erwünschte Realisationsergebnis beziehen können oder auch genauere Angaben zum Umsetzungsprozeß und zu den einzusetzenden Ressourcen enthalten. Aus dem Vergleich zwischen erwünschtem und tatsächlichem Realisationsergebnis im Rahmen der Kontrolle werden sowohl für den nächsten Willensbildungsprozeß Rückschlüsse gezogen (z.B. in Form von Erfahrungen als implizites Wissen), als auch Anpassungs- oder Kompensationsmaßnahmen für die Willensdurchsetzung abgeleitet.

In dieser Modellvorstellung übt die Art des Wissens, das zur Lösung von Entscheidungsproblemen zur Verfügung steht, einen wesentlichen Einfluß darauf aus, ob von reflexiver oder intuitiver Führung zu sprechen ist.

---

[240] Vgl. Weber, J. (Controlling 1998), S. 29 ff.
[241] Weber, J. (Controlling 1998), S. 36.
[242] Vgl. Weber, J. (Controlling 1998), S. 29 f.

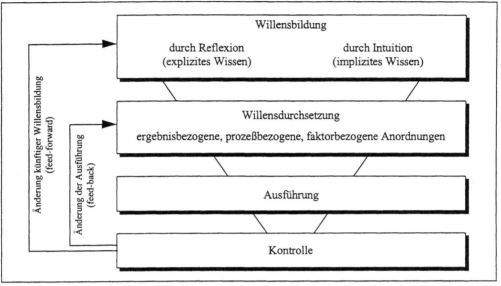

Abb. A-15: Idealtypischer Führungsprozeß nach Weber

Quelle: geringfügig verändert nach Weber, J. (Controlling 1998), S. 30

Dem Controlling kommt in dieser Konzeption nun die Funktion zu, „eine angemessene Rationalität ... der Führung sicherzustellen"[243]. Die *Angemessenheit* der Rationalität äußert sich
allerdings nicht zwingend darin, daß die reflexiven Führungsanteile maximiert und die intui-
tiven minimiert werden. Es ist vielmehr kontextabhängig das optimale „Mischungsverhältnis"
zwischen Reflexion und Intuition zu finden. Entscheidend ist hiernach, wo im jeweiligen
Kontext der „Rationalitätsengpaß" liegt:

Liegt der Engpaß etwa in dem zur Entscheidungsfindung erforderlichen Methodenwissen und
insbesondere dem Faktenwissen, das maßgeblich aus dem Rechnungswesen zu gewinnen ist,
so stellt sich das Controlling als Informationsversorgungsfunktion dar und steht in einem
engen Zusammenhang zum Rechnungswesen. (Dies entspräche einer informationsorientierten
Controllingkonzeption.) Auf diese Weise wird durch das Controlling der reflexive Führungs-
teil gestärkt. Entsprechendes gilt, wenn die zielgerichtete Koordination von Planung, Kontrolle und Informationsversorgung betont wird, denn die Planung ist in jedem Fall dem reflexiven Teil der Führung zuzuordnen (planungs- und kontrollorientieres Controllingverständnis). Die umfassende führungssystemorientierte Controllingkonzeption läßt sich als besonderer Ansatz zur Rationalitätssicherung bei steigendem umweltbedingten Handlungsdruck
erklären: „Je stärker das Unternehmen Veränderungen ausgesetzt wird, desto stärker muß sich

---

[243] Weber, J. (Controlling 1998), S. 33.

die Sicherstellungsfunktion auch auf die Beziehungen von Planung, Informationsversorgung und Kontrolle zur Organisation und Personalführung erstrecken."[244] .

Für die weiteren Darstellungen in diesem Buch ist damit festzuhalten, daß jede der skizzierten Controllingkonzeptionen wichtige Beiträge für den Problembereich liefert, dem dieses Buch vorrangig gilt, nämlich, eine integrierende Sicht auf Planungs- und Kontrollsysteme zu entwickeln, die insbesondere Beziehungen zu – computergestützten – Informationssystemen und zur Organisationsstruktur umfaßt:

In dem informationsorientierten Ansatz werden insbesondere die verschiedenen Gestaltungsmöglichkeiten computergestützter Informationssysteme und „neuartige" Informationstechniken explizit berücksichtigt. Der planungs- und kontrollorientierte Ansatz betont die Relevanz von Planung und Kontrolle und die entsprechenden Koordinationsbedarfe sowie die Beziehungen zum Informationssystem. Hingegen berücksichtigt der führungssystembezogene Ansatz *auch* explizit die Beziehungen

• zwischen Planungs- und Kontrollsystem und Organisation sowie
• zwischen Informationssystem und Organisation.

Inwieweit Planung, Kontrolle und Informationsversorgung – als Elemente reflexiver Führung – Bedeutung besitzen und möglicherweise in einem Unternehmen ausgebaut werden sollten, ist hiernach ein Entscheidungsproblem, das dem Controlling zuzuordnen ist. Das Controlling muß kontextabhängig für das angemessene Zusammenspiel zwischen reflexiver und intuitiver Führung sorgen und das Planungs- und Kontrollsystem entsprechend gestalten.

Insgesamt läßt sich damit feststellen, daß die Thematik, der dieses Buch nachgeht,[245] im Kernbereich dessen liegt, was unter dem Begriff des Controlling verstanden wird. Ob „Controlling" hierbei als eigenständiger Teilbereich der Betriebswirtschaftslehre aufgefaßt wird, oder nur einen Oberbegriff für eine Reihe anderer Gebiete (z.B. Planung und Kontrolle) darstellt (s. dazu Abschnitt 3.3.1), sei hierbei nicht weiter thematisiert.

---

[244] Weber, J. (Controlling 1998), S. 34.
[245] Vgl. dazu Abschnitt 1.1.

3.4 Wiederholungs- und Vertiefungsfragen

1. Wie versteht *Gutenberg* den Zusammenhang zwischen Planung und Organisation?

2. Was ist unter Rationalität zu verstehen? Was spricht für die Annahme, daß Individuen rationales Entscheidungsverhalten aufweisen? Was spricht dagegen?

3. Wo sehen Sie Chancen und Grenzen einer systemtheoretischen Betrachtung? Bei welchen praktischen Entscheidungsproblemen könnte diese Theorie weiterhelfen?

4. Wenden Sie die Principal-Agent Theorie auf das Problem der Überwachung von Managern einer Aktiengesellschaft an! Wie könnte man das Management bewegen, sich im Sinne der Aktionäre zu verhalten?

5. Welche Bedeutung besitzen Planung und Kontrolle in den unterschiedlichen betriebswirtschaftlichen Theorieansätzen? Wo sind Gemeinsamkeiten, wo Unterschiede feststellbar?

6. Versuchen Sie die sechs Schritte des ganzheitlichen Problemlösungsansatzes von *Ulrich* (Abb. A-10) auf das Alltagsphänomen "Bestehen der BWL-Klausur" anzuwenden!

7. Nehmen Sie kritisch zu der Auffassung Stellung, Controlling sei Kontrolle!

8. Wie unterscheiden sich informations- und koordinationsorientierte Controllingansätze? Wo gibt es Gemeinsamkeiten?

9. *Schneider* warnt in seiner Kritik an den führungssystemorientierten Controllingansätzen vor dem Controller als "Supermann" (s. S. 76). Worauf zielt diese Kritik im einzelnen?

10. Welche Bedeutung haben Planung und Kontrolle sowie Planungs- und Kontrollsysteme im Controlling? Gehen Sie dabei auf unterschiedliche Controllingkonzeptionen ein!

4 Konzeption von Planungs- und Kontrollsystemen

Die Darstellung von Planung und Kontrolle im Rahmen der koordinationsorientierten Controllingkonzeptionen hat deutlich gemacht, daß zumindest zwei Betrachtungsebenen zu unterscheiden sind: Die Koordination des Ausführungssystems mit Hilfe von Planung und Kontrolle einerseits (Primärkoordination), sowie die Koordination des Planungs-, Kontroll- und Informationssystems als eine wesentliche Funktion des Controlling auf der anderen Seite (Sekundärkoordination). Dieses Buch gilt insbesondere der Gestaltung von Planungs- und Kontrollsystemen und ist damit der zweitgenannten Betrachtungsebene zuzuordnen. Gegenstand dieses vierten Abschnitts ist es nun, die prinzipiellen Gestaltungsprobleme und -bereiche abzugrenzen und wesentliche Ziele, die bei der Gestaltung von Planungs- und Kontrollsysteme zu berücksichtigen sind, darzustellen.

Hierbei sollen zugleich die verschiedenen Dimensionen von Planung und Kontrolle – funktional, instrumental und institutional – in eine Gesamtsicht gefügt werden. Im einzelnen sind in eine gesamthafte Vorstellung zu integrieren[246]

- Planung und Kontrolle, jeweils im funktionalen und im instrumentalen Sinn,
- Plan und Bericht sowie Plan- und Berichtssystem,
- Planungs- und Kontrollsystem,
- Controlling und Controllingsystem sowie
- Informationen und Informationssystem.

Bei der Gestaltung eines Planungs- und Kontrollsystems sind zwei Problembereiche von herausragender Bedeutung: Unternehmensplanung und -kontrolle sind in aller Regel arbeitsteilig zu erfüllende Aufgaben. Welche Ansatzpunkte einer Differenzierung (Aufgabenteilung) von Planung und Kontrolle bestehen, bildet deshalb den Gegenstand von Abschnitt 4.1. Zwischen den so entstehenden Teilplanungen bzw. Teilkontrollen bestehen in der Regel Interdependenzen. Die Teilplanungen bzw. -kontrollen sind damit so aufeinander abzustimmen, daß die übergeordneten Ziele, die Unternehmensziele, möglichst gut erreicht werden. Diese Koordinationsproblematik grenzt Punkt 4.2 näher ein.

Die Koordinationsfunktion des Controlling erstreckt sich auch auf das Informationssystem. Dessen Abgrenzung und Beziehung zum Planungs- und Kontrollsystem wird in Punkt 4.3 diskutiert, bevor eine Darstellung der Gesamtzusammenhänge in Abschnitt 4.4 erfolgt.

Welchen Zielen die Gestaltung von Planungs- und Kontrollsystemen genügen soll, behandelt Abschnitt 4.5.

---

[246] Für die Definitionen dieser Begriffe im einzelnen sei auf die entsprechenden Abschnitte in den Kapiteln 2 und 3 verwiesen, insbesondere auf die Abschnitte 2.1.1, 2.2.1, 2.4.1.1 und 3.3.

Den weiteren Darstellungen liegen damit die folgenden Leitfragen zugrunde:

Leitfragen von Kapitel 4:

⇒ In welchem „inneren" Zusammenhang stehen Planungen/Kontrollen, Pläne/Berichte, das Plan- und Berichtssystem sowie das Planungs- und Kontrollsystem zueinander?

⇒ In welchem Verhältnis steht das Planungs- und Kontrollsystem zum Informationssystem?

⇒ Welche grundlegenden Gestaltungsprobleme von Planungs- und Kontrollsystemen hat das Controlling zu bewältigen und welche Gestaltungsziele soll es befolgen?

4.1 Differenzierung von Planungs- und Kontrollaufgaben

Die Planung des Unternehmensgeschehens ist eine außerordentlich komplexe Aufgabe. Beispielsweise ist in einem Betrachtungszeitraum die zu produzierende Menge eines Unternehmens im Zusammenhang mit der – ggf. abhängig vom Produktpreis – absetzbaren Menge festzulegen, wovon auch die zu beschaffenden Rohstoffmengen abhängen. Zudem sind ggf. Investitionsentscheidungen (zusätzliche Produktionskapazitäten) und in jedem Fall zahlreiche Finanzierungswirkungen und -restriktionen zu beachten.

Die Unternehmensplanung kann in der Regel nicht gesamthaft in einem Schritt durchgeführt werden (Simultanplanung), sondern muß in mehrere Teilaufgaben zerlegt werden, die schrittweise zu erledigen sind (Sukzessivplanung).

Die Zerlegung der Unternehmensplanung und -kontrolle kann nach zahlreichen Merkmalen erfolgen. Eingehender wollen wir die verrichtungsorientierte Differenzierung betrachten, die Planung und Kontrolle nach den dabei durchzuführenden Teilfunktionen gliedert (Punkt 4.1.2). Diese Gliederung führt zu den Phasen des Planungs- und Kontrollprozesses. Eine weitere Möglichkeit der Differenzierung bietet sich, indem man nach den „Objekten" gliedert, auf die sich Planungs- und Kontrollaktivitäten beziehen (Teil 4.1.3). Hieraus ergeben sich mehrere – aufeinander abzustimmende – Teilplanungen und -kontrollen bzw. Teilpläne und -berichte. Als „Vehikel", um Planungs-/Kontrollphasen, Teilplanungen/-kontrollen und Teilpläne/-berichte in einer integrierenden Sicht zusammenzuführen, soll eine informationsbezogene Input-Output-Betrachtung gewählt werden, die zunächst in Punkt 4.1.1 skizziert wird.

4.1.1 Input-Output-Betrachtung

Input-Output-Betrachtungen werden in der Betriebswirtschaftslehre vielfach angestellt. Verwiesen sei beispielsweise auf die Produktionstheorie, in der mit Hilfe von Input-Output-Modellen Produktionsbeziehungen zwischen den verschiedenen Produktionsstellen eines Produktionssystems abgebildet werden.[247] Ein weiteres Beispiel liefern Analyse und Design compu-

---

247   Vgl. den Überblick in Wall, F. (Input-Output-Analyse 1994), S. 290 ff.

tergestützter Informationssysteme im Rahmen der Wirtschaftsinformatik. Hier basieren zahlreiche methodische Konzepte auf diesem Ansatz.[248]

Allgemein liegt einer Input-Output-Betrachtung die Vorstellung zugrunde, daß aus
- einem Input
- in einem Transformationsprozeß
- nach bestimmten Prozeßvorschriften
- ein Output

erzeugt wird. Den Input nicht-materieller Transformationsprozesse bilden Informationen, die in einem Informationsverarbeitungsprozeß nach bestimmten Verfahren in Outputinformationen überführt werden. Mit den Verfahren wird hierbei der Prozeß der Informationsverarbeitung „gesteuert". Abb. A-16 gibt diese einfache Input-Output-Vorstellung für informationelle Prozesse wieder. Genau genommen verbirgt sich auch hinter dem Steuerfluß (in der Graphik eine gestrichelte Linie) ein Informationsfluß, denn Verfahrensvorschriften stellen *Informationen dar, und zwar Infromationen über die Informationsverarbeitung.*

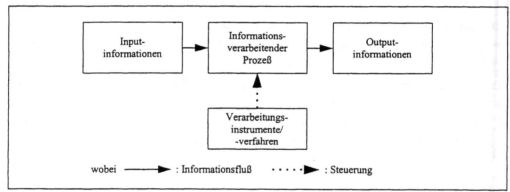

Abb. A-16: Einfache Input-Output-Betrachtung für Informationsverarbeitungsprozesse

Auch für Planungs- und Kontrollprozesse läßt sich die Input-Output-Betrachtung anwenden. Planung und Kontrolle sind informationsverarbeitende Prozesse[249], mit denen aus Input- Out-

---

[248] Beispielhaft sei die HIPO-Methode (Hierarchy plus Input Process Output) oder die SADT-Methode (Structured Analysis and Design Technique) angeführt, vgl. Stahlknecht, P.; Hasenkamp, U. (Wirtschaftsinformatik 1997), S. 294 ff.

[249] Im Interesse der sprachlichen Klarheit sei an dieser Stelle darauf verwiesen, daß der Begriff des Prozesses hier im Sinne einer Aktivität oder Aktivitätenfolge zu verstehen ist und ausschließlich den funktionalen Aspekt der Planung bezeichnen soll. Dagegen spricht *Horváth* von Planungsaktivität, um den funktionalen Aspekt zu erfassen, hingegen vom Prozeß in einem institutionalen Sinn, um die einem Aufgabenträger zugeordnete Aufgabe bzw. durchzuführende Aktivitätenfolge zu bezeichnen. Vgl. Horváth, P. (Controlling 1996), S. 187.

putinformationen erzeugt werden[250]. Den Instrumenten und Verfahren zur Planung und Kontrolle kommt dabei die Funktion zu, genauer festzulegen, *wie* der Planungs- und Kontrollprozeß zu vollziehen ist. Sie besitzen insofern steuernde Funktion. Abb. A-17 zeigt das Input-Output-Modell nunmehr spezifiziert für Planung und Kontrolle.

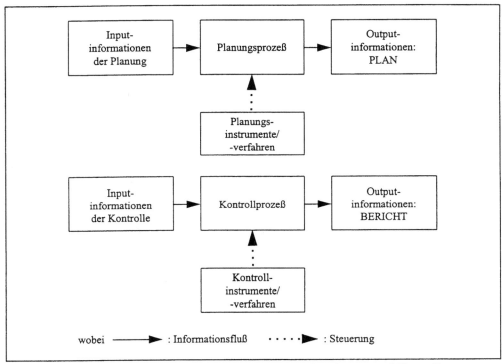

Abb. A-17: Einfache Input-Output-Betrachtung für Planung und Kontrolle

Diese Betrachtung verbindet auf einer sehr allgemeinen Ebene zumindest Planung im funktionalen Sinn (Planung als Prozeß) mit dem instrumentalen Aspekt, nämlich den für die Planung erforderlichen Verfahren und Instrumenten. Entsprechendes gilt für die Kontrolle. Zudem werden Pläne und Berichte als komplexe Formen von Information in die Betrachtung übernommen. Ein Plan enthält nach *Wild*[251] Angaben zu den folgenden acht Punkten, die in Tab. A-4 noch einmal genauer aufgeführt sind:

- Ziele
- Prämissen

---

250 Vgl. so z.B. Haas, M. O. (Planungskonzeptionen 1976), S. 142.
251 Vgl. Wild, J. (Unternehmungsplanung 1984), S. 49.

- Problemstellung
- Maßnahmen
- Ressourcen
- Termine
- Träger der Planerfüllung
- Ergebnisse

4.1.2 Verrichtungsorientierte Differenzierung

Im vorangegangenen Unterabschnitt wurde der Planungsprozeß noch als ein „monolithischer" Vorgang betrachtet. Wie bereits in Punkt 2.1.2 dargelegt, ist es jedoch vielfach zweckmäßig, den Planungsvorgang – zumindest gedanklich – in einzelne Phasen und damit in Teilaktivitäten zu gliedern. Auch wenn eine strikte Trennung der Phasen und eine streng sequentielle Abfolge dieser Phasen empirisch nicht nachgewiesen werden konnte[252], liefert die Gliederung zumindest eine idealtypische Orientierung für die Organisation der Planung. Dies gilt sowohl für die Ablauforganisation als auch für die Aufbauorganisation der Planung, denn es ist keineswegs zwangsläufig, daß alle Teilaktivitäten zur Lösung eines Planungsproblems von denselben Aufgabenträgern durchgeführt werden. So erfüllen beispielsweise spezialisierte Stellen/Abteilungen für die Marktforschung insbesondere Prognosefunktionen für die Absatzplanung.

Die verschiedenen Phasen bzw. Teilaktivitäten ergeben sich aus einer *verrichtungsorientierten* Differenzierung der Planungsaufgabe. Der „monolithische" Planungsprozeß in Abb. A-17 ist damit nach Verrichtungen in die Phasen des idealtypischen Planungsprozesses zu detaillieren, wie in Abb. A-18 dargestellt. Die Teilaktivitäten werden jeweils durch spezifische Planungsverfahren gesteuert. Auch die Informationsflüsse sind nun idealtypisch wesentlich differenzierter zu sehen. Jede Teilaufgabe erfordert bestimmte Eingabeinformationen; zugleich kann davon ausgegangen werden, daß auch die Outputinformationen der vorangegangenen Teilaktivität als Input in die folgende Aktivität eingehen.

Beispielsweise werden die Handlungsalternativen mit Blick auf die Ziele gebildet, die zuvor im Rahmen der Teilaktivität „Zielformulierung" festgelegt werden. Für die Prognose der Wirkungen der Handlungsalternativen unter verschiedenen Umweltkonstellationen müssen naturgemäß erst die möglichen Maßnahmen selbst definiert sein. Die Ergebnisse der Prognose sind für die Bewertung der Handlungsalternativen erforderlich. (Die entsprechenden Überlegungen können für Kontrollprozesse angestellt werden, s. Abb. A-19 auf S. 91.)

---

[252] Vgl. dazu auch Abschnitt 2.1.2, insbesondere Fußnote 36.

Tab. A-4: *Inhaltliche Bestandteile eines Plans nach Wild*

Quelle: *Wild, J. (Unternehmungsplanung 1984), S. 51*

Bestandteile	Kategorie	Frage	Parametertyp	Bestimmung durch ...	Gewinnung primär in der Phase der
1. Ziele	Soll-Ergebnisse und Zeit	was bis wann	Aktionsparameter	Entscheidung	Zielbildung
2. Prämissen	• allgemeine Grundannahmen • Lageprognosen • Potential (s. 5.2, 6.2, 7.2) • Umweltreaktionen	unter welchen Prämissen (Bedingungen)	• Datenparameter • Datenparameter • Datenparameter • Reaktionsparameter	• Lageprognose • Lageprognose • Lageprognose • Wirkungsprognose	Prognose
3. Problem	Soll-Ist-Abweichung	warum	Aktions-/Datenparameter	Soll-Ist-Vergleich	Problemanalyse
4. Maßnahmen	Aktionen	wie	Aktionsparameter	Entscheidung	Alternativensuche
5. Ressourcen	5.1 Mittel-Einsatz 5.2 Mittel-Verfügbarkeit 5.3 Mittel-Bedarf	womit	• Aktionsparameter • Datenparameter • Reaktionsparameter	• Entscheidung • Lagediagnose/-prognose • Wirkungsprognose	Alternativensuche, Problemanalyse und Prognose
6. Termine	6.1 Zeit-Bestimmung 6.2 Zeit-Verfügbarkeit 6.3 Zeit-Bedarf	wann	• Aktionsparameter • Datenparameter • Reaktionsparameter	• Entscheidung • Lagediagnose/-prognose • Wirkungsprognose	Alternativensuche, Problemanalyse und Prognose
7. Träger	Zuständige/verantwortliche Organisationseinheiten (Träger) 7.1 Träger-Bestimmung 7.2 Träger-Verfügbarkeit 7.3 Träger-Bedarf	wer	• Aktionsparameter • Datenparameter • Reaktionsparameter	• Entscheidung • Lagediagnose/-prognose • Wirkungsprognose	Alternativensuche, Problemanalyse und Prognose
8. Ergebnisse	geplante Ergebnisse, Wirkungen (Kosten, Nutzen)	welche Wirkungen	Reaktionsparameter	Wirkungsprognosen	Prognose und Bewertung

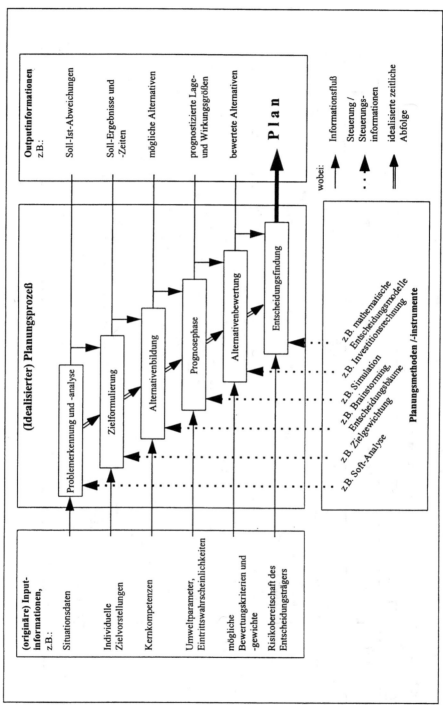

Abb. A-18: Input-Output-Betrachtung für einen idealtypischen Planungsprozeß

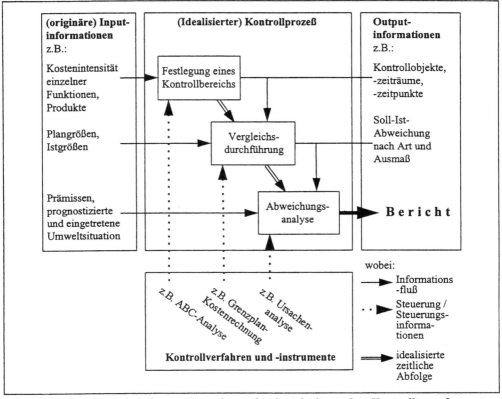

Abb. A-19: Input-Output-Betrachtung für den idealtypischen Kontrollprozeß

Die Unterscheidung zwischen Input- und Outputinformationen ist damit unklarer, als es in der weniger detaillierten Input-Output-Betrachtung den Anschein hat. Dieser Sachverhalt ist insbesondere auch für die Abgrenzung des Informationssystems von Bedeutung, auf die wir später eingehen werden. Wie auch aus der Tab. A-4 (S. 89) hervorgeht, finden sich die Outputinformationen jeder Teilaktivität in komprimierter Form im Plan als Ergebnis des Planungsprozesses wieder.

4.1.3 Objektorientierte Differenzierung

Wie bereits mehrfach erwähnt wurde, ist es in aller Regel weder zweckmäßig noch möglich, die Unternehmensplanung vollständig in einem Schritt durchzuführen. Eine solche Simultanplanung stieße beispielsweise aufgrund ihrer Komplexität an die Grenzen der menschlichen Informationsverarbeitung. Schon bei einem integrierten Modell zur (kurzfristigen) Absatz-, Produktions- und Beschaffungsplanung sind zahlreiche sachliche und zeitliche Interdependenzen zu berücksichtigen; bezöge man die Investitions- und Finanzplanung mit ein, wären zudem längerfristige (Wechsel-) Wirkungen zu berücksichtigen. Ein Modell zur Simultanplanung des Unternehmensgeschehens wäre so umfangreich, daß ein beachtlicher Modellierungs- und Rechenaufwand in zeitlicher und wertmäßiger Hinsicht entstehen würde.[253]

Angesichts dieser Schwierigkeiten ist das Gesamtplanungsproblem in der Regel in Teilprobleme zu zerlegen. Es werden damit mehrere Teilplanungen durchgeführt, die in sachlicher und zeitlicher Hinsicht zusammenhängen und durch geeignete Koordinationsmaßnahmen aufeinander abzustimmen sind. Da aus jedem (Teil-) Planungsprozeß ein Plan hervorgeht, entsteht auf diese Weise eine *Plansystem* als zielgerichtete Gesamtheit von Plänen (s. Abschnitt 2.1.1). Das Entsprechende gilt für das Berichtssystem.

Abb. A-20 zeigt ein Beispiel für ein Plansystem. Auch hier sind die Pläne nicht unabhängig voneinander zu sehen; vielmehr bildet ein Plan die Grundlage für einen anderen Planungsprozeß. Dies ist in dem Beispiel etwa bei dem langfristigen Konzernplan der Fall, der die Grundlage für die langfristige Gruppenplanung bildet.

Aus der Perspektive der hier eingangs zugrunde gelegten Input-Output-orientierten Sicht ist damit festzustellen, daß die *Outputinformationen eines Planungsprozesses* die *Inputinformationen für einen darauf aufbauenden anderen Planungsprozeß* bilden können.

Die Gesamtplanungsaufgabe kann objektorientiert nach zahlreichen Merkmalen aufgeteilt (differenziert) werden, wie zum Beispiel nach den folgenden:[254]
- Planungskategorie (Ziel-, Maßnahmen- und Ressourcenplanung)
- Planungsgegenstand, beispielsweise nach
  - betrieblichen Funktionen (z.B. Absatz-, Produktionsplanung)
  - Divisionen
  - geographischen Einheiten
- Planungsfristigkeit (kurz-, mittel-, langfristige Planung)
- Zielbezug (sach- oder formalzielorientierte Planung)
- Planungsstufen (strategische, taktische, operative Planung)

Auf die verschiedenen Erfordernisse zur Abstimmung (Koordination) zwischen den Teilplanungen/-pläne, die sich aus der Differenzierung ergeben, geht der nachfolgende Abschnitt ein.

---

[253] Vgl. hierzu z.B. Ewert, R.; Wagenhofer, A. (Unternehmensrechnung 1997), S. 66 ff.
[254] Vgl. z.B. Horváth, P. (Controlling 1996), S. 192 mit weiteren Verweisen.

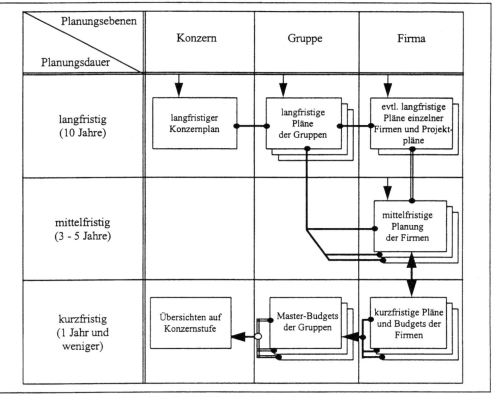

Abb. A-20: Beispiel für ein Plansystem

Quelle: leicht verändert nach Rühli, E. (Führungskonzept 1973), S. 84

4.2 Koordination von Planungs- und Kontrollaufgaben

In den bisherigen Überlegungen haben wir Planungs-/Kontrollprozesse und -verfahren, komplexe Informationen wie Pläne und Berichte sowie das Plan- und Berichtssystem zueinander in Beziehung gesetzt. In den verschiedenen Begriffsdimensionen von Planung und Kontrolle ausgedrückt[255] wurden damit Aspekte der funktionalen Sicht (Planung und Kontrolle, Plan- und Berichtssystem) sowie die instrumentale Sicht (Planungs- und Kontrollverfahren) in einen Zusammenhang gebracht. Hierbei stand die *Differenzierung*, d.h. die Aufgliederung der Planungs- und Kontrollaufgabe nach verschiedenen Kriterien, im Vordergrund.

Mit der Zerlegung in Teilaufgaben entstehen Koordinationsbedarfe daraus, daß die Teilplanungen und -kontrollen aus sachlich-inhaltlichen Gründen nicht isoliert voneinander durchge-

---

[255] Vgl. Abb. A-1, S. 12 und Abb. A-2, S. 19.

führt werden können, will man nicht suboptimale Ergebnisse im Hinblick auf das Gesamtziel der Unternehmung in Kauf nehmen. Auf diese Koordinationsbedarfe geht Abschnitt 4.2 1 näher ein.

Die Differenzierung der Planungs- und Kontrollaufgaben erfolgt insbesondere auch zu dem Zweck, sie verschiedenen Aufgabenträgern zuzuordnen, um so eine Arbeitsteilung für Planung und Kontrolle zu erreichen. Aus der interpersonalen Arbeitsteilung resultieren weitere Koordinationsbedarfe. Welche Planungs- und Kontrollträger hier grundsätzlich in Betracht kommen, behandelt Abschnitt 4.2.2.

Von einem Planungssystem sprechen wir, wenn es sich um eine *zielgerichtete* Gesamtheit von Planungsträgern, -prozessen, -verfahren usw. handelt.[256] Das entsprechende gilt für Kontrollsysteme. Die *Zielbezogenheit* eines Planungssystems geht aus einer Koordinationsleistung hervor: Die verschiedenen Elemente eines Planungssystems sind so aufeinander abzustimmen, daß es geeignet ist, die übergeordneten Ziele, die Unternehmensziele, möglichst zu unterstützen. In Abschnitt 4.2.3 wird diese Koordinationsleistung, die vom Controlling zu erbringen ist, näher charakterisiert.

4.2.1 Funktionaler und instrumentaler Koordinationsbedarf

Die Unternehmensplanung – und entsprechend die Kontrollaufgabe – wird durch Differenzierungsmaßnahmen in „handhabbare" Teilprobleme zerlegt. Zwischen diesen Teilproblemen bestehen jedoch vielfach Entscheidungsinterdependenzen. Strebt man ein optimales Erreichen der Unternehmensziele an, können sie nicht isoliert voneinander gelöst werden. In Anlehnung an die Terminologie von *Frese* sind folgende grundlegende Arten von Entscheidungs- oder Planungsinterdependenzen zu unterscheiden: [257]

Planungsinterdependenzen entstehen zum einen daraus, daß Teilplanungen aufgrund des Leistungsprozesses einer Unternehmung verknüpft sind, d.h. aus den Leistungsverflechtungen: Der Produktionsplan legt das zu realisierende Ausbringungsvolumen fest; dieses ist für die Beschaffungsplanung relevant, um die Menge zu beschaffender Verbrauchsfaktoren sowie die Beschaffungszeitpunkte zu ermitteln.

Zum anderen resultieren Planungsinterdependenzen daraus, daß mit der Festlegung eines Teilplans das Entscheidungsfeld für eine andere Teilplanung verändert werden kann, sich die Entscheidungsfelder mithin überschneiden. Das Entscheidungsfeld[258] beschreibt die Ausgangssituation für einen Planungsprozeß im Hinblick auf zur Verfügung stehende Ressourcen

---

256 Vgl. Abb. A-1, S. 12.
257 Vgl. Frese, E. (Organisation 1998), S. 58 ff.
258 Vgl. dazu Abschnitt 3.1.2

und Gegebenheiten auf den Beschaffungs- und Absatzmärkten.[259] Hieraus resultieren Ressourceninterdependenzen und Marktinterdependenzen:

Planungsinterdependenzen aufgrund von Überschneidungen im Ressourcenbereich (Ressourceninterdependenzen) entstehen beispielsweise, wenn für die Lagerung von Rohstoffen und Fertigprodukten nur eine gemeinsame Lagerhalle zur Verfügung steht. Werden der Beschaffungs- und der Produktionsplan isoliert voneinander erstellt, mag die Notwendigkeit eintreten, kurzfristig (teure) zusätzliche Lagerräume anzumieten, weil die eigene Lagerhalle nicht ausreicht.

Marktbezogene Planungsinterdependenzen (Marktinterdependenzen), die bei der Absatzplanung zu berücksichtigen sind, treten beispielsweise auf, wenn auf dem Absatzmarkt mit Substitutionseffekten zwischen zwei Produkten zu rechnen ist. Ein isoliert erstellter Absatzplan für das Produkt A, der eine Preissenkung für A vorsieht und die Abhängigkeit des Absatzvolumens von Produkt B vom Preis des Produkts A nicht berücksichtigt, kann zu hohen Lagerbeständen von Produkt B, Fehlmengen von Produkt A führen usw. und letztlich den Unternehmensgewinn insgesamt schmälern.

Mit der Differenzierung (Zerlegung) der Planungs- und Kontrollaufgaben entsteht somit das Problem, die zwischen den Teilplanungen und -kontrollen bestehenden Interdependenzen so zu berücksichtigen, daß die Gesamtziele möglichst gut erfüllt werden. Die zu erbringende *Koordinationsleistung* kann man gliedern nach den verschiedenen Dimensionen von Planung und Kontrolle:

In *funktionaler* Hinsicht sind

- die verschiedenen Teilphasen im Planungs- und Kontrollprozeß (Problemanalyse, Alternativensuche usw.), die aus der verrichtungsorientierten Differenzierung hervorgehen, und
- die verschiedenen Teilplanungen und -kontrollen (z.B. Absatz-, Produktionsplan), die mit der objektorientierten Differenzierung entstehen,

inhaltlich und zeitlich aufeinander abzustimmen.

Auch in *instrumentaler* Hinsicht stellt sich beim Einsatz von Planungs- und Kontrollinstrumenten und -verfahren ein Koordinationsproblem: Zunächst ist sicherzustellen, daß für die verschiedenen Planungs- und Kontrollaufgaben die jeweils adäquaten Instrumente eingesetzt werden. Strategische Planungsfragen erfordern z.B. aufgrund der Datenlage andere Instrumente als operative Planungsprobleme. Zudem müssen die verschiedenen Instrumente und Verfahren, die in einem Planungs- und Kontrollprozeß zur Anwendung kommen, aufeinander abgestimmt werden.[260]

---

[259] Zu Entscheidungsinterdependenzen vgl. ausführlich Frese, E. (Organisation 1998), S. 58 ff., 101 ff.
[260] Vgl. Horváth, P. (Controlling 1996), S. 201.

In funktionaler und instrumentaler Hinsicht lassen sich letztlich nur Koordinationsbedarfe und -probleme der Planung und Kontrolle feststellen und analysieren; die Lösung der Koordinationsprobleme geschieht jedoch durch organisatorische Koordinationsmaßnahmen. So stellt *Horváth* fest, daß die Betrachtung der funktionalen und instrumentalen Koordination eher „den Charakter von Vorstudien zur praktischen Problemlösung"[261] besitzen. Die „praktische Problemlösung" selbst vollzieht sich in der organisatorischen Gestaltung des Planungs- und Kontrollsystems, d.h. in der institutionalen Dimension von Planung und Kontrolle.

4.2.2 Institutionaler Koordinationsbedarf

Ein Planungs- und Kontrollsystem im institutionalen Sinn entsteht dadurch, daß die verschiedenen Planungs- und Kontroll(teil-)aufgaben einzelnen Aufgabenträgern in der Unternehmung zugeordnet werden.[262] Es geht also letztlich um die Organisation von Planung und Kontrolle, oder verkürzt gesagt, um die Planungsorganisation.[263] Um einen Bezug zur Organisationslehre herzustellen, kann man auch allgemeiner formulieren, daß mit der funktionalen Betrachtung von Planung und Kontrolle eine Aufgabenanalyse erfolgt, während die institutionale Sicht zur Aufgabensynthese in Bezug auf Planung und Kontrolle überleitet. Die Beziehungen zwischen Planungs- und Kontrollaufgaben und -prozessen auf der einen Seite und dem Planungs- und Kontrollsystem im institutionalen Sinn andererseits entsprechen damit der Beziehung, die allgemein zwischen Aufgabenanalyse und Aufgabensynthese besteht: Während die Aufgabenanalyse „als Vorstadium der Organisation"[264] zu sehen ist, vollzieht sich erst mit der Zuordnung der Aufgaben auf Organisationseinheiten die Strukturbildung.[265] Die Entwicklung der Gebilde- und Prozeßstruktur des Planungs- und Kontrollsystems ist – zumindest in den koordinationsorientierten Konzeptionen – Aufgabe des Controlling.[266]

Bei der Aufgabensynthese besteht eine Möglichkeit darin, Planungs- und Kontrollaufgaben nach bestimmten Merkmalen in Linien- oder Stabsstellen zu zentralisieren. So ist es vielfach die Aufgabe einer Stabsstelle, den Entscheidungsträger insbesondere bei der Beschaffung von Informationen in Teilphasen der Planung zu entlasten. Im Extremfall führt eine Stabsstelle alle Planungsphasen (Problemanalyse, Zielbildung, Alternativensuche, Prognose, Alternativenbewertung) aus, während die Führungskraft (Linienstelle) nur noch die zu realisierende Alternative auswä lt, also allein den eigentlichen Wahlakt vollzieht.

---

261 Horváth, P. (Controlling 1996), S. 203.
262 Vgl. z.B. Wild, J. (Bestandteile 1973), S. 217; Horváth, P. (Controlling 1996), S. 186 ff.
263 Vgl. z.B. Haas, M. O. (Planungskonzeptionen 1976), S. 139 ff.; vom „organisatorischen Kontext" spricht Hanssmann, F. (Unternehmensplanung 1982), S. 398.
264 Kosiol, E. (Unternehmung 1966), S. 64.
265 Vgl. z.B. Kosiol, E. (Unternehmung 1966), S. 65.
266 Vgl. die Abschnitte 3.3.3 und 3.3.4.

Als Träger von Planungs- und Kontrollaufgaben kommen in Betracht[267]

- Unternehmensleitung (oberste Führungsebene)
- Führungskräfte anderer Führungsebenen
- Planungsstab, d.h. speziell zur Wahrnehmung von Planungsaufgaben eingerichtete Einheiten ohne Entscheidungsbefugnisse (Stabsabteilung)
- Planungsabteilung als Bestandteil der Linienorganisation
- Planungsausschüsse, zumeist bestehend aus Organisationsmitgliedern verschiedener Abteilungen und Hierarchieebenen, die insbesondere zur abteilungsübergreifenden Koordination von Teilplänen zusammenkommen
- Planungsteams, die vielfach für Projektplanungen gebildet werden und innerhalb derer in der Regel keine Hierarchieabstufungen getroffen werden
- Controller, die neben der Planungsorganisation möglicherweise auch regelmäßig oder außerordentlich bestimmte Planungsaufgaben übernehmen
- Externe Berater und Dienstleister.

Die Zusammenhänge zwischen der funktionalen und der institutionalen Sicht gibt die Abb. A-21 nach *Haas* wieder.

---

267 Vgl. Hahn, D. (PuK 1996), S. 769 ff.; Fürtjes, H.-T. (Planungsorgane 1989), Sp. 1464 ff.

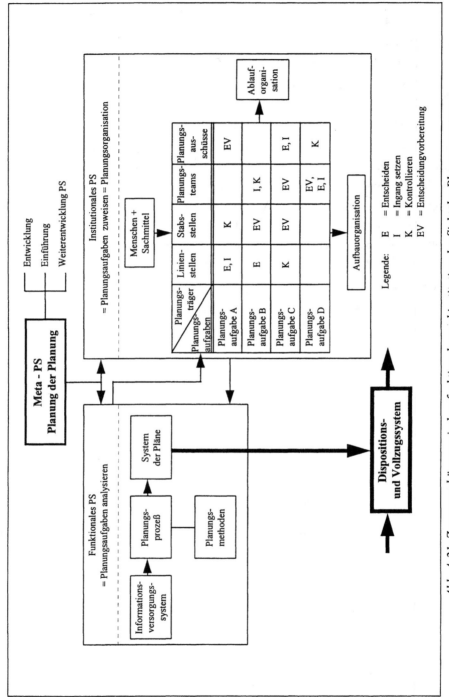

Abb. A-21: Zusammenhänge zwischen funktionaler und institutionaler Sicht des Planungssystems

Quelle: leicht verändert nach Haas, M. O. (Planungskonzeption 1976), S. 142

In der zweidimensionalen Matrix in Abb. A-21 sind nur die Planungsaufgaben den dafür zuständigen organisatorischen Einheiten zugeordnet. Das Planungssystem umfaßt definitionsgemäß[268] aber noch weitere Elemente, wie die Planungsverfahren und -instrumente, oder auch Sachmittel, wie z.B. Datenbanken oder andere informationstechnische Komponenten. Diese sind in der Abbildung den Planungsaufgaben und -trägern noch nicht explizit zugewiesen.

So ist es beispielsweise erforderlich, die Zugriffsrechte auf Daten in einer Datenbank festzulegen oder sicherzustellen, daß den jeweiligen Planungsträgern auch diejenigen Methoden aus einer computergestützten Methodenbank bereitstehen, die sie benötigen. Insofern stellt sich die Ausgestaltung des Planungssystems nicht als ein zwei-, sondern ein mehrdimensionales Zuordnungsproblem dar. Grafik A-22 zeigt eine – aus darstellerischen Gründen nur – dreidimensionale Matrix, in der die Zuordnung informationstechnischer Komponenten ergänzt ist.

Mit der Organisation von Planung und Kontrolle, d.h. der Gestaltung des Planungs- und Kontrollsystems, vollzieht sich damit zugleich ein wichtiger Teil der Unternehmungsorganisation, indem strukturbildend Teile der Aufbau- und der Ablauforganisation festgelegt werden.[269]

Aus der Verteilung von Planungsaufgaben auf mehrere Planungsträger ergeben sich zwei verschiedenartige Koordinationsprobleme:

Zum einen muß die optimale Lösung eines Teilplanungsproblems durch einen dezentralen Planungsträger nicht zugleich bedeuten, daß dieses Problem damit auch im Hinblick auf die Gesamtunternehmensziele bestmöglich gelöst ist. Hier spielen die bereits erwähnten Planungsinterdependenzen, die aus

- Leisungsverflechtungen
- Marktinterdependenzen
- Ressourceninterdependenzen

resultieren können, eine herausragende Rolle. Um diese Interdependenzen in den arbeitsteiligen Planungsprozessen berücksichtigen zu können, müssen zwischen den dezentralen Planungsträgern *Informationen über die jeweiligen Planungsprobleme* ausgetauscht werden.

---

[268] Vgl. die Definitionen in Abschnitt 2.1.1.

[269] Auf die Zusammenhänge zwischen Planung und Kontrolle und Unternehmensorganisation geht Teil C dieses Buches ausführlicher ein.

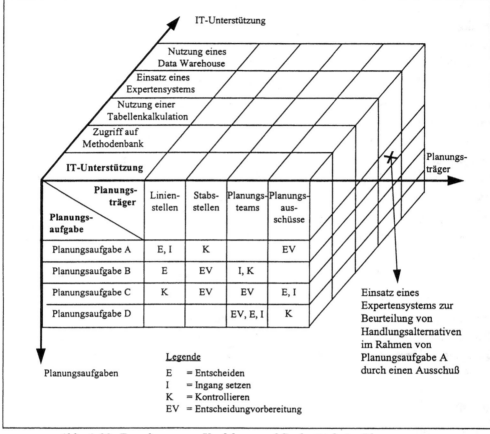

Abb. A-22: Zuordnung von Verfahren und Sachmitteln im Planungssystem

Zum anderen können sich mit der Delegation von Planungsaufgaben auf mehrere Planungs-träger aus Gesamtsicht ineffiziente Ergebnisse daraus ergeben, daß die *Interessen* der dezen-tralen Planungsträger nicht mit den Gesamtinteressen übereinstimmen.[270] Die Divergenzen zwischen den übergeordneten (gesamtunternehmensbezogenen) Interessen und denen des de-zentralen Planungsträgers (Agenten) werden verschärft durch eine asymmetrische Informa-tionsverteilung. In der Regel besitzt der Agent einen Informationsvorsprung, den er zu seinem eigenen (individuellen) Vorteil nutzen kann. Für die Ausgestaltung des Planungs- und Kon-trollsystems sind dabei vor allem die Problemstellungen relevant, die unter den Begriffen *hid-den information* und *hidden action* zusammengefaßt werden:

---

[270] Vgl. dazu auch Abschnitt 3.1.4.

- In einer hidden information-Situation besitzt der Agent zum Zeitpunkt der Entscheidung bessere Informationen über die verfügbaren Handlungsalternativen, die Umweltzustände und deren Wahrscheinlichkeitsverteilung sowie über die Ergebnisse der Handlungsalternativen als der Prinzipal (Vorgesetzte).[271] Er hat diese Informationen aus seiner Tätigkeit im Unternehmen gewonnen und besitzt – auch aufgrund seiner anderen hierarchischen und organisatorischen Eingliederung – eine größere Problemnähe (z.B. Kunden- und Marktnähe) als der Prinzipal.

  – Obliegt dem Agenten (z.B. Bereichsleiter) selbst die Entscheidungsvorbereitung und auch die eigentliche Entscheidung (Wahlakt), so sucht er nach Informationen, die hinsichtlich seiner individuellen Ziele relevant sind (z.B. erforderliches „Arbeitsleid" einer Handlungsalternative) und wählt die danach beste Alternative aus. Der Prinzipal kann damit nicht unbedingt davon ausgehen, daß mit den verfügbaren Informationen – ggf. ergänzt um weitere vom Agenten zu beschaffende Informationen – die in seinem eigenen Sinne bestmögliche Entscheidung getroffen wurde. Der Prinzipal kann zudem nicht sicher sein, daß die Berichterstattung des Agenten, z.B. über die Beweggründe zu einer Entscheidung, wahrheitsgemäß erfolgt und daß kein besseres Ergebnis im Sinne des Prinzipals möglich gewesen wäre.

  – Auch wenn Entscheidung und Entscheidungsvorbereitung (hier i.S.v. Planung) nicht dem Agenten oder ihm jedenfalls nicht vollständig übertragen sind, sondern dem Prinzipal obliegen, ist dieser vielfach darauf angewiesen, vom Agenten Informationen zu der anstehenden Entscheidung zu erhalten. Der Agent wird möglicherweise versuchen, die Konsequenzen der von ihm bereitgestellten Informationen auf die Entscheidung im Hinblick auf seine individuellen Ziele zu antizipieren. Dies kann ihn dazu veranlassen, dem Prinzipal als Entscheidungsträger nicht die Informationen in der Qualität und dem Umfang zur Verfügung zu stellen, wie es ihm möglich wäre. In diesem Fall entspricht das *objektive* nicht dem *subjektiven Informationsangebot*.[272]

- Hidden action-Situationen sind dadurch gekennzeichnet, daß der Prinzipal zwar die Realisationsergebnisse einer Entscheidung wahrnehmen kann, allerdings nicht ohne weiteres die diese verursachenden Faktoren feststellen kann. Insbesondere weiß er nicht, inwieweit die erreichten Ergebnisse auf den Arbeitseinsatz des Agenten zurückzuführen sind oder auf Umwelteinflüssen beruhen. Der Agent kann so beispielsweise behaupten, schlechte Realisationsergebnisse seien auf negative Umwelteinflüsse zurückzuführen und nicht etwa auf seinen zu geringen Arbeitseinsatz.

---

[271] Vgl. dazu Ewert, R. (Controlling 1992), S. 280.
[272] Vgl. dazu Abschnitt 2.4.2.1.

Die Principal-Agent Theorie schlägt zur Lösung dieser Probleme die Implementierung von Anreizsystemen, mit denen die Divergenz zwischen den individuellen Zielen des Agenten und den Interessen des Prinzipals entschärft werden kann, oder einen verstärkten Einsatz von Kontrollsystemen vor. Kontrollsysteme, die in diesem Zusammenhang stark auf Verhaltens-kontrollen gerichtet sind, verursachen jedoch Kosten.

4.2.3 Integration des Controlling

4.2.3.1 Controlling als Koordinationsfunktion

Mit der Differenzierung der Planungs- und Kontrollaufgaben und der Zuordnung auf unter-schiedliche Aufgabenträger sowie dem Einsatz verschiedener Planungs- und Kontrollverfah-ren entstehen vielfältige Koordinationsprobleme. Letztlich geht es darum, die allgemeinen or-ganisatorischen Gestaltungsprobleme – Differenzierung und Koordination – auf Planung und Kontrolle hin zu spezifizieren.

Nach *Albach* sind zwei Koordinationsziele für die Planungskoordination relevant:

- Zum einen gilt es, knappe Ressourcen, die mehrere Planungsprozesse benötigen, „nach ei-ner einheitlichen Rangordnung auf die Teilbereiche des Planungsprozesses zu verteilen".[273]

- Zum anderen sind „Entscheidungskriterien der Instanzen, denen Teilbereiche des Pla-nungsprozesses übertragen sind, auf das Gesamtziel des Unternehmens auszurichten".[274]

Bei der Darstellung ausgewählter Controllingkonzeptionen im Abschnitt 3.3 ist deutlich ge-worden, daß die Koordination des Planungs- und Kontrollsystems eine wesentliche Funktion des Controlling darstellt. Die „Metaebene", die in dem Modell von *Haas* im Bild A-21 als „Planung der Planung" bezeichnet ist, stellt sich damit als (Teilbereich des) *Controlling* im Sinne der Auffassungen von *Horváth*[275] und *Küpper*[276] dar. Während *Haas* jedoch anschei-nend nur die Planung bzw. Pläne als Koordinationsform für die Planungsorganisation in Be-tracht zieht, können darüber hinaus – der Klassifikation von Koordinationsformen von *Kie-ser/Kubicek*[277] folgend – auch persönliche Weisungen, Selbstabstimmung oder Programme zur Koordination der Planung zum Einsatz kommen, wie die nachfolgenden Beispiele zeigen:

- *Persönliche Weisungen*: Für die Planungskoordination könnte dies beispielsweise bedeu-ten, daß etwa die Unternehmensleitung oder das Controlling persönlich und einzelfallspezi-fisch festlegt, welche Planungsaufgabe wie und von welchem Planungsträger durchgeführt

---

273 Albach, H. (Koordination 1966), S. 791.
274 Albach, H. (Koordination 1966), S. 791.
275 Vgl. Abschnitt 3.3.3.
276 Vgl. Abschnitt 3.3.4.
277 Vgl. Kieser, A.; Kubicek, H. (Organisation 1992), S. 104 ff.

wird. Diese Koordinationsform wird allerdings vornehmlich für aperiodisch durchzuführende Planungen, d.h. für Projektplanungen, zweckmäßig sein.

- *Selbstabstimmung*: Bei der Selbstabstimmung legen die (prospektiven) Planungsträger im Wege einer Gruppenentscheidung – z.B. als Planungsausschuß – fest, auf welche Weise Planungen durchzuführen sind und insbesondere wie die Interdependenzen zwischen den Teilplanungen zu behandeln sind.

- *Programme*: Es werden vorab generelle Regeln aufgestellt, die die Durchführung der Planungs- und Kontrollaktivitäten nach Inhalt und Ablauf festlegen. Beispielsweise mag generell festgelegt werden, daß die Budgetierung im Wege der Fortschreibungsbudgetierung zu erfolgen hat und daß zur Beurteilung von langfristigen Vorhaben die Kapitalwertmethode mit einem bestimmten Kalkulationszinssatz verwendet wird.[278]

Dabei werden die technokratischen Koordinationsinstrumente, d.h. Programme und Pläne, vorrangig im Rahmen der systembildenden Koordination nach *Horváth* genutzt. Im einzelnen fallen unter die systembildende Koordination die folgenden Teilfunktionen[279]:

- Schaffung eines Planungs- und Kontrollsystems- sowie eines Informationsversorgungssystems, wobei eine funktionale Verknüpfung innerhalb der Systeme und zwischen diesen zu erreichen ist.

- Schaffung besonderer Koordinationsorgane und/oder

- Festlegung von Regeln zur Behandlung der im bestehenden Systemgefüge auftretenden Koordinationsprobleme.

Hingegen bedient man sich bei der systemkoppelnden Koordination, die sich in dem durch die Systembildung gesetzten Rahmen bewegt, *auch* persönlicher Koordinationsinstrumente (Selbstabstimmung, persönliche Weisungen). Zu den Aufgaben der systemkoppelnden Koordination gehören die folgenden[280]:

- Sammlung und Kommentierung von Planentwürfen
- Überprüfung von Planentwürfen
- Aufarbeitung der Planentwürfe für die Entscheidungsträger
- Erarbeitung und Koordination von Planungstechniken
- Terminierung und Überwachung der Planerstellung
- Aus- und Weiterbildung von Planungsträgern

---

[278] Vgl. zur Fortschreibungsbudgetierung und zur Kapitalwertmethode die Abschnitte 7.2.1.2.2 bzw. 5.5.1.2. in Teil B dieses Buches.

[279] Vgl. Horváth, P. (Controlling 1996), S. 118.

[280] Beispielhaft sei verwiesen auf Hill, W. (Planungsmanagement 1989), Sp. 1460 f.; Szyperski, N.; Müller-Böling, D. (Gestaltungsparameter 1980), S. 365.

Spezifische Instrumente, die für die Koordination von Planungs- und Kontrollprozessen zur Verfügung stehen, werden in Teil B, und dort vornehmlich in Kapitel 7, behandelt.

4.2.3.2 Organisatorische Ausgestaltung des Controlling

Im vorhergehenden Abschnitt haben wir das Controlling vornehmlich als eine koordinierende *Funktion* aufgefaßt, die schwerpunktmäßig die Gestaltung des Planungs- und Kontrollsystems (systembildende Koordination) sowie die laufende Koordination der Teilplanungen und -kontrollen (systemkoppelnde Koordination) übernimmt. Zum Aufgabenbereich des Controlling kann auch eine – außerordentliche – Mitwirkung an den Planungs- und Kontrollprozessen gehören. Dies stellt aber nicht den Kern der koordinierenden Funktion – im Sinne einer „Metaplanung" – dar.

Wendet man sich nach der Abgrenzung der Controllingfunktion dem *institutionalen* Aspekt des Controlling zu, so sind vor allem drei organisatorische Gestaltungsbereiche zu klären:

- Einrichtung spezialisierter Controllerstellen oder Controllingabteilungen
- Eingliederung der Controllerstellen/Controllingabteilungen in die Unternehmenshierarchie
- Gestaltung der Beziehungen zwischen Controllerstellen oder Controllingabteilungen.

Einrichtung dedizierter Controllerstellen oder Controllingabteilungen
Die Koordination von Planung und Kontrolle stellt eine Führungsaufgabe – und nicht nur eine Servicefunktion für die Führung – dar. Diese Auffassung tritt am deutlichsten in der umfassenden führungssystemorientierten Controllingkonzeption zutage, ist aber auch in dem planungs- und kontrollorientierten Ansatz angelegt.

Aus institutionaler Sicht erhebt sich daher die Frage, ob es zweckmäßig ist, diese spezifische Aufgabe aus den anderen Führungsbereichen auszugliedern und bei *eigens geschaffenen* Controllerstellen oder Controllingabteilungen *zu zentralisieren*. Dabei lassen sich sowohl Vor- als auch Nachteile einer Bündelung von Controllingaufgaben in dedizierten Organisationseinheiten anführen, wie Tab. A-5 zeigt.

Tab. A-5: Argumente für und gegen Controllingeinheiten

Argumente für Controllingeinheiten	Argumente gegen Controllingeinheiten
• Entlastung anderer Führungskräfte von Controllingaufgaben und damit intensivere Erfüllung der Controllingaufgaben • Spezialisierungseffekte, z.B. bessere Methodenkompetenz • explizite Berücksichtigung des ausgeprägten Koordinationsbedarfs	• Kosten für Controller und den laufenden (intensiveren) Betrieb des Controlling • Gefahr der „Aufblähung" von Controllingaufgaben • Gefahr, daß andere Führungskräfte Controllingaspekte vernachlässigen, insbesondere die Koordinationsnotwendigkeiten bei ihren Entscheidungen weniger berücksichtigen

Empirisch zeigt sich, daß die Zahl spezifischer Controllerstellen mit der Unternehmensgröße steigt, was sowohl mit dem größeren Entlastungsbedarf der anderen Führungskräfte als auch mit höheren Koordinationsanforderungen erklärt werden kann.[281]

Eingliederung von Controllingeinheiten in die Unternehmenshierarchie
Werden spezifische Controllerstellen oder Controllingabteilungen eingerichtet, so ist über ihre Eingliederung in die Unternehmenshierarchie zu entscheiden. Hier bieten sich vier grundsätzliche Varianten an, die in Abb. A-23 skizziert sind:[282]

- Das Controlling ist eine *Linienabteilung* und direkt der Unternehmensleitung unterstellt (Variante I). Der (leitende) Controller ist mit hoher Autorität und umfassenden Entscheidungskompetenzen ausgestattet, die insbesondere die Koordination zwischen anderen Abteilungen und deren Planungen/Entscheidungen betreffen. Er beschränkt damit zwangsläufig die Entscheidungsspielräume der anderen Abteilungen. In dieser Lösung besitzt das Controlling das höchste Gewicht.

- Das Controlling kann unmittelbar der Unternehmensleitung als *Stabsstelle/-abteilung* unterstellt sein (Variante II). Zwar hat das Controlling dann im Grundsatz keine Weisungskompetenzen, es arbeitet jedoch unmittelbar der Unternehmensleitung zu. Diese Variante bietet die *Möglichkeit*, dem Controlling ein hohes Gewicht zu sichern. Hierzu kann das Controlling beispielsweise auch mit beschränkten Weisungsbefugnissen ausgestattet werden.

- Das Controlling ist eine *Unterabteilung* einer anderen Abteilung (Variante III), die z.B. für das Rechnungswesen und die Finanzen zuständig ist. Somit ist es zwei Hierarchieebenen unter der Unternehmensleitung eingegliedert. Welche Bedeutung es bei dieser Eingliederung besitzt, hängt maßgeblich auch von der Orientierung der übergeordneten Abteilung, der es angehört, und insbesondere von den Interessen der jeweiligen Abteilungsleitung ab.

- Wird das Controlling auf einer noch niedrigeren Hierarchieebene, beispielsweise innerhalb des internen Rechnungswesens angesiedelt, das seinerseits eine Abteilung des Bereichs Rechnungswesen und Finanzen ist (Variante IV), so dürften die Möglichkeiten des Controlling, eine umfassende Koordination von Planung und Kontrolle im Unternehmen herbeizuführen, äußerst beschränkt sein. Das Controlling kann dann nur eine Servicefunktion, z.B. die Versorgung von Führungskräften mit entscheidungsrelevanten Informationen, wahrnehmen.[283]

---

[281] Vgl. Küpper, H.-U. (Controlling 1997), S. 441 f.; Küpper, H.-U.; Winckler, B.; Zhang, S. (Planungsverfahren 1990), S. 439 f.
[282] Vgl. ausführlich Hahn, D. (PuK 1996), 785 ff.; Küpper, H.-U. (Controlling 1997), S. 454 ff.
[283] Vgl. Küpper, H.-U. (Controlling 1997), S. 457.

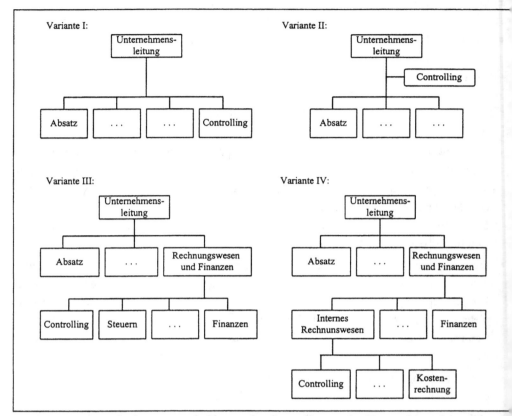

Abb. A-23: Eingliederungsmöglichkeiten des Controlling in die Unternehmenshierarchie

Gestaltung der Beziehungen zwischen Controllerstellen/Controllingabteilungen

Für die Gestaltung der Beziehungen zwischen Controllern einer Controllingabteilung ergeben sich keine spezifischen organisatorischen Problemstellungen. Es ist zunächst ein geeignetes Differenzierungsmerkmal für die Aufgabenteilung festzulegen. Dann ist mit entsprechenden Maßnahmen eine Koordination für die arbeitsteilig erfüllten Controllingaufgaben in der Abteilung herbeizuführen. Nunmehr handelt es sich um die Koordination innerhalb des Controlling, d. h. um die Tertiärkoordination.[284]

Wie bei allen Querschnittsfunktionen kann sich jedoch ein Spannungsverhältnis zwischen einem *zentralen* Unternehmenscontrolling und *dezentralen* Controllingeinheiten ergeben. Beispielsweise mögen neben dem zentralen Controlling noch dezentrale Controllingabteilungen

---

[284] Vgl. dazu Abb. A-14, S. 76.

im Beschaffungs-, Produktions- und Absatzbereich bestehen, die jeweils funktionsbezogene Koordinationsprobleme zu bewältigen haben. Für die Gestaltung der Beziehungen zwischen dem zentralen Controlling und den dezentralen Controllingeinheiten sind *zwei Extremlösungen* denkbar:[285]

- Das dezentrale Controlling wird dem *Unternehmenscontrolling* unterstellt. Diese Lösung hat den Vorteil, daß eine enge Integration der Unternehmensplanung, deren Koordination dem Unternehmenscontrolling obliegt, und der funktionsbezogenen Planung erfolgt. Dem steht aber die große Distanz gegenüber, die der Funktionscontroller zu seinem Funktionsbereich hat. Er wird dort möglicherweise als „Fremdkörper" angesehen etwa mit der Folge, daß ihm weniger Informationen zur Verfügung gestellt werden.

- Das dezentrale Controlling wird dem *Leiter des Fachbereichs* unterstellt. Mit dieser Lösung wird eine starke Ausrichtung der Controlling-Aktivitäten auf den Fachbereich (Funktionsbereich, Sparte usw.) sichergestellt. Möglicherweise kommt hierbei aber die Koordination des Fachbereichs mit den Unternehmenszielen zu kurz, da die gesamtunternehmensbezogene Koordination zu wenig Gewicht im Fachbereich erlangt.

Um die Nachteile der beiden Extremlösungen zu vermeiden, können sich *Mischformen* anbieten, bei denen zwischen *disziplinarischer und fachlicher Unterstellung* differenziert wird. Das dezentrale Controlling wird entweder fachlich dem Leiter des Fachbereichs, aber disziplinarisch dem Unternehmenscontrolling unterstellt oder umgekehrt (sog. *dotted-line-Prinzip*).

Es zeigt sich, daß für das Controlling zahlreiche organisatorische Gestaltungsmöglichkeiten bestehen. Welche Variante die vorteilhafteste ist, hängt nicht zuletzt von situativen Einflußfaktoren ab, wie beispielsweise der Größe des Unternehmens oder dem Controllingverständnis im Unternehmen.[286]

---

[285] Vgl. hierzu ausführlich Hahn, D. (Organisation 1979), S. 4 ff.; Schüller, S. (Controllingsysteme 1984) sowie Küpper, H.-U. (Controlling 1997), S. 457 ff.; Weber, J. (Controlling 1998), S. 359 ff.

[286] Zur Kontexabhängigkeit des Controlling-Verständnisses (v.a. funktionale Sicht) als Ergebnis unterschiedlicher Rationalitätsengpässe vgl. bereits Abschnitt 3.3.5.

4.3 Integration des Informationsversorgungssystems

In Kapitel 2 wurden bereits drei verschiedene Möglichkeiten für die Definition des Informationssystems vorgestellt:[287]

- Informationssystem I: „Technische" Infrastruktur (Verfahren zur Informationsverarbeitung, z.B. zur Kostenrechnung, DV-Komponenten)

- Informationssystem II: „Informationelles Versorgungssystem" (Elemente von Abgrenzung I sowie Betreiber und Entwickler des Systems)

- Informationssystem III: „Sozio-technisches System" oder „Mensch-Maschine-System" (Elemente von Abgrenzung II und dessen Nutzer/Anwender)

Eine Abgrenzung zu Planungs- und Kontrollsystemen haben wir dabei bewußt noch nicht vorgenommen, denn bei genauerer Betrachtung erweist es sich als wesentlich problematischer, das Informationssystem vom Planungs- und Kontrollsystem abzugrenzen, als es zunächst den Anschein haben mag:

In den vorangegangenen Abschnitten ist noch einmal deutlich geworden, daß jeder Planungsträger Informationen generiert, die wiederum Eingangsinformationen für weitere Planungsphasen oder andere (Teil-) Planungen sind – oder um eine gesamtzieloptimale Koordination zu erzielen – sein sollten. Planungsverfahren können damit als spezielle Verfahren zur Informationsverarbeitung angesehen werden.

Legt man die Abgrenzung III für Informationssysteme zugrunde, so ergibt sich daraus konsequenterweise, daß *das Planungs- und Kontrollsystem ein Informationssystem ist*. Allerdings handelt es sich zweifellos um eine *spezielle Ausprägung* eines Informationssystems, die sich nämlich dadurch auszeichnet, daß alle IV-Prozesse der Erstellung von Plänen und Berichten dienen und nicht etwa vornehmlich der Dokumentation des Unternehmensgeschehens für Unternehmensexterne, wie es ein Zweck der externen Rechnungslegung ist. Man könnte im Rahmen von Abgrenzung III auch sagen, daß das Planungs- und Kontrollsystem ein Subsystem des Informationssystems einer Unternehmung ist.

Dieses Ergebnis ist beispielsweise dann unbefriedigend, wenn man eine trennscharfe Abgrenzung mit dem Ziel anstrebt, die Beziehungen zwischen Planung und Kontrolle und der Bereitstellung von Informationen für Planungs- und Kontrollzwecke explizit zu untersuchen. Gerade dies ist aber ein Ziel der planungs- und kontrollorientierten Controllingkonzeption[288] sowie des führungssystemorientierten Controlling-Ansatzes[289].

---

[287] Vgl. Abschnitt 2.4.3.

[288] Vgl. Abschnitt 3.3.3.

[289] Vgl. Abschnitt 3.3.4.

Weber wählt als Ansatzpunkt für eine Abgrenzung der Informationsversorgung und des Informationssystems, ob die jeweiligen Daten bzw. Nachrichten *Führungsrelevanz* besitzen bzw. *Führungswissen* darstellen: „Der Begriff der Information sei im folgenden auf solche Daten oder Nachrichten bezogen, die bewußtes Führungswissen repräsentieren. Darauf aufbauend wird die Aufgabe der systematischen Informationsversorgung in der Beschaffung, Speicherung, Verarbeitung und Übermittlung der so eingegrenzten Informationen gesehen."[290] Die Führungsrelevanz von Daten ist u. E. jedoch aus zumindest drei Gründen kein geeignetes Merkmal für die Zuordnung von Daten zum Informationssystem:

- Nach dieser Abgrenzung zählten zumindest die Pläne und Berichte und sämtliche Informationen, die als Ergebnisse der Teilaktivitäten von Planung und Kontrolle generiert werden, ebenfalls zu den Elementen des Informationssystems, denn sie betreffen führungsrelevante Sachverhalte.

- Weiterhin kann man *a priori* möglicherweise gar nicht feststellen, welche Informationen zur Lösung eines Planungsproblems erforderlich sind. Der Informationsbedarf, den eine Planungsaufgabe begründet, ist möglicherweise erst *a posteriori* oder gar nicht präzise beschreibbar. Hierauf sind wir bereits in Abschnitt 2.4.2.3 eingegangen.

- Zum dritten entpuppt sich die Frage nach der Führungsrelevanz von Daten letztlich als eine Frage nach dem Detaillierungsgrad, in dem die Daten dem Planungs- oder Kontrollträger dargeboten werden. So ist es beispielsweise unzweifelhaft, daß aus der Auftragsverwaltung wichtige Kenngrößen (z.B. Summe der Aufträge nach Produkten, Kunden, Regionen oder Durchlaufzeiten der erledigten Aufträge) zu gewinnen sind, die für Planungs- und Kontrollzwecke relevant sein können. Fraglich ist, ob dann auch die elementaren Auftragsdaten, aus denen die entsprechenden Summengrößen errechnet werden, führungsrelevant sind oder nicht oder anders gesagt: bei welchem Verdichtungsgrad fängt Führungsrelevanz an?

Aus diesen Gründen wollen wir das Merkmal der Führungsrelevanz von Daten nicht zur Abgrenzung der Elemente eines Informationssystems heranziehen.

So nimmt auch *Horváth*, der die Koordination von Planungs-, Kontroll- und Informationsversorgungssystem als wesentliche Funktion des Controlling herausstellt,[291] eine umfassendere Systemabgrenzung vor. Er definiert *Informationsversorgungssysteme* als „Systeme, die ... die Funktion der Verbesserung des Informationsstandes und der Informationsversorgung von Pla-

---

[290] Weber, J. (Controlling 1998), S. 159. In der sechsten Auflage grenzt *Weber* das Informationssystem explizit folgendermaßen ab: „Das Informationssystem als Teilsystem des Führungssystems läßt sich ... als geordnete Menge von Informationselementen (einzelne Informationen oder Informations-Subsysteme) verstehen, die sämtlich führungsrelevante Tatbestände, Merkmale und Ereignisse des Ausführungssystems betreffen.", Weber, J. (Controlling 1995), S. 170.

[291] Vgl. dazu Abschnitt 3.3.3.

nung und Kontrolle haben"[292]. Das Informationsversorgungssystem liefert damit den Input des Planungs- und Kontrollsystems.[293]

Diese Formulierung führt u. E. deshalb letztlich noch nicht zu einer präzisen Unterscheidung, weil genau genommen – wie in Abschnitt 4.1 dargestellt wurde – eine Teilplanung vielfach Funktionen der Informationsversorgung für eine nachgelagerte Planung erfüllt. Das Entsprechende gilt für die Teilaktivitäten/-phasen innerhalb der Planung. Eine trennscharfe Abgrenzung kann damit erst gelingen, wenn man stärker die *Herkunft* der Informationen betont, die das Informationsversorgungssystem für Planungs- und Kontrollzwecke bereitstellt: Es muß sich um Informationen handeln, die – bezogen auf Planung und Kontrolle – *originär* sind, die zumindest *nicht unmittelbar* aus einem Planungs- und Kontroll(teil-)prozeß selbst hervorgehen, d.h. in diesem Sinne nicht *derivativ* sind.[294] Ob die hinsichtlich Planung und Kontrolle *originären Informationen* bereits bei ihrer Gewinnung oder Erzeugung als planungs- und kontrollrelevant angesehen wurden, ist dabei letztlich von nachrangigem Interesse.

Für die weiteren Ausführungen in diesem Buch lassen sich diese Überlegungen folgendermaßen zusammenfassen:

- Nach der Abgrenzung III *ist* ein Planungs- und Kontrollsystem ein Informationssystem. Je nach Betrachtungsweise könnte man von einem *speziellen* Informationssystem oder von einem *Subsystem* des Informationssystems einer Unternehmung sprechen.

- In der Abgrenzung II hat das Informationssystem den Charakter eines *Versorgungssystems* für das Planungs- und Kontrollsystem. Die vordringliche Aufgabe besteht insbesondere darin, *Inputinformationen* für Planung und Kontrolle zu liefern. Um funktionale Überschneidungen mit dem Planungs- und Kontrollsystem selbst möglichst gering zu halten, ist es zweckmäßig, diese Funktion auf *originäre Informationen* zu beschränken. Dies sind solche Informationen, die ihrerseits nicht oder zumindest nicht unmittelbar aus einem Planungs- und Kontrollprozeß hervorgehen.

Im Hinblick auf eine Abgrenzung zwischen Controlling und Informationsversorgungssystem ist insbesondere dessen Entwicklern, die nach Abgrenzung II zu den Systemelementen zählen, Aufmerksamkeit zu schenken:

Als eine wesentliche Funktion des Controlling wird in der planungs- und kontrollorientierten und der führungssystembezogenen Controllingkonzeption die – systembildende und systemkoppelnde – Gestaltung des Informationssystems angesehen. Die systembildende Aufgabe besteht insbesondere darin, das Informationsversorgungssystem „unter Abwägen der verschie-

---

[292] Horváth, P. (Controlling 1996), S. 334.
[293] Vgl. Horváth, P. (Controlling 1996), S. 334.
[294] Zur Unterscheidung zwischen originären und derivativen Informationen vgl. Abschnitt 2.4.2.2.

denen möglichen Strukturierungsalternativen zu gestalten".[295] Damit erfüllt das Controlling auch „Entwicklungsaufgaben".

Um die Überschneidung von Controllingsystem und Informationssystem möglichst zu minimieren, sollen diejenigen „Entwickler", die die oben genannten Funktionen wahrnehmen, also an den wesentlichen Entwurfsentscheidungen für das Informationsversorgungssystem maßgeblich beteiligt sind, als Elemente des Controllingsystems angesehen werden. Beispielsweise obliegen damit die Entscheidungen über die einzusetzenden Kostenrechnungsverfahren dem Controlling bzw. institutional betrachtet dem Controller.

Hingegen sollen jene Entwickler, die diese Entscheidungen realisieren und damit die eigentliche Entwicklung vollziehen, also z.B. das Kostenrechnungsverfahren einführen und Kostenrechnungssoftware entwickeln oder anpassen, zum Informationsversorgungssystem zählen.

Ausschlaggebend für die Zuordnung ist hiernach die Entscheidungskompetenz über die Gestaltung des Informationsversorgungssystems: Zum Informationsversorgungssystem (Abgrenzung II) sollen diejenigen Entwickler zählen, die für die *Ausführung* von Gestaltungsentscheidungen zuständig sind. Diejenigen Aufgabenträger, die die *Gestaltungsentscheidungen treffen*, werden als Elemente des *Controllingsystems* angesehen.

4.4 Gesamtsicht der Zusammenhänge

Die vorangegangenen Abschnitte hatten das Ziel, die Beziehungen zwischen den verschiedenen Dimensionen von Planung und Kontrolle, Controlling und Informationssystem eingehender zu analysieren und in einen Gesamtzusammenhang zu fügen. Abb. A-24 stellt diese Gesamtsicht dar. Die Darstellung beruht im Hinblick auf Planung und Kontrolle in ihrer Grundstruktur auf der Abb. A-21 (S. 98) nach *Haas*, ist aber modifiziert im Bereich des Controlling (Meta-Ebene) und ergänzt um das Informationsversorgungssystem im hier abgegrenzten Sinn. Um die Darstellung nicht noch umfangreicher zu gestalten, wurde darauf verzichtet, auch für das Controlling eine Differenzierung zwischen der funktionalen und der institutionalen Sicht vorzunehmen. In der Abbildung ist die folgende zuvor abgeleitete „Modellvorstellung" zusammengefaßt:

---

[295] Horváth, P. (Controlling 1996), S. 339.

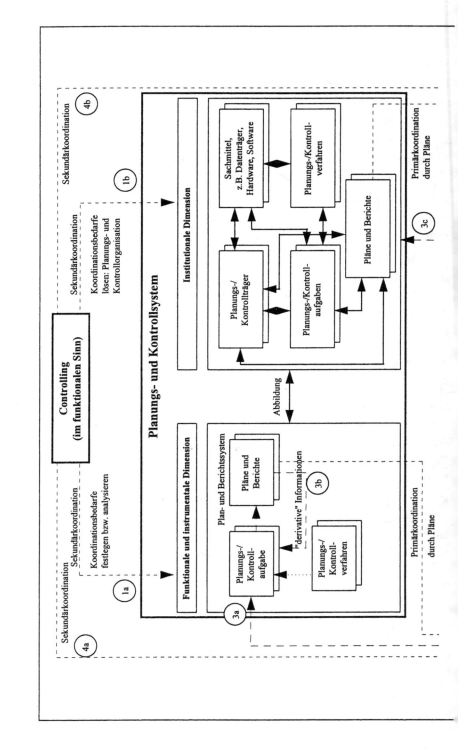

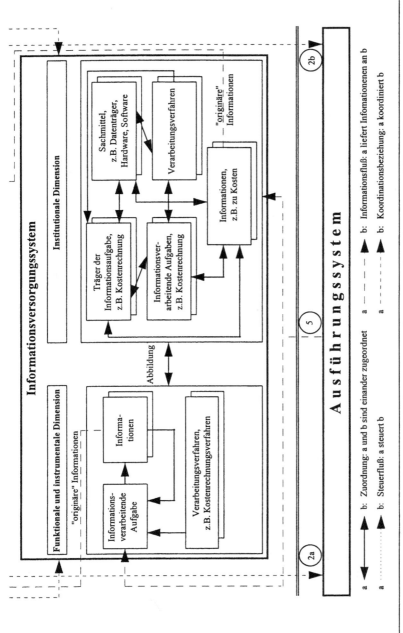

Abb. A-24: Gesamtmodell der Zusammenhänge zwischen Planungs- und Kontrollsystem, Informationsversorgungssystem und Controlling

Das Planungs- und Kontrollsystem wird aus zwei verschiedenen Sichten betrachtet, zum einen aus einer funktional-instrumentalen Perspektive, zum anderen aus der institutionalen. Während in der funktional-instrumentalen Sicht das Planungs- und Kontrollproblem der Unternehmung in einzelne Teilprobleme zerlegt wird, und damit Koordinationsbedarfe festgelegt werden, beschreibt die institutionale Sicht die Lösung dieser Koordinationsprobleme im Rahmen der Planungs- und Kontrollorganisation. Innerhalb der funktional-instrumentalen Dimension kommen die Informations- und Steuerungsbeziehungen zum Ausdruck, wie sie in der Input-Output-Betrachtung für Planung und Kontrolle beschrieben wurden. Im Vergleich zu den früheren Darstellungen[296] ist hier nun hervorzuheben, daß originäre Informationen von dem Informationsversorgungssystem geliefert werden (Pfeil 3a). Derivative Informationen zeichnen sich demgegenüber dadurch aus, daß sie ihrerseits aus einem Planungs- oder Kontrollprozeß hervorgehen (Pfeil 3b).

Welche Informationen das Informationsversorgungssystem bereitstellt, wird idealtypisch durch den Informationsbedarf festgelegt. Betrachtet man allein die Planungs- und Kontrollaufgabe, d.h., bezieht man nur die funktionale Sicht ein, so handelt es sich um den „objektiven Informationsbedarf", der die zu liefernden Informationen bestimmt (Pfeil 3a). Darüber hinaus sind die persönlichen Dispositionen der jeweiligen Aufgabenträger ausschlaggebend für den „subjektiven Informationsbedarf", der von dem objektiven abweichen kann und damit bestenfalls erst nach der Gestaltung der institutionalen Dimension des Planungs- und Kontrollsystems ermittelt werden kann (Pfeil 3c).

Innerhalb der institutionalen Sicht von Planung und Kontrolle sind vor allem zahlreiche „Zuordnungsbeziehungen" zu gestalten. Insbesondere sind die Planungs- und Kontrollaufgaben den entsprechenden Aufgabenträgern zuzuordnen. Daneben sind beispielsweise die erforderlichen Sachmittel den entsprechenden Planungs- und Kontrollträgern zuzuweisen.

Funktion des Controlling ist es dabei, die Koordinationsprobleme im Rahmen von Planung und Kontrolle festzulegen, zu analysieren und durch geeignete organisatorische Maßnahmen zu lösen (Pfeile 1a bzw. 1b). Es handelt sich hierbei um die Sekundärkoordination, d.h. um eine Koordinationsleistung innerhalb des Führungssystems. Hiervon ist die Primärkoordination zu unterscheiden, also die Koordination des Ausführungssystems durch das Führungssystem. Die Primärkoordination *kann* mit Hilfe von Plänen erfolgen (Pfeile 2a und 2b).

Wie für das Planungs- und Kontrollsystem kann auch für das Informationsversorgungssystem eine funktional-instrumentale und eine institutionale Sichtweise unterschieden werden. Die strukturellen Zusammenhänge innerhalb dieser beiden Perspektiven entsprechen denen des Planungs- und Kontrollsystems. Die Koordination des Informationsversorgungssystems zählt

---

[296] Vgl. die Abb. A-17 bis Abb. A-19.

dabei als Form der Sekundärkoordination wiederum zum Funktionsbereich des Controlling (Pfeile 4a und 4b). Das Ausführungssystem liefert dabei Informationen an das Informationsversorgungssystem (Pfeile 5).

4.5 Ziele für die Gestaltung von Planungs- und Kontrollsystemen

Aus den vorangegangenen Ausführungen ist deutlich geworden, daß Planungs- und Kontrollsysteme aus einem Gestaltungsakt hervorgehen, der sich in einen analytischen und einen synthetischen Teil gliedert: Zum einen gilt es, einzelne Planungs- und Kontrollaufgaben abzugrenzen und damit Koordinationsbedarfe festzulegen. Zum anderen sind Zuordnungen von Planungs- und Kontrollaufgaben, Aufgabenträgern und Sachmitteln usw. vorzunehmen.

Die Gestaltung von Planungs- und Kontrollsystemen sollte einer Reihe von Gestaltungszielen genügen. Diese bilden den Gegenstand der weiteren Ausführungen. Um diese in einen Gesamtzusammenhang, insbesondere zu übergeordneten Zielen der Unternehmung, zu setzen, wird nachfolgend zuerst ein Bezugsrahmen vorgeschlagen (Punkt 4.5.1). Welche Einzelanforderungen und -ziele bei der Gestaltung von Planungs- und Kontrollsystemen zu berücksichtigen sind, wird in Teil 4.5.2 in Form von „Zielkatalogen" dargestellt. Abschnitt 4.5.3 behandelt Ansätze, um die Einzelziele zu strukturieren und in ein Zielsystem zu integrieren.

4.5.1 Bezugsrahmen

Planung und Kontrolle sind kein Selbstzweck, sie sollen vielmehr eine Reihe von Funktionen erfüllen, mit dem letztendlichen Zweck, zum Erreichen der Unternehmensziele beizutragen. Allerdings gehen nur die allgemeinsten Orientierungen und Zielrichtungen als autonom gesetzte[297], d.h. quasi „axiomatische" Ziele in die Planungs- und Kontrollaktivitäten ein. Zu derartigen Grundausrichtungen kann man beispielsweise das Gewinnstreben aber auch Grundüberzeugungen wie die Verantwortung gegenüber den Mitarbeitern oder der natürlichen Umwelt zählen. Die Konkretisierung derartiger allgemeiner Orientierungen in systematisch abgeleitete Ziele ist Gegenstand der Zielplanung, d.h. ebenfalls das Ergebnis von spezifischen Planungsaktivitäten.

Mit ihrem letztendlichen Zweck, dem Erreichen allgemeinster Orientierungen und den abgeleiteten Unternehmenszielen zu dienen, erfüllt die Planung vor allem folgende Funktionen:[298]

- *Zielorientierung, Integration und Koordination des Unternehmensgeschehens*: Planung ist eine Möglichkeit der Koordination des Ausführungssystems, d.h. die Aktivitäten im Ausführungssystem auf die Unternehmensziele auszurichten.

---

[297] So Hahn, D. (PuK 1996), S. 98 f.

[298] Vgl. Hahn, D. (PuK 1996), S. 47; Rühli, E. (Funktionen 1989), Sp. 566 ff.

- *Risikoerkennung und -reduktion*: Als vorausschauende, gedankliche Durchdringung künftigen Handelns werden mit der Planung künftige Umweltsituationen und ihre Auswirkungen
auf die möglichen Handlungsalternativen untersucht.

- *Komplexitätsreduktion*: Die komplexitätsreduzierende Wirkung von Planung wird beispielsweise dann deutlich, wenn Planungsmodelle verwendet werden, die von Einzelheiten
abstrahieren.

- *Flexibilitätserhöhung und Zeitdruckminderung*: Planung ist eine systematische Entscheidungsvorbereitung und steht damit im Gegensatz zu Improvisation bzw. Ad-hoc-Entscheidungen. Ad-hoc-Entscheidungen werden zumeist unter Zeitdruck direkt vor der Realisation
getroffen.

Das Planungs- und Kontrollsystem ist so zu gestalten und einzusetzen, daß diese Funktionen
möglichst gut erfüllt werden. Hierfür sollte ein Planungssystem einer Reihe von konkreteren
Anforderungen genügen (z.B. Vollständigkeit, Dokumentation), die in Abschnitt 4.5.2 eingehender dargestellt werden.

Denjenigen Controllingansätzen folgend, die die Koordinationsfunktion in den Vordergrund
rücken, liegt die Ausgestaltung des Planungs- und Kontrollsystems und die laufende Steuerung seines Einsatzes im Aufgabenbereich des Controlling (systembildende und systemkoppelnde Koordination).[299] Die systembildende und -koppelnde Koordination für das Planungs-
und Kontrollsystem hat dabei so zu erfolgen, daß dessen Funktionen möglichst gut erfüllt
werden.

Die Zwecke und konkreteren *Anforderungen* an ein Planungs- und Kontrollsystem (z.B. Dokumentation von Planungsprozessen) werden damit zugleich zu *Gestaltungs- und Steuerungs-
zielen* für das Controlling.[300] Diese Gestaltungs- und Steuerungsziele sind allerdings vom
Controlling auf Ziele höherer Ebene, nämlich die Unternehmensziele, zu beziehen. Denn wie
jede Koordinationsaufgabe ist auch die Abstimmungsleistung, die das Controlling erbringen
muß, zielgerichtet: Beispielsweise ist das Planungs- und Kontrollsystem so zu entwerfen, daß
es geeignet ist, seinerseits eine Koordinierungsleistung für das Ausführungssystem im Hinblick auf das Gewinnstreben der Eigenkapitalgeber möglichst gut zu erfüllen.

Aus diesen Überlegungen wird zugleich deutlich, daß man sich die Ausgestaltung eines Pla-
nungs- und Kontrollsystems durch das Controlling auch idealtypisch kaum als einen linearen
Prozeß vorstellen kann. Vielmehr handelt es sich um einen iterativen oder zyklischen Vorgang: Die allgemeinsten Zielorientierungen des Unternehmens stellen Vorgaben für die

---

[299] Vgl. hierzu ausführlich die Abschnitte 3.3.3 und 3.3.4.
[300] Vgl. so auch die empirischen Untersuchungsergebnisse von Becker, W.; Benz, K. (Effizienz-Verständnis 1997), S. 660 f.

Zielplanungen dar; Grundausrichtungen (z.B. Gewinnstreben) und – daraus abgeleitete und geplante – Unternehmensziele (z.B. Eigenkapitalrentabilität in bestimmter Höhe) bilden die Orientierung für die Koordinationsaufgabe des Controlling. Diese Funktion erstreckt sich aber – auch – auf das Planungs- und Kontrollsystem, das diese Orientierung erst generiert oder konkretisiert. In Abb. A-25 sind diese Zusammenhänge noch einmal im Überblick dargestellt.

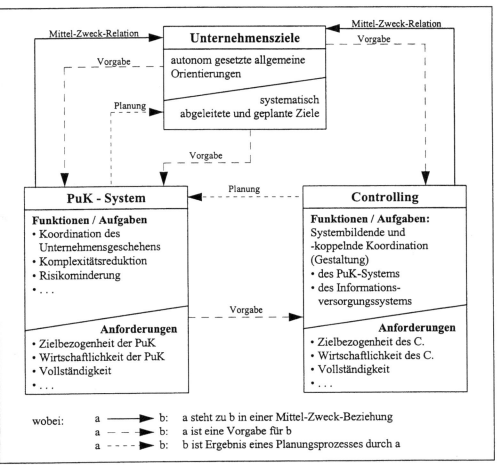

Abb. A-25: Ziel-Mittel-Beziehungen zwischen Unternehmenszielen, Planungs- und Kontrollsystem und Controlling

Bevor wir uns daher mit Anforderungen an Planungs- und Kontrollsysteme näher befassen, sei noch einmal zusammengefaßt: Es geht nunmehr also darum, die Ziele, die bei der Gestaltung eines Planungs- und Kontrollsystems wesentlich sind, näher zu betrachten.

4.5.2 Gestaltungsziele

4.5.2.1 Allgemeine Gestaltungsziele

Im einschlägigen Schrifttum finden sich einige „Kataloge" mit Eigenschaften, die Anforderungen an bzw. Beurteilungskriterien für Planungs- und Kontrollsysteme enthalten. Verglichen etwa mit der Diskussion von Anforderungsprofilen an Informationssysteme werden die anzustrebenden Merkmale von Planungs- und Kontrollsystemen allerdings eher „stiefmütterlich" behandelt.[301]

Auf den engen Zusammenhang zwischen Planung und Kontrolle ist es dabei wohl zurückzuführen, daß Kriterien für Kontrollsysteme nicht explizit beschrieben werden, sondern unter das Planungssystem gefaßt werden.[302] Nachfolgend werden beispielhaft die Kriterienkataloge von *Wild* und *Hahn* für Planungs- und Kontrollsysteme beschrieben. Nach *Wild* sollte ein Planungssystem folgende Eigenschaften aufweisen:[303]

- *Dokumentation von Plänen und Berichten:*
  Der Dokumentationsgrad erfaßt, inwieweit die wesentlichen Inhalte eines Planes schriftlich festgehalten werden. Die Dokumentation eines Planes erleichtert es zum Beispiel, eine Abstimmung mit anderen Plänen herbeizuführen oder zu kontrollieren, inwieweit die im Plan prognostizierten Umweltsituationen eingetreten sind, die ausgewählten Maßnahmen umgesetzt und vorgesehenen Ziele erreicht wurden.

- *Verbindlichkeit der PuK-Organisation (Organisationsgrad):*
  Als Organisationsgrad bezeichnet *Wild* die Verbindlichkeit, mit der organisatorische Regelungen für die Struktur und die Prozesse von Planung und Kontrolle festgelegt sind.

- *Standardisierung:*
  Die Standardisierung kann sich im Rahmen von Planung und Kontrolle auf die einheitliche Gestaltung von Plänen und Berichten, aber auch auf die Prozesse und Verfahren für Planung und Kontrolle beziehen.

- *Grad der Abdeckung von Problemfeldern:*
- Wie bereits mehrfach gesagt, werden komplexe Planungsprobleme in Teilprobleme zerlegt. Mit dem Grad der Abdeckung von Problemfeldern wird erfaßt, inwieweit die somit erstellten Teilpläne das Problemfeld zusammen vollständig abdecken.

---

[301] Vgl. Ax, A.; Börsig, C. (Unternehmensplanung 1979), S. 901 f.

[302] Vgl. so z.B. auch Schweitzer, M. (Planung 1989), S. 69 f.

[303] Vgl. Wild, J. (Unternehmensplanung 1982), S. 157 ff.

- *Präzisionsgrad:*
Der Präzisionsgrad weist darauf hin, wie genau die Planungs- und Kontrollinhalte beschrieben sind. Wesentlich ist hierbei, daß nicht immer ein maximaler Präzisionsgrad auch der beste sein muß. Vielmehr geht es um einen dem jeweiligen Problem angemessenen Präzisionsgrad.

- *Grad der Planabstimmung:*
Teilplanungen und -pläne sind aufeinander abzustimmen. *Wild* unterscheidet begrifflich zwei Abstimmungsformen: Als *Koordination* wird das Abstimmen zwischen gleichrangigen Plänen (z.B. zwischen Absatz- und Produktionsplan) bezeichnet. Zur *Integration* von Plänen kommt es hingegen, wenn Pläne unterschiedlichen Rangs (z.B. Grob- und Feinplan) miteinander in Einklang gebracht werden.

- *Sonstige Kriterien:*
  - Übersichtlichkeit: Die Darstellung der Informationen in Plänen und Berichten sollte übersichtlich und verständlich sein.
  - Anpassungsfähigkeit: Planungen bzw. Pläne sollten an sich ändernde Umweltsituationen und Aktionsmöglichkeiten angepaßt werden können.
  - Übereinstimmung von Planungs- mit bestimmten Führungsprinzipien: Das Planungssystem sollte mit prinzipiellen Eigenschaften des Führungssystems, wie z.B. dem Grad der Delegation von Entscheidungskompetenzen, korrespondieren.

Hahn erhebt die folgenden Anforderungen an Planungs- und Kontrollsysteme:[304]

- *Zielbezogenheit:*
Das Planungssystem steht zumindest in zweifacher Beziehung zu den Unternehmenszielen. Zum einen ist es Gegenstand der Planung, die im Unternehmen anzustrebenden Sach- und Formalziele zu planen.[305] Zum anderen müssen sich die Planungsprozesse und Planungsergebnisse, d.h. die Pläne „aus den oberen Zielen ... der Unternehmung ableiten lassen und umgekehrt nach Überprüfung der Zielerreichungsmöglichkeiten auch in diese einmünden"[306].

- *Gesamtheit und Vollständigkeit:*
Da in der Regel nicht alle zu planenden Sachverhalte in einem Planungsprozeß bzw. einem Plan abgebildet werden können, ist es erforderlich, die Gesamtplanung nach adäquaten Kriterien zu zerlegen. Zwischen den Teilplanungen bzw. -plänen bestehen – zumeist wechselseitige – Abhängigkeiten. Wenn das somit entstehende System der Teilpläne nicht voll-

---

304 Vgl. Hahn, D. (PuK 1996), S. 79 ff.
305 Vgl. z.B. Hahn, D. (PuK 1996), S. 79 f.; Weber, J. (Controlling 1998), S. 38 f.
306 Hahn, D. (PuK 1996), S. 79.

ständig ist, können auch nicht alle Auswirkungen auf andere Teilpläne abgebildet werden. Nur wenn die Teilplanungen hinsichtlich des Zerlegungskriteriums vollständig sind, spiegeln sie das gesamte Unternehmensgeschehen wider.

- *Beschreibung von Teilplanungen/-plänen nach Inhalt, Ausmaß und zeitlichem Bezug:*
  Jede Teilplanung und jeder Teilplan ist präzise zu beschreiben. Aus der Beschreibung jedes Plans muß
    - das jeweilige Planungsproblem (Produktions-, Absatzplanung),
    - der Detaillierungsgrad der darin enthaltenen Informationen (Grob-, Feinplan)
    - die Fristigkeit des Plans (kurz-, mittel-, langfristig)
  hervorgehen.

- *Zielorientierte Integration von Teilplanungen und -plänen:*
  Die Teilplanungen und -pläne sind in mehrfacher Hinsicht aufeinander abzustimmen:
    - *Inhaltlich* sind die Teilplanungen und -pläne im Hinblick auf die Planungsgegenstände zu koordinieren. Hierbei können sich enge Wechselwirkungen zur Organisation ergeben, denn nach *Hahn* sollten sich „Organisations- und Planpyramide" grundsätzlich entsprechen.[307]
    - In *zeitlicher* Hinblick bezieht sich die Koordination auf die Planungshorizonte und zeitlichen Beziehungen zwischen den Planungen und Plänen.
    - Davon zu unterscheiden ist die *inhaltlich-zeitliche* Abstimmung der Planerstellung, d.h. des *Planungsprozesses:* Bei der *Sukzessivplanung* wird ein Plan auf der Grundlage eines anderen erstellt; hingegen werden bei der *Simultanplanung* alle Teilplanungen in einem einzigen Planungsschritt durchgeführt.

- *Flexibilität:*
  Ein Planungs- bzw. Plansystem ist flexibel, wenn es an „Änderungen des Systems Unternehmung und an Änderungen des Umsystems"[308] angepaßt werden kann. *Hahn* unterscheidet zwei verschiedene Anpassungserfordernisse: Da sich Organisations- und Planungspyramide nach *Hahn* entsprechen sollen, sind zum einen Organisationsänderungen korrespondierend in dem Planungssystem nachzuvollziehen. Zum anderen können unvorhergesehene Entwicklungen („Störungen") dazu führen, daß bereits erstellte Pläne geändert werden müssen.

- *Aktualität:*
  Hiermit ist insbesondere der informationelle Teil der Planung in dem Sinne gemeint, daß in den Planungsprozeß die jeweils aktuell verfügbaren und keine veralteten Informationen als

---

[307] Vgl. Hahn, D. (PuK 1996), S. 81. Auf diesen Aspekt kommen wir in Teil C dieses Buches in Abschnitt 9.2 zurück.

[308] Hahn, D. (PuK 1996), S. 84.

Input eingehen sollten. Nur so kann erreicht werden, daß auch der Output des Planungsprozesses, d.h. die Pläne, hohe Aktualität besitzen.[309]

- *Wirtschaftlichkeit:*
Auch für Planung und Kontrolle ist das ökonomische Prinzip zu beachten. Beispielsweise darf das Planungssystem nicht weiter ausgebaut und verfeinert werden, wenn die zusätzlichen Planungskosten die – aufgrund der höheren Planungsqualität – verbesserte Zielerreichung übersteigen. Entsprechendes gilt für das Kontrollsystem und die Kontrollkosten. Bei einer Wirtschaftlichkeitsbetrachtung von Planung und Kontrolle wären nach *Hahn* ebenfalls Aspekte der Mitarbeitermotivation und -initiative zu berücksichtigen. Denn es besteht die Gefahr, daß Motivation und Initiative und damit möglicherweise die Produktivität sinken, wenn der verbleibende Handlungsspielraum, den die Pläne lassen, zu eng ist.

4.5.2.2 Informationsbezogene Gestaltungsziele

Ein Schwerpunkt dieses Buches liegt auf den informationsorientierten Aspekten von Planung und Kontrolle. Daher sollen nachfolgend einige spezifische informationsbezogene Anforderungen diskutiert werden.

Es wurde bereits mehrfach gesagt, daß Pläne ebenso wie Berichte spezifische und komplexe Informationen darstellen. Pläne geben Auskunft über die künftig angestrebten Ziele und die dafür zu ergreifenden Maßnahmen und den erforderlichen Ressourceneinsatz. Berichte enthalten Informationen über das Ergebnis der Realisierungshandlungen der Pläne sowie die dafür eingesetzten Ressourcen, aber auch über die Art und Weise der Realisation (Ergebnis- und Verfahrenskontrollen).

Die Qualität der in Plänen und Berichten enthaltenen Informationen ist von maßgeblicher Bedeutung für die Qualität der im Unternehmen getroffenen Entscheidungen. Bei einem Plan – für den man sich gerade in dem eigentlichen Wahlakt entscheidet – ist dies offensichtlich. Aber auch Berichte sind vielfach die Grundlage für weitere Entscheidungen, wenn diese nämlich der Kompensation von Störungen oder der Anpassung an veränderte Rahmenbedingungen dienen.

Während damit vornehmlich *sachlich-inhaltliche* Aspekte der Informationen in Plänen und Berichten angesprochen sind – z.B. der „Wahrheitsgehalt" der in einem Bericht enthaltenen Angaben über Soll-Ist-Abweichungen – resultieren aus der Kommunikationsfunktion von Plänen und Berichten Anforderungen, die zusätzlich auf ihre *Kommunizierbarkeit* abstellen:

Dies ergibt sich zum einen grundsätzlich aus der Tatsache, daß *Ersteller* und *Empfänger* eines Plans oder eines Berichts nicht identisch sein müssen. Genannt seien beispielhaft Führungshil-

---

[309] Vgl. allgemein zur Aktualität von Informationen Abschnitt 2.4.1.2.

fen (Stabsstellen), die die Pläne oder Berichte erstellen, während die zugehörige Führungskraft der Empfänger ist. Daraus folgen Anforderungen an die Plan- und Berichtsgestaltung,
die auf die intersubjektive Verständlichkeit und Nachvollziehbarkeit der darin enthaltenen
Informationen zielen. In dem Katalog von Qualitätseigenschaften für Informationen aus Abschnitt 2.4.1.2 sind damit beispielsweise Eigenschaften wie die Anpassung an das Subjekt,
d.h. den Empfänger eines Berichts, die Formatierung oder die Allgemeinverständlichkeit der
dargebotenen Informationen angesprochen. Auf die teils konfliktären Beziehungen zwischen
diesen Anforderungen wurde bereits an früherer Stelle hingewiesen.

Zum anderen können Pläne und Berichte als Grundlage für Anordnungen, Erklärungs- oder
auch Rechtfertigungsgrundlage gegenüber Untergebenen bzw. Vorgesetzten dienen: Ist beispielsweise ein Plan ausgewählt, d.h. die Entscheidung getroffen, gilt es, die darin enthaltenen
Zielsetzungen, aber auch die Maßnahmen in praktisches Handeln umzusetzen. Dies geschieht
in der Regel durch Anordnungen. Hierfür bildet der Plan eine wesentliche Grundlage, da sich
„die im Rahmen der Anordnung notwendigen Aufträge an die ausführenden Stellen ... direkt
der Planung entnehmen lassen".[310] Von Merkmalen wie der Nachvollziehbarkeit, der Verständlichkeit oder dem Detaillierungsgrad der im Plan enthaltenen Informationen hängt es ab,
welche Leistungen der Entscheidungsträger (der Vorgesetzte) noch erbringen muß, um die
angestrebten Zielsetzungen oder die zu ergreifenden Maßnahmen den untergebenen Organisationsmitgliedern zu vermitteln.

Insgesamt kann bis hierher festgestellt werden, daß die Qualitätseigenschaften von Informationen, die in Abschnitt 2.4.1.2 beschrieben wurden, zugleich Anforderungen an das Plan-
bzw. Berichtssystem bilden.

Zum Planungs- und Kontrollsystem zählen als Systemelemente die Hilfs- oder Sachmittel, die
Planungs- und Kontrollzwecken dienen. Derartige Sachmittel stellen auch die IT-basierten
Komponenten eines Planungs- und Kontrollsystems dar. Beispielhaft seien Anwendungsprogramme genannt, die für Planungsrechnungen und Prognosen eingesetzt werden, oder Abfra-
gesysteme und Berichtsgeneratoren, die der Auswertung dienen.[311]

Auch an den Einsatz IT-basierter Systeme für Planungs- und Kontrollzwecke sind zahlreiche
Anforderungen geknüpft, wie die nachfolgend beispielhaft kurz umrissenen:[312]

- *Bedarfsgerechte Informationsbereitstellung*: IT-basierte Systeme werden eingesetzt, um
  Informationsbedarfe von Planungsträgern zu decken. Auch wenn ein IT-basiertes System
  von seiner *Funktionalität* her grundsätzlich in der Lage ist, die geforderten Informationen

---

[310] Rühli, E. (Funktionen 1989), Sp. 568.
[311] Vgl. dazu ausführlich Abschnitt 8 in Teil C.
[312] Vgl. z.B. ausführlicher Uhr, W.; Woywood, A.; Bödker, V. (Anforderungen 1996), S. 411 ff.

bereitszustellen, sind zahlreiche Aspekte ausschlaggebend dafür, inwieweit es *tatsächlich* auch die gewünschten Informationen zum richtigen Zeitpunkt liefert. Verwiesen sei beispielsweise auf die *Verfügbarkeit* bzw. *Ausfallwahrscheinlichkeit* von IT-Komponenten („Rechnerabsturz"), aber auch auf inhaltliche Aspekte wie die *Aktualität* der jeweiligen Informationen. Findet beispielsweise die Fortschreibung von Daten aus den administrativen Systemen in Entscheidungsunterstützungssysteme (Decision Support Systeme)[313] zu selten statt und kommen Auswertungen auf den Datenbanken der Administrationssysteme nicht in Betracht – z.B. weil die Rechnerkapazitäten durch die dabei regelmäßig aufwendigen Datenbankaktionen zusätzlich zum Tagesgeschäft überlastet wären –, so stehen für Planungs- und Kontrollzwecke nur veraltete Informationen zur Verfügung.

- *Benutzerfreundlichkeit*: Unter dem Begriff der Benutzerfreundlichkeit können zahlreiche Anforderungen zusammengefaßt werden, die beschreiben, wie sich IT-basierte Systeme durch den Benutzer handhaben lassen. Zu nennen sind beispielsweise Merkmale wie das Antwortzeitverhalten bzw. die Durchlaufzeit und die Einfachheit der Benutzung, die sich etwa in selbsterklärenden Dialogformen (Befehle und Menüpunkte) und grafischen Benutzeroberflächen zeigt. Insgesamt geht es hier um die Art und Weise, wie sich ein IT-basiertes System dem unmittelbaren Benutzer darstellt, also demjenigen, der das System „bedient".

- *Empfängerangemessenheit, Flexibilität und Adaptivität*: Vom Benutzer des IT-basierten Systems sind diejenigen Organisationsmitglieder zu unterscheiden, die die *Empfänger* der erzeugten Informationen, also die Planungs- und Kontrollträger sind. Objektiver und subjektiver Informationsbedarf[314] des Planungsträgers sind ausschlaggebend dafür, welche Informationen die IT-basierten Systeme liefern müssen. Sie sollten daher individuell auf die – persönlichen – Bedürfnisse der Informationsempfänger ausgerichtet werden können. Dies bedeutet beispielsweise, daß die Darstellungsform der Information variierbar sein sollte (Text, Tabellen, Geschäftsgrafiken usw.), aber auch, daß Daten flexibel hinsichtlich beliebiger Attribute verknüpfbar und auf verschiedenen Verdichtungs- bzw. Detaillierungsstufen darstellbar sein sollten.

- *Wirtschaftlichkeit*: Ein wichtiges Kriterium für den IT-Einsatz ist dessen Wirtschaftlichkeit. Die Nutzeffekte des IT-Einsatzes für Planungs- und Kontrollzwecke sollten die IT-Kosten übersteigen. Hier ergibt sich zum einen ein Zurechnungsproblem. So rufen umfangreiche und hochintegrierte IT-Systeme vielfach zahlreiche – positive wie negative – Wirkungen hervor[315]. Nutzeffekte können beispielsweise sein:

---

313 Zu den Begriffen vgl. Abschnitt 8.4.2 in Teil C dieses Buches.
314 Vgl. dazu Abschnitt 2.4.2.1.
315 Vgl. dazu das Beispiel zur Einführung von Scannerkassen in Abschnitt 9.1.1 in Teil C.

- Kosteneinsparungen in den Funktionsbereichen und Produktivitätssteigerungen
- Qualitätsverbesserungen von Produkten
- Qualitätsverbesserungen von Entscheidungen
- Flexibilitätsverbesserungen
- Erweiterungen des Leistungsprogramms eines Unternehmens
- Veränderungen der Wettbewerbssituation

Zwar lassen sich die Kostenwirkungen in der Regel noch verhältnismäßig gut abschätzen[316], inwieweit sie jedoch sinnvoll *einzelnen* Nutzenwirkungen, z.B. einer verbesserten Entscheidungs- bzw. Planungsqualität, gegenübergestellt werden können, ist zweifelhaft. Der *Nutzenabschätzung* stehen vielfach erhebliche Schwierigkeiten bei der Bestimmung und der Berechnung von Nutzeffekten entgegen. *Eine* Ursache hierfür liegt in dem *hohen Integrationsgrad* IT-basierter Systeme. Dieser bewirkt, daß Nutzeffekte nicht nur am direkten „Einsatzort" eines IV-Systems eintreten, sondern daß sich auch bei anderen Organisationsbereichen positive – wie auch negative – Auswirkungen des IT-Systems ergeben können.[317]

4.5.3 Strukturierung

4.5.3.1 Generelle Strukturierungsmöglichkeiten für Ziele

Im vorangegangenen Abschnitt wurde eine Reihe von Einzelzielen für die Gestaltung von Planungs- und Kontrollsystemen vorgestellt. Bei diesen „Anforderungskatalogen" handelt es sich um Sammlungen einzelner Gestaltungsziele, die jedoch weder genauer strukturiert noch hinsichtlich der zwischen den Zielen bestehenden Beziehungen spezifiziert sind (inhaltliche Überschneidungen, komplementäre oder konfliktäre Beziehungen zwischen den Zielen).

Auch wenn es uns hier um eine „Zielplanung für Planungs- und Kontrollsysteme" – also angesiedelt auf der Metaebene, der Controllingebene – und nicht um eine Planung von Unternehmenszielen durch das Planungs- und Kontrollsystem geht, kann auf die allgemeine Strukturierungs- und Klassifikationsvorschläge für Unternehmensziele zurückgegriffen werden.

Eine grundlegende und allgemeine Unterscheidung differenziert in Anlehnung an *Kosiol*[318] zwischen Sach- und Formalzielen. Das *Sachziel* der Unternehmung kennzeichnet das Objekt, „auf das sich alle unternehmerischen Aktivitäten ausrichten"[319]. Das Sachziel der Unterneh-

---

316 Vgl. aber Spitta, T. (Aufwandserfassung 1996), S. 473 ff.
317 Vgl. hierzu Schumann, M.; Linß, H. (Wirtschaftlichkeitsbeurteilung 1993), S. 69 ff.
318 Vgl. Kosiol, E. (Erkenntnisgegenstand 1961), S. 130.
319 Hamel, W. (Zielsysteme 1992), Sp. 2638.

mung besteht darin, ein bestimmtes Produkt oder eine bestimmte Leistung – oder eine Produkt- bzw. Leistungspalette – hervorzubringen[320].

Hingegen beschreibt das Formalziel die „Art und Weise, die Form des Wirtschaftens, nach der sich alles wirtschaftliche Geschehen ausrichtet"[321]. Diese Art und Weise wird in Form „qualifizierender Merkmale, die zur Beurteilung der Zielerreichung herangezogen werden und eine formale Präzisierung des Zielobjektes darstellen"[322], beschrieben. Ein prominentes Beispiel für ein Formalziel ist das Rentabilitätsziel. Wesentlich ist, daß die Formalziele *im Grundsatz* nicht zwingend mit dem Sachziel verknüpft sind, sondern unabhängig von diesem gesetzt werden. In der Regel gibt es in Unternehmen weder *das* Formalziel „Gewinnmaximierung" noch *ein einzelnes bestimmtes* anderes Formalziel; vielmehr existieren *mehrere* Zielsetzungen. Beispielsweise tritt auf Unternehmensebene zum Rentabilitäts- in der Regel zumindest das Liquiditätsziel – in Gestalt einer Nebenbedingung – hinzu.[323]

Deshalb ist es zweckmäßig, insbesondere für die Formalziele weitere Klassifikationsmöglichkeiten in Betracht zu ziehen. Hierfür finden sich im Schrifttum zahlreiche Vorschläge.[324]

In einer Klassifikation, die eng an die grundlegende Unterscheidung zwischen Sach- und Formalziele angelehnt ist (oberer Teil in Abb. A-26), unterscheidet *Hahn*

• *Sachziele* (Leistungsziele): angestrebtes Leistungsprogramm,

• *Wertziele* (monetäre Ziele): angestrebte Ergebnis- und Liquiditätsgrößen sowie

• *Sozialziele* (Humanziele): erwünschte Zustände gegenüber Mitarbeitern und Umwelt.

Zusätzlich postuliert er *Flexibilität und Anpassungsfähigkeit* als eine Zielkategorie, die aber „auf einer anderen Betrachtungsebene" liege und gewissermaßen jeweils ihre Ausprägungen in den drei oben genannten Zielklassen finden muß.[325]

Hamel gliedert im Rahmen der „Intra-Ziel-Struktur des Unternehmensziels" – wie im unteren Teil in Abb. A-26 dargestellt – die Formalziele in produktgebundene und unternehmensgebundene Ziele. Die produktgebundenen Ziele qualifizieren die Produktziele, indem beispielsweise bestimmte Qualitätsmerkmale, technische Spezifikationen oder Dimensionierungen festgelegt werden. Hieraus wird deutlich, daß Sach- und Formalziele keineswegs immer vollständig unabhängig nebeneinander stehen, so wie es die grundsätzliche Abgrenzung nahelegen könnte.

---

[320] Vgl. Kosiol, E. (Unternehmung 1966), S. 223.
[321] Kosiol, E. (Erkenntnisgegenstand 1961), S. 130.
[322] Hamel, W. (Zielsysteme 1992), Sp. 2638.
[323] Vgl. z.B. Wittstock, J. (Zielsystem 1970), S. 837 ff.
[324] Vgl. z.B. Berthel, J. (Zielkonzeptionen 1973), S. 29 ff.; Hamel, W. (Zielsysteme 1992), Sp. 2634 ff.
[325] Vgl. Hahn, D. (PuK 1996), S. 17 f.

Wesensmerkmal der unternehmensgebundenen Ziele ist es, daß sie losgelöst vom Leistungsprogramm des Unternehmens verfolgt werden. Die unbedingt zu verfolgenden Ziele stehen
zumindest langfristig nicht zur Disposition, und ihre Verletzung würde den Bestand des Unternehmens gefährden. Mit den disponiblen Zielen wird zu einem wesentlichen Teil das Un-
ternehmensimage geprägt, indem beispielsweise ethische, soziale oder ökologische Komponenten dem Unternehmensziel hinzugefügt werden.

Struktur des Unternehmensziels nach Hahn

Unternehmensziele		
Sachziele	**Wertziele**	**Sozialziele**
• Produkt 1	• Rentabilität	• mitarbeiterbezogene Ziele
• Produkt 2	• Liquidität	• umweltbezogene Ziele
• ...	• ...	• ...
Flexibilitätsziele und Anpassungsfähigkeit		

Struktur des Unternehmensziels nach Hamel

Unternehmensziel			
Sachziele	**Formalziele**		
	produktgebunden	**unternehmensgebunden**	
		disponibel	**zwingend**
• Produkt 1	• Qualität	• soziale Ziele	• Rentabilität
• Produkt 2	• Spezifikationen	• gesellschaftliche Ziele	• Liquidität
• ...	• Anspruchsadäquanz		• Rechtsvorschriften
	• ...	• ...	• ...

Abb. A-26: Exemplarische Gliederungsansätze für Ziele

4.5.3.2 Zum Aufbau eines Zielsystems für Planungs- und Kontrollsysteme

Die grundlegende Unterscheidung zwischen Sach- und Formalzielen ist auch für Planungs-
und Kontrollsysteme nachzuvollziehen. Festzulegen ist also, welches die Sachziele von Planung bzw. Kontrolle sind, – in Übertragung der allgemeinen Definition des Sachziels – welche gleichsam die Objekte sind, auf die sich die planenden und kontrollierenden Aktivitäten
beziehen. Diese Frage läßt sich leicht beantworten: so wie das Sachziel der Unternehmung
darin besteht, ein bestimmtes Produkt oder Leistungsprogramm hervorzubringen, ist es das
Sachziel von Planung und Kontrolle, einen Unternehmensplan bzw. -bericht zu erstellen. In
der Regel wird nicht *ein* Plan bzw. Bericht erstellt, sondern mehrere. Genau genommen
könnte man die verschiedenen (Teil-) Pläne und Berichte als „Zwischenprodukte" zu *einem*
Unternehmensplan bzw. -bericht interpretieren.

Hinsichtlich der Formalziele des Planungs- und Kontrollsystems kann man zunächst allgemein festlegen, daß sie die Art und Weise näher qualifizieren, in der das Sachziel des Planungs- und Kontrollsystems zu erreichen ist. Im weiteren soll beispielhaft der Klassifikationsansatz von *Hamel* auf Planungs- und Kontrollsysteme übertragen werden:

Die „produktgebundenen" Ziele beziehen sich unmittelbar auf die einzelnen Pläne und Berichte. Hierzu könnte die äußere Aufbereitung eines Plans ebenso zählen wie etwa die Qualität der darin enthaltenen Informationen. Die „systemgebundenen" Ziele – als Analogie zu den unternehmensgebundenen Zielen – stehen nicht unmittelbar mit den einzelnen Plänen/Berichten in Zusammenhang, sondern beziehen sich auf das Planungs- und Kontrollsystem insgesamt. Ein zwingendes Ziel muß es hierbei sein, daß die Ertrags-Aufwandsrelationen von Planung und Kontrolle positiv sind. Während zwingende Ziele zumindest langfristig nicht zur Disposition stehen, zeichnen sich disponible Ziele für Planungs- und Kontrollsysteme dadurch aus, daß sie für den Bestand bzw. die Zweckerfüllung des Systems nicht zwingend erforderlich sind.

Um ein Zielsystem für Planungs- und Kontrollsysteme zu entwerfen, sind insbesondere die Beziehungen zwischen den Teilzielen zu untersuchen. Hierbei sind zwei Dimensionen zu differenzieren:

- *Form der* Zielbeziehungen:
  Zu unterscheiden ist zwischen definitorischen (begrifflichen) Zielbeziehungen einerseits und zwischen empirischen Beziehungen auf der anderen Seite. Während die definitorischen Beziehungen unmittelbar aus dem Definitionszusammenhang abzuleiten sind, wird die Art des Zusammenhangs bei empirischen Beziehungen durch die jeweilige Entscheidungssituation geprägt und ist damit nur empirisch festzustellen.[326]

- *Wirkungen zwischen Zielergebnissen*:
  Bei *Zielkomplementarität* stehen die Teilziele in einem Ziel-Mittel-Verhältnis, d.h., ein höheres Realisationsergebnis bei dem einen Ziel führt zugleich zu einem besseren Ergebnis hinsichtlich des anderen Ziels. Lassen sich *eindeutige* Ziel-Mittel-Relationen feststellen, entsteht eine Zielhierarchie. Bei *Zielkonkurrenz* führt hingegen ein besserer Zielerreichungsgrad hinsichtlich des einen Ziels zu einem negativen Beitrag bei der Erreichung eines anderen Ziels. Bei *Zielindifferenz* beeinflussen sich die Realisationsergebnisse zweier Ziele nicht.

In Abschnitt 4.5.2 haben wir eine Reihe von Einzelanforderungen an Planungs- und Kontrollsysteme umrissen, die Tab. A-6 noch einmal im Überblick aufführt. In dem „Anforderungskatalog" tauchen bestimmte Merkmale mehrfach – teilweise mit unterschiedlichen Bezeich-

---

[326] Vgl. Küpper, H.-U. (Controlling 1997), S. 68.

nungen – auf. Beispielsweise bezeichnen der Grad der Planabstimmung (*Wild*) und die zielorientierte Integration von Teilplanungen/-plänen (*Hahn*) beide das planungs- und kontrollbe-
zogene Koordinationserfordernis; die Präzision von Plänen und Berichten (*Wild*) deckt sich
mit der informationsbezogenen Genauigkeit; Plan- und Berichtsinformationen, die an das Ent-
scheidungssubjekt angepaßt sind, erfordern korrespondierend adaptive IT-Unterstützung usw.

Tab. A-6: Anforderungen an Planungs- und Kontrollsysteme

Kriterien für PuK-Systeme nach *Wild*[327]	Kriterien für PuK-Systeme nach *Hahn*[328]	Kriterien für Informationen nach *Keller*	Kriterien für die IT-Unterstützung von PuK
• Dokumentation von Plänen u. Berichten • Verbindlichkeit der PuK-Organisation • Standardisierung • Grad der Abdeckung von Problemfeldern • Präzisionsgrad • Grad der Planabstimmung • Sonstige Kriterien (Anpassungsfähigkeit, Übersichtlichkeit, Übereinstimmung zwischen Planungs- und Führungsprinzipien)	• Zielbezogenheit • Gesamtheit und Vollständigkeit • Beschreibung von Teilplanungen/ -plänen nach Inhalt, Ausmaß und zeitlichem Bezug • Zielorientierte Integration von Teilplanungen und -plänen • Flexibilität • Aktualität • Wirtschaftlichkeit des PuK-Systems	• Wahrscheinlichkeit • Prüfbarkeit • Genauigkeit • Vollständigkeit • Relative Bedeutung • Anpassung an das Subjekt • Objektivität i.S.v. Unpersönlichkeit • Aktualität • Wahrheitsgehalt • Formatierung • Objektivität i.S.v. Nachvollziehbarkeit • Dokumentation	• Bedarfsgerechte Informationsbereitstellung (Funktionalität, Verfügbarkeit, Ausfallsicherheit...) • Benutzerfreundlichkeit (Antwortzeiten, Einfachheit der Handhabung) • Empfänger-angemessenheit • Flexibilität und Adaptivität • Wirtschaftlichkeit der IT-Unterstützung

In Tab. A-7 sind die Teilziele für die Gestaltung von Planungs- und Kontrollsystemen in Anlehnung an die Klassifikation nach *Hamel* – soweit dies allgemeingültig überhaupt möglich
sein kann – gegliedert. Um die mehrfache Berücksichtigung gleicher Ziele zu vermeiden,
wurden hierbei einander entsprechende Teilziele zusammengefaßt.

---

[327] Vgl. Wild, J. (Unternehmensplanung 1982), S. 157 ff.
[328] Vgl. Hahn, D. (PuK 1996), S. 79 ff.

Tab. A-7: *Ziele für Planungs- und Kontrollsysteme in Übertragung der Zielklassifikation von Hamel*

Ziele für Planungs- und Kontrollsysteme		
Sachziele	**Formalziele**	
	Plan-/Berichtsgebunden ("produktgebunden")	**Planungs- und Kontrollsystemgebunden**
		disponibel / **zwingend**
• Plan 1 • Plan 2 • ... • Bericht 1 • Bericht 2 • ...	• Wahrscheinlichkeit • Wahrheitsgehalt • Prüfbarkeit • Genauigkeit • Vollständigkeit der Informationsdarstellung • Bedeutung der Informationen für das PuK-Problem • Aktualität • Objektivität i.S.v. Unpersönlichkeit • Objektivität i.S.v. Nachvollziehbarkeit • Formatierung • Anpassung an das Subjekt • (schriftliche) Dokumentation • ...	**disponibel** • Benutzerfreundlichkeit (Einfachkeit der Handhabung, Antwortzeitverhalten,...) • Übereinstimmung zwischen Planungs- und Führungsprinzipien • Standardisierung • ... **zwingend** • Gesamtheit und Vollständigkeit der Teilplanungen/-pläne/-kontrollen/-berichte • Zielorientierte Koordination von Teilplanungen/ -plänen/-kontrollen/-berichten • Verbindlichkeit der PuK-Organisation • Flexibilität (auch der IT-Unterstützung) • Wirtschaftlichkeit des PuK-Systems • Wirtschaftlichkeit der IT-Unterstützung • Bedarfsgerechte Informationsbereitstellung (Funktionalität, Verfügbarkeit, Ausfallsicherheit...) • ...

Will man die Teilziele zu einem *Zielsystem* für Planungs- und Kontrollsysteme zusammenfügen, sind die Zielbeziehungen zu analysieren. Hierbei sind sowohl definitorische Beziehungen als auch empirische Beziehungen vorzufinden.

Als Beispiel einer definitorischen Beziehung könnte für die Gestaltungsanforderungen an ein PuK-System die Relation zwischen der Wirtschaftlichkeit des PuK-Systems und dessen IT-Unterstützung angesehen werden. Denn die IT-Basis stellt nach unserer Abgrenzung einen Teil, die technischen Hilfsmittel, des PuK-Systems dar. Zwischen beiden Gestaltungszielen besteht mithin eine definitorisch begründete komplementäre Zielbeziehung.

Empirische Zielrelationen können hingegen nur im *konkreten Gestaltungszusammenhang* bzw. aus der Erfahrung gewonnen werden. *Plausibel* erscheint es, beispielsweise die folgenden Zielrelationen zu unterstellen:

- Beispiele für Zielkomplementarität:
  - Verbindlich vorgegebene Regelungen zur Durchführung von Planungs- und Kontroll-prozessen stellen ein Mittel dar, um eine Koordination von Planung und Kontrolle zu erreichen.
  - Standardisierungen im Plan- und Berichtssystem sowie der Planungs- und Kontrollpro-zesse sind ihrerseits eine Möglichkeit, verbindliche organisatorische Regelungen zu erreichen.
  - Standardisierungen der Planungs- und Kontrollprozesse können zu einer Rationalisie-rung der Planungs- und Kontrollprozesse beitragen und damit die Wirtschaftlichkeit des Planungs- und Kontrollsystems steigern.
  - Eine benutzerfreundliche IT-Unterstützung *kann* die Wirtschaftlichkeit des PuK-Systems erhöhen, indem sie die Produktivität der Planersteller erhöht (geringere Plan-erstellungszeiten).
- Beispiele für Zielkonkurrenz:
  - Tendenziell wird die Flexibilität des Planungs- und Kontrollsystems durch einen hohen Standardisierungsgrad von Planungs- und Kontrollprozessen vermindert.
  - Auch die Anpassung der Plan- und Berichtsinformationen an die persönlichen Infor-mationsbedürfnisse des Entscheidungsträgers wird von einem hohen Standardisie-rungsgrad im Plan- und Berichtssystem (einheitliche Gestaltung von Plänen) nachteilig beeinflußt.
- Beispiele für Zielindifferenz:
  - Die Benutzerfreundlichkeit der IT-Basis einerseits und die Kompatibilität zwischen Planungs- und Führungsprinzipien andererseits beeinflussen sich gegenseitig nicht.
  - Die äußere Gestaltung von Plan- und Berichtsinformationen (Formatierung) beeinflußt im Grundsatz nicht deren Aktualität.

Zwischen den in Tab. A-7 aufgeführten Zielen ist mithin teilweise von Zielkomplementarität, teils von konfliktären Zielbeziehungen, aber auch von Zielindifferenz auszugehen. Bei den komplementären Beziehungen erscheinen auch mehrfache Ziel-Mittel-Relationen plausibel. So kann etwa die Standardisierung sowohl unmittelbar der Wirtschaftlichkeit von Planung und Kontrolle dienen, aber auch die Verbindlichkeit der Planungsorganisation steigern. Ein *hierarchisches* Zielsystem für Planungs- und Kontrollsysteme mit *eindeutigen* Unterord-nungsbeziehungen ließe sich damit nicht formulieren.

4.6 Wiederholungs- und Vertiefungsfragen

1. Interpretieren Sie Planung und Kontrolle in einem Input-Output-Modell!

2. Welche Bestandteile hat ein Plan? Wie werden diese gewonnen?

3. Was versteht man unter „Planung der Planung"; worin besteht das Planungsproblem? Warum ist dies – genau genommen – nicht die „richtige" Bezeichnung für die Koordination der Planung?

4. Differenzieren Sie anhand des beispielhaften Planungsproblems „Entwicklung einer internationalen Vertriebsorganisation für ein mittelständisches Unternehmen" zwischen Planungsaufgaben, Planungsverfahren und Planungsträgern!

5. Wie hängen die Differenzierung von Planungs- und Kontrollaufgaben und die Koordination miteinander zusammen?

6. Welche Koordinationsprobleme muß die Planungsorganisation lösen?

7. Für Planungs- und Kontrollaufgaben kommen verschiedene Aufgabenträger in Betracht. Was spricht beispielsweise dafür, was dagegen, der Unternehmensleitung Planungs- und Kontrollaufgaben zu übertragen, einen Planungsstab oder eine Fachabteilung zu beauftragen?

8. Ist es sinnvoll, Planung und Kontrolle den gleichen Organisationseinheiten zu übertragen?

9. Auch das Planungs- und Kontrollsystem kann als informationsverarbeitendes System verstanden werden. Wie kann man das Planungs- und Kontrollsystem vom Informationssystem abgrenzen?

10. Welche Ziele sind bei der Gestaltung von Planungs- und Kontrollsystemen zu betrachten? Geben Sie die Beziehungen zwischen den Einzelzielen an! Läßt sich eine Hierachie oder Rangfolge der Ziele erkennen?

11. Inwieweit hängen die Ziele für die Gestaltung von Planungs- und Kontrollsystemen von der speziellen Unternehmenssituation ab? Entwickeln Sie verschiedene Szenarien!

12. Wie unterscheiden sich die informationsbezogenen Gestaltungsziele für Planungs- und Kontrollsysteme von den traditionellen? Wie erklären Sie die Unterschiede?

Teil B:

Instrumente für
Planung und Kontrolle

Den Gegenstand dieses Teils bilden Instrumente oder Verfahren, die der Planung und Kontrolle sowie dem Planungsmanagement dienen. Verfahren stellen – ganz allgemein – systematische Vorgehensweisen zur Lösung von Problemen, z.B. von Planungs- und Kontrollproblemen, dar. Betont man den *Ablauf* der Problemlösung, läßt sich sagen, daß Verfahren den Lösungsprozeß steuern, indem sie die erforderlichen Inputinformationen und die Problemlösungsschritte zum Erzeugen bestimmter Outputinformationen festlegen. Verfahren bilden damit zugleich eine spezielle Art von Informationen, nämlich Steuerungsinformationen. Diese informationsorientierte Sicht wurde in Kapitel 4 im Teil A eingehender dargestellt.

Für Planung und Kontrolle steht eine große Zahl von Verfahren zur Verfügung, die sich im Hinblick auf eine Reihe von Merkmalen wie Zielrichtung, Vorgehensweise oder auch erforderlicher zeitlicher und personeller Aufwand unterscheiden. Bevor ausgewählte Instrumente eingehender dargestellt werden, soll zunächst ein systematisierender Überblick über die Instrumente vermittelt werden.

In Anlehnung an die im Controlling gebräuchliche Unterscheidung zwischen systembildender und systemkoppelnder Koordination[1] ist zwischen Instrumenten zur *Bildung* von Planungs- und Kontrollsystemen einerseits und solchen Instrumenten auf der anderen Seite zu differenzieren, die dem *laufenden Einsatz* von Planungs- und Kontrollsystemen dienen.[2]

Zu den systembildenden Instrumenten zählen – neben den im eigentlichen Sinne – systemgestaltenden Verfahren auch solche des Projektmanagements (Abb. B-1). Der Grund liegt darin, daß die Gestaltung eines Planungs- und Kontrollsystems eine so aufwendige und komplexe Aufgabe ist, daß sie ohne ein entsprechendes Projektmanagement nicht erfolgreich zu bewältigen ist.

---

[1] Vgl. hierzu Abschnitt 3.3.3 im Teil A dieses Buches.
[2] Vgl. Horváth, P. (Controlling 1996), S. 201.

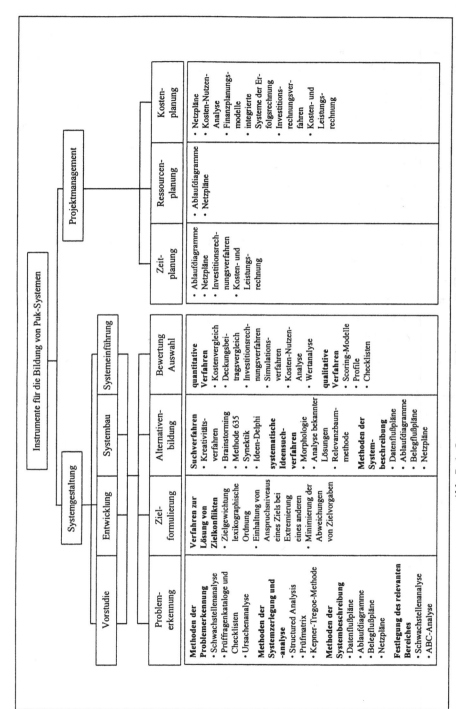

Abb. B-1: Instrumente zur Bildung von PuK-Systemen

Quelle: verändert nach Horváth, P. (Controlling 1994), S. 205

Aufgabe des Controlling im Rahmen der systembildenden Koordination ist die Schaffung einer Gebilde- und Prozeßstruktur für Planung und Kontrolle. Hierzu zählt es auch festzulegen, welche Instrumente grundsätzlich für welche Planungs- und Kontrollaufgaben eingesetzt werden. Hingegen geht es in instrumenteller Sicht bei der *systemkoppelnden Koordination* darum, den *laufenden Einsatz* der Planungs- und Kontrollinstrumente sicherzustellen und zu steuern. Zu den systemkoppelnden Aufgaben des Controlling zählt nach *Horváth* ferner das laufende Planungsmanagement.[3] Dieses hat die Aufgabe, die laufend durchgeführten Planungsprozesse abzustimmen und hierbei insbesondere veränderte Umfeldbedingungen und Störungen zu berücksichtigen. Für den laufenden Einsatz von Planungs- und Kontrollsystemen sind damit in Anlehnung an *Horváth* Instrumente zur Durchführung der Planung, zur Kontrolle und für das Planungsmanagement zu unterscheiden (Abb. B-2, S. 138).

Ein Vergleich von Abb. B-1 und Abb. B-2 zeigt, daß für die *Bildung* und für den *laufenden Einsatz* von Planungs- und Kontrollsystemen teilweise die gleichen Instrumente verwendet werden. Beispielsweise können Investitionsrechenverfahren sowohl zur Bewertung alternativer Produktionsverfahren im Rahmen der Produktionsplanung als auch zur Abschätzung der Vorteilhaftigkeit alternativer Planungs- und Kontrollsysteme verwendet werden.

Der Grund dafür ist darin zu sehen, daß die Bildung von Planungs- und Kontrollsystemen (systembildende Koordination) ihrerseits ein Planungs- und Kontrollproblem darstellt, insoweit also Planungs- und Kontrollinstrumente auch für die Gestaltung des Planungs- und Kontrollsystems selbst zum Einsatz kommen. Eine gesonderte Darstellung der Planungs- und Kontrollverfahren für Planungs- und Kontrollsysteme selbst erscheint deshalb entbehrlich.

Die weiteren Ausführungen gliedern sich daher nach den Funktionen, die beim laufenden Einsatz von Planungs- und Kontrollsystemen zu erfüllen sind, d.h., es werden

- Instrumente zur Planungsdurchführung (Kapitel 5)
- Instrumente zur Kontrolldurchführung (Kapitel 6)
- Instrumente für das Planungsmanagement (Kapitel 7)

behandelt. In Anbetracht der kaum überschaubaren Zahl von Verfahren kann eine vollständige Darstellung dabei allerdings nicht erfolgen. Statt dessen wollen wir uns auf eine Auswahl beschränken, die zu Beginn der jeweiligen Textabschnitte erläutert wird.

---

[3]   Vgl. Horváth, P. (Controlling 1996), S. 198.

5 Ausgewählte Planungsinstrumente

In Wissenschaft und Praxis wurden zahlreiche Instrumente entwickelt, die der Durchführung von Planungen dienen. In der Literatur findet sich eine Reihe von Versuchen, die Instrumente zu klassifizieren und insbesondere den einzelnen Planungsphasen zuzuordnen.[4] Einen Klassifikationsansatz – orientiert am idealtypischen Planungsprozeß – zeigt Abb. B-2.

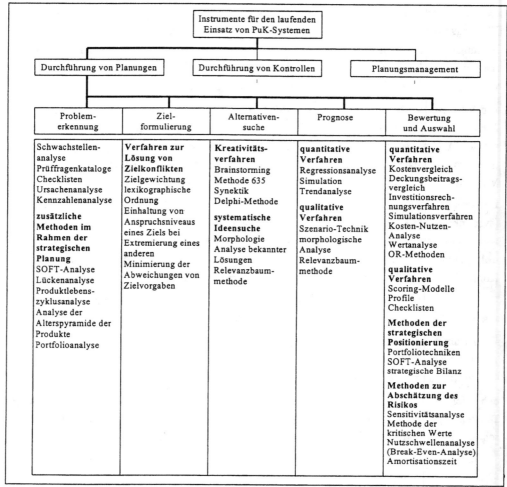

Abb. B-2: Instrumente für den laufenden Einsatz von PuK-Systemen

Quelle: verändert nach Horváth, P. (Controlling 1994), S. 206

---

[4]   Vgl. z.B. Töpfer, A. (Planungssysteme 1976), 170 ff.; Wild, J. (Unternehmungsplanung 1982), S. 148 ff.

Eine solche Zuordnung kann allerdings selten völlig eindeutig vorgenommen werden. Beispielsweise können Portfolioanalysen sowohl in der Phase der Erkennung und Analyse von Planungsverfahren als auch bei der Bewertung von Handlungsalternativen sinnvoll zum Einsatz kommen. Dementsprechend kann für die meisten Verfahren nur davon gesprochen werden, daß sie „schwerpunktmäßig" in einer der Planungsphasen angewendet werden. Dies geht auch aus Tab. B-1 hervor, die entlang der „Hauptdiagonalen" diejenigen Instrumente ausweist, die in den entsprechenden Phasen besonders häufig eingesetzt werden.[5]

Tab. B-1: Einsatzmöglichkeiten von Instrumentengruppen in den Planungsphasen
Quelle: modifiziert nach Fandel, G. (Unternehmensplanung 1983), S. 493

Instrumente Planungsphase	Beschreibungs- und Analyse- instrumente	Instrumente zur Lösung von Zielkonflikten	Instrumente zur Alternativensuche und -bildung	Bewertungs- instrumente
Problemanalyse und -erkennung	X	(X)	(X)	
Zielformulierung	(X)	X	(X)	(X)
Alternativensuche	(X)		X	
Alternativen- bewertung	(X)	(X)	(X)	X

wobei X: vorwiegender Einsatz; (X): bedingter Einsatz

Bei der nachfolgenden Darstellung von Planungsverfahren sollen die folgenden Fragen im Vordergrund stehen:

Leitfragen von Kapitel 5:
⇒ Welches Vorgehen liegt einem Planungsinstrument zugrunde?
⇒ Für welche Problembereiche ist ein Planungsinstrument besonders geeignet?
⇒ Welchen Aufwand in zeitlicher oder personeller Hinsicht bringt der Einsatz eines Planungsinstruments mit sich?

5.1 Instrumente zur Problemerkennung und -analyse

In einer informationsorientierten Betrachtung wird die Phase der Problemerkennung und -analyse ausgelöst durch „Anregungsinformationen", die auf ein Problem im Sinne eines Abweichens des eingetretenen oder zu erwartenden Zustands von einem erwünschten Ergebnis hinweisen.[6] Mit der Problemanalyse wird ein zu lösendes Planungsproblem formuliert bzw. eine zu erfüllende Planungsaufgabe konkretisiert. Damit wird zugleich der im weiteren Ver-

---

[5]   Vgl. Fandel, G. (Unternehmensplanung 1983), S. 492 ff.
[6]   Vgl. Heinen, E. (Industriebetriebslehre 1991), S. 35.

lauf des Planungsprozesses zu deckende (objektive) Informationsbedarf grundsätzlich festgelegt.[7]

Zu den Instrumenten der Problemerkennung und -analyse zählt eine Reihe von Verfahren, die auch für die Kontrolle und dabei insbesondere für die Festlegung der zu kontrollierenden Bereiche verwendet werden. Denn sowohl im Planungs- als auch im Kontrollzusammenhang geht es zunächst darum, die zu lösenden Probleme zu erkennen und zu analysieren. Ein derartiges übergreifendes Verfahren stellt beispielsweise die Schwachstellenanalyse dar, die erst im Rahmen der Kontrollverfahren dargestellt werden soll.

Im weiteren sollen einige Verfahren zur Problemerkennung und -analyse beschrieben werden, die insbesondere im Rahmen der strategischen Planung Verwendung finden. Hierzu zählen die Erfolgsfaktorenanalyse (Abschnitt 5.1.1), die Wertkettenanalyse (Punkt 5.1.2) sowie die Stärken-Schwächen-Analyse (Teil 5.1.3) und die Lebenszyklusanalyse (Abschnitt 5.1.4).

5.1.1 Erfolgsfaktorenanalyse

Die Erfolgsfaktorenanalyse[8] dient dem Zweck, zentrale Einflußgrößen für den (Gesamt-) Erfolg eines Unternehmens ausfindig zu machen. Seit Anfang der 60er Jahre wird systematisch nach derartigen Schlüsselfaktoren gesucht, die die Gewinnperspektiven von Strategien maßgeblich beeinflussen. Zumeist werden die Schlüsselfaktoren für den Unternehmenserfolg aufgrund empirischer Analysen der Unternehmenspraxis ermittelt. Doch lassen sie sich auch auf der Basis analytisch-deskriptiver Modelle, z.B. dem Erfahrungskurven- und dem Lebenszykluskonzept, auf der Grundlage von Erfahrungswissen oder durch Ableitung strategischer Grundsätze aus Analogien oder Kausalketten gewinnen.[9] Aussagekräftige Ergebnisse dieser Analysen können zur Problemerkennung und -analyse im Rahmen der Unternehmensplanung eingesetzt werden.

Erfolgsfaktoren werden sowohl durch die internen Verhältnisse im Unternehmen, wie z.B. die Produktions- und Kostenbedingungen, als auch durch die Einflüsse der Umwelt auf das Unternehmen bestimmt. Zwar besteht über diese Einteilung in der Literatur weitgehend Einigkeit; es ist aber beispielsweise umstritten, ob sich Erfolgsfaktoren branchen- oder unternehmensübergreifend oder nur -spezifisch feststellen lassen.

Die Unterschiedlichkeiten in der Auffassung von Erfolgsfaktoren erschweren es, ein einheitliches Vorgehen der Erfolgsfaktorenanalyse zu beschreiben. Daher werden im folgenden die Ergebnisse der beiden wohl bedeutendsten Arbeiten zur Erfolgsfaktorenanalyse, die *PIMS-*

---

[7]   Vgl. Mag, W. (Planungsstufen 1971), S. 807 ff.

[8]   Einen Einblick in die umfangreiche Literatur bietet Lehner, F. (Erfolgsfaktoren-Analyse 1995), S. 385 ff.

[9]   Vgl. dazu o. V. (Erfolgsfaktoren 1997), S. 106.

Analyse[10] und die Untersuchungen von *Peters/Waterman*[11] skizziert. Zusätzlich vermitteln die Ergebnisse der Studie von *Simon*[12] einen aktuellen Einblick in die Erfolgspotentiale von „Weltmarktführern".

Die Begründung der Erfolgsfaktorenanalyse geht vor allem auf das in den 60er Jahren von *Generel Electric* initiierte „*Profit-Impact-of-Market-Strategy*-Projekt", besser bekannt als *PIMS-Studie*, zurück. Aufbauend auf einer Datenbasis von inzwischen mehr als 450 Unternehmen mit über 3000 Geschäftsfeldern wurden branchen- und unternehmensübergreifend 37 Erfolgsfaktoren festgestellt, die die Varianz des Return on Investment zu etwa 70 Prozent erklären können.[13] So werden das Marktwachstum, der absolute und der relative Marktanteil, das Marketing sowie die Forschungs- und Entwicklungsintensität (gemessen als Anteile am Umsatz), der Diversifikations- bzw. Spezialisierungsgrad und die Investitionsintensität als kritische Größen für den Unternehmenserfolg definiert. Gerade der Marktführerschaft wird eine besondere Bedeutung beigemessen, die jedoch durch Faktoren wie Produktqualität, relativer FuE-Aufwand, Kapitalintensität, Bestellhäufigkeit etc. beeinflußt wird.[14]

Durch Eingabe von entsprechenden Parametern in eine *PIMS*-Datenbank werden Prognosen über Erfolgs- und Mißerfolgswahrscheinlichkeiten von Geschäftsfeldern getroffen, die dann in die zukünftige (strategische) Unternehmensplanung einfließen können.

Ebenfalls sehr allgemeine und bereichsübergreifende Ergebnisse präsentieren *Peters/Waterman*: Das *McKinsey-7S-Modell*, welches das „Durchdenken von Organisationsproblemen"[15] erleichtern soll, besteht aus den sieben Elementen Strategie, Struktur und Systeme (als „harte" Faktoren) sowie Selbstverständnis, Spezialkenntnisse, Stammpersonal und Stil (als „weiche" Faktoren). Diese Faktoren stehen in dem Modell miteinander in Zusammenhang. In ihren Analysen kommen *Peters/Waterman* zu der Erkenntnis, daß folgende Merkmale die Besonderheiten erfolgreicher, innovativer Unternehmen bilden: Das Primat des Handelns, die Nähe zum Kunden, der Freiraum für Unternehmertum, die Produktivität durch Menschen, ein sichtbar gelebtes Wertesystem, die Bindung an das angestammte Geschäft, ein einfacher, flexibler Aufbau und eine straff-lockere Führung.[16] In der Analyse, die auf Befragungen erfolgreicher

10 Vgl. Buzzle, R. D.; Bradeley, T. G. (PIMS-Programm 1989).
11 Vgl. Peters, T. J; Waterman, R. (Spitzenleistungen 1993).
12 Vgl. Simon, H. (Erfolgsstrategien 1996).
13 Vgl. dazu ausführlich z.B. Buzzle, R. D.; Bradeley, T. G. (PIMS-Programm 1989). Eine Zusammenfassung bietet Weber, J. (Controlling 1998), S. 47.
14 Vgl. Dunst, K. D. (Einflußfaktoren 1989), Sp. 1896 ff. *Dunst* nennt in Sp. 1901 f. eine Reihe weiterer spezifischer Einflußfaktoren.
15 Peters, T. J.; Waterman, R. (Spitzenleistungen 1993), S. 33.
16 Vgl. Peters, T. J.; Waterman, R. (Spitzenleistungen 1993), S. 32 ff. Vgl. auch Rudolph, H. (Erfolg 1996), S. 34.

Großunternehmen beruht, wird den weichen Faktoren – und dabei v. a. der Unternehmenskultur – eine besondere Bedeutung beigemessen.[17]

Nicht nur auf Großunternehmen fokussiert ist die Analyse von *Simon* aus dem Jahre 1996, in der die Erfolgsstrategien von insgesamt 500 Weltmarktführern empirisch untersucht wurden.[18] Danach scheint das Verhalten erfolgreicher Unternehmen, die in ihrem eigenen, engen Markt eine Führungsrolle einnehmen, relativ unabhängig von kulturellen oder länderspezifischen Besonderheiten zu sein.[19] *Simon* will neun Elemente erkannt haben, die entscheidend zum unternehmerischen Erfolg beigetragen haben: Als „eigentliche Ursache"[20] des Erfolges sei eine starke Führung im Unternehmen, die durch „ambitiöse Ziele und Visionen, die oft über Jahrzehnte hinausreichen", geprägt ist. Verbunden ist dieses Führungsverhalten mit einer „Philosophie des Sichverlassens auf die eigenen Stärken". Ausgewählte und motivierte Mitarbeiter bilden eine Voraussetzung, um diese Ziele auch umsetzen zu können. Fortschreitende Innovationen, ein enger Bezug zum Markt sowie hohe Kundennähe erlauben den Unternehmen, sich gegenüber ihren Wettbewerbern auf dem Weltmarkt abzugrenzen.

Kritik an der Erfolgsfaktorenanalyse wurde auf vielfältige Weise geübt. So mußte sich die *PIMS-Studie* einerseits starke methodische Kritik gefallen lassen. Ihr Vorgehen, die Verwendung eines linearen Regressionsansatzes, berücksichtige nicht die Interdependenzen zwischen den einzelnen Erfolgsfaktoren. Statistische Korrelationen dürften nicht mit kausalen Zusammenhängen gleichgesetzt werden. Zudem sei die Vollständigkeit der vorgestellten Erfolgsfaktoren nicht gewährleistet; Meß- und Schätzprobleme könnten ebensowenig vermieden werden wie Veränderungen im Zeitablauf.[21]

Doch nicht nur die *PIMS-Analyse*, sondern auch alle anderen Ansätze zur Bestimmung von Erfolgsfaktoren müssen sich mit Abgrenzungsproblemen, mit der Frage, ob es branchenübergreifende Faktoren überhaupt geben kann, und mit dem Vorwurf fehlender theoretischer Konzeptionalisierung[22] auseinandersetzen. Auch die Gefahr, daß mit der Beschränkung auf einzelne Faktoren andere Erfolgsvariablen aus Vereinfachungsgründen vernachlässigt bzw. übersehen werden, ist nicht auszuschließen.

Empirische Erfahrungen scheinen die bisher geübte Kritik und die Relativität der Methoden zur Erfolgsfaktorenanalyse zu untermauern. So verweist *Sprenger* auf eine Studie, nach der

---

17   Vgl. dazu auch Steinle, C. (Erfolgsfaktoren 1996), S. 14.
18   Vgl. Simon, H. (Erfolgsstrategien 1996).
19   So stellt *Simon* fest: „Die gleichen Prinzipien scheinen überall auf der Welt zum Erfolg und zur Marktführerschaft zu führen." Simon, H. (Erfolgsstrategien 1996), S. 3.
20   Simon, H. (Erfolgsstrategien 1996), S. 11. Quelle identisch für die folgenden Zitate.
21   Vgl. Coenenberg, A. G.; Baum , H. G. (Controlling 1987), S. 72 ff.
22   Darauf weist v. a. *Lehner* hin in Lehner, F. (Erfolgsfaktoren-Analyse 1995), S. 387.

„mindestens 14 der ehemals 43 (von *Peters/Waterman*) bejubelten Firmen nur zwei Jahre später (!) in den Mißerfolg abgerutscht sind"[23]. Die genannten Erfolgsfaktoren können deswegen nur als wertvolle Hinweise innerhalb der Unternehmensplanung verwendet werden. Ihre undifferenzierte „Befolgung" ist jedoch weder eine hinreichende noch eine notwendige Bedingung für den Unternehmenserfolg, vielmehr kann sie zu Fehlentscheidungen führen.

5.1.2 Wertkettenanalyse

Will ein Unternehmen auf Konkurrenzmärkten bestehen, muß es versuchen, Wettbewerbsvorteile gegenüber seinen Mitbewerbern zu erreichen bzw. zu behalten. *Porter* schlägt drei Strategietypen vor, die zu Wettbewerbsvorteilen führen können: Kostenführerschaft, Differenzierung und Konzentration auf Schwerpunkte.[24]

Die systematische Planung der Wettbewerbsstrategie kann für den zukünftigen Unternehmenserfolg von grundlegender Bedeutung sein. Nur wenn die Bedingungen in Markt und Branche erkannt und analysiert sind, lassen sich daraus geeignete Maßnahmen ableiten, die Erfolg im Wettbewerb versprechen. In diesem Zusammenhang spielt die ebenfalls von *Porter* entwickelte *Wertkettenanalyse* (engl. *value chain analysis*) eine gewichtige Rolle: Dieser Methode liegt die Annahme zugrunde, daß sich die Ursachen der eigenen Wettbewerbsvorteile nur dann ermitteln lassen, wenn alle Aktivitäten des Unternehmens und deren Wechselwirkungen systematisch und differenziert analysiert werden. *Porter* schlägt für diese Aufgabe die Wertkette als eine systematische Grundlag zur Untersuchung von (potentiellen) Wettbewerbsvorteilen vor: „Die Wertkette gliedert ein Unternehmen in strategisch relevante Tätigkeiten, um dadurch Kostenverhalten sowie vorhandene und potentielle Differenzierungsquellen zu verstehen. Wenn ein Unternehmen diese strategisch wichtigen Aktivitäten billiger oder besser als seine Konkurrenten erledigt, verschafft es sich einen Wettbewerbsvorteil."[25]

Auch wenn die Wertschöpfungsprozesse in jedem Unternehmen unterschiedlich und individuell ausgeprägt sind, hat *Porter* neun Grundtypen von Tätigkeiten herausgearbeitet, die „charakteristisch miteinander verknüpft sind"[26] und die er allgemein als systematische Bestandteile der Wertkette definiert (Abb. B-3).

---

[23] Sprenger, R. K. (Motivation 1995). Dieser wurde zitiert von Rudolph, H. (Erfolg 1996), S. 37.

[24] Vgl. Porter, M. E. (Wettbewerbsvorteile 1989), S. 31 ff.

[25] Porter, M. E. (Wettbewerbsvorteile 1989), S. 59.

[26] Porter, M. E. (Wettbewerbsvorteile 1989), S. 61.

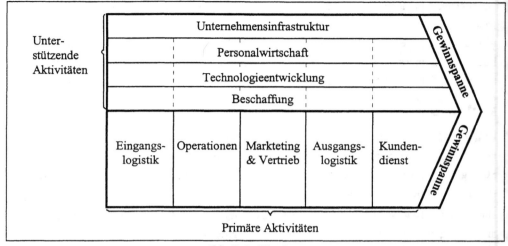

Abb. B-3: Wertkette

Quelle: Porter, M. E. (Wettbewerbsvorteile 1989), S. 62

Diese modellhafte Vorgabe kann den unternehmensinternen Planungsprozeß zumindest strukturieren: „Jedes Unternehmen ist eine Ansammlung von Tätigkeiten, durch die sein Produkt entworfen, hergestellt, vertrieben ausgeliefert und unterstützt wird. All diese Tätigkeiten lassen sich in einer Wertkette darstellen"[27].

Unter „Wert" versteht *Porter* denjenigen „Betrag, den die Abnehmer für das, was ein Unternehmen ihnen zur Verfügung stellt, zu zahlen bereit sind."[28] Das Ziel des Unternehmens ist es, Werte zu schaffen, die über den Herstellungskosten eines Produktes liegen. Deswegen berücksichtigt die Wertkette neben den Wertaktivitäten, also den Handlungen zur Herstellung eines Produkts, auch die Gewinnspanne, d.h. den Unterschied zwischen dem Gesamtwert und den gesamten Kosten der Ausführung von Wertaktivitäten.

Porter unterscheidet einerseits zwischen den *primären* Wertaktivitäten im Unternehmen und den *unterstützenden* Aktivitäten auf der anderen Seite: Die primären Aktivitäten bestehen aus der Eingangslogistik, den Operationen (Umwandlung von Inputs in endgültige Produktform, z.B. Bearbeitung,Verpackung, Montage,...), dem Marketing und Vertrieb, der Ausgangslogistik und dem Kundendienst. Diese Bausteine geben ebenso Spielraum, Wettbewerbsvorteile zu generieren wie die Bereiche Unternehmensinfrastruktur, Personalwirtschaft, Technologieentwicklung und Beschaffung, die *Porter* als unterstützende Aktivitäten definiert: „Wie ein Unternehmen jede einzelne Aktivität ausführt, entscheidet, zusammen mit den ihr eigenen

---

27   Porter, M. E. (Wettbewerbsvorteile 1989), S. 63.
28   Porter, M. E. (Wettbewerbsvorteile 1989), S. 64.

wirtschaftlichen Regeln, darüber, ob es im Vergleich zu seinen Konkurrenten kostengünstiger oder kostenintensiver arbeitet."[29] Dabei sind die einzelnen Aktivitäten jedoch nicht isoliert, sondern auch im Hinblick auf die zwischen ihnen bestehenden Verknüpfungen zu betrachten bzw. zu planen.

Die Wertkettenanalyse bietet ein „Analyseinstrument zur Beurteilung der Verbesserungsmöglichkeiten der strategischen Position"[30] eines Unternehmens. Wird sie auf die spezifischen Gegebenheiten eines Unternehmens angewendet, so lassen sich, auch in Vergleichen mit Wertketten konkurrierender Unternehmen, wertvolle Anregungen für die Planung und Gestaltung von Wettbewerbsstrategien sowie des Kosten- und Qualitätsniveaus ableiten. Problematisch ist jedoch, daß für die Wertkettenanalyse langfristige, ergebniszielorientierte Informationen benötigt werden, das interne Rechnungswesen jedoch auf die Generierung kurzfristiger Informationen ausgerichtet ist.[31]

5.1.3 Stärken-Schwächen-Analyse

Vor allem auf der strategischen Ebene anzusiedeln ist die Analyse der für den Unternehmenserfolg relevanten Stärken und Schwächen im Rahmen der sogenannten SOFT-Analyse, die „*S*trengths, *O*pportunities, *F*ailures and *T*hreats" z.B. des Produktportfolios untersucht.

Die SOFT-Analyse zielt in der Regel auf eine Gesamtbeurteilung des Unternehmens und berücksichtigt im besonderen Maße dessen Nachfrage- und Konkurrenzsituation, die durch strategische Erfolgsfaktoren der Wettbewerber besonders beeinflußt wird. Häufig werden die Stärken und Schwächen der Produkte, Ressourcen etc. eines Unternehmens im Vergleich zu Konkurrenten durch Checklisten ermittelt und dann durch sog. Stärken-Schwächen-Profile dargestellt, wie dies in Abb. B-4 beispielhaft gezeigt ist.[32]

Vor allem im Rahmen der Unternehmensberatung wurde versucht, mit Hilfe sog. Portfolioanalysen eine Einschätzung von Stärken und Schwächen vorzunehmen. Dies ist in erster Linie auch dann von Interesse, wenn ein Unternehmen mehrere Produkte in unterschiedlichen Märkten herstellt, also eine Diversifikationsstrategie verfolgt. Dann gilt es, die Stärken und Schwächen der einzelnen Produkte einzuschätzen, um eine möglichst effiziente Allokation der dem Gesamtunternehmen zur Verfügung stehenden Ressourcen vornehmen zu können. Besonders bekannt ist in diesem Zusammenhang die Marktanteil-Marktwachstums-Portfolioanalyse der *Boston Consulting Group (BCG)*.

---

[29] Porter, M. E. (Wettbewerbsvorteile 1989), S. 66.
[30] Horváth, P. (Controlling 1996), S. 374.
[31] Vgl. dazu Horváth, P. (Controlling 1996), S. 375 f.
[32] Vgl. Horváth, P. (Controlling 1996), S. 366 f.

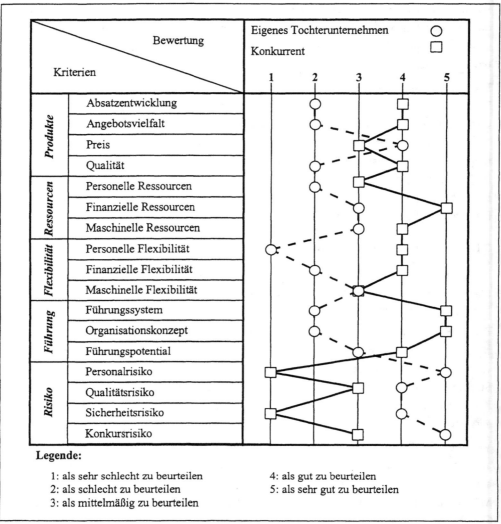

Abb. B-4: Beispiel einer Stärken-Schwächen-Analyse

Quelle: Weber, J. (Controlling 1995), S. 92

In der sog. BCG-Matrix wird auf der Abszissenachse der relative Marktanteil eines jeden im Portfolio des Unternehmens befindlichen Produkts abgetragen. Dieser ist definiert als der Umsatz der eigenen Geschäftstätigkeit im Verhältnis zum Umsatz des stärksten Konkurrenten und deutet auf die Stärke bzw. Schwäche eines Produktes oder einer Geschäftseinheit im Markt hin. Auf der Ordinatenachse wird das Marktwachstum eines Produktes festgehalten. Wie man dieses genau zu bestimmen hat, ist nicht eindeutig definiert. So können dafür z.B.

Durchschnittswerte des Marktwachstums bezogen auf einen Fünfjahreshorizont herangezogen werden, die sich auf Werte aus der Vergangenheit oder auf Prognosen stützen. Das Marktwachstum repräsentiert die Entwicklungschancen eines Produkts in einer bestimmten (Markt-) Umwelt.[33]

Abb. B-5 zeigt die BCG-Portfolio-Matrix in einer ursprünglichen Form. Die einzelnen Produkte oder Geschäftsfelder eines Unternehmens werden als Kreisfläche in eines der vier Felder der Matrix eingeordnet. Je höher der Umsatz eines Produkts bzw. Geschäftsfeldes ist, desto größer ist der Kreis, der das Produkt bzw. Geschäftsfeld repräsentiert.

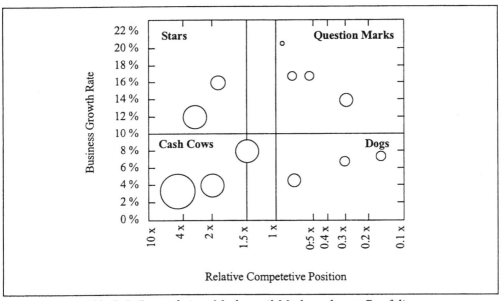

Abb. B-5: Beispiel eines Marktanteil-Marktwachstum-Portfolios

Quelle: Hedley, B. (Strategy 1983), S. 138

Aus den Charakterisierungen der vier Matrixfelder lassen sich Handlungsanweisungen für die Unternehmensleitung ableiten[34]:

Als *Stars* werden Produkte bzw. Geschäftsfelder bezeichnet, die durch einen hohen Marktanteil und durch ein hohes Marktwachstum gekennzeichnet sind. Sie sind für die zukünftigen Erfolge des Unternehmens von entscheidender Bedeutung, benötigen zur Zeit aber noch sehr hohe Investitionen.

---

33   Vgl. Hedley, B. (Strategy 1983), S. 191 ff.; Steinmann, H.; Schreyögg, G. (Management 1997), S. 204 ff.
34   Vgl. Hedley, B. (Strategy 1983), S. 138 f.

Die *Cash-Cows* haben zwar wenig Zukunftspotential, und ein Marktwachstum ist nicht mehr oder nur noch in geringem Maße zu erwarten. Sie tragen aber zur Zeit erheblich zu den Zahlungseingängen des Geschäftsfeldes bei. In diese Produkte bzw. Produktfelder weiter zu investieren, wäre aufgrund der ungünstigen Zukunftsperspektiven nicht sinnvoll, dennoch sind sie die bedeutendste Finanzierungsquelle für Investitionen in zukünftige Erfolgsfaktoren.

Der Beitrag der *Question Marks* für die künftige Erfolgsbilanz eines Unternehmens ist noch nicht abzusehen. Diese Produkte weisen zwar ein hohes Marktwachstumspotential auf. Ob es dem Unternehmen aber gelingen wird, deren momentan sehr geringen Marktanteil deutlich zu erhöhen, um z.B. Skalenerträge nutzen zu können, ist noch offen. Die Unternehmensführung sollte sich trotz dieser Unsicherheit dafür entscheiden, einige Question Marks durch Investitionen zu fördern, um die darin liegenden Chancen zu nutzen. Andere sind aufzugeben, um unkontrollierte Investitionen zu vermeiden.

Weniger schwierig ist die Entscheidungsfindung des Managements bei den *Dogs*, die durch geringen Marktanteil und geringe Wachstumschancen gekennzeichnet sind. Diese Produkte bzw. Geschäftsfelder sind aufzugeben, sobald die Rentabilität nicht mehr den Erwartungen entspricht.

Trotz der relativ vagen Einordnung der Produkte bzw. Geschäftsfelder in die BCG-Matrix können sowohl gegenwärtige als auch zukünftige Stärken und Schwächen von Produkten bzw. Geschäftsfeldern veranschaulicht werden. Die Matrix kann so helfen, komplexe Probleme zu strukturieren.

Empirische Untersuchungsergebnisse deuten darauf hin, daß „die Portfolio-Analyse das zentrale Instrument der Strategieformulierung"[35] bildet, während die im nachfolgenden Abschnitt behandelte Lebenszyklusanalyse wesentlich seltener genutzt wird.[36]

5.1.4 Lebenszyklusanalyse

Die Lebenszyklusanalyse oder Lebenszykluskostenrechnung dient dem Zweck, über einzelne Perioden hinweg Umsatz- und Kostenstrukturen langfristig zu planen. Ihr liegt die Vorstellung zugrunde, daß ein Produkt, ein technisches System oder eine Kundenbeziehung ähnlich wie natürliche Organismen verschiedene „Lebensphasen" durchlaufen. Abhängig von der Lebensphase sind differenzierte unternehmerische Maßnahmen abzuleiten.

Hintergrund dieser Überlegungen ist zum einen die Tatsache, daß die klassische, periodenbezogene Kostenrechnung den komplexen Entwicklungs- und Produktionsprozessen von Pro-

---

35   Welge, M. K.; Al-Laham, A. (Planungspraxis 1997), S. 799.

36   Vgl. Welge, M. K.; Al-Laham, A. (Planungspraxis 1997), S. 799; vgl. mit etwas anderen Ergebnissen Küpper, H.-U.; Winckler, B.; Zhang, S. (Planungsverfahren 1990), S. 443 ff.

dukten nicht gerecht wird und somit keine ausreichenden Planungsdaten für zukünftige Produktionsentscheidungen liefern kann. So vergehen zum Beispiel bis zur Markteinführung eines neuen Automobils zumeist mehrere Jahre; nach der fast sicheren Ablösung dieses Modells durch ein neues Modell fallen Entsorgungskosten an, die aufgrund gesetzlicher Regelungen vom Hersteller getragen werden müssen.

Zum anderen liegt der Lebenszyklusrechnung die Vorstellung zugrunde, daß eine auf die jeweilige Phase im Lebenszyklus abgestimmte absatzmarktpolitische Strategie den Erfolg eines Produktes entscheidend beeinflussen kann.

Auf der Basis von empirisch gewonnenen, um Saison- und Zufallsschwankungen bereinigte Daten wird der Lebenszyklus eines Produkts typischerweise als S-förmiger Verlauf der Umsatzkurve des Produkts beschrieben, der der ertragsgesetzlichen Produktionsfunktion ähnelt; danach werden zunächst steigende und mit wachsender Produktlebenszeit wieder sinkende Zuwachsraten realisiert, bis es schließlich sogar zu negativen Grenzumsätzen kommt (Abb. B-6).[37]

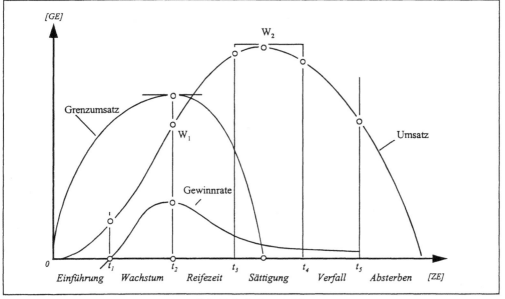

Abb. B-6: Lebenszyklus

Quelle: Engelhardt, H. W. (Lebenszyklusanalyse 1989), Sp. 1593/1594

---

[37] Vgl. Engelhardt, H. W. (Lebenszyklusanalyse 1989), Sp. 1592.

In der Ursprungsform der Lebenszyklusanalyse wurden sechs Phasen des untersuchten Produkts identifiziert: Die Phase der *Markteinführung* ist gekennzeichnet durch den Markteintritt des neuen Produkts. Technische Anlaufschwierigkeiten („Kinderkrankheiten") und die geringe Bekanntheit des Produkts bei den potentiellen Abnehmern bringen oft nur geringe Wachstumsraten für das Produkt mit sich, das allerdings noch konkurrenzlos auf dem Markt ist.

In der zweiten, der *Wachstumsphase*, steigen die Bekanntheit und somit das Marktvolumen des Produktes idealtypisch überproportional; das Unternehmen kann deswegen positive, stark steigende Deckungsbeiträge erwarten. Dadurch wird auch die Konkurrenz auf das Produkt aufmerksam und verstärkt ihre Anstrengungen, in den neuen, lukrativ gewordenen Markt einzusteigen.

In der *Reifephase* läßt sich durch das Produkt zwar weiterhin ein steigendes Marktvolumen erzielen, jedoch sind diese Zuwachsraten geringer als noch in der Wachstumsphase. Ein härterer Wettbewerb – die Konkurrenz bietet inzwischen ähnliche, zum Teil sogar verbesserte oder günstigere Produkte an – läßt jedoch die Stückgewinne der einzelnen Produkte sinken.

In der *Sättigungsphase* ist die Kapazität des Marktes ausgeschöpft; Umsatzsteigerungen eines Anbieters lassen sich nur noch durch Verdrängung anderer erzielen. Gegen Ende der Sättigungsphase gehen Unternehmen dazu über, nicht mehr benötigte Produktionskapazitäten aufzugeben oder anderweitig zu verwenden.

In der *Verfalls- und Absterbensphase* schließlich – diese beiden Phasen werden auch als Degenerationsphase zusammengefaßt – scheiden immer mehr Wettbewerber aus dem Markt aus und widmen sich neuen Produktideen. Die Gefahr des ruinösen Wettbewerbs unter den verbliebenen Anbietern nimmt zu.

Geht man davon aus, daß jedes Produkt diese sechs Phasen durchläuft, so lassen sich daraus spezifische, den Gegebenheiten angepaßte Maßnahmen ableiten: Während in der Einführungsphase Werbemaßnahmen zur Steigerung des Bekanntheitsgrades des Produkts von besonderer Bedeutung sind, steht in der Wachstumsphase die Positionierung des Produkts gegenüber der sich etablierenden Konkurrenz im Vordergrund. In der Reifephase verdient die Überprüfung der Kostenstrukturen in der Produktion eine besondere Aufmerksamkeit, während in der Sättigungsphase „präferenzerhaltende bzw. -schaffende Maßnahmen der Konditionen-, Service- und Werbepolitik"[38] immer wichtiger werden. In der Degenerationsphase gilt es, den passenden Zeitpunkt für den Marktausstieg zu finden.

---

[38] Engelhardt, H. W. (Lebenszyklusanalyse 1989), Sp. 1595.

Eine Verfahrensmodifikation erweitert die Lebenszyklusrechnung um Phasen, die über die Positionierung des Produkts am Markt hinausgehen.[39] *Djanani/Schöb* sehen in der Entstehungsphase zu Beginn des Produktlebenszyklus und in der am Ende stehenden Nachsorgephase sogar die Kernelemente des Lebenszykluskonzepts. „Dadurch werden speziell für die Lebenszykluskostenrechnung zwei neue Kostenkategorien eingeführt: die Vorlauf- und die Folgekosten."[40] Diese sollen in der Regel nicht in der Periode, in der sie anfallen, verrechnet werden, sondern den Produkten während ihres Lebenszyklus gleichmäßig zugerechnet werden. Dieses Vorgehen gewährleistet einerseits eine produktspezifischere Kostenzuteilung im Rechnungswesen, andererseits lassen sich daraus bedeutsame Wirtschaftlichkeitsüberlegungen für die langfristige, strategische Produktplanung ableiten.[41]

Die Lebenszyklusrechnung wird nicht ohne Grund im Rahmen der Problemerkennung und -analyse angesiedelt. Aufgrund ihres Modellcharakters erscheint sie geeignet, auf eine (nach „Lebensphasen") differenzierte Betrachtung von Produktvorhaben aufmerksam zu machen. Ob aus der Anwendung des Modells der Lebenszyklusrechnung jedoch konkrete Erkenntnisse für Entscheidungen über ein spezifisches Produkt abgeleitet werden können, ist stark umstritten: „Um als Erklärungsmodell geeignet zu sein und demgemäß eingesetzt werden zu können, müssen sich mittels der Lebenszyklusanalyse systematische und eindeutige Aussagen über die Determinanten der Absatzentwicklung eines Produkts sowie deren Wirkungszusammenhänge formulieren lassen."[42] Darüber hinaus sind weitere Probleme oder Fragen, für deren Lösung die Methode der Lebenszyklusrechnung wenig Hilfestellung bietet, zu nennen: Was soll als (neues) Produkt definiert werden, wie lassen sich die einzelnen Phasen identifizieren, abgrenzen bzw. prognostizieren, und wie sind die jeweiligen Kosten zuzurechnen? Wie lange ist der Lebenszyklus insgesamt, und welche Dauer haben damit die Phasenlängen?

Empirische Untersuchungen, die eine Allgemeingültigkeit der S-förmigen Lebenskurve überprüfen, kommen zu widersprüchlichen Ergebnissen.[43] Dennoch sieht *Horváth* die Lebenszyklusrechnung als unerläßliche Hilfe für strategische Produktentscheidungen an: „Ein wichtiger Vorteil von ihr besteht darin, daß sie die Beteiligten zur expliziten Stellungnahme zu wichtigen Entscheidungsparametern zwingt."[44] *Engelhardt* billigt der Lebenszyklusrechnung vor allem eine Anregungsfunktion zu: „Sie liefert einen theoretischen Denkansatz, der die Notwendigkeit variierender Marketing-Strategien aufgrund veränderter Wettbewerbssituatio-

---

[39] Vgl. Horváth, P. (Controlling 1996), S. 513. Dieser verweist auf Pfeiffer, W.; Bischof, P. (Produktlebenszyklen 1981), S. 133 ff.

[40] Djanani, C.; Schöb, O. (Erlösrechnung 1997), S. 353.

[41] Vgl. Horváth, P. (Controlling 1996), S. 513.

[42] Engelhardt, H. W. (Lebenszyklusanalyse 1989), Sp. 1596.

[43] Vgl. mit weiteren Verweisen Engelhardt, H. W. (Lebenszyklusanalyse 1989), Sp. 1600.

[44] Horvath, P. (Controlling 1997), S. 515.

nen im Zeitablauf verdeutlicht und damit gewisse Anregungen für eine verbesserte Fundierung von Marketingentscheidungen bietet."[45]

5.2 Instrumente zur Zielformulierung

Um Planungsziele festzulegen, sind zumindest zwei Teilschritte zu durchlaufen: Zunächst gilt es, die einzelnen Planungsziele zu entwickeln, denn diese müssen keineswegs schon von vornherein oder durch die Problemanalyse bekannt sein. Da möglicherweise mehrere Planungsziele entwickelt werden, müssen diese im zweiten Schritt näher auf die zwischen ihnen bestehenden Beziehungen hin untersucht und zueinander gewichtet werden.

Sind die zu verfolgenden Ziele noch zu entwickeln und anschließend hinsichtlich Bedeutung und erwünschter Zielausprägung zu präzisieren, so ist dies letztlich seinerseits ein „kompletter Planungs- bzw. Informationsprozeß"[46], die sog. Zielplanung.

Die Zielformulierung beginnt idealtypisch mit dem Finden von Zielen. Hierfür kann eine Reihe der Techniken eingesetzt werden, die auch der Suche von Handlungsalternativen dienen. Ein Beispiel dafür ist das Brainstorming. Für diesen ersten Schritt, die Zielbildung, kommen grundsätzlich die gleichen Instrumente in Betracht wie für die Alternativenbildung. Es sei deshalb auf die entsprechenden Ausführungen in Abschnitt 5.2.3 verwiesen.

Nachfolgend werden Instrumente für den zweiten Schritt, die Analyse und Festlegung von Zielbeziehungen, dargestellt. Wie bereits an früherer Stelle gesagt[47], ist zwischen Zielindifferenz, Zielkonkurrenz und der Komplementarität von Zielen zu unterscheiden.

Die Ziele sind nach Möglichkeit zu einem hierarchischen Zielsystem zu strukturieren. Eine teleologische Zielhierarchie zeichnet sich dadurch aus, daß die Ober- und Unterziele in einer Mittel-Zweck-Relation, d.h. einer komplementären Beziehung, zueinander stehen. Allerdings spricht man beispielsweise auch dann von einer Zielhierarchie, wenn die Ziele nach ihrer Priorität entsprechend ihrer Wichtigkeit und Dringlichkeit für den Entscheidungsträger geordnet sind. Besteht zwischen Zielen ein Zielkonflikt, „so muß dieser gelöst werden, wenn man zu einem einheitlichen Zielsystem gelangen will"[48].

Nachfolgend werden einige Verfahren vorgestellt, die dazu beitragen, die konfliktären Ziele in eine bestimmte Relation zueinander zu setzen.

---

[45] Engelhardt, H. W. (Lebenszyklusanalyse 1989), Sp. 1601.
[46] Mag, W. (Planungsstufen 1971), S. 809.
[47] Vgl. Abschnitt 4.5.
[48] Küpper, H.-U. (Controlling 1997), S. 69.

5.2.1 Zielgewichtung

Zielkonflikte entstehen dann, wenn ein Entscheidungsträger mehrere Ziele anstrebt, die sich zum Teil entgegenstehen bzw. behindern. Dann stellt sich für diesen „in der Regel das Problem, daß eine Alternative, der in bezug auf ein bestimmtes Ziel keine andere Alternative vorgezogen wird, hinsichtlich eines anderen Ziels nicht so hoch eingeschätzt wird wie andere Alternativen."[49] Welche der betrachteten Alternativen auszuwählen ist, kann dann nicht eindeutig gesagt werden. Um dennoch zu einer Auswahl von Alternativen zu kommen, ist ein Kompromiß zu finden, und diesem Zweck dient die Methode der Zielgewichtung. Diese Methode löst Zielkonflikte durch die Generierung einer Kompromißalternative.

Um einen Zielkompromiß zu erreichen, muß sich die Zielgewichtung an Entscheidungsregeln orientieren, also an „Vorschriften, die dem Entscheidungsträger bei der bewußten, zielgerichteten Auswahl einer von mindestens zwei Handlungsmöglichkeiten helfen wollen (sollen), indem sie (mehr oder weniger detailliert) vorgeben, wie die Auswahl zu geschehen hat."[50] Die Entscheidungsregeln greifen auf die Präferenzen des Entscheiders zurück und sollten dessen an mehreren Zielen orientierte Vorstellungen bestmöglich berücksichtigen.

Die Entscheidungsfunktion im Rahmen der Zielgewichtung läßt sich wie folgt formulieren: Die gewichteten Summen der vom Entscheider verfolgten Zielgrößen z_i mit $i = 1, ..., k$ sollen maximiert bzw. minimiert werden. Dabei soll das Rangverhältnis zwischen den Zielen Berücksichtigung finden.[51] Formal notiert, bedeutet dies

$$max \sum_{i=1}^{k} g_i \cdot z_i \quad \text{mit } g_i \geq 0 \ \forall \ i,$$

wobei g_i den Gewichtungsfaktor der i-ten Zielgröße z_i bezeichnet.

Die sich so ergebende Gesamtzielfunktion sollte jedenfalls „einen ökonomischen Inhalt haben"[52].

Um diese vorgeschlagene Entscheidungsregel zur Zielformulierung anwenden zu können, müssen die Entscheidungsträger willens und in der Lage sein, ihre Zielvorstellungen zu präzisieren und in einer skalierten Präferenzfunktion auszudrücken. Dabei wird unterstellt, daß das Zielsystem des Entscheidungsträgers „vor Beginn der Entscheidungsfindung vollständig und stabil (unveränderlich) ausgebildet ist"[53]. Empirische Analysen haben jedoch ergeben, daß dies in der Regel nicht der Fall ist. So erfolge die endgültige Zielbildung erst während des

---

[49] Isermann, H. (Strukturierung 1979), S. 3.

[50] Zwehl, W. v. (Entscheidungsregeln 1993), Sp. 920.

[51] Vgl. Küpper, H.-U. (Controlling 1997), S. 74.

[52] Vgl. Hax, H. (Bewertungsprobleme 1967), S. 749.

[53] Isermann, H. (Strukturierung 1979), S. 6.

Entscheidungsprozesses, da Elemente oder Ereignisse des Entscheidungsprozesses, vor allem Informationen über Zielinterdependenzen, das Zielsystem entscheidend beeinflussen.[54]

Gelingt es dennoch, die Präferenzen der Entscheidungsträger ex ante zu formulieren, so verdienen die Gewichtungfaktoren g_j der obigen Funktion besondere Beachtung. Jedem Ziel sind Werte als Gewichtungsfaktoren zuzuordnen. Nur dadurch gelangt man zu *einer* kardinalen Nutzenfunktion, die eine optimale Alternativenwahl ermöglicht.

Oft ist es jedoch für den Entscheidungsträger nur sehr schwer möglich, verschiedene Zielarten miteinander zu vergleichen und deren relative Bedeutung durch einen – eher abstrakten – Gewichtungsfaktor zum Ausdruck zu bringen. Im Rahmen der Zielgewichtung ist der Entscheider angehalten, solche Gewichtungsfaktoren zu bestimmen, ohne die Interdependenzen der einzelnen Ziele untereinander überschauen und Auswirkungen auf die sich ergebende Lösung überblicken zu können. So ist es nicht verwunderlich, daß in der praktischen Anwendung der Zielgewichtung oft die von Entscheidungsträgern „artikulierten Zielgewichte ... zur Auswahl von Alternativen [führten], die als völlig indiskutabel verworfen wurden, während andere Systeme von Zielgewichten, bei denen der als am wichtigsten erachteten Zielfunktion ein sehr kleiner Zielgewichtungskoeffizient oder gar ein Zielgewicht Null zugeordnet wurde, zur Ermittlung von Alternativen führte, die den erstgenannten Alternativen vorgezogen wurden."[55]

Trotz dieser Schwierigkeiten kann die Zielgewichtung als ein praktikables Verfahren zur Formulierung von Zielen im Rahmen der Unternehmensplanung angesehen werden. Gerade dann, wenn es durch spezielle Befragungsverfahren wie das *Churchman-Ackoff-Verfahren* und *Saaty-Verfahren*[56] gelingt, die Probleme der Zielgewichtung zu reduzieren, kann sie zweckmäßig sein. Die Methode ermöglicht es, aufgrund von Regeln Zielkonflikte handhabbar zu machen und in Zielkompromisse zu überführen. Aufgrund dieser Stärken wurden ihre grundlegenden Gedanken auch in die Nutzwertanalyse (vgl. Abschnitt 5.5.2.1) und in Scoring-Modelle integriert.

5.2.2 Lexikographische Ordnung

Die lexikographische Ordnung versucht, aus einer Vielzahl von Zielen dasjenige herauszufiltern, das bevorzugt verfolgt und in der Planung berücksichtigt werden soll. Auf dieses Ziel

---

54   Vgl. Isermann, H. (Strukturierung 1979), S. 6.

55   Isermann, H. (Strukturierung 1979), S. 7. *Isermann* weist auch darauf hin, daß durch das Verfahren der Zielgewichtung und der darin implizierten Bereitschaft, eine Alternative durch andere zu kompensieren, die Gefahr besteht, daß „einige effiziente Alternativen in Verbindung mit einer Zielgewichtung grundsätzlich nicht als Kompromißalternative ermittelt werden können.", ebd. S. 8. Vgl. dazu auch Abschnitt 5.2.3.

56   Vgl. Hanssmann, F. (Systemforschung 1993), S. 51 f.

sind dann alle Handlungen auszurichten. Dahinter steht die Idee, daß sich Zielkonflikte nur durch eine Hierarchisierung der Ziele lösen lassen.

Nach den Vorgaben der lexikographischen Ordnung werden Ziele gemäß ihrer Bedeutung hierarchisch geordnet. Nur Handlungsalternativen, die das erste, also das wichtigste Ziel erfüllen, sollen nach den Regeln der lexikographischen Ordnung in der weiteren Planung berücksichtigt werden. Die Relevanz anderer Ziele wird bei diesem Verfahren „unterdrückt".

Nur wenn sich aus der Menge der möglichen Handlungsalternativen kein eindeutig bestes Verfahren zur Erreichung des wichtigsten Zieles herauskristallisiert, wird das in der Wichtigkeit nachfolgende Ziel als Referenzkriterium herangezogen: „Mit ihm werden die bezüglich der obersten Ziele gleichwertigen Alternativen bewertet. Man optimiert also erneut, doch unter der Nebenbedingung, daß die zuvor ermittelte optimale Ausprägung des ersten Ziels nicht unterschritten wird."[57] Wenn es auch hier zu keiner eindeutigen Lösung kommt, wird das nächstwichtigste Ziel zur Entscheidungsfindung herangezogen.

Die lexikographische Ordnung bietet ein strukturiertes Verfahren, um aus einer Vielzahl von Handlungsmöglichkeiten eine (bzw. mehrere) Alternative(n) auszuwählen. So eindeutig (und relativ einfach) sich Empfehlungen aus dem Verfahren der lexikographischen Ordnung auch ableiten lassen, so sehr besteht die Gefahr von falschen bzw. einseitigen Schlüssen. Besonders problematisch erscheint die Tatsache, daß nur geringfügig weniger wichtig eingeschätzte Ziele möglicherweise überhaupt nicht mehr berücksichtigt werden. Wechselwirkungen zwischen den einzelnen Zielen werden bei der Alternativenauswahl nicht systematisch berücksichtigt. Auch eine Koordination zwischen den einzelnen Zielen findet nicht statt.

5.2.3 Zielprogrammierung

Eine weitere Möglichkeit, mehrfache Zielsetzungen zu berücksichtigen und einer Kompromißlösung zuzuführen, bietet das Verfahren der Zielprogrammierung (*goal-programming*). In einer allgemeinen Form des goal-programming minimiert man eine Gesamtzielfunktion, die die Summe der Abweichungen der mit einer Lösung erreichten Zielwerte von einem vorgegebenen Zielvektor bildet. Die Zielprogrammierung stellt ein Verfahren dar, mit dem man versucht, für die Subziele nicht einen *Maximal- oder Minimalwert* („möglichst groß", „möglichst klein") sondern einen gewünschten *Zielpunkt, d.h. ein gegebenes Anspruchsniveau* („möglichst nahe an") zu erreichen. Das Verfahren läßt sich zudem mit einer *Zielgewichtung* (Abschnitt 5.2.1) kombinieren:[58]

---

57 Küpper, H.-U. (Controlling 1997), S. 73.
58 Vgl. zu den Verfahren der Zielprogrammierung z.B. Steinmann, H. (Planungsmodelle 1969), S. 97 ff.; Fandel, G. (Entscheidung 1972), S. 19 ff.; Charnes, A.; Cooper, W. W. (Optimization 1977), S. 39 ff.; Kirchgässner, A.: (Vergleich 1983), S. 67 ff.; Isermann, H. (Optimierung 1991), S. 465 ff.

Beim goal-programming wird zunächst für jedes der angestrebten Ziele z_i mit $i = 1, ...k$ gesondert der optimale Zielfunktionswert z_i^* bestimmt. Es wird nun eine Lösung x des Entscheidungsproblems gesucht, mit der die erreichten Zielerreichungsgrade z_i „möglichst nahe" an den optimalen Zielfunktionswerten z_i^* liegen, d.h. die Abstände zwischen den z_i und den z_i^* minimiert werden. Werden die Einzelziele additiv – möglicherweise nach ihrer Bedeutung gewichtet mit den Parametern g_i – in einer Gesamtzielfunktion verknüpft, ergibt sich eine allgemeine, zu minimierende Abstandsfunktion:

$$\min \Phi(x) = \begin{bmatrix} \left[\sum_{i=1}^{k} g_i \cdot \left| z_i^* - z_i(x) \right|^p \right]^{\frac{1}{p}} & \text{für } 1 \le p < \infty \\ \max \left\{ g_i(z_i^* - z_i(x)) \right\} & \text{für } p = \infty \end{bmatrix} .$$

Hierbei bezeichnet p einen Parameter, der ausschlaggebend dafür ist, wie stark große Abweichungen „bestraft" werden. Je größer der vom Planer gesetzte Wert von p ist, um so höher werden große Abweichungen von den Vorgabewerten z_i^* „bestraft". Bei $p = \infty$ wird die höchste auftretende Abweichung minimiert. Aus dieser allgemeinen Formulierung lassen sich zahlreiche Spezialfälle ableiten, wie beispielsweise die folgenden:

- Bei $p = 1$ vereinfacht sich die Zielfunktion zu

$$\min \Phi(x) = \sum_{i=1}^{k} g_i \cdot \left| z_i^* - z_i(x) \right|$$

Große Abweichungen von den Vorgabewerten werden hierbei nicht mehr besonders sanktioniert. Der Planer ist quasi indifferent hinsichtlich der Größe der Abweichungen, solange der Gesamtzielfunktionswert möglichst klein ist.

- In der allgemeinen Formulierung ist der Planer indifferent im Hinblick darauf, ob es sich um positive oder negative Abweichungen vom Idealwert handelt. Eine Variante des allgemeinen Modells kann darin bestehen, positive und negative Abweichungen vom Vorgabewert unterschiedlich zu behandeln, z.B. indem unterschiedliche Gewichtungsfaktoren vergeben werden.

Das Verfahren der Zielprogrammierung in der allgemeinen Form geht – wie auch das Verfahren der Zielgewichtung – davon aus, daß ein höherer Zielerreichungsgrad bei einem Ziel ein schlechteres Ergebnis hinsichtlich eines anderen Ziels kompensieren kann (additiver Zusammenhang in der Zielfunktion). Mit den Gewichtungsfaktoren g_i wird also letztlich die *Grenzrate der Substitution der Zielsetzungen* festgelegt.[59] Dies verlangt von dem Entscheidungsträger ein hohes Maß an Konsistenz seiner Bewertung.[60] Bei der Festlegung der Zielgewichte

---

[59]   Vgl. z.B. Bamberg, G.; Coenenberg, A.G. (Entscheidungslehre 1996), S. 49.
[60]   Vgl. z.B. Bamberg, G.; Coenenberg, A.G. (Entscheidungslehre 1996), S. 49 f.

kann er außerdem zumeist nicht absehen, welche Auswirkungen sich daraus auf die ermittelte Lösung ergeben; damit besteht die Gefahr, daß ihm die gefundene Lösung nicht genügt.[61] Letztlich ist daher die Gewichtung der Einzelziele in Relation zueinander das zentrale Problem der Verfahren, bei denen man mit einer Zielgewichtung arbeitet. Wir werden hierauf auch bei der Nutzwertanalyse (Abschnitt 5.5.2.1) noch einmal zu sprechen kommen.

5.3 Instrumente zur Alternativenbildung

Zur Generierung von Ideen ist in Theorie und Praxis eine Vielzahl von Methoden entwickelt worden. Sand[62] beispielsweise stellt einschließlich ihrer Varianten 80 Kreativitätstechniken dar. Diese Techniken sind in einem Planungszusammenhang – wie schon an früherer Stelle gesagt – für die Zielbildung und bei der Suche nach Handlungsalternativen anwendbar. Es handelt sich mithin um vielfach vor allem *schöpferische* Prozesse der Informationssuche und -generierung nach neuen Handlungsalternativen.[63]

Bei der Anwendung und Beurteilung von Kreativitätstechniken sind einige wesentliche Aspekte zu beachten:[64]

- Es ist – bei allen Beteiligten – eine gründliche Methodenkenntnis der jeweiligen Technik notwendig.

- Aus diesem Grund sind die Techniken zu trainieren. Erst mit einer wiederholten Anwendung werden durch die größere Erfahrung der Teilnehmer bessere Ergebnisse erzielt.

- Kreativitätstechniken stellen Heuristiken dar, die zu guten Lösungen führen *können*, aber nicht zwingend führen *müssen*.

Im folgenden werden exemplarisch die drei Techniken des Brainstorming, der Synektik und die Delphimethode dargestellt, da sie zu den ältesten und den in Theorie und Praxis am häufigsten vorkommenden Methoden gehören und vielfach den Ausgangspunkt für die Entwicklung neuerer Techniken bilden.

5.3.1 Brainstorming

Die Methodik des Brainstorming wurde Ende der 40er Jahre von *Osborn* entwickelt. Mittlerweile sind zahlreiche Variationen des klassischen Brainstorming entstanden, wie z.B. das „imaginäre Brainstorming" oder das „Brainwriting".

---

[61] Vgl. Küpper, H.-U. (Controlling 1997), S. 74.
[62] Vgl. Sand, H. (Methoden 1979).
[63] Vgl. Mag, W. (Planungsstufen 1971), S. 810.
[64] Vgl. Schlicksupp, H. (Kreativitätstechniken 1989), Sp. 941 f.

Für das Brainstorming wird eine kleine Personengruppe mit vier bis acht Teilnehmern gebildet. Diese Gruppe soll heterogen in Bezug auf den fachlichen Hintergrund ihrer Mitglieder sein. Allerdings ist darauf zu achten, daß Homogenität bezüglich der Beziehungen zwischen den Teilnehmern in dem Sinne besteht, daß keine Rivalitäten oder Unterschiede in der hierarchischen Einstufung liegen.

Dieser Gruppe wird vom Diskussionsleiter zu Beginn der Brainstorming-Sitzung das Thema, in diesem Fall das Planungsproblem, für das Entscheidungsalternativen gesucht werden, vorgegeben. Anschließend sind die Teilnehmer aufgefordert, innerhalb eines Zeitraumes von ca. 15-30 Minuten Vorschläge zu entwickeln und diese den anderen Gruppenmitgliedern mitzuteilen.

Hierbei dürfen keine kritischen Bemerkungen zu den vorgebrachten Ideen geäußert werden. Damit soll verhindert werden, daß Ideen aus Angst vor einem negativen Feedback zurückgehalten werden und Vorschläge, die auf den ersten Blick abwegig erscheinen mögen, unterdrückt werden. Die Bewertung der Ideen findet erst statt, wenn der Prozeß des Ideenproduzierens abgeschlossen ist.

Zudem soll es keine „Urheberrechte" für Vorschläge geben. Jeder Teilnehmer ist angehalten, die von anderen geäußerten Vorschläge aufzugreifen und zu modifizieren bzw. weiterzuentwickeln. Das gilt nicht nur für Ideen, die von anderen Gruppenteilnehmern geäußert werden, sondern auch für „externe" Lösungsvorschläge. Somit soll auch bewußt das „not-invented-here"-Problem umgangen werden, bei dem der Ehrgeiz darauf verwendet wird, originell im Sinne von einmalig bzw. verschieden von anderen zu sein.

Das Brainstorming als Kreativitätstechnik muß sich daran messen lassen, ob zum einen mehr Ideen produziert werden und zum anderen, ob diese Ideen besser sind als mit anderen Verfahren. Den qualitativen Nutzen von Brainstorming objektiv zu ermitteln, ist verständlicherweise problematisch. Bei den quantitativen Erfolgen führt *Osborn* eine Erhöhung der generierten Ideenzahl bei Verwendung der Brainstorming-Methode um ca. 70 % gegenüber einer Ideensuche ohne Brainstorming an.[65]

Der Vorteil der Brainstorming-Methode ist ihre einfache Anwendbarkeit und ihre breite Akzeptanz, die sich in der weiten Verbreitung widerspiegelt. Nachteilig ist, daß ein Diskussionsleiter benötigt wird, der in entsprechenden Moderationstechniken geschult sein muß. Allerdings ist dieses Problem durch das sogenannte Brainwriting umgehbar, bei dem die Teilnehmer ihre Ideen nicht mündlich äußern, sondern schriftlich niederlegen und somit auch größere räumliche Distanzen überwunden werden können. Durch moderne Telekommunikationstechniken ist es mittlerweile möglich, den Nachteil der Zeitverzögerung beim Brainwriting zwi-

---

[65] Vgl. Osborn, A. F. (Developments 1962), S. 22.

schen dem Niederschreiben der Idee und der Aufnahme durch die anderen Gruppenteilnehmer aufzuheben.

5.3.2 Synektik

Die von *Gordon* in den USA entwickelte Methode der Synektik übernimmt die Grundzüge des Brainstorming.[66] Wie beim Brainstorming werden auch hier kleine Gruppen gebildet, deren Aufbau durch einen inhomogenen fachlichen, aber einen homogenen hierarchischen Hintergrund gekennzeichnet ist. Des weiteren gilt auch hier das Verbot, die Ideen der anderen Gruppenteilnehmer zu kritisieren.

Ausgangspunkt für den Ablauf der Synektik ist die Beobachtung, daß kreative Prozesse häufig nach den in Tab. B-2 in der linken Spalte dargestellten Phasen ablaufen: Zu Beginn beschäftigt man sich eingehend mit einem Problem und versucht, dieses durch Informationssuche und -strukturierung besser zu verstehen und zu lösen. Nach einer Entfernung von dem Problem soll durch das – teilweise unbewußte – Herstellen von Denkverbindungen zu problemfremden Gebieten oftmals eine spontane Lösungsidee, sozusagen in Gestalt eines „Gedankenblitzes", erzeugt werden. Diesen Ablauf versucht die Synektik-Methode durch die Schritte zu simulieren, die in der rechten Spalte von Tab. B-2 dargestellt sind.

Tab. B-2:   Gegenüberstellung Kreativitätsprozeß – Synektik
Quelle: leicht modifiziert nach Schlicksupp, H. (Ideenfindung 1977), S. 80

Kreativitätsprozeß	Simulation des Prozesses durch Synektik
Intensive Beschäftigung mit dem Problem	1. Problemanalyse und -definition
	2. Spontane Lösungsermittlung
	3. Neu-Formulierung des Problems
Entfernung vom Problem	Sukzessive Bildung von Analogien, nämlich von
	4. direkten Analogien zum Problem
	5. persönlichen Analogien zu einer direkten Analogie
	6. symbolischen Analogien zu einer persönlichen Analogie
	7. direkten Analogien zu einer symbolischen Analogie
Herstellung von Denkverbindungen	8. Analyse einer direkten Analogie
	9. Übertragung auf das Problem mittels „Force-Fit"
Spontane Lösungsideen	10. Entwicklung von Lösungsansätzen

Anfangs wird von der Gruppe unter Leitung des Moderators das Problem analysiert, und es werden, wie beim Brainstorming, spontan Lösungen gesucht. Zum Abschluß der ersten Phase des Synektik-Prozesses nimmt man eine Reformulierung des Problems vor.

---

[66] Vgl. zur Methode der Synektik Gordon, W. J. J. (Synectics 1961).

Dann wird bewußt das eigentliche Problem verlassen. Das geschieht durch verschiedene, aufeinander aufbauende Analogiebildungen. Der Prozeß beginnt mit direkten Analogien, die z.B. aus der Natur kommen. Daraufhin erfolgt die Bildung persönlicher Analogien zu einer direkten Analogie. Auf dieser Basis werden als Kontradiktionen zu einer ausgewählten persönlichen Analogie symbolische Analogien konstruiert. Abschließend werden zu einer symbolischen Analogie direkte Analogien gebildet, beispielsweise aus dem Bereich der Technik.[67]

Nach der Analyse der zum Schluß generierten direkten Analogien werden deren Elemente schließlich „mit Gewalt" auf den Sachverhalt des zu lösenden Problems übertragen.[68] Daraus werden dann schließlich die Lösungsansätze, in diesem Fall die Handlungsalternativen, generiert.

Verglichen mit dem Brainstorming werden bei der Synektik deutlich höhere Anforderungen an den Moderator gestellt. Er muß nicht nur auf die Beachtung der Verhaltensregeln durch die Teilnehmer achten, sondern darüber hinaus die Gruppe durch die einzelnen Kreativitätsphasen führen. Für die Teilnehmer der Synektik-Sitzungen ist es zudem schwieriger, die einzelnen Schritte der Methode nachzuvollziehen und ideenstiftend einzusetzen. Dabei stellen die Teilschritte der Analogiebildung das Hauptproblem dar.

Die Synektik gehört zu den bekannteren Kreativitätstechniken, deren Nutzen allgemein anerkannt und in zahlreichen Beispielen dokumentiert ist. Allerdings zögert die Praxis mit der Anwendung noch, weil der Ablauf der Methode vielfach als zu ungewöhnlich angesehen wird.[69]

5.3.3 Delphimethode

Die Delphimethode wurde in den 40er Jahren von der US-amerikanischen RAND-Corporation für militärische Zwecke entwickelt und in verschiedenen Anwendungsbereichen als Prognosemethode eingesetzt, unter anderem zur Technologie-Prognose. Der Ablauf der Delphimethode gestaltet sich folgendermaßen:[70]

Eine sogenannte Monitorgruppe stellt eine Gruppe von Experten zusammen, die sich weder untereinander kennen, noch Informationen über die Gesamtstruktur der Gruppe besitzen. Die Teilnehmer der Expertengruppe können geographisch weit voneinander entfernt sein.

---

[67]   Vgl. Schlicksupp, H. (Ideenfindung 1977), S. 80.

[68]   Dieser Vorgang ist der namensgebende, da das griechische *synechein* für das „Zusammenfügen scheinbar zusammenhangloser Sachverhalte" steht, vgl. Schlicksupp, H. (Ideenfindung 1977), S. 80.

[69]   Vgl. Schlicksupp, H. (Kreativitätstechniken 1989), Sp. 937.

[70]   Vgl. Sackmann, H. (Delphi Assessment 1974), S. 7 f.

Den Experten wird ein Fragebogen mit quantitativen und qualitativen Fragestellungen zugeschickt, die teilweise mit Hilfe einer Skala und teilweise verbal beantwortet werden müssen. Zum Fragebogen werden zusätzliche Anweisungen bzw. Erläuterungen mitgeschickt.

Die Antworten der Experten werden – soweit möglich – statistisch ausgewertet, um die Häufigkeiten und Verteilungen bestimmter Antworten zu ermitteln. Teilnehmer, die in ihren Einschätzungen deutlich von der Gruppe abweichen, werden gebeten, ihre Ansicht schriftlich zu begründen. Diese Ausführungen werden anonymisiert zusammen mit den Fragebogenauswertungen wieder den Teilnehmern zugesendet. Dieses Vorgehen wird so lange wiederholt, bis die Expertenmeinungen nach Ansicht der Monitorgruppe hinreichend konvergiert sind.

In einem Report, der für die RAND-Corporation erstellt wurde, wird die Delphimethode in ihrer ursprünglichen Form als Wahrsagerei bezeichnet, und es wird gefordert, sie durch wissenschaftliche Methoden zu ersetzen.[71] Kritisch wurde vor allem die Auswahl der „Experten" und ihre Auswirkung auf das Ergebnis gesehen.

Zur Generierung von unterschiedlichen Handlungsalternativen wird seit Ende der 60er Jahre eine Weiterentwicklung der konventionellen Delphimethode verwendet, die u. a. als Policy-Delphi oder Ideen-Delphi bezeichnet wird.[72] Dabei wird der generelle Ablauf beibehalten, allerdings wird darauf verzichtet, einen Konsens zu erreichen. Außerdem ist die quantitative Ausrichtung einer mehr qualitativen Sichtweise gewichen.

Durch diese Modifikation der Delphimethode werden einige kritische Punkte der Ursprungsmethode umgangen. Problematisch bleibt aber weiterhin der Aufwand, der durch die Erstellung, Verschickung, Beantwortung und Auswertung der Fragebögen entsteht. Außerdem müssen die Teilnehmer der Monitorgruppe sehr qualifiziert sein, um eine gute Auswertung und Zusammenfassung der qualitativen Informationen vornehmen zu können, bevor sie die Ergebnisse an die Experten zurückspielen. Ähnlich wie beim Brainstorming können aber auch hier durch Telekommunikationstechniken Geschwindigkeitssteigerungen und Kostensenkungen erreicht werden.

---

[71] Vgl. Sackmann, H. (Delphi Assessment 1974), S. 73.
[72] Vgl. Welters, K. (Delphi-Technik 1989), Sp. 263 f.

5.4 Instrumente zur Prognose

Prognosen haben im Rahmen der Planung eine wichtige Bedeutung, da sie zum einen als *Bedingungsprognose* für die Einschätzung der Entwicklung der als relevant erachteten und nicht beeinflußbaren Umweltvariablen benötigt werden. Zum anderen muß im Rahmen einer *Wirkungsprognose* auch prognostiziert werden, welche Ergebnisse die zu untersuchenden Handlungsalternativen im Hinblick auf die Ziele des Entscheiders liefern.[73]

Bedingungs- und Wirkungsprognosen sind außerordentlich komplexe Prozesse der Informationsgewinnung und -verarbeitung. Die im Rahmen der Prognosephase gewonnenen Informationen können dabei ihrerseits einen wesentlichen Einfluß auf die Gestalt des Planungsproblems ausüben, indem sie den sinnvoll betrachtbaren Planungshorizont beeinflussen. „Der Planungshorizont kann nur so lang sein, wie man Informationen hat, um die Alternativen und ihre ökonomischen Konsequenzen unterscheiden zu können."[74] Aufgrund der aufwendigen Informationsgewinnung im Rahmen der Prognosephase stellt sich hier in besonderm Maße das Problem, eine „Informationsentscheidung"[75] zu treffen: „Da jede Information einen – wenn auch manchmal sehr geringen – Wert und außerdem einen – manchmal sehr hohen – Preis hat, gibt es .. ein Informationsoptimum"[76], das zu bestimmen allerdings auf prinzipielle und praktische Grenzen stößt.

In Abb. B-7 findet sich in Anlehnung an *Hansmann*[77] eine klassifizierende Übersicht zu Prognosemethoden.

Grundsätzlich läßt sich zwischen qualitativen und quantitativen Methoden differenzieren. Qualitative Prognosemethoden bilden auf der Basis von Expertenmeinungen heuristische Vorhersagen für langfristige Ereignisse. Außerdem werden sie verwendet, falls keine für quantitative Verfahren ausreichende Datenbasis vorhanden ist. Unter den heuristischen Methoden haben die Szenarioanalyse und die Delphimethode die größte Bedeutung in der Praxis.[78] Die Delphimethode wurde im Abschnitt 5.3.3 bereits als Instrument der Alternativenbildung dargestellt. Daher wird in Teil 5.4.1 nur die Szenarioanalyse als heuristische Prognosemethode dargestellt.

---

[73] Neben den Bedingungs- und Wirkungsprognosen kann im weiteren Sinne auch die Prognose der anzustrebenden Ziele und der möglichen Aktionsparameter als Prognoseaufgabe im Rahmen der Planung angesehen werden. Siehe dazu Reiß, M. (Prognose 1989), Sp. 1631 f.

[74] Mag, W. (Planungsstufen 1971), S. 819.

[75] Mag, W. (Planungsstufen 1971), S. 825.

[76] Mag, W. (Planungsstufen 1971), S. 820.

[77] Vgl. Hansmann, K.-W. (Prognose 1993), Sp. 3550 ff.

[78] Vgl. Hansmann, K.-W. (Prognose 1993), Sp. 3546.

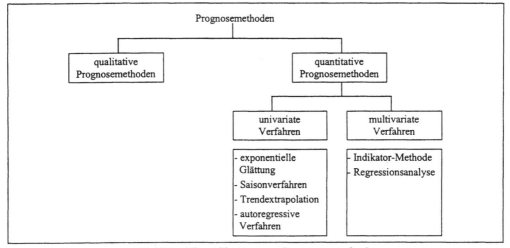

Abb. B-7: Klassifikation von Prognosemethoden

Quelle: in Anlehnung an Hansmann, K.-W. (Prognose 1993), Sp. 3550 ff.

Quantitative Prognosemethoden verwenden vergangenheitsbezogene Daten und basieren auf statistischen Grundlagen.[79] Dabei verwenden die *univariaten* Verfahren nur die Daten der zu prognostizierenden Zeitreihe. Bei der exponentiellen Glättung finden Vergangenheitswerte einen exponentiell sinkenden Einfluß in die Prognose. Dieser Einfluß wird außerdem von einem – subjektiv zu ermittelnden Glättungsparameter – bestimmt. Eine Erweiterung der exponentiellen Glättung findet sich in Verfahren, die saisonale Einflüsse und Trends zu berücksichtigen versuchen. *Multivariate* Verfahren gehen von einem Kausalzusammenhang zwischen der zu prognostizierenden Variable und bestimmten Einflußfaktoren aus. Bei der Indikatormethode unterstellt man, daß die Indikatorgröße der zu prognostizierenden Größe zeitlich vorangeht. Die ebenfalls zu den multivariaten Verfahren gehörende Regressionsrechnung wird in Teil 5.4.2 exemplarisch anhand des einfachen Verfahrens der linearen Regression erläutert.

---

[79]   Für eine nähere Erläuterung der einzelnen Verfahren vgl. einschlägige Statistikbücher, z.B. Bamberg, G.; Baur, F. (Statistik 1996).

5.4.1 Szenarioanalyse

Ein Szenario ist „die Beschreibung der zukünftigen Entwicklung des Prognosegegenstandes bei alternativen Rahmenbedingungen."[80] Unterschiedliche Szenarien lassen sich durch das in Abb. B-8 dargestellte Modell visualisieren:[81]

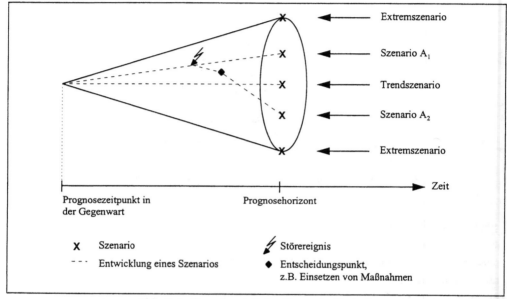

Abb. B-8: Grundmodell der Szenario-Technik

Quelle: leicht modifiziert nach Reibnitz, U. v. (Szenario-Planung 1989), Sp. 1984

Szenarien für die nahe Zukunft zu entwerfen, ist noch verhältnismäßig einfach. Mit zunehmender zeitlicher Distanz von der Gegenwart gibt es jedoch auch mehr Möglichkeiten der Entwicklung des Prognosegegenstandes. Dieser Sachverhalt soll durch den zur Zukunft hin geöffneten Trichter ausgedrückt werden. Dieser Trichter wird durch die Extremszenarien begrenzt, die die am stärksten vom Trendszenario abweichenden Zustände ausdrücken. Die Schnittfläche des Trichters liegt am gewählten Prognosehorizont. Daß die einzelnen Szenarien durch Störereignisse und durch Maßnahmen der Entscheidungsträger beeinflußt werden können, wird in Abb. B-8 beim Szenario A₂ dargestellt.

---

[80] Hansmann, K.-W. (Prognoseverfahren 1983), S. 18. Ein ausführlicher Überblick über die Entwicklung des Szenario-Begriffes findet sich z.B. bei Meyer-Schönherr, M. (Szenario-Technik 1992), S. 14 ff.

[81] Vgl. Reibnitz, U. (Szenario-Planung 1989), Sp. 1984 f.

In der Literatur findet sich eine Vielzahl von Techniken zur Erstellung von Szenarien.[82] Den Ablauf der bei *von Reibnitz* beschriebenen Variante faßt Tab. B-3 zusammen.[83]

Tab. B-3: Schritte der Szenarioanalyse

Schritt	Aufgaben
1. Aufgabenanalyse	• Analyse der Ist-Situation des Unternehmens und der Herausforderungen für die Zukunft • Festlegung des Prognosehorizontes
2. Einflußanalyse	• Ermittlung der externen Einflußfaktoren auf das Unternehmen • Untersuchung der Interdependenzen zwischen diesen Faktoren
3. Projektionen	• Ermittlung von Kenngrößen (Deskriptoren) für die gefundenen Einflußfaktoren • Feststellung von Ist-Zustand der Deskriptoren und Prognose der Entwicklung • Analyse, ob unterschiedliche Entwicklungen der Deskriptoren in der Zukunft möglich sind oder eine eindeutige Entwicklungsrichtung wahrscheinlich ist
4. Alternativenbündelung	• Konsistenzprüfung und Bündelung der generierten Alternativen • Auswahl von zwei Szenarien, die konsistent und möglichst unterschiedlich sind
5. Szenario-Interpretation	• Ausgestaltung und Interpretation der beiden Szenarien auf Basis der Projektionen
6. Konsequenzenanalyse	• Chancen- und Risikoanalyse für das Unternehmen auf Basis der gefundenen Szenarien
7. Störereignisanalyse	• Ermittlung von unternehmensinternen und -externen Störereignissen • Feststellung ihrer Auswirkungen auf den Prognosegegenstand • Zuordnung von Präventiv- und Reaktivmaßnahmen
8. Szenario-Transfer	• Formulierung von (Alternativ-)Strategien für das Unternehmen auf Basis der vorhergehenden Schritte • Etablierung eines Umweltbeobachtungssystems

Als negativer Kritikpunkt an der Szenario-Technik ist anzumerken, daß – zumindest bei der in Tab. B-3 dargestellten Variante – keine Eintrittswahrscheinlichkeiten für die einzelnen Szenarien angegeben werden[84] und darüber hinaus eine „Fülle von subjektiven Einschätzungen"[85] in die Erstellung von Szenarien eingehen.

Ein Vorteil an der Szenario-Technik ist darin zu sehen, daß es sich um ein „fundiertes Ausleuchten von Zukunftsperspektiven"[86] handelt, bei dem viele Einflußfaktoren einer zukünftigen Entwicklung und die Interdependenzen dieser Faktoren berücksichtigt werden können.

---

[82]   Vgl. für einen Überblick Meyer-Schönherr, M. (Szenario-Technik 1992), S. 20
[83]   Vgl. Reibnitz, U. v. (Szenario-Planung 1989), Sp. 1985 ff.
[84]   Vgl. Berndt, R. (Marketing 1996), S. 288. Dieser weist an gleicher Stelle auf weiterentwickelte Ansätze hin, die diesen Nachteil vermeiden.
[85]   Hansmann, K.-W. (Prognoseverfahren 1983), S. 21.
[86]   Hansmann, K.-W. (Prognoseverfahren 1983), S. 21.

5.4.2 Lineare Regression

Bei Regressionsrechnungen[87] wird eine Variable als abhängig von einer anderen Variable betrachtet. Die abhängige Variable wird auch als Regressand oder erklärte Variable, die unabhängige Variable als Regressor oder erklärende Variable bezeichnet. Graphisch dargestellt wird durch eine Regressionsrechnung ein Streuungsdiagramm durch eine möglichst einfache Funktion. Im Fall der linearen Regression beschreibt die Funktion eine Gerade. Diese Gerade ist nach dem Prinzip der kleinsten Quadrate herzuleiten.

Die Variable x kennzeichne den Regressor. Bei i Vergangenheitswerten x_i mit $i = 1,... n$ berechnet sich dann $\bar{x}$ als arithmetisches Mittel der erklärenden Variablen. Analog dazu sei y der Regressand, y_i bezeichne die zu x_i gehörende erklärte Variable und $\bar{y}$ das arithmetische Mittel aller y_i. Dann errechnen sich die Regressionskoeffizienten $\hat{a}$ und $\hat{b}$ nach den Formeln

$$\hat{b} = \frac{\sum_{i=1}^{n}(x_i - \bar{x})(y_i - \bar{y})}{\sum_{i=1}^{n}(x_i - \bar{x})^2} \quad \text{und}$$

$$\hat{a} = \bar{y} - \hat{b}\bar{x}.$$

Die Funktion der Regressionsgerade lautet

$$\hat{y}_i = \hat{a} + \hat{b}x_i.$$

Die beschriebenen Zusammenhänge sollen durch ein Beispiel noch einmal verdeutlicht werden: Ein Unternehmen unterhält eine Homepage im Internet. Die Häufigkeit, wie oft diese Seite pro Tag von Internet-Benutzern abgerufen wurde, ist für zehn vergangene Tage bekannt. Ebenso wurde für diese Tage gezählt, wie viele Prospektanforderungen per E-Mail mit Bezug auf die Homepage bei dem Unternehmen eingegangen sind. Diese Daten sind in Tab. B-4 angegeben. Die Anzahl der Seitenabrufe kann durch geeignete (Werbe-) Maßnahmen beeinflußt werden, über die zu entscheiden ist. Um für bestimmte Seitenabrufshäufigkeiten (Regressor) das entsprechende E-Mail-Aufkommen (Regressand) prognostizieren zu können, wird die lineare Regressionsanalyse verwendet.

Tab. B-4: Beispieldaten zur Regressionsanalyse

Seitenabrufe (in 1000)	10	15	20	40	50	60	65	80	90	95
Anzahl E-Mails	100	180	200	500	700	650	800	900	1200	1400

---

[87] Vgl. zu diesem Unterabschnitt ausführlicher z.B. Bamberg, G., Baur, F. (Statistik 1996), S. 42 ff.

Nach den oben angegebenen Formeln ergibt sich der Schnittpunkt der Regressionsgerade mit der Ordinate bei $\hat{a} = -60{,}11$, und die Steigung der Geraden beträgt $\hat{b} = 13{,}77$. Somit ist rechnerisch und graphisch eine Prognose des E-Mail-Eingangs mit Prospektanforderungen als Reaktion auf die Seitenabrufe der Homepage möglich. Die einzelnen Vergangenheitswerte und die Regressionsgerade zu diesem Beispiel sind in Abb. B-9 dargestellt:

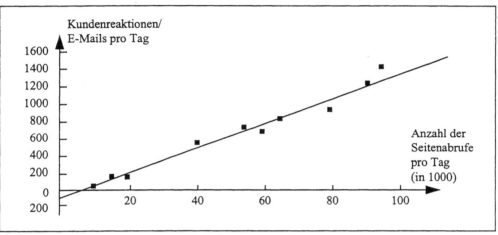

Abb. B-9: Beispiel lineare Regression

Wichtig ist bei einer Regressionsanalyse, daß alle relevanten Einflußgrößen erfaßt wurden und daß überhaupt ein Kausalzusammenhang zwischen den beiden Variablen besteht. Ansonsten handelt es sich um eine „Scheinkorrelation", die keine validen Aussagen für den Regressanden auf der Basis des Regressors zuläßt.[88]

Bei der Auswahl des anzuwendenden Prognoseverfahrens sind verschiedene Kriterien zu beachten. So sind – wie bereits angesprochen wurde – die verursachten Kosten zu beachten, die vielfach einhergehen mit der Prognosegenauigkeit. In diesem Zusammenhang ist zudem abzuwägen, inwieweit ein komplexeres und somit häufig genaueres, aber auch aufwendigeres Verfahren für den Benutzer noch handhabbar ist. Neben dem Prognosezeitraum spielt darüber hinaus auch die verfügbare Datenbasis eine entscheidende Rolle für die Frage, ob ein bestimmtes Verfahren überhaupt anwendbar ist.[89]

---

[88] Vgl. Bamberg, G.; Baur, F. (Statistik 1996), S. 49 ff.

[89] Vgl. Hansmann, K.-W. (Prognoseverfahren 1983), S. 141 f. Dieser verweist außerdem auf verschiedene Kriterienkataloge zur Auswahl von Prognoseverfahren in der Literatur.

5.5 Instrumente zur Alternativenbewertung

Für die Bewertung von Handlungsalternativen steht eine große Zahl von Instrumenten zur Verfügung. Ein wichtiges Unterscheidungsmerkmal für diese Instrumente stellt die Art der zur Bewertung herangezogenen Zielgrößen dar. Ist ein Verfahren darauf ausgerichtet, Aussagen über die Vorteilhaftigkeit von Alternativen im Hinblick auf eine quantitative und insbesondere monetäre Zielgröße zu treffen, so soll es den quantitativen Verfahren zugeordnet werden. Beispielhaft sind die traditionellen Verfahren der Investitionsrechnung zu nennen.

Den quantitativen Verfahren stehen die qualitativen Instrumente gegenüber, die auch Aussagen über qualitative Wirkungen, wie beispielsweise Flexibilitätsvorteile, einer Handlungsalternative machen. Verfahren wie die Nutzwertanalyse berücksichtigen darüber hinaus nicht nur *eine* Zielgröße sondern mehrere Ziele in einer bestimmten vom Entscheidungsträger festzulegenden Gewichtung.

Im Rahmen der Alternativenbewertung werden die Informationen, die in den beschriebenen Phasen zusammengetragen wurden, verarbeitet und dabei inhaltlich transformiert in Informationen über die Zielbeiträge, die jede der betrachteten Handlungsalternativen liefert.

Nachfolgend werden wichtige quantitative (Abschnitt 5.5.1) und qualitative Instrumente (Abschnitt 5.5.2) vorgestellt.

5.5.1 Quantitative Verfahren

5.5.1.1 Deckungsbeitragsrechnungen

Als ein Verfahren zur Beurteilung von Handlungsalternativen kann die Deckungsbeitragsrechnung herangezogen werden. Dieses Verfahren der Kosten- und Leistungsrechnung berücksichtigt nicht sämtliche anfallenden Kosten und ist somit den Systemen der *Teil*kostenrechnung zuzuordnen.[90]

In der einfachsten Form[91] handelt es sich bei dem Deckungsbeitrag um die Differenz zwischen Erlösen und variablen Kosten. Das Ergebnis ist der Betrag, der zur Verfügung steht, um die fixen Kosten einer Unternehmung „abzudecken"; der Deckungsbeitrag soll somit positiv sein. Ursprünglich wurden Deckungsbeiträge nur für einzelne Produkte *als Kostenträger* errechnet. Dabei werden die fixen Kosten mit den Gemeinkosten gleichgesetzt, die den einzelnen Kostenträgern nicht direkt zurechenbar sind. Die variablen Kosten sind dann die den Ko-

---

[90]   Detailliert wird die Entwicklung der Deckungsbeitragsrechnung behandelt in Riebel, P. (Einzelkosten- und Deckungsbeitragsrechnung 1994); einen Überblick gibt Männel, W. (Einzelkosten- und Deckungsbeitragsrechnung 1983), S. 1187 ff.

[91]   Diese wird von *Riebel* kritisiert, vgl. dazu Riebel, P. (Deckungsbeitragsrechnung 1993), Sp. 364.

stenträgern direkt zurechenbaren Einzelkosten. Als Erlöse werden die auf dem Absatzmarkt erzielten Preise angesetzt.

Eine derartig vereinfachte Sichtweise ist stark an „traditionellen" Kostenrechnungssystemen ausgerichtet. Für den hier untersuchten Zweck von Deckungsbeitragsrechnungen, nämlich Handlungsalternativen zu bewerten, ist es angebracht, die von *Riebel* erweiterte und als „Einzelkosten- und Deckungsbeitragsrechnung" bezeichnete Methode zu verwenden:[92]

Nach *Riebel* ist der Deckungsbeitrag die „Differenz der einem Untersuchungsobjekt eindeutig zurechenbaren Erlöse und Kosten"[93]. Dabei wird zum einen das Verständnis von Kostenträgern, neben Produkten, auf weitere „Objekte" ausgeweitet, was konsequenterweise auch zu einem anderen Begriff der Einzelkosten und -erlöse führt. Unter Objekten sind „sämtliche die Unternehmensführung interessierenden Dispositions-, Zurechnungs- und Abrechnungsobjekte (Leistungsarten, Leistungsempfänger, Leistungsverwertungsgebiete, Leistungsstellen und andere)"[94] zu verstehen. Zum anderen führt *Riebel* das Identitätsprinzip ein, nach dem die Kosten und Erlöse als Einzelkosten und -erlöse nur dann dem Bezugsobjekt zuzurechnen sind, wenn sie auf dieselbe Disposition zurückzuführen sind.[95] Unter Disposition ist dabei die Entscheidung zu verstehen, die auch zur Existenz des Kalkulationsobjekts führt.

Damit sind die Anwendungsmöglichkeiten der Deckungsbeitragsrechnung für die Beurteilung von Handlungsalternativen deutlich vergrößert, da unterschiedliche Leistungsarten, Unternehmensbereiche und zeitliche Ebenen abgebildet werden können, wie in Tab. B-5 dargestellt ist.

Wie schon gesagt, muß der Deckungsbeitrag einer Handlungsalternative positiv sein. Die Alternative mit dem größten Deckungsbeitrag ist den übrigen vorzuziehen. Zusätzlich ist zu beachten, daß die Summe der Deckungsbeiträge der Aktivitäten des Unternehmens alle angefallenen fixen Kosten übersteigen muß, um einen Unternehmensgewinn zu erzielen.

Ein wesentliches Problem der Deckungsbeitragsrechnung liegt in der als Voraussetzung angeführten genauen Erfassung und Differenzierung der Einzelkosten. Durch die Erweiterung des Deckungsbeitragsbegriffs wird diese Problematik zusätzlich auf die Erlösseite ausgeweitet, da unter anderem Verbundeffekte bei der Preisfestsetzung von Unternehmen abgebildet werden müssen.

---

92   Zur Terminologie siehe Riebel, P. (Führungsrechnung 1992), S. 252.
93   Riebel, P. (Einzelkosten- und Deckungsbeitragsrechnung 1994), S. 621.
94   Männel, W. (Einzelkosten- und Deckungsbeitragsrechnung 1983), S. 1188.
95   Vgl. Riebel, P. (Führungsrechnung 1992), S. 259.

Tab. B-5:   Arten von Deckungsbeiträgen

Quelle: In Anlehnung an Hummel, S.; Männel, W. (Verfahren 1983), S. 61 f.

Dimension des Deckungsbeitrags	Deckungsbeitragsobjekt
Leistungsart	• Produkt • Produktgruppe • Auftrag
Vertriebsbereich	• Kunde • Kundengruppe • Absatzbezirk
Unternehmensbereich	• Kostenstelle • Profit-Center • Betriebsbereich
Zeit	• Monat • Quartal • Jahr

Als Hilfsmittel zur Lösung dieses Problems wird die auf *Schmalenbach* zurückgehende soge-nannte „Grundrechnung" angeführt.[96] Diese soll durch eine zweckneutrale Erfassung und Speicherung der Erlös- und Kostendaten nicht nur die nötigen Informationen für die Dek-kungsbeitragsrechnung, sondern auch für weitere Auswertungen bereitstellen. Durch die Entwicklung und Verbreitung von relationalen Datenbanken stellt die Informationstechnik mittlerweile für diesen Einsatz geeignete Hilfsmittel zur Verfügung.[97]

5.5.1.2 Dynamische Verfahren der Investitionsrechnung

Handlungsalternativen als Investitionsalternativen zu untersuchen, erfordert zu Beginn eine Definition des hier verwendeten (zahlungsorientierten) Investitionsbegriffs: Eine Investition ist eine Handlung, die zu unterschiedlichen Zeitpunkten Ein- und Auszahlungen verursacht. Im Regelfall ist die erste Zahlung einer Investition eine Auszahlung.[98]

Wie aus dieser Definition hervorgeht, sind diejenigen Ein- und Auszahlungen relevant, die durch die Durchführung der Investition, in diesem Fall, durch die Wahl der zu untersuchenden Handlungsalternative, verursacht werden. Die Zahlungen einer Investition über mehrere Peri-

---

[96] Eine detaillierte Beschreibung der Grundrechnung findet sich in Hummel, S.; Männel, W. (Verfahren 1983), S. 66 ff.

[97] Vgl. dazu Riebel, P.; Sinzig, W. (Deckungsbeitragsrechnung 1981), S. 457 ff.; Sinzig, W. (Datenbanken 1992), S. 1251 ff.

[98] Zu den unterschiedlichen Investitionsbegriffen s. z.B. Zieroth, D. (Investitionsplanung 1993), Sp. 969.
Im Unterschied zu den in der Literatur üblichen Definitionen des Investitionsbegriffs wird hier auch eine Einzahlung zu Beginn zugelassen, um das Anwendungsspektrum der später dargestellten Rechenverfahren auf eine größere Anzahl von Planungsproblemen zu erweitern.

oden werden durch eine Zahlungsreihe abstrahiert, wie sie exemplarisch in Tab. B-6 dargestellt ist.

Tab. B-6: Zahlungsreihe (Beispiel)

Zahlungszeitpunkt t	0	1	2	...	T
Einzahlung E_t [GE]	0	30	100	...	90
Auszahlung A_t [GE]	100	20	70	...	70
Nettozahlung Z_t [GE]	-100	10	30	...	20

Dabei wird der Betrachtungszeitraum durch äquidistante Zeitpunkte t in mehrere Perioden
eingeteilt, in diesem Beispiel von $t = 0$ bis $t = T$. Die Zahlungen während einer jeweiligen
Periode werden vereinfachend auf einen einzigen Zeitpunkt, üblicherweise das Periodenende,
gelegt. Es können auch nur die Nettozahlungen Z_t als Summe der Einzahlungen E_t und der
– mit negativem Vorzeichen versehenen – Auszahlungen A_t dargestellt werden.

Im folgenden werden die in Abb. B-10 aufgeführten „klassischen" Verfahren der Investitionsrechnung skizziert, die in Theorie und Praxis am häufigsten vertreten sind.[99] Dabei wird traditionell zwischen den *dynamischen* und den *statischen* Methoden unterschieden. Diese Differenzierung beruht auf der Berücksichtigung des *zeitlichen Anfalls der Zahlungen*, die nur bei
den dynamischen Investitionsrechnungsverfahren stattfindet. Auf die statischen Verfahren
gehen wir im nachfolgenden Abschnitt 5.5.1.3 ein.

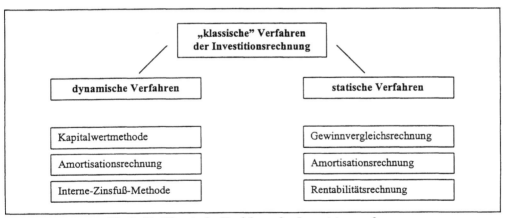

Abb. B-10: Klassische Verfahren der Investitionsrechnung

---

[99] Eine detailliertere Einführung in die Investitionsrechnung mit Rechenbeispielen und der Behandlung der
dargestellten Methoden geben z.B. Kruschwitz, L. (Investitionsrechnung 1995) und Adam, D. (Investitionscontrolling 1997).

Den *dynamischen Verfahren* liegt die Annahme zugrunde, daß frühere Einzahlungen und spätere Auszahlungen gegenüber späteren Einzahlungen bzw. früheren Auszahlungen präferiert werden. Als dynamische Verfahren der Investitionsrechnung werden Grundzüge der Kapitalwertmethode, die Interne-Zinsfuß-Methode und die Berechnung der Amortisationsdauer dargestellt.

Die *Kapitalwertmethode* gehört zu den Vermögenswertmethoden, deren grundlegendes Konzept es ist, den Wert des Vermögens bei Durchführung einer Investition zu einem bestimmten Zeitpunkt darzustellen. Der unterschiedliche zeitliche Anfall der Zahlungen wird dadurch berücksichtigt, daß vor dem Referenzzeitpunkt liegende Zahlungen auf diesen aufgezinst und nachfolgende Zahlungen diskontiert werden, wobei ein einheitlicher Kalkulationszinssatz i verwendet wird. Bei der Berechnung des Kapitalwerts ist der Bezugszeitpunkt üblicherweise $t = 0$, d.h., alle Ein- und Auszahlungen E_t und A_t (bzw. die Nettozahlungen Z_t) werden auf diesen Zeitpunkt diskontiert. Formal läßt sich der Kapitalwert *KW* folgendermaßen ausdrükken:

$$KW = \sum_{t=0}^{T} (E_t - A_t) \cdot (1+i)^{-t}$$

Eine Investition ist absolut vorteilhaft, wenn der Kapitalwert größer als Null ist. In diesem Fall liefert das betrachtete Investitionsvorhaben einen um den Kapitalwert höheren Überschuß als eine Anlage am Kapitalmarkt zum Kalkulationszinssatz. Von mehreren Investitionsalternativen ist diejenige mit dem höchsten Kapitalwert zu wählen, da sie den größten Vermögenszuwachs erbringt.

Ein weiteres dynamisches Investitionsrechnungsverfahren ist die *Amortisationsrechnung*. Dabei werden die einzelnen Barwerte, d.h. die auf den Zeitpunkt $t = 0$ diskontierten Nettozahlungen, Periode für Periode aufaddiert. Die Investition amortisiert sich zu dem Zeitpunkt, zu dem erstmals die akkumulierten Zahlungen gleich Null sind, d.h. ein Wechsel vom negativen in den positiven Bereich stattfindet. Dann ist das eingesetzte Kapital zuzüglich der Zinsen aus den Einzahlungen wiedergewonnen worden. Der Amortisationszeitpunkt t_A fällt i. d. R. nicht genau mit einem Zahlungszeitpunkt t zusammen, sondern liegt innerhalb einer Periode und muß dann mit einem geeigneten Interpolationsverfahren ermittelt werden. Abb. B-11 illustriert die dynamische Amortisationsrechnung auf Basis der in Tab. B-7 aufgeführten Zahlungsreihe bei einem angenommenen Kalkulationszinsfuß von $i = 10 \%$, wobei bei diesem Beispiel der Amortisationszeitpunkt in der dritten Periode liegt.

Tab. B-7:   Beispieldaten für die Berechnung der Amortisationsdauer

Zahlungszeitpunkt t	0	1	2	3	4
Nettozahlung Z_t [GE]	-100,0	50,0	30,0	45,0	20,0
Barwerte der Nettozahlungen [GE]	-100,0	45,5	24,8	33,8	13,7
Kumulierte Nettozahlungen [GE]	-100,0	-54,5	-29,7	4,1	17,8

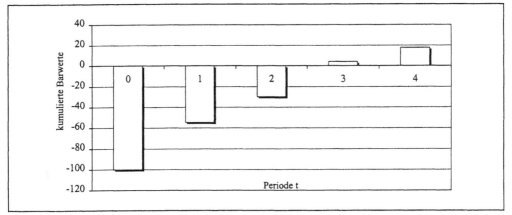

Abb. B-11: Amortisationsdauer der Zahlungsreihe aus Tab. B-7

Es ist die Handlungsalternative am vorteilhaftesten, die sich am schnellsten amortisiert. Allerdings ist keine der betrachteten Handlungsalternativen absolut vorteilhaft, wenn die bei der Zielplanung festgelegte Höchstamortisationszeit in allen Fällen überschritten wird.

An diesem Verfahren der Investitionsrechnung wird kritisiert, daß mit der Amortisationsdauer nur ein *Risikomaß* ermittelt wird, wobei Investitionen als um so risikoärmer gelten, je früher sie sich amortisieren. Damit ist es möglich, daß eine nach dem Kapitalwertkriterium sehr lohnende Investition das Nachsehen hat, weil ihre – zwar sehr hohen – Einzahlungsüberschüsse erst zu einem sehr viel späteren Zeitpunkt anfallen, als bei einer anderen Investition, die bereits zu frühen Zeitpunkten, allerdings gleichmäßig, niedrige positive Überschüsse erwirtschaftet. Aus diesem Grund wird vorgeschlagen, Amortisationsrechnungen nur in *Ergänzung* zu anderen Verfahren wie der Kapitalwertmethode zu verwenden. Ein weiteres (Interpretations-) Problem tritt auf, wenn im Zeitablauf mehrere Wechsel von negativen zu positiven kumulierten Barwerten auftreten oder wenn, wie in der Eingangsdefinition einer Investition zugelassen, die erste Zahlung eine Einzahlung ist.

Als weiteres Verfahren der dynamischen Investitionsrechnung sei die *Interne-Zinsfuß-Methode* angesprochen. Der interne Zinsfuß r einer Investition ist der Zinssatz, bei dem der Kapi-

talwert einer Zahlungsreihe gleich Null ist. Um den internen Zinsfuß einer Investition zu ermitteln, ist die Kapitalwertformel damit zu modifizieren in

$$KW = \sum_{t=0}^{T} (E_t - A_t) \cdot (1+r)^{-t} = 0.$$

Die Interne-Zinsfuß-Methode ist erheblicher Kritik ausgesetzt,[100] was allerdings die Praxis
nicht vom häufigen Gebrauch abhält. Ein Grund für die Kritik ist die möglicherweise fehlende
Eindeutigkeit der Berechnungsergebnisse. In Abb. B-12 wird anhand verschiedener Graphen
von Kapitalwertfunktionen gezeigt, daß (von links nach rechts) nicht unbedingt genau ein
interner Zinsfuß, sondern auch mehrere interne Zinsfüße oder überhaupt keiner vorkommen
können.

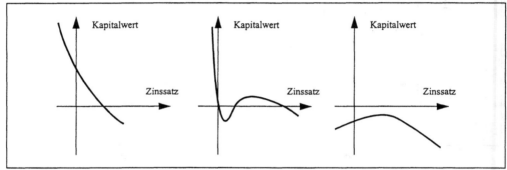

Abb. B-12: Interne Zinsfüße bei unterschiedlichen Kapitalwertfunktionen

Quelle: nach Kruschwitz, L. (Investitionsrechnung 1995), S. 95

Um den internen Zinsfuß zu ermitteln, sind bei Zahlungsreihen mit höherer Periodenzahl re-
chenintensive Iterationsrechnungen durchzuführen. Diese können mittlerweile problemlos auf
Arbeitsplatzcomputern ablaufen und stellen somit keinen stichhaltigen Kritikpunkt an dieser
Methode dar.

Als ein weiterer Einwand gegen die Interne-Zinsfuß-Methode wird vorgebracht, daß dieser
implizit die Annahme zugrunde liegt, die erwirtschafteten Einzahlungsüberschüsse könnten zu
dem „Zinssatz", der mit dem Investitionsvorhaben erwirtschaftet wird, wieder angelegt werden. Diese Annahme wird nur in den seltensten Fällen erfüllt sein. An diesem Kritikpunkt
setzen Verfahrenserweiterungen an, die eine Aufteilung des Zinssatzes vorsehen:

---

[100] Eine ausführliche Beschreibung der Kritikpunkte findet sich beispielsweise bei Kruschwitz, L.
(Investitionsrechnung 1995), S. 90 ff.

So geht die Methode nach *Baldwin*[101] davon aus, daß die Einzahlungsüberschüsse zu einem festen Wiederanlagezins $\hat{r}$ – erzielbar auf dem Kapitalmarkt – bis zum Ende des Betrachtungszeitraums angelegt werden. Der sich so ergebende Vermögenswert wird mit dem modifizierten internen Zins r* auf den Beginn des Betrachtungszeitraumes als Bezugspunkt diskontiert. Abb. B-13 stellt dieses Vorgehen graphisch dar.

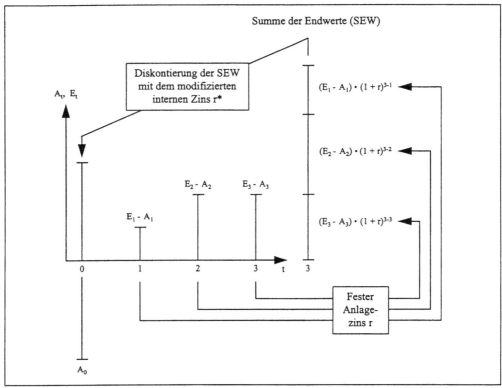

Abb. B-13: Modifizierte Interne-Zinsfuß-Methode nach Baldwin

Quelle: leicht verändert nach Hahn, D. (PuK 1996), S. 309

Der modifizierte interne Zinsfuß r* ergibt sich dabei aus folgendem Ansatz: Die Summe der Endwerte *SEW* über den Betrachtungszeitraum N

$$SEW = \sum_{t=1}^{N}\left[(E_t - A_t) \cdot (1 + \hat{r})^{N-t} \right]$$

---

101 Vgl. Baldwin, R. H. (Investment 1959).

ist mit dem – gesuchten – modifizierten internen Zinsfuß abzuzinsen. Dieser ist dabei gerade so hoch, daß die diskontierte Summe der Endwerte der Anfangsauszahlung entspricht:

$$A_0 = SEW \cdot \left(1 + r^*\right)^{-N}$$

Durch Auflösung dieser Gleichung nach r^* erhält man den gesuchten modifizierten internen Zinsfuß.[102]

Der modifizierte interne Zins läßt sich verstehen „als traditioneller Interner Zins eines Gesamtprojektes, das aus dem zu beurteilenden Investitionsprojekt und einzelnen (Finanz-) Anlagen der Einzahlungsüberschüsse des Investitionsprojektes (zum festen Anlagezinssatz ... bis zum Laufzeitende des Investitionsprojektes) besteht"[103].

5.5.1.3 Statische Verfahren der Investitionsrechnung

Zu den statischen Verfahren der Investitionsrechnung zählen Kostenvergleichs- und Gewinnvergleichsrechnungen sowie die Rentabilitäts- und die Amortisationsrechnung. Hierbei wollen wir näher auf die Kostenvergleichsrechnung eingehen; die übrigen Methoden werden daran anschließend nur kurz skizziert.

Bei der *Kostenvergleichsrechnung*[104] vergleicht man die jeweiligen Gesamtkosten von Investitionsprojekten; die kostengünstigste Alternative gilt als die vorteilhafteste. Die Kostenvergleichsrechnung wird sowohl beim Vergleich alternativer Investitionsvorhaben im Rahmen von Neuanschaffungen als auch bei der Entscheidung, ob eine bestehende, noch funktionsfähige Anlage durch eine neue ersetzt werden soll („Ersatzinvestitionen"), herangezogen. In beiden Fällen werden alle für die Investitionsentscheidung relevanten durchschnittlichen Kosten gegenübergestellt. Daraus wird eine vorteilhafte Investitionsentscheidung abgeleitet.

---

[102] Man erhält durch Umformung den Ausdruck $r^* = \sqrt[N]{\dfrac{\sum\limits_{t=1}^{N}\left[E_t - A_t\right] \cdot (1 + \hat{r})^{N-t}}{A_0}} - 1$.

[103] Hahn, D. (PuK 1996), S. 310.

[104] Vgl. dazu Blohm, H.; Lüder, K. (Investition 1995), S. 157 ff.; Weber, J. (Controlling 1998), S. 102 ff.

Als relevante Kosten kommen dabei – abhängig vom Investitionsvorhaben – im wesentlichen kalkulatorische Abschreibungen, kalkulatorische Zinsen, Löhne und Lohnnebenkosten, Materialkosten, Instandhaltungskosten, Energiekosten, Raumkosten und Werkzeugkosten in Betracht.[105] Diese werden i. d. R. im Rahmen der Plankostenrechnung[106] ermittelt, pro Zeiteinheit bzw. pro Mengeneinheit[107] ausgedrückt und dann einander gegenübergestellt. Vernachlässigt werden können diejenigen Kosten, die bei allen betrachteten Investitionsvorhaben identisch sind.

Im Rahmen des Alternativenvergleichs werden die Kosten der möglichen Neuinvestitionen verglichen. Daraus ergibt sich folgendes Vorteilhaftigkeitskriterium der Kostenvergleichsrechnung: „Eine Investition I ist vorteilhafter als eine alternative Investition II, wenn ihre durchschnittlichen Kosten je Zeitabschnitt bzw. ihre durchschnittlichen Kosten je Leistungseinheit geringer sind."[108]

Handelt es sich etwa um eine Anlageninvestition im Rahmen der langfristigen Kapazitätsplanung, ist zu beachten, daß die voraussichtliche Kapazitätsauslastung der neuen Anlage möglichst exakt eingeschätzt wird. Ist dies nur schwer möglich und weichen die maximalen Kapazitäten der analysierten Alternativen voneinander ab, so können sich Verschiebungen der Kostenstrukturen ergeben, die ein anderes Ergebnis der Investitionsentscheidung mit sich bringen. Um Fehlentscheidungen zu vermeiden, bietet es sich an, die kritische Auslastung der Anlagen zu berechnen. Unter kritischer Auslastung versteht man diejenige Auslastung, „bei der die Kosten je Zeitabschnitt (und damit auch die Kosten je Leistungseinheit) für zwei verglichene Anlagen gleich hoch sind."[109] Liegt die *wahrscheinliche* Auslastung dann über der kritischen Auslastung, so ist die Investitionsalternative mit den höheren Fixkosten zu wählen, liegt sie darunter, die Anlage mit den geringeren Fixkosten. Eine genaue Prognose der Anlagenauslastung ist dann nicht mehr notwendig. Abb. B-14 veranschaulicht dies nochmals graphisch.

Die Kostenvergleichsrechnung ist nur unter sehr spezifischen Bedingungen anwendbar. Sie setzt voraus, daß die Erträge der verglichenen Investitionsprojekte jeweils gleich und damit für den Vergleich vernachlässigbar sind. Auch die vereinfachte Kalkulation mit Durchschnittswerten bei den Kosten und bei der Auslastung der Anlagen sowie die dadurch be-

---

[105] Vgl. Blohm, H.; Lüder, K. (Investition 1995), S. 157.

[106] Vgl. dazu Abschnitt 6.2.

[107] Ist die mengenmäßige Leistung der Alternativen gleich, dann führen beide Methoden zum selben Ergebnis. Falls nicht, ist die Kostenvergleichsrechnung nur bedingt für die Auswahl von Investitionsprojekten geeignet, und es sind Erlösbetrachtungen hinzuzuziehen. Vgl. dazu Blohm, H.; Lüder, K. (Investition 1995), S. 159 f.

[108] Blohm, H.; Lüder, K. (Investition 1995), S. 160.

[109] Blohm, H.; Lüder, K. (Investition 1995), S. 161.

dingte Vernachlässigung möglicher Kapazitätsänderungen kann zu Fehlentscheidungen füh-ren.

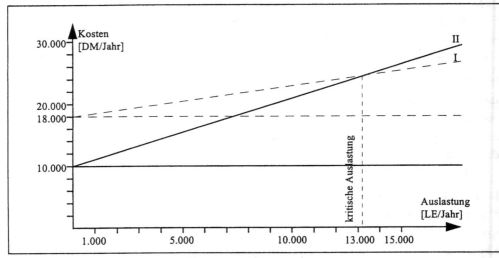

Abb. B-14: Anlagenauslastung

Quelle: Blohm, H.; Lüder, K. (Investition 1995), S. 162

Daneben muß sich die Kostenvergleichsrechnung der Kritik, die alle statischen Verfahren der Investitionsrechnung betrifft, stellen. Eine fehlende Berücksichtigung der zeitlichen Struktur der prognostizierten Kostenanfälle kann ebenso zu gefährlichen Schlüssen führen wie die Vernachlässigung von Größen, die nicht unmittelbar kostenrelevant sind. Beispiele sind Qualitätsunterschiede und Synergiepotentiale der zur Nutzung vorgeschlagenen Anlagen.

Aufgrund dessen kann die Kostenvergleichsmethode allenfalls als ein Näherungsverfahren zur Beurteilung von Investitionsprojekten verwendet werden. Sie findet deswegen meist bei der Beurteilung (kleinerer) Ersatz- und Rationalisierungsinvestitionen Beachtung. [110]

Für eine *Gewinnvergleichsrechnung* wird die Kostenvergleichsrechnung um die Erlöse erwei-tert, die durch die Handlungsalternative erzielt werden. Diese erweiterte Betrachtungsweise ist – wie oben schon erwähnt – insbesondere dann notwendig, wenn die durch die einzelnen Al-ternativen erzielten Erlöse unterschiedlich hoch sind. Es wird dann die Handlungsalternative vorgezogen, die den höchsten Gewinn erzielt.

Die *statische Amortisationsdauer* kann als Sonderfall der dynamischen Amortisationsdauer verstanden werden, nämlich bei einem Kalkulationszinssatz von $i = 0$ %. Es werden demnach

---

[110] Vgl. Weber, J. (Controlling 1998), S. 102.

nur die Nettozahlungen der einzelnen Perioden akkumuliert, bis das Vorzeichen positiv wird und sich somit die Investition amortisiert hat. Die Kriterien zur Alternativenbewertung und die Kritik der Methode entsprechen denen der dynamischen Amortisationsrechnung.

Mit der *Rentabilitätsrechnung* errechnet man die Durchschnittsverzinsung eines Investitionsvorhabens. Hierzu wird der durch eine Investitionsalternative erzielte – zumeist auf eine Periode bezogene – durchschnittliche Gewinn durch das für die Durchführung dieser Alternative durchschnittlich gebundene Kapital dividiert. Die Investitionsalternative mit der höchsten Rentabilität wird den anderen vorgezogen, vorausgesetzt, sie erreicht die vom Entscheidungsträger erwartete Mindestrendite.

Der Kritik an den statischen Verfahren der Investitionsrechnung, nämlich daß die unterschiedlichen Zahlungszeitpunkte nicht berücksichtigt werden und insbesondere bei langfristigen Investitionen Verzerrungen auftreten, wurde in früheren Jahren die leichte Durchführbarkeit durch den geringen Rechenaufwand entgegengehalten. Dieses Argument hat angesichts leistungsstarker Arbeitsplatzrechner mit komfortablen Tabellenkalkulationsprogrammen, auf die wir an späterer Stelle noch eingehen[111], seine Berechtigung verloren.

Die oben dargestellten Verfahren der Investitionsrechnung sind in Theorie und Praxis z.B. um die Berücksichtigung von Steuern und unsicheren Informationen erweitert und verfeinert worden, was jedoch einen wesentlichen Kritikpunkt nicht abschwächen kann: Investitionsrechnungsverfahren sind eindimensional, da nur die Teile der Informationen über die Handlungsalternativen berücksichtigt werden, die monetär quantifiziert werden können. Deswegen wird vielfach gefordert, Investitionsrechnungen nur als *eine* Komponente der Entscheidung über die Handlungsalternativen zu verwenden.[112] Als Instrument, das mehrere Zieldimensionen abbildet, wird in diesem Zusammenhang vielfach die in Abschnitt 5.5.2.1 dargestellte Nutzwertanalyse genannt.

5.5.1.4 Wertanalyse

Die Wertanalyse[113] ist ein Planungsinstrument, das versucht, den Anforderungen sich ständig ändernder Umweltbedingungen, denen sich Unternehmen heute ausgesetzt sehen, gerecht zu werden. Wenn in einer Zeit des ständigen Wandels ein hohes Kreativitätspotential der Mitarbeiter, abteilungs- und fachübergreifende Teams und ein ganzheitliches Denken gefragt sind, dann kann die Wertanalyse als ein Versuch interpretiert werden, die Erfüllung dieser Anforderungen methodisch zu unterstützen. In der *DIN 69910* wird sie deshalb definiert als „ein

---

[111] Vgl. dazu Abschnitt 8.3.5 in Teil C dieses Buches.

[112] Vgl. Kruschwitz, L. (Investitionsrechnung 1995), S. 9.

[113] Vgl. Jehle, E. (System 1991), S. 287 ff.; Jehle, E. (Wertanalyse 1993), Sp. 4648 ff.; Händel, S. (Wertanalyse 1989), Sp. 2213 ff.

System zum Lösen komplexer Probleme, die nicht oder nicht vollständig algorithmierbar sind"[114]. Die Wertanalyse wurde Ende der vierziger Jahre von *L. D. Miles* bei *General Electric* entwickelt.

Das methodische Vorgehen im Rahmen der Wertanalyse wird in der Regel durch einen relativ fest strukturierten Arbeitsplan bestimmt. Dabei sind sechs Schritte einzuhalten, die Abb. B-15 darstellt.

Grundschritt 1 (Vorbereitende Maßnahmen)	(1) Auswählen des Wertanalyse-Objektes und Stellen der Aufgabe (2) Festlegung des quantifizierten Ziels (3) Bildung der Arbeitsgruppe (4) Planung des Ablaufs
Grundschritt 2 (Ermittlung des Ist-Zustandes)	(1) Informationen beschaffen und Beschreiben des Wertanalyse-Objekts (2) Beschreibung der Funktionen (3) Ermittlung der Funktionskosten
Grundschritt 3 (Prüfung des Ist-Zustandes)	(1) Prüfung der Funktionserfüllung (2) Prüfung der Kosten
Grundschritt 4 (Ermittlung von Lösungen)	(1) Suche nach allen denkbaren Lösungen
Grundschritt 5 (Prüfung der Lösungen)	(1) Prüfung der sachlichen Durchführbarkeit (2) Prüfung der Wirtschaftlichkeit
Grundschritt 6 (Vorschlag und Realisierung einer Lösung)	(1) Auswählen der Lösung (2) Empfehlen der Lösung (3) Umsetzung der Lösung

Abb. B-15: Struktur des Wertanalysearbeitsplans nach DIN 69910

Quelle: Freidank, C.-C. (Kostenrechnung 1997), S. 397

Den inhaltlichen Schwerpunkt der Wertanalyse bildet die sog. Funktionenanalyse. „Funktion im Sinne der Wertanalyse ist jede einzelne Wirkung des Wertanalyse-Objektes, die in geeigneter Form beschrieben werden muß."[115] Dafür werden Begriffe wie Haupt- und Nebenfunktionen, Gesamt- und Teilfunktionen, Gebrauchs- und Geltungsfunktionen verwendet. Neben dieser Beschreibung werden den einzelnen Funktionen auch die relevanten Kosten zugeordnet. Bei den Wertanalyse-Objekten kann es sich um Produkte, Verfahren oder Bereiche des zu analysierenden Unternehmens handeln.

---

[114] DIN (Wertanalyse 1987).
[115] Jehle, E. (System 1991), S. 290.

Aus dieser systematischen Analyse der Funktionen des Wertanalyse-Objektes und der Gegenüberstellung mit den dazugehörigen Kosten sollen Verbesserungsmöglichkeiten entwickelt werden. Abb. B-16 und Abb. B-17 zeigen auf allgemeine bzw. exemplarische Weise, wie eine Funktionenanalyse aussehen kann.

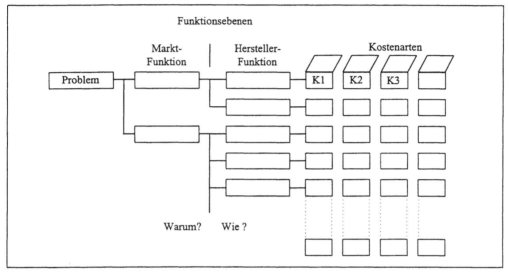

Abb. B-16: Zuordnung von Funktionen und Kosten im Rahmen der Wertanalyse

Quelle: Jehle, E. (System 1991), S. 290

In Abb. B-17 ist die Funktionsanalyse am Beispiel des Wertanalyseobjektes „Bleistift" dargestellt. Ein Bleistift soll das Problem „Schreiben" lösen können. Ein Bleistiftproduzent bietet deswegen die Marktfunktion „Bleistift herstellen" an. Dabei muß er, wenn er auf dem Markt auftritt, bestimmte Sicherheits- und Qualitätsvorschriften beachten. Die Herstellung eines Bleistiftes erfordert – idealtypisch – folgende Teilschritte: Es muß das dazu erforderliche Rohmaterial (zugeschnittenes Holz, Minen) gekauft werden. In das Holz ist ein passendes Loch zu bohren, in dem die Mine zu befestigen ist. Der Bleistift muß lackiert und angespitzt werden, bevor er verkauft werden kann.

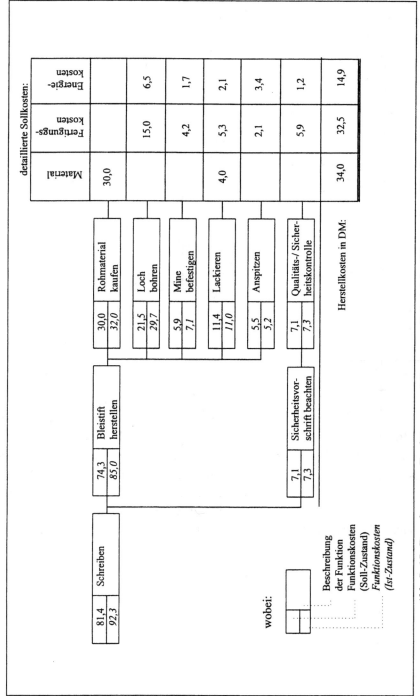

Abb. B-17: Zuordnung von Funktionen und Kosten am Beispiel des Wertanalyse-Objektes „Bleistift"

Jeder dieser Arbeitsschritte ist mit bestimmten Kosten verbunden, die sich in Material-, Fertigungs- und Energiekosten aufteilen lassen. So kostet die Herstellung des notwendigen Rohmaterials zum Beispiel 30 Geldeinheiten, das Bohren des Loches 21,5 Geldeinheiten. Durch die systematische Aufstellung der einzelnen Kosten kann der momentane Kostenverbrauch für die Herstellung eines Bleistiftes, in unserem Beispiel 81,4 Geldeinheiten, aufgezeigt werden. Im folgenden ist nun zu überlegen, wo ggf. Kosten eingespart werden können. Die dann festzulegenden Sollkosten sind ebenfalls in das Tableau einzutragen.

Auf der Basis der Funktionenanalyse sollen Vereinfachungen bzw. Verbesserungen für „Probleme, Aufgaben und Bereiche unterschiedlichster Art"[116] entwickelt und Wertsteigerungen erzielt werden. Dafür werden in der Regel interdisziplinäre Teams eingesetzt. Wichtig ist vor allem die Orientierung an konkreten quantitativen Zielen, aus der sich erhöhte Konzentration und Motivation der beteiligten Mitarbeiter ergeben sollen.

Die Wertanalyse kann nach Auffassung ihrer Befürworter „weit mehr als eine Rationalisierungsmethode ... zur ausschließlichen Kostensenkung" sein.[117] Weil sie die Wertsteigerung als wichtigstes Ziel hat, können mit ihr auch Vorschläge zur Erhöhung der Funktionserfüllung bei gleichbleibendem Aufwand entwickelt werden. Dennoch wird die Wertanalyse zu 90 Prozent zur Senkung der Kosten angewendet. Dadurch wurde, so haben empirische Untersuchungen ergeben, durchschnittliche Kosteneinsparungen von etwa 13 Prozent realisiert. Es seien sogar maximale Kostensenkungen von 40 bis 60 Prozent möglich.[118]

5.5.1.5 Verfahren des Operations Research

Operations Research (OR) läßt sich als „[m]odellgestützte Vorbereitung von Entscheidungen zur bestmöglichen Gestaltung und Steuerung von soziotechnischen Systemen (z.B. Unternehmungen)"[119] definieren. Die vielfach synonym verwendeten Begriffe Optimalplanung, Unternehmensforschung, modellgestützte Planung oder modellgestützte Entscheidungsvorbereitung weisen einerseits auf den Beitrag dieser Verfahren zur Unternehmensplanung hin; die Begriffe deuten andererseits an, daß OR-Verfahren meist auf mathematischen Modellen aufbauen. Deswegen werden sie häufig im Rahmen der operativen Planung verwendet, wo – im Gegensatz zur strategischen Planung – zumeist eine bessere Basis quantitativer Daten vorhanden ist.

---

[116] Jehle, E. (System 1991), S. 292. Für eine Auswahl, auf welche konkreten Phänomene die Wertanalyse sinnvollerweise anzuwenden ist, liegt ein Kriterienplan vor. Vgl. dazu Jehle, E. (Wertanalyse 1993), Sp. 4648 f. Ein Schwerpunkt der Anwendung liegt bisher vor allem auf den Produkten laufender Fertigungsprozesse. Bei Dienstleistungen wird meist die verwandte Gemeinkostenwertanalyse eingesetzt.

[117] Jehle, E. (Wertanalyse 1993), Sp. 4649.

[118] Vgl. Jehle, E. (System 1991), S. 294, der sich auf Erhebungen des VDI-Zentrums Wertanalyse beruft.

[119] Müller-Merbach, H. (Operations Research 1993), S. 631.

Die große Bedeutung der Mathematik für OR-Verfahren führt *Müller-Merbach* darauf zurück, daß viele wesentliche Merkmale von Unternehmen quantitativer Art sind. So spielen Mengen, Zeiten und monetäre Größen für Unternehmensentscheidungen eine herausragende Rolle, und oftmals sind diese Merkmale „in deterministisch bzw. zumindest stochastisch spezifizierbarer Weise voneinander abhängig."[120] Um diese Größen möglichst gut steuern zu können, bedient man sich mathematischer Verfahren, die sich als präzise, von Problembeschreibungen weitgehend unabhängige Sprache für die Beschreibung komplexer Zusammenhänge bewährt haben.

Insbesondere für die operative Planung wird die besondere Bedeutung von mathematisch geprägten Verfahren betont. Diese benötige Modelle, aus denen Lösungen bzw. Handlungsanweisungen für Planungsprozesse möglichst „eindeutig als *logische* Implikation ableitbar"[121] sind. Mathematische Verfahren seien gerade durch solche Eigenschaften charakterisiert.

Mathematische Beschreibungsansätze finden ihre Grenzen, wo Probleme oder Variablen nicht in eine quantitative Form gebracht werden können oder wo subjektive, von außen nicht einsehbare Einstellungen Entscheidungen prägen. Deswegen beschränkt sich das Operations Research trotz der Betonung quantitativer Verfahren nicht ausschließlich auf diese. So finden auch nicht-quantitative Methoden wie z.B. Kreativitätstechniken, die Szenariotechnik oder die Wertanalyse Beachtung.

OR-Verfahren können nach verschiedenen Merkmalen klassifiziert werden. Unumstritten wird das Planungs*modell* als das „zentrale *Werkzeug* des OR, durch die sich OR von herkömmlicher Planung unterscheidet"[122], angesehen. Deswegen soll die Funktion des zugrunde liegenden Planungsmodells im weitern als wichtigstes Unterscheidungsmerkmal der OR-Verfahren dienen. Demgegenüber haben die Differenzierungen nach den geplanten Objekten oder dem zugrunde liegenden mathematischen Ansatz für die Beschreibung von OR-Verfahren nur eine untergeordnete Bedeutung.

In Anknüpfung an *Meyer* können optimierende, prognostizierende und experimentierende Modellierungstechniken unterschieden werden.[123]

Optimierungsmodelle

Optimierungsmodelle dienen dem Zweck, die bestmögliche Lösung für ein bestimmtes Entscheidungsproblem zu bestimmen.[124] Alle mathematischen Optimierungsmodelle weisen eine ähnliche Struktur auf: Eine Zielfunktion soll unter Beachtung von Nebenbedingungen opti-

---

[120] Müller-Merbach, H. (Operations Research 1993), S. 631.

[121] Steinmann, H.; Schreyögg, G. (Management 1997), S. 277.

[122] Müller-Merbach, H. (Operations Research 1993), S. 632; vgl. so z.B. auch Domschke, W.; Drexl. A. (Operations Research 1998), S. 2.

[123] Vgl. Meyer, M. (Operations Research 1986), S. 16 ff.

[124] Vgl. Müller-Merbach, H. (Operations Research 1993), S. 632.

miert werden. Aus ökonomischer Perspektive spielt vor allem die Nutzenmaximierung in ihren unterschiedlichen Ausprägungen, z.B. als Gewinnmaximierung, eine gewichtige Rolle.

In *linearen* Optimierungsmodellen treten nur lineare Zielfunktionen und lineare Nebenbedingungen auf. Schon oben wurde kurz angesprochen, daß die lineare Optimierung bzw. (synonym) lineare Programmierung eine besonders wichtige Modellierungstechnik innerhalb des OR bildet. Dieses Vorgehen ist unter die kontinuierliche deterministische Optimierung einzuordnen. Es erlaubt, eine Zielfunktion unter Berücksichtigung aller relevanten Merkmale (durch Variablen) und Restriktionen (durch mathematische (Un-) Gleichungen) zu beschreiben und mit geeigneten Algorithmen (z.B. Simplex-Algorithmus) zu optimieren. Aufgrund von Fortschritten in der Computertechnik lassen sich Optimierungsprobleme mit einer immer größeren Zahl von Variablen lösen.

Im folgenden wird beispielhaft ein einfaches lineares Optimierungsmodell zur Produktionsprogrammplanung dargestellt.[125]

Geplant werden sollen die Produktionsmengen x_i für die Produkte P_i mit $i=1..3$. Die Produkte werden auf den Maschinen M_j mit $j=1..3$ hergestellt. Zu ihrer Herstellung werden die Rohstoffe R_k mit $k=1..3$ benötigt. Die benötigten Kapazitätseinheiten für die Herstellung einer Produkteinheit auf den einzelnen Maschinen und der Bedarf an Rohstoffen R_k pro Produkteinheit sind in Tab. B-8 angegeben.

Tab. B-8:   *Beispiel Produktionsplanung: Benötigte Kapazitätseinheiten und Rohstoffverbrauch pro Produkteinheit*

	Kapazitätseinheiten pro Produkteinheit				Rohstoffverbrauch pro Produkteinheit		
	P_1	P_2	P_3		P_1	P_2	P_3
M_1	1	2	3	R_1	1	3	0
M_2	3	2	1	R_2	2	0	1
M_3	4	2	4	R_3	3	2	4

Ziel ist es, den Gesamtdeckungsbeitrag DB zu maximieren, wobei die Deckungsbeiträge pro Produkteinheit db_i mit $db_1 = 10$, $db_2 = 7$ und $db_3 = 9$ vorgegeben sind. Daraus ergibt sich die Zielfunktion

$$DB = 10x_1 + 7x_2 + 9x_3 \rightarrow max!$$

---

[125] Für eine allgemeine Darstellung der Produktionsprogrammplanung s. z.B. Reichwald, R.; Dietel, B. (Produktionswirtschaft 1991), S. 485 ff.

Für die Produktionsmengen bestehen Beschränkungen durch den Absatz- und Beschaffungsmarkt und aufgrund beschränkter Produktionskapazitäten:

- Als marktbedingte Absatzobergrenzen AO_i für die einzelnen Produkte sind $AO_1 = 1000$,
  $AO_2 = 1500$ und $AO_3 = 2000$ gegeben, d.h., es gelten die Nebenbedingungen

$$x_1 \leq 1000$$
$$x_2 \leq 1500$$
$$x_3 \leq 2000$$

- Zu berücksichtigen sind ferner beschränkte Produktionskapazitäten K_j mit $K_1 = 4000$,
  $K_2 = 3000$ und $K_3 = 6000$ Kapazitätseinheiten. In Verbindung mit den Daten aus Tab. B-8
  ausgedrückt bedeutet das

$$1x_1 + 2x_2 + 3x_3 \leq 4000$$
$$3x_1 + 2x_2 + 1x_3 \leq 3000$$
$$4x_1 + 2x_2 + 4x_3 \leq 6000$$

- Auf dem Beschaffungsmarkt können maximal die Rohstoffmengen MB_i mit $MB_1 = 3000$,
  $MB_2 = 4000$ und $MB_3 = 5000$ beschafft werden, so daß in Verbindung mit den Daten aus
  Tab. B-8 folgende Restriktionen bestehen:

$$1x_1 + 3x_2 + 0x_3 \leq 3000$$
$$2x_1 + 0x_2 + 1x_3 \leq 4000$$
$$3x_1 + 2x_2 + 4x_3 \leq 5000$$

- Außerdem ist für das Produkt 2 eine Mindestproduktionsmenge von $MP_2=100$ technolo-
  gisch vorgegeben. Für die anderen Produkte besteht eine solche Einschränkung nicht, d.h.:

$$x_2 \geq 100$$

- Abschließend muß noch berücksichtigt werden, daß nur ganze Produkteinheiten erstellt
  werden können und keine negativen Produktionsmengen möglich sind.

Die Lösung eines solchen Optimierungsproblems kann prinzipiell – so lange es bestimmte
Größen nicht überschreitet – heutzutage nicht nur mit Hilfe spezieller Optimierungsalgorith-
men und -software erfolgen, sondern auch mit gängigen Tabellenkalkulationsprogrammen,
auf die wir an späterer Stelle noch gesondert eingehen werden.[126] In Abb. B-18 ist ein möglicher Aufbau eines Arbeitsblattes eines Tabellenkalkulationsprogramms zur Lösung der oben
dargestellten Produktionsprogramm-Planungsaufgabe dargestellt.

---

[126] Vgl. dazu Kapitel 8.3.5 in Teil C dieses Buches.

	A	B	C	D	E	F	G
1							
2		**Produkt 1**	**Produkt 2**	**Produkt 3**		Gesamt	
3							
4	**Deckungsbeitrag**	10	7	9		14.080	!max
5							
6	**Produktionsmengen**	166	918	666			gesucht
7							
8	**Kapazität**						Beschränkung
9	Maschine 1	1	2	3		4.000	⬅— 4.000
10	Maschine 2	3	2	1		3.000	⬅— 3.000
11	Maschine 3	4	2	4		5.164	⬅— 6.000
12							
13	**Bedarfe**						Beschränkung
14	Rohstoff 1	1	3	0		2.920	⬅— 3.000
15	Rohstoff 2	2	0	1		998	⬅— 4.000
16	Rohstoff 3	3	2	4		4.998	⬅— 5.000
17							
18	**Absatzobergrenzen**	1.000	1.500	2.000			
19							
20	**Mindestmengen**	0	100	0			

Abb. B-18: Produktionsprogrammplanung mit einem Tabellenkalkulationsprogramm

In den umrandeten Zellen der Spalten B-D befinden sich die vorgegebenen Daten der Produkteinheiten-Deckungsbeiträge (B4-D4), der benötigten Kapazitätseinheiten (B9-D11), der Rohstoffbedarfe (B14-D16), der Absatzobergrenzen (B18-D18) und der Mindestproduktionsmengen (B20-D20) für die einzelnen Produkte. Außerdem enthalten die Zellen G9-G11 die Kapazitätsbeschränkungen für die einzelnen Maschinen und die Zellen G14-G15 die maximalen Beschaffungsmengen der einzelnen Rohstoffe.

Die Spalte F enthält in den umrandeten Zellen Ergebnisse von Rechenoperationen. F4 enthält den Gesamtdeckungsbeitrag, gebildet aus der Summe der Produkte der Stückdeckungsbeiträge (B4-D4) mit den Produktionsmengen (B6-D6). Die bei gegebenen Produktionsmengen benötigten Maschinenkapazitäten und Rohstoffbedarfe sind in den Zellen F9-F11 bzw. F14-F16 enthalten und setzen sich analog zum Gesamtdeckungsbeitrag als Produkt der benötigten Kapazitätseinheiten bzw. Rohstoffmengen mit den Produktionsmengen zusammen.

Die weiteren Zellinhalte dienen nur als Erläuterung und werden nicht für Berechnungen herangezogen.

Die Nichtnegativitäts- und Ganzzahligkeitsbedingungen für die Produktionsmengen und die Kapazitäts- und Bedarfsbeschränkungen, die Absatzobergrenzen und die Mindestmengen sind dem Tabellenkalkulationsprogramm auf Basis der entsprechenden Zellen in Abb. B-18 separat und in der Darstellung nicht sichtbar mitgeteilt worden.

Die Lösung erfolgt hier – wie schon erwähnt – nicht durch ein Optimierungs-, sondern durch ein Iterationsverfahren. Dabei werden die Zellen B6-D6 schrittweise verändert und unter Beachtung der angegebenen Nebenbedingungen wird der maximale Wert für den Gesamtdeckungsbeitrag (hier 14.080) in Zelle F4 ermittelt. Daraufhin werden die zum ermittelten Maximum gehörenden Produktionsmengen in die Zellen B6-D6 geschrieben. Außerdem besteht bei einigen Tabellenkalkulationsprogrammen die Option, sich einen Bericht erstellen zu lassen, in dem unter anderem auf die für die gefundene Lösung kritischen Parameter hingewiesen wird. In diesem Fall stellen die Kapazitäten von Maschine 1 und 2 den Engpaß dar, da sie für die gefundene Lösung voll ausgeschöpft wurden.

Ganzzahlige und *kombinatorische* Optimierungsmodelle berücksichtigen Planungssituationen, in denen alle oder einzelne Variablen nur ganze Zahlen bzw. Binärzahlen (d.h. 1 oder 0) annehmen dürfen. Diese Modelle erfordern spezielle Verfahren der ganzzahligen bzw. kombinatorischen Optimierung (z.B. *Branch-and-Bound-Verfahren*), die schrittweise – mitunter sämtliche – sinnvolle Lösungen berechnen. Von diesen wird anschließend die beste ausgewählt. Der Rechenaufwand zur *exakten* Lösung ganzzahliger oder kombinatorischer Optimierungsprobleme ist zumeist höher als der für kontinuierliche Planungsprobleme. Deswegen werden als Substitut oft *heuristische* Verfahren eingesetzt, „die zwar nicht die optimale Lösung garantieren, jedoch gewöhnlich mit vertretbarem Rechenaufwand hinreichend gute Lösungen liefern."[127]

Prognostizierende Modelle

Diese Modelle streben keine Optimierung oder Entscheidung an, vielmehr steht die Strukturierung einer Problemsituation im Vordergrund. Ihr Zweck besteht darin, „das vielfältige Zusammenwirken vieler vorläufig fixierter Elemente eines Systems im *Zeitablauf* erkenn- und interpretierbar zu machen."[128] Die Lösung eines Planungsproblems wird im Rahmen von Prognosemodellen nicht angestrebt, sie ist oftmals vielmehr als Ausgangssituation vorhanden. Diese soll jedoch „in ihrer verwickelten sachlichen und zeitlichen Struktur durchschaubar gemacht und ggf. (diskret) modifiziert"[129] werden.

Zu den wichtigsten OR-Verfahren dieser Art können Netzplantechniken gezählt werden. Diese werden insbesondere bei der Planung von (Groß-) Projekten oder im Bereich der Einzelfertigung eingesetzt. Diese Planungsprobleme sind durch Einmaligkeit, aber auch durch eine sehr hohe Beanspruchung von Fertigungskapazitäten und Ressourcen gekennzeichnet.[130] Der Nutzen der Netzplantechnik liegt darin, daß sie zahlreiche Verfahren zur Terminplanung

---

[127] Vgl. Müller-Merbach, H. (Operations Research 1993), S. 633.
[128] Steinmann, H.; Schreyögg, G. (Management 1997), S. 291.
[129] Steinmann, H.; Schreyögg, G. (Management 1997), S. 292.

und Terminkontrolle von Großprojekten vorschlägt, „die aus vielen Teilaufgaben bestehen, welche teils in bestimmter Reihenfolge durchzuführen sind, teils zeitlich parallel ablaufen können."[131] Das Projekt wird in voneinander relativ unabhängige Teilaufgaben zergliedert. Die Teilaufgaben sind durch eine nicht beeinflußbare Abwicklungsdauer gekennzeichnet und können in eine bestimmte Reihenfolge, in der sie ausgeführt werden können oder müssen, gebracht werden.

Als *Netzpläne* selbst werden die graphischen Darstellungen eines solchen Projektes bezeichnet. Eine Variante von Netzplänen sieht vor, die durchzuführenden Aktivitäten (Teilaufgaben) als Pfeile darzustellen.[132] Ereignisse, die eintreten, „wenn sämtliche einlaufenden Aktivitäten abgeschlossen sind"[133], werden dann durch numerierte Knoten abgebildet.

In der Netzplandarstellung wird insbesondere die Reihenfolge der Projektaktivitäten berücksichtigt. Ist die Durchführung einer Aktivität nur dann möglich, sobald eine vorausgehende abgeschlossen ist, oder beginnen zwei Vorgänge in einem Knoten und enden in einem Knoten, so wird eine *Scheinaktivität* eingeführt, die man i. d. R. mit einer gestrichelten Linie markiert.[134] Eine Scheinaktivität stellt keine echte Aktivität dar, sondern sie bringt lediglich eine logische Abhängigkeit zum Ausdruck und verbraucht keine Zeit.

Abb. B-19 veranschaulicht das Vorgehen am Beispiel eines Softwareentwicklungsprojekts, in dem ein System zur Lagerabgangsprognose – bestehend aus drei Programm-Module – zu entwickeln und zu testen ist. In der Graphik sind die Entwicklungsschritte abgebildet. Vorgang A bedeutet „Entwicklung Modul Benutzeroberfläche"; dafür werden 40 Arbeitstage veranschlagt. Mit Vorgang B, der 30 Arbeitstage dauern soll, wird das Modul zum Einlesen und Aufbereiten der Lagerbestands- und -abgangsdaten aus einer Datenbank erstellt. Dieses Modul und damit auch Vorgang B ist Voraussetzung für Vorgang C (60 Arbeitstage): Mit Projektabschnitt C wird das Modul erstellt, welches die eigentliche Prognose künftiger Lagerabgänge vornimmt. Da die sinnvoll implementierbaren Prognoseverfahren maßgeblich auch von der Qualität und der Aufbereitung der Eingabedaten abhängen, liegt der Beginn von C im Endknoten des Vorgangs B. Weil sowohl die Vorgänge A und C abgeschlossen sein müssen, bevor Vorgang D, das Integrieren der Module zu einem Gesamtsystem, eingeleitet werden kann, ist es notwendig, eine Scheinaktivität zwischen Knoten 1 und 3 einzuführen. Vorgang E stellt das Testen des Systems dar.

---

130 Vgl. Hanssmann, F. (Betriebswirtschaftslehre 1990), S. 40.
131 Hanssmann, F. (Betriebswirtschaftslehre 1990), S. 40. Vgl. auch Scheer, A.-W. (Wirtschaftsinformatik 1995), S. 234 ff.
132 Es gibt auch Varianten der Netzplantechnik, bei denen die Aktivitäten als Knoten dargestellt werden.
133 Vgl. Hanssmann, F. (Betriebswirtschaftslehre 1990), S. 41.
134 Vgl. auch Biethahn, J.; Mucksch, H.; Ruf, W. (Informationsmanagement 1994), S. 386.

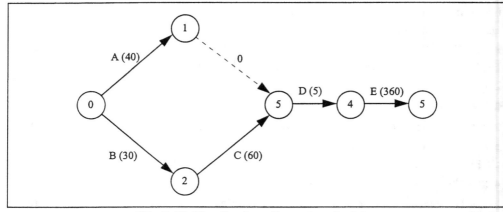

Abb. B-19: Netzplandarstellung eines Projektes

Anhand solcher graphischer Darstellungen lassen sich beispielsweise längste bzw. kürzeste Wege bestimmen und weitere Strukturuntersuchungen vornehmen.

Experimentiermodelle

Experimentiermodelle werden dann für Entscheidungen herangezogen, wenn optimierende oder prognostizierende Modelle die Komplexität der Wirklichkeit nicht ausreichend einfangen können und möglicherweise zu unbefriedigenden Entscheidungsvorschlägen führen.

Experimentiermodelle werden einzelfallbezogen modelliert, haben aber in der Regel eine stochastische Datengrundlage. Als Standardvorgehen für die Betrachtung stochastischer Prozesse wird die *Simulation* verwendet. Sie ist ein Verfahren der experimentellen Mathematik und spielt „komplexe Realsysteme, die man nicht in formelmäßig analysierbaren Modellen darstellen kann, ... modellhaft für alternative Entscheidungsmöglichkeiten durch"[135].

In der Praxis werden oftmals Warteschlangensysteme durch Simulationsverfahren untersucht. Warteschlangenphänomene sind z.B. im Verkehrswesen (Flughäfen, Straßen), im Produktionsbereich oder bei Dienstleistungsbetrieben (Post, Bank etc.) anzutreffen. Durch die Simulation wird versucht, die Länge von Warteschlangen bestmöglich zu gestalten, indem diese für unterschiedliche organisatorische Alternativen nacheinander untersucht und aus diesen Ergebnissen die beste Alternative ausgewählt wird.[136]

---

[135] Vgl. Müller-Merbach, H. (Operations Research 1993), S. 633.
[136] Vgl. Müller-Merbach, H. (Operations Research 1993), S. 633.

5.5.2 Qualitative Verfahren

5.5.2.1 Nutzwertanalyse

Um Entscheidungsprobleme mit mehrfachen und insbesondere auch mit nicht-monetären Zielsetzungen lösen zu können, wurden multi-kriterielle bzw. multi-attributive Verfahren entwickelt. Unter diesen Verfahren sind die sogenannten „Nutzwertverfahren" in der Praxis besonders verbreitet. Sie lassen sich in nutzwert*theoretische* und nutzwert*analyische* Konzepte einteilen. Erstgenannte Ansätze sind nutzentheoretisch wohlfundiert[137] und leiten auf der Basis verschiedener Bedingungen konsistent eine lineare Präferenzfunktion des Entscheidungsträgers ab.[138] Diese Bedingungen werden allerdings schon verletzt, wenn eines der betrachteten Ziele nur ordinal gemessen werden kann[139], was in der Praxis häufig der Fall ist. Daher wird oftmals auf – heuristische – nutzwertanalytische Verfahren zurückgegriffen.

Im folgenden wird die „klassische" Nutzwertanalyse[140] dargestellt, da sie in der Praxis eine weite Verbreitung gefunden hat. Das Verfahren läßt sich in die folgenden Teilschritte einteilen:[141]

Bestimmung der Zielkriterien

Die Nutzwertanalyse beginnt mit der Bestimmung der für die Beurteilung relevanten Zielkriterien. Naturgemäß hängen die Zielkriterien von den jeweiligen Entscheidungsträgern und deren persönlichen Präferenzen ab. Wie bereits in Abschnitt 5.2 zu den Instrumenten der Zielformulierung dargelegt wurde, ist es hierbei wichtig, etwaige komplementäre Beziehungen zwischen den Zielkriterien auszuschließen. Andernfalls würden diese mehrfach berücksichtigt. Wichtig ist ferner, diese Zielkriterien operational zu formulieren, damit in einem späteren Schritt eine Messung der Teilnutzwerte erfolgen kann.

Gewichtung der Zielkriterien

Im nächsten Schritt sind die einzelnen Zielkriterien zu gewichten, um die unterschiedliche Bedeutung der einzelnen Kriterien für den Entscheider abzubilden. Dies ist unter anderem

---

137 Vgl. dazu Keeney, R. L.; Raiffa, H. (Decisions 1976).
138 Zu den Voraussetzungen vgl. z.B. Schneeweiß, C. (Kostenwirksamkeitsanalyse 1990), S. 15.
139 Vgl. Küpper, H.-U. (Controlling 1997), S. 75.
140 Eine Beschreibung verschiedener Verfahren der Nutzwertanalyse gibt Zangemeister, C. (Nutzwertanalyse 1971).
141 Vgl. Blohm, H.; Lüder, K. (Investition 1995), S. 177 ff.

durch eine direkte Verhältnisskalierung möglich, bei der eine vorgegebene Punktzahl den Präferenzen entsprechend auf die einzelnen Kriterien verteilt wird. Auf die Zielgewichtung wurde schon genauer in Abschnitt 5.2.1 eingegangen.

Bestimmung der Teilnutzwerte

Die Transformation der unterschiedlichen Grade der Zielerreichung eines Kriteriums in einen (Teil) Nutzenwert wird häufig dadurch erreicht, daß den einzelnen Ausprägungen eine Punktzahl zugewiesen wird. Deshalb wird die Nutzwertanalyse auch zu den Punktbewertungs- oder Scoring-Verfahren gezählt. Für die im nächsten Schritt durchgeführte Aggregation ist es notwendig, daß die Nutzenwerte (z.B. die Punktwerte) in einer Kardinalskala abgebildet sind. Häufig werden jedoch ursprünglich ordinale Meß-Skalen vereinfachend als kardinal interpretiert.

Aggregation der Teilnutzwerte und Beurteilung der Vorteilhaftigkeit

Abschließend müssen die Teilnutzwerte noch zu *einer* Größe, dem (Gesamt-)Nutzwert, verdichtet werden. Bei der Grundversion der Nutzwertanalyse geschieht das durch eine einfache Addition der mit den Kriteriengewichten multiplizierten Teilnutzwerte.[142] Damit wird die Nutzenunabhängikeit der einzelnen Zielkriterien vorausgesetzt: Unterschiedliche Zielerreichungsgrade eines Kriteriums dürfen danach nicht den Nutzen, der durch andere Zielkriterien erreicht werden kann, beeinflussen.

Diejenige Handlungsalternative mit dem größten Nutzwert ist die vorteilhafteste. In der Abb B-20 wird die Nutzwertanalyse noch einmal anhand eines Beispiels dargestellt:

Es ist eine Entscheidung zwischen drei verschiedenen Modellen von Mobiltelefonen zu treffen. Die Alternativen sind in der linken Spalte der Tabellen aufgeführt. Im ersten Schritt werden als für den Entscheider relevante Zielkriterien die Akku-Kapazität, die Tonqualität und die Bedienbarkeit identifiziert. Diese Kriterien werden im nächsten Schritt gewichtet, wobei die Summe der Einzelgewichte gleich Eins ist. Die Zielerreichungsgrade sind in der oberen Tabelle im „Hauptfeld" aufgeführt und müssen im dritten Schritt in Teilnutzwerte transformiert und damit auch in einer einheitlichen Skala normiert werden. Das Ergebnis zeigt die untere Tabelle. Schließlich erfolgt eine Aggregation der Teilnutzwerte zum Gesamtnutzwert, indem diese mit dem jeweiligen Gewichtungsfaktor des Zielkriteriums multipliziert und dann addiert werden. In diesem Beispiel hat die Nutzwertanalyse ergeben, daß das Modell A mit 7,0 den höchsten Nutzwert aufweist und insoweit die beste Alternative für den Entscheider darstellt.

---

142 Für andere Verfahren, wie z.B. die multiplikative Verknüpfung, vgl. Zangemeister, C. (Nutzwertanalyse 1971), S. 277 ff.

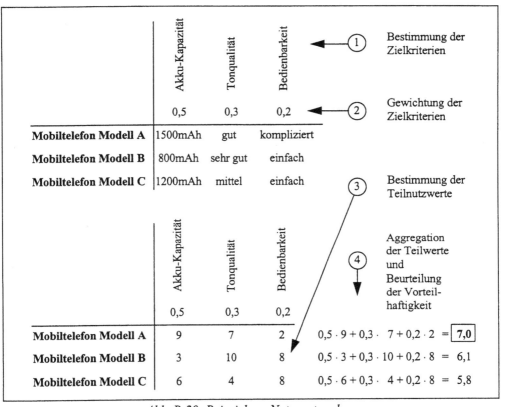

Abb. B-20: Beispiel zur Nutzwertanalyse

Die Nutzwertanalyse wird hauptsächlich wegen des hohen Maßes an Subjektivität kritisiert, die sich in der Auswahl der Zielkriterien, deren Gewichtung und in der Transformation der Zielerreichung in die Teilnutzwerte niederschlägt.[143] Außerdem wird die für die additive Teilnutzenverknüpfung geforderte Nutzenunabhängigkeit der Zielkriterien zumeist als nicht gegeben angesehen.

Als Vorteil der Nutzwertanalyse wird hervorgehoben, daß es sich um ein formalisiertes und im Ablauf nachvollziehbares Verfahren handelt, das eine strukturierte Diskussion über Handlungsalternativen bei mehrfacher Zielsetzung vereinfacht. Die Nutzwertanalyse soll die quantitativen Verfahren nicht ersetzen, sondern diese bei der Alternativenbewertung, insbesondere bei strategischen Entscheidungen, ergänzen.

---

[143] Vgl. Olfert, K. (Investition 1995), S. 298.

5.5.2.2 Argumentenbilanz

Ein weiteres Verfahren zur Beurteilung von Entscheidungsalternativen ist die Argumentenbilanz. Dabei handelt es sich um eine Gegenüberstellung von Argumenten *zugunsten* einer Alternative auf der „Aktivseite" und von Gegenargumenten auf der „Passivseite" der Bilanz. Für die argumentationsstärkere Position ergibt sich bildlich gesehen somit ein Argumentationsgewinn (auf der Passivseite) bzw. für die argumentationsschwächere Position ein Argumentationsverlust auf der Aktivseite.

Die Bilanzseiten lassen sich noch in einzelne Bilanzposititionen – wie z.B. unternehmensinterne und -externe Auswirkungen – untergliedern. Dabei spiegelt die „Länge" einer Bilanzposition ihre Wichtigkeit wider.

In Abb. B-21 wird anhand eines Beispiels von *Wildemann*[144] eine Argumentenbilanz dargestellt. Diese Bilanz soll Aufschluß bei der Frage geben, ob eine neue Produktionstechnologie positiv oder negativ zu bewerten ist.

Argumentenbilanzen ist bezüglich ihrer Aussagekraft kritisch zu begegnen: Zwar werden schwer oder gar nicht quantifizierbare Argumente aufgeführt. Zugleich wird auf objektiv kaum nachvollziehbare Weise ein „Bilanzgewinn oder -verlust" ausgewiesen, was eine quantitative Bewertung der Argumente impliziert, ohne daß diese „Gewichtung" offengelegt würde. Die Verwendung einer Argumentenbilanz erscheint somit in erster Linie als Visualisierungsmöglichkeit von Pro- und Contra-Argumenten und als Strukturierungshilfe gerechtfertigt.

---

[144] Vgl. Wildemann, H. (Investitionsplanung 1986), S. 31 ff.

"A k t i v a"	"P a s s i v a"

I. INNENWIRKUNGEN
- Gleichteileverwendung
- Standardisierung
- Flexibilitätssteigerung
- Qualitätssteigerung im Konstruktionsbereich
- Konstruktionsfehlerreduzierung
- Durchlaufzeitreduzierung
- Integrierter Informationsfluß
- Produktivitätssteigerung
- Systematisierung des Produktionsprogramms
- Bildung von Funktionsketten
- Kontinuierliche Fertigung
- Innovationsfreundlichkeit
- Technologieanschluß halten
- Erhöhung des Automationsgrades
- Transparenz in der Fertigung
- Unabhängigkeit vom Mitarbeiterfachwissen
- Unfallschutz
- Behebung von Engpässen
- Know-How Gewinn

I. INNENWIRKUNGEN
- Akzeptanz der Anwender
- Geringe Kontrolle der Einsparung
- Arbeitsplatzgestaltung
- Antwortzeit-Verhalten
- System-Auswahl durch Nicht-Anwender
- Diskontierung der Einsparung durch verspätete Produktivität
- Autonome Restarbeitsplätze
- Finanzielles Risiko
- Einführungsrisiko
- Kapazitätsrisiko
- Neuheitsgrad
- Technologiefixierung

II. AUSSENWIRKUNGEN
- Software-Lieferverzögerung
- Hardware-Lieferverzögerung
- Großer Anspruch an DV-Programme
- Programmierkapazität
- Zulieferprobleme
- Akzeptanz des Marktes

II. AUSSENWIRKUNGEN
- Qualitätssteigerung
- Flexibilität, rasche Marktanpassung
- Verkürzte Produktanlaufzeiten
- Schnelle Reaktion auf Kundenwünsche
- Imageeffekt

Argumenten*gewinn*

Argumente für die Alternative

Argumente gegen die Alternative

Differenz

Abb. B-21: Beispiel für eine Argumentenbilanz

Quelle: leicht modifiziert nach Wildemann, H. (Investitionsplanung 1986), S. 33

5.6 Wiederholungs- und Vertiefungsfragen

1. Was könnten Schwächen im methodischen Vorgehen der PIMS-Studie und in der Analyse von *Simon* sein, die zu einer empirischen Widerlegung der Erfolgsfaktoren(prognosen) geführt haben?

2. Entwickeln Sie die Wertkette für ein Möbelhaus! Wie ist dafür die allgemeine Wertkette *Porters* zu spezifizieren bzw. anzupassen?

3. Läßt sich das Lebenszyklusmodell auch auf andere betriebswirtschaftliche Phänomene als auf Produkte anwenden?

4. Was spricht dafür, was dagegen, Verfahren wie Zielgewichtung, Zielprogrammierung oder lexikographische Ordnung in der Praxis einzusetzen?

5. Führt die Klärung von Zielbeziehungen automatisch zu einer Zielhierarchie?

6. Welche Besonderheiten könnten bei der Zielgewichtung im Rahmen von Gruppenentscheidungen gelten?

7. Welche inhaltliche Bedeutung hat eine additive Verknüpfung von Zielen?

8. Nennen Sie Vor- und Nachteile einer Alternativensuche durch eine Einzelperson bzw. durch eine Gruppe.

9. Wo sehen Sie Chancen und Schwächen von Kreativitätstechniken? Welche Aspekte sind bei der Anwendung von Kreativitätstechniken zu beachten?

10. Welche Arten von Prognosen kommen im Planungszusammenhang vor?

11. Welche Grundannahmen liegen der Bewertung von Alternativen zugrunde? Welches „Menschenbild" könnte vorausgesetzt sein?

12. Warum finden statische Investitionsrechenverfahren trotz ihrer methodischen Schwächen eine breite Anwendung in der Praxis? Wann würden Sie statische Verfahren den dynamischen vorziehen?

13. Was versteht man unter „relevanten" Ein- und Auszahlungen bei der Bewertung von Alternativen durch die Investitionsrechnung?

14. Welche Stärken und welche Schwächen weisen Nutzwertanalyse und Argumentenbilanz im Vergleich zu quantitativen Bewertungsverfahren auf?

15. In welchem Verhältnis stehen quantitative und qualitative Verfahren der Alternativenbewertung?

16. Welche Schwierigkeiten ergeben sich bei der Ermittlung von Kosten und Erlösen im Rahmen der Deckungsbeitragsrechnung?

17. Was bedeutet der Begriff „Wert" bei der Wertanalyse?

18. „OR-Verfahren unterscheiden sich von der herkömmlichen Planung durch ein Planungs-
modell." Erklären Sie diese Aussage.

19. Welche Modelltypen kennen Sie im Zusammenhang von OR-Verfahren?

20. „Qualitative Verfahren zur Alternativenbewertung eignen sich hauptsächlich zur Strukturierung, Visualisierung und Dokumentation." Nehmen Sie zu dieser Behauptung Stellung.

21. Wie können computergestützte Informationstechnologien bei der Anwendung der einzelnen Planungsinstrumente hilfreich sein?

22. Erklären Sie die Bedeutung von Planungsinstrumenten für die Gestaltung von Planungs-
und Kontrollsystemen!

6 Ausgewählte Kontrollinstrumente

Kontrollprozesse können idealtypisch in drei Teilprozesse gegliedert werden: in die Festlegung des zu kontrollierenden Bereichs, in die Ermittlung der Soll- und Istdaten sowie in die Analyse etwaiger Soll-Ist-Abweichungen. Gegenstand dieses Abschnitts sind ausgewählte Instrumente, die für diese Teilfunktionen zum Einsatz kommen.

Abb. B-22 gibt einen Überblick über wichtige Kontrollinstrumente. Hiervon werden nachfolgend einige – gegliedert nach den idealtypischen Phasen des Kontrollprozesses – eingehender beschrieben.

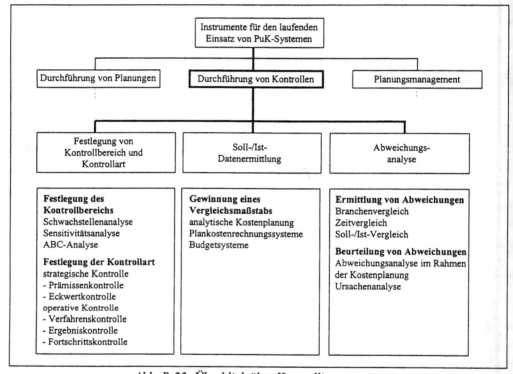

Abb. B-22: Überblick über Kontrollinstrumente

Quelle: leicht verändert nach Horváth, P. (Controlling 1994), S. 207

In diesem Kapitel stellen sich damit prinzipiell die gleichen Leitfragen, denen wir auch im vorangegangenen Abschnitt zu Planungsinstrumenten nachgegangen sind:

Leitfragen von Kapitel 6:

⇒ Welches Vorgehen liegt einem Kontrollinstrument zugrunde?

⇒ Für welche Problembereiche ist ein Kontrollinstrument besonders geeignet?

⇒ Welchen Aufwand in zeitlicher oder personeller Hinsicht bringt der Einsatz eines Kontrollinstruments mit sich?

6.1 Instrumente zur Festlegung eines Kontrollbereichs

Kontrollen verursachen Kosten, die in einem angemessenen Verhältnis zu dem durch sie erzielten Nutzen stehen müssen. Aus diesem Grund ist es erforderlich, vor der eigentlichen Durchführung von Kontrollen im Sinne eines Soll-Ist-Vergleichs den Bereich festzulegen oder auszuwählen, der kontrolliert werden soll.

Im Hinblick auf die dabei zu erfüllende informationsbezogene Funktion ist festzustellen, daß mit der Festlegung eines Kontrollbereichs und eines bestimmten Kontrollproblems ein künftig zu deckender objektiver Informationsbedarf näher spezifiziert wird.[145]

Diesem Zweck können die nachfolgend dargestellten Verfahren der Schwachstellenanalyse (Abschnitt 6.1.1), der Sensitivitätsanalyse (Punkt 6.1.2) und der ABC-Analyse (Teil 6.1.3) dienen. Der Vollständigkeit halber sei darauf hingewiesen, daß diese Instrumente auch für andere Funktionen im Rahmen von Planung und Kontrolle, z.B. bei der Problemfeststellung und -analyse, verwendet werden können.

6.1.1 Schwachstellenanalyse

Mit Hilfe der Schwachstellenanalyse sollen etwaige Mängel bei der Planung oder der Planungsrealisation aufgezeigt werden. Aus den festgestellten Mängeln lassen sich einerseits Problemformulierungen ableiten, die einer systematischen Problemlösung vorangestellt werden können. Andererseits lassen sich aufgrund der Schwachstellenanalyse und der damit verbundenen Identifizierung von besonders relevanten Mängeln Kontrollbedarfe definieren, die für den zukünftigen (Unternehmens-) Erfolg eine besondere Bedeutung haben.

Die Schwachstellenanalyse stellt keine gänzlich eigenständige Methode dar, vielmehr greift sie auf zahlreiche Ansätze aus anderen Bereichen der Betriebswirtschaftslehre zurück. So bedient sich die Schwachstellenanalyse zahlreicher Diagnosetechniken und -systeme, die auch zur Kontrolle technischer, sozialer und ökonomischer Entwicklungen, im Rahmen von Bewertungtechniken und beim Aufbau von Indikatoren- und Kennzahlensystemen angewendet werden. Beispielsweise hat *Staudt* eine umfassende empirische Untersuchung zu alternativen

---

[145] Vgl. die entsprechenden Bemerkungen auf S. 139 in Abschnitt 5.1; vgl. auch Mag, W. (Planungsstufen 1971), S. 807.

Formen der Arbeitsorganisation durchgeführt, die eine Schwachstellenanalyse umfaßt. Insbesondere hat er Lernkurven von Arbeitskräften ermittelt und auf Schwachstellen hin untersucht. Aufgrund der gewonnenen Erkenntnisse konnte *Staudt* Umgestaltungsvorschläge der Arbeitsplatzorganisation, z.B. vom Fließ- auf das Rotationsprinzip, entwickeln und bewerten. Dabei spielten Kennziffern wie die Fluktuationsrate oder Fehlzeiten eine wesentlich Rolle.[146]

In der Diagnosetechnik gibt es zahlreiche Verfahren, die problemrelevant angewendet werden können. Nach *Spiller/Staudt* ist es für ein erfolgreiches Vorgehen erforderlich, die Bestandteile des verwendeten Diagnosemodells „explizit auszuweisen, ihre zu diagnostizierenden Eigenschaften festzulegen und konkrete Meßvorschriften für die Ausprägungen der Eigenschaften aufzustellen."[147] Jedem Modell sind schon aufgrund der meist vorhandenen Umweltkomplexität Grenzen gesetzt, so daß in der Regel davon ausgegangen werden muß, daß „das Resultat der Diagnose lediglich aus einem Satz von Indikatoren besteht, die die Realität mehr oder weniger gut abbilden."[148]

Um ein Diagnosesystem zu entwickeln, das sowohl Beziehungen zur Umwelt als auch innerbetriebliche Zusammenhänge erfaßt, schlägt *Staudt* einen kombinierten Rückgriff auf die Erkenntnisse des Systemansatzes und auf *Gutenbergs* produktionstheoretischen Ansatz vor.[149] Er hat ein allgemeines Diagnosesystem entwickelt, das er für die Analyse von Veränderungen der Arbeitsorganisation einer Unternehmung anwendet und das als ein generelles „Diagnose-Raster" verstanden werden kann. Danach sind für die Produktionsfaktoren Personal, Betriebsmittel und Material jeweils deren

- Herkunft (z.B. Bezugsquellen)
- qualitative und quantitative Merkmale
- Zuordnung in räumlicher, zeitlicher und hierarchischer Hinsicht
- mengen- und wertmäßiger Faktoreinsatz
- Erhaltungs- und Versorgungsdaten

zusammenzutragen, und zwar nach Möglichkeit für den Zustand vor einer Organisationsänderung und die Situation nach dieser Änderung.[150]

Im Vordergrund steht dabei insbesondere eine Überprüfung der qualitäts- und quantitätsmäßigen Veränderungen, die sich aufgrund organisatorischer Umgestaltungen innerhalb des untersuchten Betriebes ergeben würden. So soll für jede Person, jedes Betriebsmittel und jede Ma-

---

146 Vgl. Staudt, E. (Planung 1979), S. 212 ff. Dieser demonstriert die Schwachstellenanalyse am Beispiel arbeitsorganisatorischer Experimente im Industriebetrieb; vgl. auch Spiller, K.; Staudt, E. (Diagnosetechniken 1989), Sp. 279.

147 Spiller, K.; Staudt, E. (Diagnosetechniken 1989), Sp. 272.

148 Spiller, K.; Staudt, E. (Diagnosetechniken 1989), Sp. 271.

149 Vgl. Spiller; K., Staudt, E. (Diagnosetechniken 1989), Sp. 277 ff. Vgl. auch die Abschnitte 3.1.1 und 3.1.3

150 Vgl. Staudt, E. (Planung 1979), S. 210 ff.

terialart eine Erhebung durchgeführt werden, die aktuelle und zukünftige Schwachstellen auf-
deckt: Beim Faktor Personal können so Unterschiede zwischen der persönlichen Eignung eines Mitarbeiters und seiner Tätigkeit erkannt werden; entsprechend können Schwächen in der
Materialbewirtschaftung, der Produktion oder in der Betriebsmittelausstattung offengelegt
werden. Die Herkunft der Faktoren wird in die Schwachstellenanalyse aufgenommen, um
Beziehungen des Betriebs zu seiner Umwelt abbilden und diesbezügliche Veränderungen berücksichtigen zu können. So kann eine bisherige Stärke eines Unternehmens, z.B. eine Konzentration auf wenige verläßliche Lieferanten, durch Verschiebungen auf der Anbieterseite zu
einer Bedrohung für den zukünftigen Unternehmenserfolg werden. Die festgestellten Wirkungszusammenhänge können bei Bedarf mit Erkenntnissen aus anderen Unternehmen oder
Abteilungen verglichen werden. Auch daraus lassen sich technische, ökonomische und soziale
Schwachstellen identifizieren.

Im Abschnitt 5.1.3 zur Stärken-Schwächen-Analyse wurde bereits darauf hingewiesen, daß
Stärken und Schwächen eines Unternehmens in engem Bezug zueinander stehen. Durch Um-
weltveränderungen können bisherige Stärken künftig zu Nachteilen werden und umgekehrt.[151]
Deswegen werden sowohl gegenwärtige als auch (voraussichtlich) zukünftige Stärken und
Schwächen oft *gemeinsam* im Rahmen der Unternehmensplanung analysiert. Hierfür kommen
Ansätze der Stärken-Schwächen-Analyse (SOFT-Analyse, Portfolioanalyse) zum Einsatz, auf
die wir bereits an früherer Stelle eingegangen sind.[152]

Zusammenfassend läßt sich sagen, daß die Schwachstellenanalyse kein eigenständiges methodisches Konzept darstellt. Kritik gegenüber den Methoden, die im Rahmen einer
Schwachstellenanalyse angewendet werden, trifft insoweit auch letztere selbst. So gilt die
methodische Kritik an dem relativ willkürlichen und mitunter stark subjektiven Vorgehen bei
Portfolioanalysen oder im Rahmen der SOFT-Analyse auch in bezug auf die Schwachstellen-
analyse. Allgemein spricht für die Schwachstellenanalyse, daß nur durch eine konsequente
Suche nach Schwächen im Unternehmen diese identifiziert und abgestellt werden können.
Daraus ergeben sich Konsequenzen für die Unternehmenskontrolle, die auf erkannte
Schwachstellen besonders achten kann.

6.1.2 Sensitivitätsanalyse

Die Unternehmensplanung muß in aller Regel unter Unsicherheit erfolgen. Deswegen hat die
unter den Bedingungen der Unsicherheit getroffene und als optimal angesehene Lösung eines

---

[151] Vgl. auch Kreikebaum, H. (Unternehmensplanung 1991), S. 43 f.
[152] Vgl. dazu insb. Abschnitt 5.1.3.

Entscheidungsproblems nicht zwangsläufig das erwartete Ergebnis zur Folge. Die Sensitivitätsanalyse untersucht, wie (stark) sich die Entscheidungsergebnisse bei Veränderungen des Entscheidungsfeldes, insbesondere der Umweltbedingungen, verändern können. Diese Sensitivität bestimmt in entscheidendem Maß auch den Kontrollbedarf. Je stärker veränderte Ausgangsdaten zu einem Abweichen der geplanten Ziele führen können, desto größer ist in der Regel der Kontrollbedarf.

Die Sensitivitätsanalyse kann auf unterschiedliche Entscheidungsmodelle bzw. -modellformen angewendet werden, die ihr somit als Grundlage dienen.[153] Allgemein läßt sich sagen, „daß bei einer Sensitivitätsanalyse stets ein Ergebnis, sei es der Gewinn, die Kosten oder gar die Werte der Variablen eines Problems selbst, auf seine Empfindlichkeit gegenüber Änderungen gewisser Parameter (Koeffizienten) untersucht wird"[154]. Gerade in solchen Fällen, in denen sich eine Lösung schon bei sehr kleinen Änderungen eines Parameters stark verändert, also sehr sensitiv ist, ist der Einsatz einer Sensitivitätsanalyse zweckmäßig.

Entscheidungsmodelle stellen also die Grundlage von Sensitivitätsanalysen dar. Eine besondere Rolle spielt die Sensitivitätsanalyse im Rahmen des Operations Research, insbesondere in der linearen Planungsrechnung. Deswegen soll darauf im folgenden etwas genauer eingegangen werden. Anschließend werden jedoch auch weitere Anwendungsformen vorgestellt.

Hat man im Rahmen der linearen Planungsrechnung oder Optimierung unter bestimmten gegebenen Umweltbedingungen eine eindeutige Lösung gefunden, so überprüft die Sensitivitätsanalyse, wie sich Variationen der Koeffizienten auf die gefundene Lösung auswirken. Will man Ergebnisveränderungen eindeutig zuordnen, so wird in der Regel nur eine spezifische Variable geändert, während die anderen konstant bleiben. Werden mehrere Variablen simultan modifiziert, führt dies vielfach zu erhöhtem Rechen- und Interpretationsaufwand, allerdings entsprechen mehrere Änderungen vielfach den realen Gegebenheiten besser.

In der linearen Optimierung können zum einen die Koeffizienten der Zielfunktion von Veränderungen betroffen sein – im Beispiel der Produktionsporgrammplanung aus Punkt 5.5.1.5 die Stückdeckungsdeckungsbeiträge –, aber auch die Begrenzungen des Lösungsraumes können Modifikationen ausgesetzt sein. Außerdem kann der Lösungsraum sowohl seine Größe als auch seine Form ändern, was sich in veränderten oder zusätzlichen (Un-) Gleichungen der Nebenbedingungen widerspiegelt. Im Rahmen der Sensitivitätsanalyse wird „versucht, die Intervalle zu bestimmen, in denen Koeffizienten variiert werden können, ohne daß sich die Basiselemente der optimalen Lösung dadurch ändern."[155] Dadurch wird die Stabilität einer als

---

[153] Vgl. Dinkelbach, W. (Sensitivitätsanalysen 1969), S. 5 ff.; Thome, R. (Sensitivitätsanalysen 1989), Sp. 1774.

[154] Dinkelbach, W. (Sensitivitätsanalysen 1969), S. 4.

[155] Thome, R. (Sensitivitätsanalysen 1989), Sp. 1775.

optimal erkannten Lösung gegenüber Koeffizientenänderungen getestet. Zusätzlich kann untersucht werden, wie elastisch der optimale Zielwert auf Koeffizientenänderungen reagiert. Dadurch läßt sich die Gefahr abschätzen, inwieweit und wie wahrscheinlich Abweichungen vom optimalen Zielwert bei einer Veränderung bestimmter Bedingungen eintreten werden.[156]

Die Sensitivitätsanalyse ist ein universell einsetzbares Verfahren, das nicht auf bestimmte Entscheidungsbereiche oder -verfahren beschränkt ist. Sie wird beispielsweise in der Investitionsrechnung eingesetzt: „Mit ihrer Hilfe sollen Zusammenhänge zwischen dem Input einer Investitionsrechnung (z.B. Preise, Absatzmengen, Investitionssummen, Lebensdauer) und ihrem Output (z.B. Kapitalwert) aufgedeckt werden."[157]

Anwendungen findet die Sensitivitätsanalyse beispielsweise auch in der Netzplantechnik oder im Rahmen der Simulation. Auf besonders einfache Weise kann eine Sensitivitätsanalyse im Rahmen moderner Tabellenkalkulationsprogramme durchgeführt werden. Wie in Teil C noch eingehender behandelt wird, können ökonomische Zusammenhänge in Tabellenform dargestellt und Abhängigkeiten einzelner Tabellenelemente durch Formeln beschrieben werden. Bei Variation eines oder mehrerer Tabellenfelder werden die Werte der darauf basierenden Tabellenelemente angepaßt. So kann eine „What-If-Analyse" erfolgen, mit der sich die Sensitivität von Entscheidungen auf Änderungen des Entscheidungsfeldes abschätzen läßt. Im Zuge der informationstechnischen Entwicklung ist es heute möglich, Planungsprobleme mit mehreren tausend Variablen zu lösen und „die Wirkungen alternativer Datenkonstellationen auf den Planungsprozeß" zu prüfen.[158]

Im Rahmen einer Sensitivitätsanalyse kann durch die Beschäftigung mit den spezifischen Abhängigkeiten der Output- bzw. Zielgrößen von den Inputgrößen oder Umweltbedingungen eine erhöhte Sensibilität beim Entscheidungsträger für mögliche (Unsicherheits-) Probleme geschaffen werden. So können ferner spezifische Kontrollbedarfe zu diesen Entscheidungen aufgedeckt werden.

6.1.3 ABC-Analyse

Die Kontrolle von betrieblichen Vorgängen beansprucht Ressourcen und verursacht Kosten. Diese sollten im Sinne des Wirtschaftlichkeitsprinzips in einem sinnvollen Verhältnis zu den mit den jeweiligen Kontrollmaßnahmen „erwirtschafteten" Erträgen stehen. Aufgrund dieser Überlegung ist es zweckmäßig, nicht alle Unternehmensbereiche und -vorgänge möglichst

---

[156] Vgl. Dinkelbach, W. (Sensitivitätsanalysen 1969), S. 71 ff.; Thome, R. (Sensitivitätsanalysen 1989), Sp. 1775 und 1778 ff. Beispiele zur Anwendung der Sensitivitätsanalyse im Rahmen der linearen Programmierung bietet auch Freidank, C.-C. (Kostenrechnung 1997), S. 315 ff.

[157] Blohm, H.; Lüder, K. (Investition 1995), S. 250 f.

[158] Thome, R. (Sensitivitätsanalysen 1989), Sp. 1778.

intensiv und gleichmäßig zu kontrollieren, sondern nach Analysemethoden zu suchen, die die Wichtigkeit eines bestimmten zu kontrollierenden Vorgangs oder Objekts in einem Unternehmen spezifisch berücksichtigen. Vor allem im Rahmen der Materialbeschaffungsplanung und -kontrolle hat sich die ABC-Analyse als ein Instrument durchgesetzt, Kontrollbereiche den spezifischen Anforderungen entsprechend auszuwählen und abzugrenzen.

Die ABC-Analyse basiert auf der vielfach gemachten Beobachtung, daß ein großer Anteil der Materialkosten von einer verhältnismäßig geringen Zahl von Materialien verursacht wird. So weist *Glaser* darauf hin, daß häufig nur 3 bis 5 Prozent des Materialsortiments mehr als 90 Prozent der Bereitstellungskosten verursachen.[159] Konsequenterweise würde man bei der Kontrolle der Materialkosten daher bei diesen Materialien ansetzen.

Um die erforderlichen Kontrollmaßnahmen gezielt, d.h. mit der zweckmäßigen Priorität einleiten zu können, werden im Rahmen der ABC-Analyse die durch unterschiedliche Kostenstrukturen gekennzeichneten Beschaffungsteile in eine Rangfolge gebracht, wobei die Materialart mit den höchsten Bereitstellungskosten an erster Stelle steht. Mit Kosten ist dabei der durchschnittliche Kostenanfall gemeint, „der im Zusammenhang mit der Bereitstellung eines Materials in der (den) letzten Abrechnungsperiode(n) entstanden ist"[160].

Dann werden die Materialien in drei Klassen eingeteilt, die durch möglichst eindeutige Grenzwerte[161] definiert sein sollen. Die Materialien, die die relativ höchsten Kosten bei ihrer Beschaffung aufweisen, werden als A-Teile definiert. B-Teile sind solche Materialien, die niedrigere Kosten als A-Teile aufweisen, aber deren Kostenstrukturen noch über dem Grenzwert für C-Teile, also Materialien mit relativ geringen Beschaffungskosten, liegen.[162]

Die Ergebnisse dieser Einteilung können in einem Diagramm (Abb. B-23) graphisch veranschaulicht werden. Dabei wird sinnvollerweise auf der Abszissenachse der kumulierte Anteil an der Zahl der zu beschaffenden Materialien abgetragen; die Ordinatenachse spiegelt die kumulierten Anteile des jeweiligen Kostenverbrauchs wider.

---

[159] Vgl. Glaser, H. (Beschaffungsplanung 1993), Sp. 349.

[160] Glaser, H. (Beschaffungsplanung 1993), S. 348.

[161] Eine Grenzziehung wird vor allem erleichtert, wenn bei einer Anordnung der zu beschaffenden Materialien in der Reihenfolge der Höhe der Kosten zwischen bestimmten Komponenten Sprünge in der Kostenhöhe auftreten.

[162] Vgl. hierzu Franken, R. (Materialwirtschaft 1984), S. 19 ff.; Kilger, W. (Industriebetriebslehre 1986), S. 294 f.; Tempelmeier, H. (Materiallogistik 1988), S. 11 f.

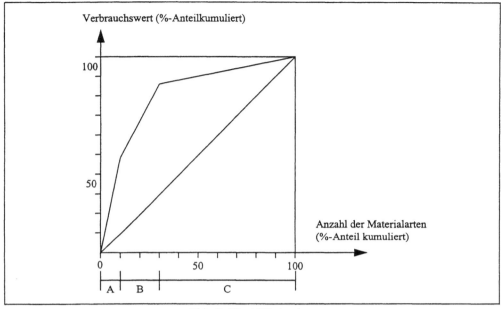

Abb. B-23: ABC-Analyse

Quelle: Corsten, H. (Produktionswirtschaft 1991), S. 313

Aus einer solchermaßen bestimmten Ungleichverteilung lassen sich Empfehlungen für das Beschaffungscontrolling ableiten. Die Beschaffung der A-Teile verdient eine besondere Intensität von Planung und Kontrolle. Hierfür bieten sich exakte Methoden wie programmgesteuerte Dispositionsverfahren oder Optimierungsmodelle der Beschaffung an. Für die B-Teile dürften verbrauchsorientierte Verfahren zur Disponierung in Frage kommen, während für C-Teile grobe, näherungsweise Bedarfsschätzungen und eventuell höhere Lagerbestände eine ausreichende Lösung darstellen dürften.[163]

Wenngleich die ABC-Analyse ihren Ursprung im Bereich der Materialwirtschaft hat, kann sie als ein universelles Verfahren zur Konzentrationsanalyse und, darauf basierend, zur Abgrenzung von Kontrollbereichen gesehen werden. Wichtige Anwendungsgebiete sind z.B. die Eingrenzung der wichtigsten Lieferanten oder der Kunden oder etwa der Handelsnamen, die den größten Anteil am Unternehmensumsatz oder -gewinn ausmachen. Planungs- und Kontrollaktivitäten sollten dann für diese Objekte besondere Aufmerksamkeit erlangen.

---

[163] Vgl. Corsten, H. (Produktionswirtschaft 1998), S. 394; Blohm, H. u.a., (Produktionswirtschaft 1987), S. 217; Zäpfel, G. (Produktionswirtschaft 1982), S. 180.

Die ABC-Analyse kann positive Hinweise auf einen systematisch geplanten, differenzierten und dadurch effizienteren Einsatz von „Kontrollressourcen" geben. Für die ABC-Analyse spricht ferner, daß sie relativ leicht anwendbar ist. Die erforderliche Datenbasis ist in modernen integrierten Anwendungssystemen in der Regel ohnedies verfügbar. Welche Grenzwerte allerdings für die A-, B- und C-Segmente gesetzt werden, ist letztlich willkürlich.

6.2 Instrumente zur Vergleichsdurchführung

Bei der Charakterisierung der Kontrolle im Teil A wurde eingehender dargestellt, daß ein grundlegendes Merkmal der Kontrolle ein Vergleich zwischen einer Norm- oder Maßstabsgröße einerseits und der zu kontrollierenden Größe auf der anderen Seite ist.[164]

Im Rahmen dieses Abschnitts wollen wir uns auf Verfahren für den Soll-Ist-Vergleich konzentrieren und zwar insbesondere auf solche Instrumente, die einem Kostenvergleich dienen, d.h. einem Vergleich der angestrebten Kosten (Plankosten) mit den tatsächlichen Kosten (Istkosten).

Die Istwerte der Kosten werden dem Planungs- und Kontrollsystem dabei aus der (laufenden) Kostenrechnung – einer Komponente des Informationssystems[165] – zur Verfügung gestellt. Die *Plankosten* gehen aus den entsprechenden Planungsprozessen hervor. Für die Kostenplanung spielt die betriebswirtschaftliche Produktionstheorie eine herausragende Rolle:[166] Der geplante Ressourcenverbrauch wird auf der Basis naturgesetzlich-technischer Zusammenhänge und technischer Berechnungen und Analysen bestimmt. Zudem können arbeitswissenschaftliche Methoden zur Messung von Zeit- und Materialverbräuchen beitragen. Der – produktionstheoretisch – ermittelte mengenmäßige Ressourcenverbrauch wird im Rahmen der Kostentheorie wertmäßig erfaßt.[167]

Die Plankostenrechnung kann grundsätzlich sowohl als *Vollkosten-* wie auch als *Teilkostenrechnung* ausgestaltet werden. Im Rahmen der Plankostenrechnung auf Vollkostenbasis unterscheidet man in eine starre und eine flexible Variante in Abhängigkeit davon, ob Plankosten nur für die geplante Beschäftigung oder auch für andere Beschäftigungsgrade ermittelt werden. Nachfolgend werden

---

[164] Vgl. dazu ausführlicher Abschnitt 2.2.2 in Teil A.
[165] Vgl. dazu die Abgrenzung des Informationssystems in Abschnitt 4.3 in Teil A.
[166] Vgl. z.B. Schweitzer, M.; Küpper, H.-U. (Produktions- und Kostentheorie 1997), S. 15 ff.
[167] Vgl. z.B. Schweitzer, M.; Küpper, H.-U. (Produktions- und Kostentheorie 1997), S. 219 ff.

- die starre Plankostenrechnung (Punkt 6.2.1),
- die flexible Plankostenrechnung auf Vollkostenbasis (Abschnitt 6.2.2) und
- die flexible Plankostenrechnung auf Teilkostenbasis (Grenzplankostenrechnung) (Punkt 6.2.3)

und die daraus feststellbaren (Soll-Ist-) Abweichungen beschrieben.

6.2.1 Vergleich mit Hilfe einer starren Plankostenrechnung

Die *starre Plankostenrechnung* ist eine Vollkostenrechnung. Für jede Kostenart werden für einen festgelegten Abrechnungszeitraum und für einen bestimmten Beschäftigungsgrad die Plankosten ermittelt, die später mit den tatsächlich eingetretenen Istkosten verglichen werden. Zur Gewinnung der Plankosten sind folgende Schritte durchzuführen:[168]

- Nach der Bildung von Kostenstellen muß eine geeignete Bezugsgröße gewählt werden, anhand derer der Beschäftigungsgrad gemessen werden kann. Dies können z.B. Fertigungs- oder Maschinenstunden, Ausbringungs- oder Gewichtseinheiten oder die Beschäftigtenzahl sein.
- Anschließend wird die Planbeschäftigung bestimmt, z.B. die Planausbringungsmenge.
- Die Planbeschäftigung dient als Basis zur Berechnung der geplanten Einzel- und Gemeinkosten, die für jede primäre Kostenart jeweils seperat vorgenommen werden soll.
- Sekundäre Gemeinkosten gehen durch feste Plankostenverrechnungssätze in die Kostenrechnung ein. Diese Sätze werden durch Division der gesamten Plan-(Gemein-) Kosten einer Kostenstelle durch deren Planbeschäftigung gebildet.
- Die Plan-Herstellkosten einer Kostenträgereinheit ergeben sich aus der Addition von Planeinzelkosten und Plangemeinkosten, also dem „Anteil des Produktes an der Planbeschäftigung multipliziert mit dem Plan-Gemeinkostenverrechnungssatz"[169].

In Abb. B-24 ist das Prinzip der starren Plankostenrechnung dargestellt. Der Plankostenverrechnungssatz wird mit einer Division der gesamten Plankosten K^P einer Kostenstelle durch deren Planbeschäftigung B^P ermittelt:

$$k^P_{verr} = K^P / B^P$$

Am Ende der Rechnungsperiode werden die tatsächlich entstandenen Kosten K^i den Plankosten gegenübergestellt. Etwaige Kostenabweichungen werden in zwei Teile zerlegt: Zum einen betrachtet man die Differenz zwischen den Istkosten und den Plankosten bei Planbe-

---

[168] Vgl. Kilger, W. (Plankostenrechnung 1993), S. 36 ff. und Freidank C.-C. (Kostenrechnung 1997), S. 196.
[169] Freidank, C.-C. (Kostenrechnung 1997), S. 197.

schäftigung. Die Istkosten ergeben sich dabei aus dem Istkostenverrechnungssatz k^i_{verr} multipliziert mit der Istbeschäftigung B^i :

$$\Delta_1 = k^i_{verr} \cdot B^i - k^p_{verr} \cdot B^p$$

Zum anderen werden die Istkosten den Kosten K^{vp} gegenübergestellt, die bei der tatsächlichen Beschäftigung mit dem Planverrechnungssatz verrechnet werden:

$$\Delta_2 = k^i_{verr} \cdot B^i - k^p_{verr} \cdot B^i$$

Die erste Abweichung läßt allerdings keine Aussage darüber zu, in welchem Maße die Kostendifferenz auf eine zu geringe Auslastung der Produktionskapazitäten oder auf einen höheren Verbrauch an Produktionsfaktoren zurückzuführen ist. Ebenso kann auch die zweite Abweichung durch eine geringe Kapazitätsauslastung wie durch einen überhöhten Faktorverbrauch verursacht sein, denn in den verrechneten Plankosten sind auch fixe Kostenbestandteile enthalten.

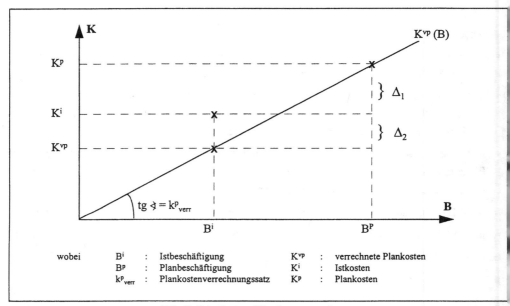

Abb. B-24: Starre Plankostenrechnung

Die starre Plankostenrechnung läßt damit zwar eine Kostenkontrolle im Sinne eines Plan-Ist-Vergleichs auf Kostenstellenebene zu. Allerdings bietet sie keine ausreichende Datenbasis für differenzierte, auf die Wirtschaftlichkeit von Kostenstellen bzw. Kostenträgern ausgerichtete Analysen der festgestellten Abweichungen zwischen Plan- und Istkosten.

6.2.2 Vergleich mit Hilfe einer flexiblen Plankostenrechnung auf Vollkostenbasis

Vor allem um die Möglichkeiten einer differenzierten Kostenkontrolle zu verbessern, wurde die *flexible* Plankostenrechnung entwickelt. Denn für eine wirksame Kostenkontrolle ist es vielfach erforderlich, bei der Realisation eingetretene Abweichungen bei den Kosteneinfluß-faktoren, z.B. zwischen geplanter und tatsächlicher Beschäftigung, zu berücksichtigen. Daraus ergeben sich die sog. *Sollkosten*: Dies sind die Kosten, die anfallen sollten, wenn eine Ko-steneinflußgröße, z.B. die Beschäftigung, nicht die geplante sondern die tatsächliche Höhe aufweist. Die Sollkosten sind mit den Istkosten zu vergleichen.

So erweitert die *flexible* Plankostenrechnung die starre Form „durch eine *Kostenauflösung*, das heißt durch eine *Aufteilung der Plankosten in fixe und proportionale Bestandteile*"[170]. Während die fixen Bestandteile als fest in die Planung einfließen, gehen die proportionalen Kostenbestandteile jetzt unmittelbar als von den einzelnen Beschäftigungsgraden[171] abhängige Größen in die Planung ein. Mit Hilfe von Kostenfunktionen wird die Abhängigkeit der varia-blen Kosten von der Beschäftigung notiert.

Daraus ergibt sich eine Sollkostenkurve, die für jeden Beschäftigungsgrad die zugehörigen Kosten im Sinne von „Plankosten" ausweist (Abb. B-25). Die Sollkostenkurve wird den Ko-stenstellen vorgegeben und erhält damit den Charakter einer „Budgetlinie".

Die Plankosten einer Kostenstelle werden für die geplante Beschäftigung B^P aus der Summe aus dem Plankostenverrechnungssatz k_{verr}^p multipliziert mit der geplanten Beschäftigung und den (Plan-) Fixkosten K_F^P ermittelt:

$$K^P = k_{verr}^p \cdot B^P + K_F^p$$

Der Plankostenverrechnungssatz k_{verr}^p pro Kostenträgereinheit wird aus den variablen (Plan-) Stückkosten k_v^p und den (Plan-) Fixkosten – proportionalisiert für die Planbeschäftigung – gebildet:

$$k_{verr}^p = k_v^p + K_F^p / B^p$$

Die Plankosten gelten damit nur für die geplante Beschäftigung; hingegen sind die Sollkosten eine Funktion der Beschäftigung:

$$K^S(B) = k_v^p \cdot B + K_F^p$$

---

[170] Kilger, W. (Plankostenrechnung 1993), S. 39.

[171] Daß die Kosten nur von der Beschäftigung abhängen, ist eine vielfach gemachte Vereinfachung. Tatsächlich sind andere bzw. mehrere Einflußgrößen, z.B. die Zahl der Schichten oder die Intensität des Fertigungsprogramms denkbar. Vgl. dazu Freidank, C.-C. (Kostenrechnung 1997), S. 200 und Neumayer, W. (Plankostenrechnung 1950), S. 403 ff.

Für Kontrollzwecke können die auftretenden Differenzen nun genauer analysiert werden: Die Kostenkontrolle wird in der Regel auf der Basis von Istkosten durchgeführt, die zu Planpreisen bewertet sind. Auf diese Weise werden Abweichungen zwischen geplanten und tatsächlichen Preisen – die sog. *Preisabweichung* – für Kontrollzwecke eliminiert. Dem liegt die Auffassung zugrunde, daß ein Kostenstellenleiter grundsätzlich für die Preisentwicklungen auf den Beschaffungsmärkten nicht verantwortlich gemacht werden kann.

Nachdem die Preisabweichungen aus der Gesamtabweichung eliminiert sind, ist es möglich, die für Kontrollzwecke oftmals wichtigste Abweichung, die *Verbrauchsabweichung*, zu ermitteln: Die Differenz zwischen den Istkosten – bewertet zu Planpreisen – und den Sollkosten wird als Verbrauchsabweichung bezeichnet. Eine positive Verbrauchsabweichung beruht darauf, daß im Vergleich zur Kostenplanung der (mengenmäßige) Produktionsfaktorverbrauch zu hoch war, und dies deutet auf Unwirtschaftlichkeiten hin. Dementsprechend ist die Verbrauchsabweichung vom Kostenstellenleiter zu verantworten.

Als *Beschäftigungsabweichung* wird die Differenz zwischen den Sollkosten und den verrechneten Plankosten bei Istbeschäftigung bezeichnet. Diese Abweichung ist darauf zurückzuführen, daß im Plankostenverrechnungssatz k_{verr}^p die Fixkosten für die Planbeschäftigung verrechnet werden. Ist – wie im Beispiel von Abb. B-25 – die Istbeschäftigung niedriger als die Planbeschäftigung, werden die Fixkosten nicht vollständig auf die Kostenträger verrechnet. Für derartige Fixkostenüber- oder -unterdeckungen kann der Kostenstellenleiter grundsätzlich nicht zur Rechenschaft gezogen werden.

Die sog. *Budgetabweichung* – auch als „echte Beschäftigungsabweichung" bezeichnet – ergibt sich als Differenz zwischen den Plankosten bei Planbeschäftigung K^P und den Sollkosten K^s bei Istbeschäftigung. Die Budgetabweichung gibt Aufschluß über die Abweichung des realisierten vom geplanten Kostenvolumen, die aufgrund des – von der Planung abweichenden – Beschäftigungsgrades entstanden ist. Die Verantwortung für die Budgetabweichung kann nicht eindeutig zugeordnet werden. Sie kann beispielsweise daraus resultieren, daß die Planbeschäftigungsmenge der Produktion aufgrund zu optimistischer Erwartungen im Absatzbereich zu hoch angesetzt wurde. Eine andere Ursache könnte aber auch darin liegen, daß der Produktionsleiter es versäumt hat, die Maschinen rechtzeitig warten zu lassen, und die geplante Produktionsmenge so aufgrund hoher Maschinenausfallzeiten nicht gefertigt werden konnte.

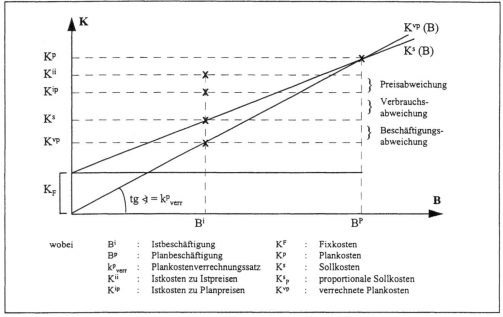

Abb. B-25: Flexible Plankostenrechnung auf Vollkostenbasis

Die flexible Plankostenrechnung *auf Vollkostenbasis* liefert aussagefähige Kontrollinforma-tionen. Mit ihr ist es möglich, „außer kostenarten- bzw. kostenstellenbezogenen Verbrauchs-abweichungen, die im Rahmen des internen Kontrollsystems für die Führungsinstanzen die entscheidenden Informationsgrundlagen hinsichtlich der Wirtschaftlichkeit des Produktions-prozesses darstellen, Preis- und Beschäftigungsabweichungen auszuweisen."[172]

Die flexible Plankostenrechnung *auf Vollkostenbasis* ist aber für Planungszwecke mit Nach-teilen verbunden, die sich vor allem aus der Fixkostenproportionalisierung ergeben. Aufgrund der proportionalen Verrechnung von Fixkosten können – wie mit allen Vollkostenrechnun-gen – nur bedingt entscheidungsrelevante Informationen für Produktkalkulationen, Produkti-onsprogramm- und Investitionsentscheidungen zur Verfügung gestellt werden. Gerade für Entscheidungszwecke ist die Fokussierung auf variable oder Grenzkosten von Bedeutung, die die Grenzplankostenrechnung vorsieht.

6.2.3 Vergleich mit Hilfe einer flexiblen Plankostenrechnung auf Teilkostenbasis

In der Praxis hat sich in den letzten Jahren zunehmend die Plankostenrechnung auf Teilko-stenbasis, die Grenzplankostenrechnung, etabliert. Denn vor allem die Notwendigkeit, für

---

172 Freidank, C.-C. (Kostenrechnung 1997), S. 260. Hervorh. des Originals getilgt.

Entscheidungen kurzfristiger Art entscheidungsrelevante Informationen zu gewinnen,[173] hat dazu geführt, auf eine Verrechnung der Fixkosten auf Kostenträger zu verzichten.

Im Gegensatz zu Vollkostenrechnungen wird den Kostenträgern bei der Plankostenrechnung auf Teilkostenbasis nur ein Teil der Gesamtkosten, nämlich die variablen Kosten, direkt zugerechnet. Der Plankostenverrechnungssatz umfaßt damit nur die variablen Kosten und keine fixen Bestandteile. Damit stimmen die verrechneten Plankosten K^{vp} für jeden Beschäftigungsgrad mit den (proportionalen) Sollkosten überein. Über- oder Unterdeckungen der auf die Kostenträger verrechneten Plankosten treten damit nicht auf.

Auch für die Abweichungsanalyse werden nun ausschließlich die Grenzkosten herangezogen, d. h. die Beschäftigungsabweichung der Vollkostenrechnung, die dem Kostenstellenleiter ohnehin nicht angelastet werden kann, entfällt. Die Preis- und die Verbrauchsabweichungen entsprechen denen der Vollkostenrechnung. Abb. B-26 skizziert diese Zusammenhänge.

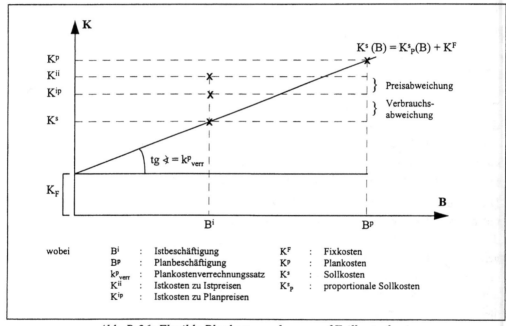

Abb. B-26: Flexible Plankostenrechnung auf Teilkostenbasis

Die Grenzplankostenrechnung liefert eine geeignete Grundlage für Kostenkontrollen, da mit ihr – wie in der vollkostenbasierten Rechnung – Unwirtschaftlichkeiten festgestellt werden können (Verbrauchsabweichung). Gegenüber der Plankostenrechnung auf Vollkostenbasis

---

[173] Vgl. dazu in jüngster Zeit sehr kritisch Pfaff, D.; Weber, J. (Kostenrechnung 1998), S. 157 ff.

werden vielfach Vorzüge der Praktikabilität für die Kostenkontrolle hervorgehoben. So entfällt beispielsweise das Problem, die „richtige" Planbeschäftigung" zu bestimmen.

6.3 Instrumente zur Abweichungsanalyse

Wurden Abweichungen zwischen der Norm- oder Maßstabsgröße und der zu kontrollierenden Größe festgestellt, ist zunächst zu entscheiden, ob und welche Abweichungen so gravierend sind, daß eine genauere Analyse ihrer Ursachen notwendig erscheint. Für diese Entscheidungen sind letztlich wiederum Nutzen-Kosten-Abwägungen ausschlaggebend. Dabei gilt es nicht allein, die Ursachen für Abweichungen zu analysieren, sondern – wenn möglich – auch die Verantwortung für die Abweichungen zuzuordnen. Im Rahmen der weiteren Ausführungen konzentrieren wir uns auf die Ursachenanalyse (Abschnitt 6.3.1) und die Abweichungsanalyse im Rahmen der Kostenplanung (Abschnitt 6.3.2), um an die Darstellung der Plankostenrechnung (Abschnitt 6.2.1 bis 6.2.3) anzuknüpfen.

6.3.1 Ursachenanalyse

Im Rahmen der Abweichungsanalyse vergleicht man geplante Werte, wie z.B. Kosten oder Erlöse, mit den tatsächlich eingetretenen Istzuständen dieser Größen. Sie enthält in der Regel zwei wesentliche Bestandteile: Neben der Faktenanalyse, also der Feststellung, ob und wie Abweichungen aufgetreten sind, wird in der Regel auch nach dem „warum" der Abweichungen gefragt. Dieses Vorgehen läßt sich als Ursachenanalyse definieren.[174]

Das Erkennen der Ursachen von Abweichungen ist eine entscheidende Voraussetzung, um künftig bei ähnlichen Prozessen Differenzen zwischen realisierten und geplanten Größen reduzieren zu können.[175] Durch die kritische Konfrontation der Istzustände mit den bisherigen Planungen soll somit nicht nur die Notwendigkeit etwaiger Anpassungsmaßnahmen festgestellt werden, sondern es sollen auch Erkenntnisse für die Planung zukünftiger Wertgrößen gewonnen werden.

Will man die Ursachen von Abweichungen erkennen, ist ein systematisches Vorgehen insbesondere deswegen zweckmäßig, weil nur so die Gefahr, Einflußvariablen zu vergessen oder diesen eine falsche Bedeutung zuzumessen, verringert werden kann. *Küpper* weist in diesem Zusammenhang darauf hin, daß die Ursachen von Abweichungen „nicht nur im kontrollierten Prozeß, sondern auch in einer fehlerhaften Ermittlung der zu prüfenden Größe oder in einem Fehler bei der Festlegung der Normgröße liegen"[176] können. Er schlägt die in Abb. B-27 wie-

---

174 Vgl. Hahn, D. (PuK 1996), S. 232.
175 Vgl. Küpper, H.-U. (Controlling 1997), S. 182.
176 Küpper, H.-U. (Controlling 1997), S. 182.

dergegebene Systematisierung der Ursachen von Kostenabweichungen, des am häufigsten durch die Abweichungsanalyse untersuchten Objekts, vor:[177]

Gerade Abweichungen bei der Festlegung der Normgröße verdienen besondere Beachtung. Geht man davon aus, daß die Normgröße über den Planungsprozeß festgelegt wird, so können Abweichungen auf Planungs-, Erfassungs- und Meßfehlern beruhen, aber auch darauf zurückzuführen sein, daß die Ausführung des zu kontrollierenden Prozesses in anderer Weise erfolgt als geplant.

Planungsfehler können auftreten, weil entweder unpassende Prognose- oder Entscheidungsmodelle verwendet oder die – zwar geeigneten – Modelle falsch angewendet wurden; außerdem könnten falsche Randbedingungen unterstellt worden sein.

Bei der Erfassung der zu überprüfenden Soll- und Ist-Größen können ebenso Fehler auftreten wie bei der Ausführung der Abweichungsanalyse. Dabei ist zwischen zufälligen und steuer- bzw. kontrollierbaren Fehlern zu unterscheiden.

Um Abweichungen, die aus der Ausführung des zu kontrollierenden Prozesses resultieren, analysieren zu können, ist eine genaue Kenntnis der Einflußfaktoren, die auf den Prozeß einwirken, und deren Zusammenspiel erforderlich.

In der Regel werden Zusammenhänge zwischen dem Ausführungsergebnis und dem Prozeß der Ausführung durch eine theoretische Hypothese, zum Beispiel eine Kostenfunktion, dargestellt. Diese zeigt Abhängigkeiten und Einflußmöglichkeiten auf, welche die Höhe der Kosten bestimmter Produktionsmengen beeinflussen, und bietet Ansatzpunkte, Gründe von Abweichungen zwischen Plan und Soll herauszufinden.[178]

Weil derartige theoretische Methoden die Realität vielfach nur unvollständig und vereinfachend abbilden können, kann die Ursachenforschung im Rahmen der Abweichungsanalyse durch die Hinzuziehung weiterer qualitativer und quantitativer Verfahren erweitert werden. So werden qualitative Verfahren wie die Ursache-Wirkungs-Diagnose, die Schwachstellendiagnosematrix oder Markttypologisierungen vorgeschlagen.[179] Als statistische Auswertungstechnik bietet sich z.B. die Multivariatenanalyse an.[180]

---

[177] Vgl. Küpper, H.-U. (Controlling 1997), S. 182 f.
[178] Vgl. z.B. Schweitzer, M.; Küpper, H.-U. (Produktions- und Kostentheorie 1997), S. 220.
[179] Vgl. Pfeiffer, W., Metze, G. (Innovationsplanung 1989), Sp. 558.
[180] Vgl. Uebele, H. (Auswertungstechniken 1989), Sp. 1855 f.

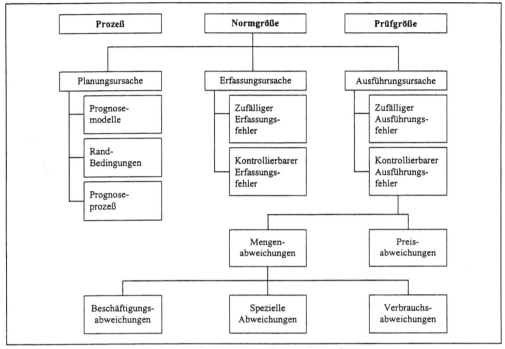

Abb. B-27: Ursachen von Kostenabweichungen

Quelle: Küpper, H.-U. (Controlling 1997), S. 182

Inhaltlich wird die Ursachenanalyse – wie Abweichungsanalysen generell – vor allem für die Betrachtung von Kostenabweichungen und damit zur Wirtschaftlichkeitsbeurteilung einge- setzt. Preis- und Mengenabweichungen stehen meist im Mittelpunkt des Interesses. Dabei wird einerseits darauf geachtet, ob Ziele und Maßnahmen aufgrund von „im Zeitpunkt der Planerstellung nicht vorgesehener außer- und innerbetrieblicher besonderer Verhältnisse und Entwicklungen nicht im geplanten Ausmaß realisiert werden konnten, oder andere als die ge- planten Maßnahmen durchgeführt worden sind."[181] Eventuell sind dann Korrekturen der Pläne vorzunehmen. Andererseits lassen sich aus dem Vergleich der Plan- und Istdaten Informatio- nen über die Wirtschaftlichkeit des Leistungserstellungsprozesses gewinnen. „Die Analyse der Abweichungen im Hinblick auf ihre Ursachen deckt Mängel im Betriebsgeschehen auf und kann mit als Grundlage für die Leistungsbeurteilung in den Funktionsbereichen verwen- det werden."[182]

---

[181] Hahn, D. (PuK 1996), S. 409.
[182] Hahn, D. (PuK 1996), S. 410.

Die Ursachenanalyse wird inzwischen auch verstärkt für Erlösabweichungen[183], Deckungsbeitragsabweichungen[184] oder im Rahmen der Kontrolle von Investitionsentscheidungen[185] verwendet.

Wie zuvor gesagt, können Abweichungen nicht nur durch die Ausführung der Prozesse, z.B. des Produktionsvollzugs, sondern auch durch eine unrealistische Planung hervorgerufen worden sein. Dies ist beispielsweise dann der Fall, wenn in der Produktionsplanung der Anteil der Eilaufträge und damit die erforderlichen Umrüstarbeiten falsch prognostiziert wurden. Nur wenn Abweichungsursachen erkannt werden, lassen sich Ansatzpunkte für Verbesserungen zukünftiger Planungen gewinnen: „Die Analysen vermitteln der Unternehmensführung wertvolle Hinweise hinsichtlich der Verläßlichkeit der bei der Planungsrechnung unterstellten Datenkonstellationen von Unternehmung und Umwelt und hinsichtlich des Einflusses möglicher Störgrößen, die bei der Realisierung des geplanten Programmes auftraten und gegebenenfalls wiederum auftreten können oder zu erwarten sind."[186]

Trotz der Bedeutung der Informationen, die durch die Ursachenanalyse gewonnen werden sollen, weist die Ursachenanalyse auch einige Schwächen auf. So verursacht eine umfangreiche Ursachenanalyse hohe Kosten, die in einem ökonomisch sinnvollen Verhältnis zum erwarteten Ertrag stehen sollen. Deswegen erscheint die Analyse von Abweichungen nur dann angebracht, wenn diese bestimmte Toleranzwerte überschritten haben. Methodische Unklarheiten, was in einem spezifischen Prozeß „ein 'Ursachenindikator' sein soll bzw. sein kann"[187], begrenzen ebenso die Qualität der Ursachenanalyse wie noch unausgereifte theoretische Konzeptvorschläge vor allem außerhalb der Kostenrechnung.

6.3.2 Abweichungsanalyse im Rahmen der Kostenkontrolle

Mehrfach wurde bereits auf das grundsätzliche Anliegen innerhalb der Kostenkontrolle hingewiesen, Abweichungen zwischen Plan- und Istkosten auf ihre Ursachen hin zu analysieren und so die Voraussetzungen dafür zu schaffen, daß die Verantwortung für die Kostenabweichungen zugeordnet werden kann.

Im Abschnitt 6.2.2 wurden die Preis-, die Verbrauchs- und die sogenannte Budget- sowie die Beschäftigungsabweichung bereits definiert. Das Ziel einer Abweichungsanalyse muß darin bestehen, diese – und ggf. andere – Abweichungen zu isolieren. Dies läßt sich auf verhältnismäßig einfache Weise erreichen, wenn die zugehörigen Kosteneinflußfaktoren

---

[183] Vgl. Albers, S. (System 1989), S. 637 ff.
[184] Vgl. z.B. Kloock, J. (Unternehmensrechnung 1978), S. 493 ff.
[185] Vgl. z.B. Lüder, K. (Investitionskontrolle 1969); Küpper H.-U. (Investitionscontrolling 1991), S. 167 ff.
[186] Hahn, D. (PuK 1996), S 402.
[187] Witt, F.-J. (Erlöscontrolling 1990), S. 446.

1. der Sache nach bekannt sind,

2. in einem funktionalen Zusammenhang zu den Kosten stehen, d.h. in einer Kostenfunktion abbildbar sind, und

3. unabhängig voneinander sind, d.h. sich in ihren Auswirkungen nicht gegenseitig beeinflussen.

Punkt 3 ist für die Zurechnung festgestellter Kostenabweichungen besonders wichtig: Sind die Kosteneinflußfaktoren in der Kostenfunktion *additiv* miteinander verknüpft, ist es möglich, jede einzelne Abweichung isoliert zu bestimmen.

Tatsächlich ist eine Unabhängigkeit der Kosteneinflußfaktoren aber vielfach nicht gegeben, Dies verdeutlicht das Beispiel von Faktorpreis und Faktormenge: Der (mengenmäßige) Verbrauch von Produktionsfaktoren ist multiplikativ mit dem Faktorpreis verknüpft. Bestehen Interdependenzen zwischen den Abweichungen, „entstehen sogenannte Abweichungen höheren Grades, die keiner der anderen ermittelten Teildifferenzen (Abweichungen ersten Grades), die jeweils genau auf der Änderung *eines* Kostenbestimmungsfaktors basieren, *verursachungsgerecht* zugerechnet werden können"[188].

Darüber hinaus kann eine Abweichungsanalyse erheblich durch funktionale Abhängigkeiten zwischen Kosteneinflußgrößen erschwert werden. Eine solche liegt etwa vor, wenn der Faktorpreis von der bezogenen Faktormenge abhängt (Mengenrabatt) oder wenn ein billiger eingekaufter und qualitativ schlechterer Produktionsfaktor in der Produktion zu höherem Ausschuß führt. Im Erlösbereich sind derartige funktionale Abhängigkeiten eher die Regel als die Ausnahme, wie man sich an der typischen Abhängigkeit der Absatzmenge vom Verkaufspreis (Preis-Absatz-Funktion) vergegenwärtigen kann.[189]

Abb. B-28 veranschaulicht Abweichungen ersten und zweiten Grades am Beispiel von Mengen- und Preisabweichung: Der Vergleich von Istkosten und Plankosten liefert eine Gesamtabweichung von

$$\Delta K = K^i - K^P = q^i \cdot r^i - q^p \cdot r^p$$

wobei q^i und q^p die tatsächlichen bzw. geplanten Faktorpreise bezeichnen und r^i sowie r^p die tatsächlichen bzw. geplanten Faktormengen wiedergeben. Die Abweichungen ersten Grades beziehen sich entweder nur auf die Preisänderung (Preisabweichungen ersten Grades) oder nur auf die Änderung der Verbrauchsmengen (Mengenabweichung ersten Grades). Die Abweichung zweiten Grades resultiert aus beiden Änderungen zusammen und kann nicht einer Ursache zugerechnet werden.

---

188 Freidank, C.-C. (Kostenrechnung 1997), S. 218.
189 Vgl. Albers, S. (System 1989), S. 637 ff.

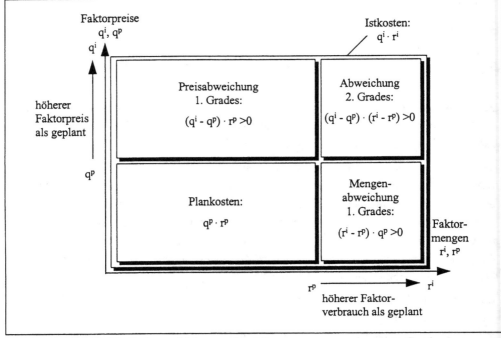

Abb. B-28: Preis- und Mengenabweichungen ersten und zweiten Grades

Die Abb. B-29 zeigt anhand eines einfachen Beispiels, daß die verschiedenen Abweichungen ersten und zweiten Grades sich kompensieren können[190], so daß im Extremfall Ist- und Plankosten die gleiche Höhe aufweisen. In diesem Beispiel kompensieren die preisinduzierten negativen Abweichungen genau den gegenüber der Planung erhöhten Faktorverbrauch, der in der positiven Mengenabweichung zum Ausdruck kommt.

---

[190]   Vgl. auch Freidank, C.-C. (Kostenrechnung 1997), S. 222 f.

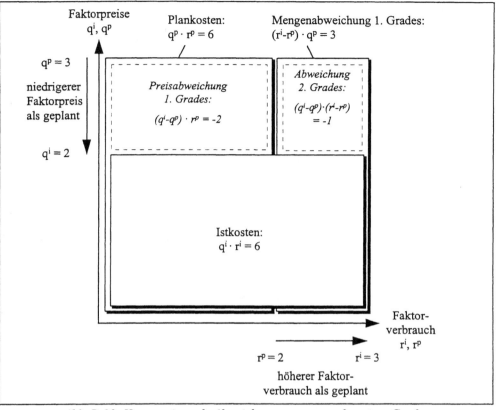

Abb. B-29: Kompensierende Abweichungen ersten und zweiten Grades

Um das Problem der Abweichungsinterdependenzen zu lösen, sind einige Verfahren entwikkelt worden[191], von denen nachfolgend die alternative, die einfach-kumulative und die differenziert-kumulative Abweichungsanalyse anhand eines Beispiels umrissen werden sollen:

Im Rahmen einer Plankostenrechnung wurde eine Kostenfunktion zugrundegelegt, die neben den Fixkosten als Kosteneinflußfaktoren die Beschäftigung x, den Faktorpreis q und den Faktorverbrauch r enthält. Die Kosteneinflußeinfaktoren sind multiplikativ miteinander verknüpft. Die Kostenfunktion lautet:

$$K = K_F + q \cdot r \cdot x$$

191 Zu den Verfahren der Abweichungsanalyse vgl. z.B. Kilger, W. (Plankostenrechnung 1993), S. 171 ff.; Kloock, J.; Bommes, W. (Kostenabweichungsanalyse 1982), S. 225 ff.; Wilms, S. (Abweichungsanalysemethoden 1988), S. 56 ff.; Freidank, C.-C. (Kostenrechnung 1997), S. 218 ff.

Die Kostenplanung hat für die Planbeschäftigung von $x^p = 20$ Ausbringungseinheiten Plankosten K^p in Höhe von 130 GE ermittelt, wobei ein Plan-Faktorpreis $q^p = 6$ und eine Einsatzgütermenge $r^p = 1$ pro Ausbringungseinheit unterstellt wurde. Die Istkosten zu Istpreisen K^{ii} betragen 250 GE. Der Ist-Faktorpreis beträgt $q^i = 8$ bei einer tatsächlichen Faktoreinsatzmenge von $r^i = 2$. Die geplanten Fixkosten K_F^i stimmen mit den tatsächlichen Fixkosten K_F^p in Höhe von 10 überein, allerdings wurden mit der gegebenen Kapazität nur 15 Ausbringungseinheiten produziert. Die Gesamtabweichung zwischen Plan- und Istkosten beträgt damit 120 GE und ist auf ihre Ursachen hin zu analysieren.

Bei der *alternativen Abweichungsanalyse* berechnet man die Einzelabweichungen in der Weise, daß jeweils nur eine bestimmte Einflußgröße vom Istwert auf den Planwert gesetzt wird, während die übrigen Einflußfaktoren unverändert bleiben. Für unser Beispiel zeigt Tab. B-9 die Berechnung der Einzelabweichungen. Die Summe der drei ermittelten Einzelabweichungen beträgt hier 100 GE. Sie liegt damit unter der Gesamtabweichung. Die Ursache liegt darin, daß bei dieser Berechnungsweise die Abweichungen höherer Ordnung in jeder Einzelabweichung enthalten sind. In unserem Beispiel sind wir von den Istkosten ausgegangen und haben jeweils für einen Kosteneinflußfaktor den Planwert eingesetzt. Stattdessen kann man auch umgekehrt vorgehen, indem man von Plankosten ausgeht und jeweils nur einen Istwert einsetzt.

Tab. B-9:   Beispiel für die alternative Abweichungsanalyse

Nr.	Abweichung	Beispielfunktion	Zahlenbeispiel
1.	Preisbedingte Einzelabweichung:	$K_F^i + q^i \cdot r^i \cdot x^i$ $-(K_F^i + q^p \cdot r^i \cdot x^i)$ $= (q^i - q^p) \cdot r^i \cdot x^i$	$10 + 8 \cdot 2 \cdot 15$ $-(10 + 6 \cdot 2 \cdot 15)$ $= +60$
2.	Verbrauchsmengenbedingte Einzelabweichung:	$K_F^i + q^i \cdot r^i \cdot x^i$ $-(K_F^i + q^i \cdot r^p \cdot x^i)$ $= q^i \cdot (r^i - r^p) \cdot x^i$	$10 + 8 \cdot 2 \cdot 15$ $-(10 + 8 \cdot 1 \cdot 15)$ $= +120$
3.	Beschäftigungsbedingte Einzelabweichung:	$K_F^i + q^i \cdot r^i \cdot x^i$ $-(K_F^i + q^i \cdot r^i \cdot x^p)$ $= q^i \cdot r^i \cdot (x^i - x^p)$	$10 + 8 \cdot 2 \cdot \mathbf{15}$ $-(10 + 8 \cdot 2 \cdot \mathbf{20})$ $= -80$

Bei der *einfach-kumulativen Abweichungsanalyse* werden die Abweichungen zwischen Ist- und Planwerten sukzessive und kumulativ eliminiert. Auf diese Weise werden Abweichungen höheren Grades den zuerst berechneten Teilabweichungen „zugeschlagen", so daß die Reihenfolge, in der die Partialabweichungen bestimmt werden, deren Höhe bestimmt.

Tab. B-10: Beispiel für die einfach-kumulative Abweichungsanalyse

Nr.	Abweichung	Beispiel	Zahlenbeispiel
1.	Preisabweichung: $\Delta P = K^{ii} - K^{ip}$	$K^{ii} = K_F^i + q^i \cdot r^i \cdot x^i$ $-K^{ip} = K_F^i + q^p \cdot r^i \cdot x^i$ $\overline{\Delta P = (q^i - q^p) \cdot r^i \cdot x^i}$	$K^{ii} = 10 + 8 \cdot 2 \cdot 15$ $K^{ip} = 10 + 6 \cdot 2 \cdot 15$ $\Delta P = +60$
2.	Verbrauchsabweichung: $\Delta V = K^{ip} - K^{s}$	$K^{ip} = K_F^i + q^p \cdot r^i \cdot x^i$ $-K^s = K_F^i + q^p \cdot r^p \cdot x^i$ $\overline{\Delta V = q^p \cdot (r^i - r^p) \cdot x^i}$	$K^{ip} = 10 + 6 \cdot 2 \cdot 15$ $K^s = 10 + 6 \cdot 1 \cdot 15$ $\Delta V = +90$
3.	Budgetabweichung: $\Delta B = K^s - K^P$	$K^s = K_F^i + q^p \cdot r^p \cdot x^i$ $-K^P = K_F^i + q^p \cdot r^p \cdot x^p$ $\overline{\Delta B = q^p \cdot r^p \cdot (x^i - x^p)}$	$K^s = 10 + 6 \cdot 1 \cdot 15$ $K^P = 10 + 6 \cdot 1 \cdot 20$ $\Delta B = -30$

In unserem Beispiel wird zuerst nur der Preiseffekt eliminiert; im nächsten Schritt wird *zusätzlich* der Kosteneffekt ausgeschaltet, der durch einen erhöhten Faktorverbrauch entsteht. Erst im dritten Schritt wird die Differenz zwischen geplanter und tatsächlicher Beschäftigung berücksichtigt. Ermittelt man in diesem Beispiel zunächst den Verbrauchseffekt und erst anschließend den Preiseffekt, bleibt zwar die Summe der festgestellten Abweichungen unverändert in Höhe der Gesamtabweichung von 120 GE, die ermittelten Einzelabweichungen haben jedoch andere Werte, wie Tab. B-11 zeigt.

Tab. B-11: Änderung der Reihenfolge der Abweichungsermittlung beim einfach-kumulativen Analyseverfahren

Nr.	Abweichung	Beispiel	Zahlenbeispiel
1.	Ermittlung der Wirkungen der erhöhten Faktorverbrauchs:	$K_F^i + q^i \cdot r^i \cdot x^i$ $-(K_F^i + q^i \cdot r^p \cdot x^i)$ $\overline{= q^i \cdot (r^i - r^p) \cdot x^i}$	$10 + 8 \cdot 2 \cdot 15$ $-(10 + 8 \cdot 1 \cdot 15)$ $= +120$
2.	Ermittlung der Wirkungen der Preissteigerung nach Eliminierung des erhöhten Faktorverbrauchs:	$K_F^i + q^i \cdot r^p \cdot x^i$ $-K_F^i + q^p \cdot r^p \cdot x^i$ $\overline{= (q^i - q^p) \cdot r^p \cdot x^i}$	$10 + 8 \cdot 1 \cdot 15$ $-(10 + 6 \cdot 1 \cdot 15)$ $= +30$
3.	Budgetabweichung: $\Delta B = K^s - K^P$	$K^s = K_F^i + q^p \cdot r^p \cdot x^i$ $-K^P = K_F^i + q^p \cdot r^p \cdot x^p$ $\overline{\Delta B = q^p \cdot r^p \cdot (x^i - x^p)}$	$K^s = 10 + 6 \cdot 1 \cdot 15$ $K^P = 10 + 6 \cdot 1 \cdot 20$ $\Delta B = -30$

Während bei dem einfach-kumulativen Vorgehen die Abweichungen höherer Ordnung in den zuerst errechneten Abweichungen enthalten sind, bietet die *differenziert-kumulative Abwei-*

chungsanalyse die Möglichkeit, die Abweichungen höheren Grades explizit auszuweisen.[192] Wie bei der alternativen Analyse werden zunächst die Abweichungen ersten Grades ermittelt; anschließend ermittelt man die Abweichungen höheren Grades. In Tab. B-12 ist die differenziert-kumulative Analyse auf unser Beispiel angewendet.

Tab. B-12: Beispiel für die differenziert-kumulative Abweichungsanalyse

Nr.	Abweichung	Beispielfunktion	Zahlenbeispiel
Abweichungen ersten Grades			
1.	Preisbedingte Einzelabweichung	$(q^i - q^p) \cdot r^p \cdot x^p$	$2 \cdot 1 \cdot 20 = 40$
2.	Verbrauchsmengenbedingte Einzelabweichung:	$q^p \cdot (r^i - r^p) \cdot x^p$	$6 \cdot 1 \cdot 20 = 120$
3.	Beschäftigungsbedingte Einzelabweichung:	$q^p \cdot r^p \cdot (x^i - x^p)$	$6 \cdot 1 \cdot -5 = -30$
Abweichungen zweiten Grades			
4.	Preis-Mengenbedingte Mischabweichung	$(q^i - q^p) \cdot (r^i - r^p) \cdot x^p$	$2 \cdot 1 \cdot 20 = 40$
5.	Preis-Beschäftigungsbedingte Mischabweichung:	$(q^i - q^p) \cdot r^p \cdot (x^i - x^p)$	$2 \cdot 1 \cdot -5 = -10$
6.	Mengen-Beschäftigungsbedingte Mischabweichung:	$q^p \cdot (r^i - r^p) \cdot (x^i - x^p)$	$6 \cdot 1 \cdot -5 = -30$
Abweichungen dritten Grades			
7.	Preis-, Mengen-, Beschäft.-bedingte Mischabweichung	$(q^i - q^p) \cdot (r^i - r^p) \cdot (x^i - x^p)$	$2 \cdot 1 \cdot -5 = -10$

Ein Vergleich der Resultate der einfach-kumulativen mit denen der differenziert-kumulativen Abweichungsanalyse zeigt, daß die dort errechnete Preisabweichung von 60 GE (s. Tab. B-9) mit der hier errechenbaren Summe aller Abweichungen erster und höherer Ordnung übereinstimmt, in die auch die Preisänderung eingegangen ist (im Beispiel ergibt sich 40+40–10–10 = 60 GE).

Welches der hier vorgestellten Verfahren im Einzelfall das vorteilhafteste ist, kann nicht allgemeingültig gesagt werden; dies hängt vielmehr von den Kontrollzwecken ab, ob nämlich – wie *Küpper* ausführt – „die *Analyse empirischer Zusammenhänge* für künftige Prognosen oder die *Verhaltensbeeinflussung* der Mitarbeiter im Vordergrund stehen"[193]. So ist es für künftige Prognosen und Planungen von wesentlicher Bedeutung, die Wirkungen der verschiedenen Kosteneinflußfaktoren möglichst genau zu kennen, was tendenziell für eine differen-

---

[192] Zur differenziert-kumulativen Abweichungsanalyse finden sich ausführliche Beispiele bei Freidank, C.-C. (Kostenrechnung 1997), S. 220 ff., 224 ff.

[193] Küpper, H.-U. (Controlling 1997), S. 187.

zierte Abweichungsanalyse spricht. Um das Verhalten der verantwortlichen Mitarbeiter zu beeinflussen, kann es hingegen zweckmäßig sein, diesen auch die Abweichungen höherer Ordnung zuzurechnen, wie es bei der alternativen und der einfach-kumulativen Abweichungsanalyse geschieht.

6.4 Wiederholungs- und Vertiefungsfragen

1. Welche Kosten verursachen Kontrollen? Wie lassen sich diese systematisieren?

2. Erklären Sie die Begriffe Norm- oder Maßstabsgröße und Kontrollgröße.

3. Lassen sich Schwachstellen- und Sensitivitätsanalyse kombinieren, und – wenn ja – wie?

4. Die ABC-Analyse hat ihren Ursprung in der Materialwirtschaft, sie wird aber auch für die Definition von Lieferanten- oder Kundengruppen eingesetzt. Können Sie sich weitere Anwendungsgebiete der ABC-Analyse vorstellen? Wo stößt sie an Grenzen, die einen Einsatz nicht mehr sinnvoll machen?

5. Sehen Sie Gemeinsamkeiten in der Schwachstellen- und der Ursachenanalyse? Wo sind Unterschiede in Bezug auf Zielsetzung und Vorgehensweise der beiden Verfahren?

6. Wieso stellen Entscheidungsmodelle die Grundlage von Sensitivitätsanalysen dar?

7. Warum wird in der Regel die Beschäftigung als variable Größe der flexiblen Plankostenrechnung verwendet?

8. Beschreiben Sie die Vorteile der flexiblen Plankostenrechnung in Bezug auf eine wirksame Kostenkontrolle!

9. Finden Sie Argumente und Beispiele, unter welchen Umständen wer im Unternehmen (z.B. Kostenstellenleiter, Zentrale etc.) für welche Kostenabweichungen sinnvollerweise verantwortlich zu machen ist! Unterscheiden Sie dabei insbesondere auch unterschiedliche Organisationsformen des Unternehmens (z.B. Profitcenter-Struktur, zentrale Führung etc.)!

10. Erklären Sie die Bedeutung von Kontollinstrumenten für die Gestaltung von Planungs- und Kontrollsystemen!

11. Inwieweit können computergestützte Informationstechnologien bei der Anwendung der einzelnen Kontrollinstrumente hilfreich sein?

7 Ausgewählte Instrumente für das Planungsmanagement

Zum Planungsmanagement zählen allgemein die „Aufgaben der Planung, Organisation und Steuerung des Planungsprozesses"[194], und es umfaßt damit systembildende und systemkoppelnde Aufgaben. Da wir die Ausführungen in diesem Teil B an den systemkoppelnden Funktionen des Controlling im Hinblick auf Planungs- und Kontrollsysteme ausrichten[195], sollen auch für das Planungsmanagement die systemkoppelnden Aufgaben im Vordergrund stehen.

In Abb. B-30 sind – der Gliederung von *Horváth* folgend – Instrumente für das *systemkoppelnde* Planungsmanagement aufgeführt. Hierbei kommen wiederum zahlreiche der Instrumente zum Einsatz, die bereits in den Kapiteln 5 und 6 als Planungs- bzw. Kontrollinstrumente dargestellt wurden (z.B. Investitionsrechenverfahren oder die ABC-Analyse). Dafür sind zwei Gründe maßgeblich:

- Zum einen stellen Planung und Kontrolle ihrerseits zu planende und zu kontrollierende Aufgaben dar. So wird z.B. die ABC-Analyse benötigt, um festzustellen, welche Planentwürfe einer Kontrolle zu unterziehen sind.
- Zum anderen besteht ein wesentlicher Teil des systemkoppelnden Planungsmanagements letztlich darin, die Planungen und Kontrollen zu prüfen oder aufzuarbeiten und damit zumindest teilweise noch einmal zu vollziehen. Dies erklärt, warum z.B. Handlungsalternativen mit Hilfe von Investitionsrechenverfahren auch vom Planungsmanagement möglicherweise noch einmal bewertet werden.

Als „originär" dem Planungsmanagement zugehörig können hingegen die Instrumente angesehen werden, die der Koordination von Plänen und Kontrollen dienen und insbesondere für eine sachliche und zeitliche Koordination eingesetzt werden. Auf diese Koordinationsinstrumente konzentrieren sich die nachfolgenden Ausführungen.

---

[194] Horváth, P. (Controlling 1996), S. 198.
[195] Vgl. dazu S. 137.

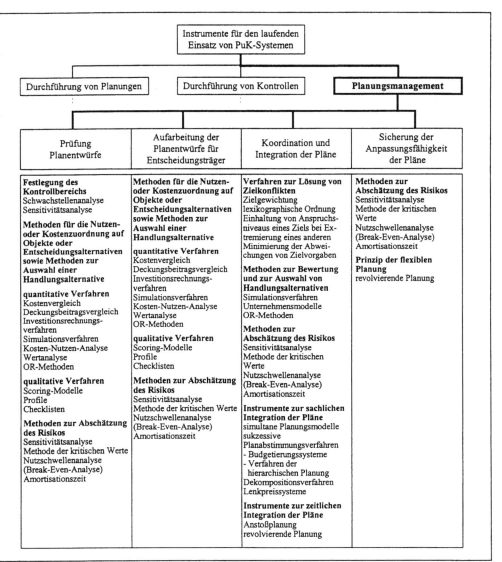

Instrumente für den laufenden Einsatz von PuK-Systemen			
Durchführung von Planungen	Durchführung von Kontrollen	**Planungsmanagement**	

Prüfung Planentwürfe	Aufarbeitung der Planentwürfe für Entscheidungsträger	Koordination und Integration der Pläne	Sicherung der Anpassungsfähigkeit der Pläne
Festlegung des Kontrollbereichs Schwachstellenanalyse Sensitivitätsanalyse **Methoden für die Nutzen-oder Kostenzuordnung auf Objekte oder Entscheidungsalternativen sowie Methoden zur Auswahl einer Handlungsalternative** **quantitative Verfahren** Kostenvergleich Deckungsbeitragsvergleich Investitionsrechnungs-verfahren Simulationsverfahren Kosten-Nutzen-Analyse Wertanalyse OR-Methoden **qualitative Verfahren** Scoring-Modelle Profile Checklisten **Methoden zur Abschätzung des Risikos** Sensitivitätsanalyse Methode der kritischen Werte Nutzschwellenanalyse (Break-Even-Analyse) Amortisationszeit	**Methoden für die Nutzen-oder Kostenzuordnung auf Objekte oder Entscheidungsalternativen sowie Methoden zur Auswahl einer Handlungsalternative** **quantitative Verfahren** Kostenvergleich Deckungsbeitragsvergleich Investitionsrechnungs-verfahren Simulationsverfahren Kosten-Nutzen-Analyse Wertanalyse OR-Methoden **qualitative Verfahren** Scoring-Modelle Profile Checklisten **Methoden zur Abschätzung des Risikos** Sensitivitätsanalyse Methode der kritischen Werte Nutzschwellenanalyse (Break-Even-Analyse) Amortisationszeit	**Verfahren zur Lösung von Zielkonflikten** Zielgewichtung lexikographische Ordnung Einhaltung von Anspruchs-niveaus eines Ziels bei Ex-tremierung eines anderen Minimierung der Abwei-chungen von Zielvorgaben **Methoden zur Bewertung und zur Auswahl von Handlungsalternativen** Simulationsverfahren Unternehmensmodelle OR-Methoden **Methoden zur Abschätzung des Risikos** Sensitivitätsanalyse Methode der kritischen Werte Nutzschwellenanalyse (Break-Even-Analyse) Amortisationszeit **Instrumente zur sachlichen Integration der Pläne** simultane Planungsmodelle sukzessive Planabstimmungsverfahren - Budgetierungssysteme - Verfahren der hierarchischen Planung Dekompositionsverfahren Lenkpreissysteme **Instrumente zur zeitlichen Integration der Pläne** Anstoßplanung revolvierende Planung	**Methoden zur Abschätzung des Risikos** Sensitivitätsanalyse Methode der kritischen Werte Nutzschwellenanalyse (Break-Even-Analyse) Amortisationszeit **Prinzip der flexiblen Planung** revolvierende Planung

Abb. B-30: Überblick über Instrumente für das Planungsmanagement im Rahmen der system-koppelnden Koordination

Quelle: verändert nach Horváth, P. (Controlling 1994), S. 208

Während zur Koordination der Planung eine Reihe von Instrumenten vorliegt, finden sich – wohl auch aufgrund der engen Beziehungen zwischen Planung und Kontrolle – kaum Ansätze, die eine eigenständige, d.h. von der Planung losgelöste Differenzierung von Kontrollaufgaben und Koordination der Kontrollaktivitäten vorsehen. So weist *Weber* darauf hin, daß die kontrollspezifische Koordination nur im Zusammenhang mit „ordnungsorientierten, auf die Einhaltung intern gesetzter oder von außen vorgegebener Regelungen gerichteten Kontrollen"[196] eine eigenständige Diskussion erfahre. *Küpper*, als Vertreter einer koordinationsbezogenen Controllingkonzeption, spricht die kontrollinterne Koordination nicht einmal explizit an; vielmehr stellt er z.B. für die zeitliche Koordination fest, daß das „jeweilige Vorgehen [zur Koordination der Planungsprozesse] ... auch für die Kontrollprozesse maßgebend [ist], die zeitversetzt eine analoge Struktur erhalten".[197]

In den nachfolgenden Abschnitten werden Koordinationsinstrumente für Planung und Kontrolle vorgestellt, wobei auch hier die Planung im Vordergrund steht. Das geschieht unter der Maßgabe, daß die kontrollspezifischen Koordinationsmaßnahmen eine der Planungskoordination entsprechende Struktur aufweisen.

Die Instrumente zur Planungskoordination werden in elementare und in komplexe unterschieden. Dabei zeichnen sich elementare Koordinationsinstrumente (Abschnitt 7.1) dadurch aus, daß sie in erster Linie grundlegende Lösungsansätze für die sachlich-inhaltliche Koordination von Teilplanungen bzw. -plänen besitzen. Es handelt sich um Koordinationsprobleme, die vornehmlich daraus entstehen, daß die komplexe Aufgabe Unternehmensplanung zerlegt wurde und daß zwischen diesen Planungsinterdependenzen bestehen. Diese Abstimmungsproblematik wurde in Abschnitt 4.2.1 als *funktionaler* Koordinationsbedarf bezeichnet.

Hingegen steht bei den komplexen Koordinationsinstrumenten (Teil 7.2) auch die *institutionale* Koordinationsproblematik[198] im Vordergrund des Interesses. Diese ergibt sich daraus, daß die Teilplanungsprobleme unterschiedlichen Aufgabenträgern übertragen, d.h. *dezentralisiert* werden.

Bei der Darstellung der Koordinationsformen wollen wir uns insbesondere an den folgenden Leitfragen orientieren:

Leitfragen von Kapitel 7:
⇒ An welche Voraussetzungen ist der Einsatz der verschiedenen Koordinationsinstrumente geknüpft?
⇒ Welche Koordinationswirkung entfalten die verschiedenen Koordinationsinstrumente?
⇒ Für welche Koordinationsprobleme und welche Einsatzbereiche ist ein Kontrollinstrument besonders geeignet?

---

[196] Vgl. Weber, J. (Controlling 1995), S. 161.
[197] Küpper, H.-U. (Controlling 1997), S. 276.
[198] Vgl. Abschnitt 4.2.2.

7.1 Elementare Koordinationsinstrumente

Die elementaren Instrumente zur Koordination von Planungs- und Kontrollaktivitäten richten sich vor allem auf drei Dimensionen, nämlich die

- sachlich-inhaltliche Koordination von Plänen und Berichten (Punkt 7.1.1)
- zeitliche Koordination von Plänen und Berichten (Punkt 7.1.2)
- Koordination der Planungs- und Kontrollprozesse (Punkt 7.1.3).

Jede dieser Dimensionen weist spezifische Koordinationsprobleme auf, die nachfolgend mit entsprechenden Lösungsansätzen umrissen werden. Wie oben bereits gesagt, konzentrieren wir uns hierbei vor allem auf die Planungskoordination.

7.1.1 Formen zur inhaltlichen Koordination der Pläne

Die inhaltliche Koordination der Pläne hat den Zweck, die verschiedenen Teilpläne aufeinander abzustimmen und so zu einem „Gesamtplan" für die Unternehmung zusammenzufügen. Wesentlich ist hierbei zum Beispiel, daß die inhaltlichen Schnittstellen zwischen den Plänen, z.B. zwischen Absatz- und Produktionsplan, aufeinander abgestimmt sind und – zumindest unerkannt – keine Planungslücken entstehen. Damit ist das Ziel der Vollständigkeit der Pläne angesprochen.[199]

Die Koordination der Pläne setzt damit insbesondere an der Differenzierung und den Zerlegungsmerkmalen der Pläne an. Für die Zerlegung der Gesamtaufgabe „Unternehmensplanung" in Teilaufgaben werden – wie bereits in Teil A angesprochen – zahlreiche Kriterien angewendet. Tab. B-13 führt einige der gebräuchlichen Differenzierungen im Überblick auf.

Tab. B-13: Beispielhafte Differenzierungsmerkmale der Unternehmensplanung in Teilplanungen

Differenzierungs-merkmal	Formen der Teilplanung				
Zeithorizont	langfristige Planung	mittelfristige Planung	kurzfristige Planung		
Funktionen	Absatzplanung	Produktions-planung	Beschaffungs-planung	...	
Faktoren	Personalplanung	Materialplanung	...		
Zielgrößen	Planung der Erfolgs-potentiale	Erlös-planung	Gewinn-planung	Liquiditäts-planung	Kosten-planung ...
Produkte	Produktplanung A	Produktplanung B	....		
...	...				

---

[199] Vgl. zu den Anforderungen an ein Plansystem Abschnitt 4 im Teil A dieses Buches.

Die Koordination muß dabei grundsätzlich im Hinblick auf die Entscheidungs- bzw. Planungsinterdependenzen erfolgen, die zwischen den Teilplanungen bestehen.[200] Dies sind bei funktionsspezifischen Planungen jedenfalls Interdependenzen aufgrund von Leistungsverflechtungen; bei produktbezogenen Planungen müssen möglicherweise Interdependenzen auf den Absatzmärkten berücksichtigt werden. Die – schon definitorisch offensichtlichen – Beziehungen zwischen Gewinn-, Erlös- und Kostenplanung sind ebenso zu beachten wie auch merkmalsübergreifende Koordinationsbedarfe: Zwischen Absatz- und Erlösplanung bestehen hohe Überschneidungen; aus jeder funktionsspezifischen Planung können Anforderungen an das Personal hervorgehen, die in der Personalplanung zu berücksichtigen sind usw.

Die Koordinationsfelder sind außerordentlich vielgestaltig und allgemeingültig kaum abzugrenzen. Vielmehr spielen unternehmens- und situationsspezifische Gegebenheiten (z.B. begrenzte Produktionskapazitäten, gemeinsam zu nutzende Ressourcen) hierfür eine wesentliche Rolle. Am *Beispiel* der Koordination zwischen strategischer, taktischer und operativer Planung sollen im weiteren grundlegende Koordinationsformen umrissen werden.

Die gebräuchliche Unterscheidung zwischen *strategischer, taktischer* und *operativer Planung* ergibt sich aus der kombinierten Anwendung mehrerer Differenzierungskriterien und stellt insofern eine mehrdimensionale Klassifikation, d.h. eine Typologie, dar.[201] In Tab. B-14 sind charakteristische Merkmale dieser Planungstypen aufgeführt. Verschiedentlich wird statt dieser dreistufigen eine zweistufige Differenzierung in strategische und operative Planung für sinnvoller gehalten, da präzise Abgrenzungen der taktischen Planung oftmals schwer durchzuführen sind.[202]

Strategische, taktische und operative Planung bilden insofern eine Hierarchie, als die strategische den Rahmen für die taktische Planung bildet. Die taktische stellt ihrerseits eine Vorgabe für die operative Planung dar und wird dort in konkreten Durchführungsplänen umgesetzt. Mit der Gliederung in eine strategische, taktische und operative Planung entsteht ein *hierarchisches Planungssystem*:

---

[200] Zu Entscheidungsinterdependenzen vgl. bereits Abschnitt 4.2.1 sowie ausführlich Frese, E. (Organisation 1998), S. 58 ff.

[201] Nach *Horváth* (vgl. Horváth, P. (Controlling 1996), S. 178) geht die Differenzierung in strategische, taktische und operative Planung aus der Anwendung *eines* Merkmals, nämlich dem „Ausmaß der geplanten Systemänderung" hervor, das in etwa dem Merkmal des Organisationsbezugs in Tabelle B-14 entspricht.

[202] Vgl. z.B. Camillus, J. C.; Grant, J. H. (Planning 1980), S. 370 ff.

Tab. B-14: Merkmale von strategischer, taktischer und operativer Planung nach Küpper
Quelle: leicht verändert nach Küpper, H.-U. (Controlling 1997), S. 64

Planungsstufen/ Ebenen	strategische Planung	taktische Planung	operative Planung
Zeithorizont	langfristig (> 5 Jahre)	mittelfristig (> 1 Jahr, < 5 Jahre)	kurzfristig (< 1 Jahr)
Zielgrößen	qualitative Zielgrößen: • Erfolgspotentiale • Bestimmungsgrößen des Gewinns	eher quantitative Größen: • Produktziele • mehrperiodige Erfolgsziele wie Kapitalwert, interner Zinsfuß • Zahlungsfähigkeit	quantitative Zielgrößen: • Produktionsziele: Kapazitätsauslastung, Durchlaufzeit-minimierung • einperiodige Erfolgsziele Perioden-/Stückgewinn, Perioden-/ Stückdeckungsbeitrag • Liquidität
Gestaltungs-variablen und Handlungs-alternativen	Produkt- und Marktstrategien Geschäftsfelder Standorte	Produktionsprogramm Investitions- und Finanzierungsprogramm Personalausstattung	Ablauf-, Losgrößen-, Bestellmengen Kapazitätsabstimmung Personaleinsatz
Detaillierungsgrad	geringe Detailliertheit	zunehmende Detailliertheit	hohe Detailliertheit
Organisatorischer Bezug	bezogen auf das gesamte Unternehmen	bezogen auf die einzelnen Funktionen	bezogen auf die Durchführungsebene
Organisatorische Verankerung	Oberste Führungsebene/ Unternehmensleitung	Mittlere Führungsebene/ Bereichs-, Spartenleitung	Untere Führungsebene/ Abteilungsleiter

Die hierarchische Planung ist stark auf die Organisationsstruktur der Unternehmung, genauer gesagt auf die formale Struktur der Organisationseinheiten, ausgerichtet. Das gesamte Planungsfeld wird sachlich – und zeitlich (s. Abschnitt 7.1.2) – so gegliedert, daß Planungen in einem einzelnen Bereich Vorgaben für nachgeordnete Stufen darstellen, deren Planungen ihrerseits keine Rückwirkungen auf die vorgelagerten Planungen haben (dies bedeutet freilich nicht, daß die Informationen, die auf unteren Hierarchieebenen anfallen, nicht in die übergeordneten Planungsprozesse eingehen könnten). Zur Verringerung der Komplexität und zur Koordination des Planungsproblems beruht die hierarchische Planung damit im wesentlichen auf drei Ansätzen:[203]

---

203 Vgl. Kistner, K.-P. (Koordinationsmechanismen 1992), S. 1130 f.

- *Dekomposition*: Zerlegung des (Gesamt-) Planungsfeldes in Teilbereiche.

- *Hierarchisierung*: Herstellung einer Rangordnung zwischen den Teilbereichen und Koordination in dem Sinne, daß die übergeordneten Bereiche Vorgaben für die untergeordneten darstellen.

- *Aggregation/Detaillierung*: Je höher die Hierarchiestufe der Planung, um so aggregierter sind die dort berücksichtigten Informationen und umgekehrt.

Die hierarchische Planung stellt eine Form der *Sukzessivplanung* dar, bei der die verschiedenen Planungsgegenstände und -probleme zeitlich nacheinander bearbeitet werden. Die sukzessive Planung steht im Gegensatz zur *Simultanplanung*, die gleichzeitig alle Planungsgegenstände einbezieht und damit ein Höchstmaß an Koordination der Planung bewirkt.

Durch die Hierarchisierung sieht die hierarchische Planung explizit eine *vertikale* Koordination zwischen den Teilplanungen vor (Vorgaben der über- an die untergeordneten Stufen). Dies setzt voraus, daß die Planungsgegenstände in vertikaler Richtung sachlich aufeinander abgestimmt sind. Festzulegen ist z.B. das Verhältnis von Unternehmensplanung zu Absatz-, Produktions- und Beschaffungsplanung. In *horizontaler* Richtung sind die Planungsgegenstände einer Ebene sachlich aufeinander abzustimmen.

Tab. B-15 führt verschiedene Dimensionen der inhaltlichen Koordination auf.

Tab. B-15: Inhaltliche Koordinationsformen der Planung
Quelle: modifiziert nach Mag, W. (Planung 1993), S. 46 f.

Koordinations-umfang	Vollintegration: Für alle Teilbereiche des Unternehmens werden Pläne erstellt und in die Koordination einbezogen.	Teilintegration: Nur einige Teilplanungen werden in die Koordination einbezogen.
Abstimmung zwischen Planungszielen	Sachzielkoordination: Die Abstimmung erfolgt hinsichtlich der realen Objekte, auf die sich die Unternehmensaktivitäten beziehen, d.h. ein bestimmtes Produkt oder eine bestimmte Leistung, Produkt- bzw. Leistungspalette.	Formalzielkoordination: die Abstimmung erfolgt hinsichtlich der formalen Präzisierung des Unternehmensprozesses, also z.B. Gewinn oder Liquidität.
Abstimmung zwischen Planungs-gegenständen	Horizontale Koordination: Teilplanungen, die gleichgeordnete Bereiche betreffen, werden aufeinander abgestimmt, z.B. Absatz-, Produktions- und Beschaffungsplanung.	Vertikale Koordination: Teilplanungen unterschiedlicher Hierarchiestufen, z.B. strategische, taktische und operative Planung, werden aufeinander abgestimmt.

7.1.2 Verfahren der zeitlichen Koordination von Plänen und Berichten

Im vorangegangenen Abschnitt wurden verschiedene Formen der sachlich-inhaltlichen Koordination der Planungs- (und Kontroll-) aufgabe dargestellt. Eine hiervon nur teilweise konsequent abgrenzbare Frage richtet sich darauf, wie die zeitliche Koordination der Pläne und Planungen erfolgen kann.

Mit der zeitlichen Koordination sollen – für die Gesamtunternehmung – suboptimale Entscheidungen vermieden werden, die sich insbesondere dadurch ergeben können, daß Teilpläne Restriktionen für zeitlich nachfolgende Teilpläne setzen. *Gaitanides* unterscheidet drei Merkmale der zeitlichen Differenzierung von Plänen:[204]

- *Planungszyklus*: Pläne können in einem oder in unterschiedlichen Planungsläufen erstellt werden. Dementsprechend ist zwischen *intra-* und *interzyklischer* Koordination zu unterscheiden. Ein Planungszyklus ist durch die Zeitspanne festgelegt, die zwischen den Verabschiedungszeitpunkten zweier gleichartiger Pläne liegt. Bei der intrazyklischen Koordination steht die Abstimmung zwischen Plänen unterschiedlichen Rangs (z.B. der strategischen mit den operativen Plänen) im Vordergrund. Hingegen geht es bei der interzyklischen Koordination in erster Linie um die „Revision und Aktualisierung gleichrangiger Pläne im Zeitablauf"[205].

- *Rangordnung*: Pläne können gleiche oder unterschiedliche zeitliche Reichweiten aufweisen. Unterschiedliche zeitliche Reichweiten führen zu einer vertikalen Rangordnung und liegen beispielsweise bei strategischen Plänen als Vorgaben für operative Pläne vor. Eine exakte Abgrenzung zwischen zeitlichem und inhaltlichem Koordinationsbedarf läßt sich bei horizontaler Rangordnung, d.h. hier bei gleicher zeitlicher Reichweite, jedoch vielfach kaum vornehmen. Soll beispielsweise die Absatz- mit der Produktionsplanung koordiniert werden, so spielen neben funktionalen zugleich auch zeitliche Aspekte eine wesentliche Rolle, die sich aus den ablaufbezogenen Interdependenzen zwischen dem Absatz- und dem Produktionsbereich ergeben.

- *Plansequenz*: Die Anfangs- und Endzeitpunkte der miteinander zu koordinierenden Pläne können übereinstimmen oder auseinanderfallen. Dieses Merkmal führt zur Unterscheidung zwischen serieller, überlappender und paralleler Anordnung von Plänen.

Gaitanides gliedert das Problem der zeitlichen Koordination von Teilplänen entsprechend dieser drei Merkmale in eine Reihe von Unterfällen, für die unterschiedliche Koordinationsformen zum Einsatz kommen (s. Tab. B-16).

---

[204] Vgl. Gaitanides, M. (Koordination 1989), Sp. 2258 ff.
[205] Gaitanides, M. (Koordination 1989), Sp. 2259.

Tab. B-16: Zeitliche Planungsmerkmale und Koordinationsformen in Anlehnung an Gaitanides

Planungszyklus	Rangordnung	Plansequenz	Elementare Koordinationsform
intrazyklische Koordination	vertikal	seriell	(1) Reihung
		überlappend	(2) Staffelung
		parallel	(3) Schachtelung
interzyklische Koordination	horizontal	seriell	(4) anschließend
	horizontal/vertikal	überlappend	(5) rollierend
			(6) revolvierend

Die verschiedenen Koordinationsformen sollen nachfolgend kurz umrissen werden[206]

- *Reihung*: Kurz-, mittel- und langfristige Pläne können in dem Sinne aneinandergereiht werden, daß die mittelfristige Planung mit dem Zeitpunkt beginnt, bis zu dem die kurzfristige Planung reicht usw. Die Pläne sind hier weitgehend isoliert voneinander, was den Abstimmungsaufwand überschaubar macht, aber auch die Gefahr einer aus Gesamtsicht suboptimalen Planung wenig eindämmt.

- Überlappen sich die Pläne mit verschiedenen Zeithorizonten teilweise, liegt eine zeitliche *Staffelung* vor. Damit wird zumindest zu einem gewissen Grad eine Abstimmung der Pläne herbeigeführt.

- Die größte Integration wird mit einer *Schachtelung* erreicht, indem die langfristigen die mittelfristigen Pläne einschließen und letztere ihrerseits die kurzfristigen Pläne umfassen. Abb. B-31 verdeutlicht die Formen zeitlicher Abstimmung von Plänen graphisch.

---

[206] Vgl. ausführlicher Gaitanides, M. (Koordination 1989), Sp. 2261 ff.; Küpper, H.-U. (Controlling 1997), S. 276 ff.

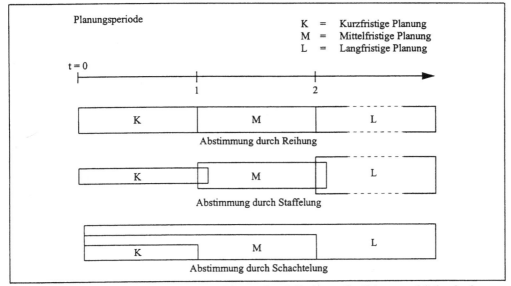

Abb. B-31: Zeitliche Abstimmung von Plänen durch Reihung, Staffelung und Schachtelung

Quelle: Gaitanides, M. (Koordination 1989), Sp. 2261 f.

- Eine *anschließende Planung* ist dadurch gekennzeichnet, daß eine Planung durchgeführt wird und ohne weitere Revision ein Anschlußplan für den nächsten Planungszyklus erstellt wird. Der für einen Planungszyklus gegebene Teilplan enthält ein Ziel, von dem innerhalb des Planungszyklus nicht abgewichen werden kann. Der Realisierungsprozeß ist für den Zyklus somit starr, und „[j]eder Plan ist bis zu seinem Planungshorizont verbindlich" [207]. Erst wenn der zeitliche Horizont eines Planes erreicht ist, findet ein Soll-Ist-Vergleich statt, dessen Ergebnisse bei der sich anschließenden Planung des nächsten Zyklus berücksichtigt werden.[208] Da ein Plan während seiner Realisation durch die Anschlußplanung nicht revidiert werden kann, bietet sich diese Form der Koordination in der Regel nur für sehr kurze Planungsfristen an.

- Bei *rollierender Planung* wird in jeder Planungsperiode der Planungszeitraum weiter hinausgeschoben. Die Pläne werden nur für den jeweils ersten Teil des Planungszyklus festgeschrieben und für den zweiten Teil bloß grob formuliert. Während der erste Teil des Planungszeitraums abläuft, wird der Plan für die zweite Teilperiode detailliert geplant, wobei die neuesten verfügbaren Informationen verwendet werden. Bei der rollierenden Planung „verliert ein Plan mit der Erstellung des jeweils nachgelagerten Plans bereits zu einem

207 Bohr, K.; Saliger, E. (Konzeptionen 1983), S. 965.
208 Vgl. Gaitanides, M. (Koordination 1989), Sp. 2263.

Zeitpunkt seine Verbindlichkeit, zu dem der Planungshorizont noch nicht erreicht ist"[209]. Auf diese Weise wird „jede Periode mehrmals vorläufig und einmal endgültig geplant"[210]. Das Prinzip der rollierenden Planung kann auch für Pläne unterschiedlicher Fristigkeit angewendet werden. Hierbei wird beispielsweise der kurzfristige Plan detailliert festgeschrieben, hingegen erfolgt die mittel- und die langfristige Planung nur grob. Im nächsten Planungszyklus wird ein Teil der ursprünglichen Mittelfristplanung – unter Berücksichtigung des aktuellen Informationsstandes – verfeinert und als kurzfristiger Plan festgelegt; entsprechend wird ein Teil des langfristigen Plans zum Mittelfristplan verfeinert.

- Auch bei der *revolvierenden Planung* wird ein Plan – wie bei der rollierenden Planung – in einem bestimmten Anpassungsrhythmus fortgeschrieben. Der wesentliche Unterschied liegt jedoch im Umfang der Aktualisierung. Der Plan wird hierbei unter grundlegender Revision aller Planungsprämissen und möglicherweise sogar unter einer Änderung aller hierarchisch verbundenen Pläne in die nächste Periode fortgeschrieben. Die revolvierende Planung kann außerordentlich zeitaufwendig und kostspielig sein, so daß sie zumeist nur für die mittel- und die langfristige Planung angewendet wird.

7.1.3 Verfahren zur Koordination der Planungsreihenfolge

Die zuvor dargestellten Formen der zeitlichen Koordination beziehen sich auf das zeitliche Verhältnis der *Pläne* zueinander. Hiervon zu unterscheiden ist die zeitliche *Koordination der Planungsschritte*.

Eine Form der Koordination der Planungsreihenfolge stellt die *Simultanintegration* dar. Hierbei werden alle Teilplanungen gleichzeitig aufeinander abgestimmt. Die Vorteile einer solchen – vielfach nur idealtypischen – Vorgehensweise bestehen darin, daß ein hohes Maß an Koordination erreicht und somit die Gefahr suboptimaler Lösungen auf ein Mindestmaß reduziert wird.

Als ein Nachteil von Simultanplanungen ist der dabei entstehende hohe Informationsbedarf zu sehen: Um eine Simultanplanung durchführen zu können, müssen die Interdependenzen zwischen den durchzuführenden Planungen bekannt sein. Daraus ergibt sich eine hohe Komplexität für das zu lösende (Gesamt-) Planungsproblem, die zwar die *Praktikabilität* der Simultanplanung einschränkt, aber nicht ihre grundsätzliche Eignung in Frage stellen kann, wie *Küpper* prägnant hervorhebt: „Jedoch kann man nicht einerseits möglichst viele Interdependenzen einbeziehen wollen und eine koordinierte Planung anstreben, andererseits eine hohe Komplexität vermeiden wollen. Die Komplexität folgt aus den realen Bedingungen der existieren-

---

[209] Bohr, K.; Saliger, E. (Konzeptionen 1983), S. 966.
[210] Bohr, K.; Saliger, E. (Konzeptionen 1983), S. 966.

den Interdependenzen. Wer zu einer koordinierten Planung gelangen will, muß dazu die Komplexität der Planung bewältigen."[211]

Eine Schwäche der Simultanplanung stellt ferner ihre geringe Planungselastizität dar. Bereits geringe Änderungen in einem Teilbereich der Planung können sich – gerade aufgrund der zahlreich berücksichtigten Interdependenzen – auf andere Teilbereiche fortpflanzen und so eine völlige Neuplanung erfordern. Diese Neuplanung mag zwar im Hinblick auf die Planungsziele zu einer optimalen Lösung führen, sie kann aber zu aufwendig sein und wird damit vielfach unterbleiben. Im Resultat ist die Simultanplanung damit vielfach zu starr.[212]

Anstatt alle Teilplanungen gleichzeitig im Wege einer Simultanplanung zu integrieren, kann man die Koordination auch sukzessive vollziehen. Dieses Vorgehen führt zur *Sukzessivplanung*, bei der die zuerst erstellten Pläne Rahmenbedingungen für die nachfolgenden Planungen setzen.[213] *Küpper* weist darauf hin, daß „in jede Teilplanung zumindest grobe Vorstellungen über die nach ihnen zu planenden Gegenstände eingehen müssen. Erst bei der nachfolgenden Planung kann sich zeigen, inwieweit diese Annahmen zutreffen. Ist dies nicht der Fall, kann sich der zuerst festgelegte Plan im Extremfall als nicht realisierbar erweisen."[214]

Die Reihenfolge, in der die Planungen durchgeführt werden, ist damit ausschlaggebend dafür, welche Entscheidungsalternativen bei den nachfolgenden Planungen noch bestehen. Festzulegen ist ferner, unter welchen Bedingungen es zur Revision der bereits erstellten Planungen kommen soll. *Küpper* schlägt vor, diejenigen Planungen zuerst durchzuführen, die die stärksten und zahlreichsten Auswirkungen auf andere Planungen aufweisen. Dieses Prinzip spricht dafür, zuerst die strategische Planung durchzuführen, dann zur taktischen und schließlich zur operativen Planung überzugehen.[215]

Dieses Vorgehen entspricht einer sog. *retrograden* Planung: Bei der retrograden Koordination (Top-Down-Ansatz) leitet man aus der übergeordneten Planung die Pläne untergeordneter Ebenen ab. Mit dieser Vorgehensweise wird ein hohes Maß an Zielkonvergenz erreicht, denn die Teilplanungen werden darauf ausgerichtet, die auf höherer Planungsebene festgelegten Ziele zu erreichen. Allerdings besteht die Gefahr, daß bei der Setzung der Ziele die auf niedrigerer Ebene verfügbaren Informationen nicht in ausreichendem Maß berücksichtigt werden und somit die Zielsetzungen damit möglicherweise eine geringe Realitätsnähe besitzen.

---

[211] Küpper, H.-U. (Controlling 1997), S. 78.
[212] Vgl. Küpper, H.-U. (Controlling 1997), S. 78 ff.; zu den Nachteilen der Simultanplanung vgl. Koch, H. (Unternehmensplanung 1982), S. 24 ff.
[213] Vgl. Hahn, D. (PuK 1996), S. 81.
[214] Küpper, H.-U. (Controlling 1997), S. 80.
[215] Vgl. Küpper, H.-U. (Controlling 1997), S. 80.

Das umgekehrte Verfahren, die sog. *progressive* Planung (Bottom-Up-Ansatz), beginnt deshalb auf der untersten Planungsebene, der operativen Planung, und aggregiert die Detailplanungen schrittweise bis zur Gesamtplanung. Wenngleich die Realisierbarkeit der Pläne im Vergleich mit dem retrograden Ansatz besser berücksichtigt wird, weist auch diese Form einige Nachteile auf. So kann die Gesamtplanung sich zu stark an bereits realisierten Alternativen orientieren und die Entwicklung neuartiger Strategien vermissen lassen. Eine rein progressive Planung kann „logisch unmöglich"[216] sein. Dies ist regelmäßig dann der Fall, wenn die hochaggregierten bzw. strategischen Planinhalte zur Disposition stehen.[217]

Das *Gegenstromverfahren* kombiniert beide Vorgehensweisen, indem mindestens ein retrograder Vorlauf und ein progressiver Rücklauf durchgeführt wird. Auf diese Weise versucht man, die Vorteile der retrograden und der progressiven Planung zu nutzen, ohne die jeweiligen Nachteile in Kauf nehmen zu müssen.[218] Die empirische Untersuchung von *Küpper/Winckler/Zhang* zeigt, daß das Gegenstromverfahren das in der Praxis klar bevorzugte Verfahren zur Koordination der Planungsreihenfolge ist.[219]

Eine spezielle Form der Sukzessivplanung stellt die *engpaßorientierte Planung* dar. Sie kommt zur Koordination *gleichrangiger* Pläne gleicher Fristigkeit zum Einsatz.[220] Dabei erhält derjenige Plan Priorität, in dem der Engpaß wirksam wird (z.B. Produktionsplan bei beschränkten Produktionskapazitäten). Diese Koordinationsform läßt sich mit dem sog. „Ausgleichsgesetz der Planung" nach *Gutenberg* in Verbindung bringen. Danach wird „alle Planung unter Berücksichtigung aller Daten auf den schwächsten Teilbereich betrieblicher Betätigung, in diesem Sinne auf den Minimumsektor einnivelliert"[221].

7.2 Komplexe Koordinationsinstrumente

Wie bereits mehrfach gesagt, ist es in aller Regel nicht möglich, eine Totalplanung für Unternehmen durchzuführen. Vielmehr wird das Gesamt-Planungs- und, in dessen Folge, das Kontrollproblem in Teilbereiche zerlegt. Eine Gliederung der Unternehmensplanung und -kontrolle erfolgt dabei zumeist nicht nur in inhaltlicher und zeitlicher, sondern auch in organisatorischer Hinsicht: Die Teilplanungs- und Kontrollprobleme werden unterschiedlichen organisatorischen Bereichen und Aufgabenträgern übertragen. Mit der *organisatorischen Dezentralisierung* der Planung entsteht jedoch das grundlegende Problem sicherzustellen, daß

---

[216] Hanssmann, F. (Unternehmensplanung 1982), S. 398.

[217] Vgl. Hanssmann, F. (Unternehmensplanung 1982), S. 398.

[218] Vgl. Ansoff, I. (State 1977), S. 18.

[219] Vgl. Küpper, H.-U.; Winckler, B.; Zhang, S. (Planungsverfahren 1990), S. 439.

[220] Vgl. Gaitanides, M. (Koordination 1989), Sp. 2263 f.

[221] Gutenberg, E. (Produktion 1983), S. 164.

die (Teil-) Planungen der dezentralen Planungsträger möglichst zu einem Optimum im Hinblick auf das Gesamtziel der Unternehmung führen. Dies ist dabei tendenziell um so schwerer zu erreichen, je stärker Planungsaufgaben und Entscheidungskompetenzen dezentralisiert sind, d.h., je größer die Autonomie dezentraler Organisationseinheiten ist.

Vor diesem Hintergrund ist es offensichtlich, daß die Koordinationsprobleme, die in zentralistischen Führungssystemen – *Küpper* zählt diese ebenfalls zu den übergreifenden Koordinationssystemen[222] – entstehen, in erster Linie mit den elementaren Koordinationsinstrumenten (vgl. Abschnitt 7.1) angegangen werden können. Denn diese Organisationsform zeichnet sich im Hinblick auf das Planungssystem durch eine starke Zentralisierung von Planungsaufgaben und einen hohen Grad an simultaner Planung aus.[223]

Hingegen liefern die nachfolgend dargestellten komplexen Koordinationsinstrumente insbesondere bei einer – mehr oder weniger stark ausgeprägten – *Dezentralisierung* von Planungsaufgaben und *Delegation* von Entscheidungskompetenzen Unterstützung. Als komplexe Koordinationsinstrumente für Planung und Kontrolle werden nachfolgend Budgetierungssysteme (Punkt 7.2.1), Kennzahlensysteme (Abschnitt 7.2.2) sowie Verrechnungspreissysteme (Teil 7.2.3) behandelt.

7.2.1 Budgetierungssysteme

7.2.1.1 Koordinationswirkungen

Unter einem Budget soll im weiteren nach *Horváth* ein „in wertmäßigen Größen formulierter Plan, der einer Entscheidungseinheit für eine bestimmte Zeitperiode mit einem bestimmten Verbindlichkeitsgrad vorgegeben wird"[224], verstanden werden.

Budgets können grundsätzlich für alle Wertgrößen vorgegeben werden. Üblich sind beispielsweise Leistungs-, Kosten- sowie Aufwands-, Ertrags- und Investitionsbudgets. Budgets werden in der Praxis auch für Mengengrößen, z.B. für Absatz- oder Produktionsmengen erstellt.

Budgetierungssysteme stellen in der Praxis ein wichtiges Koordinationsinstrument dar. Nach *Dambrowski* besteht ein Budgetierungssystem aus fünf Teilsystemen bzw. verschiedenartigen Elementen[225]:

- Budgetsystem
- Budgetierungstechniken
- Aufbaustruktur der Budgetierung

---

[222] Vgl. Küpper, H.-U. (Controlling 1997), S. 292.

[223] Vgl. Küpper, H.-U. (Controlling 1997), S. 291 ff.

[224] Horváth, P. (Controlling 1996), S. 222.

[225] Vgl. Dambrowski, J. (Budgetierungssysteme 1986), S. 33 ff.

- Ablaufstruktur der Budgetierung
- Formalisierung und Budgetberichtssytem.

Ein Budgetsystem – seinerseits Element eines Budgetierungssystems – stellt „die geordnete Gesamtheit der aufeinander abgestimmten Einzelbudgets sowie deren Beziehungen"[226] dar. Abb. B-32 zeigt exemplarisch ein Budgetsystem. Ein Budget zählt zu einer speziellen Form vom Plänen[227] oder ist das Ergebnis vornehmlich formalzielorientierter Planung.[228] Die Beziehungen zwischen dem Budget, der Budgetierung und dem Budgetsystem entsprechen damit denen zwischen Plan, Planung und Plansystem: Das Budgetsystem ist eine zielgerichtete Gesamtheit von Budgets, die ihrerseits aus verschiedenen Budgetierungsprozessen hervorgehen.

Wie Pläne und Plansysteme im allgemeinen eine Koordinationsfunktion erfüllen[229], gehen auch von Budgets und Budgetsystemen Koordinationswirkungen aus.

Mit einem Budget, das verbindlich vorgegeben ist, werden die Entscheidungsspielräume dezentraler Entscheidungs- bzw. Planungsträger eingeschränkt, indem *Restriktionen* hinsichtlich der für die Handlungen einzusetzenden Ressourcen gesetzt werden (z.B. Kostenbudgets) oder die zu erzielenden *Handlungsergebnisse* festgelegt werden (z.B. Erlösbudgets).

Wie diese Ergebnisse erreicht werden, läßt das Budget hingegen offen. Ein Budget stellt mithin keinen Maßnahmenplan, sondern einen vom Entscheidungsträger noch in Maßnahmen umzusetzenden Rahmenplan dar.[230]

Durch Budgetsysteme erfolgt zum einen eine horizontale Abstimmung zwischen hierarchisch gleichgeordneten Ebenen, wie z.B. der Fertigung und der Montage. Zum anderen wird eine vertikale Koordination durch Gesamtbudgets erreicht, die hierarchisch nachgeordnete Teilbudgets umfassen. So ist beispielsweise das FuE-Gesamtbudget den Einzelprojekt-Budgets übergeordnet.

---

[226] Dambrowski, J. (Budgetierungssysteme 1986), S. 33.
[227] Vgl. Küpper, H.-U. (Controlling 1997), S. 295.
[228] Vgl. Ewert, R.; Wagenhofer, A. (Unternehmensrechnung 1997), S. 454.
[229] Vgl. dazu insbesondere Abschnitt 9.2.5.
[230] Vgl. Küpper, H. U. (Controlling 1997), S. 294.

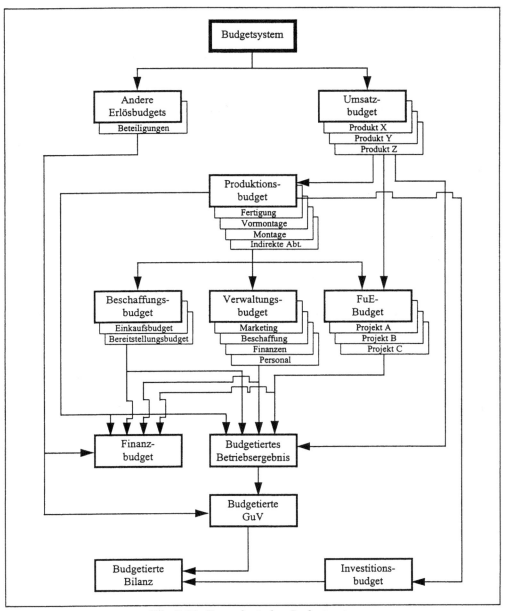

Abb. B-32: Exemplarisches Budgetsystem

Quelle: Dambrowski, J. (Budgetierungssysteme 1986), S. 34

In der Regel haben die Budgetverantwortlichen genauere Informationen über ihren Bereich als die sie kontrollierenden Stellen. Treten zu der asymmetrischen Informationsverteilung noch

Interessenkonflikte hinzu, sind mit der Budgetierung vielfach auch koordinations-dysfunktionale Wirkungen der Budgetierung verbunden.[231]

Ist etwa der Absatzleiter an der Erstellung des Umsatzbudgets beteiligt, wird er möglicherweise darauf hinwirken, den geplanten Umsatz tendenziell niedrig zu halten: Um das gesetzte Budget einzuhalten, sind dann seinerseits geringere Anstrengungen zu unternehmen („Arbeitsleid"). Zudem ist es für ihn leichter, die Budgetvorgabe zu übertreffen, womit ihm besondere Anerkennung – möglicherweise auch finanziell durch spezielle Gratifikationen – zuteil wird.

Mögliche dysfunktionale Wirkungen der Budgetierung sind

*   Erzeugung von Budget-Slack
*   Erzeugung von Budget-Waste
*   Datenmanipulation

Wie in Abb. B-33 dargestellt, bedeutet das Vorhandensein von Slack, daß mehr Ressourcen eingesetzt werden als notwendig und weniger Leistungen erbracht werden als möglich. Bei Leistungsbudgets, wie z.B. einem Umsatzbudget, wird der budgetierte Output niedriger angesetzt als wirklich erwartet. Dagegen ist bei Ressourcenbudgets, wie einem Kostenbudget, der budgetierte Input höher festgelegt als notwendig.[232]

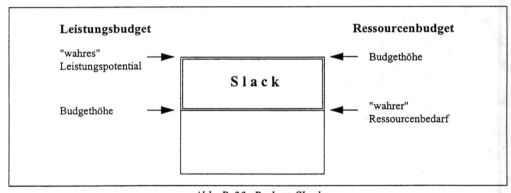

Abb. B-33: Budget-Slack

Ein mit dem Budget-Slack verwandtes Phänomen ist der Budget-Waste. Darunter versteht man, daß Ressourcen kurz vor Ende einer Budgetierungsperiode ohne wirklichen Bedarf eingesetzt werden, um zu verhindern, daß das Budget nicht voll ausgeschöpft und in der nächsten

---

[231] Vgl. Ewert, R.; Wagenhofer, A. (Unternehmensrechnung 1997), S. 455 ff.
[232] Vgl. Höller, H. (Verhaltenswirkungen 1978), S. 223.

Periode deshalb gekürzt wird.[233] Analog zur Ressourcenverschwendung gibt es bei Leistungs-budgets ein Unterlassen von Gelegenheiten zur Leistungserzielung, um nicht in der nächsten Budgetierungsperiode an dieser Leistung gemessen zu werden[234]. Dieses Problem hängt maß-geblich von den angewendeten Budgetierungstechniken ab.

Die Manipulation von Kontrolldaten stellt eine weitere koordinations-dysfunktionale Wirkung von Budgetierungssystemen dar. Auch wenn die Budgetverantworlichen zwar nicht die Aus-wertungen der Kontrollinformationen vornehmen, so schaffen sie doch die dafür erforderliche Datenbasis oft selbst. Durch die großen Datenmengen kann es somit z.B. möglich sein, unbe-merkt Kosten auf Kostenstellen zu verteilen, die „noch Luft haben", und somit andere Ko-stenstellen zu entlasten.[235] Eine solche Datenmanipulation ist auch deswegen problematisch, weil die falschen Daten nicht nur als Grundlage für das Budgetierungssystem, sondern viel-fach auch für weitere Informations- und Kontrollsysteme herangezogen werden.

Inwieweit die oben dargestellten dysfunktionalen Wirkungen auftreten, kann durch die Gestal-tung des Budgetierungsprozesses (z.B. Beteiligung dezentraler Entscheidungsträger[236]) und die verwendeten Budgetierungstechniken beeinflußt werden.[237]

7.2.1.2 Ausgewählte Budgetierungstechniken

7.2.1.2.1 Überblick

Küpper unterscheidet zwei grundlegende Formen der Budgetierung (Abb. B-34)[238]: Den Aus-gangspunkt der problemorientierten Budgetierungstechniken bilden die Entscheidungspro-bleme des Verantwortungsbereichs, dem das Budget vorgegeben wird. Problemorientierte Ansätze eignen sich vor allem für gut strukturierte Prozesse (z.B. Produktion), die mit Hilfe quantitativer Modelle beschrieben werden können. Demgegenüber sind die verfahrensorien-tierten Budgetierungstechniken auch für solche Prozesse geeignet, die schlecht mit Hilfe exakter Input-Output-Relationen beschreibbar sind. Verfahrensorientierte Budgetierungstech-niken sehen eine Reihe von Verfahrensschritten und Regeln vor, *wie* die Budgets festzulegen sind.

---

233 Vgl. Welsch, G. A.; Hilton, R. W.; Gordon, P. N. (Budgeting 1988), S. 56.
234 Vgl. Höller, H.: (Verhaltenswirkungen 1978), S. 221.
235 Vgl. Höller, H.: (Verhaltenswirkungen 1978), S. 236 ff.
236 Vgl. Nouri, H.; Parker, R. J. (Budget 1998), S. 473 ff.
237 Vgl. z.B. Barrett, M. E.; Fraser, L. B. (Budgeting 1977), S 141 f.
238 Vgl. Küpper, H.-U. (Controlling 1997), S. 298.

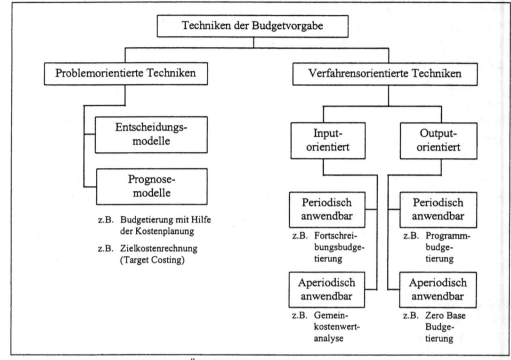

Abb. B-34: Überblick über Budgetierungstechniken

Quelle: modifiziert nach Küpper, H.-U. (Controlling 1997), S. 298, 307

Abhängig davon, ob bei der Budgetvorgabe von dem Ergebnis, das der Verantwortungsbereich hervorbringen soll, oder von dem hierfür erforderlichen Einsatz von Produktionsfaktoren ausgegangen wird, spricht *Küpper* von output- bzw. inputorientierten Budgetierungstechniken.[239]

7.2.1.2.2 Fortschreibungsbudgetierung

Die Fortschreibungsbudgetierung[240] stellt die einfachste Form der Budgetierung dar: Die Ist- oder Sollwerte der letzten Periode werden für den aktuellen Zeitraum übernommen, also fortgeschrieben. Eine mögliche Variante dieser Grundform besteht darin, einen Durchschnittswert aus den Istwerten der vergangenen Perioden als neuen Sollwert vorzugeben. Anpassungen, die aufgrund der Berücksichtigung volkswirtschaftlicher oder politischer Einflüsse auf die Marktposition bzw. die Geschäftsfelder des Unternehmens erforderlich sind (z.B. Inflation und

---

[239] Vgl. Küpper, H.-U. (Controlling 1997), S. 298.
[240] Vgl. z.B. Küpper, H.-U. (Controlling 1997), S. 306 f.

Zinsentwicklung, Konjunkturverlauf), können durch Zu- oder Abschläge auf die Budgetgrößen vorgenommen werden.

Im Rahmen der Fortschreibungsbudgetierung werden somit die Budgetvorgaben für die relevante Periode nicht unmittelbar mit den in dieser Planperiode zu erbringenden Leistungen in Beziehung gesetzt. Außerdem fließen Erfahrungen abgeschlossener Planperioden nicht systematisch in die zukünftige Planung ein.

Empirische Untersuchungen zeigen, daß die Fortschreibungsbudgetierung in produzierenden Unternehmen und Einheiten, eben dem Produktionsbereich, eher selten angewendet wird. Bedeutung hat die Fortschreibungsbudetierung vor allem im Verwaltungsbereich. Dort ist es nur sehr schwer oder gar nicht möglich, die Erstellung von Leistungen durch den Budgetempfänger verläßlich zu messen, um daraus Richtlinien für die Budgetvorgabe ableiten zu können. Vor allem bei nicht-programmierbaren Tätigkeiten findet somit die Fortschreibungsbudgetierung Anwendung. Starre, aus der Vorperiode übernommene Budgets bieten sich oft als (einzige) Orientierungsgrößen für die Zukunft an.

Der größte Vorteil der Fortschreibungsbudgetierung dürfte somit in ihrer Einfachheit liegen. Durch den Rückgriff auf den Status quo lassen sich Widerstände der Budgetempfänger gegen weitreichende Umverteilungen vermeiden. Zudem wird den mit starren, oft pauschal zugewiesenen Budgets ausgestatteten Organisationseinheiten insofern ein hohes Maß an Autonomie eingeräumt, daß sie die ihnen zur Verfügung gestellten Ressourcen relativ frei und flexibel einsetzen können.

Die Fortschreibungsbudgetierung gibt jedoch auch Anlaß zu massiver Kritik: Durch die starre Übernahme der Daten aus der Vergangenheit werden dort gemachte Fehler der Unternehmensplanung systematisch in die Zukunft übertragen. Wegen der fehlenden Orientierung der Budgetkenngrößen an den mit der Ressourcenbudgetvergabe verknüpften und künftig zu erbringenden Leistungen sind die Koordinationswirkungen der Fortschreibungsbudgetierung in der Regel äußerst begrenzt. Die Budgetempfänger werden sich wenig an eine ressourcensparende Verwendung der ihnen zugedachten Mittel halten, wenn sie bei Ausschöpfung ihrer Ressourcen damit rechnen können, im nächsten Jahr mit den gleichen Mitteln ausgestattet zu werden.

7.2.1.2.3 Zero-Base-Budgeting

Zero-Base-Budgeting (ZBB) ist ein Verfahren, das auf die „Senkung der Gemeinkosten und d[ie] wirtschaftliche Ausrichtung der administrativen Ressourcen auf die Erfordernisse der Zukunft"[241] zielt. Im Gegensatz zu vielen traditionellen Budgetierungstechniken baut ZBB

---

[241] Meyer-Piening, A. (Zero-Base-Budgeting 1989), Sp. 2277.

nicht auf Budgetvorgaben vorangegangener Planperioden auf, sondern stellt diese gerade systematisch in Frage. Alle Gemeinkosten, die in der Vergangenheit angefallen sind, werden überprüft und müssen in Bezug auf das Unternehmensziel neu legitimiert werden. Von jedem Manager wird verlangt, „sein Budget vollständig und detailliert von Grund auf („Zero Base") zu begründen, wobei die Beweislast, warum überhaupt Kosten verursacht werden sollen, beim Manager selbst liegt"[242]. Entwickelt wurde dieses Verfahren in den 60er Jahren von *Phyrr* bei *Texas Instruments*.[243] Es ist sowohl für die Beurteilung langfristig-strategischer Budgets als auch für kurz- und mittelfristige Vorgaben anwendbar.

Ausgehend von einer Budgetbasis von Null – deswegen läßt sich das Verfahren „Null-Basis-Budgetierung" oder mit Null-Basis-Planung" übersetzen – wird der komplette Planungsprozeß von Projekten bzw. Programmen im Unternehmen neu begonnen. Dieses Vorgehen läuft in neun Schritten ab, die die Abb. B-35 zusammengefaßt zeigt.[244]

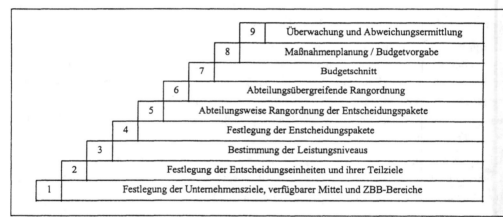

Abb. B-35: Verfahrensschritte des Zero-Base-Budgeting

Quelle: Meyer-Piening, A. (Zero Base Planning 1990), S. 16

Idealtypischerweise führt ein ZBB-Team mit Spezialisten aus allen Unternehmensbereichen in Zusammenarbeit mit den betroffenen Führungskräften des Unternehmens – gegebenenfalls unterstützt durch externe Berater – die ZBB-Analyse durch. Dazu ist es notwendig, ausgehend von den Zielen des gesamten Unternehmens, Teilziele und (organisatorische) Entscheidungseinheiten, denen Budgets zugeteilt werden, abzuleiten.[245] Die Leistungen dieser Entschei-

---

242   Horváth, P. (Controlling 1996), S. 258.
243   Vgl. Phyrr, P. A. (Zero-Base-Budgeting 1970), S. 111 ff. und Phyrr, P. A. (Zero-Base-Budgeting 1977), S. 167 ff.
244   Vgl. Meyer-Piening, A. (Zero-Base-Budgeting 1989), Sp. 2278.
245   Vgl. Küpper, H. U. (Controlling 1997), S. 312.

dungseinheiten sind in Bezug auf Notwendigkeit, Umfang und Wirtschaftlichkeit kritisch und grundsätzlich zu hinterfragen. Dafür eignen sich Kreativitätstechniken, wie z.B. das Brainstorming (s. Kapitel 5.3.1).

Für jede Entscheidungseinheit werden drei Entscheidungsvorlagen gebildet, in denen die zu erwartenden Arbeitsergebnisse und Leistungen der jeweiligen Entscheidungseinheiten verdichtet dargestellt sind. Die Entscheidungsvorlagen repräsentieren jeweils ein unterschiedliches Leistungsniveau: „Das niedrigste Ergebnisniveau kennzeichnet das absolute Minimum an Arbeitsergebnissen, mit denen das Unternehmen gerade noch geführt werden kann. Das mittlere und das hohe Ergebnisniveau kennzeichnen darüber hinausgehende zusätzliche Arbeitsergebnisse, die jeweils zuständige Mitarbeiter und Mittel erfordern.“[246] Auf Basis der drei Entscheidungsvorlagen für jeden untersuchten Bereich, der als Entscheidungspaket betrachtet wird, entscheidet das Management anschließend, „welches Ergebnisniveau unter Abwägung von Nutzen und Kosten für das Unternehmen das jeweils zweckmäßigste ist“[247].

Die Leiter der Entscheidungsbereiche (Abteilungsleiter) entwickeln für jedes Entscheidungspaket einen Vorschlag, der die von ihnen erstellten Entscheidungsvorlagen entsprechend den abteilungsbezogenen Prioritäten ordnet. Abb. B-36 deutet dieses Vorgehen exemplarisch an.

Die Vorschläge der Abteilungsleiter werden auf der nächsthöheren Hierarchiestufe in eine *abteilungsübergreifende* Rangordnung gebracht. Die abteilungsbezogenen Entscheidungspakete werden so nach einer übergreifenden Priorisierung geordnet, wie Abb. B-36 im rechten Teil zeigt.

Bei begrenzten finanziellen Mitteln wird sich nicht jedes Entscheidungspaket realisieren lassen: Mit einem sogenannten „Budgetschnitt“ werden die in der Rangordnung höherstehenden und deswegen zu realisierenden Pakete von den nicht zustande kommenden getrennt (Abb. B-36). Das ZBB ist ein sehr aufwendiges Verfahren, „weil es umfassend angelegt ist, alle bisherigen Leistungen einbezieht und eine genaue Organisation der vielfältigen Analyse- und Planungsaktivitäten erfordert“[248]. Das Verfahren kann „sowohl für repetitive als auch für innovative Aufgaben eingesetzt werden“[249], es eignet sich für die strategische wie auch für die operative Planung von Gemeinkostenblöcken. Wegen des hohen Aufwands ist das Zero-Base-Budgeting nur in größeren Zeitabständen einsetzbar.

---

[246] Meyer-Piening, A. (Zero-Base-Budgeting 1989), Sp. 2286.
[247] Meyer-Piening, A. (Zero-Base-Budgeting 1989), Sp. 2288.
[248] Küpper, H. U. (Controlling 1997), S. 315.
[249] Horváth, P. (Controlling 1996), S. 263.

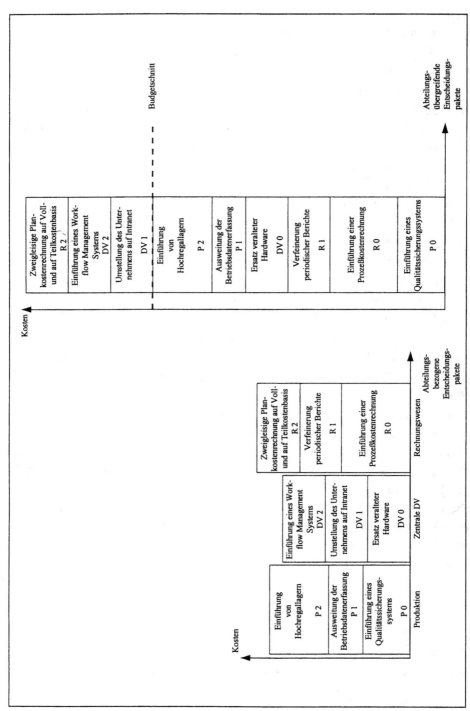

Abb. R-36: Abteilungsbezogene Entscheidungspakete und abteilungsübergreifende Rangordnung beim Zero-Base-Budgeting

7.2.1.2.4 Zielkostenrechnung (Target Costing)

Die Zielkostenrechnung, besser bekannt unter dem angelsächsischen Begriff *Target Costing*, geht in der Produktkalkulation einen neuen Weg, was die *Zielrichtung* der Planung betrifft: Während man in der traditionellen Produktkalkulation ausgehend von den Herstellkosten und einer vorgegebenen Gewinnspanne den Verkaufspreis ermittelt, bestimmt man im Rahmen des Target Costing die preisbezogen „zulässigen" Selbstkosten. Der Verkaufspreis wird vom Markt vorgegeben, und von diesem wird auf den Selbstkostenpreis „zurückgerechnet": „Nicht mehr die Frage „Was wird ein Produkt kosten?", sondern „Was darf ein Produkt kosten?" steht im Vordergrund."[250]

Das Target Costing wird hier formal zu den problemorientierten Budgetierungstechniken gezählt, weil es auf den Problembereich der Produktentwicklung und -gestaltung zielt und hierbei für das zu gestaltende Produkt ein „Kostenbudget" vorgibt.

Die Idee dieser Vorgehensweise stammt aus Asien. Japanische Automobilbauer konnten seit den 60er Jahren nicht zuletzt durch ihren Bezug auf den Ansatz der Zielkostenrechnung erhebliche Wettbewerbsvorteile gegenüber ihren europäischen und amerikanischen Konkurrenten auf dem Weltmarkt erlangen.

Aufgabe der Zielkostenrechnung ist es also, „jene Kosten im Unternehmen durchzusetzen, die den Erfolg am Markt unter den (gegebenen) Wettbewerbsbedingungen ermöglichen."[251] Damit stellt das Target Costing mehr als nur ein Kalkulationsverfahren dar. Durch die explizite Orientierung an den Anforderungen des Marktes, vor allem hinsichtlich Preis und Qualität, werden den Produktverantwortlichen Budgets vorgegeben, die den gesamten Entwicklungs- und Herstellungsprozeß des Produkts entscheidend beeinflussen.[252] So setzt man schon bei der Entwicklungsplanung eines neuen Produkts an, um die vom Markt definierten Anforderungen an das spätere Endprodukt möglichst exakt einzuhalten. Auf diese Weise sollen technische „Spielereien", die für den Kunden keinen Nutzen zeigen, oder ausgeprägtes Originalitätsstreben (Ablehnung bekannter Problemlösungen mit dem Hinweis „not invented here") verhindert werden.

Die Zielkostenrechnung erfolgt idealtypisch in mehreren Schritten (s. Abb. B-37):[253]

---

250 Horváth, P. (Controlling 1996), S. 518.
251 Djanani, C.; Schöb, O. (Erlösrechnung 1997), S. 334.
252 Vgl. Horváth, P. (Target Costing 1998), S. 76.
253 Vgl. auch Seidenschwarz, W. (Target Costing 1991), S. 199 ff.

Teilschritte der Zielkostenrechnung

1. Bestimmung des Zielverkaufspreises
2. Festlegung des erwarteten Zielgewinnes
3. Bestimmung der Zielkosten
   a) Ermittlung der Funktionsstruktur des Produktes
   b) Ermittlung der relativen Bedeutung der Produktfunktionen
   c) Bestimmung und Gewichtung der Produktkomponenten
   d) Kostenschätzung der Komponenten
   e) Bestimmung des Zielkostenindex für jede Komponente
4. Planung der Maßnahmen zur Zielerreichung
5. Festlegung der Kostenstellenbudgets und Investitionsvorhaben

---

Abb. B-37: Teilschritte der Zielkostenrechnung

Quelle: Djanani, C.; Schöb, O. (Erlösrechnung 1997), S. 338

- Zuerst wird der *Zielverkaufspreis* ermittelt. In der Regel können durch Marktstudien Wünsche der Verbraucher hinsichtlich Funktionalität und (Konsum-) Nutzen erfaßt werden, die in die Eigenschaften des geplanten Produkts einfließen sollen. Daneben sind Konkurrenzanbieter und deren Produkte zu berücksichtigen. Aus diesen Daten läßt sich ein Zielverkaufspreis ableiten, der den Anforderungen des Marktes so gut wie möglich gerecht wird und der oftmals unter den bisherigen prognostizierten Standardkosten („drifting costs") liegt.[254]

- Die Entwicklung und Herstellung neuer bzw. die Verbesserung bestehender Produkte verlangt von den Unternehmen die Bereitstellung von Kapital. Da dieses in der Regel knapp ist, werden nur Investitionen in Frage kommen, die eine ausreichende Rendite für die (internen oder externen) Kapitalgeber versprechen. Deswegen ist als zweiter Schritt des Target Costing ein *Zielgewinn des Projekts* festzulegen, der den Anforderungen der Kapitalgeber gerecht wird. In der Regel orientiert sich dieser Zielgewinn an den allgemeinen Gewinnzielen des Unternehmens. Es entsteht ein Koordinationsbedarf mit der unternehmensinternen Finanzplanung.

- Zieht man von dem Zielverkaufspreis den Ziegewinn und evtl. Verwaltungskosten ab, so ergeben sich die *Zielkosten* oder erlaubten Kosten („allowable costs") für den Produktent-

---

[254] Vgl. Horváth, P. (Controlling 1996), S. 519. Wird der Zielverkaufspreis direkt aus dem Marktpreis hergeleitet, nennt man dieses Verfahren „Market into Company". Falls dies nicht möglich ist, bietet es sich an, Zielkosten aus konstruktions- und fertigungstechnischen Gegebenheiten, über unmittelbare Konkurrenten oder notfalls über Standardkosten abzuleiten. Vgl. dazu ausführlicher Seidenschwarz, W. (Target Costing 1991), S. 199.

stehungsprozeß.[255] Die Zielkosten liegen in der Regel unter den sog. Standardkosten, die das Kostenniveau bisheriger bzw. herkömmlicher Produktionsstandards widerspiegeln. Dadurch sollen die Beteiligten zu Kosteneinsparungen angeregt werden.

- Diese Zielkosten werden in *einzelne Bestandteile* aufgespalten, um sie für Konstruktions-bzw. Produktionsprozesse besser handhabbar zu machen[256]: Dabei orientieren sich die zulässigen Kosten, die einzelnen Bauteilen des Produkts zugerechnet werden können, an den diesen Produktkomponenten ableitbaren Funktionen, die das zu erstellende Produkt in den Augen des Kunden erfüllen soll.

- Setzt man die Bedeutung eines Bauteils und dessen Kosten in Relation zueinander, so läßt sich der sog. *Zielkostenindex* ermitteln.

  - Idealtypisch beträgt dieser Eins. Dann „verbraucht" eine Produktkomponente soviel Prozent der Gesamtproduktkosten, wie sie zur Erfüllung der von den Verbrauchern erwarteten Funktionen beitragen kann. Übertriebene Ausgestaltungen des Produkts, die vom Kunden nicht honoriert werden, sollen auf diese Weise vermieden werden.

  - Ist der Zielkostenindex unter Eins, so bedeutet dies, daß ein Bauteil im Vergleich zu seiner Bedeutung „zu billig" produziert wird. Dann ist zu fragen, ob hier negative Auswirkungen auf die Kundenzufriedenheit zu erwarten sind. Im besten Falle handelt es sich um Wettbewerbsvorteile in dem Sinne, daß man in der Lage ist, die Komponente besonders billig zu produzieren.

  - Ist der Index größer Eins, so entstehen bei der Herstellung des Bauteils zu hohe Kosten, die vom Abnehmer nicht ensprechend honoriert werden.

In Abb. B-38 ist ein Beispiel für die Ermittlung der Zielkostenindizes der Komponenten des Produktes „Hyper Bike" gegeben. Es soll sich um ein innovatives Fahrrad handeln, an dem neben hervorragender Fahrradtechnik ein Radio mit Lautsprecher installiert ist. Die Tabelle gibt den Kostenanteil und die Bedeutung der einzelnen Komponenten aus Kundensicht wieder. Die Graphik in Abb. B-38 zeigt die sog. Zielkostenzone: Liegt der Zielkostenindex einer Komponente (im Beispiel die Komponente k_2), auf der 45-Grad-Linie, entspricht der Kostenanteil der Bedeutung der Komponente.

---

[255] Dieses Vorgehen heißt Substraktionsmethode. Es gibt auch alternative Verfahren. Vgl. dazu Franz, K. P. (Kostenbeeinflussung 1992), S. 132.

[256] Vgl. dazu ausführlicher Djanani, C.; Schöb, O. (Erlösrechnung 1997), S. 341, Franz, K. P. (Kostenbeeinflussung 1992), S. 132 und Horváth, P.; Niemand, S.; Wolbold, M. (Target Costing 1993), S. 11.

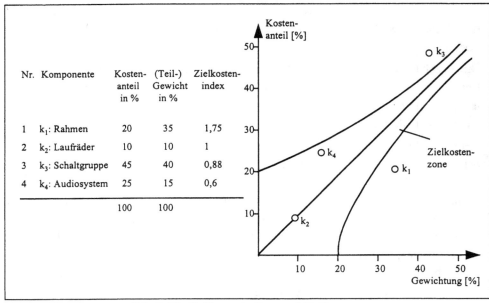

Nr.	Komponente	Kosten-anteil in %	(Teil-) Gewicht in %	Zielkosten-index
1	k_1: Rahmen	20	35	1,75
2	k_2: Laufräder	10	10	1
3	k_3: Schaltgruppe	45	40	0,88
4	k_4: Audiosystem	25	15	0,6
		100	100	

Abb. B-38: Zielkostenindizes und Zielkostenzone

Eine genaues Erreichen eines Zielkostenindexes einer Komponente von Eins ist in der Regel nicht möglich. Es obliegt dann den beteiligten Entscheidungsträgern, die Zielkostenzone festzulegen, innerhalb derer die Zielkostenindizes der einzelnen Kompontenen liegen sollten. Dabei ist es zweckmäßig, die Toleranzen für Kostenanteils-Gewichtsbezugs-Abweichungen bei kostengünstigen und weniger wichtigen Komponenten größer zu halten als bei teureren und wichtigen Komponenten. Dies kommt in den gekrümmten Grenzlinien der Zielkostenzone zum Ausdruck (Abb. B-38).

Zielkostenindizes oberhalb der Zielkostenzone deuten auf einen Kostensenkungsbedarf hin (im Beispiel bei Komponente k_3); hingegen sollten für eine Komponente, die unterhalb der Zielkostenzone angesiedelt wird, Funktionsverbesserungen in Betracht gezogen werden (Komponente k_1 des Beispiels).

Hat man die Zielkostenindizes bestimmt, müssen ggf. Maßnahmen eingeleitet werden, um die angestrebten Kostenniveaus bzw. Produktfunktionen auch zu erreichen. In Theorie und Praxis wird dafür eine Vielzahl von Instrumenten vorgeschlagen bzw. eingesetzt: Prozeßkostenrechnung, Cost Tables, Value Engineering oder Benchmarking.[257]

Im Gegensatz zu traditionellen Produktkalkulationsverfahren ist das Target Costing konsequent auf die Bedürfnisse des Marktes bzw. der Kunden ausgerichtet. Die Zielkostenrechnung

---

[257] Vgl. Djanani, C.; Schöb, O. (Erlösrechnung 1997), S. 348 f.

ist daher nicht als Instrument der laufenden Kostenrechnung zu sehen, sondern als „Konzept zur mittel- bis längerfristigen Kostensteuerung"[258], die Zusammenhänge zwischen Konstruktion, Fertigung und Markt systematisch berücksichtigt. Jedoch bringt die Zielkostenrechnung auch Gefahren mit sich: Eine zu starke Fokussierung auf die Kosten kann kreative Lösungen und die Innovationsfähigkeit einschränken oder gar verhindern.

7.2.2 Kennzahlensysteme

7.2.2.1 Zur Koordinationsfunktion

Als Kennzahlen bezeichnet man Zahlen, von denen man annimmt, daß sie Informationen über ökonomische Sachverhalte darstellen. So definiert *Reichmann* Kennzahlen „als Informationen..., die Sachverhalte und Tatbestände in einer Ziffer relevant und knapp ausdrücken können"[259].

Reichmann nennt drei wesentliche Merkmale von Kennzahlen:[260]

• *Informationscharakter*: Kennzahlen stellen Informationen über ökonomisch relevante Sachverhalte dar, die zu beurteilen sind.

• *Quantifizierbarkeit*: Die zu beurteilenden Sachverhalte sollen quantitativ und damit möglichst präzise abgebildet werden.

• *Spezifische Form der Information*: Die möglicherweise komplexen Sachverhalte sollen mit Hilfe von Kennzahlen möglichst knapp dargestellt werden.

Nach der Art ihrer Zusammensetzung sind absolute und relative Kennzahlen (Verhältniszahlen) zu unterscheiden. Wie Abb. B-39 zeigt, differenziert man bei den Verhältniszahlen zwischen

• Beziehungszahlen, die zwei begrifflich unterschiedliche Zahlen zueinander in Beziehung setzen

• Gliederungszahlen, die das Verhältnis eines Teils zu einer Gesamtheit ausdrücken

• Indexzahlen, mit denen zwei gleichartige Zahlen zueinander in Beziehung gesetzt werden, wobei eine der Zahlen hundert Prozent entspricht.

In der Regel ist der Aussagewert *einzelner* Kennzahlen zur Beurteilung ökonomischer Sachverhalte begrenzt, so daß es zweckmäßig ist, *mehrere* Kennzahlen zu verwenden. Stellt man dabei mehrere Einzelkennzahlen isoliert nebeneinander, so besteht die Gefahr, daß Mehrdeutigkeiten, Widersprüche oder Inkonsistenzen auftreten, die letztlich darauf beruhen, daß die

---

258 Küpper, H.-U. (Controlling 1997), S. 209.
259 Reichmann, T. (Controlling 1997), S. 19.
260 Vgl. Reichmann, T. (Controlling 1997), S. 19.

Beziehungen zwischen den Einzelkennzahlen nicht (in ausreichendem Maße) berücksichtigt sind. Aus diesem Grund verwendet man *Kennzahlensysteme:* Von Kennzahlensystemen ist die Rede, um eine Gesamtheit von Kennzahlen zu bezeichnen, zwischen denen sachlich sinnvolle und möglichst wohl-definierte Beziehungen bestehen.

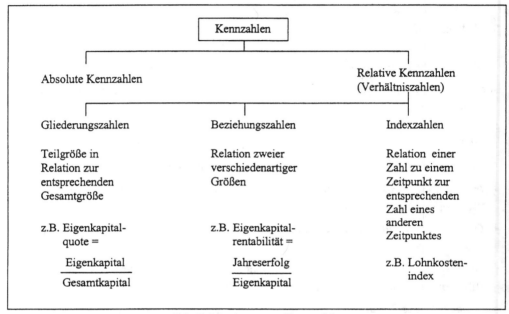

Abb. B-39: Arten von Kennzahlen

Kennzahlen und Kennzahlensysteme werden zum einen bei der Analyse finanzwirtschaftlicher Daten durch *Unternehmensexterne* (z.B. Anteilseigner, Kreditgeber) verwendet. Hier ist insbesondere auf das breite Gebiet der Jahresabschlußanalyse[261] zu verweisen sowie auf die Rechnungslegungspolitik[262], die – in Antizipation der Entscheidungen von Unternehmensexternen – wichtige Kennzahlen gezielt beeinflussen kann. Auf die externe Verwendung von Kennzahlensystemen werden wir nicht weiter eingehen.

---

[261] Vgl. z.B. Baetge, J. (Bilanzanalyse 1998), S. 26 ff., 140 ff.

[262] Die Einhaltung bestimmter als notwendig erachteter Kennzahlenniveaus - z.B. um Finanzierungsmöglichkeiten sicherzustellen - kann als Nebenbedingung in die Zielformulierung der Rechnungslegungspolitik eingehen; vgl. Freidank, C.-C. (Rechnungslegungspolitik 1998), S. 94 f., 123 ff.

Unternehmensintern können Kennzahlen und Kennzahlensysteme im wesentlichen zwei Funktionen dienen. Sie erfüllen eine *Informations-* und eine *Koordinationsfunktion.*[263] *Küpper* nennt vier Anwendungsbereiche für kennzahlenbasierte Information:[264]

1. Die *Prämissen von Entscheidungen* können mit Hilfe von Kennzahlen formuliert werden, z.B. verfügbare Produktionskapazität als Restriktion, das erwartete Preisniveau auf dem Absatzmarkt oder die Entscheidungsziele, z.B. bestimmte Erfolgsgrößen.

2. Wie bereits gesagt, dienen Kennzahlen vielfach als *Beurteilungsgrundlage*, denn sie ermöglichen es auf einfache Weise, explizit einen Vergleich (Branchen-, Betriebs-, Zeit-, Soll-Ist-Vergleich) durchzuführen. In einer Kennzahl ist ferner implizit ein „Vergleich" angelegt, wenn man nämlich mit einer Gliederungszahl den Anteil eines Einzelnen an einer Gesamtheit ermittelt (z.B. Anlagevermögen am Gesamtvermögen).

3. Für eine *Ursachenanalyse* können Kennzahlensysteme hilfreich sein: Sind die Kennzahlen in dem Kennzahlensystem über hierarchische Beziehungen miteinander verknüpft, so können Abweichungen von einem erwünschten Wert einer Spitzenkennzahl (z.B. einer Rentabilität) mit Hilfe der untergeordneten detaillierteren Kennzahlen erklärt werden.

4. Eine *Indikatorfunktion* kommt einer Kennzahl zu, wenn aus ihrem Wert Schlüsse auf andere Größen gezogen werden können. Während bei der Verwendung einer Kennzahl als Beurteilungsgrundlage (s. Punkt 2) im Idealfall eine theoretisch wie empirisch gesicherte Beziehung zwischen Kennzahl und Sachverhalt besteht, beruht die Indikatorfunktion auf weniger gesicherten Kenntnissen, z.B. in dem Sinne, daß nur eine Korrelation zwischen der Kennzahl und dem Sachverhalt bekannt ist.

Eine *Koordinationsfunktion* erfüllen Kennzahlen, wenn sie als *Ziele* verwendet werden, auf die Entscheidungen und Handlungen im Unternehmen auszurichten sind. Hierbei können zwei verschiedene kennzahlenbasierte Ziele unterschieden werden:[265]

1. In sachlich-inhaltlicher Hinsicht können Kennzahlen Ziele für Entscheidungen darstellen, also Vorgaben, denen die Lösung des Entscheidungsproblems bestmöglich genügen sollte. *Küpper* spricht hierbei von *entscheidungsproblemspezifischen* Kennzahlen.[266] Sie dienen dann der Koordination im funktionalen Sinne.[267]

---

263 Vgl. Küpper, H.-U. (Controlling 1997), S. 320 f.
264 Vgl. Küpper, H.-U. (Controlling 1997), S. 321 ff.
265 Vgl. z.B. Küting, K. (Kennzahlen 1983), S. 237 ff.; Reichmann, T. (Controlling 1997), S. 28 f.; Küpper, H.-U. (Controlling 1997), S. 323.
266 Vgl. Küpper, H.-U. (Controlling 1997), S. 323; vgl. auch Reichmann, T. (Controlling 1997), S. 27 f.
267 Vgl. Abschnitt 4.2.1 in Teil A.

2. Die institutionale Dimension der Koordination wird betont, wenn eine Kennzahl einer organisatorischen Einheit als Ziel vorgegeben wird, so z.B. einer Division eine bestimmte zu erreichende Rentabilität. Nach *Reichmann* werden Kennzahlen vor allem in großen und zumeist divisionalen Unternehmen zur Koordination eingesetzt.[268] Hierbei erkennt er zwei verschiedene Funktionen von Kennzahlen: „[D]urch die Transformation prägnanter Zielvorstellungen dienen Kennzahlensysteme zum einen der Übermittlung spezifischer Aufgabenstellungen und ihrer Ausführungsanweisungen und zum anderen der unternehmensweiten Koordination der Prozesse über alle Hierarchiestufen, soweit sie durch Kennzahlen erfaßt werden können"[269]. Mit Kennzahlen läßt sich zum einen die für jede Koordination erforderliche Informationsübermittlung[270] des Gewünschten besonders prägnant bewerkstelligen. Zum anderen dienen sie der Ausrichtung dezentraler Entscheidungsträger auf übergeordnete Ziele.

Kennzahlensysteme stehen insbesondere in enger Verbindung zur *hierarchischen Planung*.[271] Entscheidungsproblembezogene Kennzahlen (Punkt 1) sind in dem Kennzahlensystem entsprechend der „sachlichen Hierarchie der Entscheidungsprobleme"[272] geordnet. Hingegen folgen die Beziehungen zwischen Kennzahlen, die als Vorgaben für organisatorische Einheiten dienen (Punkt 2), der Hierarchie in der Organisationsstruktur.[273]

Im Vergleich zum Koordinationsinstrument der Budgetierung läßt die kennzahlenbasierte Koordination den dezentralen Organisationseinheiten tendenziell einen größeren Handlungsspielraum. Während bei der Budgetierung die Begrenzung des Handlungsspielraums (z.B. die zu verwendenden Ressourcen durch ein Kostenbudget) im Vordergrund steht – letztlich in Form von Nebenbedingungen für die zu lösenden Entscheidungsprobleme –, liegt der Schwerpunkt der kennzahlenbasierten Koordination auf der *Zielvorgabe* für die zu lösenden Entscheidungsprobleme.[274] Freilich kann dies nicht als eine trennscharfe Abgrenzung angesehen werden, denn – wie bereits in Abschnitt 7.2.1 gesagt – können sich Budgets auch auf Gewinngrößen oder Deckungsbeiträge beziehen und damit eher auf Zielgrößen.

---

[268] Vgl. Reichmann, T. (Controlling 1997), S. 29.

[269] Reichmann, T. (Controlling 1997), S. 29. Dieser verweist auf Lachnit, L. (Jahresabschlußanalyse 1979), S. 79.

[270] Vgl. Picot, A.; Dietl, H.; Franck, E. (Organisation 1997), S. 7.

[271] Vgl. Abschnitt 7.1.1.

[272] Küpper, H.-U. (Controlling 1997), S. 324.

[273] Vgl. Küpper, H.-U. (Controlling 1997), S. 324; Reichmann, T. (Controlling 1997), S. 29.

[274] Vgl. für einen Vergleich der Koordinationsinstrumente Küpper, H.-U. (Controlling 1997), S. 340, 362 ff.

Obwohl in Theorie und Praxis zahlreiche Kennzahlensysteme entwickelt wurden[275], ist „[d]ie Entwicklung eines allgemeingültigen und theoretisch befriedigenden Kennzahlensystems, das unabhängig von Branche und Struktur des Unternehmens erfolgreich gewesen wäre, ... bisher noch nicht gelungen"[276]. Mit Blick auf eine Koordinationsfunktion von Kennzahlen ist dies insbesondere damit zu erklären, daß die kennzahlenbasierten Ziele letztlich um so spezifischer formuliert werden müssen, je konkreter sie auf die einzelnen Entscheidungsprobleme bzw. auf die jeweiligen Organisationseinheiten zugeschnitten sind. Aus einem allgemeinen Zielsystem der Unternehmung (z.B. Gewinnmaximierung, umweltbezogene Ziele) lassen sich *allgemeingültig* nur schwer konkretere Ziele ableiten, die als Vorgabe für bestimmte Organisationseinheiten oder Entscheidungseinheiten für bestimmte Situationen dienen können.

Vor diesem Hintergrund wollen wir in den nächsten Unterabschnitten einige grundsätzliche Vorgehensweisen zur *Entwicklung* von Kennzahlensystemen vorstellen. *Küpper* unterscheidet vier Grundformen zur Entwicklung von Kennzahlensystemen, die logische, die empirisch-theoretische und die empirisch-induktive Herleitung sowie die modellgestützte Ableitung von Kennzahlen.[277]

7.2.2.2 Ausgewählte Verfahren zur Entwicklung von Kennzahlensystemen

7.2.2.2.1 Logische Herleitung von Kennzahlensystemen

Bei der logischen Herleitung von Kennzahlensystemen setzt man an den definitionslogischen Beziehungen, die zwischen Kennzahlen bestehen, und den mathematischen Transformationen an, um Kennzahlen abzuleiten und die Struktur zwischen diesen festzulegen.[278]

Insbesondere die Verhältniszahlen eignen sich gut als Ausgangspunkt für die logische Herleitung von Kennzahlensystemen, denn sie gestatten es, Zähler und Nenner in gesonderte Zweige des Kennzahlenbaums aufzugliedern. Dieses Vorgehen liegt auch dem bekannten *Du-Pont-Kennzahlensystem* (Abb. B-40) zugrunde.

---

[275] Vgl. z.B. das Kennzahlensystem zur Aufgliederung des Produkterfolgs von *Dellmann* in Dellmann, K. (Controlling 1990), S. 5 ff.; das RL-Kennzahlensystem von *Reichmann* und *Lachnit* in Reichmann, T. (Controlling 1997), S. 53 ff. und Reichmann, T.; Lachnit, L. (Kennzahlen 1976), S. 711 ff.; das ZVEI-Kennzahlensystem in Zentralverband der Elektrotechnischen Industrie, (ZVEI-Kennzahlsystem 1989), S. 43.

[276] Reichmann, T. (Controlling 1997), S. 29.

[277] Vgl. Küpper, H.-U. (Controlling 1997), S. 326 ff.

[278] Vgl. Küpper, H.-U. (Controlling 1997), S. 326 ff.

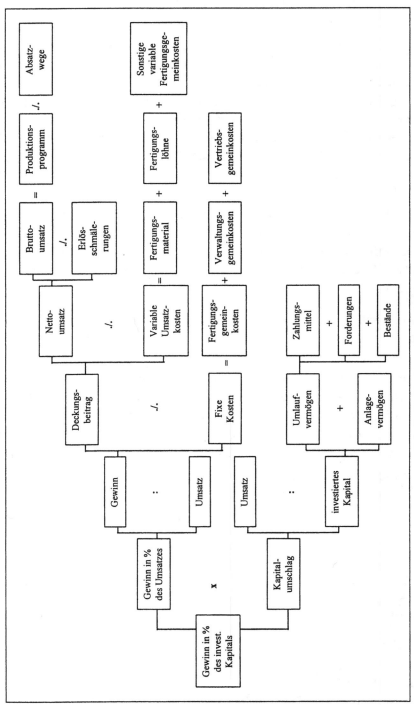

Abb. B-40: Du-Pont-Kennzahlensystem

Das Du-Pont-Kennzahlensystem verwendet als Spitzenkennzahl die Gesamtkapitalrentabilität, die sich definitionslogisch in die Kennzahlen Kapitalumschlag und Umsatzrentabilität aufgliedern läßt. In der weiteren Aufgliederung der Umsatzrentabilität werden verschiedene Kosteneinflußfaktoren sichtbar. Die Aufspaltung der Gesamtkapitalrentabilität liefert genauere Informationen über die Zusammensetzung des Vermögens.

Die Vorteile einer logischen Herleitung von Kennzahlensystemen sind vor allem in der großen Geschlossenheit und der Eindeutigkeit des Systems zu sehen, die auf diese Weise erreicht werden. Insbesondere die Beziehungen zwischen den Kennzahlen sind eindeutig definiert und nachvollziehbar.

Küpper weist darauf hin, daß logische Zusammenhänge zwischen Kennzahlen nichts über die zwischen diesen bestehenden empirischen Beziehungen aussagen. So können beispielsweise zwischen zwei Kennzahlen bestimmte Korrelationen bestehen, die sich definitionslogisch nicht begründen lassen. Aus diesem Grund ist es nötig, eine logische Konstruktion mit einer empirischen Fundierung zu kombinieren.[279]

7.2.2.2.2 Empirische Fundierung von Kennzahlensystemen

Empirische fundierte Kennzahlensysteme werden auf der Grundlage realer Gegebenheiten gebildet. *Küpper* unterscheidet zwei Vorgehensweisen, um empirisch begründete Kennzahlensysteme zu entwickeln:[280]

Das *empirisch-theoretische Vorgehen* zeichnet sich dadurch aus, daß auf der Basis theoretischer Konzepte Hypothesen über Zusammenhänge der Realität formuliert werden, die empirisch zu überprüfen sind. Als eine Hypothese dieser Art kann z.B. die Aussage verstanden werden, daß die Kosten eines Unternehmens in bestimmter Weise von der Beschäftigung abhängen. Da hiermit ein Ursache-Wirkungs-Zusammenhang beschrieben wird, lassen sich sowohl die Einflußfaktoren (z.B. die Beschäftigung) als auch die Ergebnisgröße (im Beispiel die Kosten) als Kennzahlen bezeichnen. Die theoretische Grundlage für diese beispielhaft genannte Hypothese liefert die betriebswirtschaftliche Produktions- und Kostentheorie. Neben dem Einfluß der Beschäftigung auf die Kosten sind zahlreiche weitere Kosteneinflußfaktoren produktions- und kostentheoretisch begründet.[281] Als Beispiel nennt *Küpper* das verfeinerte System der Kosteneinflußfaktoren von *Kilger*, das dieser der Plankostenrechnung zugrunde legt.[282] Dieses Vorgehen zur Konstruktion von Kennzahlensystemen wird bislang kaum ge-

---

279 Vgl. Küpper, H.-U. (Controlling 1997), S. 329.
280 Vgl. Küpper, H.-U. (Controlling 1997), S. 332 ff.
281 Vgl. hierzu bereits Abschnitt 6.2.
282 Vgl. Kilger, W. (Plankostenrechnung 1993), S. 135 ff.

nutzt, was *Küpper* damit erklärt, daß die Betriebswirtschaftslehre nur in beschränktem Maße über empirisch bestätigte Hypothesen verfügt.[283]

Beim *empirisch-induktiven Vorgehen* versucht man, Kennzahlen aus Erfahrungwissen und mit Hilfe statistischer Datenauswertungen zu gewinnen. Das Erfahrungswissen kann mit Hilfe der Methoden der Expertenbefragung erschlossen werden.[284] Für die Gewinnung von Kennzahlen aus dem vorhandenen Datenmaterial kommt eine Vielzahl statistischer Verfahren in Betracht. Zu unterscheiden ist hier zwischen uni- und multivariaten Verfahren, je nachdem, ob eine oder mehrere Einflußgrößen in Betracht gezogen werden. Um Strukturen im Datenmaterial zu ergründen, kommen die struktur-entdeckenden Verfahren (z.B. Clusteranalyse, Faktorenanalyse) zum Einsatz. Hat man bereits bestimmte Vermutungen über mögliche strukturelle Beziehungen im Datenmaterial – etwa aufgrund des Erfahrungswissens von Experten –, gelangen strukturprüfende Verfahren zum Einsatz (z.B. Regressionsanalyse).[285] Als eine Sammlung von „Kennzahlen", die empirisch-induktiv gewonnen wurden, können die Einflußfaktoren des Return-on-Investment gesehen werden. Diese sind im Rahmen der PIMS-Studie ermittelt worden, auf die wir schon an früherer Stelle[286] eingegangen sind.

7.2.3 Verrechnungspreissysteme

7.2.3.1 Zur Koordinationsfunktion

„Verrechnungspreise sind Wertansätze für innerbetrieblich erstellte Leistungen (Produkte, Zwischenprodukte, Dienstleistungen), die von anderen rechnerisch abgegrenzten Unternehmensbereichen bezogen werden."[287] Ein besonders geläufiges Anwendungsbeispiel für Verrechnungspreise ist die Verrechnung der Kosten einer Hilfskostenstelle an Hauptkostenstellen als leistungsempfangende Bereiche.

Die Koordinationsfunktion von Verrechnungspreisen beruht darauf, daß das Entscheidungsproblem, vor dem die dezentralen Entscheidungsträger (Bereichsleiter) stehen, verändert wird: „Mit Hilfe einer geschickt gewählten Kostenallokation wird das Entscheidungsproblem so verzerrt, daß der Entscheidungsträger von sich aus eine Entscheidung wählt, die den Zielen des Gesamtunternehmens entgegenkommt"[288]. Dies setzt voraus, daß der dezentrale Entscheidungsträger überhaupt einen Entscheidungsspielraum besitzt und daß die Entscheidungen

---

[283] Vgl. Küpper, H.-U. (Controlling 1997), S. 332.

[284] Vgl. dazu bereits Abschnitt 5.3.

[285] Vgl. auch Abschnitt 5.4.2.

[286] Vgl. Abschnitt 5.1.1.

[287] Ewert, R.; Wagenhofer, A. (Unternehmensrechnung 1997), S. 563.

[288] Ewert, R.; Wagenhofer, A. (Unternehmensrechnung 1997), S. 612.

vom Verrechnungspreis beeinflußt werden und ihrerseits den Bereichserfolg beeinflussen, nach dem der Entscheidungsträger beurteilt wird.[289] In Anbetracht der aktuellen Tendenzen zu Dezentralisierung und Abflachung von Unternehmenshierarchien dürfte die Bedeutung von Verrechnungspreisen für das Controlling künftig zunehmen.[290]

Die *Bedeutung* von Verrechnungspreisen für die Koordination ist an folgende Bedingungen geknüpft:[291]

- Die Gesamt-Planungsaufgabe der Unternehmung ist zerlegt und zumindest teilweise auf dezentrale Organisationseinheiten (z.B. Profit Center) delegiert.

- Die dezentralen Entscheidungsträger (z.B. Bereichsmanager) sind für die Bereichsergebnisse – bemessen etwa in Bereichsgewinnen oder Bereichskosten – verantwortlich.

- Zwischen den dezentralen Organisationseinheiten bestehen Leistungs-, Ressourcen- oder Marktinterdependenzen: Ein Bereich bezieht Leistungen eines anderen Bereichs, zwei Bereiche verwenden gemeinsam eine knappe Ressource, oder sie nutzen ein gemeinsames Marktpotential.

- Die dezentral zu treffenden Entscheidungen bzw. durchzuführenden Planungen werden von den Verrechnungspreisen berührt.

Insbesondere *Interdependenzen* zwischen den dezentralen Entscheidungseinheiten führen dazu, daß die Teilentscheidungen nicht unabhängig voneinander getroffen werden können, wenn ein Optimum im Hinblick auf das Gesamtziel der Unternehmung erreicht werden soll. Hieraus entsteht ein Koordinationsbedarf, der tendenziell die Autonomie der dezentralen Entscheidungseinheiten vermindert. Verrechnungspreise stellen jedoch gerade ein Koordinationsinstrument dar, mit dem grundsätzlich die Entscheidungsautonomie der dezentralen Einheiten nicht eingeschränkt wird. Sie sind den Entscheidungen vielmehr – wie andere Preise auch – zugrunde zu legen.[292] Die zentrale Frage richtet sich damit darauf, wie die Verrechnungspreise zu bilden sind, damit die dezentralen Einheiten so entscheiden, daß möglichst ein aus Unternehmensgesamtsicht optimales Ergebnis erzielt wird.

Für die in diesem Buch im Vordergrund stehenden Planungs- und Kontrollsysteme sind vor allem folgende Funktionen von Verrechnungspreisen von Bedeutung:[293]

---

[289] Vgl. Ewert, R.; Wagenhofer, A. (Unternehmensrechnung 1997), S. 613.

[290] Vgl. Männel, W. (Entwicklungen 1998), S. 4.

[291] Vgl. Ewert, R.; Wagenhofer, A. (Unternehmensrechnung 1997), S. 563 ff.; Küpper, H.-U. (Controlling 1997), S. 346 f.; zu Merkmalen interner Leistungsabwicklung vgl. Kreuter, A. (Leistungsabwicklung 1998), S. 575 ff.

[292] Vgl. Kloock, J. (Verrechnungspreise 1992), Sp. 2556 f.; Frese, E. (Organisation 1998), S. 217 ff.

[293] Vgl. Ewert, R.; Wagenhofer, A. (Unternehmensrechnung 1997), S. 565 ff.

- *Erfolgsermittlung*: Sofern die dezentralen Bereiche eines Unternehmens Leistungen voneinander beziehen, sind Verrechnungspreise erforderlich, um den Erfolg der Bereiche feststellen zu können. Der Verrechnungspreis stellt einerseits den „Erlös" für die internen Lieferungen oder Leistungen des liefernden Bereichs dar und bildet andererseits die Kosten des empfangenden Bereichs ab. Die Höhe des Verrechnungspreises beeinflußt den Erfolg und damit die Entscheidungen der Bereiche, wenn diese nach ihrem Erfolg beurteilt werden und sich möglicherweise Entscheidungen der Unternehmensleitung – etwa über Investitionsbudgets – an den Bereichserfolg knüpfen.

- *Koordination*: Die Bereichsleiter richten ihre Entscheidungen so aus, daß ihr Bereichserfolg maximiert wird. Allerdings müssen die Bereichsentscheidungen nicht auch die besten Alternativen aus Sicht der Gesamtunternehmung darstellen. Die Problemstellung aus Sicht der Gesamtunternehmung besteht darin, die Verrechnungspreise so festzulegen, daß die Bereichsentscheidungen getroffen werden, die zu einem maximalen Gesamterfolg führen.

Verrechnungspreise erfüllen darüber hinaus eine Reihe weiterer Funktionen, die hier nur kurz genannt seien:[294] Sie sind für die bilanzielle Bewertung erforderlich; die Höhe der Verrechnungspreise beeinflußt den bilanziellen Gewinn in den Einzelabschlüssen rechtlich selbständiger Unternehmen innerhalb eines Unternehmensverbundes. Mit Verrechnungspreisen können somit Gewinne zwischen den Tochterunternehmen – auch aus steuerlichen Beweggründen – verlagert werden. Eine vereinfachende Wirkung in der Plankostenrechnung geht von Verrechnungspreisen aus, wenn sie auf normalisierten Größen basieren und der innerbetriebliche Leistungsaustausch so von Schwankungen der Marktpreise für Produktionsfaktoren unbeeinflußt bleibt.

7.2.3.2 Ausgewählte Formen von Verrechnungspreisen

7.2.3.2.1 Überblick

Die zentrale Frage richtet sich darauf, ob es einen Verrechnungspreis gibt, der aus Sicht der Gesamtunternehmung optimal ist und zu dem die Entscheidungseinheit, die Leistungen empfängt, die gleiche Menge beziehen will, wie der leistende Bereich anzubieten bereit ist. Ein solcher Verrechnungspreis erfüllt die Koordinationsfunktion, denn er führt zu einem unternehmensinternen „Gleichgewicht" zwischen angebotener und nachgefragter Menge und zu einem gesamtzielbezogenen Optimum. In der wissenschaftlichen Literatur sowie in der Praxis

---

[294] Vgl. ausführlicher Ewert, R.; Wagenhofer, A. (Unternehmensrechnung 1997), S. 568 ff.; Küpper, H.-U. (Controlling 1997), S. 346 f.; Kloock, J. (Verrechnungspreise 1992), Sp. 2554 f.

finden sich zahlreiche Formen von Verrechnungspreisen. *Ewert/Wagenhofer* führen diese auf drei Grundtypen zurück,[295] nämlich auf

- marktorientierte Verrechnungspreise,
- kostenorientierte Verrechnungspreise und
- Verrechnungspreise als Verhandlungsergebnis.

Abb. B-41 führt die Varianten dieser Grundtypen von Verrechnungspreisen in der Klassifikation von *Ewert/Wagenhofer* auf.

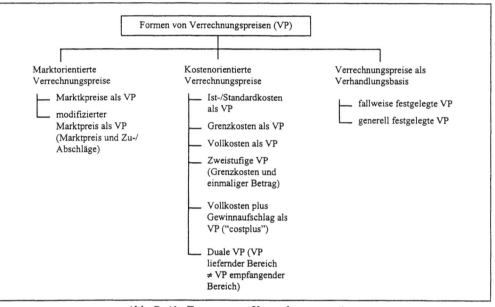

Abb. B-41: Formen von Verrechnungspreisen

Im weiteren wollen wir drei Formen von Verrechnungspreisen eingehender darstellen: Marktpreise als Verrechnungspreise sowie grenz- und vollkostenorientierte Verrechnungspreise.[296]

---

[295] Vgl. Ewert, R.; Wagenhofer, A. (Unternehmensrechnung 1997), S. 571; eine andere Typisierung nimmt *Küpper* vor, der neben markt- und kostenorientierten die entscheidungsfeldorientierten Verrechnungspreise unterscheidet: „Diese werden aus dem Erfolgsziel hergeleitet und berücksichtigen die jeweilige Entscheidungssituation", Küpper, H.-U. (Controlling 1997), S. 351.

[296] Für verhandlungsorientierte Verrechnungspreise und inbesondere einen Vergleich der Leistungsfähigkeit von kosten- und verhandlungsorientierten Verrechnungspreisen vgl. Baldenius, T.; Reichelstein, S. (Verrechnungspreise 1998).

7.2.3.2.2 Marktorientierte Verrechnungspreise

Den Marktpreis als Verrechnungspreis zu verwenden, erscheint insofern besonders inte=
essant, als so die Fiktion eines Marktes innerhalb der Unternehmung betont wird. Mark=
orientierte Verrechnungspreise lassen sich nach *Ewert/Wagenhofer* um so eher sinnvoll verwenden, je besser die folgenden vier Bedingungen erfüllt sind:[297]

- Für das zwischen den Organisationseinheiten zu liefernde (Zwischen-) Produkt muß ein
  Markt existieren oder zumindest ein Markt für ein substituierendes Produkt.

- Der Marktpreis darf nicht von den Unternehmensbereichen beeinflußt werden können, was
  zumindest bei einem Markt mit vollkommener Konkurrenz der Fall ist.

- Der Marktpreis muß einheitlich sein und sich beispielsweise nicht aufgrund der Nachfra-
  gemenge über Rabatte ändern.

- Der – auf dem Markt ermittelte – Marktpreis sollte der von den Organisationseinheiten zu
  treffenden Entscheidung angemessen sein und nicht etwa durch Motive anderer Art (z.B.
  „Kampfpreise", um einen hohen Marktanteil zu gewinnen) beeinträchtigt sein.

Die zentrale Anforderung an Verrechnungspreise verlangt, daß sie zu einer mit Blick auf das
Gesamtziel optimalen Koordination führen. Ob diese Forderung erfüllt ist, hängt bei Markt-
preisen davon ab, ob die dezentralen Entscheidungsträger als Teilnehmer auf einem vollkommenen oder einem unvollkommenen Markt anzusehen sind:

Agieren die dezentralen Entscheidungseinheiten auf einem *vollkommenen Markt*, wird mit
einem Marktpreis als Verrechnungspreis eine optimale Koordination hinsichtlich des Ge-
samtziels erreicht.[298] Die dezentralen Entscheidungsbereiche sind dann idealtypisch völlig
unabhängig voneinander, d.h. es bestehen keine Interdependenzen zwischen ihnen, und eine
unternehmensinterne Leistung bewirkt keine Synergieeffekte. Sind auch keine Liefer- oder
Beschaffungsrestriktionen zu beachten, ist es sogar zwingend erforderlich, daß der Transfer-
preis dem Marktpreis entspricht, damit es in einem solchen Fall überhaupt zu einem internen
Leistungstransfer kommt: Der leistende Bereich wird nur dann an einen anderen Unternehmensbereich und nicht an einen externen Kunden liefern, wenn er zumindest den Marktpreis
erzielen kann. Auf der anderen Seite ist der empfangende Bereich nur dann bereit, Leistungen
von einem internen Lieferanten zu beziehen, wenn er dafür nicht mehr als den Marktpreis
entrichten muß.

Die dezentralen Entscheidungseinheiten sind bei vollkommenen Märkten so unabhängig voneinander, daß es einer gesamtzielbezogenen Koordination mit dem Ziel, Synergieeffekte aus-

---

[297] Vgl. Ewert, R.; Wagenhofer, A. (Unternehmensrechnung 1997), S. 575.
[298] Vgl. Ewert, R.; Wagenhofer, A. (Unternehmensrechnung 1997), S. 577 ff.

zunutzen, und eines Koordinationsinstruments, hier des Verrechnungspreises, nicht bedarf. Auf der anderen Seite ist gerade dann „eine *quasi* marktmäßige Koordination angemessen".[299]

Bei einem *unvollkommenem Markt*, z.B. aufgrund eines beschränkten Zugangs zum Absatz- oder Beschaffungsmarkt des liefernden bzw. empfangenden Bereichs, führen Marktpreise als Verrechnungspreise nicht zu einer gesamtzieloptimalen Koordination oder anders gesagt, der optimale Verrechnungspreis entspricht dann häufig nicht dem Marktpreis. Der Marktpreis gibt hierbei vielfach nur einen Hinweis auf die Opportunitätskosten, also darauf, auf welche Leistungen man mit dem internen Transfer verzichtet bzw. welche Kosten bei externem Bezug anfallen würden.[300]

Neben dem „reinen" Marktpreis bieten sich zwei grundlegende *Modifikationen* an: Zum einen kann anstelle des Marktpreises der Grenzpreis des liefernden Bereichs verwendet werden. Dieser ergibt sich, indem vom Marktpreis bei interner Lieferung entfallende Absatzkosten abgezogen werden (z.B. Versand- oder Marketingkosten). Zum anderen kann der Marktpreis um die Beschaffungskosten erhöht werden, die nicht entstehen, wenn Leistungen von einem unternehmensinternen Lieferanten bezogen werden. Der Verrechnungspreis entspricht dann den Grenzkosten des beziehenden Bereichs: Zu diesem Preis ist der empfangende Bereich indifferent zwischen einer externen und einer internen Bezugsquelle. Nach *Ewert/Wagenhofer* ist der Grenzpreis des liefernden Bereichs als Verrechnungspreis aus Gesamtsicht in der Regel vorteilhaft, weil dieser verhältnismäßig niedrig ist und so „dem beziehenden Bereich der größte Preisspielraum eingeräumt wird"[301].

7.2.3.2.3 Grenzkostenorientierte Verrechnungspreise

Wenngleich empirische Erhebungen darauf hindeuten, daß grenzkostenbasierte Verrechnungspreise in der Praxis kaum verbreitet sind,[302] finden sie aus theoretischer Sicht wohl deswegen viel Beachtung, weil sie unter bestimmten Umständen für kurzfristige Entscheidungen eine gesamtzieloptimale Koordination herbeiführen können.

Mit grenzkostenorientierten Verrechnungspreisen werden dem beziehenden Unternehmensbereich die mit der letzten gelieferten Einheit zusätzlich entstehenden Kosten in Rechnung gestellt. Hat der liefernde Bereich eine *lineare Kostenfunktion*, so entsprechen die Grenzkosten den variablen Stückkosten, andernfalls, d.h. bei *degressivem oder progressivem Kostenverlauf* hängen die Grenzkosten – und damit der Verrechnungspreis – von der gelieferten Menge ab.

---

[299] Ewert, R.; Wagenhofer, A. (Unternehmensrechnung 1997), S. 575.

[300] Vgl. mit ausführlichen Beispielen zum vollkommenen und zum unvollkommenen Markt Ewert, R.; Wagenhofer, A. (Unternehmensrechnung 1997), S. 577 ff., 579 ff.

[301] Ewert, R.; Wagenhofer, A. (Unternehmensrechnung 1997), S. 582.

[302] Vgl. so Drumm, H. J. (Verrechnungspreisbildung 1973), S. 96.

Das Basismodell von *Hirshleifer* weist nach, daß grenzkostenbasierte Verrechnungspreise zu einer gesamtzieloptimalen Koordination führen können.[303]

Tab. B-17: Beispiel zu grenzkostenorientierten Verrechnungspreisen bei linearen Kostenfunktionen bei dezentraler Entscheidung

	Bereich A	**Bereich B**
Kostenfunktion	$K_1 = K_1^F + k_1^v \cdot x_1$ $= 2 + 3 \cdot x_1$	$K_2 = K_2^F + k_2^v \cdot x_2$ $= 3 + x_2$
Marktpreis des Endprodukts		$p = 5$
Funktion des Bereichsgewinns	$G_1 = E_1 - K_1$ $= R \cdot x_1 - (K_1^F + k_1^v \cdot x_1)$ $= (R - k_1^v) \cdot x_1 - K_1^F$ $= (R - 3) \cdot x_1 - 2$	$G_2 = E_2 - R \cdot x_2 - K_2$ $= p \cdot x_2 - R \cdot x_2 - (K_2^F + k_2^v \cdot x_2)$ $= (p - R - k_2^v) \cdot x_2 - K_2^F$ $= (4 - R) \cdot x_2 - 3$
Restriktionen (beschränkte Kapazitäten)	Bereich A kann im Betrachtungszeitraum maximal $x_1^{kap} = 100$ Einheiten produzieren.	Bereich B kann im Betrachtungszeitraum mit seiner Kapazität maximal $x_2^{kap} = 150$ Einheiten verarbeiten.
Bedingungen für das Gewinnmaximum	Sofern der Verrechnungspreis R zumindest die variablen Stückkosten=Grenzkosten von 3 deckt (d.h. $R \geq k_1^v = 3$), produziert Bereich A an der Kapazitätsgrenze, ansonsten würde mit jeder produzierten Einheit der Verlust erhöht, d.h.: $x_1 = \begin{cases} x_1^{kap} = 100 & \text{wenn } R \geq 3 = k_1^v \\ 0 & \text{wenn } R < 3 = k_1^v \end{cases}$	Sofern der Verrechnungspreis R kleiner oder gleich 4 (d.h. $R \leq p - k_2^v = 4$) ist, produziert Bereich B an der Kapazitätsgrenze, d.h.: $x_2 = \begin{cases} x_2^{kap} = 150 & \text{wenn } R \leq 4 = p - k_2^v \\ 0 & \text{wenn } R > 4 = k_2^v \end{cases}$
Ergebnis	Die Restriktionen aufgrund der beschränkten Produktionskapazitäten bewirken, daß beide Bereiche nur die kleinere Menge von x_1 und x_2, also $x_1 = x_2 = x_1^{kap} = 100$, realisieren können. Wird ein Verrechnungspreis gewählt, der oben genannten Bedingungen genügt, z.B. die Grenzkosten des liefernden Bereichs mit $k_1^v \leq R = 3 \leq p - k_2^v$, ergeben sich Bereichsgewinne von $G_1(x_1 = 100) = -2$ und $G_2(x_2 = 100) = 97$.	

Anhand eines Beispiels soll zunächst der Fall linearer Kostenverläufe skizziert werden: Gesucht ist der „optimale" Verrechnungspreis R, mit dem der Bereich A einem anderen Bereich B die Zwischenprodukte (x_1) in Rechnung stellen kann, die A produziert und an B liefert. Bereich B stellt aus den Zwischenprodukten Endprodukte (x_2) her, die auf einem externen Absatzmarkt veräußert werden. Bereich A hat eine lineare Kostenfunktion. Bereich B kann die Endprodukte zu einem konstanten Preis p auf dem Absatzmarkt absetzen. Für die Produktionskapazitäten gelten im Betrachtungszeitraum gewisse Beschränkungen. In der nachfolgen-

---

[303] Vgl. Hirshleifer, J. (Pricing 1964).

den Tab. B-17 werden die Mengen und die Bereichsgewinne der beiden Bereiche ermittelt, die sich bei dezentraler Entscheidung über die zu produzierenden Mengen ergeben, wenn die dezentralen Entscheidungseinheiten nach Gewinnmaximierung streben.

Aus der Tab. B-18 geht hervor, daß die *zentrale* Lösung des Entscheidungsproblems zur optimalen Produktionsmenge den gleichen Gesamtgewinn liefert. Unter den hier getroffenen Annahmen über die Kosten- und Erlösfunktion führen alle Verrechnungspreise, die zumindest die Grenzkosten des liefernden Bereichs decken und den Grenzgewinn des empfangenden Bereichs nicht übersteigen,[304] zu einer optimalen Koordination.[305] Um den gesamtzieloptimalen Verrechnungspreis festzulegen, ist es daher nicht erforderlich, die Grenzkosten bzw. Grenzgewinne ganz genau zu kennen.[306] Bei nicht-linearen Kostenfunktionen, auf die wir nachfolgend eingehen, ist gerade dies anders.

Tab. B-18: Beispiel zu grenzkostenorientierten Verrechnungspreisen bei linearen Kostenfunktionen bei zentraler Entscheidung

	Gesamtunternehmen	
Kostenfunktion	$K_G = K_1 + K_2 = 5 + 4 \cdot x$	
Gewinnfunktion	$G_G = p \cdot x - K_G = 5 \cdot x - (5 + 4 \cdot x) = x - 5$	
Restriktionen	Die beschränkte Produktionskapazität im Bereich A wird wirksam, d.h., sie beschränkt die maximal mögliche Produktionsmenge auf $x = 100$.	
Bedingung für das Gewinnmaximum	Es ist lohnend zu produzieren, wenn der Verkaufspreis zumindest die variablen Stückkosten deckt, d.h., wenn gilt $p \geq k_1^v + k_2^v = 4$. Das Gewinnmaximum wird dann an der Kapazitätsgrenze erreicht.	
Ergebnis	Der Gewinn bei zentraler Entscheidung beträgt $G_G(x = 100) = 95$. Dies entspricht der Summe der Bereichsgewinne von $G_1 + G_2 = -2 + 97 = 95$ bei dezentraler Entscheidung.	

In dem Beispiel, das in Tab. B-19 aufgeführt ist, weist Bereich A eine *nicht-lineare Kostenfunktion* auf, und Bereich B hat eine linear fallende Preis-Absatz-Funktion. Der obere Teil der Tabelle zeigt die Entscheidungen der Bereiche A und B, der untere Teil beschreibt das Ergebnis bei zentraler Lösung des Entscheidungsproblems. Beide dezentralen Bereiche wollen bei einem Verrechnungspreis, der den Grenzkosten des liefernden Bereichs entspricht, die

---

[304] In diesem Beispiel führen alle Verrechnungspreise, die die Bedingung $k_1^v = 3 \leq R \leq p - k_2^v = 4$ erfüllen, zu dem gleichen Gewinn in Höhe von 95 GE (z.B. ein Verrechnungspreis von 3,5 bringt für Bereich A einen Bereichsgewinn von 48 und für Bereich B einen Gewinn von 47; wählt man einen Verrechnungspreis von 4, der genau der „Preisobergrenze" des empfangenden Bereichs entspricht, ergibt dies einen Bereichsgewinn für A von 98 und für Bereich B ein Ergebnis von -3.)

[305] Vgl. so auch mit einer graphischen Darstellung Küpper, H.-U. (Controlling 1997), S. 353 f.

[306] Vgl. Ewert, R.; Wagenhofer, A. (Unternehmensrechnung 1997), S. 589.

gleiche Menge austauschen. Diese Menge ergibt sich auch bei Lösung des zentralen Entscheidungsproblems.

Tab. B-19: Beispiel zu grenzkostenorientierten Verrechnungspreisen bei nicht-linearen Kostenfunktionen

	Bereich A	Bereich B
Kostenfunktion	$K_1 = 2 + x_1^2$	$K_2 = 3 + x_2$
Marktpreis des Endprodukts		$p(x_2) = 17 - x_2$
Funktion des Bereichsgewinns	$G_1 = R \cdot x_1 - K_1$ $= R \cdot x_1 - (2 + x_1^2)$	$G_2 = p(x_2) \cdot x_2 - R \cdot x_2 - K_2$ $= (17 - x_2) \cdot x_2 - R \cdot x_2 - (3 + x_2)$ $= (16 - R) \cdot x_2 - x_2^2 - 3$
Notwendige Bedingung für das Gewinnmaximum	$G_1' = R - K_1^v = 0$ $= R - 2 \cdot x_1 = 0$ $\Rightarrow x_1 = \dfrac{R}{2}$	$G_2' = p(x_2) + p'(x_2) \cdot x_2 - R - K_2'(x_2)$ $= 16 - R - 2 \cdot x_2 = 0$ $\Rightarrow x_2 = 8 - \dfrac{R}{2}$
Ergebnis	Es gibt genau einen Verrechnungspreis R, bei dem Bereich A und Bereich B dieselbe Menge $x*$ liefern wollen, d.h. bei dem $x_1 = x_2$, nämlich bei $R = 8$ die Menge $x* = 4$. Dieser Preis entspricht den Grenzkosten des liefernden Bereichs bei der Gleichgewichtsmenge $x* = 4$. Die Gewinne der Bereiche A und B sind $G_1(x = 4) = 14$ und $G_2(x = 4) = 13$.	
Gesamtunternehmen		
Kostenfunktion	$K_G = K_1 + K_2 = 5 + x + x^2$	
Gewinnfunktion	$G_G = p(x) \cdot x - K_G$ $= (17 - x) \cdot x - (5 + x + x^2)$ $= -2x^2 + 16x - 5$	
Notwendige Bedingung für das Gewinnmaximum	$G_G' = -4x + 16 = 0$ $\Rightarrow x^* = 4$ und $G_G(x^* = 4) = 27$	
Ergebnis	Der Gewinn bei zentraler Entscheidung entspricht der Summe der Bereichsgewinne bei dezentraler Entscheidung.	

Auch wenn ein grenzkostenorientierter Verrechnungspreis die dezentralen Entscheidungen hier auf das Gesamtziel hin bestmöglich koordiniert, ohne die Entscheidungsautonomie der Bereiche zu schmälern, handelt es sich doch nur um eine *scheinbare* Lösung: Der Verrechnungspreis R (im Beispiel $R = 8$) muß von der Zentrale festgelegt werden. Hierfür aber „muß sie ... das Entscheidungsproblem lösen; wenn das Problem gelöst ist, kann die Zentrale den Bereichen genausogut gleich die Outputmenge vorschreiben"[307]. In diesem Zusammenhang wird auch von „Scheinautonomie" gesprochen.[308]

Eine Möglichkeit diese „Scheinautonomie" zu verhindern, besteht darin, daß die Zentrale den dezentralen Einheiten zwar nicht die Höhe des Verrechnungspreises vorgibt, sondern nur das *Verfahren* der Verrechnungspreisbildung festlegt, daß also der Verrechnungspreis den Grenzkosten des liefernden Bereichs entsprechen soll:[309] Bei nicht-linearen Kostenfunktionen hängt dann der Preis, den die empfangende Einheit bezahlen müßte, von der nachgefragten Menge ab, so daß es zu einem „Nachfragemonopol" kommt. Hingegen würde ein solches Vorgehen für den leistenden Bereich tendenziell einen Anreiz dahingehend auslösen, den wahren Verlauf der Grenzkosten nicht bekanntzugeben, sondern insbesondere höhere Grenzkosten anzugeben.

Im Hinblick auf die *Erfolgsermittlungsfunktion* sind grenzkostenorientierte Verrechnungspreise mit Nachteilen verbunden: Dem liefernden Bereich entsteht ein Verlust, der in etwa dem Ausmaß seiner Fixkosten entspricht. Im Fall des linearen Kostenverlaufs, d. h. konstanten Grenzkosten, entspricht der Verlust des liefernden Bereichs exakt dessen Fixkosten, wie auch aus Beispiel in Tab. B-17 deutlich wird. Bei zunehmenden Grenzkosten werden die Fixkosten – zumindest teilweise – gedeckt; bei abnehmenden Grenzkosten erhöht sich der Verlust.

Um grenzkostenorientierte Verrechnungspreise verwenden zu können, ist eine ausgebaute Grenzplankostenrechnung erforderlich. Zu berücksichtigen ist ferner, daß – in Abhängigkeit vom jeweiligen Entscheidungsproblem – nicht allein die Grenzkosten, sondern auch die Opportunitätskosten mit einzubeziehen sind.

7.2.3.2.4 Vollkostenorientierte Verrechnungspreise

In der Praxis werden vollkostenorientierte Verrechnungspreise ungleich häufiger als grenzkostenorientierte verwendet.[310] In einem vollkostenorientierten Verrechnungspreis sind die variablen Kosten und anteilsmäßige Fixkosten und ggf. – abhängig von der gewählten Variante – auch ein Gewinnaufschlag für den leistenden Bereich („cost plus") enthalten.[311] Grundsätzlich sind damit die bekannten Nachteile, die die Schlüsselung von Fixkosten mit sich

---

[307] Ewert, R.; Wagenhofer, A. (Unternehmensrechnung 1997), S. 586.

[308] Vgl. Kloock, J. (Verrechnungspreise 1992), Sp. 2558.

[309] Vgl. dazu Ewert, R.; Wagenhofer, A. (Unternehmensrechnung 1997), S. 587 f.

[310] Vgl. Drumm, H. J. (Verrechnungspreisbildung 1973), S. 96; vgl. auch die zitierten Quellen bei Ewert, R.; Wagenhofer, A. (Unternehmensrechnung 1997), S. 590.

[311] Vgl. Eccles, R. G. (Control 1983), S. 156 f.

bringt, verbunden.[312] Zugunsten vollkostenorientierter Verrechnungspreise wird eine Reihe von Vorzügen hervorgehoben, wie beispielsweise die folgenden[313]:

- Interne Leistungsbeziehungen sind zumeist langfristiger Natur. Demzufolge seien mit dem Preis auch die Fixkosten abzudecken.

- Dem liefernden Bereich werden die Fixkosten im Preis abgegolten, so daß bei diesem zumindest kein Verlust entsteht.

- Bei der sekundären Gemeinkostenrechnung im Rahmen der Kostenstellenrechnung werden letztlich vollkostenorientierte Preissätze ermittelt, d.h., zusätzlicher Aufwand ist daher vielfach nicht erforderlich.

Ob vollkostenorientierte Verrechnungspreise zu einer gesamtzieloptimalen Koordination beitragen, wird bezweifelt.[314] Eine wesentliche Ursache hierfür liegt darin, daß die Kostenstruktur eines empfangenden Leistungsbereichs in vielen Fällen nicht mit der Kostenstruktur des Gesamtunternehmens übereinstimmt. Bezieht eine Organisationseinheit Vorprodukte von einem anderen Bereich, die in die Produkte der empfangenden Einheit eingehen, so stellen sie dort variable Kosten dar.[315] Aus Gesamtsicht sind in diesen Kosten aber bei vollkostenorientierten Preisen auch Fixkosten enthalten. Wird nach der „Cost-plus"-Methode vorgegangen, sind im Preis auch Zwischengewinne enthalten. Sofern der empfangende Bereich Entscheidungen auf der Basis *seiner* variablen Kosten trifft (z.B. Preisentscheidungen), können sich aus Gesamtsicht Fehlentscheidungen ergeben.

7.3 Wiederholungs- und Vertiefungsfragen

1. Worin besteht der Unterschied zwischen elementaren und komplexen Koordinationsinstrumenten?

2. Was versteht man unter der inhaltlichen, was unter der zeitlichen Koordination von Plänen und Berichten?

3. „Es ist nicht sinnvoll, strategische, taktische und operative Planung an ihrem jeweiligen Zeithorizont festzumachen." Diskutieren Sie diese Auffassung!

4. „Die Simultanplanung ist für die Theorie, die Sukzessivplanung ist für die Praxis." Diskutieren Sie diese Auffassung! Stellen Sie Vor- und Nachteile von simultaner und sukzessiver Planung dar!

---

[312] Vgl. dazu auch Abschnitt 6.2.2.
[313] Vgl. die ausführliche Darstellung bei Ewert, R.; Wagenhofer, A. (Unternehmensrechnung 1997), S. 590 ff.
[314] Vgl. Ewert, R.; Wagenhofer, A. (Unternehmensrechnung 1997), S. 593.
[315] Vgl. Dusemond, M.; Küting, K. (Konzernkostenrechnung 1994), S. 245 ff.

5. Worin besteht der Unterschied zwischen rollierender und revolvierender Planung? In welcher Unternehmenssituation würden Sie welches Verfahren vorziehen?

6. Welche Vor- und Nachteile weisen die retrograde und die progressive Planung auf? Ist eine ausschließlich progressive Planung immer durchführbar?

7. Welche Elemente hat ein Budgetierungssystem? Wie unterscheidet es sich vom Budgetsystem?

8. „Budgetierung ist ungezeitmäß." Nehmen Sie Stellung zu dieser in jüngerer Zeit häufig geäußerten Auffassung, insbesondere auch unter Berücksichtigung verschiedener Budgetierungstechniken.

9. Worin liegt der Vorteil, Budgets in Wert- und nicht in Mengengrößen vorzugeben? Welche Nachteile bzw. Gefahren sind damit verbunden?

10. Worin bestehen die grundlegenden Unterschiede zwischen Fortschreibungsbudgetierung, Zero-Base-Budgeting und Target Costing?

11. Wo sehen Sie die Vorteile, wo die Nachteile von Kennzahlen im Vergleich zu detaillierten Budgetvorgaben bzw. Managementberichten?

12. Würden Sie Kennzahlensysteme, die auf einer logischen Herleitung beruhen, solchen vorziehen, die auf einer empirischen Fundierung basieren?

13. Welche Gefahren können von einer undifferenzierten Verwendung von Kennzahlen ausgehen?

14. Stellen Sie Vor- und Nachteile markt-, kosten- und verhandlungsorientierter Verrechnungspreise in einer Übersicht dar. Entwickeln Sie dazu geeignete Vergleichsmerkmale!

15. Kann mit Hilfe von Verrechnungspreisen eine unternehmenszieloptimale Koordination der dezentral getroffenen Entscheidungen erreicht werden?

16. Für welche Organisationsformen von Unternehmen würden Sie Budgetierungssysteme empfehlen? Wann würden Sie sich für die Verwendung von Kennzahlen- oder Verrechnungspreissystemen aussprechen?

Teil C:

IT-gestützte
Planungs- und Kontrollsysteme

Planungs- und Kontrollverfahren werden zunehmend auf der Basis computergestützter Informationstechniken (IT) eingesetzt. Die Formen der IT-gestützten Anwendung von Planungs- und Kontrollverfahren sind außerordentlich vielgestaltig. Sie reichen von der (passiven) Speicherung planungsrelevanter Daten in Datenbanken über die Groupware-basierte Generierung von Handlungsalternativen bis zur computergestützten Optimierung. IT-Komponenten werden so zu Hilfsmitteln für – oder sogar zu „Trägern" von – Planungs- und Kontrollaufgaben.

Den Schwerpunkt der nachfolgenden Ausführungen bilden Möglichkeiten der IT-Unterstützung von Planung und Kontrolle sowie die institutionale Ausgestaltung IT-gestützter Planungs- und Kontrollsysteme. Da wir Planungs- und Kontrollsysteme hier – dem früher abgegrenzten Sinn des Begriffs entsprechend[1] – nun auch in ihrer *institutionalen* Dimension betrachten wollen, ist es erforderlich, ferner die Unternehmensorganisation in der Darstellung zu berücksichtigen. Den engen Zusammenhang zwischen der Unternehmensorganisation einerseits und dem Planungs- und Kontrollsystem auf der anderen Seite kann man sich folgendermaßen verdeutlichen:

Eine wesentliche *organisatorische* Gestaltungsvariable stellt die Verteilung von Entscheidungsrechten im Unternehmen dar.[2] Aus Planungssicht ist die Entscheidung letztlich der Abschluß des Planungsprozesses.[3] Dasjenige Organisationsmitglied, das die Kompetenz zur Auswahl einer Handlungsalternative, also die Entscheidungskompetenz besitzt, hat damit zugleich „die letzte Kompetenz bei der Festlegung der Pläne"[4]. Auch im Hinblick auf die Kontrolle besteht ein enger Zusammenhang zur organisatorischen Gestaltung, denn dort spielt beispielsweise die Verteilung von Weisungsbefugnissen eine wichtige Rolle für die Gestaltung des Leitungssystems. Mit den Weisungsbefugnissen sind aber in der Regel auch Kontrollrechte verbunden, und damit ist der Bezug zum institutionalen Kontrollsystem im hier abgegrenzten Sinn gegeben.[5]

Die nachfolgenden Ausführungen sind in drei Kapitel gegliedert:

---

[1]   Vgl. Kapitel 2 und 4 in Teil A dieses Buches.

[2]   Vgl. z.B. aus Sicht situativer Organisationsansätze Kieser, A.; Kubicek, H. (Organisation 1992), S. 154 f.; Pugh, D. S. u.a. (Analysis 1963), S. 301 ff. Entscheidungsorientierte Organisationstheorien reduzieren „die Aktivitäten in arbeitsteiligen Systemen auf ihren Entscheidungskern und damit auf die Gewinnung und Verarbeitung von Informationen", Frese, E. (Organisation 1998), S. 4. Die Verteilung von Entscheidungskompetenzen ist damit *das* zentrale Gestaltungsproblem in einem arbeitsteiligen Entscheidungssystem.

[3]   Vgl. dazu Abschnitt 2.1.1.

[4]   Küpper, H.-U. (Controlling 1997), S. 260.

[5]   Vgl. z.B. Picot, A.; Dietl, H.; Franck, E. (Organisation 1997), S. 164, 173 ff., Küpper, H.-U. (Controlling 1997), S. 260 f.

- Kapitel 8 stellt Möglichkeiten und Strukturen des IT-Einsatzes für Planungs- und Kontrol-zwecke dar. Im Vordergrund stehen hierbei grundlegende Konzepte, die trotz der stürmi-schen Entwicklungen in diesem Bereich von längerfristiger Gültigkeit sind.

- In Kapitel 9 sollen Zusammenhänge zwischen Planungs- und Kontrollsystem, Organisa-tionsstruktur und IT-Einsatz eingehender betrachtet werden, um auf diese Weise Anhalts-punkte für die zwischen diesen bestehenden Interdependenzen zu gewinnen.

- Kapitel 10 zeigt Grundzüge IT-gestützter Planungs- und Kontrollsysteme für ausgewählte Organisationsstrukturen auf. Hierbei sollen schließlich neben den grundlegenden Typen der Funktional- und der Divisionalorganisation auch neuere Organisationskonzepte, wie netzwerkartige Organisationen, behandelt werden.

8 IT-Unterstützung von Planung und Kontrolle

Den Gegenstand dieses Kapitels bilden Möglichkeiten und Formen der Unterstützung von Planungs- und Kontrollaufgaben durch moderne Informationstechniken. Dafür sind zunächst zwei Abgrenzungen erforderlich,

1. der Begriffe „Informationstechnologie" und „Informationstechnik"
2. des geeigneten Detaillierungsgrades, mit dem Informationstechniken im weiteren zu betrachten sind.

Zu Punkt 1: Üblicherweise versteht man unter einer Technologie spezifisches Wissen über naturwissenschaftlich-technische Zusammenhänge, soweit es bei der Lösung technisch-organisatorischer Probleme anwendbar ist.[6] Demgegenüber steht beim Begriff der Technik stärker die konkrete Nutzbarmachung und Nutzung dieses Wissens über naturwissenschaftlich-technischer Zusammenhänge im Vordergrund. Damit wird deutlich, daß schon rein begrifflich keine *direkte* Beziehung zwischen der Informationstechnologie und -technik einerseits und dem Planungs- und Kontrollsystem oder der Organisationsstruktur einer Unternehmung auf der anderen Seite bestehen kann; vielmehr ist erst die *Anwendung* oder der *Einsatz* der Informationstechnik von unmittelbarer Relevanz für die Unternehmung. Ob und wie die (Informations-) Technik eingesetzt wird, stellt grundsätzlich ein Entscheidungs- oder Gestaltungproblem dar.[7]

Zu Punkt 2: Ein computergestütztes Informationssystem verfügt prinzipiell über hardware- und softwarebasierte Komponenten sowie Daten. Für die weiteren Darstellungen erhebt sich die Frage, welches der angemessene Abstraktions- oder Detaillierungsgrad ist. Daß es für die Abschätzung der Möglichkeiten, die die Informationstechnik bei der Gestaltung von Planungs- und Kontrollsystemen bieten kann, kaum sinnvoll sein kann, die einzelnen Bauteile datenspeichernder Einheiten näher zu beschreiben, ist offensichtlich. Überdies unterliegen gerade die informationstechnischen Komponenten und Bauteile einer stürmischen technischen Entwicklung. Hierzu bemerkt *Scheer:* „Aufgrund des hohen Entwicklungstempos der EDV-Techniken nimmt mit der Nähe zur technischen Ausführungsebene die Beschreibungsstabilität von Tatbeständen ab. Konkret bedeutet dieses, daß z.B. durch das Auswechseln von Geräten, Betriebssystemen usw. die Ausführung eines EDV-Prozesses erheblich verändert werden kann, ohne daß aber die darüberliegende Ebene des Einsatzes von Werkzeugen wie eines Netzmanagements oder Data Dictionaries erheblich beeinflußt werden muß ..., während die

---

[6] Vgl. Zörgiebel, W. W. (Technologie 1983), S. 11; in Anlehnung daran auch Specht, G. (Technologiemanagement 1993), Sp. 4155; Wolfrum, B. (Technologiemanagement 1991), S. 4.

[7] Vgl. Wolfrum, B. (Technologiemanagement 1991), S. 242 ff.; Specht, G. (Technologiemanagement 1993), Sp. 4157, 4160 f.

Beschreibung der betriebswirtschaftlich logischen Zusammenhänge sogar völlig unbeeinfluß: bleibt"[8].

Vor diesem Hintergrund wollen wir uns nach einer kurzen begrifflichen Abgrenzung *IT-gestützter* Planungs- und Kontrollsysteme (Abschnitt 8.1) auf die wesentlichen Entwicklungslinien der Informationstechnik sowie die grundlegenden Komponenten und Konzepte beschränken (Teil 8.2). *Werkzeuge* und *Konzepte* der Informationstechnik, die spezifisch der Unterstützung von Planung und Kontrolle dienen, bilden den Gegenstand von Abschnitt 8.3. Im Punkt 8.4 werden *Systeme* behandelt, die auf bestimmte Planungs- und Kontrollaufgaben oder -träger ausgerichtet sind und spezielle Ausprägungen IT-gestützter Planungs- und Kontrollsysteme darstellen. Hierbei sollen Hinweise für eine Beantwortung der folgenden Leitfragen gewonnen werden:

Leitfragen von Kapitel 8:

⇒ Welche Möglichkeiten bietet die Informationstechnik, die Erfüllung von Planungs- und Kontrollaufgaben zu unterstützen?

⇒ In welchem Zusammenhang steht die IT-Unterstützung von Planungs- und Kontrollaufgaben zum IT-Einsatz für andere Aufgaben – insbesondere solche ausführender Art – in der Unternehmung?

⇒ Für welche Planungs- und Kontrollaufgaben sind welche Informationstechnologien besonders geeignet?

8.1 IT-gestützte PuK-Systeme im Gesamtkonzept IT-basierter Informationssysteme

In der *Wirtschaftsinformatik* gliedert man Anwendungssysteme üblicherweise nach ihrer Zugehörigkeit zu den Hierarchieebenen der Organisation in verschiedene Typen:

So unterscheidet *Mertens* zwischen Administrations-, Dispositions- sowie Planungs- und Kontrollsystemen.[9] Administrationssysteme dienen traditionell der Verwaltung der betrieblichen „Massendaten" für Abrechnungs- und Verwaltungszwecke. Dispositionssysteme werden – oftmals unter Verwendung von Verfahren des Operations Research – zur Vorbereitung kurzfristiger Entscheidungen vornehmlich der unteren und mittleren Führungsebene eingesetzt. Zweck der „Planungs- und Kontrollsysteme" ist es, „...Entscheidungsträgern Informationen zu präsentieren, die ihnen bei der Unternehmensplanung und -kontrolle helfen".[10]

Die Gesamtkonzeption betrieblicher Anwendungssysteme nach *Mertens* zeigt Abb. C-1.

---

8   Scheer, A.-W. (Betriebswirtschaftslehre 1990), S. 271.

9   Vgl. Mertens, P. (Administrationssysteme 1997), S. 1 u. S. 11 ff.; Stahlknecht, P.; Hasenkamp, U. (Wirtschaftsinformatik 1997), S. 358 ff.; ähnlich Scheer, A.-W. (Betriebswirtschaftslehre 1990), S. 26 f.

10   Mertens, P.; Griese, J. (Planungssysteme 1993), S. 1.

Die funktionsbezogenen Anwendungen sind in horizontaler Richtung entlang der Wertschöpfungskette zu integrieren *(horizontale Integration)*. In den unteren Ebenen bezieht sich die Integration hauptsächlich auf den Geschäftsprozeß der Abwicklung von Kundenaufträgen. Auf höheren Ebenen steht z.B. die horizontale Integration verschiedener bereichsspezifischer Planungen im Vordergrund. Die Integration hat jeweils im Hinblick auf Daten, Funktionen sowie Programme und Methoden zu erfolgen. Darauf werden wir an späterer Stelle genauer eingehen.[11]

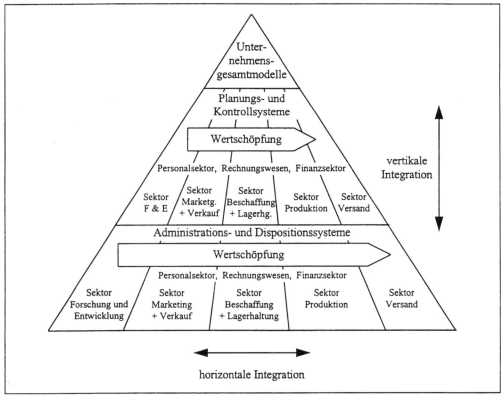

Abb. C-1: Gesamtkonzeption betrieblicher Anwendungssysteme nach Mertens

Quelle: Mertens, P. (Administrationssysteme 1991), S. 6[12]

Die *vertikale Integration* bezieht sich auf die Abstimmung der verschiedenen Systemebenen. Wesentlich ist hierbei insbesondere die Datenversorgung der höheren Ebenen aus den Admi-

---

11   Vgl. dazu Abschnitt 8.2.4.
12   Diese Abbildung findet sich verändert und ergänzt um das Gebäudemanagement auch in Mertens, P. (Administrationssysteme1997), S. 6.

nistrations- und Dispositionssystemen heraus. Beispielsweise werden auf der unteren Ebene Kundenaufträge erfaßt und gespeichert. Um gezielte Maßnahmen für die Werbung und Preispolitik in einzelnen Absatzregionen entwickeln zu können, greift das Planungssystem auf diese „elementaren" Daten zu und verdichtet sie in geeigneter Form nach Absatzgebieten.

Um eine präzisere Verbindung von Planungs- und Kontrollsystemen in dem von uns definierten Sinn[13] zu dem skizzierten klassischen Gesamtkonzept IT-basierter Anwendungssysteme herstellen zu können, sind einige Abgrenzungen erforderlich:

Zunächst ist festzustellen, daß auch die Dispositionssysteme in Abb. C-1 unmittelbar der Planung- und Kontrolle dienen. Ein typisches Einsatzgebiet von Dispositionssystemen stellt beispielsweise die Produktionsplanung mit Teilplanungen wie der Materialbedarfs-, Fertigungstermin- oder Instandhaltungsplanung dar. Im *Gegensatz* zu den „Planungs- und Kontrollsystemen" nach *Mertens* richten sich Dispositionssysteme auf

• gut strukturierte

• regelmäßig auftretende und routinemäßig zu lösende

• kurzfristige

• teil- oder sogar vollautomatisierbare

Planungsprobleme. Während die Dispositionssysteme mithin vornehmlich der operativen Planung zuzuordnen sind, beziehen sich die „Planungs- und Kontrollsysteme" der verbreiteten Auffassung der Wirtschaftsinformatik zufolge nur auf die taktische und strategische Planung.[14]

Wir können damit feststellen, daß sich das Begriffsverständnis von Planungs- und Kontrollsystemen im Rahmen der Wirtschaftsinformatik von der in der Planungs- und Controlling-Literatur vorherrschenden Interpretation unterscheidet und somit auch nicht mit unserer Begriffsabgrenzung übereinstimmt, denn diese umfaßt auch die operative Planung.[15]

Um begriffliche Verwechslungen zu vermeiden, wollen wir im folgenden für die „Planungs- und Kontrollsysteme" in der Abgrenzung der Wirtschaftsinformatik (z.B. nach *Mertens, Stahlknecht/Hasenkamp*) den Begriff Management-Unterstützungssystem oder Management Support System (MSS) verwenden. Auf Ausprägungen von MSS geht Abschnitt 8.4 näher ein.

---

[13] Vgl. die Abschnitte 2 und 4 in Teil A.

[14] So definieren z.B. auch *Stahlknecht/Hasenkamp*: „Die computergestützte Planung bezieht sich ... auf mittel- und langfristige Zeiträume (Planungshorizont) und .. nicht auf operative, sondern auf taktische und strategische Entscheidungen." Stahlknecht, P.; Hasenkamp, U. (Wirtschaftsinformatik 1997), S. 435.

[15] Vgl. dazu die Abschnitte 4.2.1 und 7.1.1.

IT-gestützte Planungs- und Kontrollsysteme stellen demnach Planungs- und Kontrollsysteme dar, bei denen die Erfüllung von Planungs- und Kontrollaufgaben zumindest teilweise durch Dispositionssysteme und durch Management Support Systeme unterstützt wird.

Informationsversorgungssysteme, die nach unserer Abgrenzung in Teil A die Planungs- und Kontrollsysteme mit originären Informationen versorgen, basieren auf Administrationssystemen, welche Dokumentations- und Abrechnungszwecken[16] dienen. Diese Begriffsabgrenzungen und Zuordnungen stellt Abb. C-2 im Überblick dar.

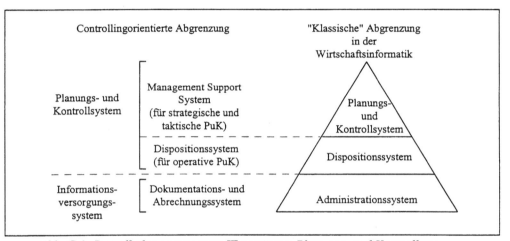

Abb. C-2: Begriffsabgrenzungen zu IT-gestützten Planungs- und Kontrollsystemen

8.2 Entwicklungslinien der IT

Die rasante Entwicklung und die vielseitigen Einsatzmöglichkeiten der Informationstechnik sind – auch außerhalb des Unternehmenskontextes – kaum zu übersehen. Eine der auffälligsten Tendenzen ist hierbei der stetige und teils auch dramatische Preisverfall bei Hardware-Komponenten bei gleichzeitig erheblicher Leistungssteigerung der Komponenten. Eine detaillierte Analyse der Entwicklungslinien offenbart jedoch weitere Trends. So unterscheiden *Picot/Reichwald/Wigand* sieben Entwicklungsbereiche der IT und der informationstechnischen Infrastrukturen:[17]

---

[16]   *Hahn* verwendet den Begriff des Abrechnungssystems, um die „rechnergestützte Auftragsabwicklung und Dokumentationsrechnung" zu bezeichnen. Dem stehen „rechnergestützte Planungs- und Kontrollsysteme als Konzept eines integrierten Führungs-Informations-Systems" gegenüber, Hahn, D. (PuK 1996), S. 809.

[17]   Vgl. Picot, A.; Reichwald, R.; Wigand, R. T. (Unternehmung 1998), S. 136 ff.

- Kapazitätssteigerung
- Mobilität
- Zusammenarbeit
- Integration
- Offenheit
- Verteilung
- Globalisierung

Nachfolgend sollen die entsprechenden Entwicklungslinien kurz charakterisiert werden, wobei wir die Punkte Mobilität und Globalisierung zusammengefaßt behandeln. Die Entwicklungen werden insbesondere auf ihre Relevanz und Potentiale für Planung und Kontrolle bzw. Planungs- und Kontrollsysteme hin analysiert.

8.2.1 Steigerung der Leistungsfähigkeit und Preisverfall

Die Leistungsfähigkeit von Hardware-Komponenten wurde in den letzten Jahren in erheblichem Maß gesteigert. Zugleich sind die Preise in Relation zur Leistung teils drastisch gesunken. Leistungssteigerungen und Preisverfall sind bei Prozessoren, Hauptspeicherchips, Massenspeichern aber auch bei Rechnernetzen zu beobachten.[18]

Beispielsweise kann man mit einer Geldeinheit mittlerweile mehr als die 16-fache Hauptspeicherkapazität wie vor zehn Jahren erwerben. Im Jahr 1990 kostete 1 Mbyte Festplattenspeicher ungefähr 8 US$, jetzt weit weniger als 1 US$. Mißt man die Rechnerleistung in der – allerdings umstrittenen – Maßeinheit „Millionen Instruktionen pro Sekunde" (MIPS) so zeigt sich bei den Arbeitsplatzrechnern ein Preisverfall von etwa 33 Prozent pro Jahr. Im Jahr 1980 galt ein Preis von 100.000 US$/MIPS; Mitte der neunziger Jahre lag der Preis bei deutlich weniger als 100 US$/MIPS. Abb. C-3 illustriert diese Tendenzen noch einmal exemplarisch.

---

[18] Detailliertere Übersichtsdarstellungen, insbesondere zu den Kapazitätssteigerungen der Informationstechnik finden sich z.B. bei Janko, W. H.; Taudes, A. (Veränderung 1992), S. 481 ff.; Wieder, A. W. (Systems on Chips 1992), S. 202 ff.; Boar, B. H. (Client/Server 1993), S. 112 ff.

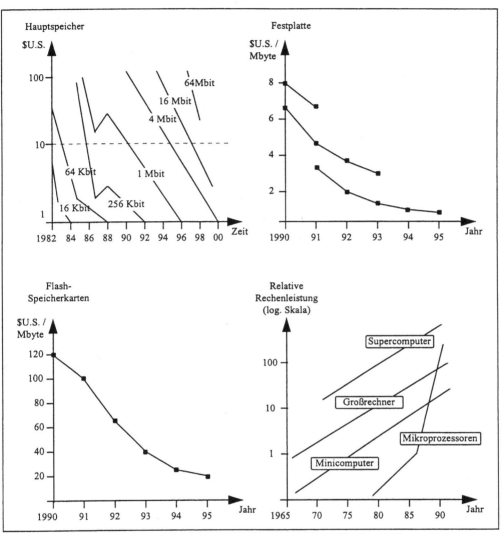

Abb. C-3: Kapazitätssteigerung und Preisverfall im Hardware-Bereich

Quelle: verändert nach Boar, B. H. (Client/Server 1993), S. 117 f.; Janko, W. H.;
Taudes, A. (Veränderung 1992), S. 491

Für die betriebliche Planung ist die Steigerung der Rechnerleistung von erheblicher Relevanz. Insbesondere im Bereich der operativen Planung spielen quantitative, OR-gestützte Planungsverfahren eine große Rolle.[19] Diese dienen beispielsweise der Planung des optimalen Produktionsprogramms oder der optimalen Maschinenbelegung. Welche Problemdimensionen in der Zeit, die in einer bestimmten Entscheidungssituation zur Verfügung steht, noch lösbar sind, hängt danach – neben dem eingesetzten Verfahren – ganz entscheidend von der Verarbeitungskapazität der Rechner ab.[20] *Zeitkritische* Planungsprobleme treten beispielsweise bei großer Störanfälligkeit der Produktionssysteme (z.b. Maschinenausfälle) und hoher Dynamik der Auftragslage (hohe Zahl von Eilaufträgen) auf. Mit der Steigerung der Rechnerleistung verschiebt sich auch die Grenze der noch lösbaren Problemdimensionen nach oben. Nach *Preßmar* waren Anfang der neunziger Jahre Optimierungsprobleme mit einer Größenordnung von 10000 Variablen und 5000 Nebenbedingungen, wie sie sich in der industriellen Praxis häufig finden, auf einer Großrechenanlage in einer Zeit von weniger als fünf Minuten lösbar; diese Rechnerzeit kann mittlerweile von hochleistungsfähigen Arbeitsplatzrechnern erreicht werden.[21] Diese Rechenzeiten können sich bei Planungsmodellen mit einem hohen Ganzzahligkeitsanteil erheblich vergrößern.

8.2.2 Unterstützung mobiler Arbeitsformen

Mit Hilfe der zahlreichen Kommunikationsmöglichkeiten können Daten über weltumspannende Netze gewissermaßen von jedem Ort an jeden anderen übertragen werden. Die Infrastruktur hierfür stellt beispielsweise das Internet. Zugleich verliert das Format der übertragenen Daten immer mehr an Bedeutung; ob es sich also um Sprachübertragung oder um die Übermittlung von Texten, Dateien oder Graphiken handelt, spielt eine immer geringere Rolle. Das sog. *Mobile Computing* ist insbesondere mit – transportablen – Rechnern (Notebooks) möglich, die über ein Funkmodem oder eine Schnittstelle zum Funktelefon verfügen.[22]

Die Bedeutung der zunehmenden Mobilität für Planung und Kontrolle erscheint jedoch eher gering und dürfte – wenn überhaupt – vornehmlich im Bereich der Ablauforganisation von Planung und Kontrolle liegen. Denkbar wäre zum Beispiel, daß Planungs- und Kontrollträger „vor Ort" etwa in einer Produktionsstätte planungs- oder kontrollrelevante Informationen sammeln müssen und diese an die räumlich entfernte zentrale Planungsabteilung übermitteln. Dies dürfte aber nur im Rahmen sehr kurzfristiger Anpassungsentscheidungen von Relevanz sein.

---

[19]   Vgl. den Überblick über computergestützte Planungsverfahren im Produktionsbereich bei Schultz, J.; Weigelt, M.; Mertens, P. (Verfahren 1995), S. 594 ff.

[20]   Vgl. Preßmar, D. B.; Wall, F. (Informationsmanagement 1993), S. 93.

[21]   Vgl. Preßmar, D. B. (Planung 1992), S. 284.

[22]   Vgl. Preßmar, D. B. (Computeranwendungen 1994), S. 106 ff.

8.2.3 Unterstützung von Gruppenarbeit (CSCW)

Mit Informationstechnologien kann die Kooperation von Arbeitsgruppen unterstützt werden. Dementsprechend ist die Rede von *Computer Supported Cooperative Work (CSCW)*, von *Workgroup-Computing* und von *Groupware*. Für die Klassifikation der verschiedenen Unterstützungsmöglichkeiten[23] kooperativer Arbeit hat sich die sog. „Anytime/Anyplace"-Systematik eingebürgert.[24] Diese unterscheidet danach, ob sich die Gruppenmitglieder am selben Ort oder an unterschiedlichen Orten befinden und ob sie zur gleichen Zeit oder zu verschiedenen Zeitpunkten an der gemeinsamen Aufgabe arbeiten (Tab. C-1).

Tab. C-1:   Systematisierung von Formen computerunterstützter Gruppenarbeit

Quelle: nach Krcmar, H. (Computer Aided Team 1992), S. 7

Arbeit an der gemeinsamen Aufgabe Anwesenheit der Gruppenmitglieder	zu gleicher Zeit	zu unterschiedlichen Zeitpunkten
am selben Ort	• computerunterstützte Sitzungsmoderation • Group Decision Support Systems • Präsentationssoftware • ...	• Projektmanagement-Software • elektronisches Terminkalendermanagement • Workflow-Systeme • File-Sharing • ...
an unterschiedlichen Orten	• Audio- und Videokonferenz • Remote Screen-Sharing • E-Mail • ...	• Multiautoren-Software • E-Mail • Elektronische Konferenzen • gemeinsame Datenbanken • ...

Im Rahmen von Planungs- und Kontrollsystemen bieten diese Groupware-Technologien zum einen Unterstützung bei der eigentlichen Erstellung von Plänen und Berichten. Soll beispielsweise ein Plan von mehreren Planungsträgern gemeinsam erstellt werden (Planungsausschuß), können etwa Group Decision Support Systems (GDSS) die Gruppe durch computerbasierte Methoden wie das Brainwriting (eine Form des Brainstorming[25]), computerbasierte Ermittlung der Präferenzordnung bei Mehrfachzielproblemen oder bei der Strukturierung von Lösungsideen unterstützen.

---

23   Vgl. den Überblick bei Schwabe, G.; Krcmar, H. (CSCW-Werkzeuge 1996).

24   Vgl. Krcmar, H. (Computer Aided Team 1992), S. 7; mit weiteren Verweisen vgl. Picot, A.; Reichwald, R.; Wigand, R. T. (Unternehmung 1998), S. 363 f.

25   Vgl. dazu Abschnitt 5.3.1 in Teil B.

Zum anderen können Groupware-Technologien erhebliche Potentiale zur Zeit- und Kostenersparnis bei der *Abstimmung* der verschiedenen Planungen und in deren Folge der entsprechenden Kontrollen erschließen. Soll die Abstimmung von Plänen im Wege *persönlicher Kommunikation* zwischen verschiedenen Planungsträgern erfolgen, so können mit Groupware-Technologien räumliche Distanzen überbrückt werden, indem Planungskonferenzen beispielsweise als Videokonferenz durchgeführt werden (zeit- und kostenintensive Dienstreisen entfallen).

Groupware-Systeme eröffnen somit auch Gestaltungsspielräume für die *Organisation* von arbeitsteiligen Planungs- und Kontrollprozessen, indem sie eine stärkere zeitliche und räumliche „Verteilung" von Planungs- und Kontrollträgern ermöglichen. Dabei entstehen Rationalisierungspotentiale sowohl in zeitlicher als auch in kostenmäßiger Hinsicht. Bei der Organisation der Planungs- und Kontrollprozesse ist jedoch auch stets zu fragen, ob und inwieweit diese Arbeitsformen mit Qualitätsverlusten oder -verbesserungen der Planungs- und Kontrollergebnisse verbunden sind.

8.2.4 Integration anwendungsbezogener Komponenten

8.2.4.1 Überblick

Eine generelle Zielsetzung der Integration besteht darin, die inner- und zwischenbetrieblichen Vorgänge möglichst geschlossen im Informationssystem abzubilden, um auf diese Weise Schnittstellenprobleme, wie etwa eine mehrfache Datenerfassung, zu vermeiden und so z.B. zu einer Zeitverkürzung der Vorgänge beizutragen.[26] Dem Problemfeld der Integration wird vor allem in der Wirtschaftsinformatik außerordentlich hohe Aufmerksamkeit entgegengebracht.[27] Eine umfassende, vergleichende Gegenüberstellung der zahlreich vorgeschlagenen Integrationskonzepte nehmen *Mertens* und *Holzner* vor.[28]

Dabei kann man Integration als das Zusammenfügen mehrerer Komponenten zu einer größeren Einheit verstehen. Ein hoher Intergrationsgrad liegt vor, wenn die Wirkungsbeziehungen und Verbindungen zwischen den IT-basierten Komponenten eine hohe Intensität besitzen; dies erfordert in aller Regel umfangreiche Abstimmungsmaßnahmen. Die möglichen Integrationsformen sind außerordentlich vielgestaltig. Eine Systematisierung nimmt *Schumann* vor, indem er differenziert nach

---

[26]   Vgl. Schumann, M. (Nutzeffekte 1992), S. 18 ff., 21, 94 ff.

[27]   So bemerkt Heilmann: „Integration ist ein Begriff aus der *Wirtschafts*informatik...", Heilmann, H. (Integration 1989), S. 47.

[28]   Vgl. Mertens, P.; Holzner, J. (Integrationsansätze 1992), S. 11 ff.

- der Integrationsreichweite in inner- und zwischenbetriebliche Integration,
- dem Integrationsgegenstand, nämlich Daten, Funktionen sowie Programmen und
- der Integrationsrichtung in horizontale und vertikale Integration.[29]

Eine Übersicht über Integrationsformen liefert Abb. C-4.

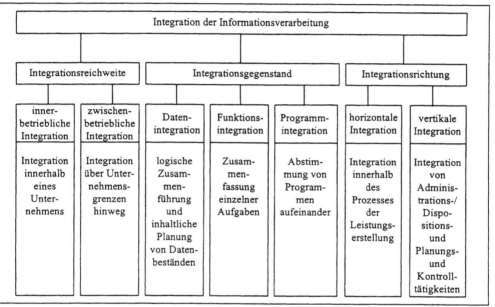

Abb. C-4: Systematisierung der Integrationsformen im Rahmen IT-gestützter Informationssysteme nach Schumann

Quelle: modifiziert nach Schumann, M. (Nutzeffekte 1992), S. 10

Mertens erweitert diese Systematisierung insofern, als er einerseits den Automationsgrad (Teil- oder Vollautomation) einbezieht und andererseits eine weitergehende Differenzierung der Integrationsgegenstände vornimmt.[30]

Auch für Planungs- und Kontrollsysteme besitzt die Intergration der IT-gestützten Komponenten eine außerordentlich hohe Bedeutung. So bezieht ein IT-gestütztes Planungs- und Kontrollsystem im Idealfall einen großen Teil der planungs- und kontrollrelevanten Daten von anderen IT-basierten Systemen, insbesondere den Dokumentations- und Abrechnungssystemen im Rechnungswesen, der Kundenauftragsverwaltung usw.[31]

---

[29] Vgl. Schumann, M. (Nutzeffekte 1992), S. 10 ff.

[30] Vgl. Mertens, P. (Administrationssysteme 1997), S. 1 ff.

[31] Vgl. dazu bereits Abschnitt 8.1.

Im weiteren sollen grundlegende Integrationsformen der Daten- sowie der Funktions- bzw. Programmintegration skizziert werden.

8.2.4.2 Datenintegration

Im allgemeinen wird unter Datenintegration die gemeinsame Nutzung derselben Daten durch mehrere betriebliche Funktionen verstanden. Die Datenintegration ist also erst dann überhaupt von Bedeutung, wenn mehrere Funktionen – oder mehrere betriebswirtschaftliche Aufgaben – sich auf dieselben Dateninhalte beziehen.

Die Integration von Daten erfordert eine Reihe von Abstimmungsmaßnahmen. Diese beziehen sich zum einen auf die *physische* Repräsentationsform der Daten. Zum anderen bestimmt die Intensität der Abstimmungsmaßnahmen auf der *logischen* Ebene den Integrationsgrad.[32] Dabei lassen sich idealtypisch vier Stufen der Datenintegration unterscheiden.

1. Der geringste Integrationsgrad liegt vor, wenn Daten isoliert voneinander, z.B. für jedes Anwendungssystem gesondert gestaltet und gespeichert werden. Bestenfalls könnten die Daten des einen Anwendungsprogramms nach dem Durchlauf durch ein Konvertierungsprogramm in einem anderen Programm weiterverarbeitet werden.

2. Ein höherer Integrationsgrad ergibt sich, wenn die Daten von einem Anwendungssystem zu einem anderen (automatisch) weitergegeben werden können, wenn also z.B. die Kundenauftragsdaten aus der Verkaufsabteilung automatisiert an die Produktion weitergeleitet werden und dort als Grundlage für die Produktionsplanung dienen. Diese Form der Datenintegration setzt eine Abstimmung zwischen zwei Anwendungsprogrammen derart voraus, daß das datenempfangende Programm die übermittelten Daten sinnvoll interpretieren kann.[33]

3. Eine noch engere Form der Abstimmung hinsichtlich der Daten führt zur Nutzung einer gemeinsamen Datenbasis, z.B. einer Datenbank, durch die Anwendungssysteme.[34] Der Unterschied zur zweitgenannten Integrationsform (Datenweitergabe) kann folgendermaßen umrissen werden: Eine Datenbank steht in der Regel nicht nur wenigen Anwendungsprogrammen zur Verfügung, sondern sie kann *grundsätzlich* von allen Anwendungen genutzt werden. Die Ursache hierfür liegt in der Vorgehensweise der Datenmodellierung und der zumindest angestrebten Datenunabhängigkeit. Dies bedeutet, daß die Daten nicht in enger Anlehnung an bestimmte betriebliche Anwendungen modelliert werden, sondern als

---

[32] Oftmals wird die Datenintegration von vornherein auf die logischen Aspekte bezogen; so z.B. *Mertens* und *Holzner*, wenn sie definieren: „Datenintegration führt Daten logisch zusammen", Mertens, P.; Holzner, J. (Integrationsansätze 1992), S. 16.

[33] Vgl. Schumann, M. *(*Nutzeffekte 1992), S. 10; Mertens, P.; Holzner, J. (Integrationsansätze 1992), S. 16 f.

[34] Vgl. Schumann, M. (Nutzeffekte 1992), S. 10; Mertens, P.; Holzner, J. (Integrationsansätze 1992), S. 17 f.

„eigenes Organisationselement"[35] angesehen und gestaltet werden. Die angestrebte Datenunabhängigkeit soll die Anwendungsprogramme gegenüber Änderungen der physischen
Datenorganisation und Veränderungen der logischen Datenbeziehungen abschirmen.

4. Semantische Datenmodelle stellen Daten und die Beziehungen der Daten zueinander auf
   einer semantischen und rein fachlichen Ebene dar, ohne daß die „Philosophie"[36] bestimmter Datenbanksysteme (z.B. Relationen- oder Netzwerkmodell) berücksichtigt wird. Datenmodelle werden beispielsweise auch genutzt, um eine inhaltliche Integration mehrerer
   Projekte zur Anwendungsentwicklung herbeizuführen, die sich auf gemeinsame Datenbestände beziehen.[37] Oftmals wird anstelle von semantischen auch von Unternehmensdaten-
   modellen gesprochen.

8.2.4.3 Funktions- und Programmintegration

Als Anwendungssoftware wird die Gesamtheit der Programme bezeichnet, die die Lösung
betriebswirtschaftlicher Problemstellungen unmittelbar unterstützen. Ein Programm – als
vollständige Anweisung an eine DV-Anlage zur Lösung einer Aufgabe[38] – stellt eine bestimmte Funktionalität zur Verfügung.

Unter Funktionsintegration versteht man vorwiegend die „Integration von Aufgabenzielen
bzw. Lösungsverfahren und deren Verknüpfung".[39] Bei der Funktionsintegration steht mithin
die betriebswirtschaftliche Integration im Vordergrund, z.B. die Koordination von Planungsaufgaben. Da die Integration von Teilplanungen bereits eingehend behandelt wurde,[40] wollen
wir uns im weiteren auf die Programmintegration konzentrieren.

Das Problem der Integration von Anwendungsprogrammen besteht darin, diese im Hinblick
auf ihr zeitliches Ablaufverhalten abzustimmen, d.h. eine Ablaufintegration herbeizuführen.[41]

Wie *Mertens* beispielhaft zeigt, sind insbesondere die Laufreihenfolge und die Laufhäufigkeit
von Programmen zu koordinieren: So muß etwa festgelegt werden, ob ein Programm zur
Terminplanung im Rahmen der vorbeugenden Instandhaltung zuerst laufen soll und das Programm zur Terminierung der Produktionsaufträge anschließend die Instandhaltungstermine

---

35 Scheer, A.-W. (Betriebswirtschaftslehre 1990), S. 16.
36 Vgl. Scheer, A.-W. (Betriebswirtschaftslehre 1990), S. 23.
37 Vgl. Maier, R. (Datenmodellierung 1998), S. 132 f., 135.
38 Vgl. DIN (Informationsverarbeitung 1985), S. 171.
39 Ferstl, O.; Sinz, E. (Wirtschaftsinformatik 1998), S. 216.
40 Vgl. zu Koordinationsformen Kapitel 7 in Teil B.
41 Demgegenüber führt die Funktionsintegration eine inhaltliche Abstimmung der Funktionen herbei.

berücksichtigt oder ob – gerade umgekehrt – zuerst die Produktionsaufträge terminiert werden und die Instandhaltung auf Auslastungslücken gelegt wird.[42]

Auch die Ablaufhäufigkeiten von Programmen sind aufeinander abzustimmen, wie *Mertens* mit dem Beispiel eines Programms belegt, das Umsatzinformationen für den Vertriebsleiter erzeugt, das aber sinnvollerweise nicht häufiger ausgeführt werden sollte als das Fakturierungsprogramm, welches die entsprechende Datengrundlage bereitstellt.[43]

Die Ablaufintegration der Programme kann in unterschiedlich stark ausgeprägter Form erfolgen:

- Als stärkste Form der Ablaufintegration kann ein Programmsystem angesehen werden, in dem eine festgelegte Ablaufreihenfolge zwischen den Programmen *automatisch* realisiert wird. In diesem Zusammenhang sind die vor allem im Hinblick auf Datenbanksysteme bedeutsamen Konzepte einer ereignisgesteuerten Koordination durch Trigger zu erwähnen: Wenn ein bestimmtes Ereignis eintritt und zudem gewisse Bedingungen erfüllt sind, werden definierte Aktionen ausgeführt.[44]

- Wird eine bestimmte Reihenfolge hingegen nicht automatisch erzwungen, sondern ihre Einhaltung nur *überwacht*, liegt eine schwächere Form der Ablaufintegration vor. Zu verweisen ist in diesem Zusammenhang auf die von *Mertens* so benannte *aktionsorientierte Datenverarbeitung*: Arbeitsfolgen sowohl menschlicher als auch maschineller Aufgabenträger werden von einem Nachrichtenverwaltungs- und -verteilungssystem verwaltet und gesteuert.[45]

- Eine noch schwächere Form der Programmintegration liegt vor, wenn die Programme in zeitlicher Hinsicht zwar aufeinander abgestimmt sind, Ablaufreihenfolge und -häufigkeit aber *manuell*, d.h. von den Anwendern hergestellt werden.

8.2.5 Standardisierung technischer Komponenten

Erhebliche Anstrengungen wurden in jüngerer Zeit von Hardware-Lieferanten, Software-Entwicklerseite und von Anwenderseite unternommen, um beispielsweise für Netzwerke, Betriebssysteme oder den Datenaustausch zu *Standards* zu gelangen und damit *offene Systeme* zu erreichen. „Unter einem offenen System versteht man ein System, das durch die Einhaltung allgemein akzeptierter und öffentlich zugänglicher Regeln im Verbund mit anderen Systemen eingesetzt werden kann.“[46] Es geht hierbei um technische und funktionale Standards, welche

---

[42] Vgl. Mertens, P. (Administrationssysteme 1997), S. 3.
[43] Vgl. Mertens, P. (Administrationssysteme 1997), S. 3.
[44] Vgl. hierzu ausführlich Reinwald, B. (Workflow-Management 1993), S. 142 ff.
[45] Mertens, P. (Administrationssysteme 1997), S. 8.
[46] Picot, A.; Reichwald, R.; Wigand, R. T. (Unternehmung. 1998), S. 156.

Schnittstellen, Dienste und Datenformate der IT-Komponenten spezifizieren. Hiermit wird eine Voraussetzung für die *Interoperabilität* z.B. von verschiedenen Netzwerken (etwa durch den Industriestandard TCP/IP) und die *Portabilität* von Programmen und Daten (z.B. im Rahmen der EDI-Standards) geschaffen.

Mit der Standardisierung erreicht man also eine *Integration in technischer Hinsicht*. Die technische Integration ist die Voraussetzung für die anwendungsbezogene Integration, die im vorangegangenen Abschnitt behandelt wurde.[47] Insofern ist die technische Integration auch für IT-gestützte Planungs- und Kontrollsysteme von Bedeutung.

8.2.6 Dezentralisierung von Rechnerkapazitäten, Daten und Programmen

Im Zuge von Kapazitätssteigerung und gleichzeitigem Preisverfall der Hardware-Komponenten besteht die Möglichkeit, vormals zentrale durch dezentrale IT-Infrastrukturen abzulösen. Anstelle einer zentralen Datenbank werden mehrere dezentrale Datenbestände geführt; es gibt nicht nur einen „monolithischen" Großrechner sondern viele dezentrale Abteilungs- und/oder Arbeitsplatzrechner. Eine wichtige „Enabler"-Funktion kommt in solchen Strukturen den Kommunikationsnetzen zu, denn von deren Leistungsfähigkeit hängt es ab, ob die Übermittlung der Daten zwischen den Komponenten zum Engpaß wird.

Eine generelle Frage im Rahmen von Dezentralisierungsüberlegungen richtet sich stets darauf, *was*, also welche *Objekte* verteilt werden soll und *wohin*, d.h. auf welche *Ziele* hin dies geschehen soll. Da für die Verteilung von IT-Komponenten außerordentlich viele Gestaltungsmöglichkeiten bestehen, die zahlreiche organisatorische aber auch planungs- und kontrollrelevante Konsequenzen haben können, soll hierauf nachfolgend etwas genauer eingegangen werden.

8.2.6.1 Rechnerkapazitäten

Oftmals wird von einer *technischen* Verteilung der Rechnerkapazitäten gesprochen, um zu bezeichnen, inwieweit eine bestimmte Rechnerkapazität auf autonome Rechner verteilt ist, oder durch *eine* Rechnereinheit bereitgestellt wird[48]. Das „Objekt" einer derartigen Verteilung bildet damit die *Rechnerkapazität*, welche einer oder mehreren Rechnereinheiten als „Ziel" der Verteilung zugeordnet wird. Aufgrund des technischen Fortschritts und der preislichen Entwicklung haben sich in jüngerer Zeit vielfältige Möglichkeiten einer so verstandenen Dezentralisierung von Rechnerkapazitäten eröffnet.

---

47 Vgl. Heilmann, H. (Integration 1989), S. 49.
48 Zum Begriff des verteilten Systems vgl. ausführlich Enslow, P. H. (Data 1978), S. 13.

Über die rein technische Verteilung hinaus kann eine *räumliche* Verteilung von Rechnerkapazitäten erfolgen: Als Objekt der (De-) Zentralisation stellen sich hierbei Rechnerkapazitäten oder -einheiten dar, die Aufstellungsorten zugeordnet werden.[49] (Naturgemäß setzt eine räumliche eine technische Verteilung voraus.)

Bei der *organisatorischen* Verteilung von Rechnereinheiten bilden wiederum Rechnereinheiten das (De-) Zentralisationsobjekt; als Ziel der Verteilung sind *organisatorische Einheiten* zu benennen. Sollen (autonome) Rechner Organisationseinheiten zugeordnet werden, so setzt dies ebenfalls eine technische Verteilung voraus. Im Falle einer völlig zentralisierten Lösung wird der Bedarf aller Organisationseinheiten an Rechenkapazität ausschließlich durch zentrale Rechner gedeckt, d.h. solchen, die allen Organisationseinheiten zur Verfügung stehen. Dies trifft z.B. bei einem Zentralrechner mit daran angeschlossenen Terminals zu, die naturgemäß nicht über eigene Verarbeitungskapazitäten verfügen[50]. Die extrem dezentrale Lösung sieht hingegen für jeden der Arbeitsplätze (räumlich) und für jede der Stellen (organisatorisch) Arbeitsplatzrechner (PCs, Workstations) „vor Ort" vor.[51] Neben diesen beiden Extremkonfigurationen können beispielsweise auf Abteilungsebene jeweils zusätzlich oder ausschließlich „abteilungszentrale" Rechenkapazitäten aufgestellt werden. Insgesamt kommen neben den extrem zentralen und dezentralen Lösungen beliebig viele und fein abstufbare Verteilungskonzepte in Betracht.

8.2.6.2 Daten

Daten stellen nach überwiegender Meinung ein eigenständiges Gestaltungselement eines IT-basierten Informationssystems dar.[52] Auch für die Verteilung von Daten können verschiedene Betrachtungsebenen unterschieden werden; im weiteren soll die logische von der physischen Datenallokation unterschieden werden. Diese Formen werden anhand der Architektur von Datenbanksystemen verdeutlicht (s. Abb. C-5):[53]

Auf einer *konzeptionellen Ebene* erfolgt die logische Gesamtbeschreibung der Daten und Datenbeziehungen. Oftmals wird zunächst eine Beschreibung in einem semantischen Datenmodell (z.B. Entity-Relationship-Modell) vorgenommen und damit auf einer breiten, möglicherweise unternehmensweiten Basis festgelegt, „...welche informatorischen Verflechtungen für

---

[49]   Vgl. Wall, D. (Aufgaben 1984), S. 151.

[50]   Unter dieser extrem zentralen Konfiguration ist auch die Verwendung von PCs zu fassen, die *ausschließlich* als Terminal dienen, d.h., die ihre eigene Verarbeitungskapazität nicht nutzen.

[51]   Vgl. Stahlknecht, P.; Hasenkamp, U. (Wirtschaftsinformatik 1997), S. 160 ff., 472 ff.; Buhr, R. J. A.; Woodside, C. M. (Planning 1977), S. 206.

[52]   Scheer, A.-W. (Betriebswirtschaftslehre 1990), S. 16.

[53]   Vgl. Schlageter, G.; Stucky, W. (Datenbanksysteme 1983), S. 26 ff.

den Unternehmenserfolg im Rahmen der Unternehmensstrategie erforderlich sind"[54], bevor dieses in ein Datenmodell überführt wird, das – formuliert in einer Datenbeschreibungssprache (Data Description Language, DDL) – die „Philosophien konkreter Datenbanksysteme"[55] berücksichtigt. Die *externe Ebene*, auch als Subschema oder View bezeichnet, beschreibt die Sicht des Benutzers auf die Daten und die Datenbeziehungen. Es handelt sich um einen Ausschnitt des konzeptionellen Modells. Auf der *internen Ebene* werden Speichertyp und Zugriffsformen in einem *internen (physischen) Modell* mit Hilfe einer geeigneten Sprache (Data Storage Description Language, DSDL) beschrieben.

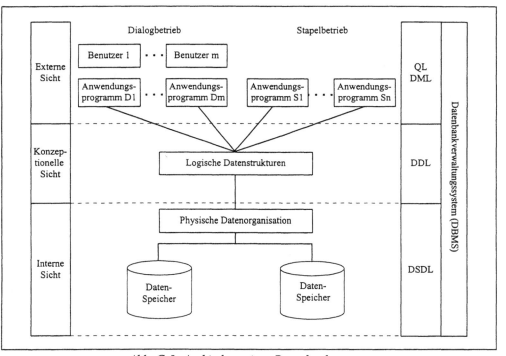

Abb. C-5: Architektur eines Datenbanksystems

Quelle: Stahlknecht, P.; Hasenkamp, U. (Wirtschaftsinformatik 1997), S. 226

Die *logische* Zuordnung von Daten auf Organisationseinheiten äußert sich in den Sichten der externen Ebene („View"). Auf dieser Ebene sind auch die jeweiligen Zugriffsberechtigungen auf den Datenbestand sowie die Sprachen und Werkzeuge, die dem Benutzer den Umgang mit den Daten ermöglichen, angesiedelt. Der Benutzer oder ein Anwendungsprogramm greift mit

---

[54] Scheer, A.-W. (Betriebswirtschaftslehre 1990), S. 47.
[55] Scheer, A.-W. (Betriebswirtschaftslehre 1990), S. 23.

Hilfe einer Abfragesprache (Query Language, QL) oder einer Datenmanipulationssprache (Data Manipulation Language, DML) auf die Daten zu. Das Ziel einer so verstandenen logischen Datenverteilung sind mithin Organisationseinheiten, und als Verteilungsobjekt ergeben sich die Daten auf der konzeptionellen Betrachtungsebene. Nimmt man zum Beispiel an, das konzeptionelle Datenmodell basiere auf dem Relationenmodell[56], so stellen die Sichten darauf „virtuelle Relationen"[57] dar. Es ist allerdings offensichtlich, daß der Begriff der Dezentralisation in diesem Zusammenhang nur mit Schwierigkeiten verwendet werden kann, die letztlich darin begründet sind, daß auf *ein* konzeptionelles Datenmodell *beliebig viele* und einander *überschneidende* Sichten definiert werden können.

Demgegenüber bezieht sich die *physische* Zuordnung von Daten auf die Verteilung der (physischen) Datenbestände, d.h. der datenträgergebundenen Repräsentationen der Daten. Den Ausgangspunkt bildet damit *ein* konzeptionelles Datenmodell, dessen physische Umsetzung, die Datenbestände, auf die Knoten innerhalb eines Rechnernetzes zu verteilen sind.[58] Abb. C-6 zeigt ein Beispiel für verteilte Datenbestände.

Wenngleich Abb. C-6 eine Situation mit *physisch* verteilten Datenbeständen darstellt, die nämlich auf verschiedenen Rechnern residieren, kann in *organisatorischer* Hinsicht noch nicht von einem *vollständig* dezentralen Konzept gesprochen werden. Denn keiner der Rechner ist einer Organisationseinheit exklusiv zugeordnet, und die verteilten Datenbestände werden stets von mehreren Einheiten gemeinsam genutzt.

Für dezentrale Datenallokationsformen bestehen zwei verschiedenartige Möglichkeiten, die in Kombination miteinander verwendet werden können; der Datenbestand kann partitioniert und/oder vervielfältigt (repliziert) werden.[59] Ein Datenbestand ist partitioniert, wenn mehreren oder allen Knoten eines Netzes jeweils ein bestimmter Teil des Datenbestandes *exklusiv* zugeordnet ist. Die Partitionierung des Datenbestandes vermeidet Datenredundanzen im Gesamtsystem; es werden disjunkte Teildatenbestände gebildet. Die Vervielfältigung (Replikation) von Daten kann sich – gegenüber der Partionierung – wegen der höheren Speicherungskosten und insbesondere bei häufigen Änderungen aufgrund der Datenredundanz als problematisch erweisen. Hingegen besitzt die replizierte Datenspeicherung Vorteile im Hinblick auf die Verfügbarkeit, die Betriebssicherheit und das Antwortzeitverhalten bei umfassenderen Datenabfragen. Welche Art und Kombination der Datenverteilung gewählt wird, ist nur aufgrund der

---

[56] Übersichtsdarstellungen finden sich z.B. in Date, C. J. (Database 1986), S. 3 ff.; Schlageter, G.; Stucky, W. (Datenbanksysteme 1983), S. 90 f.

[57] Biethahn, J.; Mucksch, H.; Ruf, W. (Entwicklungsmanagement 1997), S. 58.

[58] Vgl. z.B. Ceri, S.; Pelagatti, G. (Databases 1988), S. 39 ff. Vgl. auch Weigert, P. M. (Datenallokation 1983), S. 110 ff.

[59] Zu den Varianten der Fragmentation vgl. Ceri, S.; Pelagatti, G. (Databases 1988), S. 41 ff., 72 ff.

Anforderungen der Anwendung – und nicht durch ein formales Verfahren aus der Datenstruktur – heraus zu entscheiden.[60] Einflußfaktoren sind insbesondere Zahl, Art und statistische Verteilung der Datenzugriffe durch die Anwendungen.

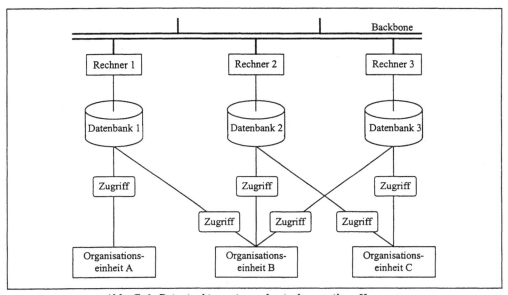

Abb. C-6: Prinzipskizze eines physisch verteilten Konzepts

Für viele Planungs- und Kontrollaufgaben ist es ausreichend, Daten der Abrechnungs- und Dokumentationssysteme zu lesen und darauf Auswertungen zu erstellen. Dann erweisen sich replizierte Datenbestände als verhältnismäßig unkritisch. Datenänderungen erfolgen nur durch die Sachbearbeiter der administrativen Ebene, während die Planungs- und Kontrollträger bloß lesenden Datenzugriff benötigen. Hier genügt es, von Zeit zu Zeit Kopien der originären Datenbestände zu erstellen. Wie häufig dies geschehen muß, d.h., in wie kurzen Abständen die replizierten Planungsdatenbestände zu aktualisieren sind, hängt von den Anforderungen ab, die die zu lösenden Planungsprobleme und die Planungsträger an die Aktualität der Informationen stellen. Viele der in jüngerer Zeit diskutierten Konzepte, wie Data Warehouses (Abschnitt 8.3.1) und OLAP-Technologien (Punkt 0) basieren auf einer Vervielfältigung der administrativen Originaldatenbestände für Planungs- und Kontrollaufgaben.

---

60   Vgl. Rautenstrauch, C. (Datenverteilung 1993), S. 327 ff.

8.2.6.3 Programme

Wie bei der Datenallokation ist auch im Hinblick auf die Verteilung der Anwendungsprogramme zwischen verschiedenen Ebenen zu unterscheiden:

Auf einer *logischen* Ebene werden Programme den Organisationseinheiten zur Nutzung zugeordnet. Den organisatorischen Einheiten müssen damit die entsprechenden Nutzungs- oder Zugriffsberechtigungen erteilt werden. Als Ziel der Verteilung sind mithin Organisationseinheiten zu benennen; ein (De-) Zentralisationsobjekt im *herkömmlichen* Sinn ist allerdings nur mit Schwierigkeiten zu bezeichnen. Dies beruht letztlich darauf, daß – abgesehen von möglichen lizenzrechtlichen Beschränkungen – ein Anwendungsprogramm beliebig vielen Organisationseinheiten zur Nutzung zugeordnet werden kann.

Demgegenüber ist im Rahmen einer physischen Programmverteilung festzulegen, wie die physischen Repräsentationen der Programme (d.h. der auszuführende Programmcode) zu verteilen sind. Das Verteilungsziel stellen dann die Rechnerknoten im Netz dar.

Werden alle Programme auf einem zentralen Rechner vorgehalten, so ist der Programmbestand vollständig zentralisiert. Wird er hingegen aufgeteilt, bieten sich – wie für die Datenverteilung – zwei Varianten an: Der Programmbestand wird „partitioniert", d.h. in disjunkte Teilbestände zerlegt; jedes Programm ist dann nur einmal vorhanden. Eine andere Möglichkeit besteht darin, Programme zu vervielfältigen (Replizierung), in dem Sinne, daß Kopien auf *mehreren* Rechnern gehalten werden. Grenzen können einer Programm-Replikation z.B. durch die Kapazität der zur Verfügung stehenden Rechner oder – beim Einsatz von Standardsoftware – durch vertragliche Bestimmungen (Lizenzen) gesetzt sein. Die mit einer Replizierung einhergehende Redundanz der Programme führt zu *prinzipiell* vergleichbaren Problemen wie die Datenredundanz, denn auch bei Programmänderungen, z.B. durch neue Versionen bei Standardsoftware oder Weiterentwicklungen eigenerstellter Programme, ist in der Regel darauf zu achten, daß sich alle Programmkopien auf dem gleichen Entwicklungsstand befinden.[61]

8.3 Spezifische Komponenten und Funktionen IT-gestützter PuK-Systeme

Nachdem wir die grundlegenden Komponenten der Informationstechnik (Rechner, Netze, Datenbanken und Programme) auf der für unsere Zwecke relevanten Abstraktionsstufe umrissen haben, wenden wir uns nun stärker der IT-Unterstützung von Planung und Kontrolle zu. Für die Unterstützung von Planungs- und Kontrollaufgaben durch Dispositions- und Management Support Systeme steht eine Reihe spezifischer Komponenten und Funktionen zur Verfügung, die den Gegenstand der nachfolgenden Ausführungen bilden. Dabei stehen

---

[61]   Vgl. Rautenstrauch, C. (Datenverteilung 1993), S. 327 ff.

spezifische Funktionen zur Datenabfrage und -recherche im Vordergrund der Abschnitte 8.3.1 bis 8.3.3 zu Data Warehouse, On-Line Analytical Processing und Data Mining. Dagegen betonen die Ausführungen zu Modell- und Methodenbanken, Tabellenkalkulations- und Expertensystemen (Punkte 8.3.4 bis 8.3.6) naturgemäß stärker die „Verarbeitung" oder inhaltliche Transformation von Daten.

8.3.1 Data Warehouse

Planungs- und Kontrollaufgaben stellen erhebliche Anforderungen an die Informationsqualität. Erforderlich sind vielfach eine hohe Aktualität, ein adäquater und individueller Detaillierungs- oder Verdichtungsgrad sowie langfristige Verfügbarkeit und Dokumentation.[62] Diese und andere Forderungen stellen auch die unterstützende Informationstechnik vor Probleme, die selbst mit dem rasanten technologischen Fortschritt nur schrittweise lösbar sind. Einen vielversprechenden Ansatz, leistungsfähige Planungsdatenbanken zu liefern, stellt das Data Warehouse-Konzept dar.

Das Data Warehouse-Konzept verfolgt das Ziel, Entscheidungsträgern einen einheitlichen Zugriff auf *alle Daten* des Unternehmens zu ermöglichen, unabhängig von der Form und dem System, in dem diese *primär* gehalten werden. Wesentlich ist hierbei ferner, die Daten für die Planungs- und Kontrollträger vorzuselektieren und aufzubereiten. Die Aufbereitung von Daten stellt sich vielfach als eine Verdichtung dar. Mit einem Data Warehouse werden insbesondere die folgenden Forderungen verbunden:

- Für Planungs- und Kontrollaufgaben müssen Daten aus allen Administrationssystemen zusammengeführt und verdichtet werden. Für diese unternehmensweite Datenintegration sind möglicherweise heterogene Datenformate und unterschiedliche Hardware-Plattformen zu überwinden.

- Neben den unternehmensintern gehaltenen Daten sollten den Planungs- und Kontrollträgern auch externe Daten zur Verfügung gestellt werden können. Dies ist z.B. für Umweltprognosen von hoher Relevanz.

- Für Planungs- und Kontrollaufgaben muß unter Umständen sehr verschiedenartiges Datenmaterial verarbeitet und zusammengeführt werden. Neben strukturieren Daten – etwa in Gestalt von Relationen – gilt es, Texte, Graphiken oder vielleicht auch Video- und Tonmaterialien zu verarbeiten.

Gluchowski/Gabriel/Chamoni geben folgende Definition eines Data Warehouse:

---

62 Vgl. zu den Qualitätseigenschaften von Informationen Abschnitt 2.4.1.2.

„Ein Data Warehouse (DW) hat die Aufgabe, inhaltsorientiert, integriert und dauerhaft Informationen zur Unterstützung von Entscheidern zu sammeln, zu transformieren und zu verteilen."[63]

Charakteristische Eigenschaften eines Data Warehouse werden auch aus der wörtlichen Übersetzung mit Datenlagerhaus oder Datenwarenhaus ersichtlich. Es handelt sich um „eine Zentrale der Bereitstellung aller notwendigen (nachgefragten) Informationen, auf die hauptsächlich ein lesender Zugriff möglich ist. Wie in einem 'Warenhaus' holt sich der 'Kunde' nach seinem 'Bedarf' und in 'Selbstbedienung' die 'Ware' Information."[64] Die wichtigsten Eigenschaften eines Data Warehouse sollen nachfolgend in Anlehnung an *Gluchowski/Gabriel/Chamoni* erläutert werden:[65]

- *Themenorientierung*: Während Administrationssysteme auf die Abwicklung des „Tagesgeschäfts" ausgerichet sind und dementsprechend auch die Daten die einzelnen Kundenaufträge, Bestell- oder Produktionsaufträge usw. wiedergeben, stehen im Data Warehouse eher inhaltliche Themenschwerpunkte, wie Produkte, Kunden oder Regionen im Vordergrund.

- *Vereinheitlichung*: Wie bereits gesagt, können die Originaldaten aus möglicherweise äußerst heterogenen Ursprungssystemen stammen. Vor der Übernahme in das Data Warehouse ist daher eine Vereinheitlichung vorzunehmen, die sich u. a. auf Feldlängen und Codierungen beziehen kann. Eine Normierung kann auch für die Datennamen erforderlich sein, da vielfach in den verschiedenen Administrationssystemen gleiche Datennamen verwendet werden (z.B. könnte der Datenname „Auftragsnummer" sowohl im Bestellsystem eine Bestellung als auch im PPS-System einen Produktionsauftrag identifizieren).

- *Zeitorientierung*: Zwischen dem Data Warehouse und den operativen Datenbeständen für Abrechnungs- und Dokumentationszwecke besteht in zeitlicher Hinsicht nur eine „lose" Verbindung: Die Übernahme der operativen Daten in das Data Warehouse erfolgt nur zu bestimmten Zeitpunkten und nicht etwa on-line. Die bereitgestellten Informationen sind damit stets nur *für einen bestimmten Zeitpunkt „korrekt"*, z.B. den Zeitpunkt des Datenimports aus der Originaldatenbank. So sind *Bestandsdaten* (z.B. Lager-, Auftragsbestand) nur zu einem bestimmten Zeitpunkt, *Bewegungsdaten* (wie Umsatzerlöse oder Materialverbrauch) nur in Bezug zum jeweiligen Zeitraum interpretierbar. Diese Aktualität reicht für monats- oder jahresbezogene Planungen und Auswertungen in der Regel aus. Damit die

---

63 Gluchowski, P.; Gabriel, R.; Chamoni, P. (MSS 1997), S. 267; vgl. ähnlich Inmon, W. H. (Data Warehouse 1996), S. 33.

64 Gluchowski, P.; Gabriel, R.; Chamoni, P. (MSS 1997), S. 268.

65 Vgl. Gluchowski, P.; Gabriel, R.; Chamoni, P. (MSS 1997), S. 268 ff.; vgl. auch Mucksch, H.; Holthuis, J.; Reiser, M. (Data-Warehouse-Konzept 1996), S. 423 ff.

Daten im Data Warehouse sinnvoll interpretierbar sind, müssen sie jedoch mit einem „Zeitstempel" versehen sein, z.B. der Auftragsbestand mit dem entsprechenden Zeitpunkt und die Verbrauchsmengen mit dem zugehörigen Produktionszeitraum.

• *Beständigkeit*: Eine wichtige Funktion von Data Warehouses besteht darin, Daten über längere Zeiträume hinweg z.B. für umfangreiche Zeitreihenanalysen bereitzustellen. Die Daten im Data Warehouse müssen vielfach über sehr viel längere Zeiträume verfügbar sein als die elementaren Daten in der Originaldatenbank. (Dort werden z.B. abgeschlossene Kundenaufträge nach einer bestimmten Zeit aus der Datenbank in andere Speicher ausgelagert.) Die langfristige Verfügbarkeit der Daten im Bestand des Data Warehouse stellt erhebliche Anforderungen hinsichtlich Speicherplatz und insbesondere Zugriffsmethoden. Für die Auswertungs- und Analyseläufe sind daher optimierte Speichertechniken und Zugriffsverfahren zur Verfügung zu stellen.

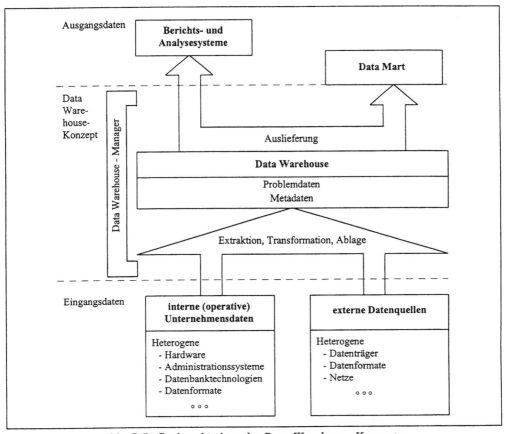

Abb. C-7: Grobarchitektur des Data Warehouse-Konzeptes

Abb. C-7 gibt die prinzipielle Struktur des Data Warehouse-Konzeptes wieder: Aus der Originaldatenbank werden Daten ausgewählt, ggf. in verdichteter oder anders aufbereiteter Form in das Data Warehouse importiert und hierbei mit einem Zeitstempel versehen. Die Originaldatenbank bleibt unverändert bestehen und wird vom Data Warehouse nicht beeinflußt. Auf diese Weise wird insbesondere das Antwortzeitverhalten der Administrationssysteme nicht durch die üblicherweise sehr rechenzeit- und zugriffsintensiven Analysen und Auswertungen für Planungs- und Kontrollzwecke beeinträchtigt, denn diese werden nicht auf der Originaldatenbank sondern auf dem Data Warehouse ausgeführt. Unternehmensexterne Daten können im Idealfall direkt, d.h. ohne Medienbruch in das Data Warehouse übernommen werden. Falls dies nicht möglich ist und/oder andere Daten einzulesen sind, ist auch die manuelle Dateneingabe möglich.

8.3.2 On-Line Analytical Processing

Der Begriff des On-Line Analytical Processing (OLAP) geht auf *Codd et al.*[66] zurück. Dabei handelt es sich um einen Oberbegriff für eine Reihe von Anforderungen an Managementunterstützungssysteme.

> „On-Line Analytical Processing (OLAP) beschreibt eine Software-Technologie, die es betrieblichen Analysten, Managern und Führungskräften ermöglicht bzw. erleichtert, Einsicht in relevante Daten zu erhalten. Eine breite Palette angebotener Sichten auf die vorhandenen Informationen, die aus den Basisdatenbeständen per Transformation gewonnen und mit externen Informationen angereichert werden, ist mittels schneller, konsistenter und interaktiver Zugriffe direkt nutzbar."[67]

An OLAP-Systeme werden beispielsweise folgende Anforderungen gestellt:[68]

- Die OLAP-Konzeption soll – der Sichtweise der Entscheidungsträger auf die Entscheidungsprobleme und deren Daten entsprechend – *mehrdimensional* sein. Beispielsweise sind wesentliche betriebswirtschaftliche Größen wie Umsatz oder Kosten für Planungs- und Kontrollzwecke stets unter verschiedenen Aspekten wie Kunde, Produkt oder Region zu betrachten.

- In bezug auf die zugrunde liegenden Datenquellen soll das OLAP-System auf heterogene, unternehmensinterne und -externe Datenbasen zurückgreifen können.

---

[66]   Vgl. Codd, E. F.; Codd, S. B.; Salley, C. T. (OLAP 1993).
[67]   Gluchowski, P.; Gabriel, R.; Chamoni, P. (MSS 1997), S. 282.
[68]   Vgl. für eine vollständige und ausführliche Darstellung der zwölf Forderungen vgl. Gluchowski, P.; Gabriel, R.; Chamoni, P. (MSS 1997), S. 277 ff.

- Wie die Bezeichnung *On-Line* Analytical Processing bereits andeutet, sollen sehr kurze Antwortzeiten auch bei hoher Auslastung der Systeme erreicht werden.

- Der Zugriff auf die vorhandenen Daten soll intuitiv möglich sein.

- Aus den multidimensionalen Datenmodellen sollen auf einfache und flexible Weise Auswertungen, Berichte und Graphiken benutzerindividuell erstellt werden können. Zudem müssen Ad-hoc-Abfragen durchführbar sein.

Das relationale Datenmodell, mit dem zahlreiche Schwierigkeiten bei der Verwaltung der operativen Daten im Rahmen der Administrationssysteme überwunden werden konnten, bietet für Planungs- und Kontrollsysteme teilweise nur unzureichende Unterstützung. Dies gilt insbesondere mit Blick auf die Antwortzeiten. Die Ursache liegt darin, daß das relationale Datenmodell regelmäßig nur die Abbildung zweidimensionaler Strukturen (Tabellen), die sich in Feldern (Attribute einer Relation) und Datensätzen (Tupeln der Relation) aufgliedern, gestattet.

Diese Struktur erschwert die gerade für die Management-Unterstützung oftmals erforderlichen mehrdimensionalen Aufgliederungen. Ein typisches Beispiel ist etwa die Aufgliederung des Umsatzes nach Produkten, Kunden und Regionen im *Zeitablauf.* Auch die zur Lösung von Planungsproblemen vielfach notwendige Änderung von Datenaufriß und Detaillierungsgrad der relevanten Daten ist mit dem zweidimensionalen relationalen Modell nur schwer möglich.

Mit Hilfe des On-Line Analytical Processing sollen multidimensionale Strukturen schnell und einfach bearbeitet werden. Während relationale Datenbanken Tabellen verwalten, erlauben es OLAP-Systeme auf sog. *Hyperwürfel* mit drei oder mehr Dimensionen zuzugreifen, diese beliebig zu drehen („Dicing"), für beliebige Dimensionen Datenschnitte durchzuführen („Slicing") sowie den Detaillierungsgrad zu erhöhen oder zu vermindern („Drill-down"- bzw. „Roll-up"-Funktionalität). Abb. C-8 zeigt beispielhaft einen dreidimensionalen Würfel zur Kennzahl „Umsatz" und mögliche Datenschnitte.

Zur Realisierung des OLAP-Konzeptes bieten sich insbesondere zwei Möglichkeiten an:

Zum einen kann eine virtuelle multidimensionale Datenbank bzw. das sog. ROLAP (Relational On-Line Analytical Processing) eingesetzt werden. Der Kerngedanke dieser Implementierungsform besteht darin, in der konzeptionellen Datensicht zwar Relationen (d.h. zweidimensionale Strukturen) abzubilden, diese jedoch im Design so zu gestalten (sog. Stern- oder Schneeflockenschemata[69]), daß die gewünschte Analysegeschwindigkeit erzielt werden kann. Hierfür sind zusätzlich oftmals auch noch weitergehende Optimierungen durch den

---

[69] Vgl. z.B. Ehrenberg, D.; Heine, P. (MSS 1998), S. 505 f.

Datenbank-Administrator erforderlich. Relationale OLAP-Lösungen gelten als technisch außerordentlich schwieriges Aufgabengebiet.[70]

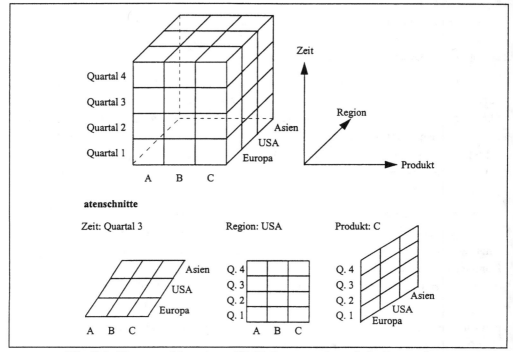

Abb. C-8: Hyperwürfel in einem OLAP-System und mögliche Datenschnitte

Zum anderen besteht die Möglichkeit, auch bei der physischen Datenorganisation eine mehrdimensionale Datenbank zu realisieren. Zu diesem Zweck wird entlang jeder Dimension des Hyperwürfels ein Index eingerichtet. Zwar ist die Gesamtzahl der Zellen eines Hyperwürfels zumeist recht hoch (Multiplikation der Elemente jeder Dimension), jedoch ist vielfach nur ein kleiner Teil der Zellen tatsächlich mit Daten belegt. Für die (Speicher-) Effizienz eines solchen Systems spielt es daher eine entscheidende Rolle, wie mit den leeren Zellen verfahren wird. Zur Zeit wird diese Art der Realisierung multidimensionaler Datenbanken allerdings nur für *Auszüge* aus einem Data Warehouse (sog. Data Marts) und nicht für das gesamte Data Warehouse als praktikabel angesehen.[71]

Die OLAP-Architektur (Abb. C-9) besteht in ihrer Grundstruktur aus drei Komponenten,[72]

[70]   Vgl. Gluchowski, P.; Gabriel, R.; Chamoni, P. (MSS 1997), S. 283 f.

[71]   Vgl. Holthuis, J. (Datenstrukturen 1997), S. 171.

[72]   Vgl. Jahnke, B.; Groffmann, H.-D.; Kruppa, S. (OLAP 1996), S. 322.

- dem Datenversorgungssystem, dessen wesentliche Komponente die Datenbanken der Administrationssysteme sind,

- dem OLAP-Server, d. h. einem Rechner, der die Daten aus den operativen Systemen für die Auswertungen zu Planungs- und Kontrollzwecken in einer multidimensionalen Form bereitstellt. Dies bedeutet, daß die operativen Datenbanken noch ein weiteres Mal, nämlich multidimensional aufbereitet als Datenbestand gehalten werden. Es handelt sich mithin um eine Form der Datenreplizierung.[73]

- einer Reihe von Endbenutzerwerkzeugen, die der Auswertung des multidimensionalen Datenbestandes dienen. Bei derartigen Werkzeugen kann es sich um Führungsinformations- oder Entscheidungsunterstützungssysteme für komplexere Analysen handeln, auf die an späterer Stelle noch ausführlicher eingegangen wird [74]. In Betracht kommen aber auch Tabellenkalkulationsprogramme[75].

stellt die OLAP-Architektur noch einmal im Überblick dar.

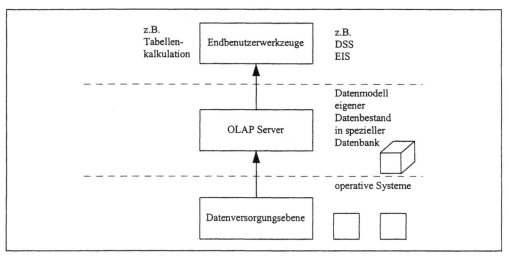

Abb. C-9: Grobarchitektur des OLAP-Konzeptes

---

[73] Vgl. dazu Abschnitt 8.2.6.2.

[74] Vgl. dazu Abschnitt 8.4.

[75] Vgl. Abschnitt 8.3.5.

8.3.3 Data Mining

Unter Data Mining oder Knowledge Discovery versteht man die Extraktion von implizit vorhandenen, aber bislang unbekannnten Informationen aus großen Datenbeständen durch Methoden der Datenmustererkennung.[76]

Hinter der Bezeichnung „Data Mining" verbirgt sich das Bild, durch ein Graben in Datenbergwerken verborgene (Informations-) Schätze zu heben. Die „Schatzsuche" wird dabei allerdings nicht (allein) von dem Nachfrager der Information, sondern maßgeblich von dem Data Mining-Werkzeug durchgeführt.[77]

Wie in der oben genannten Definition bereits gesagt, geht es vordringlich darum, in einem Datenbestand nach Zusammenhängen zu suchen, die für weitere Entscheidungen relevant sein können. Derartige Datenmuster werden beispielsweise im sog. Data Base Marketing erfolgreich verwendet, um die Kunden eines Unternehmens nach bestimmten Merkmalen zu gruppieren und spezifisch für die so gebildeten Kundengruppen die erfolgversprechendsten Werbemaßnahmen zu bestimmen.[78] Nachdem ein Datenmuster erkannt ist, wird eine Angabe über die Sicherheit dieser Erkenntnis generiert und das Ergebnis für den Benutzer verständlich z.B. durch Wenn-Dann-Regeln ausgegeben.[79] Data Mining geht somit über die klassischen Information-by-Exception-Methoden hinaus, bei denen nur einfache Soll-Ist-Vergleiche durchgeführt und signifikante Abweichungen an den Analysten gemeldet werden.[80]

Das Data Mining ist in erheblichen Maß auf statistische Methoden angewiesen, um Strukturen im Datenbestand zu entdecken (sog. strukturentdeckende Verfahren), Aussagen über die Sicherheit von Zusammenhängen zu treffen und schließlich auf größere Datenmengen zu schließen.[81] Neben statistischen Verfahren werden zum Data Mining beispielsweise auch genetische Algorithmen, Entscheidungsbäume sowie neuronale Netze und Suchheuristiken eingesetzt.

Hinter der Bezeichnung Data Mining verbirgt sich nicht nur ein zusammenfassender Begriff für eine Methodensammlung, sondern letztlich eine neuartige Funktion von Informationssystemen. Bisher wurden nur Informationen benutzergesteuert, d.h. durch eine hohe Anzahl

---

[76] Vgl. dazu Mertens, P.; Bissantz, N.; Hagedorn, J. (Data Mining 1997), S. 181 f.

[77] Einen umfassenden Überblick über den Entwicklungsstand des Data Mining geben Hagedorn, J.; Bissantz, N.; Mertens, P. (Data Mining 1997).

[78] Vgl. dazu Hanssmann, F.; Ruhland, J. (Marktsegmentierung 1991), S. 3 ff.; Hanssmann, F.; Ruhland, J. (Anwendungen 1991), S. 105 ff..

[79] Vgl. dazu Mertens, P.; Bissantz, N.; Hagedorn, J. (Data Mining 1997), S. 182.

[80] Vgl. Mertens, P. (Data Warehouse 1997), S. 35.

[81] Vgl. zur Thematik Data Mining und statistische Methoden z.B. Glymour, C. u.a. (Inference 1996).

an Dialogen zwischen dem Benutzer und dem Informationssystem aus dem Datenpool heraus-
gesucht. Mit Data Mining wird das Informationssystem „aktiver", d. h., es übernimmt selbst
die „Verantwortung" bei der Suche nach relevanten Informationen und liefert diese dann aufbereitet ab.[82]

Data Mining-Werkzeuge sind vielfach über OLAP-Technologien an die Ausgangsdaten der
Abrechnungs- und Dokumentationssysteme angebunden und verwenden als Benutzeroberfläche beispielsweise die in Abschnitt 8.3.5 beschriebenen Tabellenkalkulationsprogramme.[83]

Data Mining ist nicht auf eine bestimmte Form bzw. Organisation der Datengrundlage beschränkt. Allerdings stellt das Data Warehouse[84] aufgrund der darin realisierten Datenintegration, der Sammlung historischer Daten und die Metadaten, die die Zusammenhänge zwischen
den einzelnen Daten beschreiben, eine geeignete Basis für gute Data Mining-Ergebnisse dar.[85]

8.3.4 Modell- und Methodenbank

Unter *Methoden* versteht man „systematische Handlungsanweisungen, die in objektiver Weise
zur Lösung von Aufgaben eine endliche, geordnete Anzahl von Vorschriften und Regeln festlegen"[86]. *Modelle* sind Abstraktionen realer Problemstellungen. Zur ihrer Bearbeitung werden
Methoden eingesetzt.[87]

Nicht nur eine begriffliche Abgrenzung von Modellen und Methoden ist problematisch,
sondern auch eine Trennung von Modellbanken und Methodenbanken.[88] Daher wollen wir die
Grundzüge von Modell- und Methodenbanken hier gemeinsam umreißen.

Zweck einer Modell- und Methodenbank ist es, dem Anwender vorgefertigte Modelle und
Methoden zur Verfügung zu stellen und ihn bei der Entwicklung eigener Modelle und Methoden zu unterstützen.

Ein Grundbestandteil einer Modell- und Methodenbank ist die Methodensammlung. Diese
umfaßt u. a. Verfahren des Operations Resarch, statistische Verfahren, heuristische Verfahren,
Simulationsverfahren, Prognoseverfahren oder auch (andere) Verfahren des Data Mining. Neben diesen anwendungsneutralen Methoden werden für den Bereich der Planung und Kontrolle vielfach auch anwendungsbezogene Methoden wie z.B. finanzmathematische Verfahren

---

[82]   Vgl. Mertens, P. (Data Warehouse 1997), S. 34.
[83]   Vgl. Chamoni, P.; Gluchowski, P. (Entwicklungstendenzen 1997), S. 25.
[84]   Vgl. Abschnitt 8.3.1.
[85]   Vgl. dazu Inmon, W. H. (Data Mining 1996), S. 49 f.
[86]   Gluchowski, P.; Gabriel, R.; Chamoni, P. (MSS 1997), S. 88.
[87]   Gluchowski, P.; Gabriel, R.; Chamoni, P. (MSS 1997), S. 87.
[88]   Vgl. Mertens, P.; Griese, J. (Planungssysteme 1993), S. 30.

zur Verfügung gestellt. Bestandteile einer Modellbank können beispielsweise Modelle zur Lagerabgangsprognose oder Modellierungen von Marktreaktionen auf bestimmte Parameter-änderungen sein. Sowohl die Modell- als auch die Methodensammlungen sollten für Erweiterungen und Modifikationen offen ausgelegt sein.

Von einem Modell- und Methodenbank*system* ist die Rede, wenn nicht nur Modelle und Methoden gesammelt werden, sondern zusätzlich noch umfangreiche Verwaltungsfunktionen (analog zum Datenbank-Managementsystem) für diese Sammlung zur Verfügung gestellt werden. Folgende Verwaltungsfunktionen müssen im Rahmen von Modell- und Methoden-banken erfüllt werden:[89]

- Die Methoden und Modelle sind zu katalogisieren und kategorisieren, um ein schnelles Auffinden zu erleichtern.

- Eine Beschreibung in Form eines „Hilfetextes" umfaßt neben der Funktionsweise auch Vorschläge zum Einsatz bzw. Warnungen vor dem inadäquaten Einsatz spezieller Modelle und Methoden.

- Außerdem sind Hilfestellungen für die Entwicklung neuer und Modifikation bestehender Modelle und Methoden erforderlich.

- Es sind Schnittstellen zu der Datenbasis bereitzustellen, auf die die Modelle und Methoden angewendet werden sollen.

- Zudem sind Schnittstellen zu anderen Anwendungen, die auf die vorhandenen Modelle und Methoden zugreifen sollen, zur Verfügung zu stellen.

Im Idealfall enthält die Modell- und Methodenbank die Modelle und Methoden für sämtliche Anwendungen im Unternehmen, so daß mehrfach benötigte Methoden (z.B. Clusteranalyse) nur einmal vorgehalten werden. Auf diese Weise vermeidet man Redundanz und somit mehr-fache Entwicklungs- bzw. Anpassungsarbeiten und letztlich auch Speicherkosten. Zu berück-sichtigen sind hier die Vor- und Nachteile, die für die Programmverteilung bzw. -dezentrali-sierung angesprochen wurden.[90]

Abb. C-10 skizziert das Schema eines computergestützten Planungsprozesses, in dem die verwendeten Methoden und Modelle in Methoden-/Modellbanken gespeichert sind.

---

[89]   Vgl. Mertens, P.; Griese, J. (Planungssysteme 1993), S. 24 f.
[90]   Vgl. Abschnitt 8.2.6.3.

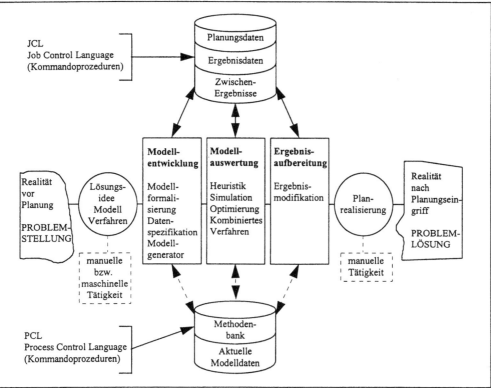

Abb. C-10: Computergestützte Planung mit Hilfe von Modell- und Methodenbanken

Quelle: Preßmar, D. B. (Planung 1992), S. 282

8.3.5 Tabellenkalkulationsprogramme

Als die ersten Tabellenkalkulationsprogramme, kurz Tabellenkalkulationen, zu Beginn der achtziger Jahre aufkamen, handelte es sich um einfache „Rechenblätter", die auch heute noch die „Grundelemente" von Tabellenkalkulation darstellen. Das Programm stellt danach eine zweidimensionale Matrix zur Verfügung, in deren Zellen entweder Daten im Sinne von Zahlen und Texten, oder aber sogenannte „Funktionen" eingegeben werden können. Diese Funktionen stellen Verknüpfungen der Datenzellen dar, wobei nicht die Formel selbst angezeigt wird, sondern das Ergebnis, das sich aus den Verknüpfungen ergibt. Das Innovative an dieser Programmgattung bestand bei ihrem Aufkommen darin, daß sich die Berechnungsergebnisse aus den Formeln bei Änderungen der Eingabedaten automatisch mit ändern.

Im Zuge der gestiegenen Rechenleistung und Speicherkapazität von PCs[91] und deren zu-
nehmender Verbreitung wurde die Funktionalität von Tabellenkalkulationen über diese
Grundfunktionen hinaus deutlich erweitert, wie die Darstellung einer typischen Architektur in
Abb. C-11 verdeutlicht.

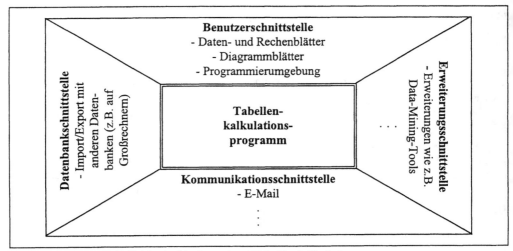

Abb. C-11: Architektur eines Tabellenkalkulationsprogramms

Die einzelnen Komponenten moderner Tabellenkalkulationsprogramme werden im folgenden
kurz erläutert:

- *Daten- und Rechenblatt*: Das Daten- und Rechenblatt enthält Daten und Zahlen – individuell formatiert und ggf. um Graphiken angereichert – sowie Rechenvorschriften (Formeln). Der Basis-Funktionsumfang von Tabellenkalkulationen ist stark angestiegen und
  umfaßt u. a. finanzmathematische, statische und Datenbank-Funktionen. Da auch kom-
  fortable Hilfefunktionen angeboten werden, die sowohl die Auswahl als auch die Anwendung dieser Funktionen erleichtern, bieten Tabellenkalkulationen somit auch Funktionen
  von Modell- und Methodenbanken.[92]

- *Diagrammblatt*: Zusätzlich zum Daten- und Rechenblatt gibt es die Möglichkeit, die dort
  vorhandenen Daten in Diagrammform auf einfache Weise zu visualisieren. Dabei werden
  vielfältige Arten von Diagrammen und deren Verknüpfungen angeboten. Teilweise ist es
  sogar möglich, Datenmanipulationen im Diagramm vorzunehmen, wobei sich dann automatisch die Inhalte des Daten- und Rechenblattes anpassen.

---

[91]   Vgl. Abschnitt 8.2.1.
[92]   Vgl. Abschnitt 8.3.4.

- *Programmiersprache*: Mit der integrierten Programmiersprache ist es möglich, sowohl Daten- und Rechenblätter als auch Diagramme zu manipulieren und den kompletten Befehls- und Funktionsumfang der Tabellenkalkulation zu nutzen. Damit kann man komplexe Anwendungen erstellen, die – vergleichbar einer Planungssprache[93] – losgelöst vom Daten- und Rechenblatt operieren und somit unterschiedliche Eingangsdaten verarbeiten können. Außerdem können eigene Methoden und Modelle programmiert werden, auf die dann über neudefinierte Funktionen im Datenblatt zugegriffen werden kann.

- *Datenbankschnittstelle*: Tabellenkalkulationsprogramme verfügen in der Regel auch über Datenbankschnittstellen. Diese reichen von der einfachen Importfunktion vielfältiger Datenformate bis zur Formulierung komplexer Abfragen an unterschiedliche Datenbanksysteme und das Einbinden der Abfrageergebnisse. Tabellenkalkulationen können somit auch auf Data Warehouses zugreifen.[94]

- *Kommunikationsschnittstelle*: Unter der Kommunikationsschnittstelle wird die Fähigkeit verstanden, Daten per Netz – unternehmensintern oder aber auch per Internet – zu versenden und zu empfangen. Dadurch ist es beispielsweise möglich, Berichte und Auswertungen automatisch und papierlos an unterschiedliche Empfänger zu versenden.

- *Erweiterungsschnittstelle*: Durch die Erweiterungsschnittstelle kann ein Tabellenkalkulationsprogramm an weitere Softwareprodukte angebunden bzw. um diese erweitert werden. Dabei kann es sich einerseits um neue Funktionen handeln, was letztlich einer Erweiterung der Modell- und Methodenbasis gleichkommt. Zu dieser Art von Erweiterungen gehören beispielsweise die in Abschnitt 8.3.3 dargestellten komplexen Data Mining-Methoden. Andererseits können komplette Anwendungen eingebunden werden, die die Tabellenkalkulation im Extremfall nur noch als Benutzeroberfläche nutzen. Beispiele dafür sind die in Punkt 8.3.2 dargestellten OLAP-Technologien oder aber auch Präsentationsschnittstellen für Großrechner-Anwendungen.

Tabellenkalkulationen haben gegenüber Planungssprachen, Modell- und Methodenbanken aber auch gegenüber komplexen kaufmännischen Anwendungssystemen den Vorteil, daß sie als Komponenten von sog. „Office-Suites", also Programmsammlungen von Büroanwendungen, mittlerweile zur Standardausstattung von PCs gehören und ihre Anwendung vielen Benutzern geläufig ist. Tabellenkalkulationssysteme sind außerordentlich vielfältig auch für

---

[93]   *Planungssprachen* sind nichtprozedurale Programmiersprachen, die insbesondere auf Planungsprobleme ausgerichtet sind. „Mit ihnen sollen geschulte Mitarbeiter in den Fachabteilungen kleinere Planungs- und Entscheidungsmodelle ... in eine für den Computer ausführbare Form bringen.", Mertens, P.; Griese, J. (Planungssysteme 1993), S. 30; Planungssprachen sehen eine strikte Trennung von Daten (Zahlen und Texten) und Rechenvorschriften vor, vgl. Stahlknecht, P.; Hasenkamp, U. (Wirtschaftsinformatik 1997), S. 437; ausführlich Hummeltenberg, W. (Planungssprachen 1991), S. 197 ff.

[94]   Vgl. Abschnitt 8.3.1.

Planungs- und Kontrollaufgaben einsetzbar. So bietet insbesondere die in ihnen „systemimmanent" angelegte Möglichkeit, sog. What-If-Fragestellungen zu untersuchen, die Grundlage, um Sensitivitätsanalysen, Simulationen, Ergebnisprognosen für verschiedene Umweltsituationen usw. durchzuführen.

8.3.6 Expertensysteme

„Expertensysteme (XPS) oder Wissensbasierte Systeme (WBS) sind Computerprogramme, die in der Lage sind, die Problemlösungsfähigkeiten von Experten zu simulieren. Sie enthalten große Wissensmengen über ein eng begrenztes Spezialgebiet und berücksichtigen auch Faustregeln, mit denen Erfahrungswerte aus den Teilgebieten für spezielle Probleme nutzbar gemacht werden sollen."[95]

Expertensysteme heben sich vor allem durch zwei Funktionen von konventionellen Programmen ab:[96]

- Expertensysteme sind *schlußfolgerungsfähig*, d.h., sie können auch dann zu einer Problemlösung gelangen, wenn der Lösungsweg nicht explizit in Form eines Algorithmus beschrieben ist.

- Expertensysteme weisen im Idealfall eine hohe *Erklärungsfähigkeit* auf, d.h., sie sind in der Lage zu erklären, wie und warum welche Schlußfolgerungen gezogen wurden und eine Problemlösung zustande gekommen ist oder nicht.

Die Grundzüge der Funktionsweise von Expertensystemen soll anhand ihrer Architektur erläutert werden (s. Abb. C-12):

- *Wissensbasis*: Die Wissensbasis oder Wissensbank enthält das Expertenwissen. Dies sind Kenntnisse und Erfahrungen des Experten aus dessen spezifischem Aufgabenbereich. Die Wissensbasis nimmt ferner fallspezifisches Faktenwissen auf, das konkrete Anwendungssituationen für das Expertensystem (z.B. konkrete Planungssituationen mit Umweltkonstellationen usw.) beschreibt. Bestandteil der Wissensbasis sind ferner die Zwischen- und Endergebnisse von bereits durchgeführten Schlußfolgerungsprozessen. *Regelbasierte* Expertensysteme verwenden Wenn-dann-Verknüpfungen, um Zusammenhänge zwischen Objekten zum Ausdruck zu bringen.

- *Wissenserwerbskomponente*: Mit der *Wissenserwerbskomponente* wird die Tätigkeit des Experten bei der Wissensimplementierung unterstützt. Der Wissenserwerb umfaßt die Erhebung, Formulierung, Überprüfung und Eingabe des Wissens. Grundsätzlich können diese

---

[95]   Mertens, P.; Griese, J. (Planungssysteme 1993), S. 35.
[96]   Vgl. Stahlknecht, P.; Hasenkamp, U. (Wirtschaftsinformatik 1997), S. 461 f.

Teilaufgaben von Experten selbst durchgeführt werden oder einem sog. Wissensingenieur (*knowledge engineer*) übertragen werden. Eine weitere Möglichkeit stellt der automatische Wissenserwerb durch das Expertensystem dar, der bislang aber nur in wenigen Prototypen *lernender* XPS realisiert ist.[97]

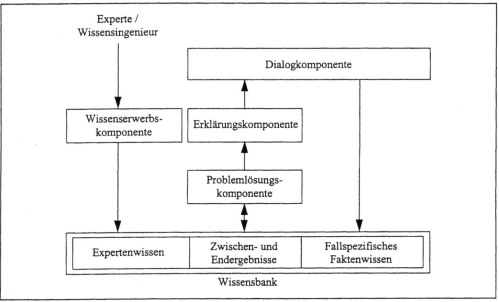

Abb. C-12: Architektur eines Expertensystems

- *Problemlösungskomponente*: Die Problemlösungskomponente wird auch als Inferenz-mechanismus, Inferenzmaschine oder Schlußfolgerungskomponente bezeichnet. Sie um-faßt die Algorithmen zur Auswertung der Wissensbasis für die jeweilige Fragestellung des Anwenders. Bei regelbasierten XPS – das Wissen ist in Form von Regeln (Wenn-dann-Verknüpfungen) dokumentiert – besteht die Problemlösungskomponente aus einem Regel-interpretierer, der die Regeln in logischen Operationen miteinander verknüpft, und einer Kontrollkomponente, die die Bearbeitungsreihenfolge der Regeln steuert.

- *Erklärungskomponente*: Die Erklärungskomponente dient dazu, dem Anwender den Ablauf des Schlußfolgerungsverfahrens und ggf. dessen Prämissen zu verdeutlichen. Damit wird erreicht, daß der Anwender die Validität einer Antwort aus dem System mit eigenen Mit-teln nachvollziehen kann.

---

[97] Vgl. Mertens, P.; Griese, J. (Planungssysteme 1993), S. 35.

- *Dialogkomponente*: Die Dialogkomponente stellt die Schnittstelle zum Benutzer des Expertensystems dar. Über diese Komponente gibt der Benutzer die fallspezifischen Daten und Wissensbestandteile ein. Auch der Dialog bei der Interpretation der Ergebnisse durch die Erklärungskomponente wird über diese Benutzeroberfläche geführt.

Für die hier im Vordergrund stehenden IT-gestützten Planungs- und Kontrollsysteme können Expertensysteme insbesondere für folgende Aufgabengebiete eingesetzt werden:[98]

Beratung und Auskunft

Die Tätigkeit der Beratung und Auskunftserteilung erstreckt sich vor allem auf die selektive Wiedergabe des gespeicherten Wissens von Experten, Handbüchern und Regelwerken. Im Rahmen der Beratung kann das Expertensystem einen Handlungsvorschlag machen und begründen.

Analyse und Diagnose

Wird das Expertensystem für die Analyse und Diagnose verwendet, steht oftmals die Klassifikation von Fällen im Vordergrund, wobei umfangreiches Datenmaterial auf der Grundlage der Wissensbank auf signifikante Aspekte (Symptome oder Schwachstellen) reduziert wird. Werden derartige Diagnosesysteme für die Erstellung von Berichten (Expertisen) genutzt, sollte das System die Diagnosedaten in eine gut lesbare Schriftform der Fachsprache übertragen können. Wissensbasierte Analyse- und Diagnosesysteme lassen sich beispielsweise zur Aufdeckung von Schwachstellen im Vertriebsbereich oder für Jahresabschlußanalysen verwenden.

Alternativenbildung und -auswahl

Der Einsatz von Expertensystemen zur Lösung von Planungsproblemen – insbesondere der operativen Ebene – kann eine Verbindung zur Methoden- und Modellbank erfordern. Ohne die Zuhilfenahme einer umfassenden mathematischen Methodenbank muß der Inferenzmechanismus des Expertensystems versuchen, die Lösungsalternativen eines Planungsproblems durch Enumeration oder auf der Basis des heuristischen Wissens in der Wissensbank aufzuzeigen. In dem Maße wie z.B. Optimierungsverfahren aus der Methodenbank eingesetzt werden können, eröffnen sich in Verbindung mit der Wissensdatenbank neue Möglichkeiten der computergestützten Planung, die beispielsweise in einer Kombination von exakten und heuristischen Verfahren und der Erklärung der gefundenen (Optimal-) Lösung durch das Expertensystem liegen können. Dabei ist jedoch darauf hinzuweisen, daß die Anbindung einer

---

[98]   Vgl. Gabriel, R. (Systeme 1992), S. 23 f.; eine umfassende Sammlung von Expertensystem-Anwendungen findet sich bei Mertens, P.; Borkowski, V.; Geis, W. (Expertensystem-Anwendungen 1993).

Methodenbank an ein Expertensystem besondere softwaretechnische Probleme aufwerfen kann.

8.4 Spezifische Ausprägungen IT-gestützter Planungs- und Kontrollsysteme

In der Begriffsabgrenzung in Abschnitt 8.1[99] haben wir als Formen der IT-Unterstützung von Planung und Kontrolle die Dispositionssysteme – sie dienen vornehmlich der operativen Planung und Kontrolle – und die Management Support Systeme für strategische und taktische Planungs- und Kontrollprobleme abgegrenzt.

Die operative Planung und Kontrolle zählt zu den klassischen und ältesten IT-Anwendungsgebieten und ist aufgrund der zumeist formal-quantitativ beschreibbaren Problemstellungen und Lösungsansätze (Algorithmen) für eine Abbildung in EDV-Systemen a priori geeignet. Dagegen stellt die IT-Unterstützung höherer Management-Ebenen mit typischerweise taktischen und strategischen Aufgaben völlig andersartige Anforderungen. Diese resultieren vor allem daraus, daß die Planungs- und Kontrollprobleme in der Regel schlechter strukturiert und weniger gut formalisierbar sind.

Den Schwerpunkt der weiteren Ausführungen bilden spezifische Formen der Management Support Systeme (MSS). Dabei finden sich in Wissenschaft und Praxis zahlreiche Bezeichnungen für DV-Anwendungen, die der Unterstützung von Managementfunktionen dienen. So ist beispielsweise die Rede von Management-Informationssystemen, Decision Support Systemen bzw. Entscheidungs-Unterstützungssystemen, von Executive Information Systemen bzw. Führungs-Informationssystemen oder auch Controlling-Informationssystemen.

„Management Support System" ist nach *Gluchowski/Gabriel/Chamoni* ein Oberbegriff für alle Systeme, die für einzelne oder mehrere Phasen im Managementprozeß (z.B. Planung und Kontrolle) Hilfestellungen bieten. Zur Systematisierung der verschiedenen Ausprägungen von MSS schlagen sie vier *Klassen von Merkmalen* vor:[100]

- *Systemumfeld*: Merkmale in dieser Klasse beschreiben das Realproblem, zu dessen Bewältigung ein MSS dienen soll, sowie dessen organisatorische Einbettung.

- *Systemaufbau*: Mit Hilfe der Merkmale dieser Gruppe werden die Komponenten des MSS und deren Struktur zueinander erfaßt.

- *Systemgestaltung*: In dieser Kategorie werden Kriterien zusammengefaßt, die die verschiedenen Formen zur Entwicklung des MSS und die Beteiligung der Anwender hierbei beschreiben.

---

[99] Vgl. S. 276 ff., im Überblick Abb. C-2 auf S. 279.
[100] Vgl. Gluchowski, P.; Gabriel, R.; Chamoni, P. (MSS 1997), S. 65 ff.

- *Systembetrieb*: Diese Klasse erfaßt Merkmale zur Art der Nutzung und zu den Betriebs-formen des MSS.

Die weiteren Ausführungen dieses Kapitels orientieren sich an der Systematik von *Gluchowski/Gabriel/Chamoni*. Auf die einzelnen Merkmale innerhalb der Klassen gehen wir bei der Darstellung der jeweiligen Systeme ein, nämlich der

- Management Information Systeme (Abschnitt 8.4.1),
- Decision Support Systeme (Abschnitt 8.4.2) sowie
- Executive Information Systeme (Abschnitt 8.4.3).

8.4.1 Management Information Systeme

Management Information Systeme (MIS) bilden schon seit geraumer Zeit einen vielfach – wenn auch ambivalent – betrachteten Gegenstand der Wirtschaftsinformatik. So wurden in den 60er Jahren Forderungen erhoben, aus den administrativen Systemen der Massendaten-verwaltung automatisch Führungsinformationen zu generieren, die unmittelbar den Planungs- und Kontrollaufgaben dienen können. Zunächst konnten die hoch gesteckten Erwartungen nicht erfüllt werden mit der Folge, daß die MIS-Idee in den 70er Jahren bei vielen als ge-scheitert galt.

Mittlerweile läßt sich jedoch feststellen, daß im größten Teil der Unternehmen Systeme einge-setzt werden, die MIS-Funktionen abdecken. Dennoch wird der Begriff "MIS" vielfach ge-mieden, vermutlich um Assoziationen mit vormals gescheiterten Projekten zu vermeiden. Als wesentliche Ursachen für die zunehmende Realisierung von MIS-Funktionen können wohl Verbesserungen der Hard- und Software gelten, die es ermöglichen, eine bereichsübergrei-fende Datenintegration herbeizuführen, große Datenmengen zu speichern und verdichtend auszuwerten.

Die grundlegenden funktionalen Anforderungen an MIS sind:[101]

- Erstellung periodischer Standardberichte
- Bereitstellung von Informationen für alle Managementebenen
- Verdichtung von Informationen über alle Geschäfts-/Funktionsbereiche
- Aktualität und Korrektheit der erstellten Berichte

---

[101] Vgl. Gluchowski, P.; Gabriel, R.; Chamoni, P. (MSS 1997), S. 150.

Aus diesen Anforderungen leiten *Gluchowski/Gabriel/Chamoni* folgende Definition ab:

"Management Information Systeme (MIS) sind EDV-gestützte Systeme, die Managern verschiedener Hierarchieebenen erlauben, detaillierte und verdichtete Informationen aus der operativen Datenbasis ohne (aufwendige) Modellbildung und logisch-algorithmische Bearbeitung (Anwendung von anspruchsvollen Methoden) zu extrahieren."[102]

Die Grundstruktur eines MIS ist verhältnismäßig einfach: Die zu verdichtenden Daten stammen aus den Datei- oder Dankbanksystemen der Administrationssysteme (z.B. Kundenaufträge, Lagerbestände). Der Zugriff auf diese Daten erfolgt vielfach mit Hilfe unternehmensindividuell programmierter oder angepaßter Programm-Module.

Die Berichtsstrukturen sind somit in diesen Reportprogrammen enthalten und nicht etwa losgelöst als eine programmunabhängige eigenständige Datenstruktur in einer Datenbank hinterlegt. Da MIS Standardberichte erzeugen, die nach Struktur und Form zumeist langfristig unverändert bestehen bleiben, verwundert es nicht, daß nach wie vor viele Berichtsmodule, die in den prozeduralen Sprachen der dritten Sprachgeneration implementiert sind, eingesetzt werden. Die Ausgabe der Berichte (Reports) erfolgt typischerweise periodisch und in Listform, d.h. auf "Papierbasis", wenngleich ein Trend zu papierlosen, elektronischen Ausgabeformen beobachtet werden kann.

Tab. C-2 stellt die Merkmalsausprägungen in den von *Gluchowski/Gabriel/Chamoni* vorgeschlagenen Kategorien für MIS zusammen. Da das Spektrum von MIS sehr breit ist, kann es sich hierbei nur um Angaben zu *typischen Vertretern* dieser Systemart handeln. Für jedes Merkmal ist das Spektrum möglicher Ausprägungen angegeben, die Position typischer MIS innerhalb des Spektrums ist mit „X" markiert, wobei die Ausprägungen um diese Markierung durchaus streuen können.

---

[102] Gluchowski, P.; Gabriel, R.; Chamoni, P. (MSS 1997), S. 152.

Tab. C-2:   *Merkmale typischer MIS nach Gluchowski/Gabriel/Chamoni*
Quelle: Gluchowski, P.; Gabriel, R.; Chamoni, P. (MSS 1997), S. 161

Systemumfeld					
Realproblem	wahrnehmbar/ identifizierbar	X			verborgen/ diffus
	dringlich/wichtig	X			nachrangig/unwichtig
	strukturiert	X			unstrukturiert
	lösbar	X			unlösbar
Managementebene	strategisch			X	operativ
Managementphase	Problemanalyse			X	Kontrollphase
	phasenübergreifend			X	einzelphasenorientiert
Systembestandteile und -aufbau					
Komponenten	integriert			X	isoliert
Systemebene	spezifisches System	X			Tool/Werkzeug
Hardwarekonzept	zentral	X			dezentral/verteilt
Systemgestaltung					
Vorgehensmodell	phasenorientiert/linear	X			zyklisch/evolutionär
Benutzerbeteiligung	anwendungsorientiert/ partizipativ			X	systemorientiert/ ausgrenzend
Systemnutzung und -betrieb					
Nutzungsformen	regelmäßig	X			spontan
	häufig		X		selten
	systeminitiiert			X	benutzerinitiiert
	intuitiv		X		erklärungsbedürftig
	multimedial			X	zeichenorientiert
Betriebsformen	online (Dialog)			X	Batch
	koordiniert			X	separiert

8.4.2 Decision Support Systeme

Während die *Bereitstellung* von *Informationen* für Kontrollaufgaben den wesentlichen Schwerpunkt von MIS darstellt, steht bei Decision Support Systemen (DSS) die Unterstützung des Managements durch *Bereitstellung* von *Modellen und Methoden* zur Verarbeitung von Informationen im Vordergrund. Schlaglichtartig läßt sich sagen, daß MIS vornehmlich Informationen aus den operativen Systemen *extrahieren*, DSS hingegen in erster Linie Verfahren zur zielgerichteten *Verarbeitung* von Daten anbieten. *Gluchowski/Gabriel/Chamoni* geben die folgenden Definition:

Decision Support Systeme sind „interaktive EDV-gestützte Systeme, die Manager (Entscheidungsträger) mit Modellen, Methoden und problembezogenen Daten in ihrem Entscheidungsprozeß bei der Lösung von Teilaufgaben in eher schlecht-strukturierten Entscheidungssituationen unterstützen".[103]

Der Anwendungsschwerpunkt von DSS liegt dementsprechend weniger im Bereich der Problemsuche, sondern auf der *Lösung* von Planungsproblemen. Insbesondere die Suche und Beurteilung von Handlungsalternativen im Rahmen der Planung bildet das Schwergewicht der DSS-Anwendungen. Ein starker Einfluß geht hierbei vom Operations Research aus, indem vielfach OR-Methoden z.B. zur Optimierung implementiert werden.[104] Üblicherweise wird den Entscheidungsträgern damit ein an formal-logischen Zusammenhängen orientiertes Entscheidungsverhalten unterstellt.

Eine wichtige Komponente eines DSS bildet die Methoden- und Modellbank. Zu den Systembestandteilen zählen weiterhin eine Datenbank und eine Reportbank, in der die Entscheidungsunterlagen – möglicherweise in graphisch aufbereiteter Form – gespeichert werden. Konzeptionell ist darüber hinaus noch eine Dialogkomponente zu nennen, über die der Benutzer mit dem System in Kontakt tritt. Hierbei muß es sich jedoch nicht um ein eigenständiges Modul handeln, denn die schon genannten Bestandteile stellen teilweise selbst entsprechende Dialogfunktionen bereit.

Gluchowski/Gabriel/Chamoni unterscheiden drei Grundarchitekturen von DSS:

- DSS-Werkzeuge: Die oben angesprochenen Komponenten stellen voneinander unabhängige Werkzeuge dar, die von einem Software-Entwickler für ein konkretes Entscheidungsproblem *kombiniert* und genutzt werden. Der Planungsträger kommt in dieser Variante nicht unmittelbar mit dem DSS in Berührung.

- DSS-Generatoren: Die DSS-Werkzeuge werden zu einem Werkzeugenkasten zusammengefaßt, so daß es dem Planungsträger selbst möglich ist, schnell und einfach „Software" für die Lösung von Entscheidungsproblemen zu generieren. Prominente Beispiele für derartige DSS-Generatoren sind die bereits behandelten Tabellenkalkulationssysteme.[105]

- Spezifische DSS (SDSS): Aus dem Einsatz von DSS-Werkzeugen oder -Generatoren für spezifische Problemstellungen gehen SDSS hervor. Sie sind auf einen Problemausschnitt der Unternehmensplanung ausgerichtet (z.B. Fertigungssteuerung oder Kosten- und Bud-

---

[103] Gluchowski, P.; Gabriel, R.; Chamoni, P. (MSS 1997), S. 168.
[104] Vgl. Abschnitt 5.5.1.5.
[105] Vgl. Abschnitt 8.3.5.

getplanung) und liefern modellgestützte Analysen und die Bewertung von Entscheidungsalternativen.

In der starken – insbesondere mathematischen – Methodenorientierung wird eine Ursache
dafür gesehen, daß DSS im Bereich der obersten Führungsebene bislang kaum *direkte* Benutzer finden.[106] Wenngleich es grundsätzlich denkbar ist, DSS sowohl für wohl- und semi-
strukturierte als auch für unstrukturierte Probleme einzusetzen, finden sich für die letztge-
nannten weniger Anwendungsbeispiele.

Die Merkmalsausprägungen *typischer* DSS sind in Tab. C-3 mit „**X**" angedeutet.

Tab. C-3: Merkmale typischer DSS nach Gluchowski/Gabriel/Chamoni
Quelle: Gluchowski, P.; Gabriel, R.; Chamoni, P. (MSS 1997), S. 196

Systemumfeld				
Realproblem	wahrnehmbar/ identifizierbar	X		verborgen/ diffus
	dringlich/wichtig	X		nachrangig/unwichtig
	strukturiert	X		unstrukturiert
	lösbar	X		unlösbar
Managementebene	strategisch	X		operativ
Managementphase	Problemanalyse	X		Kontrollphase
	phasenübergreifend	X		einzelphasenorientiert
Systembestandteile und -aufbau				
Komponenten	integriert	X		isoliert
Systemebene	spezifisches System		X	Tool/Werkzeug
Hardwarekonzept	zentral	X	X	dezentral/verteilt
Systemgestaltung				
Vorgehensmodell	phasenorientiert/linear		X	zyklisch/evolutionär
Benutzerbeteiligung	anwendungsorientiert/ partizipativ	X		systemorientiert/ ausgrenzend
Systemnutzung und -betrieb				
Nutzungsformen	regelmäßig	X		spontan
	häufig	X		selten
	systeminitiiert	X		benutzerinitiiert
	intuitiv		X	erklärungsbedürftig
	multimedial		X	zeichenorientiert
Betriebsformen	online (Dialog)	X		Batch
	koordiniert		X	separiert

---

[106] Vgl. Jahnke, B. (Entscheidungsunterstützung 1993), S. 125.

8.4.3 Executive Information Systeme

Executive Information Systeme (EIS) sind vornehmlich auf die Unterstützung von Entscheidungsträgern der obersten Führungsebene (Top Management) gerichtet, wenngleich die Funktionen auch für Entscheidungsträger auf anderen Führungsebenen sinnvoll eingesetzt werden können. *Gluchowski/Gabriel/Chamoni* definieren EIS folgendermaßen:

„Executive Information Systems (EIS) sind rechnergestützte, dialog- und datenorientierte Informationssysteme für das Management mit ausgeprägten Kommunikationselementen, die einzelnen Entscheidungsträgern (oder Gruppen von Entscheidungsträgern) aktuelle entscheidungsrelevante interne und externe Informationen ohne Entscheidungsmodell zur Selektion und Analyse über intuitiv benutzbare und individuell anpaßbare Benutzungsoberflächen anbieten."[107]

Eine wesentliche Anforderung an EIS ist, daß sie spezifisch auf den jeweiligen Entscheidungsträger – typischerweise im Top Management – zugeschnitten sind, der ständig neuen und andersartigen Entscheidungsproblemen gegenübersteht. Die hohe Flexibilität und Aktualität, die EIS damit aufweisen müssen, führt dazu, daß sie nicht nur eine bestimmte Softwarelösung mit einer gegebenen Funktionalität darstellen dürfen, sondern daß diese in einem evolutionären und adaptiven Entwicklungsprozeß ständig weiterzuentwickeln ist, der durch den Einsatz geeigneter Werkzeuge unterstützt wird.

Der Schwerpunkt von EIS liegt in den ersten Phasen des Planungsprozesses, d.h. insbesondere der Problemerkennung und -analyse. Darüber hinaus können EIS aber auch für Kontrollzwecke eingesetzt werden, indem sie Entscheidungsträger frühzeitig darüber informieren, daß ein angestrebter Sollzustand voraussichtlich nicht erreicht wird, und so zur Initialisierung von Anpassungsmaßnahmen beitragen. EIS erzeugen so die Anregungsinformationen, mit denen ein – erneuter – Planungs- bzw. Entscheidungsprozeß angestoßen wird.[108]

EIS enthalten – insbesondere im Vergleich zu DSS – nur wenige und einfache zumeist statistische Methoden wie Trendextrapolationen, Mittelwertberechnungen usw. Den Hintergrund hierfür bildet die Beobachtung, daß Entscheidungsträger der obersten Führungsebene weniger auf die systematische Planung ausgerichtet sind als vielmehr „an Aktionen orientiert, die in kurzen diskontinuierlichen Abfolgen und großer Variabilität verlaufen"[109].

Der Schwerpunkt von EIS liegt auf der Aufbereitung von Informationen, und zwar sowohl „harter" (v.a. quantitativer) Informationen als auch sog. weicher Informationen, wie etwa dem

---

107 Gluchowski, P.; Gabriel, R.; Chamoni, P. (MSS 1997), S. 203.
108 Vgl. auch Abschnitt 3.1.2.
109 Gluchowski, P.; Gabriel, R.; Chamoni, P. (MSS 1997), S. 203.

Unternehmens- oder Produktimage. Die Informationen sind individuell für die Bedürfnisse und den Arbeitsstil des jeweiligen Entscheidungsträgers aufzubereiten. Ebenso sollte die Benutzeroberfläche auf den einzelnen Entscheidungsträger zugeschnitten sein, um dessen subjektiven Informationsbedarf zu decken.

Üblicherweise werden die für Entscheidungszwecke relevanten Daten in einem mehrdimensionalen Datenwürfel (*Hyperwürfel* im Rahmen des OLAP) zusammengetragen. Die Struktur dieses Hyperwürfels wird für einen längeren Zeitraum festgelegt. Wie bereits an früherer Stelle gesagt, bietet sich damit die Möglichkeit, die Daten nach verschiedenen Kriterien zu verdichten. Über geeignete Benutzerschnittstellen und Berichtsgeneratoren werden die Informationen in der Form dargestellt, die den individuellen Präferenzen und Informationsbedürfnissen des Entscheidungsträgers entsprechen.

Die in dem EIS enthaltenen Daten können aus den operativen Datenbanken der Abrechnungs- und Dokumentationssysteme, aus Planungsdatenbanken (Data Warehouse) oder von unternehmensexternen Quellen stammen. Zudem kann auch eine eigenständige EIS-Datenbank angelegt werden, die insbesondere „weiche" Daten (z.B. zum Betriebsklima, Produktimage) aufnimmt. Nach *Gluchowski/Gabriel/Chamoni* weisen EIS die folgenden Funktionen auf:[110]

- *Exception Reporting*: Es handelt sich um eine Art Früherkennungsfunktion, die den Entscheidungsträger auf signifikante Entwicklungen oder Abweichungen aufmerksam macht.

- *Drill-Down-Funktionen*: Diese Funktionen ermöglichen es dem Entscheidungsträger ausgehend von den hochaggregierten Daten der Reports eine Tiefenanalyse bis auf die Ebene der operativen Datenbestände durchzuführen, d.h., im Extremfall beispielsweise vom Jahresumsatz ausgehend bis auf einzelne Kundenaufträge vorzudringen.

- *Trendanalyse*: Eine wichtige Funktion des EIS ist die Analyse von Entwicklungen, die über geeignete Methoden unterstützt wird.

- *Navigation*: Die Analysepfade, die der Benutzer einschlägt, sind ihm durch geeignete Darstellungsweisen sichtbar zu machen, um ihm die Navigation im System zu erleichtern.

- *News-Funktionen*: Der Entscheidungsträger soll über das EIS bei Bedarf auch elektronisch mit Nachrichten versorgt werden können.

- *E-Mail*: Aus dem EIS sollte der Manager elektronisch kommunizieren können, um so beispielsweise nähere Informationen zu seinen Analyseergebnissen einholen zu können.

- *Paperclip*: Der Entscheidungsträger sollte die Möglichkeit haben, Bildschirmdokumente, die mit persönlichen Anmerkungen versehen sind, an andere Organisationsmitglieder weiterzuleiten.

---

[110] Gluchowski, P.; Gabriel, R.; Chamoni, P. (MSS 1997), S. 216 ff.

Für die erfolgreiche Entwicklung und Einführung von EIS, sind kurze Entwicklungszeiten und schnell vorzeigbare Resultate entscheidende Erfolgsfaktoren, denn nur so kann erfahrungsgemäß das Interesse des Top Managements an dem System erhalten werden.[111] Wichtig ist darüber hinaus, die Systembedienung so einfach wie möglich zu halten (es wird von einem maximalen Schulungsaufwand von zehn Minuten gesprochen) und einen für das EIS-Projekt begeisterten Manager als unternehmensinternen Promotor zu gewinnen.

In Tab. C-4 sind wiederum die wesentlichen Merkmale typischer EIS markiert („X").

Tab. C-4: Merkmale typischer EIS nach Gluchowski/Gabriel/Chamoni

Quelle: Gluchowski, P.; Gabriel, R.; Chamoni, P. (MSS 1997), S. 226

Systemumfeld					
Realproblem	wahrnehmbar/ identifizierbar		X		verborgen/ diffus
	dringlich/wichtig	X			nachrangig/unwichtig
	strukturiert		X		unstrukturiert
	lösbar	X			unlösbar
Managementebene	strategisch	X			operativ
Managementphase	Problemanalyse	X			Kontrollphase
	phasenübergreifend	X			einzelphasenorientiert
Systembestandteile und -aufbau					
Komponenten	integriert	X			isoliert
Systemebene	spezifisches System	X		X	Tool/Werkzeug
Hardwarekonzept	zentral			X	dezentral/verteilt
Systemgestaltung					
Vorgehensmodell	phasenorientiert/linear			X	zyklisch/evolutionär
Benutzerbeteiligung	anwendungsorientiert/ partizipativ	X			systemorientiert/ ausgrenzend
Systemnutzung und -betrieb					
Nutzungsformen	regelmäßig	X			spontan
	häufig		X		selten
	systeminitiiert	X			benutzerinitiiert
	intuitiv			X	erklärungsbedürftig
	multimedial			X	zeichenorientiert
Betriebsformen	online (Dialog)	X			Batch
	koordiniert			X	separiert

---

[111] Vgl. Keusch, C. (Erfolgsfaktoren 1994), S. 111.

8.5 Wiederholungs- und Vertiefungsfragen

1. Was versteht man unter „Informationstechnik", was unter „IT-gestützten Planungs- und Kontrollsystemen"?

2. „Die Informationstechnik unterstützt Planungs- und Kontrollaufgaben nicht, sondern sie verkompliziert diese: Zum einen muß ein Großteil der Zeit für die Generierung von Informationen aus den einzelnen (heterogenen) Informationssystemen verwendet werden. Zum anderen werden vielfach zu viele Daten generiert, um für den Anwender noch nützlich zu sein." Diskutieren Sie diese Einschätzung.

3. Inwiefern unterscheidet sich das Begriffsverständnis von Planungs- und Kontrollsystemen im Rahmen von Wirtschaftsinformatik und Controlling?

4. Erklären Sie wesentliche Entwicklungsbereiche informationstechnischer Infrastrukturen nach *Picot/Reichwald/Wigand*. Zeigen Sie die Potentiale der Entwicklungs en für Planung und Kontrolle auf.

5. Beschreiben Sie die Anwendungspotentiale von Data Warehousing, Data Mining und OLAP für Planung und Kontrolle.

6. Welche Möglichkeiten bieten Tabellenkalkulationsprogramme zur Unterstützung von Planung und Kontrolle?

7. „Expertensysteme können menschliche Planungsträger ersetzen." Diskutieren Sie diese These.

8. Welche Gemeinsamkeiten und welche Unterschiede weisen Management Information Systeme, Decision Support Systeme und Executive Information Systeme auf?

9. Für die IT-Unterstützung von Planungs- und Kontrollaufgaben wird in Abschnitt 8.3 eine Reihe spezifischer Komponenten und Funktionen vorgestellt. Für welche Planungs- und Kontrollaufgaben würden Sie welches Instrument einsetzen?

9 Zusammenhänge zwischen Planungs- und Kontrollsystem, Organisationsstruktur und IT-Einsatz

Zwischen dem Planungs- und Kontrollsystem, der Organisationsstruktur und dem IT-Einsatz bestehen zahlreiche und wechselseitige Beziehungen. Um die Grundzüge eines IT-gestützten Planungs- und Kontrollsystems festzulegen, ist es notwendig, diese Interdependenzen möglichst gut zu verstehen. Denn ein Planungs- und Kontrollsystem wird *für ein bestimmtes Unternehmen* gestaltet und kann damit nicht losgelöst von seiner unternehmensinternen Umgebung gesehen werden. Ohne den nachfolgenden Ausführungen – insbesondere zu der Frage, ob idealtypisch zuerst die Planung durchgeführt und dementsprechend die Organisation gebildet wird oder umgekehrt[112] – vorgreifen zu wollen, läßt sich doch hier bereits sehr allgemein sagen, daß Planungs- und Kontrollsysteme stets in einem organisatorischen Kontext zu gestalten sind. Ferner werden Planungs- und Kontrollsysteme vor dem Hintergrund des aktuellen Standes der Informationstechnik sowie der im Unternehmen vorhandenen oder einsetzbaren IT-Ressourcen gestaltet.

Betrachtet man es als (eine) Aufgabe des *Controlling*, das betriebliche Planungs- und Kontrollsystem zu gestalten und den laufenden Einsatz zu steuern, so ist ein Verständnis der Zusammenhänge zwischen Planungs- und Kontrollsystem, Organisationsstruktur und IT-Einsatz damit gerade für das Controlling wesentlich. Dies kommt explizit in der führungssystemorientierten Controllingkonzeption zum Ausdruck[113], ist aber auch in den anderen in Teil A vorgestellten Controlling-Ansätzen zumindest implizit enthalten[114].

Das Ziel dieses Kapitels besteht darin, Zusammenhänge zwischen Planungs- und Kontrollsystem, Organisationsstruktur und IT-Einsatz zu beschreiben und mit Blick auf die Gestaltung von PuK-Systemen eingehender zu analysieren. Hierzu gehen wir so vor, daß „paarweise" die wechselseitigen Zusammenhänge betrachtet werden, also die Beziehungen zwischen

- Planungs- und Kontrollsystem und IT-Einsatz (Abschnitt 9.1)
- Planungs- und Kontrollsystem und Organisationsstruktur (Abschnitt 9.2)
- Organisationsstruktur und IT-Einsatz (Abschnitt 9.3)

---

[112] Diese Frage richtet sich auf die Reihenfolge von Planung und Organisation im Führungsprozeß und wird in Abschnitt 9.2.1 näher behandelt.

[113] Der führungssystemorientierte Controlling-Ansatz sieht die herausragende Funktion des Controlling darin, eine Koordination zwischen den Führungsteilsystemen (Planungs- und Kontrollsystem, Organisationssystem, Informationssystem, Personalführungssystem) herbeizuführen. Vgl. dazu ausführlicher die Darstellung in Abschnitt 3.3.4 in Teil A.

[114] So stellt *Hahn*, der als Vertreter einer planungs- und kontrollorientierten Controlling-Konzeption gelten kann, beispielsweise explizit einen Zusammenhang zur Organisation her, indem er unterschiedliche Planungs- und Kontrollsysteme für verschiedene Organisationsstrukturen vorschlägt.

Mit dieser Vorgehensweise beschränken wir uns auf die *zweiseitigen* und die *direkten* Beziehungen zwischen den drei Komponenten, was die Betrachtung vereinfacht. Diese *Vereinfachung* erkauft man mit „*Informationsverlusten*": Beispielsweise wäre es denkbar, daß eine bestimmte Organisationsstruktur gewählt wird, weil die IT so eingesetzt wird, daß komplexere Planungsprobleme gelöst werden können. Um die zweiseitigen Zusammenhänge zumindest ansatzweise zu einem umfassenderen Bild zusammenzufügen, das auch indirekte Beziehungen berücksichtigen kann, werden die gewonnenen Perspektiven in Teil 9.4 zusammengeführt. Diese Vorgehensweise ist noch einmal in Abb. C-13 dargestellt.

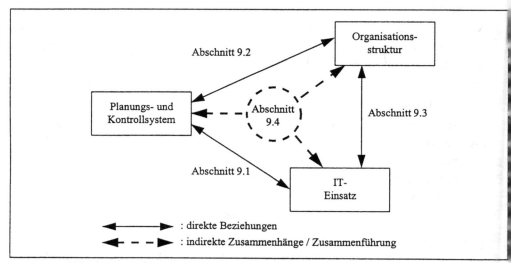

Abb. C-13: Aufbau der Darstellung zu Beziehungen zwischen PuK-System, Organisationsstruktur und IT-Einsatz

Bei den weiteren Ausführungen wollen wir uns durch folgende Fragen leiten lassen:

Leitfragen von Kapitel 9:

⇒ Welche Auswirkungen auf die Gestaltung des Planungs- und Kontrollsystems ergeben sich aus Organisationsmerkmalen und Merkmalen des IT-Einsatzes?

⇒ Können sich Zielkonflikte zwischen Gestaltung des Planungs- und Kontrollsystems, der Organisationsstruktur und des IT-Einsatzes ergeben?

⇒ Wie sind vor dem Hintergrund etwaiger Zielkonflikte die Koordinationsaufgaben des Controlling zu präzisieren?

9.1 Planungs- und Kontrollsystem und IT-Einsatz

Zwischen Planung und Kontrolle bzw. dem Planungs- und Kontrollsystem auf der einen Seite und dem IT-Einsatz andererseits bestehen wechselseitige Beziehungen, die verschiedenen Betrachtungsebenen zugeordnet werden können und zunächst voneinander abgegrenzt werden sollen.

So kann der IT-Einsatz seinerseits als Gegenstand von Planungs- und Kontrollaktivitäten verstanden werden, denn die Gestaltung des IT-Einsatzes in einem Unternehmen ist ein außerordentlich komplexes Planungs- und Kontrollproblem, das zahlreiche Koordinationsbedarfe aufwirft. Beispielsweise ist das sog. Anwendungsportfolio – dies sind die künftig im Unternehmen einzusetzenden Anwendungssysteme – zu planen. Dies erfordert eine Abstimmung mit den zur Verfügung stehenden informationstechnischen Ressourcen, die im Rahmen einer IT-Infrastrukturplanung festzulegen sind.[115] Planung und Kontrolle des IT-Einsatzes im Unternehmen stellen wesentliche Aufgabenfelder des Informationsmanagements dar. Auf dieser Meta-Betrachtungsebene ist der IT-Einsatz seinerseits Gegenstand von Planung und Kontrolle. Dieser Aspekt soll im weiteren nicht eingehender betrachtet werden.

Hiervon wollen wir auf einer „Primärebene" den IT-Einsatz bei der Durchführung von Planungs- und Kontrollaktivitäten unterscheiden. Beispielsweise können – wie bereits in Kapitel 8 angesprochen – aufwendige Planungsrechnungen mit Hilfe von Computern durchgeführt werden. In diesem Falle sind IT-Ressourcen gleichsam Träger von Planungs- und Kontroll-(Teil-)Aufgaben. In dieser Funktion soll der IT-Einsatz zunächst in Abschnitt 9.1.1 betrachtet werden.

Nachfolgend geht Teil 9.1.2 auf die Koordinationsmöglichkeiten für Planung und Kontrolle ein, die der IT-Einsatz eröffnet. In engem Zusammenhang damit steht Abschnitt 9.1.3, in dem insbesondere die Möglichkeiten betrachtet werden, asymmetrische Informationsverteilungen mit Hilfe des IT-Einsatzes zu reduzieren und so das Informationsangebot für Planungs- und Kontrollträger zu erhöhen.

9.1.1 IT-Komponenten als „Träger" von Planungs- und Kontrollaufgaben

Informationstechnische Einrichtungen können Teilaufgaben im Rahmen von Planung und Kontrolle „übernehmen". So werden aufwendige Planungsrechnungen von entsprechend dimensionierten Rechnern durchgeführt; die Speicherung und Dokumentation von Plan- und Kontrolldaten erfolgt mit Hilfe entsprechender Datenbanksysteme, einfache Planungsprobleme können möglicherweise sogar vollständig von einem Expertensystem gelöst werden

---

[115] Vgl. Wall, F. (IV-Controlling 1998), S. 1455 f., 1458.

usw. Im vorangegangenen Kapitel 8 haben wir eine Reihe weiterer Einsatzmöglichkeiten für Planungs- und Kontrollzwecke dargestellt. Diesen Beispielen ist gemein, daß Teilaktivitäten, die im Rahmen von Planung und Kontrolle anfallen, von IT-Komponenten durchgeführt werden, diese gleichsam zu Trägern von Planungs- und Kontrollaufgaben werden. Um so mehr Anwendungswissen über Planung und Kontrolle und „Intelligenz" bei den IT-Komponenten vorhanden ist, desto stärker wandelt sich ihr Charakter von einem Sachmittel zu einem „Aufgabenträger".

Ein Ziel, dem die Gestaltung von Planungs- und Kontrollsystemen genügen muß, ist die *Wirtschaftlichkeit* von Planung und Kontrolle.[116] Dieser Zielsetzung liefe es beispielsweise zuwider, Planungen durchzuführen, deren Ressourcenbedarf so hoch ist, daß der Planungsnutzen überkompensiert wird. Werden IT-Komponenten eingesetzt, können sich die Planungs- und Kontrollkosten reduzieren. In diesem Sinne trägt der IT-Einsatz zur *Rationalisierung von Planung und Kontrolle* bei. Grundsätzlich können sich damit für die Ausgestaltung des Planungs- und Kontrollsystems zwei Konsequenzen ergeben:

- In begrenztem Umfang können menschliche PuK-Träger durch maschinelle Ressourcen substituiert werden. Beispielhaft seien Expertensysteme erwähnt, mit denen Experten von Routineentscheidungen entlastet werden.

- Der Umfang oder die Intensität von Planungs- und Kontrollaktivitäten wird ausgeweitet: Pläne und Berichte, die „manuell" nicht wirtschaftlich zu erstellen sind, werden nun mit Hilfe des IT-Einsatzes ökonomisch sinnvoll, d.h. der Nutzen von Planung und Kontrolle übersteigt deren Kosten.

Der IT-Einsatz kann mithin dazu führen, daß bestimmte Planungs- und Kontrollaufgaben *wirtschaftlich* durchführbar sind und so die Planungs- und Kontrollintensität – verstanden als Art und Umfang der Planungs- und Kontrollaufgaben – im Unternehmen erhöht wird.

Darüber hinaus kann der IT-Einsatz dazu führen, daß bestimmte Planungs- und Kontrollaufgaben überhaupt erst mit einer bestimmten *Qualität* erfüllt werden können.

Beispielsweise können *exakte* Planungsverfahren (Optimierung) für komplexe operative Planungsprobleme vielfach nur auf der Basis hinreichend dimensionierter Rechnerkapazitäten angewendet werden. Entscheidend ist, ob eine optimale oder zumindest befriedigende Lösung in der erforderlichen Zeit ermittelt werden kann. Zu derartig *zeitkritischen* Planungsproblemen können die Kapazitätsterminierung oder Maschinenbelegungsplanung im Produktionsbereich bei Einzelfertigung und hoher Zahl von Eilaufträgen zählen. Mit der Steigerung der Rechnerleistung verschiebt sich die Grenze der Problemdimensionen nach oben, bis zu der

---

[116] Vgl. Abschnitt 4.5.2.1.

eine exakte Lösung eines Optimierungsproblems wirtschaftlich und zeitgerecht ermittelt werden kann.[117]

Ein weiteres Beispiel, an dem zudem die Vielgestaltigkeit der Wirkungen von IT-basierten Systemen sichtbar wird, ist die Einführung von Scannerkassen im Rahmen von Warenwirtschaftssystemen, denn wenngleich Scannerkassen unmittelbar auf der Ebene der Administrationssysteme anzusiedeln sind (s. Abb. C-2), haben sie Auswirkungen für Planung und Kontrolle: So entfallen mit Scannerkassen Preisauszeichnungsarbeiten, was seinerseits Kosteneinsparungen zur Folge hat, und eine Integration mit der Bestandsführung bewirkt, daß z.B. automatische Bestellungen beim Großhändler angestoßen werden können. Über die *vertikale Integration mit Planungssystemen* können Verbundwirkungen zwischen Verkaufsartikeln präziser ermittelt werden, was die Qualität der entsprechenden Preis- und Sortimentsentscheidungen verbessert. Es ist offensichtlich, daß Informationen zu Verbundwirkungen zwischen Artikeln ohne Scannerkassen, d.h. ohne die mengen- und insbesondere *artmäßige* Dokumentation der mit einem „Einkaufswagen" verkauften Waren nicht ohne erheblichen Aufwand verfügbar wären. In Abb. C-14 ist die Nutzeffektkette – die *Schumann/Linß* als Grundlage zur Abschätzung der Nutzenwirkungen integrierter IT-Systeme vorschlagen[118] – für das Beispiel der Einführung von Scannerkassen im Handel aufgeführt.[119]

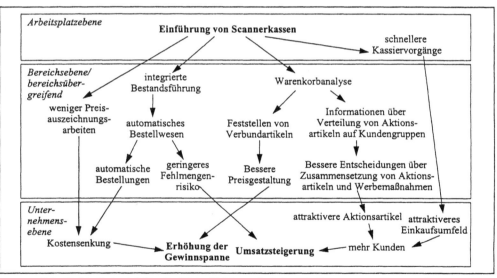

Abb. C-14: Beispiel für die Nutzeffektkette bei der Einführung von Scannerkassen

---

[117] Vgl. hierzu bereits Abschnitt 8.2.1.
[118] Vgl. Schumann, M.; Linß, H. (Wirtschaftlichkeitsbeurteilung 1993), S. 83 f.
[119] Vgl. auch Wall, F. (IV-Controlling 1998), S. 1461.

9.1.2 Koordinationspotentiale des IT-Einsatzes für Planungs- und Kontrollsysteme

Eine wesentliche Aufgabe des Controlling im hier abgegrenzten Sinn besteht in der system-bildenden und der systemkoppelnden Koordination des Planungs- und Kontrollsystems sowie des Informationsversorgungssystems.[120]

Grundsätzlich steht dem Controlling für die Koordination von Planung und Kontrolle das or-ganisatorische Koordinationsinstrumentarium zur Verfügung. In der bereits mehrfach erwähn-ten Klassifikation[121] von *Kieser/Kubicek*[122] ist zu unterscheiden zwischen persönlichen Ko-ordinationsinstrumenten wie einzelfallspezifischen Anordnungen und der Selbstabstimmung einerseits und der technokratischen Koordination mit Hilfe von Plänen (hier nun als Meta-pläne, d h. Planung von Planung und Kontrolle) und Programmen auf der anderen Seite.[123] Vom IT-Einsatz zur Erfüllung von Planungs- und Kontrollaufgaben können erhebliche Ko-ordinationspotentiale ausgehen, die das Controlling zielgerichtet nutzen kann:

IT-Potentiale für die PuK-Koordination durch technokratische Instrumente
So kann der IT-Einsatz – und dies ist fast eine tautologische Aussage – der technokratischen Koordination durch Programmierung dienen:

Ein *Computer*programm wird als eine vollständige Anweisung an eine EDV-Anlage bezeich-net[124]. *Computer*programme, die der Lösung eines Planungsproblems dienen, setzen voraus, daß das *Problemlösungsverfahren a priori* und vollständig algorithmisch formuliert ist. Für ein *Computer*programm ist es zudem erforderlich, daß die einzugebenden Daten (Inputinfor-mationen) nach Art und Form präzise definiert sind. Auch die Ausgabedaten (Outputinfor-mationen, d.h. die Teilplanungsergebnisse) sind nach Art und Form festgelegt. Der (Teil-) Planungsprozeß ist in diesem Sinn programmiert. Wird die Verwendung des *Computer*pro-gramms für die Lösung bestimmter Planungsprobleme verbindlich vorgeschrieben, handelt es sich zugleich auch um ein *Programm im organisatorischen Sinn*.

Im Rahmen der in Abschnitt 8.2.4.3 beschriebenen IT-bezogenen Programmintegration wer-den mehrere (Computer-) Planungsprogramme hinsichtlich Laufhäufigkeit und Laufreihen-folge – und ggf. auch hinsichtlich des zwischen ihnen erfolgenden Datenaustausches – zusam-mengefügt. Wird zudem ihre Verwendung für bestimmte Planungsaufgaben verbindlich vor-geschrieben, entsteht ein *System* von *organisatorischen Programmen*, die der Koordination

---

[120] Vgl. zur planungs- und kontrollorientierten Controlling-Konzeption Abschnitt 3.3.3 sowie Kapitel 4 zur Gesamtsicht auf Planungs-, Kontroll- und Informationsversorgungssystem.

[121] Vgl. Abschnitt 4.2.2.

[122] Vgl. Kieser, A.; Kubicek, H. (Organisation 1992), S. 104 ff.

[123] Für eine eingehende Charakterisierung dieser Koordinationsinstrumente sei verwiesen auf Abschnitt 9.2.5.

[124] Vgl. DIN (Informationsverarbeitung 1985), S. 171.

des Planungssystems dienen. Es ist offensichtlich, daß die – IT-mäßige und organisatorische – Programmierung von Planungsaufgaben in diesem Sinne nur für wohlstrukturierte und routinemäßig auftretende Planungsaufgaben in Betracht kommen kann. Zu denken ist insbesondere an operative Planungsprobleme (z.B. Produktionsablaufplanung). Die entsprechenden Ausführungen gelten für Kontrollaufgaben.

Denkbar ist ferner, daß die interdependenten Planungs- und Kontrollprozesse nicht nur IT-basiert durchgeführt werden, sondern auch durch geeignete Vorgangssteuerungssysteme *angestoßen* werden. Im Bereich der IT-gestützten Kontrollsysteme geht man hierfür beispielsweise so vor, daß bestimmte Schwellenwerte für kritische Abweichungen zwischen Sollvorgaben und Istgrößen definiert werden. Das IT-System überwacht laufend, ob die Schwellenwerte überschritten werden. Ist dies der Fall, werden systeminitiiert Berichte für die jeweiligen Kontrollträger erstellt, um so weitere Kontrollmaßnahmen anzustoßen.[125]

Mit den soeben beschriebenen Vorgehensweisen werden die Spielräume der Planungsträger darüber, *wie* und ggf. *wann* sie ihre Planungsaufgaben erfüllen, stark eingeschränkt. Weniger „einschneidende" Koordinationswirkungen gehen vom IT-Einsatz für Planungsaufgaben aus, wenn bestimmte Planungstools in Gestalt einer Modell- oder Methodenbank bereitgestellt werden. Hiermit werden nur gewisse *methodische Standards* gesetzt. Demgegenüber setzt man mit der Festlegung von Zugriffsberechtigungen auf Datenbestände den Planungs- und Kontrollträgern *Restriktionen* hinsichtlich der zu verwendenden Datenbasis.

Unzweifelhaft können mit einem IT-Einsatz, der die Gestaltungsspielräume derart einschränkt, auch negative Konsequenzen für die Planungsqualität verbunden sein. So stellen *Weber/Hamprecht/Goeldel* im Rahmen einer empirischen Studie zum Entwicklungsstand von Planungssystemen fest: „In manchen Firmen existieren sogar EDV-gestützte Prozesse, die die zu verarbeitenden Daten und die anzuwendenden Methoden genau vorschreiben. In solchen Systemen werden die strategischen Planer in den dezentralen Einheiten zu reinen Datenlieferanten degradiert, deren ʾeigenständigerʿ Planungsinput lediglich darin besteht, vordefinierte Marktanteilskennzahlen et cetera in das System einzugeben. Von Kreativität – und noch wichtiger – von einer Anpassung strategischer Prozesse und Inhalte an Änderungen der Umweltsituation kann dann keine Rede sein."[126] Auch wenn dieser Kritik grundsätzlich zuzustimmen ist, muß doch festgestellt werden, daß sich die beschriebenen Nachteile letztlich generell auf den Einsatz *organisatorischer* Programme beziehen; diese können – wie zuvor dargestellt – mit Hilfe IT-gestützter Systeme implementiert werden, können aber auch nur

---

[125] Vgl. Mertens, P.; Griese, J. (Planungssysteme 1993), S. 48 ff.
[126] Weber, J.; Hamprecht, M.; Goeldel, H. (Planung 1997), S. 10.

„manuell" umgesetzt werden. Nachfolgend wird deutlich, daß Informationstechnologien auch zur Unterstützung persönlicher Koordinationsinstrumente eingesetzt werden können.

IT-Potentiale für die PuK-Koordination mit persönlichen Instrumenten
Bieten sich beispielsweise für die Abstimmung von Plänen nicht die technokratischen Koordinationsinstrumente an, sondern erscheint die einzelfallspezifische Selbstabstimmung der beteiligten Planungsträger angemessener, so kann beispielweise mit Hilfe geeigneter CSCW-Technologien der zeitliche und personelle Aufwand dieser Koordinationsform reduziert werden. So gestatten z.B. Video- oder elektronische Konferenzen die räumliche bzw. räumlich-zeitliche Verteilung der Planungsträger.[127] Die Notwendigkeit persönlicher Zusammenkünfte der Mitglieder von Planungsausschüssen kann so reduziert werden, was die Wirtschaftlichkeit und die Flexibilität (beispielsweise brauchen keine gemeinsamen Termine vereinbart werden[128]) von Planung und Kontrollen erhöhen kann.

Ein Grund, Planungs- und Kontrollprozesse zu planen bzw. zu programmieren, kann auch darin gesehen werden, daß die Datenbeschaffung vielfach sehr zeitaufwendig ist und arbeitsteilig erfolgen muß. Informationen müssen von verschiedenen Abteilungen zusammengetragen, verknüpft und aufbereitet werden. Damit stellt sich ein Planungs- bzw. Kontrollprozeß seinerseits als ein terminlich und personell zu planender Vorgang dar. In dem Maße allerdings, wie ad-hoc-Abfragen auf bzw. Berichte aus den Datenbanken eines Unternehmens mit flexiblen Verknüpfungsmöglichkeiten, Aufbereitungs- und Verdichtungsformen möglich sind, reduziert sich die Notwendigkeit, Planungs- und Kontrollprozesse *a priori* detailliert zu organisieren. In diesem Sinn erweitert der IT-Einsatz die Möglichkeiten einzelfallspezifisch, d.h. gewissermaßen erst *während* der Plan- und Berichtserstellung die erforderlichen Informationen festzulegen.

Aus diesen Überlegungen wird deutlich, daß der gezielte IT-Einsatz sowohl für die systembildende (technokratisch) als auch für die systemkoppelnde Koordination (persönliche Instrumente) im Rahmen von Planungs- und Kontrollsystemen genutzt werden kann. Insbesondere erhöhen sich für das Controlling die Gestaltungsspielräume bei der Koordination von Planung und Kontrolle.

9.1.3 Potentiale des IT-Einsatzes zur Verminderung von Informationsasymmetrien

Nachfolgend stehen die Koordinationspotentiale der IT im Vordergrund, um Probleme zu mildern, die aus der Delegation von Planungs- und Kontrollaufgaben – d.h. der (personellen) Arbeitsteilung – und insbesondere Divergenzen zwischen persönlichen Zielen des dezentralen

---

[127] Vgl. Abschnitt 8.2.3.
[128] Vgl. die Formen des CSCW in Abschnitt 8.2.3.

Entscheidungsträgers und den Unternehmenszielen resultieren können. Wie im weiteren eingehender dargestellt wird, können IT-basierte Systeme dazu beitragen, Probleme von *hidden information-* und *hidden action-*Situationen, mit denen sich insbesondere die Principal-Agent Theorie beschäftigt und auf die wir bereits an früherer Stelle eingegangen sind, zu mildern.[129]

Die Divergenz zwischen den Interessen des Prinzipals und des Agenten – ein Grundmotiv der Principal-Agent Theorie – wird verschärft durch eine asymmetrische Informationsverteilung zwischen Prinzipal und Agent. In der Regel besitzt der Agent einen Informationsvorsprung, den er zu seinem eigenen (individuellen) Vorteil nutzen kann. Die Beiträge des IT-Einsatzes zur Entschärfung der asymmetrischen Informationsverteilung beruhen zum einen auf dem hohen vertikalen Integrationsgrad betrieblicher Informationssysteme sowie zum anderen auf einer möglichst automatisierten Datenerfassung und -dokumentation:

IT-Potentiale zur Entschärfung von hidden information-Situationen

In den Abschnitten 8.1 und 8.2.4 wurde deutlich, daß sich IT-basierte Informationssysteme – idealtypisch – durch einen hohen Integrationsgrad auszeichnen. Damit stehen beispielsweise Daten, die auf der Ausführungsebene im Rahmen des „Tagesgeschäfts" anfallen (z.B. Kundenaufträge), in vertikaler Richtung allen Führungsebenen zur Verfügung. Es hängt von den Informationsbedarfen der jeweiligen Entscheidungsträger ab, auf welchem Verdichtungs- oder Detaillierungsgrad sie sich die einmal in den Datenbanken gespeicherten Auftragsdaten anzeigen lassen. So ist es im Rahmen von Executive Information Systemen (EIS) möglich, von der komprimiertesten Information (z.B. Umsatz eines Monats) die Informationsdarstellung mit Hilfe sog. Drill-Down-Funktionen bis zum einzelnen Kundenauftrag zu verfeinern.[130] Damit können IT-basierte Systeme dem Prinzipal bei Bedarf auch Detailinformationen – bis zum elementaren Geschäftsvorfall – liefern. Der Informationsvorsprung des Agenten kann so in erheblichem Maß reduziert werden.[131]

Zu hinterfragen ist hierbei, inwieweit die Gefahr besteht, daß Informationen in einem integrierten IT-basierten System (bewußt) zur individuellen Nutzenmaximierung verfälscht werden. Dies kann naturgemäß nicht allgemeingültig gesagt werden; allerdings lassen sich einige Aspekte anführen, die – unter dem spezifischen Gesichtspunkt opportunistischen Verhaltens – die Verfälschung von entscheidungsrelevanten Daten erschweren. So ist in unserem oben angeführten Beispiel zu Umsatzzahlen und Kundenaufträgen die unmittelbare Gefahr des Verfälschens zweifellos verhältnismäßig gering: Die elementaren Kundenaufträge werden für die effiziente Auftragsabwicklung erfaßt; die Auftragsdaten als solche gestatten kaum eine Ein-

---

129 Vgl. auch die Abschnitte 3.1.4 und 4.2.2 in Teil A.
130 Vgl. dazu Abschnitt 8.4.3, insb. S. 318.
131 Vgl. Gurbaxani, V.; Whang, S. (Impact 1991), S. 69 f.

flußnahme durch den Agenten. Insofern sind auch daraus abgeleitete (verdichtete) entscheidungsrelevante Informationen etwa zur Umsatzstärke einzelner Regionen, Produkte oder Ressortleiter kaum verfälschbar.

Vor diesem Hintergrund erscheint es aus Sicht des mittleren Managements nachvollziehbar, daß – wie *Gluchowski/Gabriel/Chamoni* feststellen – diese Führungskräfte vielfach kein Interesse an der Einführung von MSS haben, da sie einen Machtverlust fürchten. „Datengetriebene Ausnahmeberichte und Drill-Down-Techniken führen zum Kollaps der Informationspyramide. Hierarchische Berichtswege werden abgebaut, was zu massiven Gegenkräften aus der Organisation führen kann".[132]

IT-Potentiale zur Entschärfung von hidden action-Situationen

Das Problem der *hidden action* kann *IT-basiert* – d.h. ohne Nutzung gezielter Anreizstrukturen – entschärft werden, wenn verhaltensrelevante Daten möglichst automatisiert erfaßt werden. Hierfür liefern IT-basierte Systeme zahlreiche Ansatzpunkte.[133] Denn auch wenn der Vertriebsleiter (Prinzipal) in unserem Beispiel über die entscheidungsrelevanten Umsatz- und Kundenauftragsdaten verfügt, weiß er noch nicht, welche *Anstrengungen* der Außendienstmitarbeiter (Agent) hierfür unternommen hat.

Ein IT-gestütztes System, mit dem der Außendienstmitarbeiter selbst Besuchsberichte erstellt und an die Zentrale senden muß (andernfalls wird er automatisch gemahnt), kann hier zu mehr Transparenz führen und das systematische Verfälschen von Informationen, z.B. der Zahl und Länge der Verkaufsgespräche erschweren. Ein solches System und dessen Nutzung verursacht allerdings Kosten („Kontrollkosten"), jedoch kann sich mit dem IT-Einsatz die Relation zwischen Kontrollkosten und Autonomiekosten verschieben. Automatisierte Verfahren der Datenerfassung, wie sie etwa im Rahmen der Betriebsdatenerfassung oder im Rahmen von Workflow-Management-Systemen (z.B. Liegezeiten von Vorgängen im „Postkorb") erfolgen, können die Kontrollkosten und die Validität der verhaltensbezogenen Informationen steigern. Völlig unberücksichtigt sind hierbei allerdings Aspekte wie die arbeitsrechtliche Zulässigkeit, Motivationswirkungen, Änderungen der Unternehmenskultur usw., die mit der Einführung zusätzlicher Kontrollmaßnahmen verbunden sein können.

Insgesamt läßt sich damit feststellen:

In dem Maße wie entscheidungsrelevante Daten in einem integrierten IT-basierten System gespeichert sind, kann sich tendenziell der Informationsvorsprung des Untergebenen (Agen-

---

[132]   Gluchowski, P.; Gabriel, R.; Chamoni, P. (MSS 1997), S. 213.

[133]   So stellen *Gurbaxani/Whang* fest: „...IT provides the ability to improve monitoring and performance measurement, reducing agency costs and thus inducing the decentralization of decision rights", Gurbaxani, V.; Whang, S. (Impact 1991), S. 69; vgl. Karake, Z. A. (Control 1992), S. 40 ff.

ten) mindern. Die vorgesetzte Führungskraft (Prinzipal) hat die Möglichkeit, selbst Auswertungen vorzunehmen, und die *Exklusivität* entscheidungsrelevanter Informationen beim Agenten wird auf diese Weise vermindert. Hierbei ist jedoch zu berücksichtigen, daß auch die zusätzlichen IT-basierten Auswertungen durch den Prinzipal Kosten („Kontrollkosten") verursachen.

9.2 Planungs- und Kontrollsystem und Organisationsstruktur

Gegenstand dieses Abschnitts sind Zusammenhänge zwischen dem Planungs- und Kontrollsystem und der Organisationsstruktur. Dabei wird folgendes Verständnis von Organisationsstrukturen zugrunde gelegt:

> Eine Organisationsstruktur stellt ein Geflecht von *Regelungen* dar, mit denen festgelegt wird, wie die Aufgaben auf Aufgabenträger verteilt werden und wie die Aufgabenerfüllung so aufeinander abgestimmt wird, daß das Unternehmungsziel als übergeordnetes Gesamtziel erreicht wird.[134]

Auf der „Metaebene" sind wir bereits einige Male auf diesen Zusammenhang zu sprechen gekommen, wenn nämlich von der *Organisation der Planung*, dem *Planungsmanagement* oder der *Planungskoordination* die Rede war. Umgekehrt kann die Unternehmensorganisation als ein Planungsproblem verstanden werden. Die Rede ist dann entsprechend von der *Organisationsplanung*:[135] „Organisationsplanung legt in der Gegenwart fest, welche Organisationsstrukturen bis zu einem Planungshorizont geschaffen und implementiert werden sollen."[136]

Von diesen auf der Metaebene anzusiedelnden Zusammenhängen zwischen Organisation und Planung ist deren Zusammenspiel im Hinblick „auf ihre Einwirkung auf das Ausführungssystem des Unternehmens"[137] zu unterscheiden. Dieser „Primärebene" gelten die weiteren Ausführungen. Beispielsweise stellt sich die Frage, ob die Differenzierung der Planungsaufgaben der organisatorischen Spezialisierung entspricht oder entsprechen sollte, also ob etwa eine Funktionalorganisation auch nach Funktionen gegliederte Planungsaufgaben und Pläne aufweist.

Während auf der Metaebene die Planungsorganisation und die Organisationsplanung zu den „Klassikern" der Planungs- bzw. der Organisationstheorie zählen und ein entsprechend um-

---

134 Vgl. so z.B. Frese, E. (Organisationstheorie 1992), S. 2; Steinmann, H.; Schreyögg, G. (Management 1997), S. 393; Kieser, A.; Kubicek, H. (Organisation 1992), S. 18; Schüler, W. (Organisationstheorie 1980), S. 1284.

135 Vgl. zum Überblick Bleicher, K.; Hahn, D. (Organisationsplanung 1980); Drumm, H. J. (Organisationsplanung 1992), Sp. 1589 ff.

136 Drumm, H. J. (Organisationsplanung 1992), Sp. 1590.

137 Weber, J. (Controlling 1998), S. 251.

fangreiches Schrifttum vorliegt, stellt *Weber* für die Interdependenzen auf der „Primärebene" noch Forschungsdefizite fest.[138]

Im weiteren sollen fünf Fragen zum Zusammenhang zwischen Planungs- und Kontrollsystem einerseits und Organisationsstruktur auf der anderen Seite angesprochen werden:

- Wird im Führungsprozeß idealtypisch zunächst eine (strategische) Planung durchgeturnt und anschließend die Organisationsstruktur festgelegt oder umgekehrt (Abschnitt 9.2.1)?
- Sollte die Differenzierung der Planungs- und Kontrollaufgaben nach dem gleichen Merkmal erfolgen wie die organisatorische Spezialisierung (Abschnitt 9.2.2)?
- Kann die Komplexität von Planungs- und Kontrollaufgaben die organisatorischen Gestaltungsspielräume einschränken (Abschnitt 9.2.3)?
- Kann die Organisationsstruktur ein Mittel darstellen, um die Komplexität und Unsicherheit im Rahmen von Planung und Kontrolle besser zu beherrschen (Abschnitt 9.2.4)?
- Welche Bedeutung kommt der Planung als einem organisatorischen Koordinationsinstrument zu (Abschnitt 9.2.5)?

9.2.1 Reihenfolge von Planung und Organisation im Führungsprozeß

Organisationsstruktur und Strategie bilden für ein Unternehmen grundlegende Stellgrößen, um sich neuen oder veränderten Rahmenbedingungen anzupassen und den Unternehmenserfolg positiv zu beeinflussen. Wie bereits an früherer Stelle angesprochen[139], geht die Strategie ihrerseits aus einem Planungsprozeß, der strategischen Planung hervor[140].

Eine wesentliche Frage gilt dem zeitlichen und insbesondere dem kausalen Zusammenhang zwischen diesen beiden Handlungsvariablen.

Äußerst prominent sind die Arbeiten von *Chandler*, die vielfach in dem Schlagwort „*structure follows strategy*" zusammengefaßt werden:[141] Nach diesem Modell stellt die Unternehmensstrategie eine Determinante der Organisationsstruktur dar. Eine Strategie bringt hierbei

- die langfristigen Ziele einer Unternehmung zum Ausdruck,

---

[138] Vgl. Weber, J. (Controlling 1998), S. 251 f.

[139] Vgl. Abschnitt 7.1 in Teil B.

[140] Unterschiedliche Begriffsauffassungen bestehen dabei zum Strategiebegriff. Insbesondere zählt das engere Begriffsverständnis den Prozeß der Zielbildung nicht zur Strategiebildung, z.B.: „Unternehmensstrategien bringen zum Ausdruck, wie ein Unternehmen seine vorhandenen und seine potentiellen Stärken einsetzt, um Veränderungen der Umweltbedingungen zielgerichtet zu begegnen." Kreikebaum, H. (Unternehmensplanung 1991), S. 25.

[141] Vgl. überblicksartig Link, J. (Strategie 1989), S. 396 ff.; Gabele, E. (Unternehmungsstrategie 1979), S. 181 f.; Müller-Stewens, G. (Strategie 1992), Sp. 2346 ff.; die Origanalarbeit ist zu finden bei Chandler, A. D. (Strategy 1962).

- sieht eine Zuteilung der vorhandenen oder erwarteten Ressoucen vor, die zur Zielerreichung erforderlich sind und
- enthält eine Auswahl zieladäquater Maßnahmen.

Eine empirische Bestätigung für diesen Wirkungszusammenhang liefern *Chandlers* Fallstudien. Ein besonderer Schwerpunkt liegt darin auf der Erweiterung des bestehenden Produktions- und Absatzprogramms durch Unternehmensakquisitionen. Im Rahmen derartiger Wachstumsstrategien stellt *Chandler* eine Strukturveränderung von funktionalen zu divisionalen Organisationsstrukturen fest. Hierbei kommt er zu dem Ergebnis, daß Unternehmen *zuerst* nach der Strategie suchen, die geeignet erscheint, die (vermeintlichen) Erfolgspotentiale zu erschließen und *anschließend* die dafür passende Organisationsstruktur gestalten.

In eine ähnliche Richtung, wenngleich weniger empirisch als vielmehr theoretisch abgeleitet, deutet die Auffassung *Gutenbergs*, die in folgendem Zitat zum Ausdruck kommt: „Während Planung den Entwurf einer Ordnung bedeutet, nach der sich der gesamtbetriebliche Prozeß vollziehen soll, stellt Organisation den Vollzug, die Realisierung dieser Ordnung dar. ... Die Organisation hat also immer nur dienenden oder instrumentalen Charakter."[142] Auch in der traditionellen betriebswirtschaftlichen Organisationslehre – geprägt von *Kosiol* – wird die Unternehmensstrategie als eine gegebene Größe angesehen, der die Organisationsstruktur anzupassen ist: Danach steht das Unternehmen einer gegebenen Gesamtaufgabe zur Erstellung und marktlichen Verwertung von Leistungen gegenüber. Gesucht wird diejenige Organisationsstruktur, mit der diese Gesamtaufgabe am besten zu bewältigen ist.[143]

Der entgegengesetzte Wirkungszusammenhang wird unterstellt, wenn man die Organisationsstruktur als Determinante der Unternehmensstrategie ansieht. Empirische Untersuchungen, die auf diesen Wirkungszusammenhang hinweisen, wurden vornehmlich in der Folge von *Chandlers* Studien angestellt.[144] Für den Einfluß der Organisation auf die Strategie werden insbesondere drei Argumente angeführt:

- Organisatorische Regeln begrenzen den strategischen Gestaltungsspielraum.
- Die Fähigkeit eines Unternehmens, komplexe Probleme zu lösen, z.B. bestimmte Strategien umzusetzen, hängt von der Organisationsstruktur ab.
- Die Organisationsstruktur übt eine „filternde" Wirkung hinsichtlich strategierelevanter Informationen aus.
- Die Struktur prägt das strategische Verhalten der Organisationsmitglieder.

---

142 Gutenberg, E. (Produktion 1983), S. 235 f.; ähnlich auch Töpfer, A. (Planungssysteme 1976), S. 226 f.
143 Vgl. z.B. Kosiol, E. (Unternehmung 1966), S. 52 ff.
144 Vgl. insb. Rumelt, R. F. (Strategy 1974).

Neben der empirisch gestützten These, daß Strategie und Organisationsstruktur unabhängig voneinander sind,[145] vollziehen auch die sog. *situativen Organisationsansätze* eine Abkehr von eindeutigen Wirkungszusammenhängen zwischen Strategie und Struktur:

Situative Organisationsansätze machen Aussagen dazu, inwieweit bestimmte Organisationsstrukturen im Zusammenspiel mit bestimmten Situationsfaktoren effizient sind. Entscheidend für die Effizienz ist hiernach die Anpassung, der „Fit", von Organisationsstruktur und Situation. Die Situationsbedingungen werden z.B. durch den Technologiestand, die Umweltkomplexität, die Größe des Unternehmens oder die Rechsform geprägt. Situative Organisationsansätze unterstellen dabei keinen unmittelbaren – „automatischen" – Einfluß der Situation auf die Organisationsstruktur; vielmehr gibt es verschiedene *strategische Optionen*, um die Organisationsstruktur an die Situation anzupassen.[146] Die Strategie stellt damit eine „intervenierende Variable"[147] dar, mit der Unternehmen ihre Organisationsstruktur an den strategischen Kontext anpassen, d.h. einen Organisations-Umwelt-„Fit" herbeiführen.

Auch Ansätze des *strategischen Managements* heben hervor, daß die Frage, ob Organisationsstruktur oder Strategie abhängige oder unabhängige Variable sind, von nachrangiger Bedeutung sei. Vielmehr komme es darauf an, eine möglichst gute Stimmigkeit („Fit") zwischen Struktur und Strategie herbeizuführen.[148] Dabei bezeichnet Stimmigkeit die „Kompatibilität von mindestens zwei Variablen hinsichtlich konkreter Ziele"[149]. Die Begründung für diesen umfassenden Ansatz formuliert *Scholz* folgendermaßen: „So bewirkt nie die Strategie alleine den Erfolg, sondern nur die Kombination von Strategie und Kontext (Organisation, Markt, Produkt usw.)"[150]. Damit ist ein „Fit" zwischen den Komponenten der Strategie („Intra-Strategie-Fit"), zwischen den Strategiekomponenten und den strategisch relevanten Teilen des Systems („Strategie-System-Fit") und zwischen dessen strategierelevanten Teilen („Intra-System-Fit") herbeizuführen.[151]

Die hier umrissenen Ansätze zum Zusammenhang zwischen Organisationsstruktur und Strategie sind von grundlegendem theoretischen Interesse. Darüber hinaus können sie beispiels-

---

[145] Vgl. dazu mit weiteren Verweisen Müller-Stewens, G. (Strategie 1992), Sp. 2349.

[146] Vgl. z.B. Kieser, A.; Kubicek, H. (Organisation 1992), S. 220 ff.; Egelhoff, W. G. (Strategy 1982), S. 452 ff.

[147] Vgl. Müller-Stewens, G. (Strategie 1992), Sp. 2349 f.

[148] Vgl. Scholz, C. (Management 1987).

[149] Scholz, C. (Effektivität 1992), Sp. 543.

[150] Scholz, C. (Effektivität 1992), Sp. 543.

[151] Die „Strategie" enthält danach Aussagen über Ziele, die angestrebt werden, und/oder über die Ressourcenallokation, mit der diese Ziele erreicht werden sollen. Das betrachtete „System" ist in einem sehr weiten Sinne abgegrenzt und umfaßt die Komponenten der Unternehmung (z.B. Organisation, Personal) und das Umsystem der Unternehmung sowie die Beziehungen zwischen Unternehmung und Umsystem. Vgl. Scholz, C. (Management 1987), S. 64 ff.

weise auch für die Ausgestaltung eines Planungs- und Kontrollsystems eine wichtige Rolle spielen. Sie geben etwa Hinweise darauf, ob und ggf. unter welchen Kontextbedingungen und in welchem Umfang die strategische Planung durch entsprechende Organisationsleistungen vorweggenommen oder substituiert werden kann. Daran könnten sich zum Beispiel verhältnismäßig konkrete Konsequenzen für die personellen Kapazitäten ergeben, die für die strategische Planung bereitgestellt werden.

9.2.2 Konsistenz der Differenzierungsmerkmale

Vielfach wird „Organisation" im funktionalen Sinn auf zwei Grundprobleme reduziert, nämlich die möglichst zweckmäßige Aufteilung der Gesamtaufgabe in Teilaufgaben (*Aufgabenteilung* und *Spezialisierung bzw. Differenzierung*) auf der einen Seite und andererseits die Abstimmung der arbeitsteiligen Aufgabenerfüllung so, daß die Unternehmensziele möglichst gut erreicht werden (*Koordination/Integration*).[152]

Von grundlegender Bedeutung für die Gestaltung des Planungs- und Kontrollsystems sowie der Organisationsstruktur ist die Frage, ob hierbei die gleichen Spezialisierungsmerkmale vorherrschend sein sollten. Soll beispielsweise eine primär nach Funktionsbereichen gegliederte Unternehmung auch ein nach diesen Funktionen gegliedertes Planungssystem aufweisen? Mit dieser Frage ist nicht etwa eine *zeitliche Reihenfolge* angesprochen, ob also zuerst das planungs- und dann das organisationsbezogene Spezialisierungsmerkmal festgelegt wird oder umgekehrt; diese „Reihenfolge-Frage" ist dem Themenbereich von Abschnitt 9.2.1 zuzuordnen. Der Schwerpunkt der weiteren Ausführungen gilt vielmehr der *Konsistenz der Spezialisierungsmerkmale* für Planung und Organisation.

Auf die verschiedenen Möglichkeiten, die Gesamtplanung in Teilplanungen zu differenzieren, sind wir bereits bei der Darstellung von Koordinationsinstrumenten für die Planung eingegangen.[153] Die weiteren Ausführungen beschränken sich auf die *Verrichtungs-* und die *Objektspezialisierung* als grundlegende Spezialisierungsprinzipien.

Spezialisierungsüberlegungen richten sich auf verschiedene organisatorische Gliederungseinheiten (Stellen- oder Abteilungsspezialisierungen). Dabei begründet die Abteilungsbildung prinzipiell eine *Aufgabenhierarchie* in dem Sinne, daß mehrere Stellen als kleinste Aufgaben- und Verantwortungsbereiche zu einem größeren Bereich zusammengefaßt werden. Die Anwendung des Verrichtungsprinzips führt zu Funktionsbereichen wie FuE, Beschaffung, Produktion, Absatz. Als Objekte für die Objektspezialisierung kommen herzustellende Endpro-

---

[152] Vgl. z.B. Lawrence, P. R.; Lorsch, J. W. (Differentiation 1967), S. 3 f.; Kieser, A.; Kubicek, H. (Organisation 1992), S. 104; Steinmann, H.; Schreyögg, G. (Management 1997), S. 391 f.; aus institutionenökonomischer Perspektive vgl. Picot, A.; Dietl, H.; Franck, E. (Organisation 1997), S. 1 ff.

[153] Vgl. dazu Abschnitt 7.1.1 in Teil B.

dukte, Kunden oder Kundengruppen sowie Absatzregionen, aber möglicherweise auch zu bearbeitende Ausgangsobjekte (z.B. Rohstoffe) in Betracht.

Ein wichtiges Ziel der Organisationsgestaltung besteht darin, die Abteilungsbildung so vorzunehmen, daß möglichst wenig abteilungsübergreifende Interdependenzen und damit Abstimmungsprobleme auftreten und somit die Autonomie der Abteilungen in ihrem jeweiligen Aufgabenbereich möglichst groß ist.[154]

Im Hinblick auf Planung und Kontrolle ist vor allem die Fokussierung auf die Entscheidungsinterdependenzen von Interesse, die mit der Aufgabenteilung entstehen. Nach *Frese* liegen Entscheidungsinterdependenzen vor, wenn die Entscheidungen einer Organisationseinheit das Entscheidungsfeld einer anderen Einheit beeinflußt.[155] Das Entscheidungsfeld stellt dabei „den Zustand der Realität im Handlungszeitpunkt, den Ausgangszustand"[156], dar.

Wie bereits an früherer Stelle ausführlicher dargestellt, unterscheidet *Frese* drei grundlegende Arten von Entscheidungsinterdependenzen:[157] Aus dem Leistungsbereich ergeben sich Interdependenzen aufgrund von *Leistungsverflechtungen*, wenn Organisationseinheiten (Vor-) Leistungen voneinander beziehen (z.B. eine produktorientierte Abteilung liefert Produkte an einen anderen Produktbereich). *Ressourceninterdependenzen* liegen bei der gemeinsamen Nutzung von Ressourcen durch mehrere Einheiten vor (Beschaffungs- und Fertigungsbereich nutzen eine gemeinsame Lagerhalle). *Marktinterdependenzen* können sich – sehr allgemein formuliert – daraus ergeben, daß zwei Organisationseinheiten auf den gleichen Beschaffungsoder Absatzmärkten auftreten (z.B. zwei Produktbereiche beziehen Rohstoffe beim gleichen Lieferanten).

Welche Interdependenzen in welcher Intensität sich bei verschiedenen Spezialisierungsgegenständen ergeben, ist *nicht allgemeingültig* zu sagen, sondern vom Einzelfall abhängig. So weist *Frese* darauf hin, daß insbesondere auf der gemeinsamen Nutzung von Ressourcen beruhende Verflechtungen bei jedem Spezialisierungsgegenstand entstehen können und dies in Unternehmen schon allein aufgrund der beschränkten Kapitalressourcen auch regelmäßig der Fall ist.[158] Zugleich sind gerade Ressourcenabhängigkeiten oftmals relativ leicht dadurch

---

[154] Vgl. Kieser, A. (Abteilungsbildung 1992), Sp. 58.

[155] Vgl. Frese, E. (Organisation 1998), S. 59 und bereits Abschnitt 4.2.1.

[156] Frese, E. (Organisation 1998), S. 40.

[157] Vgl. Frese, E. (Organisation 1998), S. 58 ff.; eine andere Klassifikation der Interdependenzen findet sich z.B. bei Thompson, J. D. (Organizations 1967), S. 54 f.

[158] Vgl. Frese, E. (Organisation 1998), S. 102, 116 f., ähnlich Kieser, A.; Kubicek, H. (Organisation 1992), S. 93.

zu beseitigen, daß zusätzliche Ressourcen bereitgestellt werden (Schaffen von „Slack").[159] Bei einer verrichtungsorientierten Spezialierung entstehen zwangsläufig Interdependenzen aus der gegenseitigen Verwobenheit des Leistungsprozesses (Leistungsverflechtungen); hingegen können z.B. bei einer produktbezogenen Spezialisierung organisatorische Einheiten entstehen, die vollkommen unabhängig voneinander operieren.

Vor diesem Hintergrund wollen wir nun auf die Frage nach der Konsistenz von planungs- und organisatorischer Spezialisierung spezifischer eingehen. Wesentlich ist hierbei die Unterscheidung nach der Regelmäßigkeit in *periodische* und *aperiodische* Planungen:

Für die *periodischen Planungen* postuliert *Hahn* folgendes: „Das Planungssystem entspricht exakt dem Organisationssystem, und zwar in der Weise, daß jeder organisatorischen Einheit ... ein Teilplan zugeordnet wird" und weiter heißt es: „Periodische Planungssysteme für organisatorische Einheiten richten sich im Aufbau nach der Art der Aufbauorganisation der Unternehmung".[160] Diese postulierte Konsistenz von planungsbezogenem und organisatorischem Spezialisierungsmerkmal wird durch empirische Befunde gestützt, die das Bestreben zeigen, abweichende Spezialisierungsprinzipien zu vermeiden; Unterschiede bestehen danach allenfalls in Übergangssituationen, in denen etwa das Planungssystem schon einer neuen Struktur entspricht, die Organisation aber noch nicht umstrukturiert ist.[161]

Das Bestreben, Konsistenz zwischen den Spezialisierungsprinzipien herzustellen, ist beispielsweise vor dem folgendem Hintergrund verständlich:

In Plänen werden Ziele festgelegt und vielfach auch quantitativ konkretisiert. Weichen die Spezialisierungsmerkmale für die Pläne von denen der Organisationsstruktur ab, kann keine eindeutige Verantwortung für die Zielerreichung – aber auch nicht für die Umsetzung der ausgewählten Maßnahmen – zugewiesen werden. Dies erschwert tendenziell die erfolgreiche Realisation des Plans. Werden für eine Funktionalorganisation etwa produktbezogene Pläne aufgestellt, so gibt es – im Grundkonzept der Funktionalorganisation – keine Stelle, die gesamthaft für ein Produkt und die Einhaltung des produktbezogenen Plans verantwortlich ist. (Einen Ausweg könnte hier die Einrichtung einer organisatorischen Einheit für das Produktmanagement darstellen, die für die produktbezogene Koordination zuständig ist.[162])

Zudem ist es kaum vorstellbar, daß beispielsweise in einer Funktionalorganisation das Unternehmensgeschehen gegliedert nach Produkten (Produktpläne) geplant wird, die Koordination zwischen den Funktionsbereichen (Absatz-, Produktions-, Beschaffungsbereich) hingegen ad-

---

159 Vgl. Galbraith, J. R. (Design 1977), S. 50 f., 81 ff.
160 Hahn, D. (PuK 1996), S. 89 und S. 90.
161 Vgl. mit Verweisen Weber, J. (Controlling 1998), S. 253.
162 Vgl. zum Produktmanagement z.B. Frese, E. (Organisation 1998), S. 348 ff.

hoc erfolgt. Dies würde bedeuten, daß Informationen, die bereits bei der Festlegung der Produktpläne gesammelt wurden, bei der funktionsbezogenen Koordination nicht – oder jedenfalls erst, wenn der Koordinationsbedarf unmittelbar zu decken ist – verwendet würden. Während für die *periodischen* Planungen bzw. Pläne somit grundsätzlich von übereinstimmenden planungsbezogenen und organisatorischen Spezialisierungsprinzipien auszugehen ist, kann dies für *aperiodische Planungen* nicht durchgängig unterstellt werden.[163] Aperiodische Pläne beziehen sich auf zeitlich begrenzte und vielfach einmalig zu treffende Entscheidungen bzw. singuläre Handlungen (Projektplanung). Beispiele dafür sind die Gründungsplanung eines neuen (Tochter-) Unternehmens oder die Planung von Großprojekten im Anlagenbau.

9.2.3 Planungs- und kontrollinduzierte Restriktionen in der Organisationsgestaltung

Die generellen Spielräume bei der Organisationsgestaltung werden in mehrfacher Hinsicht durch den Umfang und die Komplexität von Planungs- und Kontrollaufgaben, die einzelnen Aufgabenträgern zuzuordnen sind, begrenzt. Ein besonders „prominentes" Beispiel liefert die Kontrollspanne, die – wenn auch keine allgemeingültigen Aussagen über die absolute Zahl der Untergebenen getroffen werden können – als grundsätzlich begrenzt angesehen wird.

Das Leitungssystem der Unternehmung entsteht aus den Über- und Unterordnungsbeziehungen der Leitungsstellen (Instanzen) und weisungsabhängigen Stellen als Elementen. Zur Beschreibung des Leitungssystems einer Unternehmung werden in der Regel mehrere Merkmale herangezogen: die Grundform der Weisungsbeziehungen (Ein- oder Mehrliniensystem), die Tiefe und Breite der Leitungshierarchie sowie die vorhandenen Stabsstellen. Tiefe und Breite der Leitungshierarchie bedingen sich gegenseitig: Je mehr Leitungsebenen eine Organisation aufweist, um so geringer ist die Leitungsspanne der Instanzen. Dabei versteht man unter der Leitungs- oder Kontrollspanne die Zahl der Mitarbeiter, die einer Instanz unmittelbar unterstellt sind.

In den verschiedenen organisationstheoretischen Ansätzen geht man davon aus, daß die Größe der Kontrollspanne nach oben begrenzt ist, wobei situative Faktoren[164] (z.B. die Gleichartigkeit der untergeordneten Stellen) einen entscheidenden Einfluß auf die noch beherrschbare Spanne ausüben. Dabei spielt die begrenzte Informationsverarbeitungskapazität eines Vorgesetzten eine wesentliche Rolle:[165]

Die Kontrollspanne ist ausschlaggebend dafür, von wievielen Untergebenen Kontrollinformationen zu verarbeiten sind, von wievielen untergeordneten Stellen planungs- bzw. entschei-

---

[163] Vgl. Hahn, D. (PuK 1996), S. 92 f.
[164] Vgl. so z.B. Kieser, A.; Kubicek, H. (Organisation 1992), S. 18.
[165] Vgl. Galbraith, J. R. (Design 1977), S. 42 f.

dungsrelevante Informationen zu beziehen sind und wievielen untergegebenen Mitarbeitern die erstellten Pläne zu vermitteln sind.

Die begrenzte menschliche Informationsverarbeitungskapazität setzt auch der Zentralisierung von Planungs- bzw. Entscheidungskompetenzen Grenzen: Auch wenn die Gesamtplanung in Teilplanungen zerlegt wird und diese *sukzessiv* durchgeführt werden, ist es nicht möglich, die Planungsaufgabe vollständig bei der Unternehmensleitung zu zentralisieren. Gegen eine solche – auch theoretisch nicht denkbare[166] – vollständige Zentralisierung von Planungsaufgaben spricht beispielsweise die begrenzte zeitliche Kapazität der Unternehmensleitung.

Auch wenn die Entscheidungs- bzw. Planungskompetenzen so weit wie möglich zentralisiert werden sollen – z.B. um die Gefahr opportunistischen Verhaltens durch dezentrale Entscheidungsträger zu verringern –, wird die Unternehmensleitung vielfach aufgrund der begrenzten Informationsverarbeitungskapazität nicht in der Lage sein, alle Planungsfunktionen auszufüllen. Insbesondere wird es erforderlich sein, eine entscheidungsvorbereitende Einheit in Gestalt einer *Stabsabteilung* einzurichten. Bei der Unternehmensleitung verbleibt dann nur noch der Wahlakt, d.h. die eigentliche Entscheidung, während die (übrigen) Planungsaktivitäten der Stabsabteilung obliegen.

Der Einsatz eines auf die Unternehmensplanung spezialisierten Stabs wirkt sich – neben einer Kapazitätserhöhung – auf qualitative Aspekte der Unternehmensplanung aus: Grundsätzlich obliegen spezialisierten Stäben die Aufgaben der Entscheidungsvorbereitung, für die sie spezielles Fachwissen einsetzen[167]. Unter Rückgriff auf die Eigenschaften von Informationen[168] ist z.B. mit einem geringeren Unsicherheitsgrad und einer höheren Genauigkeit der Planungsergebnisse, einer höheren Überprüfbarkeit aber auch mit einer größeren Vollständigkeit der ermittelten Handlungsalternativen zu rechnen.

Auch wenn die Unternehmensplanung so weit wie möglich bei einer zentralen Stabsabteilung zentralisiert wird, stehen den zu erwartenden Vorteilen der Zentralisierung – diese bestehen v.a. in einer hohen Abstimmung auf die Unternehmensziele – sehr *hohe Kommunikationskosten* gegenüber:

---

[166] Ein gewisser Teil von Routineentscheidungen verbleibt stets beim ausführenden Organisationsmitglied.

[167] Das besondere Fachwissen des Stabs, welches bei der Entscheidungsvorbereitung genutzt wird, kann im wesentlichen aus drei Teilaspekten bestehen, die freilich nicht ganz überschneidungsfrei sind: Der Stab besitzt besondere Kenntnisse über
   – Quellen, aus denen (zusätzliche) Informationen beschafft werden können,
   – Verfahren der Planung usw., um z.B. die Ergebnisse möglicher Handlungsalternativen bestimmen zu können und über
   – die Beschaffenheit des Planungsproblems.

[168] Vgl. dazu Abschnitt 2.4 in Teil A dieses Buches.

Eine vollständige Zentralisation der Planungsaufgaben erfordert, alle zur Planung erforderlichen Informationen an die Planungseinheit weiterzuleiten. Umgekehrt müssen die erstellten Pläne von der Planungsabteilung an die anderen Organisationseinheiten übermittelt werden. Abb. C-15 stellt skizzenhaft die Kommunikationsbeziehungen der Fachabteilungen zur zentralen Planungsabteilung dar.

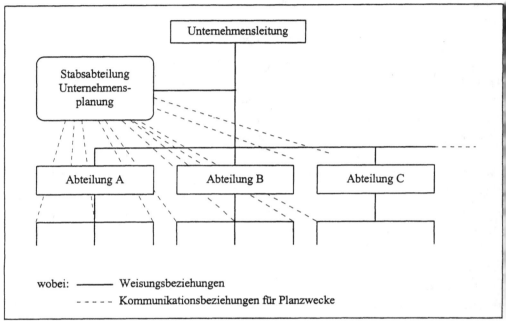

Abb. C-15: Kommunikationsbeziehungen bei zentraler Unternehmensplanung durch einen Planungsstab

Weitere nachteilige Eigenschaften einer hohen Zentralisation sind die verhältnismäßig hohe Trägheit insbesondere im Bereich der kurzfristigen Planungsprobleme und negative Konsequenzen auf die Motivation der Mitarbeiter.[169]

Somit läßt sich festhalten, daß Umfang und Komplexität der Unternehmensplanung eine Zentralisierung der Planungskompetenzen bei der Unternehmensleitung unmöglich machen. Zumindest die Einrichtung eines zentralen Planungsstabs ist daher erforderlich; die hohen Kommunikationskosten und weitere negative Konsequenzen einer Zentralisierung von Planungsaufgaben weisen jedoch auf eine weitere Dezentralisation der Planung hin. Weitere Restriktionen setzen Planungs- und Kontrollaufgaben für die Ausgestaltung des Leitungssystems

---

[169] Vgl. z.B. Küpper, H.-U. (Controlling 1997), S. 80.

– auch als *Konfiguration* der Organisationsstruktur bezeichnet –, indem sie die „Leitungsspanne" situations- und aufgabenabhängig nach oben begrenzen.

9.2.4 Organisationsstrukturen zur Komplexitäts- und Unsicherheitsreduktion für Planung und Kontrolle

Eine wesentliche Funktion der Organisation besteht nach Auffassung von Vertretern der verhaltenswissenschaftlichen Entscheidungstheorie darin, Komplexitäts- und Unsicherheitsprobleme für Entscheidungs- und Planungsträger zu verringern.

Die verhaltenswissenschaftliche Entscheidungstheorie versucht, vereinfachenden Annahmen über menschliches Verhalten in Organisationen, wie sie der klassischen Organisationslehre zugrunde liegen, zu begegnen[170]. Das Schwergewicht des Interesses richtet sich dabei auf das individuelle Entscheidungsverhalten.[171] Organisatorische Maßnahmen, die es Individuen ermöglichen, die Komplexität von Entscheidungsproblemen besser beherrschen zu können, sind nach *Simon* die folgenden:[172]

* *Arbeitsteilung*: Die Gesamtaufgabe der Unternehmung wird in Teilaufgaben zerlegt; damit gliedert man zugleich das Gesamtziel der Unternehmung in Subziele. Somit wird die Menge der Informationen, die das einzelne Organisationsmitglied als Entscheidungsträger berücksichtigen muß, begrenzt und der entscheidungsrelevante Wirklichkeitsausschnitt wird verengt.[173]

* *Hierarchie*: Die Leitungshierarchie vereinfacht die Entscheidungssituation der Organisationsmitglieder, indem die Handlungsmöglichkeiten des einzelnen eingeschränkt werden. In dieser Betrachtungsweise führen Hierarchien zu einer Verringerung der Komplexität und Unsicherheit einer Entscheidungssituation für das einzelne Organisationsmitglied.[174]

* *Kommunikation*: In vertikaler Richtung werden von „oben nach unten" Informationen als Anweisungen und (Plan-) Vorgaben, und in umgekehrter Richtung in Form von Berichten oder Auswertungen übertragen. Informationen werden stets nach aufgabenspezifischen und persönlichen Interessen ausgewählt und zu *scheinbar* sicheren Informationen verdichtet. Dies führt nach Ansicht der Vertreter dieses Ansatzes zu einer „Unsicherheitsabsorption"

---

[170] Vgl. March, J. G.; Simon, H. A. (Organizations 1958), S. 136; Übersichtsdarstellungen zur verhaltenswissenschaftlichen Entscheidungstheorie finden sich bei Kieser, A.; Kubicek, H. (Organisation 1992), S 42 f.; Berger, U.; Bernhard-Mehlich, I. (Entscheidungstheorie 1995), S. 123 ff.; Hoffmann, F. (Organisationsforschung 1976), S. 169 ff.

[171] Vgl. dazu bereits ausführlicher Abschnitt 3.1.2.

[172] Vgl. Simon, H. A. (Behavior 1976), S. 102 f. Vgl. auch Berger, U.; Bernhard-Mehlich, I. (Entscheidungstheorie 1995), S. 133 ff.

[173] Vgl. Berger, U.; Bernhard-Mehlich, I. (Entscheidungstheorie 1995), S. 134 f.

[174] Vgl. dazu Berger, U.; Bernhard-Mehlich, I. (Entscheidungstheorie 1995), S. 134.

("uncertainty absorption"). Der Empfänger von Informationen kann diesen Effekt jedoch kaum einschätzen, seine Schlußfolgerungen mögen daher tatsächlich weniger eindeutig sein, als sie ihm erscheinen.[175]

- *Standardisierungen:* Mit Standardisierungen (Programmen) werden generelle Verfahrens-richtlinien für die Aufgabenerfüllung festgelegt. Auf diese Weise wird das Organi-sationsmitglied davon befreit, häufig nach neuen Lösungsmöglichkeiten für eine Aufgabe zu suchen und damit einzelfallspezifische Entscheidungen treffen und Planungen durch-führen zu müssen.[176] Auf die Abgrenzungen zwischen Standardisierungen und Plänen wer-den wir im nachfolgenden Abschnitt 9.2.5 näher eingehen.

Auf der Grundlage dieser Überlegungen ist festzustellen, daß die Komplexität von Planungs- und Kontrollaufgaben – zumindest subjektiv aus Sicht der Aufgabenträger – um so eher be-herrschbar ist, je höher der „*Organisationsgrad*" des Planungs- und Kontrollsystems ist. Da-mit ist gemeint, daß a priori und verbindlich festgelegt ist, wer welche Planungs- und Kon-trollaufgaben auf welche Weise zu erfüllen hat und nicht eine ungeregelte ad-hoc-Planung stattfindet. Die größere Beherrschbarkeit geht dabei nicht alleine daraus hervor, daß die Ge-samtplanungsaufgabe zerlegt und auf mehrere Aufgabenträger verteilt wird, sondern daraus, daß die zu berücksichtigenden Unsicherheiten – vermeintlich – und der Raum möglicher Handlungsalternativen eingeschränkt wird.

9.2.5 Planung als organisatorisches Koordinationsinstrument

Zur Koordination des Ausführungssystems durch das Führungssystem steht eine Reihe von Koordinationsinstrumenten zur Verfügung, die nach verschiedenen Kriterien gegliedert wer-den können; wir wollen hier der Klassifikation nach *Kieser* und *Kubicek* folgen,[177] die bereits mehrfach angesprochen wurde.[178]

Kieser/Kubicek differenzieren die Koordinationsinstrumente nach der Kommunikationsform, in der die Koordination erfolgt. Danach ist zwischen persönlicher und unpersönlicher Koordi-nation zu unterscheiden:

Die Koordination im Wege *persönlicher Weisungen* wird vom Vorgesetzten vorgenommen, indem er *einzelfallspezifische* Anweisungen zum Ausführungsprozeß oder zu dessen Ergebnis

---

[175] *March* und *Simon* stellen fest: „Whatever may be the position in the organization holding the formal authority to legitimize the decision, to a considerable extent the effective discretion is exercised at the points of uncertainty absorption", March, J. G.; Simon, H. A. (Organizations 1958), S. 167.

[176] Vgl. March, J. G.; Simon, H. A. (Organizations 1958), S. 142 ff.

[177] Vgl. Kieser, A.; Kubicek, H. (Organisation 1992), S. 104 ff.

[178] Vgl. dazu Abschnitte 3.3.3 und 4.2.3.1.

gibt. (Die Rede ist deshalb auch von Koordination durch Hierarchie.[179]) Dieses Koordinationsinstrument zeichnet sich durch hohe Flexibilität aus, stößt aber bei komplexen und dynamischen Problemfeldern an die Grenzen der beschränkten menschlichen Informationsverarbeitungskapazität. Bei der *Selbstabstimmung* führen die beteiligten Aufgabenträger untereinander eine direkte Abstimmung ihrer Aktivitäten herbei. Es handelt sich in der Regel um Gruppenentscheidungsprozesse, die organisatorisch in verschiedenen Formen (z.B. Ausschüsse, Abteilungsleiterkonferenzen) ausgeprägt sein können. Tendenziell bringt die Selbstabstimmung hohe Akzeptanz der getroffenen Entscheidungen und motivationsfördernde Wirkungen mit sich; der zeitliche und personelle Aufwand der Entscheidungen ist allerdings beträchtlich.

Die unpersönlichen oder „technokratischen" Koordinationsinstrumente umfassen die Koordination durch Programme und durch Pläne. Wegen der oftmals schwierigen und umstrittenen Abgrenzung[180] zu Plänen wollen wir etwas genauer auf Programme eingehen.

Programme stellen *generelle* Verfahrensrichtlinien für die Erfüllung von Aufgaben dar. Anstelle von Programmierung wird auch der Begriff der Standardisierung verwendet, um die „Steuerung des Problemlösungsverhaltens organisatorischer Aufgabenträger durch Vorgabe von allgemeinen Instruktionen"[181] zu bezeichnen, die einzelfallspezifische Regelungen ersetzen.[182] Programme üben koordinierende Wirkungen aus, wenn sie sich nicht isoliert auf einzelne Aktivitäten beziehen, sondern wenn sie auf eine Abstimmung zwischen mehreren Aktivitäten gerichtet sind.[183] Mit Programmen wird die Koordination *präventiv*, d.h. im Voraus vorgenommen (Vorauskoordination).

Mit der Verwendung genereller anstelle fallweiser Regelungen wird angestrebt, die Leitungsstellen zu entlasten, die Erfüllung der Aufgaben und insbesondere die Abstimmung der Teilaufgaben mit möglichst geringen Koordinationskosten zu erreichen, sowie eine gewisse Sicherheit und Prognostizierbarkeit der Arbeitsprozesse und -ergebnisse zu gewährleisten.[184]

---

179 Vgl. Steinmann, H.; Schreyögg, G. (Management 1997), S. 408 ff.

180 Vgl. z.B. Steinmann, H.; Schreyögg, G. (Management 1997), S. 415 f.

181 Picot, A. (Organisation 1984), S. 124; ähnlich Hill, W.; Fehlbaum, R.; Ulrich, P. (Organisationslehre 1976), S. 266: „Unter Standardisierung soll das antizipierende Durchdenken von Problemlösungswegen und die darauf aufbauende Festlegung von Aktivitätsfolgen verstanden werden, so daß diese im Wiederholungsfall mehr oder weniger routinisiert und *gleichartig* ablaufen".

182 *March* und *Simon* charakterisieren den Einsatz von Programmen folgendermaßen: „Situations in which a relatively simple stimulus sets off an elaborate program of activity without any apparent interval of search, problem-solving, or choice are not rare. They account for a very large part of the behavior of all persons, and for almost all of the behavior of persons in relatively routine positions. Most behavior, and particularly most behavior in organizations, is governed by performance programs", March, J. G.; Simon, H. A. (Organizations 1958), S. 141 f.

183 Vgl. Kieser, A.; Kubicek, H. (Organisation 1992), S. 111; Gaitanides, M. (Prozeßorganisation 1983), S. 177.

184 Vgl. Picot, A. (Organisation 1984), S. 124.

Die Gefahr bei der Verwendung genereller Regelungen besteht darin, daß Sachverhalte als gleichartig behandelt werden, obwohl sie es tatsächlich nicht sind, sondern vielmehr individuelle Entscheidungen verlangen.[185] Nach *Gutenberg* existiert „für jede zu lösende organisatorische Aufgabe ein Optimum an freier und gebundener Form", das durch das sog. *Substitutionsprinzip der Organisation* bestimmt ist.[186]

Pläne führen zu einer Koordination des Ausführungssystems, indem sie den Ausführenden verbindlich Ziele, Maßnahmen und/oder dafür einzusetzende Ressourcen vorgeben. Wie wirksam die Koordination durch Pläne ist, hängt – außer von der Akzeptanz durch die Organisationseinheiten bzw. Ausführenden – davon ab, wie gut die Pläne selbst aufeinander abgestimmt sind.[187] Pläne führen eine Koordination ebenfalls im Voraus, d.h. präventiv herbei.

Abgrenzungsschwierigkeiten zwischen Programmen und Plänen können daraus resultieren, daß Programme sich keineswegs nur auf Arbeitsabläufe beziehen müssen, sondern auch allein dem Output von Arbeitsprozessen gelten können. *Steinmann/Schreyögg* sprechen hier von Zweckprogrammen und setzen diese Plänen gleich.[188] Ein Programm kann überdies für unterschiedliche Ausgangsbedingungen verschiedenartige Regelungen enthalten und muß daher kein starres Raster darstellen; es kann vielmehr konditionale Verzweigungen vorsehen[189].

Mithin läßt sich festhalten, daß Pläne und Programme einige Gemeinsamkeiten aufweisen können. Möglicherweise beziehen sie sich auf gleiche Inhalte: Ziele bzw. Output, Maßnahmen bzw. Verfahrensregeln und Ressourcen bzw. Input. Zudem stellen sie beide Formen der Vorauskoordination dar. Ebenso wie Pläne können auch Programme dem Ausführenden gewisse Gestaltungsspielräume lassen.

Unterschiedlich ist hingegen die grundlegende Ausrichtung: Programme zielen auf die *generelle* Regelung von Sachverhalten. (So wird eine Standardisierung des *Outputs* eines Prozesses gewählt, wenn Input und Verarbeitungsprozeß nicht generell geregelt werden können, weil der Prozeß selbst nicht a priori beschreibbar ist.[190]) Hingegen sind Pläne grundsätzlich *einzelfallspezifisch* auf die formulierten Zielsetzungen, die jeweilige Umweltsituation und die zur

---

[185] Vgl. Gutenberg, E. (Unternehmensführung 1962), S. 145 f.

[186] Vgl. Gutenberg, E. (Unternehmensführung 1962), S. 147. Mit dem Substitutionsgesetz der Organisation stellt Gutenberg fest: „Überall da, wo betriebliche Vorgänge ein verhältnismäßig hohes Maß an Gleichartigkeit und Periodizität aufweisen, wird die Tendenz wirksam, fallweise Regelungen durch generelle Regelungen zu ersetzen. Oder anders ausgedrückt: Die Tendenz zur generellen Regelung nimmt mit abnehmender Variabilität betrieblicher Tatbestände zu", Gutenberg, E. (Produktion 1983), S. 239 f.

[187] Für Koordinationsinstrumente zur Koordination von Teilplänen und Teilplanungen vgl. Kapitel 7 in Teil B.

[188] Vgl. Steinmann, H.; Schreyögg, G. (Management 1997), S. 414 f.

[189] So bemerken *March* und *Simon*: „The term `program' is not intended to connote complete rigidity. The content of the program may be adaptive to a large number of characteristics of the stimulus that initiates it", March, J. G.; Simon, H. A. (Organizations 1958), S. 142.

[190] Vgl. Picot, A. (Organisation 1984), S. 125 ff.

Verfügung stehenden Handlungsalternativen zugeschnitten.[191] Eine Abgrenzung zwischen Programmen und Plänen kann damit nicht über ihre Inhalte, sondern nur anhand der Orientierung als generelles oder einzelfallspezifisches Koordinationsinstrument erfolgen.

Weitgehende Einigkeit besteht darüber, daß keine der vorgestellten Koordinationsformen den anderen grundsätzlich überlegen ist; ebenso werden in der Regel mehrere Koordinationsformen gleichzeitig angewendet. Dabei läßt sich die Frage, welche Kombination von Abstimmungsmaßnahmen für ein Unternehmen die geeignete ist, auf die Frage nach der Koordinationseffizienz zurückführen. Diejenige Kombination von Kombinationsmaßnahmen ist die optimale, bei der die Summe aus Koordinationskosten und Autonomiekosten minimal ist. Autonomiekosten sind diejenigen Kosten, die aufgrund einer unvollkommenen Koordination der Organisationseinheiten entstehen.[192] Es sei darauf verzichtet auszuführen, warum eine Bestimmung von Koordinations- und Autonomiekosten in praktischer Hinsicht an kaum zu bewältigende Schwierigkeiten stößt.

Untersuchungen auf der Basis situativer Organisationsansätze deuten darauf hin, daß vor allem die

- die interne und externe Systemkomplexität,
- die Umweltdynamik und
- die Systembeschreibbarkeit

von entscheidendem Einfluß auf die Vorteilhaftigkeit der verschiedenen Koordinationsformen sind:[193] Danach sind Pläne und Kontrollen vor allem für Unternehmen mittlerer Systemkomplexität geeignet; bei geringer Komplexität sind die Planungskosten zu hoch, während eine hohe Systemkomplexität der Planbarkeit des Unternehmensgeschehens Grenzen setzt.[194] Eine hohe Umweltdynamik beeinflußt vor allem die *Wirtschaftlichkeit* des Koordinationsinstruments der Planung, denn dann fallen hohe Kosten für häufige Anpassungsplanungen an. Um Pläne erstellen zu können, ist ein hoher Grad an Beschreibbarkeit des Systems erforderlich.[195]

Für die Gestaltung des Planungs- und Kontrollsystems lassen sich hieraus Hinweise auf dessen relative Bedeutung als Führungsteilsystem und damit möglicherweise auf dessen Bedeutung und Dimensionierung gewinnen:

---

191 Vgl. Kieser, A.; Kubicek, H. (Organisation 1992), S. 114 f.
192 Vgl. Frese, E. (Organisation 1998), S. 125 ff.
193 Vgl. dazu Weber, J. (Koordinationssicht 1992), S. 174 ff.
194 Vgl. dazu auch Abschnitte 3.1.3 und 3.2.
195 Vgl. dazu auch Abschnitt 3.1.3 und 3.2.

Um so intensiver vom Koordinationsinstrument der Planung Gebrauch gemacht wird, um so

- größer ist der Umfang von Planungsaufgaben
- mehr Planungsträger sind erforderlich
- größer ist der Koordinationsbedarf innerhalb des Planungssystems

Der letztgenannte Aspekt ist ausschlaggebend für die Bedeutung des Controlling in einer Unternehmung. Versteht man Controlling als Koordination von Planung und Kontrolle, so bedarf es eines Controlling nur, wenn überhaupt Planungen durchzuführen sind. So stellt *Weber* fest, daß explizite Controllerstellen in typischen mittelständischen Unternehmen, die stark durch persönliche Weisungen des Firmeninhabers koordiniert werden, kaum anzutreffen sind.[196]

9.3 Organisationsstruktur und IT-Einsatz

Auch für den Zusammenhang zwischen Organisationsstruktur und IT-Einsatz ist zwischen einer Metaebene und einer Primärebene zu unterscheiden:

Auf der Metaebene gilt es zum einen, den IT-Einsatz zu organisieren. Dies fällt vornehmlich in das Gebiet des Informationsmanagements.[197] Zu klären ist beispielsweise, welche Organisationsmitglieder für Betrieb und Administration der Datenbanken eines Unternehmens zuständig sind und welche organisatorischen Regeln hierbei berücksichtigt werden sollen. Zum anderen kann auch die praktische Organisationsgestaltung durch IT-basierte Systeme unterstützt werden. Zu denken ist beispielsweise an IT-Anwendungen zur Messung von Arbeitsgangzeiten oder an IT-gestützte Instrumente zur Modellierung von Organisationsabläufen.[198]

Im weiteren wenden wir uns der primären Betrachtungsebene zu. Hier steht das Zusammenspiel zwischen der allgemeinen Organisationsstruktur und dem IT-Einsatz in der Unternehmung im Vordergrund. Im einzelnen sollen die folgenden Aspekte behandelt werden:

- Eine grundlegende Frage richtet sich darauf, ob der IT-Einsatz eine *Determinante* für die Organisationsstruktur ist oder umgekehrt. Es geht hierbei – ähnlich den Überlegungen in Abschnitt 9.2.1 („structure follows strategy") – letztlich darum, welche als abhängige und welche als unabhängige Variable anzusehen ist. Hierauf gehen die Punkte 9.3.1 und 9.3.2 ausführlicher ein.

---

[196] Vgl. Weber, J. (Controlling 1995), S. 46 f., 53 f., 332 ff.; im Rahmen seines neuen integrativen Controllingansatzes stellt *Weber* fest, daß der Rationalitätsengpaß in diesen Unternehmen in erster Linie im Bereich der entscheidungsrelevanten Informationen liegt, die im Rechnungswesen zu gewinnen sind; vgl. dazu Weber, J. (Controlling 1998), S. 33 sowie Abschnitt 3.3.5.

[197] Vgl. zum Begriff des Informationsmanagements die Überblicksdarstellung bei Krcmar, H. (Informationsmanagement 1997), S. 31 ff.

[198] Vgl. z.B. Hoppen, D. (Organisation 1992), S. 71 ff.; Kortzfleisch, H. F. O. v. (Werkzeuge 1995), S. 384 ff.

- Gerade in jüngster Zeit wird hervorgehoben, daß eine Reihe von organisatorischen Gestaltungsformen überhaupt nur aufgrund des IT-Einsatzes möglich, d. h. realisierbar ist. Diesen Zusammenhang behandelt Abschnitt 9.3.3.

- Punkt 9.3.4 beschäftigt sich schließlich damit, inwieweit wesentliche Merkmale des IT-Einsatzes auf die Organisationsstruktur abgestimmt sein sollten. Es geht um die Kompatibiltät zwischen IT-Einsatz und Organisationsstruktur.

9.3.1 IT-Einsatz als Determinante der Organisationsstruktur („technological imperative")

Es wurden vielgestaltige Versuche unternommen, den Zusammenhang zwischen dem Einsatz der Informationstechnologie und der Unternehmungsorganisation zu erklären. Insbesondere aus dem englischsprachigen Raum lassen sich zahlreiche einschlägige Ansätze finden, die teils empirisch untermauert, teils rein theoretischer Natur sind. In Anbetracht der Vielzahl und Verschiedenartigkeit dieser Arbeiten ist die Systematisierung dieser Erklärungsversuche von *Markus/Robey*[199] hilfreich. Eines der Systematisierungsmerkmale ist die *Fundamentalannahme*, welche einem Erklärungsansatz zugrunde liegt.[200]

So sieht die Fundamentalhypothese des „technological imperative" den IT-Einsatz als Determinante der Organisationsstruktur an. Dabei stellt die Informationstechnik gleichsam einen exogenen Einflußfaktor dar. Dem Unternehmen verbleibt danach nur der Entscheidungsspielraum, die Informationstechnik intensiv, wenig oder gar nicht einzusetzen; weitere Ausgestaltungsmöglichkeiten bestehen aus dieser Sichtweise nicht.

Ein derartiges Wirkungsverhältnis sagten *Leavitt* und *Whisler* bereits 1958 voraus: Der Einsatz der Informationstechnologie werde das hierarchische Gefüge der Unternehmung in erheblichem Maße beeinflussen und insbesondere zur Zentralisierung von Entscheidungskompetenzen beitragen; das mittlere Management werde an Bedeutung verlieren. Die Ursache hierfür sahen sie darin, daß das Top-Management mit Hilfe der Informationstechnologie bessere Informationsmöglichkeiten über die Aufgabenbereiche der untergeordneten Einheiten besitze.[201] (Dieses Potential der IT haben wir bereits in Abschnitt 9.1.3 eingehender aus einer etwas anderen Perspektive beschrieben.) Es handelt sich letztlich darum, daß mit Hilfe des IT-

---

[199] Vgl. Markus, M. L.; Robey, D. (Information Technology 1988), S. 584, 590 f. Die Arbeit greift auf die Übersicht zur generellen Technologie-Organisationsstruktur-Beziehung von Fry zurück, vgl. Fry, L. W. (Research 1982).

[200] Weitere Kriterien sind die Stringenz der unterstellten Wirkungsweise („logical structure") und die Ebene der Betrachtung („level of analysis"), vgl. Markus, M. L.; Robey, D. (Information Technology 1988), S. 585 ff.

[201] Vgl. Leavitt, H. J.; Whisler, T. L. (Management 1958), S. 41 f., 44 f.; ausführlicher Whisler, T. L. (Information Technology 1970), S. 33 ff., 37 ff., 52 ff.

Einsatzes die Verfügbarkeit von Detailinformationen auf höheren Hierarchieebenen erheblich verbessert werden kann. Gerade die entgegengesetzte Auffassung, daß nämlich die Anwendung von Informationstechnologien zu einer Dezentralisierung von Entscheidungskompetenzen führen werde, wird von anderen Autoren damit begründet, daß mit Hilfe des IT-Einsatzes schnellere und präzisere Rückmeldungen über Arbeitsergebnisse an die übergeordneten Instanzen möglich seien.[202] Auch auf diesen Aspekt sind wir bereits an früherer Stelle eingegangen: Aus Sicht der Principal-Agent Theorie kann der IT-Einsatz die Kontrollkosten reduzieren.[203]

Ähnlich widersprüchliche Wirkungshypothesen wurden auch zu den Auswirkungen der Informationstechnik auf die Zahl der Hierarchieebenen, auf die Leitungsspanne, auf Art und Umfang der Arbeitsteilung und auf die Routinisierung und Formalisierung der Aufgabenerfüllung formuliert.[204]

Empirische Untersuchungen, die einen Einfluß der Informationstechnologie auf die Organisationsstrukturen nachzuweisen suchen, liefern widersprüchliche Ergebnisse zu beinahe jeder der aufgestellten Wirkungshypothesen; so lassen sich beispielsweise empirische Bestätigungen sowohl für die Zentralisierungs- als auch für die Dezentralisierungsannahme finden.[205] Auch eine Berücksichtigung situativer Einflußfaktoren, wie der Unternehmungsgröße und der Umweltdynamik, führte nicht zu nennenswert konsistenteren Ergebnissen.

Im Hinblick auf die *Gestaltung* von Informationssystemen werden aus den Erklärungsansätzen, die die Informationstechnik als eine Bestimmungsgröße der Organisationsstruktur sehen, Empfehlungen zu der Geschwindigkeit und Intensität abgeleitet, mit der die IT im Unternehmen eingeführt bzw. eingesetzt werden sollte.

Gerade die Wirkungsbeziehung des „technological imperative" muß vor dem Hintergrund der Entwicklung der Informationstechnologie betrachtet werden. In den „Anfangsgründen" computergestützter Informationssysteme boten Informationstechnologien so gut wie keine Gestaltungsspielräume: Solange beispielsweise aufgrund der Anschaffungskosten nur ein Zentralrechner eingesetzt werden konnte, mußte auch durch geeignete Organisationsstrukturen sichergestellt werden, daß die teure und stets knappe Rechnerkapazität bestmöglich ausgenutzt wird.

---

[202] Vgl. z.B. Blau, P. M.; Schoenherr, R. A. (Organizations 1971), S. 123 ff.; Pfeffer, J.; Leblebici, H. (Information Technology 1977), S. 248.

[203] Vgl. Abschnitt 9.1.3.

[204] Vgl. dazu *beispielhaft* die Quellen in den Fußnoten 201 und 202.

[205] Vgl. Markus, M. L.; Robey, D. (Information Technology 1988), S. 585 f.; Attewell, P.; Rule, J. (Computing 1984), S. 1188 f.

9.3.2 Organisatorische Gestaltungsziele als Determinante des IT-Einsatzes („organizational imperative")

Mit dem technologischen Fortschritt und dem gleichzeitig einhergehenden Preisverfall, vor allem der Hardware-Komponenten eines Informationssystems,[206] eröffneten sich jedoch zunehmend Spielräume, die es gestatten, die Informationstechnik so einzusetzen, wie es den – von wem auch immer gesetzten – Zielen entspricht. Die Konstruktion von Informationssystemen stellte sich damit in wachsendem Maße auch als ein immer komplexeres Entscheidungsproblem dar.

So wurde – aufgrund der widersprüchlichen Befunde zum „technological imperative" – in zahlreichen Forschungsarbeiten der Schluß gezogen, daß der IT-Einsatz *an sich* keinen Einflußfaktor auf die Unternehmungsorganisation darstellt; vielmehr werde die Informationstechnologie eher zur Stabilisierung der bestehenden Organisation eingesetzt: Über die Technologieanwendung entscheiden diejenigen Organisationsmitglieder, die mit der entsprechend großen Entscheidungskompetenz ausgestattet sind; diese Entscheidungsträger setzen die IT so ein, daß die bestehenden Strukturen und damit ihre eigene Machtposition gestärkt werden[207].

Diese Sichtweise führt zu der Fundamentalannahme des „organizational imperative". Danach wird die Informationstechnologie eingesetzt, um bestimmte Zielsetzungen zu erreichen, wobei die Alternativen und Konsequenzen des IT-Einsatzes a priori bekannt oder jedenfalls abschätzbar sind. Die Anwendung der IT stellt hier nun die „abhängige Variable" dar, die von den Zielsetzungen im Rahmen der Organisationsgestaltung und/oder den persönlichen Zielen der Entscheidungsträger bestimmt wird.

Beispielsweise sieht *Galbraith* in der Umweltdynamik und -unsicherheit, der die Organisationsstruktur begegnen muß, einen Einflußfaktor für den IT-Einsatz, denn damit könne die begrenzte organisatorische Kapazität zur Informationsverarbeitung erhöht werden.[208] Einen etwas anderen Schwerpunkt setzt z.B. die Argumentation von *Nadler* und *Tushman:* Wenn die zu erfüllenden Aufgaben unstrukturiert und komplex sind, verlangen diese komplexe Informationen; dann erwiesen sich computergestützte Informationssysteme als wenig geeignet; deren Stärken kämen vielmehr bei strukturierten und einfachen Aufgaben zum Tragen.[209]

---

206 Vgl. dazu ausführlicher Abschnitt 8.2.
207 Vgl. George, J. F.; King, J. L. (Centralization 1991), hier S. 66 f., 69 f.; Kraemer, K. L. u.a. (Information Systems 1989), S. 3 ff.
208 Vgl. Galbraith, J. R. (Design 1977), S. 38, 50, 96 ff.
209 Vgl. Nadler, D. A.; Tushman, M. (Organization 1988), S. 55 ff.; Tushman, M. L.; Nadler, D. A. (Information Processing 1978), S. 615.

Empirische Untersuchungen deuten eine gewisse Bestätigung für die Fundamentalhypothese des „organizational imperative" an,[210] wobei es sich allerdings vor allem als methodisch schwierig erweist, die (organisatorisch bedingten) Anforderungen an den IT-Einsatz zu erfassen.[211]

Empfehlungen zur Gestaltung des IT-Einsatzes, denen die Sichtweise des „organizational imperative" zugrunde liegt, beziehen sich beispielsweise auf die Verteilung von informationstechnischen Ressourcen[212] oder auf Entwicklungsmethoden für Informationssysteme.[213]

Der Vollständigkeit halber sei kurz die sog. *emergente Perspektive* nach *Markus/Robey* erwähnt. Danach werden IT-Einsatz und die daraus hervorgehenden Konsequenzen in nicht vorhersagbarer Weise von den komplexen sozialen Interaktionen der Organisationsmitglieder bestimmt. Der grundsätzliche Unterschied zu den beiden Basishypothesen (technological bzw. organizational imperative) besteht darin, daß nicht eine einzige Wirkungsbeziehung sondern eine Vielzahl interdependenter Wirkungen und Zusammenhänge unterstellt wird. Neben den Charakteristika von Informationstechnologien und formalen Organisationsstrukturen werden hier auch einander widersprechende Zielsetzungen und Präferenzen sowie möglicherweise irrationales Verhalten[214] der Organisationsmitglieder einbezogen.[215]

Zwar räumen moderne Informationstechnologien heutzutage außerordentlich weite Gestaltungsmöglichkeiten ein, was die Perspektive des „organizational imperative" insbesondere im Rahmen der Aufbaustruktur einer Organisation bestärkt. Allerdings besitzt die Hypothese des technologischen Imperativs für Ablaufstrukturen nach wie vor eine hohe empirische Relevanz: So erfordert der Einsatz von Standard-Anwendungssoftware sehr häufig, die Organisation der *Abläufe* an das Informationssystem anzupassen. Offensichtlich ist damit jedoch keineswegs auch eine determinierende Wirkung auf die Aufbaustruktur verbunden.

9.3.3 IT-bedingte Möglichkeiten in der Organisationsgestaltung („Enabler"-Funktion)

Vor allem von Vertretern der Wirtschaftsinformatik und des Informationsmanagement wird die *Enabler-Funktion* der Informationstechnologie für betriebswirtschaftliche Problemlösungen thematisiert. In diesem Sinne haben wir bereits in Abschnitt 9.1.2 dargestellt, daß mit Hilfe des IT-Einsatzes bestimmte Planungsprobleme in der zur Verfügung stehenden Zeit und

---

[210] Vgl. z.B. Lind, M. R.; Zmud, R. W.; Fischer, W. A. (Adoption 1989), S. 160 ff.

[211] Vgl. Markus, M. L.; Robey, D. (Information Technology 1988), S. 588.

[212] Vgl. Abschnitt 8.2.6.

[213] Vgl. Markus, M. L.; Robey, D. (Information Technology 1988), S. 589.

[214] Hiermit sind auch Verhaltensweisen gemeint, die rein emotionaler Natur sind und auch im Hinblick auf die *individuellen* Ziele der Organisationsmitglieder nicht rational sind.

[215] Vgl. so Kling, R.; Scacchi, W. (Web 1982), S. 6 ff., 69 f.

erforderlichen Qualität erst – wirtschaftlich – lösbar werden. Aus dieser Perspektive läßt sich auch die Beziehung zwischen Organisationsstruktur und IT-Einsatz interpretieren: Der gezielte Einsatz von Informationstechnologien ermöglicht es, bestimmte organisatorische Strukturen zu realisieren.[216]

Unterschieden werden kann danach, ob bestimmte organisatorische Strukturen durch den IT-Einsatz „technisch" überhaupt erst *realisierbar* werden oder ob sie mit IT-Anwendungen *wirtschaftlich* werden. Die Grenzen zwischen beiden Konstellationen sind allerdings fließend.

Beispiele für den ersten Fall bilden Organisationsstrukturen, die eine ausgeprägte räumliche Dezentralisierung aufweisen und bei denen die räumlich verteilten Einheiten häufig, in großem Umfang und schnell Informationen mit einer Zentrale und untereinander austauschen müssen. Damit sind beispielsweise Formen der Telearbeit auf Arbeitsplatzebene angesprochen. Räumlich dezentrale Strukturen können aber auch auf der „Makroebene" erst durch den IT-Einsatz ermöglicht werden. Zu denken ist etwa an international tätige Unternehmen: Erst auf der Basis leistungsfähiger Netzinfrastrukturen mag es möglich sein, Informationen in der erforderlichen Geschwindigkeit zwischen räumlich verteilten Tochterunternehmen auszutauschen.

Ein prominentes Beispiel für Organisationsstrukturen, die nur mit IT-Anwendungen *effizient* realisierbar sind, bieten netzwerkartige oder symbiotische Organisationen. *Picot/Reichwald/Wigand* charakterisieren Netzwerkstrukturen folgendermaßen: „Ein Unternehmen geht eine intensive Verbindung mit anderen, rechtlich und wirtschaftlich selbständigen Unternehmen ein, indem es diese in die Erfüllung seiner Aufgaben einbezieht. Dadurch entstehen Verbindungen, die sowohl negative (Abhängigkeiten) als auch positive (Synergieeffekte) Auswirkungen haben können."[217] Geeignete Informationstechnologien senken hier etwa die *Transaktionskosten* zwischen den beteiligten Unternehmen.[218] Beispielhaft seien Videokonferenzen zur Abstimmung zwischen räumlich entfernt angesiedelten Beteiligten oder EDI-Dienste zum Austausch von kaufmännischen Massendaten genannt.[219] Auf die Rolle der IT im Rahmen netzwerkartiger Organisationsstrukturen gehen wir genauer in Abschnitt 10.3.2 ein.

Die Informationstechnik kann zudem in einer völlig anderen Hinsicht „Enabler" für neue Organisationsstrukturen werden. So lassen sich organisatorische Änderungen erfahrungsgemäß mit der Einführung neuer IT-basierter Systeme verhältnismäßig gut *rechtfertigen*. Denkbar ist

---

[216] Vgl. z.B. Scheer, A.-W. (Geschäftsprozeß 1998), S. VI f.; Venkatramen, N. (Reconfiguration 1991), S. 130 ff.

[217] Picot, A.; Reichwald, R.; Wigand, R. T. (Unternehmung 1998), S. 263.

[218] Vgl. die ausführliche Analyse bei Bauer, S.; Stickel, E. (Netzwerkorganisationen 1998), S. 434 ff.; Konsynski, B. R. (Control 1993), S. 111 ff.

[219] Vgl. Picot, A.; Reichwald, R.; Wigand, R. T. (Unternehmung 1998), S. 270 ff.

beispielsweise, daß eine bestimmte Standard-Anwendungssoftware gewählt wird, *weil* sie bestimmte Organisationsänderungen nahelegt, die ohnehin notwendig gewesen wären, sich jedoch aufgrund des neuen Anwendungssystems leichter durchsetzen lassen. Zudem manifestiert sich in ausgereiften Standard-Anwendungssystemen heutzutage ein hohes Anwendungswissen, so daß damit möglicherweise Know-how – z.B. zur Organisation – in die Unternehmung importiert wird.[220] Der IT-Einsatz kann somit die *Durchsetzbarkeit von Organisationsänderungen* im Unternehmen erhöhen.

9.3.4 Organisatorische Kompatibilität des IT-Einsatzes („organizational fit")

Die Ausführungen in den vorangegangenen Abschnitten galten in erster Linie den grundsätzlichen Wirkungszusammenhängen zwischen Organisationsstruktur und IT-Einsatz. Im Vordergrund der skizzierten Untersuchungen steht dabei ein wissenschaftliches Beschreibungs- und Erklärungsziel.

Hingegen überwiegen *Gestaltungziele* in Ansätzen, die eine notwendige Kompatibilität zwischen Organisationsstruktur und IT-Einsatz betonen oder – sofern man der Organisationsgestaltung den Vorrang einräumt – fordern, den IT-Einsatz an die organisatorische Struktur anzupassen.[221] Die Rede ist dann auch von der Organisationskompatibilität oder dem „organizational fit" des IT-Einsatzes. Die Parallelen zu den bereits angesprochenen Arbeiten des strategischen Managements, die die Kompatibilität zwischen Organisationsstruktur und Strategie fordern (*Strategie-Struktur-Fit*), sind dabei nicht zu übersehen.[222]

Der IT-Einsatz weist eine hohe Organisationskompatibilität auf, wenn dessen Eigenschaften kompatibel zu denen der Organisation sind. Eine Eigenschaft einer Organisationsstruktur kann beispielsweise darin bestehen, daß gleichrangige Organisationseinheiten weitgehend unabhängig voneinander agieren können, weil keine Entscheidungsinterdependenzen zwischen ihnen vorliegen. Wird diese Eigenschaft durch das IT-basierte System unterstützt, so ist es in dieser Hinsicht an die Organisation angepaßt. *Leifer* stellt beispielsweise fest, daß für eine divisionale Organisationsstruktur ein dezentrales Informationssystem die beste „natürliche Anpassung" („natural fit") besitzt, was sich u.a. in einem verteilten Rechnerkonzept oder dezentralisierten Kompetenzen für die Gestaltung des Informationssystems äußert.[223] Diese „natürliche Anpassung" besteht nicht allein darin, daß die Aufgabenträger zeit- und ortsgerecht mit In-

---

[220] Vgl. zu Vor- und Nachteilen von Standard-Anwendungssystemen z.B. Krcmar, H. (Informationsmanagement 1997), S. 143 ff.

[221] Vgl. Wall, F. (Wirtschaftlichkeit 1997); Wall, F. (Organisation 1996); Lee, S.; Leifer, R. P. (Framework 1992); Leifer, R. (Information Systems 1988).

[222] Vgl. dazu Abschnitt 9.2.1, insb. S. 334.

[223] Vgl. Leifer, R. (Information Systems 1988), S. 63. Zur IT-bezogenen Dezentralisierung vgl. Abschnitt 8.2.6 mit den entsprechenden Unterpunkten.

formationen in der gewünschten Qualität und Quantität versorgt werden, daß also ihr objektiver Informationsbedarf gedeckt würde.[224] Denn dies ließe sich – wenn auch vielleicht mit anderem Aufwand – für eine divisionale Struktur z.B. ebenfalls durch ein zentrales Systemkonzept erreichen. Vielmehr spielt für die Anpassung des Informationssystems an die Divisionalorganisation eine Rolle, inwieweit der Grad der Unabhängigkeit der Sparten voneinander im Informationssystem nachgebildet wird.

Die Notwendigkeit eines organisationskompatiblen IT-Einsatzes kann vor allem mit drei Wirkungsannahmen begründet werden:

Die erste Wirkungsannahme besagt, daß mit zunehmender Organisationskompatibilität die Nutzungsintensität des Informationssystems durch die Anwender steigt.[225] Dies wird damit begründet, daß ein „nicht passendes" Informationssystem eine geringe Akzeptanz bei den Anwendern findet. Die Gründe für eine geringe Akzeptanz sind ihrerseits im einzelnen davon abhängig, in welchen Eigenschaften Organisation und IT-Einsatz voneinander abweichen. Gestattet das IT-gestützte Informationssystem den Fachabteilungen beispielsweise nur eine – im Vergleich zu den organisatorischen Regelungen – geringe Autonomie, so mögen die Fachabteilungen Vorbehalte gegen das Informationssystem hegen, weil sie durch das IT-gestützte System etwa eine „unangemessen" starke Kontrolle durch die übergeordnete Instanz erwarten. Es ist offensichtlich, daß mit dieser Annahme letztlich die Möglichkeiten in Frage gestellt werden, mit Hilfe des IT-Einsatzes die asymmetrische Informationsverteilung zu verringern, die wir in Abschnitt 9.1.3 beschrieben haben.

Die Nutzungsintensität des Informationssystems kann in zwei Komponenten gegliedert werden, die *Nutzungshäufigkeit* und die *Nutzungsqualität*. Letztere charakterisiert, inwieweit das Anwendungspotential der IT ausgeschöpft wird, ob nämlich die Anwender nur wenige und einfache Funktionen oder auch viele und anspruchsvolle Funktionen nutzen. Von der Nutzungsintensität hängt ferner der Umfang ab, in dem das „offzielle" Informationssystem durch „inoffizielle" Systeme ersetzt oder ergänzt wird. Wird das offizielle Informationssystem nämlich nicht oder nicht in der erforderlichen Intensität genutzt, müssen die Informationen zur Aufgabenerfüllung mit anderen Mitteln beschafft oder erzeugt werden.[226] Hieraus ergibt sich die Erwartung, mit steigender Organisationskompatibilität sinke das Ausmaß, in dem die Anwender das offizielle Informationssystem durch inoffizielle Systeme ersetzen oder ergänzen.

---

224 Vgl. dazu Abschnitt 8.2.6.

225 Vgl. Pliskin, N. u.a. (Culture 1993), S. 148 f.; Leifer, R. (Information Systems 1988), S. 71.

226 Vgl. Leifer, R. (Information Systems 1988), S. 71. In diesen Zusammenhang gehören auch die Erfahrungen, daß im Rahmen der Individuellen Datenverarbeitung Funktionen, die das offizielle System bietet, von den Anwendern z.B. mit komfortablen Werkzeugen wie Tabellenkalkulationssystemen noch einmal entwickelt werden, vgl. Rockart, J. F.; Flannery, L. S. (End User Computing 1983), S. 777.

Das zweite zentrale Argument für den „organizational fit" besagt, daß mit steigender Organisationskompatibilität auch der *durch den IT-Einsatz induzierte* Koordinationsaufwand sinkt. Ist das Informationssystem nicht an die Organisation angepaßt, ist es sachlich geboten oder zumindest zweckmäßig, dies durch zusätzliche Koordinationsaktivitäten auszugleichen. Welcher Art die Koordinationsaktivitäten sind, hängt im einzelnen davon ab, in welchen Eigenschaften Organisation und Informationssystem inkompatibel sind:

Betrachtet sei beispielhaft eine Funktionalorganisation mit den typischen engen Leistungsverflechtungen zwischen den Abteilungen. Besitzen die Fachabteilungen weitgehende Entscheidungskompetenzen für die Gestaltung des IT-Einsatzes in ihrem Bereich, besteht die bekannte Gefahr von zueinander inkompatiblen IT-Teilsystemen („Insellösungen").[227] Dies wiegt bei starken Leistungsverflechtungen besonders schwer, denn diese ziehen regelmäßig einen intensiven Informations- und damit Datenaustausch zwischen den Abteilungen nach sich, der aber bei inkompatiblen IT-basierten Teilsystemen erheblich erschwert werden kann. Um die Teilsysteme zu integrieren, sind zusätzliche Maßnahmen zu ergreifen, die ihrer Art nach verschieden sein können. Um Insellösungen von vornherein zu verhindern, dienen beispielsweise Standardisierungen, wie unternehmenseinheitliche technische Richtlinien über die Gestaltung des IT-Einsatzes. Um bereits bestehende Inkompatibilitäten zu überwinden, müssen einzelfallspezifische Maßnahmen ergriffen werden. Dies kann schlechtestenfalls bedeuten, daß Daten, die in einem Funktionsbereich angefallen sind (z.B. Kundenaufträge im Absatzbereich) in einem anderen (z.B. im Produktionsbereich) noch einmal erfaßt werden müssen.

Als drittes Argument für die Organisationskompatibilität des IT-Einsatzes wird die davon erwartete steigende Nutzerzufriedenheit genannt:[228] Der positive Einfluß der Organisationskompatibität auf die Nutzerzufriedenheit wird damit begründet, daß die Stimmigkeit von Aufgabe einerseits und dem Mittel zur Aufgabenerfüllung andererseits, nämlich dem IT-basierten Informationssystem, steigt.

Wie schon gesagt, sind mit der Forderung nach einem organisationskompatiblen IT-Einsatz weitreichende Gestaltungswirkungen verbunden. Diese erstrecken sich im wesentlichen auf die Architektur des Informationssystems. Damit ist die grundlegende Struktur des Informationssystems gemeint, die sich in dem Verteilungs- und dem Integrationskonzept[229] der Komponenten eines IT-basierten Informationssystems äußert und wesentlichen Eigenschaften der organisatorischen Aufgabenteilung (Differenzierung) und Koordination folgen sollte.[230]

---

[227] Vgl. King, J. L. (Computing 1983), S. 325, 329.
[228] Vgl. Pliskin, N. u.a. (Culture 1993), S. 143; Ginzberg, M. J. (Contingencies 1980), S. 374.
[229] Vgl. die Abschnitte 8.2.4 bis 8.2.6.
[230] Vgl. ausführlicher Wall, F. (Organisation 1996), S. 193 ff.

9.4 Zusammenführung der Perspektiven

In den vorangegangenen Ausführungen dieses Kapitels haben wir jeweils einige Beziehungen zwischen

- Planungs- und Kontrollystem und IT-Einsatz
- Planungs- und Kontrollsystem und Organisationsstruktur
- Organisationsstruktur und IT-Einsatz

näher dargestellt. Damit soll allerdings kein Anspruch auf Vollständigkeit oder erschöpfende Behandlung der jeweiligen Interdependenzen erhoben werden, denn es ist kaum denkbar, sämtliche möglichen Beziehungen zwischen diesen komplexen „Betrachtungsgegenständen" hier vollständig zu erfassen und erschöpfend zu charakterisieren. So stellt beispielsweise *Krcmar* für den Zusammenhang zwischen Organisationsstruktur und IT-Einsatz fest: „Die Fähigkeit des Menschen, Technologie anders zu entwickeln, sich anzueignen und zu reproduzieren – kurz, mit Technologie umzugehen – kann jeden vorher erdachten kausalen Zusammenhang diskreditieren" und weiter heißt es: „Monodirektionale Ansätze tragen wenig zur Erklärung des Technologie-Organisations-Wirkungszusammenhangs bei."[231]

Nachfolgend sollen die dargestellten Beziehungen sowie die gewonnenen Hinweise für die Gestaltung von IT-gestützten Planungs- und Kontrollsystemen zusammengefaßt werden. Hierbei wollen wir folgendermaßen vorgehen:

Zunächst sollen die charakterisierten Zusammenhänge nach ihrer Wirkungsstruktur in ein grobes Raster geordnet werden (Abschnitt 9.4.1). Die daraus gewonnenen Gestaltungshinweise werden in Punkt 9.4.2 daraufhin untersucht, ob sie voneinander unabhängig gesehen werden können, sich gegenseitig widersprechen oder in die gleiche Richtung deuten. Auf dieser Basis sollen schließlich die Koordinationsprobleme, die das Controlling bei der Bildung und dem Betrieb des Planungs- und Kontrollsystems in einem bestimmten organisatorischen Kontext zu lösen hat, präzisiert werden (Abschnitt 9.4.3).

9.4.1 Klassifikation der Perspektiven

Das Schwergewicht dieses Buches liegt auf der die *Gestaltung* IT-basierter Planungs- und Kontrollsysteme für bestimmte Organisationsstrukturen.[232] Um diesem Schwerpunkt zu entsprechen, sollen die zuvor umrissenen Zusammenhänge zwischen den drei „Subsystemen" Planungs- und Kontrollsystem, IT-Einsatz und Organisationsstruktur nun danach klassifiziert werden, welche *Wirkungsstruktur* sie darstellen und insbesondere welcher *Art* die aus ihnen

---

[231] Krcmar, H. (Informationsmanagement 1997), S. 196.
[232] Vgl. Abschnitt 1.

zu gewinnenden Gestaltungshinweise sind. Hierbei wollen wir drei – mitunter nicht ganz überschneidungsfreie – *Wirkungsstrukturen* unterscheiden:

a) *Einschränkung von Gestaltungsmöglichkeiten*: Auf diese Weise kann zum einen der Sachverhalt umschrieben werden, daß Merkmale eines zu gestaltenden Subsystems bestimmte Merkmale eines anderen bedingen oder *determinieren*. Hier sind die erwähnten Forschungsbemühungen zu kausalen Ursache-Wirkungszusammenhängen zwischen Unternehmensstrategie und Organisationsstruktur oder zwischen IT-Einsatz und Organisationsstruktur zu nennen. Zum anderen kann die Gestaltung eines Subsystems die Gestaltungsspielräume hinsichtlich eines anderen einschränken im Sinne eines Setzens von *Restriktionen*. Beispielhaft seien Restriktionen ablauforganisatorischer Art erwähnt, die der Einsatz bestimmter Anwendungssoftware mit sich bringen kann.

b) *Unterstützung oder Eröffnung von Gestaltungsmöglichkeiten*: Hiermit soll einerseits der Umstand erfaßt werden, daß die Gestaltungsobjekte in einer instrumentellen Beziehung zueinander stehen können. So stellt die Planung ein organisatorisches Koordinationsinstrument dar. Andererseits ist mit dieser Wirkungsstruktur auch die Schaffung zusätzlicher Gestaltungsspielräume hinsichtlich des einen Subsystems durch eine entsprechende Ausbildung der Merkmale eines anderen (Enabler-Funktion) gemeint. Beispielhaft seien netzwerkartige oder virtuelle Organisationen genannt, die vielfach erst durch den zielgerichteten IT-Einsatz ermöglicht werden.

c) *Anpassung der Ausübung von Gestaltungsmöglichkeiten*: Mit dieser Bezeichnung wollen wir die „Konstruktionsempfehlung" beschreiben, daß die Gestaltungsmöglichkeiten zweier Subsysteme in gleicher Richtung oder kompatibel zueinander wahrgenommen werden sollten. Explizit kommt dies in den Forderungen zum Ausdruck, auf das Planungs- und Kontrollsystem das gleiche Differenzierungsmerkmal anzuwenden, das generell der Aufgabenteilung in der Organisation zugrunde liegt, und den IT-Einsatz an wesentliche Eigenschaften der Organisation anzupassen.

In Tab. C-5 sind die in den Abschnitten 9.1 bis 9.3 untersuchten Zusammenhänge danach geordnet, um welche der drei skizzierten Wirkungsstrukturen es sich handelt. Hierbei zeigt sich, daß eine Zuordnung nicht immer eindeutig möglich ist. So gehen aus Merkmalen des PuK-Systems bestimmte Anforderungen an den IT-Einsatz hervor; in der Regel wird es sich dabei allerdings nicht um determinierende oder restringierende Gestaltungswirkungen auf den IT-Einsatz handeln, sondern gewissermaßen um die Anpassung des IT-Einsatzes an die PuK-Bedarfe. Die Grenze zwischen den Wirkungsstrukturen ist hier jedoch zweifellos fließend. In den Abschnitten 9.1 bis 9.3 wurden jeweils für die *Gestaltung* – insbesondere des IT-Einsatzes und des PuK-Systems – relevante Aspekte dargestellt. Diese führt Tab. C-6 nun noch einmal explizit auf, wobei die in Tab. C-5 eingeführte Klassifikation beibehalten wird.

Tab. C-5: *Überblick über die beschriebenen Beziehungen zwischen PuK-System, IT-Einsatz und Organisationsstruktur*

Zusammenhänge zwischen Art der Gestaltungswirkung	1) Planungs- und Kontrollsystem und IT-Einsatz	2) Planungs- und Kontrollsystem und Organisationsstruktur (OS)	3) Organisationsstruktur (OS) und IT-Einsatz
a) Einschränkung von Gestaltungsmöglichkeiten	(s. Feld c-1)	a-2.1: Die Unternehmensstrategie bedingt die OS („structure follows strategy"). a-2.2: Die OS beeinflußt die Unternehmensstrategie („strategy follows structure"). a-2.3: Die Komplexität von PuK-Aufgaben begrenzt organisatorische Gestaltungsspielräume.	a-3.1: Der IT-Einsatz bedingt bestimmte OS („technological imperative") und zwar insbesondere im Hinblick auf die Ablauf- und Prozeßorganisation.
b) Unterstützung oder Eröffnen von Gestaltungsmöglichkeiten	b-1.1: Der IT-Einsatz ermöglicht es, bestimmte PuK-Aufgaben – wirtschaftlich – durchzuführen. b-1.2: Der IT-Einsatz kann zur Lösung von Koordinationsproblemen im Rahmen von PuK beitragen. b-1.3: Mit dem IT-Einsatz können Informationsasymmetrien zwischen Planungs- (Kontroll-) trägern verringert werden.	b-2.1: Die OS ermöglicht/erleichtert es, PuK-Aufgaben zu erfüllen bzw. deren Komplexität zu beherrschen. b-2.2: Planung ist ein organisatorisches Koordinationsinstrument.	b-3.1: Der IT-Einsatz kann ein Instrument sein, um die Ziele der Organisation oder einzelner Organisationsmitglieder zu erfüllen („organizational imperative"). b-3.2: Der IT-Einsatz ermöglicht bestimmte OS.
c) Anpassung der Ausübung von Gestaltungsmöglichkeiten	c-1: Mit Blick auf die PuK-Aufgaben hat der IT-Einsatz bestimmten Anforderungen zu genügen.	c-2: PuK-System und OS sollen kompatibel zueinander sein (z.B. im Hinblick auf das vorherrschende Spezialisierungsmerkmal).	c-3: Der IT-Einsatz soll kompatibel zur OS sein.

Tab. C-6:   Auswirkungen auf „Gestaltungsvariable" von Planungs- und Kontrollsystem,
Organisationsstruktur und IT-Einsatz

Nr.	Gestaltungswirkung	Relevanz für „Gestaltungsvariable"
a-2.1	Determinierender Einfluß der Unternehmensstrategie auf die OS	• organisatorische Makrostruktur (Art der Aufgabenteilung auf der Ebene unter der Unternehmensleitung, Ausmaß der Entscheidungsdelegation, Koordinationsformen)
a-2.2	Determinierender Einfluß der OS auf die Unternehmensstrategie	• Ausmaß, in dem die strategische Planung bereits durch OS vorweggenommen oder substituiert ist, und damit Umfang der strategischen Planung • Aufgabenteilung zwischen Organisationsgestaltung und strategischer Planung
a-2.3	Begrenzung organisatorischer Gestaltungsspielräume durch die Komplexität von PuK-Aufgaben	• Verteilung von Planungs- und Entscheidungskompetenzen • Verteilung von Kontroll- und Weisungskompetenzen, insb. Umfang der Kontroll-/Leitungsspanne
a-3.1	Determinierender Einfluß des IT-Einsatzes auf die OS, insb. auf die Ablauforganisation	• generell: Begrenzung der (ablauf-) organisatorischen Gestaltungsspielräume; im einzelnen abhängig von IT-Einsatz
b-1.1	Enabler-Funktion des IT-Einsatzes zur – wirtschaftlichen – Durchführung von PuK	• Planungsintensität im Unternehmen, d.h. Umfang und Bedeutung der Planung • Grad der IT-Durchdringung des PuK-Systems • Art der eingesetzten Planungs- und Kontrollverfahren
b-1.2	Koordinationspotentiale des IT-Einsatzes für PuK	• Vorteilhaftigkeit/Effizienz verschiedener Instrumente der PuK-Koordination • Grad der IT-Durchdringung des PuK-Systems
b-1.3	Potentiale des IT-Einsatzes zur Verringerung von Informations-asymmetrien	• Verteilung von Informationen im PuK-System, insb. im Hinblick auf „vertikale" Informationsversorgung • Grad der IT-Durchdringung des PuK-Systems • (Vorteilhaftigkeit/Effizienz der) Delegation von Planungs-/Entscheidungsaufgaben
b-2.1	Komplexitätsreduzierende Wirkung der OS für die PuK-Aufgaben-erfüllung	• Organisationsgrad des PuK-Systems • Verteilung von Planungs- und Entscheidungskompetenzen • Verteilung von Kontroll- und Weisungskompetenzen, insb. Umfang der Kontroll-/Leitungsspanne
b-2.2	Einsatz der Planung als organisatorisches Koordinationsinstrument	• Planungsintensität, d.h. Umfang und Bedeutung der Planung • zu erfüllende Planungsaufgaben nach Art und Umfang • ressourcenmäßige Ausstattung des Planungs- und Kontrollsystems
b-3.1	IT-Einsatz für Ziele von Organisationsmitgliedern oder der Organisation	• generell: Art und Umfang des IT-Einsatzes • Gestaltungsrichtung hängt im einzelnen davon ab, wer die Macht hat, IT-Einsatz zu instrumentalisieren (s. auch Nr. b-1.3)
b-3.2	Enabler-Funktion des IT-Einsatzes für bestimmte OS	• generell: Erweiterung der organisatorischen Gestaltungs-spielräume
c-1	PuK-basierte Anforderungen an den IT-Einsatz	• generell: Art und Umfang des IT-Einsatzes • insb. IT-mäßig zu implementierende PuK-Verfahren/Modelle • erforderliche IT-Kapazität • Integrations- und Verteilungskonzepte von IT-Komponenten
c-2	Konsistenz (Kongruenz) von PuK-System und OS	• Differenzierung der Aufgaben in einer Organisation und insb. von Planungs- und Kontrollaufgaben
c-3	Kompatibilität des IT-Einsatzes zur OS	• Integrations- und Verteilungskonzepte von IT-Komponenten

9.4.2 Zu Wechselwirkungen und Isolierbarkeit von Organisationsgestaltung und PuK-Systembildung

Nach der Systematisierung der diskutierten Wirkungsbeziehungen zwischen Planungs- und Kontrollsystem, Organisationsstruktur und IT-Einsatz wollen wir in diesem Abschnitt auf die indirekten oder Wechselwirkungen eingehen.

Aus Tab. C-6 wird deutlich, daß vom Planungs- und Kontrollsystem, von der Organisationsstruktur und vom IT-Einsatz jeweils mehrere Gestaltungswirkungen auf die anderen Subsysteme ausgehen. Auch umgekehrt wird jedes der Subsysteme von mehreren Gestaltungswirkungen beeinflußt. Bei der Entwicklung von IT-gestützten PuK-Systemen sind demnach mehrfache und wechselseitige Abhängigkeiten zu beachten.

Eine Möglichkeit, die Komplexität der zu berücksichtigenden Wechselwirkungen zu reduzieren, könnte darin bestehen, sich zunächst auf einige als dominant erachtete Beziehungen zu konzentrieren. Auch wenn Allgemeingültigkeit nicht beansprucht werden soll, besitzt hier das „Kongruenzprinzip"[233] (Nr. c-2), d.h. die Konsistenz von organisatorischem und planungs- und kontrollorientiertem Differenzierungsmerkmal grundlegende Bedeutung.

Sowohl das „Kongruenzprinzip" als auch die Begrenzung organisatorischer Gestaltungsspielräume aufgrund der Komplexität von Planungs- und Kontrollaufgaben (Nr. a-2.3) sowie der Instrumentalcharakter der Organisation für die Komplexitätsreduktion von Planung und Kontrolle (Nr. b-2.1) lassen es jedoch fraglich erscheinen, ob die Gestaltung des Planungs- und Kontrollsystems und die Organisationsgestaltung überhaupt als voneinander isolierbare Gestaltungsbereiche angesehen werden können.

Diese Frage ist insbesondere mit Blick auf diejenigen Controllingkonzeptionen, die die *Koordinationsfunktion* des Controlling betonen[234], von erheblicher „wissenschaftsprogrammatischer" Relevanz, handelt es sich doch letztlich darum festzulegen, welche betriebswirtschaftliche *Disziplin*, das Controlling oder die Organisationslehre, sich der Strukturgestaltung des Planungs- und Kontrollsystems annimmt.

So läßt sich insbesondere in den entscheidungstheoretisch fundierten Organisationsansätzen kaum zwischen einer Aufgabenteilung für das Planungssystem und der generellen organisatorischen Aufgabenteilung unterscheiden: Letztere wird erklärt als Zerlegung von Entscheidungsproblemen („Segmentierung von Entscheidungen").[235] Auch die Festlegung von Entscheidungskompetenzen als „klassisches" organisatorisches Gestaltungsproblem und die Zuordnung von Planungsaufgaben auf Planungsträger als systembildende Koordination im Rah-

---

[233] Vgl. Töpfer, A. (Planungssysteme 1976), S. 102 ff., 107 ff; Hahn, D. (PuK 1996), S. 89 ff.

[234] Vgl. dazu insbesondere die Abschnitte 3.3.3 und 3.3.4.

[235] Vgl. Frese, E. (Organisation 1998), S. 54 ff.

men des Controlling sind – nicht zuletzt wegen der engen Verbindungen bzw. teilweisen begrifflichen Überschneidung zwischen Planung und Entscheidung[236] – letztlich nicht voneinander zu separieren.[237]

In Ergänzung zu unserer Darstellung wesentlicher Controllingkonzeptionen in Abschnitt 3.3 von Teil A ist damit festzustellen, daß die *systembildende Koordination des PuK-Systems* – zumindest auf der Basis entscheidungstheoretischer Organisationsansätze – nicht von grundlegenden Problemstellungen der generellen Organisationsgestaltung zu unterscheiden ist.

Auch wenn man einige Gestaltungswirkungen als grundsätzlich dominant einstuft, ist damit für die Systembildung eines IT-gestützten Planungs- und Kontrollsystems noch keine allgemeingültige Aussage darüber zu gewinnen, in welcher *Reihenfolge* man die skizzierten Einflußfaktoren zu berücksichtigen hat. So lassen sich zahlreiche Szenarien denken, in denen die dominanten Beziehungen (Kongrueenz- und Kompatibilitätsprinzipien) keineswegs den Ausgangspunkt für die Bildung bzw. Anpassung der Struktur des Planungs- und Kontrollsystems darstellen:

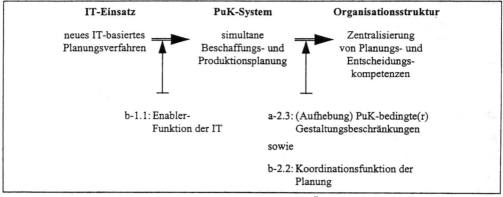

Abb. C-16: Beispiel 1 zu Wirkungsfolgen: IT-induzierte Änderungen von PuK-System und Organisationsstruktur

• Beispiel 1: Mit Hilfe eines neu eingesetzten IT-basierten quantitativen Planungsverfahrens und der entsprechenden – erschwinglich gewordenen IT-Komponenten – ist es möglich, eine *simultane* Beschaffungs- und Produktionsplanung für alle Produkte und Produktionsstätten eines Unternehmens zu erstellen und – die im Hinblick auf das Unternehmensgesamtziel bezogene – Optimallösung zu ermitteln. Diese Optimallösung wird zentral bestimmt und den Produktionsstätten, die zuvor auch weitgehende Entscheidungskompeten-

---

[236] Vgl. dazu Abschnitt 2.1.1.
[237] Vgl. unter stärkerer Betonung der *Führung* Kieser, A.; Hegele, C. (Veränderung 1998), S. 12.

zen für die Beschaffung von Verbrauchsfaktoren hatten, vorgegeben. In diesem Beispiel „greifen" idealtypisch die Wirkungsbeziehungen in der Reihenfolge, die in Abb. C-16 dargestellt ist.

- Beispiel 2: Die Unternehmensleitung beschließt im Rahmen einer Diversifizierungsstrategie ein zusätzliches Produkt in das Produktprogramm aufzunehmen. Wenngleich das Produktprogramm des Unternehmens nach wie vor als homogen zu bezeichnen ist, erfordert das neue Produkt eine Reihe besonderer produktionstechnischer Maßnahmen, und es sind einige Besonderheiten hinsichtlich der Qualitätsstandards und Lagerfähigkeit der eingesetzten Verbrauchsfaktoren zu berücksichtigen. Beschaffungs-, Transport- und Produktionsplanung werden damit so umfangreich und komplex und insbesondere treten so viele kurzfristige „Störungen" (Verderb von Material, Eilaufträge) ein, daß man beschließt, einen Teil der bislang zentral durchgeführten Planungsarbeiten zu dezentralisieren und Entscheidungskompetenzen zu delegieren. Dies zieht – dem Kompatibilitätsprinzip folgend – gewisse Umstrukturierungen der IT-Infrastruktur hin zu einer stärkeren Verteilung von IT-Komponenten nach sich, wie Abb. C-17 zeigt.

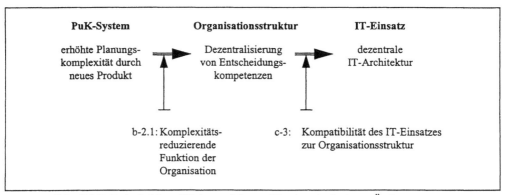

Abb. C-17: Beispiel 2 zu Wirkungsfolgen: Planungsinduzierte Änderungen von Organisationsstruktur und IT-Einsatz

- Beispiel 3: Der Firmeninhaber eines mittelständischen Unternehmens, der bislang den größten Teil der Entscheidungen selbst getroffen und im Wege persönlicher Weisungen seinen Untergebenen einzelfallspezifisch zur Ausführung mitgeteilt hat, beschließt, die Präsenz auf ausländischen Absatzmärkten zu erhöhen und das Unternehmen zu vergrößern, um die Wettbewerbsposition zu verbessern. Im Zuge der Wachstums- und Internationalisierungsstrategie erweist sich das bisherige Koordinationsinstrument der persönlichen Weisung als ungeeignet, und der Ausbau des IT-gestützten Planungssystems, das bislang nur rudimentär vorhanden war, wird erforderlich. Zudem muß sich der Firmeninhaber dazu durchringen, Entscheidungskompetenzen zu delegieren. Da er sich von seinem eher autoritären Führungsstil noch nicht lösen kann und insbesondere der Bereitschaft der dezentralen Führungskräfte, Entscheidungen im Unternehmensinteresse zu treffen, mißtraut – sei es begründet oder nicht –, sichert er sich über die entsprechende Gestaltung führungsunterstützender IT-Systeme die Möglichkeit, auch weiterhin jeden Geschäftsvorfall selbst verfolgen zu können. Abb. C-18 stellt diese Wirkungsfolge dar.

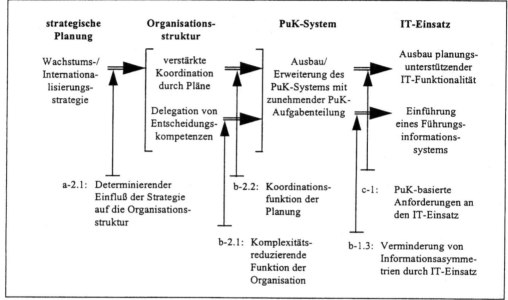

Abb. C-18: Beispiel 3 zu Wirkungsfolgen: Strategieinduzierte Änderungen von Organisationsstruktur, Planungssystem und IT-Einsatz

An diesen Beispielen wird deutlich, daß die Interdependenzen, die bei der Gestaltung IT-gestützter Planungs- und Kontrollsysteme zu berücksichtigen sind, je nach Problemstellung und Unternehmenssituation in unterschiedlicher logischer Folge und Bedeutung wirksam werden können.

9.4.3 Koordinationsbereiche

Aus den zuvor dargestellten – wechselseitigen – Gestaltungswirkungen ergeben sich einige Abstimmungsbedarfe, die bei der Bildung eines IT-gestützten Planungs- und Kontrollsystems in einem organisatorischen Kontext zu berücksichtigen sind.

Ohne die im vorhergehenden Abschnitt geäußerten grundsätzlichen Bedenken hinsichtlich der Abgrenzbarkeit von Organisationsgestaltung und Systembildung des Planungs- und Kontrollsystems hier weiter verfolgen zu wollen, ordnen wir, wie in Abschnitt 4.2.3.1 definiert, die systembildende und die systemkoppelnde Koordination des Planungs- und Kontrollsystems dem Controlling zu. Die weiteren Ausführungen konzentrieren sich im wesentlichen auf die systembildende Koordination, also auf die Schaffung einer „Gebilde- und Prozeßstruktur"[238], mit der das Planungs- und Kontrollsystem als zielgerichtete Gesamtheit von PuK-Aufgaben, -Trägern, -Verfahren und Hilfsmitteln sowie Plänen und Berichten entsteht.

Das Controlling hat im Rahmen der zuvor umrissenen Gestaltungswirkungen das Koordinationsproblem zu lösen, die verschiedenen und möglicherweise auch gegenläufigen Einflüsse so zu *integrieren, daß das Planungs- und Kontrollsystem möglichst gut zur Erreichung der Unternehmensziele beiträgt* (s. Abb. A-25 in Teil A). Eine vollständige Aufstellung der im einzelnen zu lösenden Koordinationsprobleme läßt sich hierbei kaum geben. Jedoch sind aus den vorstehend zusammmengetragenen Überlegungen und Gestaltungshinweisen (s. Tab. C-6) insbesondere folgende Koordinationsbereiche zu erkennen:

Feststellung von Bedeutung und zweckmäßiger Ausbaustufe des Planungs- und Kontrollsystems im organisatorischen Kontext
Welche Bedeutung das Planungs- und Kontrollsystem in einer Organisation hat, wird – wie insbesondere in Abschnitt 9.2 deutlich wurde – maßgeblich von Organisationsmerkmalen geprägt. So spielt das vorrangig zum Einsatz kommende Koordinationsinstrument, ob es sich nämlich um Pläne oder um ein anderes Instrument handelt, eine entscheidende Rolle für den erforderlichen Ausbau und Entwicklungsstand des Planungs- und Kontrollsystems.

Das Controlling hat hier grob festzustellen, für *welche Unternehmensbereiche* mit *welcher Ausbaustufe* ein (Teil-) Planungs- und Kontrollsystem zweckmäßig ist. Die Antwort auf diese Fragen ist zwar unmittelbar von organisatorischen Rahmenbedingungen geprägt, hängt aber letztlich auch von der Unternehmensstrategie ab[239], die ihrerseits aus einem Planungsprozeß hervorgeht.

In diesem Zusammenhang wird wiederum die situative Abhängigkeit der Aufgaben des Controlling sichtbar, die in dem Integrationsansatz von *Weber*[240] zum Ausdruck kommt: Inwieweit die Bildung und der Betrieb eines Planungs- und Kontrollsystems als wesentliche Aufgaben des Controlling in einem Unternehmen oder in Unternehmensteilen überhaupt erforderlich oder zweckmäßig sind, hängt von organisatorischen und strategischen Umfeldbedingungen ab.

---

[238] Vgl. Horváth, P. (Controlling 1996), S. 117.
[239] Vgl. dazu den Eintrag mit der Nummer a-2.1 in Tab. C-5 und Tab. C-6.
[240] Vgl. dazu Abschnitt 3.3.5 in Teil A.

Festlegung von Differenzierung und Koordination von Planung und Kontrolle im organisatorischen Kontext

Ohne hier noch einmal die grundsätzlichen Fragen aufgreifen zu wollen, ob idealtypisch zuerst die Organisationsstruktur und dann das Planungs- und Kontrollsystem entworfen wird oder ob sich diese Gestaltungsvorgänge konzeptionell überhaupt voneinander trennen lassen, können wir doch allgemein formulieren, daß *im organisatorischen Kontext das vorrangige Differenzierungsmerkmal für Planungs- und Kontrollaufgaben* festzulegen ist und *Kongruenz* zwischen organisatorischer und planungsbezogener Aufgabenteilung herzustellen ist. Hiermit sind zunächst nur die funktionale und die instrumentale Dimension des Planungs- und Kontrollsystems angesprochen, die bestimmte Koordinationsbedarfe zwischen den verschiedenen Planungs- und Kontrollaufgaben und den dafür verwendeten Instrumenten mit sich bringen (s. Abschnitt 4.2.1).

In institutionaler Hinsicht ist die Zuordnung auf Planungs- und Kontrollträger *im organisatorischen Kontext* der Delegation von Entscheidungskompetenzen und Weisungsbefugnissen vorzunehmen. Die vorangegangenen Darstellungen dieses Kapitels haben deutlich gemacht, daß insbesondere das Spannungsfeld zwischen

- Beherrschbarkeit von *Umfang und Komplexität* des Planungsproblems durch zentrale Planungsträger/Planungsorgane bzw. Entscheidungsträger und

- möglichen nachteiligen Folgen der Planungs- bzw. Entscheidungsautonomie bei dezentralen Planungsträgern in Form
  - der Gefahr geringerer Plan- bzw. Entscheidungsabstimmung,
  - eines möglicherweise höheren Bedarfs an institutionaler Koordination und
  - der Gefahr opportunistischen Verhaltens dezentraler Planungs-/Entscheidungsträger

anzugehen ist. Damit wird nochmals die enge Verbindung zwischen der Strukturgestaltung des Planungssystems und der Organisationsgestaltung sichtbar. Das umrissene Spannungsfeld umfaßt letztlich wesentliche Aspekte der allgemeinen organisatorischen Zentralisations-/Dezentralisationsproblematik. Vor diesem Hintergrund kann auch die Kritik *Schneiders*, mit einem umfassenden Koordinationsansatz des Controlling umfasse dieses „alle offenen Probleme der Unternehmungsorganisation und Personalführung"[241], gesehen werden.

Festlegung der IT-Unterstützung für das PuK-System im organisatorischen Kontext

Im Rahmen der Systemgestaltung gilt es, eine Orientierung darüber zu gewinnen, welche *Potentiale* der IT-Einsatz für die verschiedenen Planungs- und Kontrollaufgaben und die Koordination von Planung und Kontrolle bietet. Hierbei ist stets eine Abwägung zwischen den zu

---

[241] Schneider, D. (Versagen 1991), S. 772.

erwartenden *IT-Kosten- und -Nutzenwirkungen*, die z.B. in einer verbesserten Planungsqualität liegen können, vorzunehmen.

Abhängig davon, für welche Planungs- und Kontrollaufgaben ein IT-Einsatz sinnvoll erscheint, ergeben sich mannigfaltige Anforderungen an die Ausgestaltung der IT-Systeme, letztlich bezogen auf *sämtliche* in Kapitel 8 genannten Gestaltungsoptionen der IT-Unterstützung.

Um die durch die Aufgabenteilung in der Organisation begründeten Informationsflüsse abzubilden, aber inbesondere auch um die *Nutzungsintensität* der IT-Systeme durch die Organisationsmitglieder sicherzustellen, ist generell die Kompatibilität zu wesentlichen Organisationsmerkmalen herzustellen. Dies gilt nicht nur für die IT-basierten Planungs- und Kontrollfunktionen sondern auch für die Abrechnungs- und Dokumentationssysteme, die vorrangig auf der Ausführungsebene anzusiedeln sind.

Allerdings können sich hier *Zielkonflikte* zwischen einer „optimalen" IT-Unterstützung für Planungs- und Kontrollzwecke einerseits und dem „Fit" zur Organisationsstruktur auf der anderen Seite ergeben. Dies deutet sich beispielsweise an, wenn man mit Hilfe IT-basierter Systeme versucht, die asymmetrische Informationsverteilung zu mildern und damit einen Machtverlust der dezentralen Planungs- bzw. Entscheidungsträger hervorruft. Die Widerstände, die gegen den IT-Einsatz hieraus erwachsen könnten, sind bei der Strukturgestaltung eines IT-basierten Planungs- und Kontrollsystems idealerweise zu antizipieren.

Im nachfolgenden Kapitel werden wir die skizzierten Koordinationsbereiche für typische funktionale und divisionale Organisationsstrukturen – so weit dies allgemeingültig möglich und sinnvoll ist – weiter konkretisieren.

9.5 Wiederholungs- und Vertiefungsfragen

1. Diskutieren Sie die „Enabler"-Funktion der IT. Geben Sie Beispiele aus der Praxis.

2. Wie kann der IT-Einsatz für die systembildende und wie für die systemkoppelnde Koordination genutzt werden?

3. Ein hoher Integrationsgrad von Informationssystemen kann dazu beitragen, die Informationsasymmetrien bei Principal-Agent Problemen zu relativieren. Inwieweit halten sie diesen Beitrag für in der Praxis realistisch. Welche Gefahren ergeben sich durch ein (zu) großes Vertrauen in den Wahrheitsgehalt von computergestützten Informationssystemen?

4. Kennen Sie Beispiele aus Ihrem Alltag, in denen Sie nach dem Motto „structure follows strategy" vorgehen?

5. „Die Organisation dominiert die Planung." Nehmen Sie zu dieser Aussage Stellung.

6. In welchen Bereichen unserer Volkswirtschaft bzw. Gesellschaft orientiert sich die Strategie stark an Organisationsstrukturen?

7. Welchen Nutzen kann die Einrichtung von Planungsstäben für die Unternehmensführung bringen? Welche Gefahren sehen Sie?

8. Was spricht dagegen, die Planungs- und Kontrollaufgaben nach einem anderen Differenzierungsmerkmal zu bilden als es für die generelle Abteilungs- und Stellenbildung in der Unternehmung angewendet wird?

9. Das Ausführungssystem läßt sich durch unterschiedliche Koordinationsformen steuern. Welche Form(en) würden sie für einen Lebensmittel-Laden, für ein mittelständisches Möbel-produzierendes Unternehmen und für einen international tätigen Automobilkonzern bevorzugt empfehlen? Lassen sich ihre Überlegungen verallgemeinern?

10. Welche technologischen Entwicklungen dieses Jahrhunderts haben die Organisationsstruktur von Unternehmen so stark beeinflußt, daß sie als empirische Belege für den „technologischen Imperativ" gelten können?

11. Was versteht man unter dem „Organizational Fit" bzw. der „Organisationskompatibilität" des IT-Einsatzes?

12. Wie können IT-Entwicklungen die unterschiedlichen Koordinationsformen unterstützen? Werden bestimmte Koordinationsformen durch den Einsatz der Informationstechnologie effizienter? Verlieren andere Formen an Bedeutung?

10 Grundstruktur IT-gestützter Planungs- und Kontrollsysteme in ausgewählten Organisationsstrukturen

Nachdem im vorangegangenen Kapitel einigen Wechselwirkungen zwischen Planungs- und Kontrollsystem, Organisation und IT-Einsatz aufgezeigt wurden, sollen in diesem Abschnitt nun wesentliche Züge IT-basierter Planungs- und Kontrollsysteme für ausgewählte Organisationsformen dargestellt werden. Hierbei wollen wir uns zunächst auf funktionale und divisionale Organisationsstrukturen konzentrieren (Abschnitte 10.1 und 10.2). Anschließend geht Punkt 10.3 der Frage nach, ob und – wenn ja – in welcher Form Planungs- und Kontrollsysteme auch in den in jüngerer Zeit intensiv diskutierten netzwerkartigen und virtuellen Organisationen zum Einsatz kommen können.

Die weiteren Ausführungen können jedoch nur *Grundzüge* für *typische* Funktional- und Divisionalorganisationen geben. Zwar ist für diese Organisationsstrukturen das Spezialisierungsmerkmal wesensbestimmend, das auf der Ebene unter der Unternehmensleitung vorrangig zum Einsatz kommt, und hieraus ergeben sich eine Reihe von augenfälligen Konsequenzen für das Planungs- und Kontrollsystem. Allerdings kann die Variationsbreite innerhalb dieser Organisationstypen zum Beispiel im Hinblick auf den Grad der Entscheidungs- oder Planungsdezentralisation so groß sein, daß allgemeingültige Aussagen etwa über die Planungsträger nur mit Einschränkungen möglich sind.

In diesem Kapitel wollen wir uns vor allem von folgenden Fragen leiten lassen:

Leitfragen von Kapitel 10:
⇒ Welche grundlegenden Strukturen weisen Planungs- und Kontrollsysteme in verschiedenen Organisationsstrukturen auf?
⇒ Welche Struktur weist die IT-Unterstützung für Planung und Kontrolle in verschiedenen Organisationsstrukturen auf?
⇒ Welche *spezifischen* Koordinationsprobleme hat das Controlling bei der PuK-Systemgestaltung für verschiedene Organisationsstrukturen zu bewältigen?

10.1 Planungs- und Kontrollsysteme in funktionalen Organisationen

Um die Grundzüge eines IT-basierten Planungs- und Kontrollsystems in einer Funktionalorganisation zu beschreiben, ist es zunächst erforderlich, typische Eigenschaften dieser Organisationsstruktur zu skizzieren. Hierzu dient der nachfolgende Abschnitt 10.1.1.

Als ein wesentliches Prinzip der Gestaltung eines Planungs- und Kontrollsystems wurde in Kapitel 9 die *Konsistenz* zwischen dem organisatorischen Spezialisierungsmerkmal und dem Merkmal dargestellt, nach dem die Aufgabe der Gesamtplanung und -kontrolle in Teilaufgaben differenziert wird.[242] Abschnitt 10.1.2 stellt die sich damit ergebende Gliederung der Teilplanungs- und -kontrollaufgaben dar.

Um das Planungs- und Kontrollsystem in institutionaler Hinsicht eingehender zu beschreiben, ist es erforderlich, idealtypische Möglichkeiten für die Zuordnung dieser Teilplanungs- und -kontrollaufgaben auf Planungs- und Kontrollträger zu benennen, was in Punkt 10.1.3 geschehen soll.

Abschnitt 10.1.4 skizziert schließlich die Grundstruktur der IT-Unterstützung eines Planungs- und Kontrollsystems für eine idealtypische Funktionalorganisation.

10.1.1 Merkmale funktionaler Organisationen

Vor dem Hintergrund der bereits erwähnten Einschränkungen hinsichtlich der Allgemeingültigkeit wesentlicher Organisationsmerkmale beziehen wir uns im folgenden auf Eigenschaften *typischer* Funktionalorganisationen, wie sie in der Literatur gestützt auf empirische Forschungsarbeiten genannt werden:[243]

Das wesensbestimmende Merkmal einer Funktionalorganisation bildet die verrichtungsorientierte Aufgabenteilung (Verrichtungszentralisation) auf der Ebene unter der Unternehmensleitung, so daß idealtypisch Funktionsbereiche für Beschaffung, Produktion, Vertrieb nach den Phasen des Leistungsprozesses entstehen. Diese werden ggf. ergänzt um Abteilungen für Personal, Rechnungswesen, FuE usw.

Wie bereits an früherer Stelle gesagt, ergeben sich aus dieser Art der Aufgabenteilung zwischen den Funktionsbereichen regelmäßig intensive Leistungsverflechtungen, die einen hohen Koordinationsbedarf zwischen den Bereichen hervorrufen. Kein Funktionsbereich kann eine grundlegende Entscheidung treffen, ohne daß hiervon nicht andere Funktionsbereiche betroffen wären. Eine Konsequenz hiervon ist die oftmals ausgeprägte Zentralisation der Entscheidungskompetenzen bei der Unternehmensleitung.

Die Unternehmensleitung koordiniert in kleineren Unternehmen stark durch persönliche Weisungen; mit zunehmender Unternehmensgröße werden verstärkt technokratische Koordinationsinstrumente, d.h. Programmierung und Planung eingesetzt. Die Weisungsbefugnisse werden in der Regel als Einliniensystem gestaltet.

---

[242] Vgl. mit den entsprechenden Verweisen insbesondere Abschnitt 9.2.2.

[243] Vgl. z.B. Grochla, E. (Unternehmungsorganisation 1972), S. 181; Frese, E. (Organisation 1998), S. 381 ff.; Hoffmann, F. (Führungsorganisation 1980), S. 455; Kieser, A.; Kubicek, H. (Organisation 1992), S. 86 ff.; Braun, G. E.; Beckert, J. (Funktionalorganisation 1992), Sp. 643 ff.; Picot, A.; Dietl, H.; Franck, E.: (Organisation 1997), S. 211 ff. Zum Begriff der Funktionalorganisation und teils abweichendem Begriffsverständnis vgl. Braun, G. E.; Beckert, J. (Funktionalorganisation 1992), Sp. 641; Hill, W.; Fehlbaum, R.; Ulrich, P. (Organisationslehre 1976), S. 193 ff.

Funktionalorganisationen gelten als typisch für kleinere und mittlere Unternehmen sowie für Großunternehmen, die ein relativ homogenes Produktprogramm aufweisen.

10.1.2 Differenzierung von Planungs- und Kontrollaufgaben

Folgt man dem in Kapitel 9 dargestellten Prinzip, die Differenzierung der Planungsaufgaben entsprechend der organisatorischen Spezialisierung vorzunehmen *(Konsistenz)*, so ergibt sich für Funktionalorganisationen eine Differenzierung der Planungsaufgaben nach Funktionen in eine Beschaffungs-, Produktions- und Absatzplanung usw.

In der Regel würde jedoch eine derartige eindimensionale Differenzierung der Unternehmensplanung nach Funktionen nicht ausreichen, um eine beherrschbare Komplexität der Teilplanungsaufgaben und eine ausreichende Flexibilität des Planungssystems zu erreichen. Vielmehr sind weitere Differenzierungsmerkmale anzuwenden:

Eine *mehrdimensionale* Differenzierung der Planungs- und Kontrollaufgaben liegt dem Konzept für Planungs- und Kontrollsysteme von *Hahn* zugrunde, das „von jeder Industrieunternehmung – und auch von Unternehmungen in anderen Branchen – anwendbar"[244] ist und zur Zeit wohl als eines der am weitesten ausgearbeiteten Konzepte gelten kann. Diese allgemeingültige Grundstruktur eines Planungssystems nach *Hahn* – und spiegelbildlich des Kontrollsystems – ergibt sich aus der Anwendung von zumindest fünf Differenzierungsmerkmalen, nämlich einer Differenzierung

- nach der *Periodizität der Planung*, was zur Unterscheidung von regelmäßig durchzuführenden Planungen und aperiodischen oder Projektplanungen führt,

- nach der *institutionalen Einheit*, so daß Planungen für das Gesamtunternehmen und für Abteilungen/Bereiche unterschieden werden,

- innerhalb der Abteilungs- oder Bereichsplanungen nach dem organisatorischen *Spezialisierungsmerkmal*,

- nach der *Fristigkeit*[245] usw. in eine generelle Zielplanung, die strategische und die operative Planung und

- innerhalb der strategischen und der operativen Planung nach dem *Planungsgegenstand* in die Zielplanung (Programmplanung) und die Maßnahmenplanung (Aktionsplanung).

In Abb. C-19 ist der grundsätzliche Aufbau eines Planungs- und Kontrollsystems nach *Hahn* dargestellt, der nachfolgend genauer erläutert wird:[246]

---

244 Hahn, D. (PuK 1996), S. 200.

245 Vgl. dazu die anhand mehrerer Dimensionen vorgenommene Klassifizierung in strategische, taktische und operative Planung in Abschnitt 7.1.1.

246 Vgl. Hahn, D. (PuK 1996), insb. S. 96 ff.

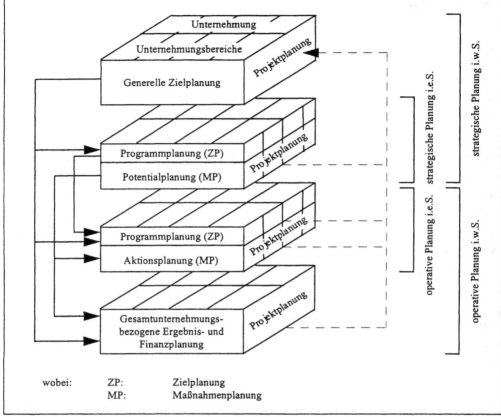

Abb. C-19: Grundschema eines integrierten Gesamtplanungssystems nach Hahn

Quelle: leicht modifiziert nach Hahn, D. (PuK 1996), S. 88

Im Rahmen der *generellen Zielplanung*, die von anderen Autoren ebenfalls der strategischen Planung zugeordnet wird[247], werden alle Ziele festgelegt, die für das Unternehmen insgesamt gelten. Zu den generellen Unternehmens(formal)zielen zählen in der Regel Ergebnisziele, die in verschiedenen Ausprägungen formuliert werden können (Kapitalwert, Periodenergebnisse, Rentabilität), und die Aufrechterhaltung der Liquidität als eine Nebenbedingung aller Unternehmenshandlungen, d.h. eines unbedingt zu erreichenden Unternehmensziels. Neben diesen und anderen generellen Zielen mit *Formalzielcharakter* können generelle *Sachziele* (wichtigste zu erstellende Leistungsarten, Tätigkeitsfelder) und *Sozialziele* (z.B. ökologischer Art) Gegenstand der generellen Zielplanung sein.

---

[247] Vgl. die Übersicht mit weiteren Verweisen bei Hahn, D. (PuK 1996), S. 104, 107.

Die *strategische Planung i.e.S.* umfaßt in der Systematik von *Hahn* zum einen die Planung des langfristigen Leistungsprogramms nach Art und Leistungsmengen, was einer Zielplanung auf dieser Ebene entspricht. Zum anderen zählt zur strategischen Planung die „Potentialplanung" als Maßnahmenplanung. Damit werden Planungen bezeichnet, die sich auf den Auf- oder Abbau von „Potentialen" beziehen, also diejenigen „Bestandsgrößen mit Leistungsvermögen, die der Unternehmung in der Regel relativ dauerhaft zur Verfügung stehen"[248]. Unter die Potentialplanung fallen beispielsweise die Betriebsmittelplanung, die Standort- und Organisationsplanung oder die generelle Personal- und Unternehmensgrößenplanung. Strategische Planungen können ferner auf einen bestimmten (Funktions- oder Geschäfts-) Bereich bezogen sein.

Die *operative Planung* basiert auf der generellen Zielplanung und der strategischen Planung. Während ein strategischer Plan auch die *Änderung der vorhandenen Potentiale* (z.B. Investitionen in zusätzliche Produktionsstraßen) vorsehen kann, geht die operative Planung von einer *gegebenen Potentialstruktur* und damit gegebenen Kapazitäten aus. Sie umfaßt zum einen die Planung der kurz- und mittelfristig zu erstellenden Leistungsprogramme nach Art und Menge im Sinne einer Zielplanung. Zum anderen gehört die Planung der Maßnahmen, die zur Realisierung des Leistungsprogramms in den einzelnen organisatorischen Bereichen erforderlich sind, zur operativen Planung. Einen Überblick über die im Rahmen der operativen Planung und Kontrolle festzulegenden bzw. zu ermittelnden Ziel- und Kenngrößen vermitteln die beispielhaft aufgeführten Berichte des Absatz- und Produktionsbereichs in Abschnitt 10.1.4.2.

Als vierten Teilplanungskomplex führt *Hahn* die *Gesamtunternehmensbezogene Ergebnis- und Finanzplanung im Rahmen der Planungs- und Kontrollrechnung* auf. Es handelt sich hierbei idealtypisch um eine Zusammenführung der ergebnis- und finanzwirksamen Planungsgrößen aus den jeweiligen Teilplanungen in einer unternehmensweiten Ergebnis- und Finanzplanung. Die hohe Bedeutung, die der Ergebnis- und der Finanzplanung in diesem Konzept zukommt, leitet *Hahn* zwingend aus dem Hauptziel der Unternehmung ab, eine „Erhaltung und erfolgreiche Weiterentwicklung der Unternehmung"[249] zu erreichen, welches sich in Ergebnis- und Liquiditätszielen – formuliert in monetären Größen – niederschlägt.

Innerhalb der strategischen und – noch stärker – im Rahmen der operativen Planung sieht das Konzept von *Hahn* eine Differenzierung entsprechend dem organisatorischen Spezialisierungsmerkmal vor. Die *Projektplanungen* als aperiodisch durchzuführende Planungen können sich auf einen dieser Teilplanungskomplexe beziehen oder komplexübergreifend sein.

---

248 Hahn, D. (PuK 1996), S. 22.
249 Hahn, D. (PuK 1996), S. 99.

Aus der Differenzierung der Gesamtplanungsaufgabe nach den umrissenen fünf Merkmalen ergibt sich für eine Funktionalorganisation damit das in Abb. C-20 dargestellte integrierte Gesamtplanungssystem. Aus dem Planungssystem geht ein entsprechendes Plansystem als Ergebnis der durchgeführten Planungen hervor. Der Struktur des Planungs- und Plansystems folgend ist das Kontroll- bzw. Berichtssystem aufzubauen.[250] In Abschnitt 10.1.4.2 sind exemplarisch für den Absatz- und den Produktionsbereich wesentliche Inhalte von IT-basierten Berichten wiedergegeben.

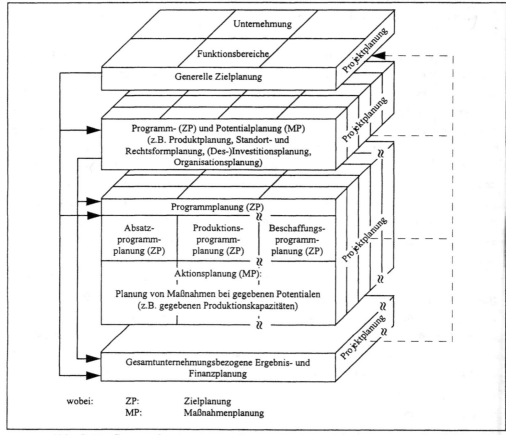

Abb. C-20: Gesamtplanungssystem für eine Funktionalorganisation nach Hahn

Quelle: leicht modifiziert nach Hahn, D. (PuK 1996), S. 94

---

[250] Vgl. Hahn, D. (PuK 1996), S. 200.

10.1.3 Zuordnung auf Planungs- und Kontrollträger

Bislang wurde die grundlegende Gliederung der Planungs- und Kontrollaufgaben in Funktionalorganisationen beschrieben. Ein Planungs- und Kontrollsystem im institutionalen Sinn entsteht jedoch erst mit der Zuordnung der Aufgaben auf Planungs- und Kontrollträger. Diesem Aspekt wendet sich die nachfolgende Darstellung zu. Hierbei konzentrieren wir uns auf die Zuordnung von Planungsaufgaben auf Planungsträger. Die Ausführungen gelten entsprechend für die Kontrolle.

Als Träger von Planungsaufgaben kommen in Funktionalorganisationen grundsätzlich folgende Organisationseinheiten und Aufgabenträger in Betracht:[251]

• Unternehmensleitung

• Führungskräfte der tieferen Hierarchieebenen, insbesondere der Funktionsbereiche

• Zentral- oder Stabsabteilung „Unternehmensplanung"

• Linien- oder Stabsabteilung für Funktionsbereichsplanung

• Planungsausschüsse

• Projektteams

• Zentral- oder Stabsabteilung Controlling

• Linien- oder Stabsabteilung für Bereichs-/Funktionscontrolling

• externe Serviceanbieter/Berater

Für die Zuordnung von Planungs- und Kontrollaufgaben auf Aufgabenträger kommt aus theoretischer Sicht eine kaum überschaubare Variantenvielfalt in Betracht[252] und auch in der Praxis finden sich zahlreiche Organisationsformen[253]. Allgemeingültige Aussagen über die genauere Planungs- und Kontrollorganisation sind damit kaum möglich. Allerdings lassen sich *Einflußfaktoren* benennen, die eine wesentliche Rolle spielen, und *Grundzüge* der PuK-Organisation entwerfen. Zu den Einflußfaktoren zählen neben der Unternehmungsorganisation beispielsweise die Rechtsstruktur, das Leistungsprogramm oder die Unternehmensgröße.[254]

Die besondere Bedeutung der Unternehmensorganisation für die Verteilung von Planungs- und Kontrollaufgaben kommt prägnant in der folgenden Bemerkung von *Hahn* zum Ausdruck: „Primär bestimmend für die Frage der Zentralisation/Dezentralisation der Planung ist die generelle Regelung der Entscheidungs- und Anordnungsbefugnisse für die Aufgabenträger in den einzelnen organisatorischen Einheiten der Unternehmung, eine weitere entscheidende

---

[251] Vgl. z.B. Töpfer, A. (Planungssysteme 1976), S. 149 ff.; Hahn, D. (PuK 1996), S. 770 ff; vgl. dazu auch Abschnitt 4.2.2.

[252] Vgl. Szyperski, N.; Müller-Böling, D. (Gestaltungsparameter 1980), S. 357 ff.

[253] Vgl. Szyperski, N.; Müller-Böling, D. (Aufgabenspezialisierung 1984), S. 131 ff., 137 ff.

[254] Vgl. Hahn, D. (PuK 1996), S. 700; vgl. auch die empirische Erhebung bei Küpper, H.-U.; Winckler, B.; Zhang, S. (Planungsverfahren 1990), S. 438 f.

Rolle spielt die Art bzw. Bedeutung des jeweiligen Planungsobjektes."[255] Auf die Kongruenz zwischen Unternehmensorganisation und PuK-Organisation bzw. das „Kongruenzprinzip"[256] sind wir bereits an früherer Stelle ausführlich eingegangen. Grundsätzlich ist somit davon auszugehen, daß die Zuordnung von Planungs- und Kontrollaufgaben der Verteilung von Entscheidungs- und Anordnungskompetenzen entspricht. Für die Zuordnung der Planungs- und Kontrollaufgaben in Funktionalorganisationen lassen sich damit die folgenden Schlußfolgerungen ziehen:

Die ausgeprägten Entscheidungsinterdependenzen, die Funktionalorganisationen aufgrund der Leistungsverflechtungen zwischen den Funktionsbereichen aufweisen, sind ein wesentlicher Grund dafür, die Entscheidungskompetenzen in diesen Organisationsstrukturen stark zu zentralisieren.[257] Oder anders ausgedrückt: In Funktionalorganisationen werden Entscheidungen, die operativer Natur sind, auf verhältnismäßig hohen Hierarchieebenen getroffen; dies gilt insbesondere im Vergleich zu divisionalen Organisationsstrukturen.[258]

Allerdings wird damit im Grunde genommen nur die letztendliche Verantwortung für die Verabschiedung eines Plans in dem Sinn bezeichnet, daß die „Führungskräfte als originäre Träger von Planung und Kontrolle"[259] zu verstehen sind. Hiervon unbeeinflußt ist die Frage, ob die entscheidungskompetente Stelle auch alle zeitintensiven entscheidungsvorbereitenden (planerischen) Aufgaben selbst erfüllt, oder ob ihr zur Entlastung ein Planungsstab zugeordnet ist.[260] Entsprechend ist es auch für Kontrollaufgaben denkbar, daß der Instanz zugeordnete unterstützende Stabsstellen, die Daten für den Soll-Ist-Vergleich erheben, Auswertungen erstellen usw.

Insbesondere auch um die Koordination zwischen verschiedenen Teilplanungen und -kontrollen effizienter zu gestalten, können sich Planungsausschüsse anbieten. Planungsausschüsse oder -komitees können sowohl auf Dauer eingerichtet sein als auch ad-hoc gebildet werden.[261] Ihnen gehören Führungskräfte und diese unterstützende Organisationsmitglieder (Stäbe, Assistenten) an. In den sogenannten Planungskonferenzen werden Planungsvorschläge erörtert, Teilpläne koordiniert und verabschiedet.

Der hohe Koordinationsbedarf zwischen den Funktionsbereichen einer Funktionalorganisation spiegelt sich typischerweise in einer starken Zentralisation von Planungsaufgaben wider. Bei-

---

[255] Hahn, D. (PuK 1996), S. 776.

[256] Vgl. Töpfer, A. (Planungssysteme 1976), S. 102 ff., 107 ff; vgl. Abschnitte 9.2.2 und 9.4.

[257] Vgl. z.B. Picot, A.; Dietl, H.; Franck, E. (Organisation 1997), S. 216.

[258] Vgl. mit detaillierterer Darstellung Frese, E. (Organisation 1998), S. 381 ff.

[259] Hahn, D. (PuK 1996), S. 769.

[260] Vgl. Szyperski, N.; Müller-Böling, D. (Aufgabenspezialisierung 1984), S. 140 f.

[261] Vgl. Szyperski, N.; Müller-Böling, D. (Aufgabenspezialisierung 1984), S. 139.

spielsweise stellt *Hahn* fest, daß in Funktionalorganisationen auch den Planungsausschüssen für die *operative Planung* vielfach nicht nur Führungskräfte der jeweiligen Funktionsbereiche sondern auch Mitglieder der obersten Führungsebene sowie der unternehmenszentralen Planungsabteilung angehören.[262]

Generell läßt sich sagen, daß Pläne, die die Gesamtunternehmung betreffen, zentral erstellt werden.[263] Hierfür kommen – abhängig vom jeweiligen Planungsproblem – die Unternehmensleitung oder zentrale Planungsabteilungen in Betracht. In dem Differenzierungskonzept für Planungsaufgaben nach *Hahn*, das in Abschnitt 10.1.2 dargestellt wurde, wären damit die generelle Zielplanung, wesentliche Teile der strategischen Planung und die gesamtunternehmensbezogene Ergebnis- und Finanzplanung zu zentralisieren. Die Planerstellung kann insbesondere durch

- die Unternehmensleitung,
- eine zentrale Unternehmensplanungsabteilung oder
- einem Planungsausschuß, bestehend aus Mitgliedern der Unternehmensleitung, ggf. einer zentralen Unternehmensplanung und Führungskräften der Funktionsbereiche,

erfolgen.

Hingegen werden Planungsaufgaben, die *einen* Funktionsbereich betreffen, vielfach *dezentralisiert*, d.h. von den Führungskräften der Funktionsbereiche – ggf. unterstützt durch funktionsspezifische Planungsstäbe – erfüllt. In der Struktur eines Planungs- und Kontrollsystems nach *Hahn* sind damit insbesondere die operativen Pläne aber möglicherweise auch funktionsspezifische strategische Pläne angesprochen. Inwieweit *innerhalb* der Funktionsbereiche funktionsbezogene Planungs- und Controllingeinheiten eingerichtet werden, hängt von Einflußfaktoren wie etwa der Größe der Funktionsbereiche oder der Beschaffenheit der Planungsprobleme ab.

Um zwischen den funktionsspezifischen operativen Plänen eine Abstimmung herbeizuführen (z.B. für Eilaufträge, die der Absatzbereich annehmen will, aber zuvor mit dem Produktionsbereich abstimmen muß), können regelmäßig und/oder ad-hoc Planungskonferenzen funktionsübergreifend zusammengesetzter Planungsausschüsse einberufen werden. An diesen funktionsübergreifenden operativen Planungsproblemen wirken demnach auch mehrere Funktionsbereiche mit.[264]

Das Unternehmenscontrolling – oder sofern vorhanden auch das funktionsspezifische Controlling – können an den verschiedenen Planungen ebenfalls beteiligt sein. Auch empirisch

---

[262] Vgl. Hahn, D. (PuK 1996), S. 775 f.
[263] Vgl. Hahn, D. (PuK 1996), S. 769.
[264] Vgl. Töpfer, A. (Planungssysteme 1976), S. 227 f.

zeigt sich, daß das Controlling dabei in erheblichem Maße koordinierende Aufgaben über-nimmt, wie z.B. Überprüfung von Planentwürden, Terminierung und Steuerung von Pla-nungsprozessen.[265]

In Abb. C-21 ist die prinzipielle aufbauorganisatorische Gestaltung eines Planungssystem in einer Funktionalorganisation wiedergegeben, wie sie in den vorangegangenen Ausführungen beschrieben wurde.[266]

Empirisch zeigt sich, daß sich die Unternehmensleitung mit zunehmender Unternehmens-größe weniger an Planungsarbeiten beteiligt, dafür aber die Bedeutung von zentralen Pla-nungsabteilungen und Planungsausschüssen zunimmt.[267]

---

[265] Vgl. Szyperski, N.; Müller-Böling, D. (Aufgabenspezialisierung 1984), S. 143.

[266] Wesentlich ausführlichere Strukturdarstellungen des institutionalen Planungssystems einer Funktional-organisation finden sich bei Hahn, D. (PuK 1996), S. 785 ff., insb. S. 791.

[267] Vgl. Küpper, H.-U.; Winckler, B.; Zhang, S. (Planungsverfahren 1990), S. 439.

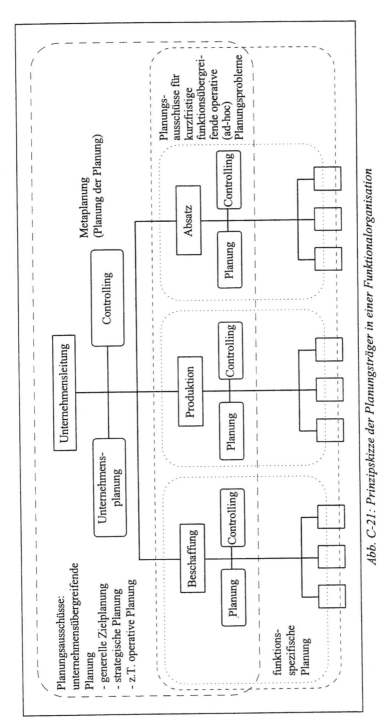

Abb. C-21: Prinzipskizze der Planungsträger in einer Funktionalorganisation

10.1.4 IT-Unterstützung für Planung und Kontrolle

10.1.4.1 Zur IT-Architektur

In Kapitel 9 wurde der enge Zusammenhang zwischen der Organisationsstruktur und der Gestaltung des IT-Einsatzes hervorgehoben. Ein wesentliches *Gestaltungs*prinzip, das aus diesem engen Zusammenhang abzuleiten ist, wurde als Organisationskompatibilität des IT-Einsatzes („Organizational Fit") bezeichnet. Danach soll der IT-Einsatz in einer Weise erfolgen, daß er die Organisationsmerkmale unterstützt oder diesen zumindest nicht entgegenläuft. Bevor wir die Konsequenzen dieser Sichtweise insbesondere für Planungs- und Kontrollaufgaben diskutieren, sollen als Ausgangspunkt der Betrachtung zunächst die Grundzüge einer organisationskompatiblen Architektur des IT-Einsatzes für eine *typische* Funktionalorganisation skizziert werden. Hierfür ist es erforderlich, sich Struktur der Informationsbeziehungen zwischen den Einheiten einer idealtypischen Funktionalorganisation zu vergegenwärtigen:

- Begriffsbestimmendes Merkmal der Funktionalorganisation ist eine an Funktionen (Verrichtungen) orientierte Gliederung auf der Ebene unter der Unternehmensleitung. Aus dieser Aufgabenteilung erwachsen enge Leistungsverflechtungen zwischen den Funktionsbereichen, die sich in einem intensiven Informationsaustausch zwischen den Funktionsbereichen niederschlagen:

    Beispielsweise benötigt der Produktionsbereich eines Unternehmens mit auftragsorientierter Einzel- oder Serienfertigung vom Absatzbereich die dort aufgelaufenen Kundenaufträge, um daraus im Rahmen der Primärbedarfsplanung die Mengen der zu fertigenden Endprodukte zu ermitteln; nach Auflösung der Erzeugnisstrukturen der Endprodukte und Errechnung der Bruttobedarfe an Baugruppen oder Teilen werden – nach einem Abgleich mit den Lagerbeständen – die Nettobedarfe ermittelt. Für Teile, die programm- bzw. bedarfsgesteuert beschafft werden, ergeben sich daraus die entsprechenden Aufträge für den Beschaffungsbereich. Für die Beschaffungsplanung der verbrauchsgesteuert zu beschaffenden Materialien sind die Kundenaufträge zumindest auf „statistischer" Basis relevant.

    Enge horizontale Informationsbeziehungen zwischen den Funktionsbereichen bestehen allerdings nicht nur auf der unmittelbaren Ausführungsebene und den unteren Führungsebenen, sondern auch auf höheren Führungsebenen.

- Ein weiteres Merkmal von Funktionalorganisationen sind die typischerweise stark *zentralisierten Entscheidungskompetenzen* auf hohen Hierarchieebenen.

    Um eine Entscheidungsaufgabe erfüllen zu können, werden Informationen benötigt. Ein wesentlicher Teil der zur Erfüllung einer Entscheidungsaufgabe erforderlichen Informationen wird nicht von dem Entscheidungsträger selbst – oder diesem zugeordneten Führungshilfen (Stabsstellen) – erzeugt, sondern fällt bei anderen, insbesondere untergebenen

Aufgabenträgern an. Es entsteht somit ein Geflecht von Informationsbeziehungen, dessen grundsätzliche Struktur vom Leitungssystem, dessen inhaltliche Ausprägung jedoch durch den Grad der Entscheidungszentralisation bestimmt wird.

Bei ausgeprägter Zentralisation von Entscheidungskompetenzen, werden auch Entscheidungen, die eher „operativer Natur" sind, auf hohen Hierarchieebenen getroffen. Damit müssen auch detaillierte Informationen, die also noch recht nah am „Tagesgeschäft" sind, auf verhältnismäßig hohen Hierarchieebenen verfügbar sein.

Aus den skizzierten Auswirkungen einer verrichtungsorientierten Aufgabenteilung und der Zentralisation von Entscheidungskompetenzen auf die Informationsflüsse, lassen sich – unter der Maßgabe eines organisationskompatiblen IT-Einsatzes – einige Hinweise für die Gestaltung der IT-Architektur gewinnen:

Die ausgeprägten Informationsflüsse zwischen den Funktionsbereichen führen dazu, daß es verhältnismäßig wenige Daten gibt, die nur von einem Funktionsbereich benötigt werden. Damit ist zunächst die Datenverteilung in einem *logischen* Sinn auf die Organisationseinheiten angesprochen, die sich in der Gestaltung der Zugriffsberechtigungen äußert, wie in Abschnitt 8.2.6.2 eingehender dargestellt wurde. Beispielsweise müssen Kundenaufträge im Vertriebsbereich erfaßt und geändert werden, während der Produktions- und der Beschaffungsbereich hierfür nur eine Leseberechtigung benötigen.

Die *physische* Verteilung der Datenbestände kann prinzipiell losgelöst von deren logischer Zuordnung im hier verstandenen Sinn gestaltet werden. Eine Möglichkeit der physischen Datenallokation könnte also darin bestehen, jeden Funktionsbereich mit entsprechenden Rechnerkapazitäten auszustatten und auf diese die Datenbestände zu verteilen. „Der Hauptgrund, eine Datenbank verteilt anzulegen, ist der organisatorische Aspekt, die Daten unmittelbar an den Stellen zu speichern, an denen sie am stärksten benutzt werden".[268] Bei intensiven Informationsverflechtungen zwischen den Organisationseinheiten läßt sich dieser Aspekt jedoch möglicherweise nur mit Schwierigkeiten berücksichtigen. Im oben genannten Beispiel ist es zweifellos möglich, die Kundenaufträge in einer Datenbank des Vertriebsbereichs zu speichern, die Produktionsdaten entsprechend im Produktionsbereich in einer gesonderten Datenbank zu halten usw. Da aber jeweils auch andere Funktionsbereiche die bei den anderen Bereichen gespeicherten Daten in erheblichem Umfang benötigen, ergäbe sich ein hoher Kommunikationsaufwand. Eine andere Möglichkeit, um den Verflechtungen Rechnung zu tragen, könnte darin bestehen, die Datenbestände zu duplizieren – in unserem Beispiel hieße dies, die Kundenaufträge mehrfach, d.h. bei jedem Funktionsbereich zu halten. Allerdings ergibt sich

---

268 Stahlknecht, P.; Hasenkamp, U. (Wirtschaftsinformatik 1997), S. 234.

daraus eine erheblicher Aufwand, um die Datenintegrität zu wahren. Es nämlich ist sicherzustellen, daß alle Duplikate (Kopien) der Daten auf dem gleichen Stand sind.

Diese Überlegungen machen deutlich, daß die Eigenschaften einer typischen Funktionalorganisation tendenziell für eine *zentrale Datenhaltung*, z.B. in einer unternehmensweiten Datenbank sprechen.[269]

Aus der in Funktionalorganisationen typischerweise ausgeprägten Zentralisation von Entscheidungskompetenzen ergeben sich – wie oben dargelegt – Konsequenzen für den Informationsbedarf der Entscheidungsträger: Auch auf hohen Hierarchieebenen werden verhältnismäßig detaillierte Informationen bzw. Daten benötigt. Dies mag zum einen Konsequenzen für die Zugriffshäufigkeiten, -arten und -berechtigungen auf die administrativen Datenbanken sowie den Datenaustausch zwischen den Hierarchieebenen mit sich bringen.

Zum anderen können sich daraus auch Auswirkungen auf die Unterstützung der Planungs- und Kontrollträger durch *spezifische* führungsunterstützende Werkzeuge und Systeme ergeben. Dies soll am Beispiel eines *Data Warehouse* umrissen werden.[270] In einem Data Warehouse werden unternehmensexterne sowie -interne Daten in einer für den Entscheidungsträger angemessenen Darstellungsform aufbereitet und zur Verfügung gestellt. Die unternehmensinternen Daten stammen hierbei wesentlich aus den originären Datenbanken der Abrechnungs- und Dokumentationssysteme; sie werden aus diesen in bestimmten Zeitabständen importiert („kopiert"), vorselektiert und dann aufbereitet. Je umfangreicher nun die Entscheidungskompetenzen einer Führungskraft sind,

- um so breiter, d.h. funktionsübergreifender muß der Datenbestand in einem Data Warehouse sein,

- um so detaillierter müssen die dort gehaltenen Daten (geringe Verdichtungsstufe) sein und

- um so häufiger müssen Daten aus den Originaldatenbanken importiert werden, um den hohen Aktualitätsanforderungen aufgrund des „operativeren" Charakters der zu lösenden Entscheidungsprobleme Rechnung zu tragen.

Aus den engen Informationsverflechtungen einer Funktionalorganisation ergeben sich ferner Auswirkungen auf den erforderlichen *Integrationsgrad* im IT-Bereich.[271] In technischer Hinsicht bedeutet dies, daß inkompatible funktionsspezifische „Insellösungen" vermieden werden müssen. Andernfalls könnte der Datenaustausch zwischen den Funktionsbereichen beispielsweise nur unter Inkaufnahme von „Medienbrüchen", die sich schlimmstenfalls in einer mehr-

---

[269]   Vgl. Wall, F. (Organisation 1996), S. 207 ff.

[270]   Vgl. dazu Abschnitt 8.3.1.

[271]   Vgl. Schonberger, R. J. (Strategy 1981), S. 73; Buitendam, A. (Perspective 1987), S. 72; vgl. zur IT-Integration Abschnitt 8.2.4.

fachen Datenerfassung äußern können, bewerkstelligt werden. Aber auch in sachlich-inhalt-licher Hinsicht ist auf die Integration der Anwendungsprogramme in den Funktionsbereichen besondere Aufmerksamkeit zu richten. So ist sicherzustellen, daß die Anwendungsfunktionali-täten in *sachlich-inhaltlicher Sicht* aufeinander abgestimmt sind. Beispielsweise sollten der Produktions- und der Absatzbereich ihren Entscheidungen die gleichen Sicherheitsbestände an Endprodukten zugrunde legen. Die Programme müssen schließlich hinsichtlich ihrer *Ablauf-strukturen* koordiniert werden. *Mertens* nennt hier das einprägsame Beispiel eines Pro-gramms, das Umsatzinformationen für den Vertriebsleiter bereitstellt und nicht häufiger lau-fen sollte, als das Fakturierungsprogramm.[272]

Um die umrissenen hohen Anforderungen an den Integrationsgrad in der IT-Architektur zu realisieren, bieten sich Maßnahmen an, die letztlich auch organisatorischer Art sind. Um etwa inkompatible Insellösungen zu vermeiden, ist darauf zu achten, daß unternehmensweit be-stimmte technische Standards eingehalten werden. Technische Standards lassen sich aber nur durchsetzen, wenn sie durch entsprechende organisatorische Koordinationsmaßnahmen be-gleitet werden. Beispielsweise können die Entscheidungskompetenzen über die IT-Beschaf-fungen zentralisiert werden, denn bei einer zentralen IT-Beschaffungsplanung lassen sich technische Standards verhältnismäßig leicht einhalten. Eine weitere Möglichkeit besteht darin, Programme (im organisatorischen Sinn) für IT-Beschaffungsprozesse zu erstellen, in denen das Verfahren (Routineprogramm) aber insbesondere auch das Ergebnis der IT-Beschaffung in Gestalt bestimmter technischer Standards (Zweckprogramm) niedergelegt ist.

Vergleichbare Überlegungen können auch zur Integration von Daten und Anwendungspro-grammen angestellt werden. So lassen sich beispielsweise Anwendungen leichter aufeinander abstimmen, wenn das Anwendungsportfolio zentral geplant wird und wenn Software-Ent-wicklungsarbeiten und das Customizing von Standardsystemen zentral vorgenommen werden, als wenn jeder Funktionsbereich die von ihm benötigten Anwendungen selbst erstellt bzw. anpaßt.[273]

Insgesamt wird aus diesen skizzenhaften Überlegungen[274] deutlich, daß die Merkmale einer typischen Funktionalorganisation tendenziell für eine zentrale IT-Architektur sprechen. In diesem Zusammenhang soll darunter eine Infrastruktur verstanden werden, in der

---

[272] Vgl. Mertens, P. (Administrationssysteme 1997), S. 3.

[273] Vgl. Mertens, P.; Knolmayer, G. (Organisation 1998), S. 49; Wall, F. (Organisation 1996), S. 216 f.; Hodgkinson, S. L. (IT Structures 1992).

[274] Eine ausführlichere Untersuchung findet sich bei Wall, F. (Organisation 1996), S. 193 ff., 304 ff.

- insbesondere die Datenbestände weitgehend zentral gehalten werden und nicht auf einzelne Funktionsbereiche verteilt sind,

- für die Unterstützung oberer Führungsebenen umfangreiches, detailliertes und sehr aktuelles Datenmaterial im Rahmen spezifischer IT-Komponenten bereitzustellen ist,

- ausgeprägte Integrationsmaßnahmen erforderlich sind, um die Leistungsverflechtungen und Entscheidungsinterdependenzen in sachlich-inhaltlicher Hinsicht bei Daten und Anwendungsprogrammen nachzubilden und in technischer Hinsicht inkompatible Insellösungen zu vermeiden und

- die Kompetenzen für die Gestaltung der IT-basierten Informationssysteme (Systemplanung und -entwicklung) bei einer zentralen IT-Abteilung gebündelt sind.

10.1.4.2 Ausgewählte funktionsbezogene Berichtsstrukturen

Nachfolgend werden die wichtigsten Informationen, die in funktionsspezifischen Berichten enthalten sein sollten, *exemplarisch* für den Absatzbereich (Tab. C-7) und den Produktionssektor (Tab. C-8) aufgeführt. Hierbei beziehen wir uns auf die entsprechenden Informationskataloge bei *Mertens/Griese*[275], indem wir die dort angegebenen – und teilweise wesentlich detaillierteren – Aufstellungen aufführen. Es handelt sich um Berichtsinformationen, von denen anzunehmen ist, daß sie in regelmäßigen Abständen – gewissermaßen routinemäßig – von den jeweiligen Entscheidungsträgern zur Deckung ihres *objektiven* Informationsbedarfs benötigt werden. Berichte dieser Art werden typischerweise vornehmlich im Rahmen der MIS-Nutzung bereitgestellt.[276]

Über die nachfolgend tabellarisch aufgeführten Informationen hinaus werden abhängig von den jeweils anstehenden Planungs- und Kontrollproblemen und vom *subjektiven* Informationsbedarf der Führungskräfte weitere Informationen erforderlich sein. Um diesen Informationsbedarf zu decken, kommen weitere der in den Abschnitten 8.3 und 8.4 beschriebenen IT-basierten Komponenten in Betracht.

In den nachfolgenden Tabellen werden für jedes der relevanten Informationsobjekte typische Aufgliederungen sowie wichtige Attribute angegeben. Beispielsweise ist der geplante Absatz („Planabsatz" in Tab. C-7) nicht nur als Gesamtgröße sondern auch aufgegliedert nach Verkaufsregionen, Produktgruppen und Produkten von Interesse. Hierbei ist jeweils der mengen- und der wertmäßige Absatz, der zu erzielende Deckungsbeitrag, der geplante Gewinn sowie der Ausnutzungsgrad des Marktpotentials relevant.

---

[275] Vgl. Mertens, P.; Griese, J. (Planungssysteme 1993).
[276] Vgl. die Abgrenzung und Nutzungsformen von MIS in Abschnitt 8.4.1.

In der vorletzten Spalte ist jeweils aufgeführt, für welche Planungsprobleme die Informationsobjekte von besonderer Relevanz sind. Hingegen zeigt die letzte Spalte, welche organisatorischen Funktionsbereiche die Daten bereitstellen. Aus diesen beiden letzten Spalten wird noch einmal exemplarisch deutlich, daß zwischen den Funktionsbereichen nicht nur im Hinblick auf das Tagesgeschäft sondern gerade auch für die Planungs- und Kontrollaufgaben äußerst enge Informationsverflechtungen bestehen.

Tab. C-7: Überblick über Berichtsinformationen im Absatzbereich

Quelle: verkürzt übernommen von Mertens, P.; Griese, J. (Planungssysteme 1993), S. 81 ff.

Nr.	Informationsart	Typische Untergliederung	Einzelmerkmale	Verwendung für Planungs- und Kontrollprobleme, z.B.	Datenliefernde Funktion
1.	Planabsatz	Bezirke, Produktgruppen, Produkte	Menge, Wert, Deckungsbeitrag, Gewinn, Marktpotentialausnutzung	Änderungen eines bestehenden Absatzplanes, Produktions- und Lagerhaltungsplanung, Finanzplanung, Kostenplanung	Absatzplanung
2.	Absatzergebnisse nach Merkmalen des Produktionsprogramms	Produktgruppen, Produkte, Preisklassen, Substitutionsklassen, Ausstattungsmerkmale, technische Merkmale, Produktalter, Vertreter, Absatzregion, Kunden	Auftragseingänge, mengen- und wertmäßige Umsätze, (ggf. engpaßbezogene) Deckungsbeiträge, Gewinne, Marktpotentialausnutzung, Produktalter	Sortimentsentscheidungen (Suche nach erfolgreichen Produktmerkmalen, Sortimentslücken, wenig erfolgreichen Produkten usw.), gezielte Marketingmaßnahmen, Erfolgsprognosen	Auftragserfassung, Fakturierung, Vorkalkulation
3.	Absatzergebnisse nach Kunden und Absatzregionen	Vorhandene, alte, neue Kunden, Kundengruppen, geographische Region, sozialgeographische Region	wie Punkt 2.	Maßnahmen der Kommunikationspolitik, geographische Marktsegmentierung, Sortimentspolitik, Preispolitik, Maßnahmen zur Sicherung des Kundenbestands	wie Punkt 2.
4.	Absatzergebnisse nach Vertriebsverantwortlichkeiten	Ressorts, Bezirke, Vertreter	wie Punkt 2.	Vertriebsüberwachung, Gestaltung von Entlohnungs- und Anreizsystemen, Beurteilung von Vertriebsbereichen und -mitarbeitern, Marketingmaßnahmen	wie Punkt 2.
5.	Absatzergebnisse in Abhängigkeit von Vertriebsaktionen	Vertriebsaktionen, Produkte, Kundengruppen, Kunden	Zuwachs an Auftragseingängen, Umsätzen, Deckungsbeiträgen, Anteil erfolgreicher Angebote	Werbeerfolgskontrolle, Erfolgskontrolle der Vertriebsmaßnahmen, Absatzplanung	Auftragserfassung, Fakturierung
6.	Auftragspolster vor wichtigen Kapazitäten	Kapazitäten, Produkte, Kunden	Zeitliche Länge des Auftragspolsters, Zusammensetzung nach Produkten	Vertriebsaktivitäten, Investitionsplanung	Auftragserfassung, Produktionsplanung

Nr.				Vertriebsaktivitäten zur Verbesserung der Kapazitätsauslastung	
7.	Produkte/Aufträge, mit denen nicht ausgelastete Kapazitäten belegt werden könnten	Produktgruppen, Produkte, Kapazitäten, Kunden	Eignung zur Füllung der Kapazitäten, Deckungsbeiträge, Absatz in der Vorperiode, offene Angebote über diese Produkte, Kunden, die diese Produkte früher gekauft haben		
8.	Anfragen von Kunden	Produkte, Kunden	Produktbezeichnung, gewünschte Mengen, technische Spezifikationen	Sortimentspolitik (Erkennen von Lücken und Neuentwicklungsbedarf)	Kunden-anfrage- und -angebots-bearbeitung
9.	Offene Angebote	Produkte, Kunden	Nutzen aus dem Angebot (z.B. um Kapazitätsauslastung zu verbessern)	Angebot von Sonderkonditionen bei kurzfristiger Auftragserteilung	Angebots-überwachung
10.	Abgelehnte Angebote	Kunden, Produkte	wie Punkt 9.	Vertriebsaktivitäten, Erfolgskontrolle der Angebotsabwicklung	wie Punkt 8.
11.	Blockaufträge, bei denen Einteilung fällig sind	Kunden, Produkte	Fälligkeit	Produktionsplanung, Blockauftragsüberwachung	Auftrags-erfassung und -prüfung
12.	Zahlungsverhalten	Kunden, Kundengruppen, Sachbearbeiter in der Buchhaltung	Inanspruchnahme von Skonto, Ziel, Zahl der Mahnungen, Altersstruktur des Debitorenbestandes, Zahlungsausfälle	Änderung der Kreditwürdigkeitsprüfung, Änderung der Zahlungskonditionen	Debitoren-buchhaltung
13.	Verkäuferbesuche, zurückgelegte Wegstrecke	Verkäufer, Kunden	Erfolg pro Besuch, zurückgelegte Strecke pro Besuch	Steuerung des Verkäufereinsatzes, Neueinteilung von Verkäuferbezirken	Verkäufer-einsatz-steuerung
14.	Kosten der Vertriebs-abteilungen	Vertriebsabteilung, Kostenarten	Kosten im Vergleich zu Absatzmengen und -werten, Zahl der Aufträge, Lieferungen und Rechnungen, Zahl der Kunden, Soll- und Plankostenabweichungen	Kostenkontrolle, Gestaltung von Anreizsystemen	Kostenstellen-rechnung
15.	Wettbewerberdaten	Konzernzugehörigkeit, Fertigungsstätten, Produktinformationen, Marktanteile, Länder	Umsatz, Kapazitäten	Marktanalysen, strategische Planung, Generierung von Wettbewerbs- und Marketingsstrategien, Generierung von Produktideen, Preispolitik, Investitionspolitik	

Tab. C-8: *Überblick über Berichtsinformationen im Produktionsbereich*

Quelle: verkürzt übernommen von Mertens, P.; Griese, J. (Planungssysteme 1993), S. 81 ff.

Nr.	Informationsart	Typische Untergliederung	Einzelmerkmale	Verwendung für Planungs- und Kontrollprobleme, z.B.	Datenliefernde Funktion
1.	Kapazitäts-auslastung von Betriebsmitteln	Zeitperioden (z.B. Wochen, Monate) der Vergangenheit und Zukunft	Differenz zwischen vorhandener und benutzter Kapazität, durchschnittliche Länge von Warteschlangen der Aufträge von Betriebsmitteln, engpaßverursachende Aufträge, Störzeiten	(Des-) Investitionsentscheidungen, Änderungen des Produktions-programms, Wahl zwischen Eigenfertigung und Fremdbezug, Produktionsplanung	Auftragserfassung, Absatzprognose, Anlagenbuchhaltung, Produktionsplanung
2.	Kapazitäts-auslastung von Servicebetrieben	Zeitperioden der Vergangenheit	Differenz zwischen vorhandener und benutzter Kapazität, durchschnittliche Länge von Warteschlangen der Aufträge von Betriebsmitteln	Verringerung oder Erhöhung der Servicekapazität, Änderung von Prioritäten	Kostenstellenrechnung, Lohnabrechnung, Instandhaltungs-planung, Betriebs-zustandsüberwachung
3.	Ausbringung in einzelnen Perioden	Perioden, Kapazitäten, Produktgruppe, Produkte	Ausbringung nach Fertigungsstunden, Menge und Wert	Kapazitätsänderungen, Änderungen der Produktions(ablauf)planung und Lagerhaltung, Anreizsysteme, Vertriebsaktivitäten	Lagerbestandsführung, Fakturierung
4.	Lieferfristen, Durchlaufzeiten, Liefertreue der Fertigung	Aufträge, Produkte	Differenz zwischen Auftragseingang und Versandtermin, Differenz zwischen Soll- und Ist-Termin, Relation der Terminüberschreitung zur geplanten Zeit, Kritizität der Aktivität im Sinne der Netzplantechnik	Verbesserung der Terminüberprüfung und Terminverfolgung, Kapazitätsausweitung, Änderung von Prioritäten, Einführung von Punktlichkeitsprämien, Änderung der Produktionsplanung	Fertigungsfortschritts-kontrolle, Auftragserfassung, Versandlogistik
5.	Kapitalbindung in der Produktion	Produkte, Lagerorte	Wert des gebundenen Kapitals, Zinskosten	Änderung der Produktionsablaufplanung, Verbesserung der Fortschrittskontrolle	Fertigungsfortschritts-kontrolle, Lagerbestandsführung
6.	Ausbringung nach Qualitätsgesichts-punkten	Kapazitäten, Produktgruppe, Produkte, Zeit	Ausschußanteil, Anteil der zweiten Wahl	Änderung der Stücklisten, Gestaltung von Anreizsystemen	

Nr.					
7.	Verschnitt, Materialabfälle	Materialtyp, Kostenstelle	Prozentualer Anteil an Gutprodukten, verschwendete Kapazität	Änderung der Stücklisten, Änderung der Produktionsplanung und -steuerung	Lagerbestandsführung
8.	Materialverbrauchsabweichungen	Produktgruppen, Produkte, Kostenstellen	Mengen, Anteile an verbrauchter Menge, Kosten	Kostenkontrolle, Gestaltung von Anreizsystemen, Planung von Ersatzinvestitionen	Kostenträgerrechnung
9.	Reklamationen, Garantiefälle	Verursachende Stelle, Produktgruppen, Produkte	Zahl, Anteil an der Gutproduktion	Planung von Ersatzinvestitionen, Gestaltung von Anreizsystemen	Gutschrifterteilung
10.	Betriebsbereitschaft	Betriebsmittel, organisatorische Einheiten der Fertigung	Intervalle zwischen geplanter und ungeplanter Instandhaltung, Ausfallursachen und -kosten, durchschnittliche Warteschlange vor auf Instandhaltung wartenden Maschinen	Planung von Ersatzinvestitionen, Änderung der Instandhaltungsstrategie, Änderung von Prioritäten bei der Instandhaltungssteuerung	Instandhaltungsterminierung und -überwachung, Kostenstellenrechnung
11.	Zeitgrad (Leistungsgrad)	Mitarbeiter, Kostenstelle, Kostenstellengruppe	Verhältnis zwischen erzielter und vorgegebener Leistung im Leistungslohnsystem	Änderung der Mitarbeiterauswahl, des Entlohnungssystems oder der Vorgaben	Lohnabrechnung
12.	Arbeitszeitabweichung, Lohnabweichung	Produktgruppen, Produkte, Kostenstellen	Zeit, Kosten	Kostenkontrolle, Gestaltung von Anreizsystemen	Kostenträgerrechnung
13.	Leistungsaustausch zwischen Abteilungen	Liefernde und empfangende Kostenstelle	Mengen, Werte, Verrechnungspreise	Umorganisation, Festlegung von Verrechnungspreisen, Änderung der Relation Eigenfertigung/Fremdbezug	Lagerbestandsführung, Kostenstellenrechnung
14.	Sonstige Abweichungen der Fertigungskosten	Produktgruppen, Produkte, Kostenstellen	Mengen, Werte, Anteile an verbrauchter Mengen und Gesamtkosten	Gestaltung von Anreizsystemen, Änderung von Stücklisten	Kostenträgerrechnung
15.	Zusammensetzung der Betriebsmittel	Organisatorische Einheiten, Maschinentypen	Alter, Automationsgrad, technische Merkmale	Investitionspolitik	Anlagenbuchhaltung

10.2 Planungs- und Kontrollsysteme für divisionale Organisationen

Diesem Abschnitt zu Planungs- und Kontrollsystemen in Divisionalorganisationen soll die gleiche Darstellungsreihenfolge zugrunde gelegt werden, die wir für funktionale Organisationsstrukturen gewählt haben.

Zunächst werden daher wiederum wesentliche Merkmale divisionaler Organisationen umrissen (Abschnitt 10.2.1), bevor in Abschnitt 10.2.2 die vorherrschende Gliederungsform der Planungs- und Kontrollaufgaben eingehender beschrieben wird. Der institutionalen Dimension gelten die Ausführungen in Punkt 10.2.3, in dem Formen der Zuordnung von Planungs- und Kontrollaufgaben auf Entscheidungsträger in Divisionalorganisationen behandelt werden. Abschnitt 10.2.4 stellt schließlich die prinzipielle Struktur der IT-Unterstützung eines Planungs- und Kontrollsystems für idealtypische Divisionalorganisationen dar.

10.2.1 Merkmale divisionaler Organisationen

Divisionale Organisationsstrukturen weisen typischerweise die folgenden charakteristischen Eigenschaften auf:[277]

Grundlegendes Merkmal von Divisionalorganisation ist eine an Objekten orientierte Aufgabenteilung auf der Ebene unter der Unternehmensleitung. Die Divisionen – auch als Sparten oder Geschäftsbereiche bezeichnet – können nach Produkten, Kunden oder Regionen gebildet sein. Die Sparten können ihrerseits funktional gegliedert sein, d.h. sich intern als Funktionalorganisation darstellen, oder eine weitergehende objektorientierte Aufgabendifferenzierung aufweisen.

Es werden zwei Typen von Spartenorganisationen unterschieden:[278]

Eine *dezentrale* Divisionalorganisation zeichnet sich durch verhältnismäßig große und typischerweise produktorientiert gebildete Sparten mit heterogenem Produktprogramm aus. Mit dieser Organisationsstruktur wird das Ziel verfolgt, durch „Einrichtung eines unternehmensinternen effizienten Kapitalmarktes finanzwirtschaftliche Vorteile (*finanzielle Synergien*)"[279] zu realisieren. Die Geschäftsbereiche müssen hier um die (knappen) finanziellen Ressourcen (Kapital) konkurrieren, die von der Unternehmensleitung bereitgestellt werden. Zwischen den

---

[277] Vgl. Grochla, E. (Unternehmungsorganisation 1997²), S. 188; Frese, E. (Organisation 1998), S. 397 ff.; 436 ff.; Hoffmann, F. (Führungsorganisation 1980), S. 457; Kieser, A.; Kubicek, H. (Organisation 1992), S. 86 ff.; Bühner, R. (Spartenorganisation 1992), Sp. 2276 ff.; Picot, A.; Dietl, H.; Franck, E. (Organisation 1997), S. 236 ff.

[278] Vgl. Bühner, R. (Spartenorganisation 1992), Sp. 2278 f.; eine weitergehende Typisierung auf der Basis empirischer Untersuchung findet sich bei Allen, S. (Choices 1978), S. 345 ff.

[279] Bühner, R. (Spartenorganisation 1992), Sp. 2279.

einzelnen Geschäftsbereichen bestehen im Extremfall keine Leistungsverflechtungen und keine Entscheidungsinterdependenzen – mit Ausnahme derjenigen, die sich aus der Bereitstellung des knappen Kapitals ergeben.

Die erfolgreiche Umsetzung dieser Diversifikationsstrategie setzt eine weitgehende Spartenautonomie voraus. Insbesondere werden möglichst wenige Zentralbereiche für Querschnittsfunktionen eingerichtet, die die Spartenautonomie einschränken würden. So werden Zentralbereichen idealtypisch nur solche Aufgaben übertragen, die für das *Gesamt*unternehmen von grundlegender Bedeutung sind, wie die Finanzierung, das gesamtunternehmensbezogene Rechnungswesen (Gesamtabschluß und ggf. Konzernrechnungslegung), oder die Geschäftsfeldplanung. Die Struktur einer dezentralen Divisionalorganisation zeigt Abb. C-22.

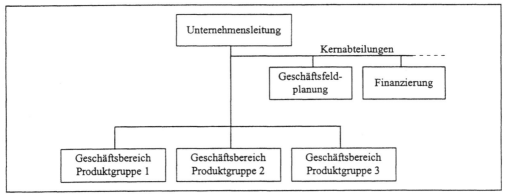

Abb. C-22: Beispiel einer produktorientierten Divisionalorganisation mit heterogenem Produktprogramm der Produktbereiche

Demgegenüber zeichnet sich eine *zentrale* Divisionalorganisation durch *homogene* Sparten aus, die dasselbe oder ein ähnliches Produktprogramm erstellen. Die Geschäftsbereiche können beispielsweise nach Absatzregionen gebildet sein. Eine solche Diversifikationsstrategie „zielt auf die Nutzung *operativer Synergievorteile*"[280]. Um diese Synergievorteile realisieren zu können, müssen – insbesondere ressourcenbezogene – Entscheidungsinterdependenzen zwischen den Sparten in Kauf genommen werden, auf die an späterer Stelle noch eingegangen werden soll.

Die daraus erwachsenden Koordinationsaufgaben werden Zentralbereichen übertragen. Anders als bei der dezentralen Divisionalorganisation beschränken sich die Zentralbereiche jedoch nicht auf die grundsätzlichen gesamtunternehmensbezogenen Aufgaben, sondern übernehmen auch die Koordination von Aktivitäten innerhalb und zwischen diesen Sparten. Sol-

---

280   Bühner, R. (Spartenorganisation 1992), Sp. 2279.

che zentralen Koordinationsabteilungen werden beispielsweise für die Beschaffungs- und Produktionsplanung eingesetzt. Daneben können Aufgaben, die – knappes und teures – technologisches Know-how erfordern, unter dem Aspekt der Ressourceneffizienz in zentralen „Servicebereichen" zusammengefaßt sein (z.B. zentrale IT-Abteilung, zentrale FuE-Abteilung).[281] Die zentralen Koordinierungsabteilungen sind gegenüber den Geschäftsbereichen oftmals mit sachlichen Anordungskompetenzen ausgestattet. Die Autonomie der Divisionen in zentralen Divisionalorganisationen ist damit verhältnismäßig gering.

Abb. C-22 skizziert das Organigramm einer Regionalorganisation, in der die drei Produktgruppen, die das Unternehmen führt, in allen Regionalbereichen angeboten und auch gefertigt werden (können).

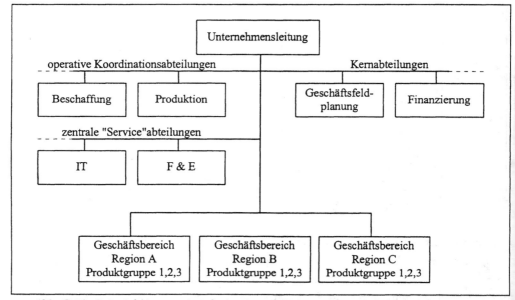

Abb. C-23: Beispiel einer regionalorientierten Divisionalorganisation mit homogenem Produktprogramm der Regionalbereiche

10.2.2 Differenzierung von Planungs- und Kontrollaufgaben

Auch für Divisionalorganisationen ist nun wiederum das Prinzip maßgeblich, das System der Teilplanungen und -pläne – und entsprechend die Kontrollen und Berichte – kongruent zur Organisationsstruktur und insbesondere zum vorrangigen Differenzierungsmerkmal zu glie-

---

[281] Vgl. so beispielsweise Frese, E. (Organisation 1998), S. 439 ff.

dern.[282] Neben den Planungen bzw. Plänen, die sich auf das Unternehmen insgesamt erstrekken, sind damit Divisionalplanungen zu unterscheiden, die – abhängig vom Differenzierungsmerkmal – produkt(gruppen)bezogen, kunden(gruppen)bezogen oder nach Regionen gegliedert sind.

Jeder Geschäftsbereich kann intern seinerseits funktional oder nach Objekten (z.B. Produkten) strukturiert sein. Innerhalb jedes Geschäftsbereichs sind damit grundsätzlich ebenfalls gesamtbereichsbezogene Planungen sowie strategische und operative Bereichsplanungen durchzuführen.

In Abb. C-24 ist die *prinzipielle* Struktur eines integrierten Planungssystems für Divisionalorganisationen nach *Hahn* dargestellt.[283] Hierbei wendet *Hahn* sein grundlegendes Konzept für Planungssysteme, das wir bereits in Abschnitt 10.1.2 eingehender dargestellt haben, auf Divisionalorganisationen an. Sowohl die Zentrale als auch die Geschäftsbereiche haben damit *grundsätzlich* – dies wird später noch zu relativeren sein – eine generelle Zielplanung, eine strategische und eine operative Planung sowie eine Ergebnis- und Finanzplanung durchzuführen. Für die gesamtunternehmensbezogene Ergebnis- und Finanzplanung ist es entscheidend, daß etwaige Lieferungs- und Leistungsbeziehungen zwischen den Sparten eliminiert werden (Konsolidierung)

Aus der Graphik wird deutlich, daß die Bereichsplanungen nebeneinander stehen und mit den entsprechenden Planungen der Zentrale koordiniert werden müssen. Dies deuten die waagerechten Kästen an. In welchem Umfang und welcher Form diese Abstimmung erfolgen sollte, wollen wir an späterer Stelle diskutieren. Aus darstellerischen Gründen nur angedeutet sind die aperiodischen Planungen (Projektplanungen), die als zusätzliche Dimension analog dem Grundkonzept sowohl auf der Ebene der Zentrale als auch auf Bereichsebene zu berücksichtigen sind.

---

282 Vgl. mit entsprechenden Verweisen Abschnitt 9.2.2.
283 Vgl. Hahn, D. (PuK 1996), S. 91, 95.

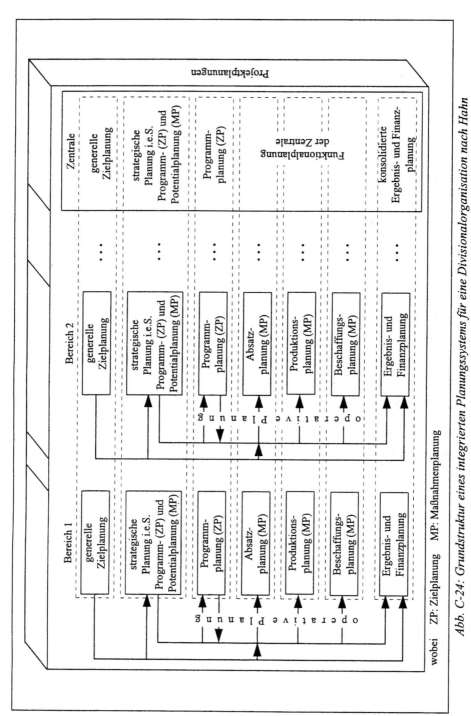

wobei   ZP: Zielplanung   MP: Maßnahmenplanung

Abb. C-24: Grundstruktur eines integrierten Planungssystems für eine Divisionalorganisation nach Hahn

Quelle: leicht modifiziert nach Hahn, D. (PuK 1996), S. 91, 95

Die Grundstruktur ist nunmehr für die verschiedenen Formen divisionaler Organisationen zu spezifizieren. Ein wesentlicher Einfluß geht hierbei von den Entscheidungsinterdependenzen zwischen den Geschäftsbereichen in dezentralen und zentralen Divisionalorganisationen aus:[284]

So bestehen zwischen den Geschäftsbereichen einer dezentralen Divisionalorganisation (produktorientierte Sparten mit heterogenem Produktprogramm, s. Abb. C-22) idealtypisch keine Entscheidungsinterdependenzen, die eine Koordination auf der *operativen Ebene* erforderten. Dies hat zur Konsequenz, daß eine unternehmensweite – d.h. alle Divisionen einbeziehende – operative Planung nicht erforderlich ist. Bezogen auf die Grundstruktur des integrierten Planungssystems in Abb. C-24 entfällt in dezentralen Divisionalorganisation die operative Planung der Zentrale. Die *operativen Planungsaufgaben erstrecken sich vielmehr nur auf die Divisionen.*[285]

Hingegen erfordern die Interdependenzen zwischen den Divisionen in einer zentralen Divisionalorganisation auch eine *Koordination auf der Ebene der operativen Planung.* Im Beispiel einer Regionalorganisation mit homogenem Produktprogramm der Regionalbereiche aus Abb. C-23 ist eine zentrale Produktionsprogrammplanung erforderlich, der abhängig von der *Beschäftigungssituation* unterschiedliche Ansätze zugrunde liegen:[286] Bei Vollbeschäftigung sind Optimierungsansätze erforderlich, um die von den einzelnen Bereichen zu erstellenden Produktmengen festzulegen; hierbei sind insbesondere auch die Transportkosten, die für etwaige Lieferungen zwischen den Geschäftsbereichen anfallen, und die Opportunitätskosten, bei grenzüberschreitenden Lieferungen auch Einfuhrzölle usw. zu berücksichtigen. Bei Unterbeschäftigung sind die Anlagen der Regionalbetriebe auszulasten, die die höchsten Deckungsbeiträge erzielen, wobei auch hier wiederum Transportkosten usw. in die Optimierung einzubeziehen sind.

Hiermit sind

- strategische Pläne sowohl für die Gesamtunternehmung als auch für die Geschäftsbereiche sowie
- operative Pläne für die Geschäftsbereiche und – in einer zentralen Divisionalorganisation – auch für die Gesamtunternehmung

zu erstellen.

Es erhebt sich mithin die Frage, wie die gesamt- und bereichsbezogenen strategischen und – in der zentralen Variante auch – die operativen Planungsaufgaben inhaltlich voneinander ab-

---

[284] Zur Charaktersierung der dezentralen und der zentralen Divisionalorganisation vgl. Abschnitt 10.2.1.

[285] Vgl. Hahn, D. (PuK 1996), S. 634, 636 ff.

[286] Vgl. Hahn, D. (PuK 1996), S. 713.

zugrenzen sind. Dieser Frage wollen wir im weiteren nachgehen, ohne daß damit bereits die Zuordnung dieser Planungsaufgaben auf Planungsträger diskutiert werden soll – dies geschieht im nachfolgenden Abschnitt.

Nach *Hahn* unterscheiden sich die Strategieplanungen der Zentrale und der Divisionen durch die *Perspektive*. So werden einmal beispielsweise die Geschäftsfelder aus Sicht der Gesamtunternehmung geplant: „Diese Geschäftsfeldplanung auf Unternehmungsebene betrachtet ... das gesamte Tätigkeitsfeld der Unternehmung als ein Portfolio von Geschäftsfeldern – bzw. als ein Portfolio von Gliedbetrieben –, von denen einzelne aufgegeben, neue hinzugefügt und bestehende Geschäftsfelder (Gliedbetriebe) in unterschiedlicher Weise weiterentwickelt werden können."[287] Besonders hervorzuheben ist in diesem Planungskomplex die Gestaltung der Anreizsysteme für die Führungskräfte, mit denen opportunistisches Verhalten der Bereichsmanager eingeschränkt werden soll, das vor allem in dezentralen Divisionalorganisationen als ein schwerwiegendes Problem angesehen wird.[288] Demgegenüber liegt der strategischen Planung einer Sparte eine auf das jeweilige Geschäftsfeld bezogene Sicht zugrunde, die sich damit nicht von der strategischen Gesamtplanung einer Funktionalorganisation unterscheidet.

In der zentralen Form einer Divisionalorganisation erstreckt sich die operative Planung über alle Sparten (z.B. Regionalbereiche), um so eine möglichst optimale gesamtunternehmensbezogene Koordination im Hinblick auf die ressourcenbezogenen Entscheidungsinterdependenzen zu erreichen. So wird – wie oben dargestellt – etwa die Produktions*programm*planung unternehmensweit durchgeführt. Die operative Planung der Sparten muß dann – neben der Abstimmung mit der zentralen Produktionsprogrammplanung – insbesondere die Produktions*ablauf*planung umfassen (z.B. Durchlaufterminierung, Maschinenbelegungsplanung).

Aus dem bisher Gesagten wurde bereits deutlich, daß sich die beiden hier unterschiedenen Formen von Divisionalorganisationen erheblich im Hinblick auf die in ihnen zu bewältigenden Planungsaufgaben und Koordinationsbedarfe unterscheiden. Dies schlägt sich in der Aufgabenzuordnung auf Planungsträger nieder. Im weiteren werden wir daher die institutionelle Sicht auf das Planungssystem für die dezentrale und die zentrale Organisationsvariante getrennt betrachten. Die Ausführungen gelten entsprechend jeweils für das (institutionale) Kontrollsystem.

---

[287] Hahn, D. (PuK 1996), S. 697.
[288] Vgl. hierzu ausführlich Picot, A.; Dietl, H.; Franck, E. (Organisation 1997), S. 241 ff.

10.2.3 Zuordnung auf Planungs- und Kontrollträger

10.2.3.1 Zuordnung in der dezentralen Divisionalorganisation

Einen wesentlichen Problembereich der Planungsorganisation in dezentralen Organisationen stellt insbesondere die Abstimmung zwischen gesamtunternehmensbezogenen und bereichsorientierten bzw. zwischen zentral und dezentral zu erstellenden Plänen dar. Auf der Basis der Erkenntnisse einer empirischen Untersuchung sprechen *Weber/Hamprecht/Goeldel* davon, daß eine solchermaßen integrierte Planung eher einem „Mythos" als der Realität entspricht.[289]

Im weiteren konzentrieren wir uns auf die Zuordnung der Planungsaufgaben, die eine Abstimmung zwischen zentralen und dezentralen Belangen erfordern. Nicht näher thematisiert wird hingegen die Aufgabenzuordnung innerhalb eines Geschäftsbereichs. (Diese „Binnenzuordnung" vollzieht sich nach den gleichen Gesichtspunkten, die in einer Funktional- oder eben in einer Divisionalorganisation gelten, nur auf einer nachgeordneten Ebene.)

Als Planungsträger kommen in einer dezentralen Divisionalorganisation insbesondere in Betracht:

- Leitung der Zentrale
- Leitung der Geschäftsbereiche
- Kernabteilungen der Zentrale: Geschäftsfeldplanung, Finanzierung usw.
- Unternehmenscontrolling
- Planungsabteilungen der Geschäftsbereiche
- Bereichscontrolling
- (sog. vertikale) Planungsausschüsse insbesondere bestehend aus Mitgliedern der zentralen Unternehmensleitung, der Leitung des Geschäftsbereichs sowie Mitglieder der übrigen vorstehend genannten Zentral- und Bereichsabteilungen für Planung und Controlling

Für die Zuordnung einzelner Planungsaufgaben, die im vorhergehenden Abschnitt – dem Konzept von *Hahn* folgend – umrissen wurden, erscheinen folgende Möglichkeiten zweckmäßig:

- *Zielplanung des Gesamtunternehmens und der Geschäftsbereiche*: Die generelle Zielplanung für die Gesamtunternehmung wird grundsätzlich von der Leitung der Gesamtunternehmung durchgeführt, wobei Zentralabteilungen (z.B. für die Geschäftsfeldplanung) und das Unternehmenscontrolling unterstützend mitwirken.[290] Allerdings können sich Abstimmungserfordernisse mit den Geschäftsbereichen ergeben. So ist es wenig sinnvoll, eine be-

---

289 Vgl. Weber, J.; Hamprecht, M.; Goeldel, H. (Planung 1997), S. 9 ff.
290 Vgl. so das Praxisbeispiel bei Ax, A.; Börsig, C. (Unternehmensplanung 1979), S. 899.

stimmte Eigenkapitalrendite als Ziel[291] vorzugeben, wenn diese – zumindest in der aktuellen Geschäftslage – von den Geschäftsbereichen nicht erreicht werden kann. Hier bestehen also wechselseitige Abhängigkeiten zwischen Unternehmens- und Bereichszielen, die sich institutional in entsprechenden (vertikalen) Planungsausschüssen niederschlagen sollten, an denen auch Führungskräfte der Geschäftsbereiche beteiligt sind.[292]

- *Strategische Planung des Gesamtunternehmens*: Für die strategische Planung aus Sicht des Gesamtunternehmens kommen grundsätzlich die gleichen Planungsträger wie für die – zuvor behandelte – Gesamtzielplanung in Betracht.

- *Strategische Planung der Geschäftsbereiche*: Die strategische Planung für die Geschäftsbereiche obliegt den Bereichen selbst. Sie sind im Rahmen der vorgegebenen generellen Zielvereinbarungen (z.B. Eigenkapitalrendite) weitgehend autonom.[293] Die Zentralabteilungen und das Unternehmenscontrolling übernehmen hier grundsätzlich nur *beratende* Funktionen, indem sie beispielsweise ggf. auf Konflikte mit der Gesamtzielsetzung hinweisen.[294]

- *Operative Planung der Geschäftsbereiche*: Die operative Planung obliegt den Geschäftsbereichen selbst. Für die Zuordnung der operativen Planungsaufgaben auf Planungsträger kommen grundsätzlich die gleichen Möglichkeiten in Betracht, die für Funktionalorganisationen bereits umrissen wurden oder für Divisionalorganisationen gelten, nur auf einer jeweils tiefer gelagerten Ebene.

- *Gesamtunternehmensbezogene und bereichsbezogene Ergebnis- und Finanzplanung*: Die Ergebnis- und Finanzplanung wird im Wechselspiel zwischen zentraler Planungsabteilung und Unternehmenscontrolling einerseits und Bereichsplanung und -controlling auf der anderen Seite erstellt. Naturgemäß sind Konsolidierungsarbeiten zentral durchzuführen.[295]

In Abb. C-25 ist die prinzipielle Zuordnung von Planungsaufgaben in einer dezentralen Divisionalorganisation skizziert, wie sie vorstehend beschrieben wurde.

---

[291] Auch bei dezentralen Divisionalorganisationen werden den Geschäftsbereichen zumindest Ergebnisziele vorgegeben.

[292] Vgl. z.B. Weber, J.; Hamprecht, M.; Goeldel, H. (Planung 1997), S. 10 f.

[293] Vgl. Weber, J. (Controlling 1998), S. 256 f.; Hahn, D. (PuK 1996), S. 699 f.; Ansoff, I. (State 1977), S. 18 f.

[294] Vgl. Zu den Ausgestaltungsmöglichkeiten dieser Beratungsfunktion Gaitanides, M. (Produktportfoliomanagement 1980), S. 71 ff.

[295] Vgl. hierzu ausführlich Hahn, D. (PuK 1996), S. 807 ff.

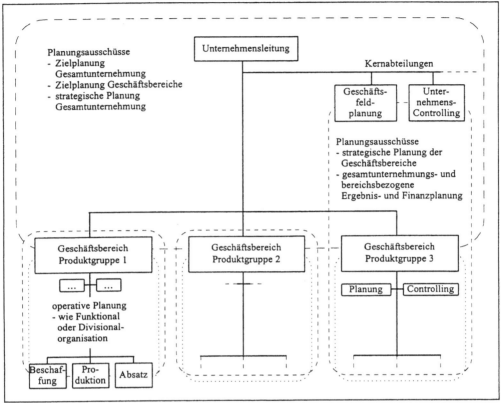

Abb. C-25: Prinzipskizze der Zuordnung von Planungsaufgaben auf Planungsträger in einer dezentralen Divisionalorganisation

10.2.3.2 Zuordnung in der zentralen Divisionalorganisation

In der zentralen Divisionalorganisation sind bei der Planungsorganisation Koordinationsbedarfe zwischen den Bereichen zu berücksichtigen. Dies schlägt in den durchzuführenden Planungsaufgaben und deren institutionaler Zuordnung nieder. Als Planungsträger kommen in einer zentralen Divisionalorganisation insbesondere in Betracht:

- Leitung der Zentrale
- Leitung der Geschäftsbereiche
- Kernabteilungen der Zentrale: Geschäftfeldplanung, Finanzierung usw.
- Zentrale Koordinierungsabteilung (in der Regel funktionsorientiert gebildet)
- Unternehmenscontrolling
- Führungskräfte von Funktionsabteilungen der Geschäftsbereiche
- Planungsabteilungen der Geschäftsbereiche

- Bereichscontrolling
- (sog. vertikale) Planungsausschüsse insbesondere bestehend aus Mitgliedern der zentralen Unternehmensleitung, der Leitung des Geschäftsbereichs sowie Mitgliedern der übrigen vorstehend genannten Zentral- und Bereichsabteilungen
- (sog. horizontale) Planungsausschüsse gebildet nach Funktionen und zusammengesetzt aus Mitgliedern der zentralen Unternehmensleitung, soweit sie auf den Funktionsbereich ausgerichtet sind, Führungskräften des jeweiligen Funktionsbereichs in den Geschäftsbereichen sowie Mitgliedern der übrigen oben genannten Zentral- und Bereichsorgane.

Die aus dem Konzept von *Hahn* folgenden Planungsaufgaben können dabei folgenden Planungsträgern zugeordnet werden:

- *Zielplanung des Gesamtunternehmens und der Geschäftsbereiche:* Diese Planungen werden grundsätzlich den gleichen Planungsträgern zugeordnet wie in dezentralen Spartenorganisationen (Zentrale Leitung, Zentralbereiche, Bereichsleitung, Planungsausschüsse).[296] Allerdings ist davon auszugehen, daß die generellen und strategischen Vorgaben an die Bereiche detaillierter sind als in der dezentralen Strukturvariante.

- *Strategische Planung des Gesamtunternehmens:* Für die strategische Planung aus Sicht des Gesamtunternehmens bieten sich wiederum grundsätzlich die gleichen Planungsträger an wie für die Gesamtzielplanung.

- *Strategische Planung der Geschäftsbereiche:* Die Zentrale – die Unternehmensleitung unterstützt durch Kern- und Koordinierungsabteilungen – übt einen erheblichen Einfluß auf die strategische Planung der Geschäftsbereiche aus. Im Extremfall werden die strategischen Pläne den Geschäftsbereichen zentral vorgegeben. In einer abgeschwächten Variante erarbeiten Zentral- und Bereichsorgane gemeinsam die strategischen Pläne. In jedem Fall ist die Bereichsautonomie bei der strategischen Planung gegenüber der dezentralen Divisionalorganisation stark eingeengt.

- *Gesamtunternehmensbezogene operative Planung:* Ein wesentliches Merkmal zentraler Divisionalorganisationen ist die unternehmensweite Koordination des Unternehmensgeschehens auf operativer Ebene. Zu diesem Zweck sind die zentralen Koordinierungsabteilungen eingerichtet (z.B. für die Beschaffungs- oder Produktionsplanung), an die damit vielfach auch Planungskompetenzen aus der funktionsbezogenen Planung der Sparten übergehen. Inwieweit die Funktionsbereiche der Sparten hieran mitwirken oder Vorschlagsrechte haben, ist unternehmensindividuell zu sehen. Horizontale Planungsausschüsse sollen hier die unternehmensweite Koordination unterstützen und insbesondere Detailwissen aus den jeweiligen Funktionsbereichen der Sparten in den Planungsprozeß tragen.

---

[296] Vgl. Abschnitt 10.2.3.1.

- *Operative Planung der Geschäftsbereiche*: Auf der Basis der zentral erstellten operativen Funktionspläne für die Sparte (z.B. dem Produktionsplan) werden die weiteren operativen Planungen in den Geschäftsbereichen (z.B. Produktionsablaufplanung) erstellt. Hierbei kommen grundsätzlich die Planungsträger in Betracht, die auch in Funktionalorganisationen an den funktionsbezogenen Planungen mitwirken.[297]

- *Gesamtunternehmensbezogene und bereichsbezogene Ergebnis- und Finanzplanung*: Auch in zentralen Divisionalorganisationen werden die Ergebnis- und Finanzplanungen wechselseitig zwischen zentralen Kernabteilungen einerseits und Bereichsorganen andererseits erstellt. Die Konsolidierung wird zentral durchgeführt.[298]

Empirsch erweist sich, daß in Spartenorganisationen die Bedeutung des Controlling im Rahmen der Planung wesentlich höher ist als in Funktionalorganisationen.[299]

Abb. C-26 zeigt die prinzipielle Zuordnung von Planungsaufgaben in einer dezentralen Divisionalorganisation.

---

[297] Vgl. Abschnitt 10.1.3.
[298] Vgl. hierzu ausführlich Hahn, D. (PuK 1996), S. 807 ff.
[299] Vgl. Küpper, H.-U.; Winckler, B.; Zhang, S. (Planungsverfahren 1990), S. 439.

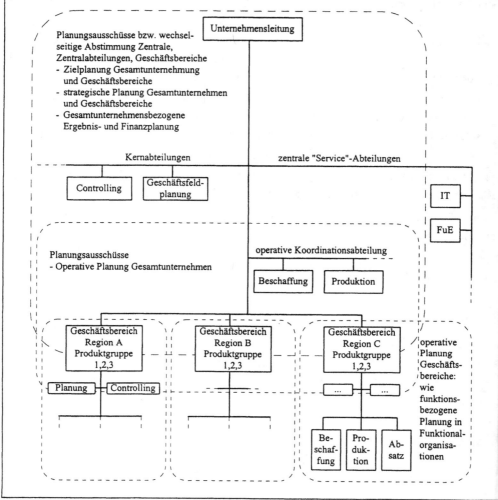

Abb. C-26: Prinzipskizze der Zuordnung von Planungsaufgaben auf Planungsträger in einer zentralen Divisionalorganisation

10.2.4 IT-Unterstützung für Planung und Kontrolle

Auch für Divisionalorganisationen sollen zunächst Merkmale der IT-Architektur dargestellt werden, die sich ergeben, wenn man das Gestaltungsziel eines organisationskompatiblen IT-Einsatzes verfolgt. In der weiteren Diskussion wird sich jedoch erweisen, daß mit der IT-Struktur unter dieser Maßgabe nur teilweise die ihr zuzuschreibenden Koordinationspotentiale realisiert werden können.

Um die Eigenschaften eines organisationskompatiblen IT-Einsatzes für Divisionalorganisationen zu bestimmten, ist – wie für Funktionalorganisationen – vornehmlich auf die horizontalen und vertikalen Informationsverflechtungen innerhalb der Organisationsstruktur abzustellen.[300] Hierbei gehen wir zunächst auf die dezentrale Divisionalorganisation ein.

Dezentrale Divisionalorganisation

Zwischen den Sparten einer dezentralen Divisionalorganisation bestehen idealtypisch keine Leistungsverflechtungen.[301] Horizontale Informationsflüsse, die die Abwicklung der materiellen Leistungserstellung und -verwertung auf administrativer Ebene begleiten oder diese steuern, vollziehen sich damit ausschließlich innerhalb der Geschäftsbereiche. Überträgt man die Argumentation, die in Abschnitt 10.1.4.1 für Funktionalorganisationen vorgetragen wurde, nun mit umgekehrten „Vorzeichen" auf dezentrale Divisionalorganisationen, sind hinsichtlich der Verteilung von IT-Komponenten *dezentrale* Lösungen zu wählen. Hierunter sei in diesem Zusammenhang insbesondere eine Architektur verstanden, in der beispielsweise die Daten, die in einem Geschäftsbereich anfallen, auch bei diesem in einer *Bereichsdatenbank* – und nicht gesamtunternehmenszentral – gespeichert werden. Damit wird das organisatorische Prinzip verteilter Datenhaltung, nämlich Daten dort zu halten, wo sie benötigt werden, am besten erfüllt. An eine solchermaßen verstandene dezentrale Datenhaltung knüpfen sich Konsequenzen hinsichtlich der Verteilung der Rechnerkapazitäten in der Organisation. Ob die Datenhaltung usw. innerhalb der Sparte zentral oder dezentralisiert erfolgt, hängt im Sinne des „organizational fit" von der Organisationsstruktur innerhalb des jeweiligen Geschäftsbereichs ab.

Für eine dezentrale IT-Struktur spricht auch in *vertikaler* Hinsicht die Denzentralisierung der Entscheidungskompetenzen. Wie zuvor beschrieben, obliegen die Zuständigkeiten für die operative und strategische Planung und Kontrolle den Sparten. Der – objektive –Informationsbedarf der Zentrale über die Geschäftsbereiche beschränkt sich insofern idealtypisch auf hochverdichtete Informationen (im Extremfall nur auf Ergebnis- und Liquiditätszahlen). Auch im Rahmen der konsolidierten gesamtunternehmensbezogenen Ergebnis- und Finanzplanung und -kontrolle liefe ein Zugriff der Zentrale auf detaillierte Bereichsdaten (z.B. einzelne Aktionen einer Produktionskostenstelle) der hohen Spartenautonomie entgegen.

Auch die anwendungsbezogenen und technischen Integrationsanforderungen[302] beschränken sich damit im wesentlichen auf die Geschäftsbereiche selbst, während unternehmensweite Standardisierungen usw. idealtypisch nicht erforderlich sind. Dementsprechend können auch

---

[300] Vgl. ausführlicher Wall, F. (Organisation 1996), S. 193 ff., 319 ff.
[301] Vgl. Abschnitt 10.2.1.
[302] Vgl. hierzu die Abschnitte 8.2.4 und 8.2.5.

die Kompetenzen für die Gestaltung der Informationssysteme (Systementwicklung, IT-Be-schaffung usw.) den Divisionen übertragen werden.[303]

Zur Führungsunterstützung der Unternehmensleitung und der Zentralbereiche sind – abgese-hen von unternehmensexternen Daten – aus den Geschäftsbereichen damit nur hochverdich-tete Daten bereitzustellen.[304] Im Hinblick auf MSS kommen für die Zentrale damit MIS für vornehmlich routinemäßige und strukturierte Berichte in Betracht[305] sowie EIS für unstruktu-rierte und strategische Entscheidungsprobleme (z.B. Planung des Geschäftsfeldportfolios). Hingegen sind DSS, die ihren Schwerpunkt definitionsgemäß im Bereich der quantitativen und OR-Verfahren haben, wohl nur für die Planungsaufgaben der Zentrale geeignet, die im Rahmen der Finanzplanung anfallen.

Die bisherigen Überlegungen zur Gestaltung der IT-Architektur für eine dezentrale Divisio-nalorganisation waren vornehmlich an der Organisationskompatibilität orientiert. Konkreter bedeutet dies, daß damit die IT-Architektur so ausgestaltet wird, daß sie hinsichtlich Vertei-lungs- und Integrationskonzept den durch die Organisationsstruktur vorgegebenen Informa-tionsflüssen Rechnung trägt. So werden die entscheidungsrelevanten Daten bzw. die jeweili-gen Zugriffsberechtigungen den Entscheidungskompetenzen entsprechend verteilt.

In dezentralen Divisionalorganisationen – mit ausgeprägter Delegation von Entscheidungs-kompetenzen – werden auf diese Weise jedoch die typischerweise bestehenden Informations-asymmetrien IT-mäßig „zementiert" und damit die bereits mehrfach angesprochenen hidden-information und hidden-action-Situationen verschärft.

Um die Gefahr opportunistischen Verhaltens der Bereichsleiter zu verringern, wären stattdes-sen in einer dezentralen Divisionalorganisation – gerade umgekehrt – möglichst zentrale Ver-teilungskonzepte zu realisieren. Dies würde beispielsweise bedeuten, daß die Zentrale einen Durchgriff auf die administrativen Originaldatenbanken der Sparten hätte. Weitere Ansatz-punkte, um mit dem gezielten IT-Einsatz Informationsasymmetrien zu verringern, haben wir in Abschnitt 9.1.3 beschrieben. Ob eine solche Architektur allerdings „durchsetzbar" wäre, d.h. beispielsweise auch tatsächliche *genutzt* würde, sei dahingestellt.

Hieraus wird ersichtlich, daß bei dezentralisierten Entscheidungskompetenzen, wie sie gerade dezentrale Divisionalorganisationen aufweisen, Zielkonflikte bei der Gestaltung der IT-Archi-tektur zwischen einer möglichst hohen Organisationskompatibilität und der Funktion des IT-Einsatzes, Informationsasymmetrien zu verringern, auftreten. Entscheidet man sich dafür, der

---

[303] Vgl. Mertens, P.; Knolmayer, G. (Organisation 1998), S. 49.

[304] Vgl. auch die Ausführungen zur erforderlichen Datenbasis und der funktionalen Struktur von MSS für ver-schiedene Konzernführungskonzeptionen bei Kraege, T. (Führungsinformationssysteme 1998), S. 523, 525.

[305] Vgl. Kraege, T. (Führungsinformationssysteme 1998), S. 524.

Verringerung von Informationsasymmetrien den Vorrang vor der Organisationskompatibilität einzuräumen, muß möglicherweise mit geringerer Akzeptanz und Nutzungsintensität der IT-Systeme[306] durch die Geschäftsbereiche gerechnet werden.[307]

Welche der konfliktären Gestaltungsmaximen für die IT-Architektur einer dezentralen Divisionalorganisation zugrunde zu legen ist, läßt sich kaum allgemeingültig sagen. Letztlich ist es gerade die Aufgabe des Controlling zu entscheiden, ob die Koordinationswirkungen des IT-Einsatzes genutzt werden sollen, um die bestehenden organisatorischen Strukturen zu bestätigen oder um ihnen bewußt entgegenzuwirken und auf diese Weise dezentrale Entscheidungsträger möglicherweise besser auf das Unternehmensgesamtziel hin zu koordinieren.

Zugleich wird deutlich, daß die angesprochenen Zielkonflikte bei der Gestaltung der IT-Architektur um so deutlicher zu Tage treten, je stärker Entscheidungskompetenzen dezentralisiert sind.

Zentrale Divisionalorganisation

Gegenüber der dezentralen Variante, in der die horizontalen und vertikalen Informationsflüsse zwischen den Bereichen bzw. zur Zentrale nur schwach ausgeprägt sind, weisen zentrale Divisionalorganisationen intensivere informationelle Verflechtungen auf.

Dies gilt unzweifelhaft für die Informationsflüsse zwischen Sparte und Zentrale. So führen die funktionalen Koordinierungsabteilungen in der Zentrale einen erheblichen Teil der operativen Planung und Kontrolle durch. Hierfür benötigen sie umfangreiches Datenmaterial aus den Sparten.[308] In der beispielhaft in Abb. C-23 skizzierten Organisation müssen für eine unternehmensoptimale Produktions- und Beschaffungsplanung in der Zentrale aktuelle Daten über die Kapazitätsauslastung der Anlagen der Regionalbereiche, die Lagerbestände an Halb- und Fertigfabrikaten sowie den Bestand an Kundenaufträgen jeweils aufgegliedert nach verschiedenen Merkmalen verfügbar sein. (Beispielhafte Aufgliederungsmöglichkeiten relevanter Informationen zeigen Tab. C-7 und Tab. C-8 für den Absatz- bzw. den Produktionsbereich.) Für unternehmensoptimale operative Planungen werden – wie bereits gesagt wurde – OR-Verfahren, insbesondere Optimierungsrechnungen eingesetzt. Anders als in der dezentralen Divisionalorganisation werden hier nun in der Zentrale in umfangreichem Maße auch DSS mit entsprechenden Modell- und Methodenbanken benötigt, die freilich durch MIS und für strategische Entscheidungen durch EIS zu ergänzen sind.[309]

---

306 Vgl. hierzu Abschnitt 9.3.4.
307 Vgl. Gluchowski, P.; Gabriel, R.; Chamoni, P. (MSS 1997), S. 213.
308 Vgl. auch Kraege, T. (Führungsinformationssysteme 1998), S. 523, 525.
309 Vgl. dazu Abschnitt 8.4.

Hinsichtlich der horizontalen Informationsverflechtungen zwischen den Regionalbetrieben lassen sich keine allgemeingültigen Aussagen treffen, denn diese werden maßgeblich von den Leistungsverflechtungen bestimmt, die starken Schwankungen unterliegen können, wie an unserem Beispiel aus Abb. C-23 kurz erläutert werden soll. Denn abhängig von der jeweiligen aktuellen Planungssituation werden die zentral erstellten Pläne Lieferungs- und Leistungsbeziehungen zwischen den Regionalbetrieben vorsehen oder nicht. Zu denken ist etwa an eine Unterbeschäftigungssituation, in der die Lagerbestände von Rohstoffen des nicht ausgelasteten Betriebs A an die Regionalgesellschaft B zu transferieren sind, um deren hocheffizient arbeitende Produktionskapazitäten (hohe Deckungsbeiträge) auszulasten; die erstellten Endprodukte sind an den Regionalbetrieb C zu liefern, um die bei diesem eingegangenen Kundenaufträge zu erfüllen. In anderen Auslastungssituationen sähen die operativen Pläne zweifellos andere Lieferbeziehungen zwischen diesen vor. Im Extremfall unterbleiben unternehmensinterne Lieferungen dann weitgehend. Welche Informationsverflechtungen zwischen den Regionalbetrieben bestehen, ist damit situationsabhängig.

Diese Überlegungen deuten zwar in Richtung einer Zentralisierung von Datenbeständen mit den entsprechenden Konsequenzen für die technische Infrastruktur.[310] Dem steht allerdings zumindest bei großen räumlichen Distanzen zwischen Zentrale und Regionaleinheiten Gesichtspunkte der technischen Effizienz entgegen; denn in unserem Beispiel werden die Daten in den Absatz- und Produktionsbereichen der Regionalbetriebe erzeugt und dort auch – je nach Beschäftigungssituation – für die operative Abwicklung der Leistungsprozesse benötigt; eine unternehmenszentrale Speicherung könnte hier erhebliche Datenübertragungskosten verursachen, abgesehen von etwaigen technischen Schwierigkeiten der Datenübertragung, wie z.B. einer unzureichenden Bandbreite.

Eindeutige Aussagen in Richtung einer zentralen oder dezentralen IT-Architektur können insofern nicht getroffen werden. Angemessen erscheint eher eine „hybride" Struktur, in der sowohl auf Bereichsebene als auch auf zentraler Ebene die entsprechenden Datenbestände – und im Gefolge auch Rechnerkapazitäten usw. – vorgehalten werden.[311] Welche Datenbestände repliziert (vervielfältigt) werden (was erhöhte Anstrengungen zur Vermeidung von Dateninkonsistenzen verlangt), welche Bestände unternehmenszentral vorgehalten werden und welche nur bei den Regionalbetrieben zu speichern sind, ist individuell zu entscheiden.

Aus dem Gesagten wird deutlich, daß in dieser IT-Architektur die technische Integration im Sinne von Standardisierungen aber auch die sachlich-inhaltliche Integration von Datenobjekten und Anwendungssystemen eine herausragende Rolle spielt. Die entsprechenden organisa-

---

[310] Vgl. Mertens, P; Knolmayer, G. (Organisation 1998), S. 49.
[311] Vgl. Hodgkinson, S. L. (IT Structures 1992).

torischen Koordinationsleistungen (z.B. Standardisierung der IT-Beschaffung, Einhaltung von Standards bei der Anwendungsentwicklung) sind von der zentralen IT-Abteilung zu erbringen. Sie ist damit nicht nur ein interner Dienstleister für die IT-Belange der Zentrale und der Regionalbetriebe sondern auch das wesentliche Koordinierungsorgan für den IT-Einsatz in der gesamten Unternehmung und insofern vergleichbar mit den funktionsbezogenen zentralen Koordinierungsabteilungen in Abb. C-23.

10.3 Planungs- und Kontrollsysteme für netzwerkartige Organisationsstrukturen?

In jüngerer Zeit werden zunehmend Organisationsformen diskutiert und in der Praxis erprobt, die auf einer weitreichenden Zusammenarbeit mehrerer rechtlich selbständiger Unternehmen beruhen. Grundlegende Merkmale zwischenbetrieblicher Kooperationen sind in Anlehnung an *Picot/Dietl/Franck*[312]

- Freiwilligkeit der Zusammenarbeit,
- Zusammenlegung von Ressourcen,
- vertragliche Vereinbarung der Zusammenarbeit.

Nach *Picot/Dietl/Franck* lassen sich Kooperationsformen, die der Reduzierung des Wettbewerbs und der Erhöhung der Marktmacht dienen (Kartelle), von solchen unterscheiden, die auf die gemeinsame Nutzung von *Ressourcen* zielen.[313]

Den Gegenstand der weiteren Ausführungen bilden komplexere *ressourcenorientierte* Kooperationsformen[314], die sich auf unternehmensübergreifende Wertschöpfungsketten richten. In diesem Zusammenhang werden vielfach auch (Mode-) Begriffe wie *Netzwerkorganisationen* und *Unternehmenssymbiosen* oder *virtuelle Unternehmen* und *modularisierte Unternehmen* verwendet. Nachfolgend sollen zunächst wesentliche Formen kooperativer Organisationsstrukturen umrissen werden (Abschnitt 10.3.1), bevor die besondere Rolle der Informationstechnik für diese Strukturen herausgearbeitet wird (Punkt 10.3.2). In den Abschnitten 10.3.3 und 10.3.4 werden grundlegende Fragen zu Planungs- und Kontrollsystemen für Netzwerkorganisationen diskutiert.

---

[312] Vgl. Picot, A.; Dietl, H.; Franck, E. (Organisation 1997), S. 123 f.

[313] Vgl. Picot, A.; Dietl, H.; Franck, E. (Organisation 1997), S.126 f.

[314] Zur Unterscheidung in einfache und komplexere ressourcenorientierte Kooperationsformen vgl. Picot, A.; Dietl, H.; Franck, E. (Organisation 1997), S. 133 ff., 140 ff.

10.3.1 Ausprägungsformen von Netzwerkstrukturen

Netzwerkartige Strukturen können grundsätzlich aus zwei verschiedenen „Bewegungsrichtungen" entstehen:[315]

Zum einen ist der Fall denkbar, daß Funktionen oder Geschäftsbereiche aus einem bestehenden Unternehmen konsequent ausgegliedert werden, so daß es zu einer „Substitution intern-hierarchischer Strukturen durch eine *Netzwerkorganisation*"[316] kommt. Ziel einer solchen Entwicklung ist nicht zuletzt die Reduzierung der Leistungstiefe und Konzentration auf die Kernkompetenzen des bereits bestehenden Unternehmens.

Zum anderen führt gerade das Ziel, sich auf die eigenen Kernkompetenzen zu konzentrieren, dazu, anstelle einer Integration zusätzlicher Funktionen oder dem Aufbau weiterer Geschäftsbereiche Kooperationen mit anderen Unternehmen einzugehen, „sofern rein marktlich organisierte Transaktionen den Anforderungen nicht genügen oder der Markt aus anderen Gründen ... versagt"[317].

Aus beiden Entwicklungen resultiert ein Unternehmungsnetzwerk, in dem „komplex-reziproke, eher kooperative denn kompetitive und relativ stabile Beziehungen zwischen rechtlich selbständigen, wirtschaftlich jedoch zumeist abhängigen Unternehmungen"[318] bestehen. Im Hinblick auf die vorrangig zum Einsatz kommende Koordinationsform nehmen Netzwerke damit eine Zwischenstellung zwischen marktlicher Koordination einerseits und den typischen unternehmensinternen Koordinationsformen (hierarchische Anweisungen oder Pläne[319]) andererseits ein, oder sehr verkürzt gesagt: Netzwerke stellen einen Mittelweg zwischen „Markt" und „Hierarchie" dar.

Um Netzwerke näher zu charakterisieren oder zu klassifizieren, lassen sich zahlreiche Merkmale heranziehen.[320] Eine Klassifikation richtet sich nach der *Stellung* der Netzwerkpartner im *Wertschöpfungsprozeß*: Von einem *vertikalen Netzwerk* ist die Rede, wenn die beteiligten Netzwerkpartner unterschiedlichen Stufen einer Wertschöpfungskette zuzuordnen sind. Ein „klassisches" Beispiel hierfür liefert die Automobilindustrie, in der die Zulieferer zwar – mehr oder weniger stark – in den Produktentstehungsprozeß eingebunden sind, aber der Automobilhersteller doch allein mit den Kunden in Kontakt tritt, die Zusammensetzung des Netzwerks

---

[315] Vgl. Sydow, J. (Unternehmungsnetzwerke 1995), S. 160.

[316] Sydow, J. (Unternehmungsnetzwerke 1995), S. 160.

[317] Sydow, J. (Unternehmungsnetzwerke 1995), S. 160.

[318] Sydow, J. (Netzwerke 1992), S. 82; vgl. ähnlich die Abgrenzung bei Miles, R. E.; Snow, C. C. (Organizations 1986), S. 64 f.

[319] Vgl. Miles, R. E.; Snow, C. C. (Organizations 1986), S. 65.

[320] Vgl. Picot, A.; Reichwald, R.; Wigand, R. T. (Unternehmung 1998), S. 281 ff.

bestimmt usw.[321] Hingegen sind die Partner in *horizontalen* Netzwerken der gleichen Stufe im Wertschöpfungsprozeß einer Branche zuzuordnen.[322] Vielfach handelt es sich um Partner, deren Produkte ähnliche Leistungsmerkmale aufweisen, oder deren Ressourcen (z.B. Forschungs- und Entwicklungseinrichtungen) sich synergetisch ergänzen.

In einer anderen Klassifikation unterscheidet man zwischen *strategischen* und *regionalen* Netzwerken. Für strategische Netzwerke sind folgende Merkmale typisch:[323]

- Das Netzwerk ist in erster Linie auf die dauerhafte Erschließung und Sicherung von Wettbewerbspotentialen gerichtet.
- Das Netzwerk wird von einer sog. fokalen Unternehmung strategisch geführt, das beispielsweise den zu bearbeitenden Markt festlegt.
- In dem Netzwerk arbeiten Unternehmen unterschiedlicher Größe zusammen. Die fokale Unternehmung ist eine (international tätige) Großunternehmung.
- Zwischen den Netzwerkpartnern bestehen stabile und dauerhafte Beziehungen.
- Die Netzwerkpartner sind räumlich und dabei auch international verteilt.
- Die Kooperationsbeziehungen sind eher formaler Natur. Die Netzwerkstruktur wird tendenziell bewußt gestaltet.

Demgegenüber sind regionale Netzwerke typischerweise durch folgende Merkmale gekennzeichnet.[324]

- Das Netzwerk umfaßt in erster Linie kleine und mittlere Unternehmen.
- Die Netzwerkpartner sind in der gleichen räumlichen Region angesiedelt.
- Das Netzwerk wird strategisch nicht durch eines der beteiligten Unternehmen geführt; Entscheidungen werden gemeinsam und/oder je nach Problemstellung in wechselnden Gruppen von Entscheidungsträgern getroffen.
- Zwischen den Unternehmen bestehen wechselnde Beziehungen; abhängig vom jeweils anstehenden Projekt oder der aktuellen Auftragslage arbeiten unterschiedliche Netzwerkpartner enger zusammen.
- Die Beziehungen entwickeln sich dynamisch im Laufe der Kooperation fort und haben eher informalen Charakter.

Die Idealtypen der strategischen und der regionalen Netzwerke überlagern sich in der Praxis jedoch vielfach.[325] So sind beispielsweise die Zulieferer eines Automobilherstellers – insbe-

---

[321] Vgl. Boucke, B.; Deutsch, O. (Unternehmensnetzwerke 1997), S. 33 f.

[322] Vgl. Picot, A.; Reichwald, R.; Wigand, R. T. (Unternehmung 1998), S. 281 f.

[323] Vgl. Sydow, J. (Unternehmungsnetzwerke 1995), S. 162 ff.

[324] Vgl. Sydow, J. (Unternehmungsnetzwerke 1995), S. 162 ff.

[325] Vgl. Sydow, J. (Unternehmungsnetzwerke 1995), S. 163.

sondere im Rahmen von Just-In-Time-Lieferbeziehungen – zum großen Teil in räumlicher Nähe zu diesem angesiedelt.

Als ein Grenzfall oder eine Sonderform netzwerkartiger Strukturen können die sog. *virtuellen* Unternehmen gesehen werden. Es handelt sich um eine Kooperation mehrerer Unternehmen, in der Güter oder Dienstleistungen arbeitsteilig, temporär und gestützt auf überbetriebliche Informationssysteme produziert und vertrieben werden, ohne daß die arbeitsteilige Leistungserbringung dem Kunden transparent ist; die einzelnen Unternehmen beteiligen sich dabei vor allem mit ihren Kernkompetenzen.[326] In jüngerer Zeit ist auch von virtuellen Märkten, virtuellen Organisationen oder virtuellen Büros die Rede.

Der Begriff der Virtualität weist dabei immer auf das „Fehlen von bestimmten physikalischen Attributen des ursprünglichen Objektes"[327] hin, wobei „die ursprünglich vorhandenen und zu virtualisierenden Verhaltensmerkmale realisiert" werden, was sich regelmäßig nur durch geeignete *zusätzliche* Maßnahmen – insbesondere des IT-Einsatzes – erreichen läßt. Im Fall des virtuellen Unternehmens „fehlen" beispielsweise ein gemeinsames juristisches Dach oder eine gemeinsame Verwaltungseinheit der beteiligten Unternehmen; dennoch tritt das Unternehmensnetzwerk als *einheitliches Unternehmen* gegenüber den Kunden auf. Dies setzt die verstärkte Nutzung ausgereifter Informationstechnologien für die zwischenbetriebliche Integration voraus.[328]

10.3.2 Zur IT-Architektur

Bereits an früherer Stelle wurde die große Bedeutung der IT für netzwerkartige und virtuelle Unternehmen hervorgehoben.[329] Die wohl wichtigste Funktion der Informationstechnik besteht in diesem Zusammenhang darin, den im Netzwerk kooperierenden Unternehmen eine Infrastruktur für die Abwicklung der unternehmensübergreifenden Geschäftsprozesse zur Verfügung zu stellen, oder anders ausgedrückt: mit Hilfe der IT kann eine Basis geschaffen werden, um die Informationsflüsse zwischen den Netzwerkpartnern – kostengünstig und schnell – abzuwickeln (*boundary spanning*).[330]

Dies läßt sich auch in Beziehung zur *Organisationskompatibilität* des IT-Einsatzes setzen. Die Informationsflüsse, die sich aufgrund der Kooperation zwischen den beteiligten Unternehmen ergeben (sollen), sind in einem entsprechenden Verteilungs- und Integrationskonzept der

---

[326] Vgl. ähnlich Sydow, J. (Unternehmungsnetzwerke 1995), S. 162; Behme, W. (Unternehmen 1995), S. 297; Scholz, C. (Organisation 1996), S. 208; Mertens, P. (Unternehmen 1994), S. 169.

[327] Scholz, C. (Organisation 1996), S. 204.

[328] Vgl. Szyperski, N; Klein, S. (Informationslogistik 1993), S. 187 ff.; Scholz, C. (Organisation 1996), S. 208.

[329] Vgl. Abschnitt 9.3.3.

[330] Vgl. Konsynski, B. R. (Control 1993), S. 119 ff.

netzwerkbezogenen IT-Architektur abzubilden. Oder anders gesagt: Der zwischenbetriebliche IT-Integrationsgrad muß um so höher sein, je enger die Zusammenarbeit – und je intensiver damit der Informationsaustausch – zwischen den Unternehmen innerhalb des Netzwerks ist.

Die Integration der IT-Architektur hat dabei zumindest auf folgenden Ebenen zu erfolgen:[331]

- *Technische Integration*: Eine Grundvoraussetzung für eine IT-basierte Kommunikation zwischen den Netzwerkpartnern sind leistungsfähige Datenübertragungsnetze. Zudem sollte es möglich sein, daß zwischen Anwendungssystemen verschiedener Netzwerkpartner über geeignete Schnittstellen Daten ausgetauscht werden können, d.h., die IT-Systeme der Netzwerkpartner sollten kompatibel zueinander sein.

- *Anwendungsbezogene Integration*: Hiermit sollen alle Aspekte umrissen werden, die sich auf eine logisch-inhaltliche Abstimmung der Daten, Funktionen und Programme der Netzwerkpartner beziehen, die in den Abschnitten 8.2.4.1 und 8.2.4.3 eingehender beschrieben wurden. Eine zwischenbetriebliche Datenintegration könnte beispielsweise durch Einrichtung einer gemeinsamen netzwerkweiten Datenbank erfolgen. Im Hinblick auf die Funktionsintegration kann es beispielsweise notwendig sein sicherzustellen, die Verfahren der Produktkalkulation oder die Varianten der Stücklistenverwaltung zu vereinheitlichen. In diesem Zusammenhang ist auch auf den Datenaustausch auf der Basis von EDI-Standards hinzuweisen, die die Struktur der ausgetauschten Informationen vereinheitlichen (z.B. Geschäftsdokumente wie Bestellungen oder Rechnungen).

- *Organisatorische Integration*: Aus der technischen und der anwendungsbezogenen Integration können zusätzliche Impulse für die notwendige organisatorische Integration erwachsen. Um die gemeinsame Wertschöpfungskette der beteiligten Netzwerkpartner zu optimieren, ist es erforderlich, die jeweiligen Aktivitäten aufeinander abzustimmen. Dies wird offensichtlich am Beispiel des Just-In-Time-Konzepts in der Automobilindustrie.

- *Institutionelle Integration*:
  Aus dem IT-Einsatz können zudem rechtliche Abstimmungsprozesse bis hin zu vertraglichen Vereinbarungen erwachsen. Beispielsweise kann es erforderlich sein festzulegen, welches der beteiligten Unternehmen bei nicht erfolgreicher Datenübertragung etwaige finanzielle Konsequenzen daraus zu tragen hat. Insbesondere aus der anwendungsbezogenen und organisatorischen IT-Integration können erhebliche Opportunismusrisiken erwachsen – beispielsweise uneingeschränkte Zugriffsberechtigung auf die eigene Datenbank durch andere Netzwerkpartner –, die mit Hilfe geeigneter vertraglicher Regelungen abgesichert werden müssen.

---

[331] Vgl. Bauer, S.; Stickel, E. (Netzwerkorganisationen 1998), S. 439 ff.; Picot, A.; Reichwald, R.; Wigand, R. T. (Unternehmung 1998), S. 295 ff.; Arnold, O.; Faisst, W.; Härtling, M.; Sieber, P. (Unternehmen 1995), S. 13 ff.

Welcher Anstrengungen es für eine solchermaßen integrierte IT-Architektur bedarf, wird maßgeblich auch von der „Bewegungsrichtung" abhängen[332], aus der das Unternehmensnetzwerk entsteht: So dürfte im Fall einer Zerlegung eines (Gesamt-) Unternehmens in mehrere rechtlich selbständige Unternehmen, die fortan im Netzwerk zusammenarbeiten, zumindest der technische und der anwendungsbezogene Integrationsgrad verhältnismäßig hoch sein. Demgegenüber sind bei einer Kooperation von zuvor unverbundenen Unternehmen schlechtestenfalls Integrationsanstrengungen über alle vier Ebenen hinweg erforderlich.

In virtuellen Unternehmen besitzt der IT-Einsatz nicht nur deshalb hohe Relevanz, weil so die Kooperation der beteiligten Unternehmen verbessert oder ermöglicht wird. Vielmehr dient die IT hier auch dem Zweck, das „fehlende" physische, räumliche oder rechtliche Merkmal zu ersetzen, dies etwa gegenüber dem Kunden intransparent zu machen und das Unternehmensnetzwerk nach außen wie ein „monolithisches" Unternehmen erscheinen zu lassen.

Als Beispiel kann ein rechtlich selbständiges *Call-Center* genannt werden, das für eine Fluggesellschaft Auskunftsdienste und Reservierungen übernimmt. Wenngleich der (prospektive) Fluggast die Telefonnummer der Fluggesellschaft wählt, wird der Anruf automatisch und für den Kunden völlig intransparent zum – räumlich möglicherweise weit entfernten – Call-Center weitergeleitet. Dieses kann nicht nur Flugscheine reservieren und verkaufen, sondern auch on-line den Stand der Abfertigung aktueller Flüge an sämtlichen Flughäfen abrufen und ggf. Auskünfte über Verspätungen usw. geben.

10.3.3 Netzwerkweite Planung und Kontrolle?

Wenngleich netzwerkartigen Organisationsformen in der jüngeren Zeit große Aufmerksamkeit zuteil wird, richtet sich der größte Teil der Forschungsergebnisse bislang in erster Linie auf Potentiale, begriffliche Grundlagen sowie vertragliche Vereinbarungen zwischen den beteiligten Unternehmen. Hingegen sind Fragen, die sich auf Planungs- und Kontrollsysteme – im hier abgegrenzten Sinn[333] – für netzwerkartige Organisationsstrukturen beziehen, vergleichsweise wenig und recht kontrovers diskutiert worden.

Zu diskutieren sind zumindest die folgenden grundlegenden Fragen:

1. Kann oder sollte es überhaupt netzwerkweite Planungen und Kontrollen geben?
2. Wenn ja, welche Planungs- und Kontrollaufgaben sind netzwerkweit zu erfüllen?

---

[332] Vgl. Abschnitt 10.3.1.

[333] Große Aufmerksamkeit wird – wie oben gesagt – der Frage zuteil, wie durch geeignete vertragliche Vereinbarungen opportunistisches Verhalten der beteiligten Unternehmen „unter Kontrolle" gehalten werden kann; vgl. z.B. Picot, A.; Reichwald, R.; Wigand, R. T. (Unternehmung 1998), S. 276. Damit sind aber in erster Linie Verhaltenskontrollen gemeint, und nicht die mit Planung eng zusammenhängenden Ergebnis- und Verfahrenskontrollen.

3. Wem sollten diese Planungs- und Kontrollaufgaben übertragen werden?

Während die ersten beiden Fragen sich vornehmlich auf die funktionale Dimension von Planungs- und Kontrollsystemen richten, gilt Frage 3 der institutionalen Dimension und soll in Punkt 10.3.4 behandelt werden.

ad 1) Netzwerkweite Planungen und Kontrollen überhaupt?

Planung und Kontrolle stellen – wie schon vielfach gesagt – aus organisatorischer Sicht ein Instrumentarium dar, um die arbeitsteilige Erfüllung von Aufgaben auf die Unternehmensziele hin zu koordinieren. Sollten also die Aktivitäten der beteiligten Netzwerkpartner mit Hilfe von Plänen abgestimmt werden?

Zu diskutieren ist in diesem Zusammenhang daher zunächst, ob Pläne eine Koordinationsform sind, die wesentlichen Merkmalen von Netzwerkstrukturen zuwiderläuft. Netzwerkstrukturen nehmen – wie bereits in Abschnitt 10.3.1 gesagt – eine Zwischenstellung zwischen „Markt" und „Hierarchie" ein. *Miles/Snow* räumen allerdings der marktlichen Koordination das Übergewicht ein: „The major functions are held together in the main by market mechanisms rather than plans and controls. Contracts and payment for results are used more frequently than progress reports and personal supervision"[334]. Die Bedeutung von Planungs- und Kontrollsystemen für ein Unternehmensnetzwerk ist hiernach im Vergleich zu den „klassischen" Unternehmensstrukturen deutlich geringer.

Dabei hat die Frage nach einer Netzwerkstrategie bzw. „kollektiven Unternehmensstrategie" in der Literatur die größte Beachtung erfahren. Fraglich ist etwa, ob die Netzwerkstrategie aus einem strategischen Planungsprozeß im hier abgegrenzten Sinn hervorgeht. Zu unterscheiden ist, ob ein Unternehmensnetzwerk nach einer bewußten Strategie handelt oder ob diese gewissermaßen unbeabsichtigt entsteht: „As individual organizational actions aggregate into interorganizational networks an unintended collective strategy emerges that none of the participating organizations could have foreseen" und weiter heißt es: „On the other hand a collective strategy can also be voluntary and unintended. Such a collective strategy results from the purposive collaboration of organizations attempting to manage their mutual interdependence"[335].

Als charakteristische Merkmale der Planung haben wir unter anderem den Rationalitäts- und den Gestaltungscharakter abgegrenzt. Es handelt sich danach um ein vorrangig methodisch-systematisches Vorgehen, das im Hinblick auf die Erreichung bestimmter Ziele abläuft und das künftige Geschehen gestalten soll.[336] Es ist offensichtlich, daß von einer *Planung im Sinn*

---

[334] Miles, R. E.; Snow, C. C. (Organizations 1986), S. 65.

[335] Bresser, R. K. F. (Strategies 1988), S. 376.

[336] Vgl. dazu Abschnitt 2.1.2.

eines methodisch-systematischen Vorgehens kaum bei einer unbeabsichtigten und emergent entstehenden Strategie gesprochen werden kann.

Auch wenn die relative Bedeutung eines Planungs- und Kontrollsystems in Netzwerkstrukturen – wegen der Bedeutung marktlicher Koordination quasi definitionsgemäß – geringer ist als in traditionellen Unternehmensformen, stellt sich die Frage nach den Vor- und Nachteilen netzwerkweiter Planungen und Kontrollen. Eng hiermit verbunden ist die Frage nach einem *Netzwerkcontrolling*, dem z.B. die Koordination der (Teil-) Pläne der Netzwerkpartner obläge.

Für netzwerkweite Planungs-, Kontroll- und Controllingaktivitäten können beispielsweise die folgenden Argumente angeführt werden:[337]

- Um die Positionierung des Netzwerks insgesamt am Markt vorzunehmen, bedarf es einer netzwerkbezogenen strategischen Planung. In manchen Branchen konkurrieren heute nicht mehr Einzelunternehmen miteinander sondern verschiedene Netzwerke. Ein Beispiel sind die Allianzen im Bereich der Fluggesellschaften. Derartige Netzwerkstrategien müssen auch nachgehalten werden.

- Die Zusammenarbeit von Netzwerkpartnern in einer gemeinsamen Wertschöpfungskette kann eine äußerst präzise Abstimmung der Leistungsprozesse, z.B. in verfahrenstechnischer und zeitlicher Hinsicht erfordern. Dies wird besonders augenfällig am Beispiel von Just-In-Time-Lieferbeziehungen. Diese enge Koordination ist ohne eine netzwerkweite Planung auf *operativer* Ebene nicht zu bewerkstelligen.

- In dem Maße wie die Planungen verschiedener Netzwerkunternehmen interdependent sind (z.B. im Just-In-Time-Konzept), ergibt sich ein *übergreifender* Abstimmungsbedarf etwa im Hinblick auf Planungsinhalte, Planungshorizonte oder Planungsmethoden. Diesen Koordinationsbedarf zu decken, ist eine Controllingaufgabe. Damit ist ein explizites und formales Controlling nötig.

Gegen netzwerkweite Planung, Kontrolle und Controlling sprechen die folgenden Aspekte:[338]

- Ein Ziel in Netzwerken sollte es sein, ohne zusätzlichen administrativen Aufwand auszukommen. Netzwerke funktionieren (insbesondere) durch Selbstorganisation. Netzwerkweite Planungs-, Kontroll- und Controllingaktivitäten können erheblichen zusätzlichen Aufwand („Overhead") mit sich bringen.

- Netzwerke sollten sich insbesondere durch ein hohes Maß an Flexibilität und Anpassungsfähigkeit an veränderte Umweltsituationen auszeichnen. Neue Netzwerkpartner mit anderen Kompetenzen und zusätzlichen Ressourcen sollten integriert werden können; andere

---

[337] Vgl. Scholz, C. (Controlling 1995), S. 182 ff.
[338] Vgl. z.B. Scholz, C. (Controlling 1995), S. 182 ff.

Netzwerkunternehmen sollten den Verbund verlassen können. Hierfür können Pläne ein zu „träges" Koordinationsinstrument sein.

Ob sich die Argumente zugunsten oder gegen netzwerkweite Planung und Kontrolle durchsetzen, läßt sich auf dem gegenwärtigen Stand der Diskussion nicht sagen und auch für die praktische Anwendung möglicherweise allgemeingültig gar nicht feststellen. Nachfolgend sollen – unter der Vorstellung, daß es sich bei einem Netzwerkunternehmen und virtuellen Unternehmen um „eine nach betriebswirtschaftlichen Grundprinzipien aufgebaute Organisation [handelt], die planvoll gestaltet marktbezogene Leistungen erbringen soll"[339] – spezifische netzwerkbezogene Planungs- und Kontrollaufgaben umrissen werden.

ad 2) Nähere Inhalte netzwerkweiter und netzwerkspezifischer Planungen und Kontrollen
Die Darstellung der Planungs- und Kontrollaufgaben, die sich auf ein Unternehmensnetzwerk insgesamt beziehen bzw. sich spezifisch aus der Netzwerkstruktur ergeben, soll in eine strategische und eine operative Ebene gegliedert werden. Die weiteren Überlegungen konzentrieren sich dabei auf die Planungsaufgaben; sie in entsprechender Weise auf die Kontrolle[340] zu übertragen.

Auf der strategischen Ebene sind für das Netzwerk insgesamt die grundlegenden Ziele („setting of objectives for the network as a whole"[341]) und Geschäftsfelder festzulegen. Orientiert man sich an der Grundstruktur eines Planungssystems nach *Hahn*, die wir in Abschnitt 10.1.2 eingehender beschrieben haben, kann dies der *generellen Zielplanung* zugeordnet werden. Diese setzt sich fort in der *strategischen Planung i.e.S.*, die für Netzwerke folgendermaßen umrissen werden kann: „This involves choosing all particular business objectives based on the attractiveness of alternative niches, and identifying methods of penetrating these niches in terms of the products/services to be offered, as well as the means of reaching the various customers with the products and/or services."[342] Wesentlich ist hierbei insbesondere auch, die Potentiale und Synergieeffekte abzuschätzen, die aus einer Kooperation im Netzwerk resultieren. In der Struktur des Planungssystems nach *Hahn* handelt es sich um die *Programmplanung* im Sinne einer Zielplanung auf der strategischen Ebene.

Hinzu tritt die *Potentialplanung* im Sinne einer strategischen Maßnahmen- und Ressourcenplanung. Wie in traditionellen Organisationsformen sind auch in Netzwerkorganisationen beispielsweise Personal- und Betriebsmittelplanungen durchzuführen. So kann sich bei der *Kapazitätsplanung* erweisen, daß die Forschungs-, Produktions- oder Transportkapazitäten der

---

339 Scholz, C. (Controlling 1995), S. 182.
340 Vgl. dazu auch Fußnote 333.
341 Lorange, P. (Planning 1988), S. 377.
342 Lorange, P. (Planning 1988), S. 377.

vorhandenen Netzwerkpartner nicht ausreichen, um die Produkt- und Marktstrategie umzusetzen. Denkbar ist auch, daß die spezifischen Kompetenzen im Netzwerk noch nicht ausreichend sind. Zur Potentialplanung im Netzwerk gehört es damit auch, ggf. den Bedarf nach
neuen Netzwerkmitgliedern zu ermitteln und die entsprechende Suche zu initialisieren. Im
Rahmen der netzwerkweiten Potentialplanung ist ferner die *IT-Infrastruktur* des Netzwerks zu
planen, die – wie in Abschnitt 10.3.2 dargelegt – eine wesentliche Grundlage für die Integration der einzelnen Unternehmen in der Netzwerkstruktur darstellt.

Die netzwerkweite Personal- und Betriebsmittelplanung läuft letztlich auch darauf hinaus, daß
die beteiligten Unternehmen Ressourcen für die gemeinsamen Projekte bereitstellen müssen:
„This phase typically tends to be the 'acid test' of whether the co-operative organisation will
have a realistic chance of succeeding. Too often, the many organisations tend to under-allo-
cate critical resources to the co-operative venture."[343] Besonders wichtig ist es nach *Lorange*,
in dem Plan genau festzulegen, welches Netzwerkmitglied welche Aktionen durchführt und
welche Ressourcen bereitstellt.[344] Tendenziell dürfte die Bereitschaft eines einzelnen Unternehmens, Ressourcen für die Netzwerkaktivitäten bereitzustellen, um so größer sein, je geringer die Beiträge zu den eigenen Zielen sind, die es mit einer Verwendung dieser Ressourcen
außerhalb der Kooperation erzielen kann.

Für jedes *einzelne Unternehmen* innerhalb des Netzwerks ergibt sich damit im Rahmen seiner
strategischen Planung die Notwendigkeit abzuschätzen, inwieweit es vorteilhaft ist, im Netzwerk zu verbleiben, das Engagement darin möglicherweise zu verstärken oder es zu verlassen.
Dem strategischen Bereich zuzuordnen sind auch Überlegungen, die sich auf die Vertrauens-
würdigkeit der anderen Netzwerkpartner und die Gefahr opportunistischen Verhaltens richten.
Um an einem Netzwerk teilnehmen zu können, sind spezifische Investitionen erforderlich.
Diese können beispielsweise darin bestehen, die eigenen IT-Systeme dahingehend „umzurü-
sten", daß der erforderliche zwischenbetriebliche Informationsaustausch stattfinden kann.
Möglicherweise ist jedoch die Preisgabe von Informationen (z.B. aus dem FuE-Bereich) an
andere Netzwerkpartner eine sehr viel höhere spezifische Investition.

Inwieweit auch auf *operativer Ebene* netzwerkweite Pläne erstellt werden oder sogar die operativen Pläne der beteiligten Netzwerkpartner koordiniert werden, hängt zweifellos maßgeblich davon ab, welcher Art die Kooperation im Netzwerk ist.

Ein extremes Beispiel sind die bereits mehrfach angesprochenen Just-In-Time-Konzepte.[345]
Diese verlangen eine „minutengenaue" Abstimmung zwischen Lieferanten und Kunden ent-

---

343 Lorange, P. (Planning 1988), S. 380.
344 Vgl. Lorange, P. (Planning 1988), S. 379 f.
345 Vgl. Picot, A.; Reichwald, R.; Wigand, R. T. (Unternehmung 1998), S. 298 ff.

lang der Wertschöpfungskette auf der operativen Ebene, die voraussetzt, daß auch die Kapazitätsplanung des Lieferanten sowie dessen Beschaffungs- und Logistikplanung mit den Plänen des abnehmenden Unternehmens koordiniert sind.

Einen anderen Extremfall bildet ein regionales Netzwerk aus kleinen spezialisierten Softwareentwicklungsunternehmen, die ihre Leistungen weitgehend unabhängig voneinander erbringen, sich aber über ihre Kundenkontakte und die spezifische Kenntnis der IT-Infrastruktur des Kunden gegenseitig Aufträge verschaffen. Eine netzwerkweite operative Planung ist in diesem Fall nicht erforderlich.

Hingegen erscheint eine gesamtunternehmensbezogene Ergebnis- und Finanzplanung in der Struktur *Hahns*[346] auf Netzwerkstrukturen nur in modifizierter Form übertragbar. Da die Unternehmen in einem Netzwerk unabhängig voneinander sind, können etwa ergebnisbezogene Ziele – anders als in divisionalen Unternehmensstrukturen – nicht verbindlich vorgegeben werden.[347] (Zudem dürften die Rechnungsverfahren und -systeme in den beteiligten Unternehmen oftmals zu unterschiedlich sein.) Auch eine Finanzplanung, die letztlich auf eine Liquiditätssicherung zielt, ist in einem Netzwerk kaum sinnvoll. Hingegen dürfte es von hohem Interesse sein, *gemeinsam durchgeführte Projekte* – z.B. gemeinsame Forschungsvorhaben – im Hinblick auf Ergebnisziele und auf den Liquiditätsbedarf zu planen und zu kontrollieren.[348] Insofern tritt an die Stelle einer gesamtunternehmensbezogenen Ergebnis- und Finanzplanung in Netzwerken eine *projektbezogene Ergebnis- und Liquiditätsplanung* für unternehmensübergreifende Projekte.

10.3.4 Mögliche Planungs- und Kontrollträger

In den bisherigen Ausführungen zu Planungs- und Kontrollsystemen haben wir uns in erster Linie auf die funktionale Dimension konzentriert, indem versucht wurde, eine inhaltliche Präzisierung der netzwerkweiten und netzwerkspezifischen Planungs- und Kontrollaufgaben zu geben. Nachfolgend steht die institutionale Dimension im Vordergrund, wobei wir uns wiederum – wie auch in den vorangegangenen Abschnitten – auf die Planung konzentrieren.

Eine grundlegende Überlegung, die losgelöst von der Plankoordination anzustellen ist, richtet sich hierbei darauf, ob in einem Netzwerk eine zentrale Koordinationsstelle eingerichtet wird. Im Idealtyp eines strategischen Netzwerks übernimmt die fokale Unternehmung „eine Art strategische Metakoordination der ökonomischen Aktivitäten"[349]. Auch wenn der Idealtypus

---

346 Vgl. Abschnitt 10.1.2.

347 Vgl. auch Sydow, J. (Networks 1991), S. 18.

348 Zur zeit-, ergebnis- und liquiditätsbezogenen Planung und Kontrolle von Projekten vgl. Hahn, D. (PuK 1996), S. 599 ff., insb. 617 ff.

349 Sydow, J. (Unternehmungsnetzwerke 1995), S. 163.

einer solchen Netzstruktur nicht vorliegt, kann es jedoch zweckmäßig sein, eine zentrale Koordinationsstelle einzurichten, um die von jedem beteiligten Unternehmen zu bewältigenden
Koordinierungsbeziehungen zu reduzieren, wie Abb. C-27 exemplarisch verdeutlicht. Die beteiligten Netzwerkpartner treten dann nur noch indirekt, nämlich über die Koordinationsstelle,
miteinander in Kontakt. Zu den Aufgaben der zentralen Koordinierungsstelle („Schaltbrett-
unternehmung"[350], „Broker"[351]) zählen die folgenden:[352]

- Abschluß und Aktualisierung von Kooperationsverträgen mit den einzelnen Unternehmen
- Überwachung der Einhaltung der vertraglichen Vereinbarungen
- Erfüllung zentraler Marketing- und Beschaffungsfunktionen
- Verteilung von Aufträgen im Netzwerk und damit Ausgleich von Auslastungsschwankun-
  gen der beteiligten Unternehmen

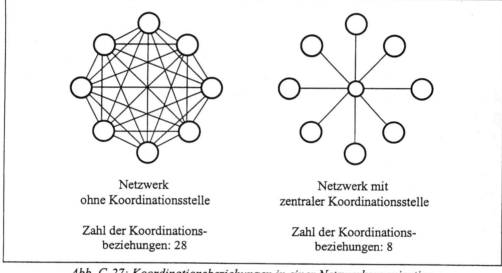

Netzwerk
ohne Koordinationsstelle

Netzwerk mit
zentraler Koordinationsstelle

Zahl der Koordinations-
beziehungen: 28

Zahl der Koordinations-
beziehungen: 8

Abb. C-27: Koordinationsbeziehungen in einer Netzwerkorganisation

Quelle: Picot, A.; Dietl, H.; Franck, E. (Organisation 1997), S. 149

Diese grundsätzlichen Strukturvarianten vorausgeschickt, erhebt sich mit Blick auf das Pla-
nungs- und Kontrollsystem insbesondere die Frage, wer die netzwerkweiten Planungs- und

---

[350] Vgl. Picot, A.; Dietl, H.; Franck, E. (Organisation 1997), S. 149.
[351] Vgl. Miles, R. E.; Snow, C. C. (Organizations 1986), S. 64 f.
[352] Vgl. Picot, A.; Dietl, H.; Franck, E. (Organisation 1997), S. 148 ff.; Miles, R. E.; Snow, C. C. (Organizations 1986), S. 64 f.

Kontrollaufgaben wahrnehmen könnte. Als Aufgabenträger für Planungsaufgaben kommen in einer Netzwerkstruktur in Betracht:

- die Geschäftsleitung *eines* Netzwerkunternehmens ggf. unter Beteiligung weiterer Mitglieder aus diesem Unternehmen (Unternehmensplanung, Controlling)

- die zentrale Planungs- oder Koordinierungsstelle („Netzwerkplanung", „Netzwerkcontrolling")

- Planungsausschüsse, bestehend aus Mitgliedern der Geschäftsleitung der jeweiligen Netzwerkpartner ggf. unter Beteiligung von Mitgliedern der jeweiligen Zentralabteilungen für Unternehmensplanung und/oder -controlling

- „horizontale" Planungsausschüsse bestehend aus Führungskräften aus den Funktions-/Geschäftsbereichen mehrerer/aller Netzwerkpartner ggf. unter Beteiligung der jeweiligen Unternehmens- und Funktionsplaner/-controller

- Mitglieder von Planungs- und Controllingabteilungen der einzelnen Unternehmen

Nachfolgend werden verschiedene Zuordnungsalternativen für die Planungsaufgaben, die in Abschnitt 10.3.3 umrissen wurden, diskutiert:

- *Generelle Zielplanung des gesamten Netzwerks:* Inwieweit an der generellen Zielplanung alle Unternehmen eines Netzwerks beteiligt sind, ist letztlich auch ausschlaggebend für die Frage, ob es eher dem Grundtyp des strategischen oder dem des regionalen Netzwerks entspricht. In dem einen Extremfall gibt die Geschäftsleitung der fokalen Unternehmung die grundsätzlichen Ziele vor. Hingegen handelt es sich bei Netzwerken, die nicht eindeutig von einem Unternehmen dominiert werden, um einen interaktiven Prozeß der Zielfindung, der auf einer breiten Mitwirkung aller beteiligten Unternehmen basieren sollte.[353] Dementsprechend sind die Planungsträger festzulegen: „A representative top management committee should be formed to work out the basic objectives for the network."[354] Möglicherweise wird es sich als zweckmäßig erweisen, Mitglieder von Planungs- oder Controllingabteilungen der einzelnen Unternehmen ebenfalls zu beteiligen.

- *Strategische Planung des gesamten Netzwerks:* Für die strategische Planung auf Netzwerkebene gelten grundsätzlich die gleichen Differenzierungen wie für die netzwerkbezogene Zielplanung. *Lorange* hebt hervor, daß gerade für diese Planungsaufgaben möglichst die kreativen Potentiale der Führungskräfte aller beteiligten Unternehmen genutzt werden sollten („group think tank"),[355] um eine Degeneration der strategischen Planung zu einem eher bürokratischen Akt[356] zu vermeiden. Für eine Beteiligung möglichst vieler Unterneh-

---

353 Vgl. Lorange, P. (Planning 1988), S. 377.
354 Lorange, P. (Planning 1988), S. 377.
355 Vgl. Lorange, P. (Planning 1988), S. 378.
356 Vgl. Weber, J.; Hamprecht, M.; Goeldel, H. (Planung 1997), S. 9 ff.

men und Führungskräfte an dieser Planungsaufgabe spricht zudem die Erwartung, dadurch die „Verpflichtung" der einzelnen Mitglieder zu erhöhen, die vereinbarten Aktionen durchzuführen und die zugesagten Ressourcen tatsächlich bereitzustellen.[357]

- *Zielplanung und strategische Planung einzelner Unternehmen innerhalb des Netzwerks*: Für diese Planungsaufgaben kommen die Organe in Betracht, die in den Abschnitten 10.1.3 und 10.2.3 für Funktional- bzw. Divisionalorganisationen genannt wurden. Dies sind – abhängig vom Grad der Entscheidungsdelegation – die Unternehmensleitung unterstützt durch zentrale Planungs- und Controllingabteilungen und obere Führungskräfte der Funktions-/Geschäftsbereiche. Da die Unternehmen im Netzwerk unabhängig sind, wirken andere Mitglieder des Netzwerks oder eine zentrale Koordinierungsstelle grundsätzlich nicht an der Planung einzelner Unternehmen mit.

- (Soweit erforderlich) *Operative Planung des gesamten Netzwerks*: Für operative Planungsaufgaben, die netzwerkweite Interdependenzen berücksichtigen, dürften grundsätzlich horizontale Planungsausschüsse in Betracht kommen, in denen insbesondere die Führungskräfte der Funktions-/Geschäftsbereiche der einzelnen Unternehmen ggf. unterstützt von Planungs- und Controllingspezialisten mitwirken. Dies hängt maßgeblich auch davon ab, welche Organisationsform das jeweilige Netzwerkunternehmen besitzt. Sofern in dem Netzwerk eine zentrale Koordinationsstelle eingerichtet ist, kann auch diese bei der operativen Planung mitwirken (z.B. wie oben angesprochen bei netzwerkweiten Beschaffungsaktivitäten).

- *Projektbezogene Ergebnis- und Liquiditätsplanung für unternehmensübergreifende Projekte*: Die Ergebnis- und Liquiditätsplanung für Projekte, die von mehreren im Netzwerk kooperierenden Unternehmen durchgeführt werden, muß gemeinsam von Planungs- und Controllingabteilungen der beteiligten Unternehmen ggf. im Wechselspiel mit einer netzwerkzentralen Koordinierungsstelle vorgenommen werden. So beschreibt *Männel* für Zuliefer-Abnehmer-Beziehungen in einem Netzwerk folgendes Szenario: „Die Partnerschaft gilt auch für das Controlling. Die Kostensteuerung im Rahmen einer Zuliefererbeziehung wird gemeinsam vom Controlling des Abnehmers und des Zulieferers gewährleistet."[358]

In Abb. C-28 sind die wesentlichen Züge einer Zuordnung von Planungsaufgaben auf Planungsträger für eine Netzwerkstruktur dargestellt, die eher die Merkmale eines regionalen Netzwerks aufweist und eine zentrale Koordinationsstelle aufweist.

---

[357] Vgl. dazu bereits Abschnitt 10.3.3.
[358] Männel, W. (Entwicklungen 1998), S. 6.

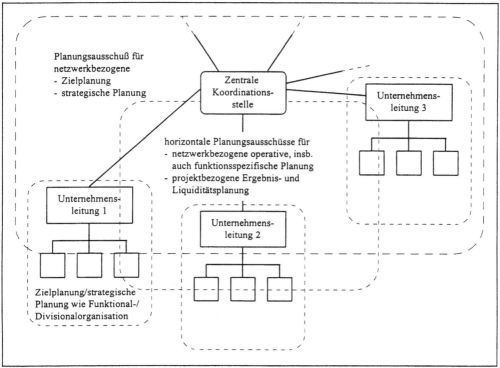

Abb. C-28: Prinzipskizze der Zuordnung von Planungsaufgaben in einer Netzwerkstruktur mit zentraler Koordinationsstelle

Insgesamt bestehen im Hinblick auf die Gestaltung des Planungs- und Kontrollsystems für Netzwerkstrukturen noch eine Reihe von offenen Fragen. Zu nennen ist hier etwa der Aspekt grundsätzlicher Art, inwieweit Pläne überhaupt ein geeignetes Koordinationsinstrument für Netzwerkstrukturen darstellen, das marktliche Koordinationsformen ergänzen oder ersetzen soll. Hier geht es letztlich darum, einen „optimalen Planungsgrad" für ein Netzwerk festzulegen. Dies stellt eine typische Aufgabe des Controlling dar, die es im Rahmen der systembildenden Koordination zu erfüllen hat. Antworten auf diese und andere Fragen werden nur mit Hilfe weiterer Forschungsanstrengungen und praktischer Erfahrungen zu geben sein.

10.4 Wiederholungs- und Vertiefungsfragen

1. Wie läßt sich ein Planungssystem allgemeingültig strukturieren? Welche zusätzlichen Informationen werden benötigt, um dieses Schema auf ein bestimmtes Unternehmen hin zu konkretisieren?

2. Wie unterscheiden sich IT-gestützte Planungs- und Kontrollsysteme in (typischen) Funktionalorganisationen von (typischen) Divisionalorganisationen?

3. Welche Überlegungen können bei der unternehmensspezifischen Bestimmung der Träger von Planung und Kontrolle eine Rolle spielen?

4. Nennen Sie Beispiele für Informationen, die im Rahmen von Absatzberichten erzeugt werden und für die Produktionsplanung weiterverwendet werden!

5. Auf welchem Detaillierungsgrad werden welche Informationen, die für die Produktionsplanung relevant sind, typischerweise in der Zentrale einer dezentralen und einer zentralen Divisionalorganisation benötigt?

6. In welchen Merkmalen der IT-Infrastruktur spiegeln sich die durch die organisatorische Differenzierung begründeten Informationsflüsse wider, wenn man dem Gestaltungsprinzip des „organizational fit" folgt?

7. Welche Schwierigkeiten bzw. Beweggründe können dazu führen, daß ein organisationskompatibler IT-Einsatz nicht gelingt bzw. nicht angestrebt wird?

8. Welche Merkmale können zur Unterscheidung von netzwerkartigen Strukturen herangezogen werden? Welche idealtypischen Netzformen kennen Sie?

9. Welche Funktionen kommt dem IT-Einsatz im Rahmen von Unternehmensnetzwerken und virtuellen Unternehmen zu?

10. Ist die Durchführung von netzwerkweiten Planungen ein Widerspruch in sich?

Literaturverzeichnis

Abel, B. (Informationsverhalten 1977): Problemorientiertes Informationsverhalten, Darmstadt 1977.

Adam, D. (Investitionscontrolling 1997): Investitionscontrolling, 2. Aufl, München/Wien 1997.

Albach, H. (Gutenberg 1997): Gutenberg und die Zukunft der Betriebswirtschaftslehre, in: ZfB, Jg. 67 (1997), S. 1257-1283.

Albach, H. (Koordination 1966): Die Koordination der Planung im Großunternehmen, in: ZfB, Jg. 36 (1966), S. 790-804.

Albach, H. (Unternehmensplanung 1969): Beiträge zur Unternehmensplanung, Wiesbaden 1969.

Albers, S. (System 1989): Ein System zur IST-SOLL-Abweichungs-Ursachenanalyse von Erlösen, in: ZfB, Jg. 59 (1989), S. 637-654.

Allen, S. (Choices 1978): Organizational Choices and General Management Influence Networks in Divisionalized Companies, in: Academy of Management Journal, Vol. 21 (1978), S. 341-365.

Ansoff, I. (Weak Signals 1976): Managing Suprise and Discontinuity – Strategic Response to Weak Signals, in: ZfbF 28 (1976), S. 129-152.

Ansoff, I. (State 1977): The State of Practice in Planning Systems, in: Sloan Management Review, Vol. 18 (1977) No. 2, S. 1-24.

Arnold, O. u.a. (Unternehmen 1995): Virtuelle Unternehmen als Unternehmenstyp der Zukunft, in: HMD, Bd. 185 (1995) , S. 8-23.

Arnold, O.; Faisst, W.; Härtling, M.; Sieber, P. (Unternehmen 1995): Virtuelle Unternehmen als Unternehmenstyp der Zukunft, in: HMD, Bd. 185/1995, S. 8-23.

Attewell, P.; Rule, J. (Computing 1984): Computing and Organizations: What We Know and What We Don´t Know, in: CACM, Vol. 27 (1984), S. 1184-1192.

Ax, A.; Börsig, C. (Unternehmensplanung 1979): Praxis der integrierten Unternehmensplanung: Planungsphilosophie und Planungssystem des Unternehmens Mannesmann, in: ZfbF, Jg. 31 (1997), S. 894-925.

Baetge, J. (Bilanzanalyse 1998): Bilanzanalyse, Düsseldorf 1998.

Bahlmann, A. R. (Informationsbedarfsanalyse 1982): Informationsbedarfsanalyse für das Beschaffungsmanagement. Betriebswirtschaftliche Schriften zur Unternehmensführung, Bd. 41: Betriebliche Logistik, Gelsenkirchen 1982.

Baldenius, T.; Reichelstein, S. (Verrechnungspreise 1998): Alternative Verfahren zur Bestimmung innerbetrieblicher Verrechnungspreise, in: ZfbF, Jg. 50 (1998), S. 236-259.

Baldwin, R. H. (Investment 1959): How to Assess Investment Proposals, in: HBR, Vol. 37 (1959), May-June, S. 98-104.

Bamberg, G.; Baur, F. (Statistik 1996): Statistik, 9. Aufl., München 1996.

Bamberg, G.; Coenenberg, A. G. (Entscheidungslehre 1996): Betriebswirtschaftliche Entscheidungslehre, 9. Aufl., München 1996.

Barrett, M. E.; Fraser, L. B. (Budgeting 1977): Conflicting Roles in Budgeting for Operations, in: HBR, Vol. 55 (1977), July-August, S. 137-146.

Bartram, P. (Kommunikation 1969): Die innerbetriebliche Kommunikation, Berlin 1969.

Bauer, S.; Stickel, E. (Netzwerkorganisationen 1998): Auswirkungen der Informationstechnologie auf die Entstehung kooperativer Netzwerkorganisationen, in: WI, Jg. 40 (1998), S. 434-442.

Baumgartner, B. (Controller-Konzeption 1980): Die Controller-Konzeption: Theoretische Darstellung und praktische Anwendung, Bern/Stuttgart 1980.

Becker, W.; Benz, K. (Effizienz-Verständnis 1997): Effizienz-Verständnis und Effizienz-Instrumente des Controlling, in: DBW, Jg. 57 (1997), S. 655-671.

Behme, W. (Unternehmen 1995): ZP-Stichwort: Virtuelle Unternehmen, in: ZP, Jg. 6 (1995), S. 297-300.

Berger, U.; Bernhard-Mehlich, I. (Entscheidungstheorie 1995): Die Verhaltenswissenschaftliche Entscheidungstheorie, in: Kieser, A. (Hrsg.): Organisationstheorien, Stuttgart 1993, S. 123-153.

Berndt, R. (Marketing 1996): Marketing 1: Käuferverhalten, Marktfoschung und Marketing-Prognosen, 3. Aufl., Berlin u.a. 1996.

Bertalanffy, L. v. (Theory 1968): General Systems Theory, New York 1968.

Berthel, J. (Information 1984): Stichwort „Information", in: Grochla, E.; Wittmann, W. (Hrsg.): Handwörterbuch der Betriebswirtschaftslehre, 4. Aufl., Stuttgart 1984, Sp. 1865-1873.

Berthel, J. (Informationssysteme 1975): Betriebliche Informationssysteme, Stuttgart 1975.

Berthel, J. (Zielkonzeptionen 1973): Zur Operationalisierung von Unternehmungs-Zielkonzeptionen, in: ZfB, Jg. 43 (1973), S. 29-58.

Berthel, J., (Informationsbedarf 1992): Stichwort „Informationsbedarf", in Frese, E. (Hrsg.): Handwörterbuch der Organisation, 3. Aufl., Stuttgart 1992, Sp. 872-886.

Biethahn, J.; Mucksch, H.; Ruf, W. (Entwicklungsmanagement 1997): Ganzheitliches Informationsmanagement. Bd. 2: Entwicklungsmanagement, 2. Aufl., München/Wien 1997.

Biethahn, J.; Mucksch, H.; Ruf, W. (Informationsmanagement 1994): Ganzheitliches Informationsmanagement. Bd. 1: Grundlagen, 3. Aufl., München/Wien 1994.

Blau, P. M.; Schoenherr, R. A. (Organizations 1971): The Structure of Organizations, New York 1971.

Bleicher, K. (Konzept 1992): Das Konzept Integriertes Management, 2. Aufl., Frankfurt/New York 1992.

Bleicher, K.; Hahn, D. (Organisationsplanung 1980): Organisationsplanung, in: ZfbF, Jg. 32 (1980), S. 361-369.

Blohm, H. u.a. (Produktionswirtschaft 1987): Produktionswirtschaft, Herne/Berlin, 1987.

Blohm, H.; Lüder, K. (Investition 1995): Investition: Schwachstellenanalyse des Investitionsbereichs und Investitionsrechnung, 8. Aufl., München 1995.

Boar, B. H. (Client/Server 1993): Implementing Client/Server Computing: A Strategic Perspective, New York u.a. 1993.

Bode, J. (Information 1993): Betriebliche Produktion von Information, Wiesbaden 1993.

Bode, J. (Informationsbegriff 1997): Der Informationsbegriff in der Betriebswirtschaftslehre, in: ZfbF, Jg. 49 (1997), S. 449-468.

Bohr, K.; Saliger, E. (Konzeptionen 1983): Konzeptionen betriebswirtschaftlicher Planung und ihre gegenseitigen Beziehungen, in: ZfbF, Jg. 35 (1983), S. 963-985.

Boucke, B.; Deutsch, O. (Unternehmensnetzwerke 1997): Unternehmensnetzwerke bilden und betreiben, in: gdi impuls, Jg. 15 (1997), Nr. 4, S. 31-39.

Braun, G. E.; Beckert, J. (Funktionalorganisation 1992): Stichwort „Funktionalorganisation", in: Frese, E. (Hrsg.): Handwörterbuch der Organisation, 3. Aufl., Stuttgart 1992, Sp. 640-655.

Bresser, R. K. F. (Strategies 1988): Matching Collective and Competitive Strategies, in: Strategic Management Journal, Vol. 9 (1988), S. 375-385.

Brönimann, C. (Kommunikationssystem 1970): Aufbau und Beurteilung des Kommunikationssystems von Unternehmungen, Bern/Stuttgart 1970.

Bühner, R. (Spartenorganisation 1992): Stichwort „Spartenorganisation", in: Frese, E. (Hrsg.): Handwörterbuch der Organisation, 3. Aufl., Stuttgart 1992, Sp. 2274-2287.

Buhr, R. J. A.; Woodside, C. M. (Planning 1977): Macroscopic Economic Planning Models for Distributed Information Systems, in: INFOR, Vol. 15 (1977), S. 204-228.

Buitendam, A. (Perspective 1987): The Horizontal Perspective of Organization Design and New Technology, in: Pennings, J. M.; Buitendam, A. (Hrsg.): New Technology as Organizational Innovation, Cambridge, Mass. 1987, S. 59-86.

Buzzle, R. D.; Bradeley, T. G. (PIMS-Programm 1989): Das PIMS-Programm - Strategien und Unternehmenserfolg, Wiesbaden 1989.

Camillus, J. C.; Grant, J. H. (Planning 1980): Operational Planning: The Integration of Programming and Budgeting, in: Academy of Management Review, Vol. 5 (1980), S. 369-379.

Ceri, S.; Pelagatti, G. (Databases 1988): Distributed Databases: Principles & Systems, 3. Aufl., New York u.a. 1988.

Chamoni, P.; Gluchowski, P. (Entwicklungstendenzen 1997): Organisatorische Aspekte bleiben meist außen vor: Entwicklungstendenzen und Perspektiven der OLAP-Technologie, in: Computerwoche Focus, Nr. 2, 6. Juni 1997, S. 24-26.

Chandler, A. D. (Strategy 1962): Strategy and Structure: Chapters in the History of Industrial Enterprise. Cambridge, Mass./London 1962.

Charnes, A.; Cooper, W. W. (Optimization 1977): Goal Programming and Multiple Objective Optimization, in: European Journal of Operations Research, Vol. 1 (1977), S. 39-54.

Codd, E. F.; Codd, S. B.; Salley, C. T. (OLAP 1993): Providing OLAP to User-Analysts: An IT Mandate, White Paper, o.O. (im Internet z. B. unter www.hyperion.com) 1993.

Coenenberg, A. (Kommunikation 1966): Die Kommunikation in der Unternehmung, Wiesbaden 1966.

Coenenberg, A.; Baum, H.-G. (Controlling 1987): Strategisches Controlling, Stuttgart 1987.

Corsten, H. (Produktionswirtschaft 1998): Produktionswirtschaft: Einführung in das industrielle Produktionsmanagement, 7. Aufl., München 1998.

Dambrowski, J. (Budgetierungssysteme 1986): Budgetierungssysteme in der deutschen Unternehmenspraxis, Darmstadt 1986.

Date, C. J. (Database 1986): Relational Database, Reading, Mass. u.a. 1986.

Dellmann, K. (Controlling 1990): Operatives Controlling durch Erfolgsspaltung, in: Controlling, Jg. 2 (1990), S. 4-11.

Dellmann, K. (Systematisierung 1992): Eine Systematisierung der Grundlagen des Controlling, in: Spremann, K.; Zur, E. (Hrsg.): Controlling: Grundlagen - Informationssysteme - Anwendungen, Wiesbaden 1992, S. 113-140.

Dietl, H. (Institutionen 1991): Institutionen und Zeit, Tübingen 1991.

Dietz, A. (Reflexionen 1997): Reflexionen über die „Grundlagen der Betriebswirtschaftslehre" anläßlich des hundertsten Geburtstags von Erich Gutenberg, in: ZfbF, Jg. 49 (1997), S. 1066-1083.

DIN Deutsches Institut für Normung e.V. (Hrsg.) (Informationsverarbeitung 1985): DIN 44 300 Informationsverarbeitung. Berlin 1985.

DIN Deutsches Institut für Normung e.V. (Hrsg.) (Wertanalyse 1987): DIN 69 910 Wertanalyse, Berlin 1987.

Dinkelbach, W. (Sensitivitätsanalysen 1969): Sensitivitätsanalysen und parametrische Programmierung, Heidelberg 1969.

Djanani, C.; Schöb, O. (Erlösrechnung 1997): Grundlagen der Kosten- und Erlösrechnung, Stuttgart 1997.

Domschke, W.; Drexl; A. (Operations Research 1998): Einführung in Operations Research, 4. Aufl., Berlin u.a. 1998.

Drumm, H. J. (Organisationsplanung 1992): Stichwort „Organisationsplanung", in: Frese, E. (Hrsg.): Handwörterbuch der Organisation, 3. Aufl., Stuttgart 1992, Sp. 1589-1602.

Drumm, H. J. (Verrechnungspreisbildung 1973): Zu Stand und Problematik der Verrechnungspreisbildung in deutschen Industrieunternehmungen, ZfbF-Sonderheft Nr. 2, Jg. 25 (1973), S. 91-107.

Dunst, K. D. (Einflußfaktoren 1989): Stichwort „Strategische Einflußfaktoren", in: Szyperski, N. (Hrsg.): Handwörterbuch der Planung, Stuttgart 1989, Sp. 1893-1903.

Dusemond, M.; Küting, K. (Konzernkostenrechnung 1994): Grundsätzliche Überlegungen zu einer eigenständigen Konzernkostenrechnung, in: krp, Jg. 38 (1994), S. 245-252.

Eccles, R. G. (Control 1983): Control with fairness in transfer pricing, in: HBR, Vol. 61 (1983), November-December, S. 149-161.

Egelhoff, W. G. (Strategy 1982): Strategy and Structure in Multinational Corporations: An Information Processing Approach, in: ASQ, Vol. 27 (1982), S. 435-458.

Ehrenberg, D.; Heine, P. (MSS 1998): Konzept zur Datenintegration für Management Support Systeme auf der Basis uniformer Datenstrukturen, in: WI, Jg. 40 (1998), S. 503-512.

Engelhardt, H. W. (Lebenszyklusanalyse 1989): Stichwort „Produkt-Lebenszyklus- und Substitutionsanalyse", in: Szyperski, N. (Hrsg.): Handwörterbuch der Planung, Stuttgart 1989, Sp. 1591-1602.

Enslow, P. H. (Data 1978): What is a „Distributed" Data Processing System?, in: IEEE Computer, Vol. 11 (1978), S. 13-21.

Ewert, R. (Controlling 1992): Controlling, Interessenkonflikte und asymmetrische Information, in: BFuP, Jg. 46 (1992), S. 277-303.

Ewert, R.; Wagenhofer, A. (Unternehmensrechnung 1997): Interne Unternehmensrechnung, 3. Aufl., Berlin u.a. 1997.

Fandel, G. (Entscheidung 1972): Optimale Entscheidung bei mehrfacher Zielsetzung, Berlin u.a. 1972.

Fandel, G. (Unternehmensplanung 1983): Begriff, Ausgestaltung und Instrumentation der Unternehmensplanung, in: ZfB, Jg. 53 (1983), S. 479-508.

Ferstl, O.; Sinz, E. (Wirtschaftsinformatik 1998): Grundlagen der Wirtschaftsinformatik, Bd. 1, 3. Aufl., München/Wien 1998.

Franken, R. (Materialwirtschaft 1984): Materialwirtschaft. Planung und Steuerung des betrieblichen Materialflusses, Stuttgart u.a. 1984.

Franz, K. P. (Kostenbeeinflussung 1992): Moderne Methoden der Kostenbeeinflussung, in: krp, Jg. 36 (1992), S. 127-134.

Freidank, C.-C. (Kostenrechnung 1997): Kostenrechnung, 6. Aufl., München/Wien 1997

Freidank, C.-C. (Rechnungslegungspolitik 1998): Zielformulierungen und Modellbildungen im Rahmen der Rechnungslegungspolitik, in: Freidank, C.-C. (Hrsg.): Rechnungslegungspolitik. Eine Bestandsaufnahme aus handels- und steuerrechtlicher Sicht, Berlin u.a. 1998, S. 85-153.

Freiling, C. (Überwachung 1978): Systeme unternehmungsinterner Überwachung, in: WiSt, Jg. 7 (1978), S. 297-301.

Frese, E. (Organisation 1998): Grundlagen der Organisation, 7. Aufl., Wiesbaden 1998.

Frese, E. (Organisationstheorie 1992): Organisationstheorie: Historische Entwicklung - Ansätze - Perspektiven, 2. Aufl., Wiesbaden 1992.

Fry, L. W. (Research 1982): Technology-Structure Research: Three Critical Issues, in: Academy of Management Journal, Vol. 25 (1982), S. 532-552.

Fürtjes, H.-T. (Planungsorgane 1989): Stichwort „Planungsorgane", in: Szyperski, N. (Hrsg.): Handwörterbuch der Planung, Stuttgart 1989, Sp. 1464-1468.

Gabele, E. (Unternehmensstrategie 1979): Unternehmungsstrategie und Organisationsstruktur, in: ZfO, Jg. 48 (1979), S. 181-190.

Gabriel, R. (Systeme 1992): Wissensbasierte Systeme in der betrieblichen Praxis, Hamburg/New York 1992.

Gaitanides, M. (Koordination 1989): Stichwort „Zeitliche Koordination, Konzepte zur", in: Szyperski, N. (Hrsg.): Handwörterbuch der Planung, Stuttgart 1989, Sp. 2258-2270.

Gaitanides, M. (Produktportfoliomanagement 1980): Produktportfoliomanagement und Planungsrechnung bei dezentraler Organisationsstrukur, in: Die Unternehmung, Jg. 34 (1980), S. 67-83.

Gaitanides, M. (Prozeßorganisation 1983): Prozeßorganisation: Entwicklung, Ansätze und Programme prozeßorientierter Organisationsgestaltung, München 1983.

Galbraith, J. R. (Design 1977): Organization Design, Reading, Mass. 1977.

Gebert, D. (Kommunikation 1992): Stichwort „Kommunikation", in: Frese, E. (Hrsg.): Handwörterbuch der Organisation, 3. Aufl., Stuttgart 1992, Sp. 1110-1121.

George, J. F.; King, J. L. (Centralization 1991): Examining the Computing and Centralization Debate, in: CACM, Vol. 34 (1991), S. 62-72.

Ginzberg, M. J. (Contingencies 1980): An Organizational Contingencies View of Accounting and Information Systems Implementation, in: AOS, Vol. 5 (1980), S. 369-382.

Glaser, H. (Beschaffungsplanung 1993): Stichwort „Beschaffungsplanung und -kontrolle", in: Wittmann, W. u.a. (Hrsg.): Handwörterbuch der Betriebswirtschaftslehre, 5. Aufl., Stuttgart 1993, Sp. 347-362.

Gluchowski, P.; Gabriel, R.; Chamoni, P. (MSS 1997): Management Support Systeme: Computergestützte Informationssysteme für Führungskräfte und Entscheidungsträger, Berlin u.a. 1997.

Glymour, C. u.a. (Inference 1996): Statistical Inference and Data Mining, in: CACM, Vol. 39 (1996), S. 35-41.

Glymour, C.; Madigan, D.; Pregibon, D.; Smyth, P. (Inference 1996): Statistical Inference and Data Mining, in: CACM, Vol. 39 (1996), S. 35-41.

Gordon, W. J. J. (Synectics 1961): Synectics, the Development of Creative Capacity, New York/Evanston/London 1961.

Grochla, E. (Unternehmensorganisation 1972): Unternehmungsorganisation, Reinbek 1972.

Gurbaxani, V.; Whang, S. (Impact 1991): The Impact of Information Systems on Organizations and Markets, in: CACM, Vol. 34 (1991), S. 59-73.

Gutenberg, E. (Absatz 1976): Grundlagen der Betriebswirtschaftslehre: Bd 2: Der Absatz, 15. Aufl., Berlin/ Heidelberg/New York 1976.

Gutenberg, E. (Finanzen 1980): Grundlagen der Betriebswirtschaftslehre: Bd 3: Die Finanzen, 8. Aufl., Berlin/ Heidelberg/New York 1980.

Gutenberg, E. (Produktion 1983): Grundlagen der Betriebswirtschaftslehre, Bd. 1: Die Produktion, 24. Aufl., Berlin/Heidelberg/New York 1983.

Gutenberg, E. (Unternehmensführung 1962): Unternehmensführung: Organisation und Entscheidungen, Wiesbaden 1962.

Haas, M. O. (Planungskonzeptionen 1976): Planungskonzeptionen schweizerischer Unternehmungen: Versuch einer vergleichenden Darstellung, Bern/Stuttgart 1976.

Hagedorn, J.; Bissantz, N.; Mertens, P. (Data Mining 1997): Data Mining (Datenmustererkennung): Stand der Forschung und Entwicklung, in: WI, Jg. 39 (1997), S. 601-612.

Hahn, D. (Organisation 1979): Konzepte und Beispiele zur Organisation des Controlling in der Industrie, in: ZFO, Jg. 48 (1979), S. 4-24.

Hahn, D. (PuK 1996): PuK - Controllingkonzepte: Planung und Kontrolle, Planungs- und Kontrollsysteme, Planungs- und Kontrollrechnung, 5. Aufl., Wiesbaden 1996.

Hamel, W. (Zielsysteme 1992): Stichwort „Zielsysteme", in: Frese, E. (Hrsg.): Handwörterbuch der Organisation, 3. Aufl., Stuttgart 1992, Sp. 2634-2652.

Hammann, P. (Bedeutung 1994): Die Bedeutung des entscheidungsorientierten Programms für die deutsche Betriebswirtschaftslehre, in: Ruhland, J. M.; Wilde, K. D. (Hrsg.): Quantitative Betriebswirtschaftslehre in der Praxis, München/Wien/Oldenburg 1994, S. 1-17.

Händel, S. (Wertanalyse 1989): Stichwort „Wertanalyse", in: Szyperski, N. (Hrsg.): Handwörterbuch der Planung, Stuttgart 1989, Sp. 2213-2220.

Hansmann, K.-W. (Prognose 1993): Stichwort „Prognose und Prognosemethoden" in Wittmann, W. u. a. (Hrsg.): Handwörterbuch der Betriebswirtschaft, Teilband 2, Stuttgart 1993, Sp. 3546-3559.

Hansmann, K.-W. (Prognoseverfahren 1983): Kurzlehrbuch Prognoseverfahren: mit Aufgaben und Lösungen, Wiesbaden 1983.

Hanssmann, F. (Betriebswirtschaftslehre 1990): Quantitative Betriebswirtschaftslehre, 3. Aufl., München/Wien 1990.

Hanssmann, F. (Systemforschung 1993): Einführung in die Systemforschung: Methoden der modellgestützen Entscheidungsvorbereitung, 4. Aufl., München/Wien 1993.

Hanssmann, F. (Unternehmensplanung 1982): Grundbegriffe der Unternehmensplanung: Versuch einer Abgrenzung und systemaren Verknüpfung, in: DBW, Jg. 42 (1982), S. 397-402.

Hanssmann, F.; Ruhland, J. (Anwendungen 1991): Anwendungen der geographischen Marktsegmentierung im DATA-BASE-Marketing, in: ZfP, Jg. 2 (1991), S. 105-118.

Hanssmann, F.; Ruhland, J. (Marktsegmentierung 1991): Geographische Marktsegmentierung für das DATA-BASE-Marketing, in: ZfP, Jg. 2 (1991), S. 3-16.

Haselbauer, H. (Informationssystem 1986): Das Informationssystem als Erfolgsfaktor der Unternehmung, Spardorf 1986.

Hax, H. (Bewertungsprobleme 1967): Bewertungsprobleme bei der Formulierung von Zielfunktionen für Entscheidungsmodelle, in: ZfbF, Jg. 19 (1967), S. 749-761.

Hedley, B. (Strategy 1983): Strategy and the „Business Portfolio", in: Hahn, D.; Taylor, B. (Hrsg.): Strategische Unternehmensplanung, 2. Aufl., Würzburg/Wien 1983.

Heilmann, H. (Integration 1989): Integration: Ein zentraler Begriff aus der Wirtschaftsinformatik im Wandel der Zeit, in: HMD, Jg. 26 (1989), S. 46-58.

Heinen, E. (Ansatz 1971): Der entscheidungsorientierte Ansatz der Betriebswirtschaftslehre, in: Kortzfleisch, G. v. (Hrsg.): Wissenschaftsprogramm und Ausbildungsziele der Betriebswirtschaftslehre, Berlin 1971, S. 21-37.

Heinen, E. (Einführung 1977): Einführung in die Betriebswirtschaftslehre, 6. Aufl., Wiesbaden 1977.

Heinen, E. (Grundfragen 1976): Grundfragen der entscheidungsorientierten Betriebswirtschaftslehre, München 1976.

Heinen, E. (Industriebetriebslehre 1991): Industriebetriebslehre: Entscheidungen im Industriebetrieb, 9. Aufl., München 1991.

Heinen, E. (Zielsystem 1976): Grundlagen betriebswirtschaftlicher Entscheidungen. Das Zielsystem der Unternehmung, 3. Aufl., Wiesbaden 1976.

Heinrich, L. J. (Wirtschaftsinformatik 1993): Wirtschaftsinformatik - Einführung und Grundlegung, München/ Wien 1993.

Hill, W. (Planungsmanagement 1989): Stichwort „Planungsmanagement", in: Szyperski, N. (Hrsg.): Handwörterbuch der Planung, Stuttgart 1989, Sp. 1457-1463.

Hill, W.; Fehlbaum, R.; Ulrich, P. (Organisationslehre 1976): Organisationslehre I: Ziele, Instrumente und Bedingungen der Organisation sozialer Systeme, 2. Aufl., Bern/Stuttgart 1976.

Hirshleifer, J. (Pricing 1964): Internal Pricing and Decentralized Decisions, in: Bonini, G. P.; Jaedicke, R. K; Wagner, H. M. (Hrsg.): Management Control. New Directions in Basic Research, New York u.a. 1964, S. 27-37.

Hodgkinson, S. L. (IT Structures 1992): IT Structures for the 1990s: Organisation of the IT Functions in Large Companies, in: Information & Management, Vol. 22 (1992), S. 161-175.

Hoffmann, F. (Führungsorganisation 1980): Führungsorganisation, Bd. 1: Stand der Forschung und Konzeption, Tübingen 1980.

Hoffmann, F. (Organisationsforschung 1976): Entwicklung der Organisationsforschung, 3. Aufl., Wiesbaden 1976.

Höller, H. (Verhaltenswirkungen 1978): Verhaltenswirkungen betrieblicher Planungssysteme: Ein Beitrag zur verhaltensorientierten Weiterentwicklung des betrieblichen Rechnungswesens, Florenz/München 1978.

Holthuis, J. (Datenstrukturen 1997): Multidimensionale Datenstrukturen - Modellierung, Strukturkomponenten, Implementierungsaspekte, in: Mucksch, H.; Behme, W. (Hrsg.): Das Data Warehouse-Konzept. Architektur - Datenmodelle - Anwendungen, 2. Aufl., Wiesbaden 1997, S. 137-186.

Hoppen, D. (Organisation 1992): Organisation und Informationstechnologie: Grundlagen für ein Konzept zur Organisationssystemgestaltung, Hamburg 1992.

Horváth, P. (Controlling 1994): Controlling, 5. Aufl., München 1994.

Horváth, P. (Controlling 1996): Controlling, 6. Aufl., München 1996.

Horváth, P. (Target Costing 1998): Funktion und Organisation des Target Costing im Controllingsystem, in: Männel, W. (Hrsg.): Kostenrechnung für reorganisierte, schlanke Unternehmen , krp-Sonderheft 1/98, Wiesbaden 1998, S. 75-80.

Horváth, P.; Niemand, S.; Wolbold, M. (Target Costing 1993): Target Costing - State of the Art, in: Horváth, P. (Hrsg.): Target Costing, Stuttgart 1993, S. 2-27.

Hummel, S.; Männel, W. (Grundlagen 1986): Kostenrechnung 1: Grundlagen, Aufbau und Anwendung, 4. Aufl., Wiesbaden 1986.

Hummel, S.; Männel, W. (Verfahren 1983): Kostenrechnung 2: Moderne Verfahren und Systeme, 3. Aufl., Wiesbaden 1983.

Hummeltenberg, W. (Planungssprachen 1991): Planungssprachen zur Modellierung von Decision-Support-Systemen, in: Fandel, G.; Gehring, H. (Hrsg.): Operations Research: Beiträge zur quantitativen Wirtschaftsforschung, Berlin u.a. 1991, S. 197-219.

Inmon, W. H. (Data Mining 1996): The Data Warehouse and Data Mining, in: CACM, Vol. 39 (1996), S. 49-50.

Inmon, W. H. (Data Warehouse 1996): Building the Data Warehouse, 2. Aufl., New York u.a. 1996.

Isermann, H. (Optimierung 1991): Optimierung bei mehrfacher Zielsetzung, in: Gal, T. u.a. (Hrsg.): Grundlagen des Operations Research: Einführung, Lineare Programmierung, Nichtlineare Optimierung, Optimierung bei mehrfacher Zielsetzung, Bd. 1, 3. Aufl., Berlin u.a. 1991, S. 420-489.

Isermann, H. (Strukturierung 1979): Strukturierung von Entscheidungsprozessen bei mehrfacher Zielsetzung, in: OR Spektrum, Jg. 1 (1979), Nr. 1, S. 3-26.

Jahnke, B. (Entscheidungsunterstützung 1993): Entscheidungsunterstützung der oberen Führungsebene durch Führungsinformationssysteme, in: SzU, Bd. 49, Wiesbaden 1993, S. 123-147.

Jahnke, B.; Groffmann, H.-D.; Kruppa, S. (OLAP 1996): On-Line Analytical Processing (OLAP), in: WI, Jg. 38 (1996), S. 321-324.

Janko, W. H.; Taudes, A. (Veränderung 1992): Veränderung der Hard- und Softwaretechnologie und ihre Auswirkungen auf die Informationsverarbeitungsmärkte, in: WI, Jg. 34 (1992), S. 481-493.

Jehle, E. (System 1991): Wertanalyse: Ein System zum Lösen komplexer Probleme, in: WiSt Jg. 20 (1991), S. 287-294.

Jehle, E. (Wertanalyse 1993): Stichwort „Wertanalyse", in: Wittmann, W. u.a. (Hrsg.:) Handwörterbuch der Betriebswirtschaft, 5. Aufl., Stuttgart 1993, Sp. 4648-4659.

Karake, Z. A. (Control 1992): Information Technology and Management Control: An Agency Theory Perspective, Westport/London 1992.

Kasper, H.; Mayrhofer, W.; Meyer, M. (Managerhandeln 1998): Managerhandeln - nach der systemtheoretisch-konstruktivistischen Wende, in: DBW, Jg. 58 (1998), S. 603-621.

Keeney, R. L.; Raiffa, H. (Decisions 1976): Decisions with Multiple Objectives: Preferences and Value tradeoffs, New York u.a. 1976.

Keller, T. (Anreizsystem 1994): Entwicklung eines Anreizsystems zur Steigerung der Abgabebereitschaft von Informationen im Informationssystem der Unternehmung, Diss., Hamburg 1994.

Keusch, C. (Erfolgsfaktoren 1994): Kritische Erfolgsfaktoren für Management-Informationssysteme, in: Dorn, B. (Hrsg.): Das informierte Management: Fakten und Signale für schnelle Entscheidungen, Berlin u.a. 1994, S. 103-122.

Kieser, A. (Abteilungsbildung 1992): Stichwort „Abteilungsbildung", in: Frese, E. (Hrsg.): Handwörterbuch der Organisation, 3. Aufl., Stuttgart 1992, Sp. 57-72.

Kieser, A.; Hegele, C. (Veränderung 1998): Die Veränderung des Controllings und das Controlling der Veränderung – aus organisationswissenschaftlicher Sicht, in: Männel, W. (Hrsg.): Kostenrechnung für reorganisierte, schlanke Unternehmen , krp-Sonderheft 1/98, Wiesbaden 1998, S. 12-14.

Kieser, A.; Kubicek, H. (Organisation 1992): Organisation, 3. Aufl, Berlin/New York 1992.

Kilger, W. (Industriebetriebslehre 1986): Industriebetriebslehre, Bd. I, Wiesbaden, 1986.

Kilger, W. (Plankostenrechnung 1993): Flexible Plankostenrechnung und Deckungsbeitragsrechnung, 10. Aufl., Wiesbaden 1993.

King, J. L. (Computing 1983): Centralized versus Decentralized Computing: Organizational Considerations and Management Options, in: Computing Surveys: Vol. 15 (1983), S. 319-349.

Kirchgässner, A. (Vergleich 1983): Vergleich von Verfahren zur Lösung von Entscheidungsproblemen mit mehrfacher Zielsetzung, Frankfurt 1983.

Kirsch, W. (Entscheidungsprozesse 1971): Entscheidungsprozesse. Bd. 2: Informationsverarbeitungstheorie des Entscheidungsverhaltens, Wiesbaden 1971.

Kirsch, W.; Klein, H. K. (Management-Informationssysteme 1977): Management-Informationssysteme I, Stuttgart 1977.

Kistner, K.-P. (Koordinationsmechanismen 1992): Koordinationsmechanismen in der hierarchischen Planung, in: ZfB, Jg. 62 (1992), S. 1125-1146.

Kling, R.; Scacchi, W. (Web 1982): The Web of Computing: Computer Technology as Social Organization, in: Advances in Computers, Vol. 21 (1982), S. 1-90.

Kloock, J. (Unternehmensrechnung 1978): Aufgaben und Systeme der Unternehmensrechnung, in: BFuP, Jg. 30 (1978), S. 493-510.

Kloock, J. (Verrechnungspreise 1992): Stichwort „Verrechnungspreise", in: Frese, E. (Hrsg.): Handwörterbuch der Organisation, 3. Aufl., Stuttgart 1992, Sp. 2554-2572.

Kloock, J.; Bommes, W. (Kostenabweichungsanalyse 1982): Methoden der Kostenabweichungsanalyse, in: krp, Jg. 26 (1982), S. 225-237.

Koch, H. (Unternehmensplanung 1982): Integrierte Unternehmensplanung, Wiesbaden 1982.

König, W. (Profil 1994): Profil der Wirtschaftsinformatik. Beschluß der Wissenschaftlichen Kommission Wirtschaftsinformatik im Verband der Hochschullehrer für Betriebswirtschaft e. V. vom 6.10.1993, in: WI, Jg. 36 (1994), S. 80-81.

Konsynski, B. R. (Control 1993): Strategic Control in the extended enterprise, in: IBM Systems Journal, Vol. 32 (1993), S. 111-142.

Koreimann, D. S. (Informationsbedarfsanalyse 1976): Methoden der Informationsbedarfsanalyse, Berlin/New York 1976.

Kortzfleisch, H. F. O. v. (Werkzeuge 1995): Werkzeuge für die computergestützte Organisationsgestaltung: Marktübersicht und betriebswirtschaftliche Beurteilung, in: WI, Jg. 37 (1995), S. 384-392.

Kosiol, E. (Erkenntnisgegenstand 1961): Erkenntnisgegenstand und methodologischer Standort der Betriebswirtschaftslehre, in: ZfB, Jg. 31 (1961), S. 129-136.

Kosiol, E. (Organisation 1976): Organisation der Unternehmung, 2. Aufl., Wiesbaden 1976.

Kosiol, E. (Unternehmung 1966): Die Unternehmung als wirtschaftliches Aktionszentrum, Reinbek bei Hamburg 1966.

Kosiol, E. (Unternehmung 1972): Die Unternehmung als wirtschaftliches Aktionszentrum, Reinbek bei Hamburg 1972.

Kraege, T. (Führungsinformationssysteme 1998): Ausgestaltung von FIS für unterschiedliche Konzernführungskonzeptionen, in: WI, Jg. 40 (1998), S. 520-526.

Kraemer, K. L. u. a. (Information Systems 1989): Managing Information Systems: Change and Control in Organizational Computing, San Francisco/London 1989.

Kramer, R. (Bedeutung 1962): Die betriebswirtschaftliche Bedeutung von Information und Kommunikation, insbesondere für die Struktur des Betriebes, Mannheim 1962.

Krcmar, H. (Computer Aided Team 1992): Computer Aided Team: Ein Überblick, in: Information Management, Jg. 6 (1992), S. 6-9.

Krcmar, H. (Informationsmanagement 1997): Informationsmanagement, Berlin u. a. 1997.

Kreikebaum, H. (Unternehmensplanung 1991): Strategische Unternehmensplanung, 4. Aufl., Stuttgart/Berlin/Köln, 1991.

Kreuter, A. (Leistungsabwicklung 1998): Interne versus externe Leistungsabwicklung in Profit-Center-Organisationen – Ein Blick hinter die Kulissen, in: ZfbF, Jg. 50 (1998), S. 573-587.

Krone, K. J.; Jablin, F. M.; Putnam, L. L. (Communication Theory 1987): Communication Theory and Organizational Communication: Multiple Perspectives, in: Jablin, F. M. u.a. (Hrsg.): Handbook of Organizational Communication, Newbury Park u.a. 1987, S. 18-40.

Kruschwitz, L. (Investitionsrechnung 1995): Investitionsrechnung, 6. Aufl., Berlin 1995.

Küpper, H.-U. (Controlling 1997): Controlling: Konzeption, Aufgaben und Instrumente, 2. Aufl., Stuttgart 1997.

Küpper, H.-U. (Investitionscontrolling 1991): Gegenstand, theoretische Fundierung und Instrumente des Investitionscontrolling, in: ZfB-Ergänzungsheft Nr. 3/1991, S. 167-192.

Küpper, H.-U.; Weber, J.; Zünd, A. (Controlling 1990): Zum Verständnis und Selbstverständnis des Controlling, in: ZfB, Jg. 60 (1990), S. 281-293.

Küpper, H.-U.; Winckler, B.; Zhang, S. (Planungsverfahren 1990): Planungsverfahren und Planungsinformationen als Instrumente des Controlling: Ergebnisse einer empirischen Erhebung pber ihre Nutzung in der Industrie, in: DBW, Jg. 50 (1990), S. 435-458.

Küting, K. (Kennzahlen 1983): Grundsatzfragen von Kennzahlen als Instrument der Unternehmensführung, in: WiSt, Jg. 12 (1983), S. 237-241.

Lachnit, L. (Jahresabschlußanalyse 1979): Systemorientierte Jahresabschlußanalyse, Wiesbaden 1979.

Laux, H. (Entscheidungstheorie 1991): Entscheidungstheorie I. Grundlagen, 2. Aufl., Berlin u.a. 1991.

Laux, H. (Organisationstheorie 1992): Stichwort „Organisationstheorie, entscheidungslogisch orientierte", in: Frese, E. (Hrsg.): Handwörterbuch der Organisation, 3. Aufl., Stuttgart 1992, Sp. 1733-1745.

Lawrence, P. R.; Lorsch, J. W. (Differentiation 1967): Differentiation and Integration in Complex Organizations, in: ASQ, Vol. 12 (1967), S. 1-47.

Leavitt, H. J.; Whisler, T. L. (Management 1958): Management in the 1980s: New Information Flows Cut New Organization Flows, in: HBR, Vol. 36 (1958), November-December, S. 41-48.

Lee, S.; Leifer, R. P. (Framework 1992): A Framework for Linking the Structure of Information Systems with Organizational Requirements for Information Sharing, in: Journal of Management Information Systems, Vol. 8 (1992), S. 27-44.

Leffson, U. (Revision 1983): Stichwort „Revision, begriffliche Abgrenzung", in: Coenenberg, A. G.; Wysocki, K. v. (Hrsg.): Handwörterbuch der Revision, Stuttgart 1983, Sp. 1288-1305.

Lehmann, H. (Organisationstheorie 1992): Stichwort „Organisationstheorie, systemtheoretisch-kybernetisch orientierte", in: Frese, E. (Hrsg.): Handwörterbuch der Organisation, 3. Aufl., Stuttgart 1992, Sp. 1838-1853.

Lehner, F. (Erfolgsfaktoren-Analyse 1995): Die Erfolgsfaktoren-Analyse in der betrieblichen Informationsverarbeitung, in: ZfB, Jg. 65 (1995), S. 385-409.

Lehner, F.; Maier, R. (Information 1994): Information in der Betriebswirtschaftslehre, Informatik und Wirtschaftsinformatik, Schriftenreihe des Lehrstuhls für Wirtschaftsinformatik und Informationsmanagement an der Wissenschaftlichen Hochschule für Unternehmensführung Koblenz, Forschungsbericht Nr. 11, Koblenz 1994.

Leifer, R. (Information-Systems 1988): Matching Computer-Based Information Systems with Organizational Structures, in: MIS Quarterly, Vol. 12 (1988), S. 63-73.

Levitan, K. B. (Information 1982): Information Resources as „Goods" in the Life Cycle of Information Production, in: Journal of the American Society for Information Science, Vol. 33 (1982), S. 44-54.

Lind, M. R.; Zmud, R. W.; Fischer, W. A. (Adoption 1989): Microcomputer Adoption - The Impact of Organizational Size and Structure, in: Information & Management, Vol. 16 (1989), S. 157-162.

Link, J. (Strategie 1989): Strategie und Organisation, in: Riekhof, H.-C. (Hrsg.): Strategieentwicklung: Konzepte und Erfahrungen, Stuttgart 1989, S. 395-408.

Lorange, P. (Planning 1988): Co-operative Strategies: Planning and Control Considerations, in: Hood, N.; Vahlne, J.-E. (Ed.): Strategies in Global Competition, London u. a. 1988, S. 370-389.

Lüder, K. (Investitionskontrolle 1969): Investitionskontrolle, Wiesbaden 1969.

Mag, W. (Entscheidung 1977): Entscheidung und Information, München 1977.

Mag, W. (Planung 1993): Planung, in: Vahlens Kompendium der Betriebswirtschaftslehre, Bd. 2, 3. Aufl., München 1993, S. 1-57.

Mag, W. (Planungsstufen 1971): Planungsstufen und Informationsteilprozesse, in: ZfbF, Jg. 23 (1971), S. 803-830.

Maier, R. (Datenmodellierung 1998): Nutzen und Qualität der Datenmodellierung – Ergebnisse einer empirischen Studie, in: WI, Jg. 40 (1998), S. 130-140.

Männel, W. (Einzelkosten- und Deckungsbeitragsrechnung 1983): Die Einzelkosten- und Deckungsbeitragsrechnung – ein Konzept zur Abbildung der Realität durch das Rechnungswesen, in: ZfB, Jg. 53 (1983), S. 1187-1196.

Männel, W. (Entwicklungen 1998): Für das Controlling relevante Entwicklungen der Unternehmensorganisation, in: Männel, W. (Hrsg.): Kostenrechnung für reorganisierte, schlanke Unternehmen , krp-Sonderheft 1/98, Wiesbaden 1998, S. 3-8.

March, J. G.; Simon, H. A. (Organizations 1958): Organizations, New York 1958.

Markus, M. L.; Robey, D. (Information Technology 1988): Information Technology and Organizational Change: Causal Structure in Theory and Research, in: Management Science, Vol. 34 (1988), S. 583-598.

Marschak, J. (Descriptions 1961): The Payoff - Relevant Descriptions of States and Acts, in: Econometrica 31 (1961), S. 719-725.

Martiny, L.; Klotz, M. (Informationsmanagement 1990): Strategisches Informationsmanagement. Bedeutung und organisatorische Umsetzung, 2. Aufl., München/Wien 1990.

Meffert, H. (Betriebswirtschaftslehre 1998): Herausforderungen an die Betriebswirtschaftslehre – Die Perspektive der Wissenschaft, in: DBW, Jg. 58 (1998), S. 709-730.

Mertens, P. (Unternehmen 1994): Virtuelle Unternehmen, in: WI, Jg. 36 (1994), S. 169-172.

Mertens, P.: (Data Warehouse 1997): Data Warehouse statt „Data Jailhouse", in: Computerwoche Focus, Nr. 2, 6. Juni 1997, S. 34-36.

Mertens, P. (Administrationssysteme 1991): Integrierte Informationsverarbeitung Bd. 1: Administrations- und Dispositionssysteme, 8. Aufl., Wiesbaden 1991.

Mertens, P. (Administrationssysteme 1997): Integrierte Informationsverarbeitung Bd. 1: Administrations- und Dispositionssysteme, 11. Aufl., Wiesbaden 1997.

Mertens, P.; Bissantz, N.; Hagedorn, J. (Data Mining 1997): Data Mining im Controlling. Überblick und erste Praxiserfahrungen, in: ZfB, Jg. 67 (1997), S. 179-201.

Mertens, P.; Borkowski, V.; Geis, W. (Expertensystem-Anwendungen 1993): Betriebliche Expertensystem-Anwendungen, 3. Aufl., Berlin u. a. 1993.

Mertens, P.; Griese, J. (Planungssysteme 1993): Integrierte Informationsverarbeitung Bd. 2: Planungs- und Kontrollsysteme in der Industrie, 7. Aufl., Wiesbaden 1993.

Mertens, P.; Holzner, J. (Integrationsansätze 1992): Eine Gegenüberstellung von Integrationsansätzen der Wirtschaftsinformatik, in: WI, Jg. 34 (1992), S. 5-25.

Mertens, P.; Knolmayer, G. (Organisation 1998): Organisation der Informationsverarbeitung, 3. Aufl., Wiesbaden 1998.

Meyer, M. (Operations Research 1986): Operations Research, Systemforschung, 2. Aufl., Stuttgart 1986.

Meyer-Piening, A. (Zero Base Planning 1990): Zero Base Planning, Köln 1990.

Meyer-Piening, A. (Zero-Base-Budgeting 1989): Stichwort „Zero-Base-Budgeting", in: Szyperski, N. (Hrsg.): Handwörterbuch der Planung, Stuttgart 1989, Sp. 2277-2296.

Meyer-Schönherr, M. (Szenario-Technik 1992): Szenario-Technik als Instrument der strategischen Planung, Ludwigsburg/Berlin 1992, zugleich Diss., Frankfurt (Main) 1992.

Miles, R. E.; Snow, C. C. (Organizations 1986): Organizations: New Concepts for New Forms, in: California Management Review, Vol. 28 (1986), No. 3, S. 62-73.

Mucksch, H.; Holthuis, J.; Reiser, M. (Data-Warehouse-Konzept 1996): Das Data-Warehouse-Konzept – ein Überblick, in: WI, Jg. 38 (1996), S. 421-433.

Müller, W. (Koordination 1974): Die Koordination von Informationsbedarf und Informationsbeschaffung als zentrale Aufgabe des Controlling, in: ZfbF, Jg. 26 (1974), S. 683-693.

Müller-Merbach, H. (Operations Research 1993): Operations Research, in: Corsten, H. (Hrsg.): Lexikon der Betriebswirtschaftslehre, 2. Auflage, München 1993, S. 631-635.

Müller-Stevens, G. (Strategie 1992): Stichwort „Strategie und Organisationsstruktur", in: Frese, E. (Hrsg.): Handwörterbuch der Organisation, 3. Aufl., Stuttgart 1992, Sp. 2344-2355.

Nadler, D. A.; Tushman, M. (Organization 1988): Strategic Organization Design, Glenview (Illinois)/London 1988.

Neumayer, W. (Plankostenrechnung 1950): Berücksichtigung des „Auftrags"- und „Verfahrens"-Wechsels in der Fertigung durch „doppelt-flexible" Plankostenrechnung, in: ZfB, Jg. 20 (1950), S. 403-411.

Nouri, H.; Parker, R. J. (Budget 1998): The Relationship between Budget Participation and Job Performance: The Roles of Budget Adequacy and Organizational Commitment, in: Accounting, Organizations and Society, Vol. 23 (1998), S. 467-483.

o. V. (Erfolgsfaktoren 1997): Stichwort „Erfolgsfaktoren", in: Küpper, H.-U.; Weber, J. (Hrsg.): Taschenlexikon Controlling, Stuttgart 1997, S. 106.

Olfert, K. (Investition 1995): Investition, 6. Aufl., Ludwigshafen 1995.

Osborn, A. F. (Developments 1962): Developments in Creative Education, in: Parnes, S. J.; Harding, H. F. (Hrsg.): A Source Book for Creative Thinking, New York 1962, S. 19-29.

Peters, T. J.; Waterman, R. (Spitzenleistungen 1993): Auf der Suche nach Spitzenleistungen: was man von den bestgeführten US-Unternehmen lernen kann, 15. Aufl., Landsberg/Lech 1993.

Pfaff, D.; Weber, J. (Kostenrechnung 1998): Zweck der Kostenrechnung?, in: DBW, Jg. 58 (1998), S. 151-165.

Pfeffer, J.; Leblebici, H. (Information Technology 1977): Information Technology and Organizational Structure, in: Pacific Sociological Review, Vol. 20 (1977), S. 241-261.

Pfeiffer, W.; Bischof, P. (Produktlebenszyklen 1981): Produktlebenszyklen - Instrument jeder strategischen Produktplanung, in: Steinmann, H. (Hrsg.): Planung und Kontrolle, München 1981, S. 133-166.

Pfeiffer, W.; Metze, G. (Innovationsplanung 1989): Stichwort „FuE- und Innovationsplanung", in: Szyperski, N. (Hrsg.): Handwörterbuch der Planung, Stuttgart 1989, Sp. 554-566.

Pfestorf, J. (Kriterien 1974): Kriterien für die Bewertung betriebswirtschaftlicher Information, Diss. Berlin, Berlin 1974.

Pfohl, H.-C. (Planung 1981): Planung und Kontrolle, Stuttgart u. a. 1981.

Phyrr, P. A. (Zero-Base Budgeting 1977): Stichwort „Zero-Base Budgeting: Where to use it and How to Begin", in: Herbert, J. L. (Hrsg.): Experiences in Zero-Base-Budgeting, New York 1977, S. 167-180.

Phyrr, P. A. (Zero-Base-Budgeting 1970): Stichwort „Zero-Base-Budgeting", in: HBR, Vol. 48 (1970), November-December, S. 111-121.

Picot, A. (Organisation 1984): Organisation, in: Vahlens Kompendium der Betriebswirtschaftslehre, 2. Aufl., München 1984, S. 95-158.

Picot, A.; Dietl, H.; Franck, E. (Organisation 1997): Organisation: Eine ökonomische Perspektive, Stuttgart 1997.

Picot, A.; Franck, E. (Informationsmanagement 1992): Stichwort „Informationsmanagement", in: Frese, E. (Hrsg.): Handwörterbuch der Organisation, 3. Aufl., Stuttgart 1992, Sp. 886-900.

Picot, A.; Maier, M. (Informationssysteme 1992): Stichwort „Informationssysteme", computergestützte, in: Frese, E. (Hrsg.): Handwörterbuch der Organisation, 3. Aufl., Stuttgart 1992, Sp. 923-936.

Picot, A.; Reichwald, R. (Informationswirtschaft 1991): Informationswirtschaft, in: Heinen, E. (Hrsg.): Industriebetriebslehre, 9. Aufl., Wiesbaden 1991, S. 241-393.

Picot, A.; Reichwald, R.; Wigand, R. T. (Unternehmung 1998): Die grenzenlose Unternehmung: Information, Organisation und Management, 3. Aufl., Wiesbaden 1998.

Pliskin, N. u.a. (Culture 1993): Presumed Versus Actual Organizational Culture: Managerial Implications for Implementation of Information Systems, in: The Computer Journal, Vol. 36 (1993), S. 143-152.

Porter, M. E. (Wettbewerbsvorteile 1989): Wettbewerbsvorteile: Spitzenleistungen erreichen und behaupten, Sonderausgabe, Frankfurt am Main/New York 1989.

Preßmar, D. B. (Computeranwendungen 1994): Künftige Computeranwendungen für mobile Nutzer, in: Informationstechnik und Technische Informatik, Jg. 36 (1994), S. 105-109.

Preßmar, D. B. (Leistungsanalyse 1971): Kosten- und Leistungsanalyse im Industriebetrieb, Wiesbaden 1971.

Preßmar, D. B. (Planung 1992): Betriebswirtschaftliche Planung und mathematische Optimierung, in: Hansmann, K.-W.; Scheer, A.-W. (Hrsg.): Praxis und Theorie der Unternehmung: Produktion, Information, Planung, Wiesbaden 1992, S. 277-290.

Preßmar, D. B. (Unternehmensplanung 1980): Methoden und Probleme der computergestützten Unternehmensplanung, in: SzU, Bd. 28, Wiesbaden 1980, S. 7-45.

Preßmar, D. B.; Wall, F. (Informationsmanagement 1993): Technologische Gestaltungsansätze für das betriebliche Informationsmanagement, in: SzU, Bd. 49, Wiesbaden 1993, S. 93-121.

Pugh, D. S. u.a. (Analysis 1963): A Conceptual Scheme for Organizational Analysis, in: ASQ, Vol. 8 (1963), S. 289-315.

Raffée, H. (Grundprobleme 1974): Grundprobleme der Betriebswirtschaftslehre, Göttingen 1974.

Rautenstrauch, C. (Datenverteilung 1993): Technologien und Konzepte für die Funktionen- und Datenverteilung in integrierten Anwendungsumgebungen, in: Kurbel, K. (Hrsg.): Wirtschaftsinformatik '93: Innovative Anwendungen, Technologie, Integration, Tagung vom 8.-10. März 1993 in Münster, Heidelberg 1993, S. 318-331.

Reibnitz, U. v. (Szenario-Planung 1989): Stichwort „Szenario-Planung", in: Szyperski, N. (Hrsg.): Handwörterbuch der Planung, Stuttgart 1989, Sp.1980-1996.

Reichmann, T. (Controlling 1997): Controlling mit Kennzahlen und Managementberichten, 5. Aufl., München 1997.

Reichmann, T. (Kennzahlen 1985): Grundlagen einer systemgestützten Controlling-Konzeption mit Kennzahlen, in: ZfB, Jg. 55 (1985), S. 887-898.

Reichmann, T. (Management 1996): Management und Controlling: Gleiche Ziele – unterschiedliche Wege und Instrumente, in: ZfB, Jg. 66 (1996), S. 559-585.

Reichmann, T.; Lachnit, L. (Kennzahlen 1976): Planung, Steuerung und Kontrolle mit Hilfe von Kennzahlen, in: ZfbF, Jg. 28 (1976), S. 705-723.

Reichwald, R.; Dietel, B. (Produktionswirtschaft 1991): Produktionswirtschaft, in: Heinen, E. (Hrsg.): Industriebetriebslehre: Entscheidungen im Industriebetrieb, 9. Aufl., Wiesbaden 1991, S. 395-622.

Reinwald, B. (Workflow-Management 1993): Workflow-Management in verteilten Systemen, Stuttgart/Leipzig 1993.

Reiß, M. (Prognose 1989): Stichwort „Prognose und Planung" in Szyperski, N. (Hrsg.): Handwörterbuch der Planung, Stuttgart 1989, Sp. 1628-1637.

Riebel, P. (Deckungsbeitragsrechnung 1993): Stichwort „Deckungsbeitragsrechnung", in:, Chmielewicz, K.; Schweitzer, M. (Hrsg.): Handwörterbuch des Rechnungswesens, 3. Aufl., Stuttgart 1993, Sp. 364-379.

Riebel, P. (Einzelkosten- und Deckungsbeitragsrechnung 1994): Einzelkosten- und Deckungsbeitragsrechnung. Grundfragen einer markt- und entscheidungsorientierten Unternehmensrechnung, 7. Aufl., Wiesbaden 1994.

Riebel, P. (Führungsrechnung 1992): Einzelerlös-, Einzelkosten- und Deckungsbeitragsrechnung als Kern einer ganzheitlichen Führungsrechnung, in: Männel, W. (Hrsg.): Handbuch Kostenrechnung, Wiesbaden 1992, S. 247-299.

Riebel, P.; Sinzig, W. (Deckungsbeitragsrechnung 1981): Zur Realisierung einer Einzelkosten- und Deckungsbeitragsrechnung mit einer relationalen Datenbank, in: ZfbF 1981, S. 457-489.

Rockart, J. F.; Flannery, L. S. (End User Computing 1983): The Management of End User Computing, in: CACM, Vol. 26 (1983), S. 776-784.

Rudolph, H. (Erfolg 1996): Erfolg von Unternehmen: Plädoyer für einen kritischen Umgang mit dem Erfolgsbegriff, in: Aus Politik und Zeitgeschichte, Beilage 23 zur Wochenzeitung Das Parlament vom 31. Mai 1996, Jg. 46 (1996), S. 32-39.

Rühli, E. (Führungskonzept 1973): Ein Ansatz zu einem integrierten kooperativen Führungskonzept, in: Kirsch, W. (Hrsg.): Unternehmensführung und Organisation, Wiesbaden 1973, S. 71-92.

Rühli, E. (Funktionen 1989): Stichwort „Funktionen der Planung", in: Szyperski, N. (Hrsg.): Handwörterbuch der Planung, Stuttgart 1989, Sp. 566-578.

Rumelt, R. F. (Strategy 1974): Strategy, Structure and Economic Performance, Boston 1974.

Sackmann, H. (Delphi Assessment 1974): Delphi Assessment: Expert Opinion, Forecasting and Group Process, Santa Monica 1974.

Sand, H. (Methoden 1979): Neue Methoden zum kreativen Denken und Arbeiten: 80 Möglichkeiten zur Entwicklung unternehmerischer Initiativen, Kissing 1979.

Schanz, G. (Wissenschaftsprogramme 1997): Wissenschaftsprogramme der Betriebswirtschaftslehre, in: Bea, F. X.; Dichtl, E.; Schweitzer, M.: Allgemeine Betriebswirtschaftslehre: Band 1: Grundfragen, 7. Aufl., Stuttgart 1997, S. 81-198.

Scheer, A.-W. (Betriebswirtschaftslehre 1990): EDV-orientierte Betriebswirtschaftslehre: Grundlagen für ein effizientes Informationsmanagement, 4. Aufl., Berlin u.a. 1990.

Scheer, A.-W. (Geschäftsprozeß 1998): ARIS - Vom Geschäftsprozeß zum Anwendungssystem, 3. Aufl., Wiesbaden 1998.

Scheer, A.-W. (Modellierungsmethoden 1998): ARIS - Modellierungsmethoden, Metamodelle, Anwendungen, 3. Aufl., Wiesbaden 1998.

Scheer, A.-W. (Wirtschaftsinformatik 1995): Wirtschaftsinformatik: Referenzmodelle für industrielle Geschäftsprozesse, 6. Aufl., Berlin u.a. 1995.

Schlageter, G.; Stucky, W. (Datenbanksysteme 1983): Datenbanksysteme: Konzepte und Modelle, 2. Aufl., Stuttgart 1983.

Schlicksupp, H. (Ideenfindung 1977): Kreative Ideenfindung in der Unternehmung: Methoden und Modelle, Berlin/New York 1977.

Schlicksupp, H. (Kreativitätstechniken 1989): Stichwort „Kreativitätstechniken", in: Szyperski, N.; Winand, U. (Hrsg.): Handwörterbuch der Planung, Stuttgart 1989, Sp. 930-943.

Schmidt, A. (Controlling 1986): Das Controlling als Instrument zur Koordination der Unternehmensführung, Frankfurt u.a. 1986.

Schneeweiß, C. (Kostenwirksamkeitsanalyse 1990): Kostenwirksamkeitsanalyse, Nutzwertanalyse und Multi-Attributive Nutzentheorie, in: WiSt, Jg. 19 (1990), S. 13-18.

Schneider, D. (Versagen 1991): Versagen des Controlling durch eine überholte Kostenrechnung, in: Der Betrieb Jg. 44 (1991), S. 765-772.

Scholz, C. (Controlling 1995): Controlling im Virtuellen Unternehmen, in: Scheer, A.-W. (Hrsg.): Rechnungswesen und EDV: aus Turbulenzen zum gestärkten Konzept? 16. Saarbrücker Arbeitstagung 1995, Heidelberg 1995, S. 171-192.

Scholz, C. (Effektivität 1992): Stichwort „Effektivität und Effizienz, organisatorische", in: Frese, E. (Hrsg.): Handwörterbuch der Organisation, 3. Aufl., Stuttgart 1992, Sp. 533-552.

Scholz, C. (Management 1987): Strategisches Management. Ein integrativer Ansatz, Berlin, New York 1987.

Scholz, C. (Organisation 1996): Virtuelle Organisation: Konzeption und Realisation, in: ZFO, Jg. 65 (1996), S. 204-210.

Schonberger, R. J. (Strategy 1981): Strategy and Structure: A Tale of Two Information Systems Departments, in: Systems, Objectives, Solutions, Vol. 1 (1981), S. 71-77.

Schüler, W. (Organisationstheorie 1980): Mathematische Organisationstheorie, in: ZfB, Jg. 50 (1980), S. 1284-1304.

Schüller, S. (Controllingsysteme 1984): Organisation von Controllingsystemen in Kreditinstituten, Münster 1984.

Schultz, J.; Weigelt, M.; Mertens, P. (Verfahren 1995): Verfahren für die rechnergestützte Produktionsfeinplanung, in: WI, Jg. 37 (1995), S. 594-608.

Schumann, M. (Nutzeffekte 1992): Betriebliche Nutzeffekte und Strategiebeiträge der großintegrierten Informationsverarbeitung, Berlin u. a. 1992.

Schumann, M.; Linß, H. (Wirtschaftlichkeitsbeurteilung 1993): Wirtschaftlichkeitsbeurteilung von DV-Projekten, in: SzU, Bd. 49, Wiesbaden 1993, S. 69-92.

Schwabe, G.; Krcmar, H. (CSCW-Werkzeuge 1996): CSCW-Werkzeuge, in: WI, Jg. 38 (1996), S. 209-225.

Schweitzer, M. (Planung 1989): Planung und Kontrolle, in: Bea, F. X.; Dichtl, E.; Schweitzer, M. (Hrsg.): Allgemeine Betriebswirtschaftslehre, Bd. Führung, 4. Aufl., Stuttgart 1989, S. 9-72.

Schweitzer, M.; Friedl, B. (Controlling-Konzeption 1992): Beitrag zu einer umfassenden Controlling-Konzeption, in: Spremann, K.; Zur, E. (Hrsg.): Controlling: Grundlagen - Informationssysteme - Anwendungen, Wiesbaden 1992, S. 141-167.

Schweitzer, M.; Küpper, H.-U. (Produktions- und Kostentheorie 1997): Produktions- und Kostentheorie, 2. Aufl., Wiesbaden 1997.

Seidenschwarz, W. (Target Costing 1991): Target Costing: Ein japanischer Ansatz für das Kostenmanagement, in: Controlling, Jg. 3 (1991), S. 198-203.

Shannon, C. E.; Weaver, W. (Informationstheorie 1976): Mathematische Grundlagen der Informationstheorie, München/Wien 1976.

Simon, H. (Erfolgsstrategien 1996): Erfolgsstrategien unbekannter Weltmarktführer. Ergebnisse einer empirischen Untersuchung, in: Aus Politik und Zeitgeschichte, Beilage 23 zur Wochenzeitung Das Parlament vom 31. Mai 1996, Jg. 46 (1996), S. 3-13.

Simon, H. A. (Behavior 1976): Administrative Behavior: A Study of Decision-Making Processes in Administrative Organizations, 3. Aufl., New York 1976.

Sinz, E. (Konstruktion 1983): Konstruktion betrieblicher Basisinformationssysteme, Bern/Stuttgart 1983.

Sinzig, W. (Datenbanken 1992): Die Bedeutung relationaler Datenbanken zur DV-Unterstützung der entscheidungsorientierten Kostenrechnung, in: Männel, W. (Hrsg.): Handbuch Kostenrechnung, Wiesbaden 1992, S. 1251-1264.

Specht, G. (Technologiemanagement 1993): Stichwort „Technologiemanagement", in: Wittmann, W. u.a. (Hrsg.): Handwörterbuch der Betriebswirtschaft, 5. Aufl., Stuttgart 1993, Sp. 4154-4168.

Spiller, K.; Staudt, E. (Diagnosetechniken 1989): Stichwort „Diagnosetechniken und -systeme", in: Szyperski, N. (Hrsg.): Handwörterbuch der Planung, Stuttgart 1989, Sp. 269-281.

Spitta, T. (Aufwandserfassung 1996): Die Aufwandserfassung von IS-Dienstleistungen, in: WI, Jg. 38 (1996), S. 473-484.

Sprenger, R. K. (Motivation 1995): Mythos Motivation, Frankfurt am Main/New York 1995.

Stahlknecht, P.; Hasenkamp, U. (Wirtschaftsinformatik 1997): Einführung in die Wirtschaftsinformatik, 8. Aufl., Berlin u.a. 1997.

Staudt, E. (Planung 1979): Planung als „Stückwerktechnologie", Göttingen 1979.

Stein, J. H. v. (Betriebswirtschaftslehre 1993): Stichwort „Gegenstand der Betriebswirtschaftslehre", in: Wittmann W. u.a. (Hrsg.): Handwörterbuch der Betriebswirtschaft, Teilband 1, Stuttgart 1993, Sp. 470-482.

Steinle, C. (Erfolgsfaktoren 1996): Erfolgsfaktoren und ihre Gestaltung in der betrieblichen Praxis, in: Aus Politik und Zeitgeschichte, Beilage 23 zur Wochenzeitung Das Parlament vom 31. Mai 1996, Jg. 46 (1996), S. 14-23.

Steinmann, H. (Planungsmodelle 1969): Planungsmodelle zur optimalen Lösung von Zielkonflikten, in: Layer, M.; Strebel, H. (Hrsg.): Rechnungswesen und Betriebswirtschaftspolitik, Berlin 1969, S. 95-108.

Steinmann, H.; Schreyögg, G. (Management 1997): Management: Grundlagen der Unternehmensführung, 4. Aufl., Wiesbaden 1997.

Sydow, J. (Networks 1991): On the Management of Strategic Networks, Arbeitspapier Nr. 67/1991, Institut für Management, Freie Universität Berlin, Berlin 1991.

Sydow, J. (Netzwerke 1992): Strategische Netzwerke – Evolution und Organisation, Wiesbaden 1992.

Sydow, J. (Unternehmungsnetzwerke 1995): Unternehmungsnetzwerke, in: Corsten, H.; Reiß, M. (Hrsg.): Handbuch Unternehmungsführung, Wiesbaden 1995, S. 159-169.

Szyperski, N. (Informationsbedarf 1980): Stichwort „Informationsbedarf", in: Grochla, E. (Hrsg.): Handwörterbuch der Organisation, 2. Aufl., Stuttgart 1980, Sp. 904-913.

Szyperski, N. (Informationssysteme 1980): Stichwort „Informationssysteme, computergestützte", in: Grochla, E. (Hrsg.): Handwörterbuch der Organisation, 2. Aufl., Stuttgart 1980, Sp. 920-933.

Szyperski, N.; Müller-Böling, D. (Aufgabenspezialisierung 1984): Aufgabenspezialisierung in Planungssystemen - eine konzeptionelle und empirische Analyse, in: ZfbF, Jg. 36 (1984), S. 124-147.

Szyperski, N.; Müller-Böling, D. (Gestaltungsparameter 1980): Gestaltungsparameter der Planungsorganisation, in: DBW, Jg. 40 (1980), S. 357-373.

Szyperski, N.; Mußhoff, H. J. (Planung 1989): Stichwort „Planung und Plan", in: Szyperski, N.: Handwörterbuch der Planung, Stuttgart 1989, Sp. 1426-1438.

Szyperski, N.; Winand, U. (Grundbegriffe 1980): Grundbegriffe der Unternehmungsplanung, Stuttgart 1980.

Szyperski, N; Klein, S. (Informationslogistik 1993): Informationslogistik und virtuelle Organisationen. Die Wechselwirkung von Informationslogistik und Netzwerkmodellen der Unternehmung, in: DBW, Jg. 53 (1993), S. 187-208.

Tempelmeier, H. (Materiallogistik 1988): Materiallogistik, Berlin/Heidelberg/New York 1988.

Thome, R. (Sensitivitätsanalysen 1989): Stichwort „Sensitivitätsanalysen", in: Szyperski, N. (Hrsg.): Handwörterbuch der Planung, Stuttgart 1989, Sp. 1774-1781.

Thompson, J. D. (Organizations 1967): Organizations in Action. Social Science Bases of Administrative Theory, New York 1967.

Töpfer, A. (Planungssysteme 1976): Planungs- und Kontrollsysteme industrieller Unternehmungen. Eine theoretische, technologische und empirische Analyse, Berlin 1976.

Tushman, M. L.; Nadler, D. A. (Information Processing 1978): Information Processing as an Integrating Concept in Organizational Design, in: Academy of Management Review, Vol. 3 (1978), S. 613-624.

Uebele, H. (Auswertungstechniken 1989): Stichwort „Statistische Auswertungstechniken", in: Szyperski, N. (Hrsg.): Handwörterbuch der Planung, Stuttgart 1989, Sp. 1850-1865.

Uhr, W.; Woywood, A.; Bödker, V. (Anforderungen 1996): Anforderungen potentieller Empfänger von Expertisen im Controlling: Ergebnisse einer empirischen Untersuchung und Ansatzpunkte für die Benutzermodellierung, in: WI, Jg. 38 (1996), S. 411-420.

Ulrich, H. (Unternehmensplanung 1975): Unternehmensplanung - Einleitende Bemerkungen zum Tagungsthema, in: Ulrich, H. (Hrsg.): Unternehmensplanung: Bericht von der wissenschaftlichen Tagung der Hochschullehrer für Betriebswirtschaft in Augsburg vom 12.6. bis 16.6.1973, Wiesbaden 1975, S. 13-27.

Ulrich, H. (Unternehmung 1970): Die Unternehmung als produktives soziales System. Grundlagen der allgemeinen Unternehmungslehre, 2. Aufl., Bern/Stuttgart 1970.

Ulrich, H.; Probst, G. J. B. (Anleitung 1990): Anleitung zum ganzheitlichen Denken und Handeln: ein Brevier für Führungskräfte, 2. Aufl., Bern/Stuttgart 1990.

Venkatramen, N. (Reconfiguration 1991): IT-Induced Business Reconfiguration, in: Scott Morton, M. S. (Hrsg.): The Corporation of the 1990s: Information Technology and Organizational Transformation, New York/Oxford 1991, S. 122-158.

Wacker, W. H. (Informationstheorie 1971): Betriebswirtschaftliche Informationstheorie. Grundlagen des Informationssystems, Opladen 1971.

Wall, D. (Aufgaben 1984): Die zentralen Aufgaben bei dezentraler Datenverarbeitung, in: Das Rechenzentrum, Jg. 7 (1984), S. 150-161.

Wall, F. (Input-Output-Analyse 1994): Die Input-Output-Analyse in der Betriebswirtschaftlichen Produktionstheorie, in: Wirtschaftswissenschaftliches Studium, Jg. 23 (1994), S. 290-295.

Wall, F. (IV-Controlling 1998): IV-Controlling, in: WISU, Jg. 27 (1998), S. 1452-1462.

Wall, F. (Organisation 1996): Organisation und betriebliche Informationssysteme. Elemente einer Konstruk-
tionstheorie, Wiesbaden 1996.

Wall, F. (Wirtschaftlichkeit 1997): Zur Wirtschaftlichkeit der Organisationskompatibilität betrieblicher Informationssysteme, in: Baecker, D. (Hrsg): Wittener Jahrbuch für ökonomische Literatur 1997, Marburg 1997,
S. 243-264.

Weber, J. (Controlling 1995): Einführung in das Controlling, 6. Aufl., Stuttgart 1995.

Weber, J. (Controlling 1998): Einführung in das Controlling, 7. Aufl., Stuttgart 1998.

Weber, J. (Koordinationssicht 1992): Die Koordinationssicht des Controlling, in: Spremann, K.; Zur, E. (Hrsg.):
Controlling: Grundlagen - Informationssysteme - Anwendungen, Wiesbaden, 1992, S. 169-183.

Weber, J. (Theorie 1992): Controlling: Sprechen Theorie und Praxis eine unterschiedliche Sprache?, in: Controlling: Jg. 4 (1992), S. 188-194.

Weber, J.; Hamprecht, M.; Goeldel, H. (Planung 1997): Integrierte Planung – nur ein Mythos?, in: Harvard
Business Manager, Jg. 19 (1997), H. 3, S. 9-13.

Weber, J.; Schäffer, U. (Rationalität 1998): Sicherstellung der Rationalität von Führung als Controlleraufgabe,
Forschungspapier Nr. 49 der Wissenschaftlichen Hochschule für Unternehmensführung (WHU), Vallendar
1998.

Weigert, P. M. (Datenallokation 1983): Benutzerorientierte Datenallokation in verteilten Informationssystemen,
München 1983.

Welge, M. K.; Al-Laham, A. (Planungspraxis 1997): Stand der strategischen Planungspraxis in der deutschen
Industrie, in: ZfbF, Jg. 49 (1997), S. 790-806.

Welsch, G. A.; Hilton, R. W.; Gordon, P. N. (Budgeting 1988): Budgeting - Profit Planning and Control,
5. Aufl., Englewood Cliffs 1988.

Welters, K. (Delphi-Technik 1989): Stichwort „Delphi-Technik", in: Szyperski, N.; (Hrsg.): Handwörterbuch
der Planung, Stuttgart 1989, Sp. 262-269.

West, L. A.; Courtney, J. F. (Information Problems 1993): The Information Problems in Organizations: A Research Model for the Value of Information and Information Systems, in: Decision Sciences, Vol. 24 (1993),
S. 229-251.

Whisler, T. L. (Information Technology 1970): Information Technology and Organizational Change, Belmont
1970.

Wieder, A. W. (Systems on Chips 1992): „Systems on Chips": Die Herausforderung der nächsten 20 Jahre, in:
Informationstechnik, Jg. 34 (1992), S. 202-208.

Wild, J. (Bestandteile 1973): Bestandteile, Aufbauprinzipien und Entwicklungsstufen von Planungssystemen, in:
Grochla, E.; Szyperski, N. (Hrsg.): Modell- und computergestützte Unternehmungsplanung, Wiesbaden
1973, S. 216-229.

Wild, J. (Nutzenbewertung 1971): Zur Problematik der Nutzenbewertung von Informationen, in: ZfB, Jg. 41
(1971), S. 315-334.

Wild, J. (Unternehmungsplanung 1982): Grundlagen der Unternehmungsplanung, 4. Aufl., Opladen 1982.

Wildemann, H. (Investitionsplanung 1986): Strategische Investitionsplanung für neue Technologien in der Produktion, in: Albach, H.; Wildemann, H. (Hrsg.): Strategische Investitionsplanung für neue Technologien,
ZfB-Ergänzungsheft 1/86, Wiesbaden 1986, S. 1-48.

Wilke, H. (Systemtheorie 1982): Systemtheorie, Stuttgart/New York 1982.

Williamson, O. E. (Institutionen 1990): Die ökonomischen Institutionen des Kapitalismus, Tübingen 1990.

Wilms, S. (Abweichungsanalysemethoden 1988): Abweichungsanalysemethoden der Kostenkontrolle, Bergisch
Gladbach/Köln 1988.

Witt, F.-J. (Erlöscontrolling 1990): Praxisakzeptanz des Erlöscontrolling: Symptom- versus Ursachenanalyse, in:
ZfB, Jg. 60 (1990), S. 443-450.

Witte, E. (Entscheidungsprozesse 1993): Stichwort „Entscheidungsprozesse", in: Wittmann W. u.a. (Hrsg.):
Handwörterbuch der Betriebswirtschaft, Teilband 1, Stuttgart 1993, Sp. 910-920.

Witte, E. (Entwicklungslinien 1998): Entwicklungslinien der Betriebswirtschaftslehre: Was hat Bestand?, in: DBW, Jg. 58 (1998), S. 731-746.

Witte, E. (Informationsverhalten 1972): Das Informationsverhalten in Entscheidungsprozessen, Tübingen 1972.

Witte, E. (Phasentheorem 1968): Phasentheorem und Organisation komplexer Entscheidungsverläufe, in: ZfbF, Jg. 20 (1968), S. 625-647.

Wittmann, W. (Information 1959): Unternehmung und unvollkommene Information, Köln/Opladen 1959.

Wittstock, J. (Zielsystem 1970): Elemente eines allgemeinen Zielsystems der Unternehmung, in: ZfB, Jg. 40 (1970), S. 831-852.

Wolfrum, B. (Technologiemanagement 1991): Strategisches Technologiemanagement, Wiesbaden 1991.

Zangemeister, C. (Nutzwertanalyse 1971): Nutzwertanalyse in der Systemtechnik: Eine Methodik zur multidimensionalen Bewertung und Auswahl von Projektalternativen, 2. Aufl., München 1971.

Zäpfel, G. (Produktionswirtschaft 1982): Produktionswirtschaft. Operatives Produktionsmanagement, Berlin/New York 1982.

Zentralverband der Elektrotechnischen Industrie (Hrsg.) (ZVEI-Kennzahlsystem 1989): ZVEI-Kennzahlsystem, 4. Aufl., Frankfurt a. M. 1989.

Zieroth, D. (Investitionsplanung 1993): Stichwort „Investitionsplanung", in: Chmielewicz, K.; Schweitzer, M. (Hrsg.): Handwörterbuch des Rechnungswesens, 3. Aufl., Stuttgart 1993, Sp. 968-977.

Zörgiebel, W. W. (Technologie 1983): Technologie in der Wettbewerbsstrategie, Berlin 1983.

Zwehl, W. v. (Entscheidungsregeln 1993): Stichwort „Entscheidungsregeln": in: Wittmann, W. u.a. (Hrsg.): Handwörterbuch der Betriebswirtschaft, 5. Aufl., Stuttgart 1993, Sp. 920-929.

Stichwortverzeichnis

GPSR Compliance
The European Union's (EU) General Product Safety Regulation (GPSR) is a set
of rules that requires consumer products to be safe and our obligations to
ensure this.

If you have any concerns about our products, you can contact us on

ProductSafety@springernature.com

In case Publisher is established outside the EU, the EU authorized
representative is:

Springer Nature Customer Service Center GmbH
Europaplatz 3
69115 Heidelberg, Germany